Georg Gottlob Ungewitter und die malerische Neugotik in Hessen, Hamburg, Hannover und Leipzig

Abb. 1) Georg Gottlob Ungewitter (1820-1864)
(Foto Familie Dr. Simmenroth, Kassel)

Karen David-Sirocko

Georg Gottlob Ungewitter und die malerische Neugotik

in Hessen, Hamburg, Hannover und Leipzig

Michael Imhof Verlag
Petersberg 1997

Dissertation der Christian-Albrechts-Universität zu Kiel 1995

Die Deutsche Bibliothek - CIP-Einheitsaufnahme:
David-Sirocko, Karen:
Georg Gottlob Ungewitter und die malerische Neugotik in Hessen, Hamburg, Hannover und Leipzig / Karen David-Sirocko. - Petersberg : Imhof, 1997
Zugl.: Kiel, Univ., Diss, 1995
ISBN 3-932526-03-1

Gestaltung, Satz: Michael und Wolfgang Imhof
Druck: Rindt Druck Fulda
Printed in Germany

ISBN 3-932526-03-1

Vorwort

Danken möchte ich Herrn Prof. Dr. Adrian von Buttlar, der diese Studie in ihrer Entstehung als Dissertation mit stetigem Interesse begleitet und an den entscheidenden Punkten hilfreich gefördert hat. Für Diskussionen über die Neugotik sowie weitere Anregungen bin ich Herrn Privatdoz. Dr. Henrik Karge verbunden. Inhaltliche Hinweise zu Person und Werk Ungewitters konnte Frau Dr. Jutta Schuchard aufgrund ihrer langjährigen Beschäftigung mit Carl Schäfer beisteuern. Zu einzelnen Fragen bezüglich der "Hannoverschen Schule" erwies sich Herr Prof. Dr. Günther Kokkelink stets hilfsbereit. In Kassel hat mich darüber hinaus die Familie Simmenroth sehr herzlich aufgenommen und das Bild Ungewitters durch persönliche Erzählungen abrunden helfen. Das Manuskript haben freundlicherweise Anna Quellhorst und Michael Imhof in Teilen durchgesehen.

In der Auswertung der Quellen bin ich folgenden Institutionen zu Dank verpflichtet: Archiv der Pfarrkirche St. Elisabeth Frankfurt-Bockenheim, Archiv des Bischöflichen Generalvikariats Fulda, Hospitalarchiv Haina, Staatsarchiv Hamburg, Stadtarchiv Innsbruck, Stadtarchiv Kassel, Stadtarchiv Leipzig, Stadtarchiv Lübeck, Hessisches Staatsarchiv Marburg, Landesamt für Denkmalpflege Hessen, Außenstelle Marburg, Germanisches Nationalmuseum Nürnberg, Niedersächsisches Staatsarchiv Stade.

Die Dissertation konnte seinerzeit durch ein zweijähriges Stipendium des Landes Schleswig-Holstein zur Förderung des wissenschaftlichen und künstlerischen Nachwuchses wesentliche Fortschritte erreichen, da nur so eine zeitliche und örtliche Flexibilität gegeben war.

Druckkostenzuschüsse gewährten freundlicherweise das Evangelische Landeskirchenamt Kassel sowie das Bischöfliche Generalvikariat Fulda.

Gewidmet sei die Studie Frank, Johannes und Nicholas.

Inhalt

Überblick über die Rezeption Ungewitters in der Forschung zur Neugotik 9

I. Biographie 14

II. Das architektonische Werk 28

1. Das Frühwerk 1842-49 28
   a. Die ersten Schaffensjahre in Hamburg 1842-48 unter dem Einfluß der Münchner Schule 28
   b. Theodor Bülau und der Ziegelbau in Hamburg 34
   c. Die Rezeption Lübecker Backsteinarchitektur 1848/49 38
2. Die Wendung zur Gotik in Leipzig 1849-51 45
   a. Johann Andreas Rombergs *Zeitschrift für praktische Baukunst* 45
   b. Auseinandersetzung mit der sächsischen Neugotik 45
3. Der Kirchenbau 1856-64 51
   a. Die Stilentwicklung im Kirchenbau Ungewitters 51
   b. Einfluß der Restaurierungstätigkeit auf die Neubauten 53
   c. Das Verhältnis zu anderen Kirchen der Gotik 54
   d. Entfaltung oder Verfestigung des Formenkanons ? 55
   e. Die Bedeutung des gotischen Stiles vor dem Hintergrund der in der katholischen und evangelischen Kirche vertretenen Positionen 57
4. Restaurierungen mittelalterlicher Kirchen ab 1856 und die Entwicklung der Denkmalpflege in Kurhessen 1840-70 61
   a. Kernpunkte der Restaurierungsmaßnahmen im Außenbau 61
   b. Die Ausmalung der Innenräume 62
   c. Bewertung der Maßnahmen im Spannungsfeld zwischen Bestandserhaltung und eigenschöpferischer Rekonstruktion 66

III. Die Schriften: Beiträge zu Formentwicklung und Architekturtheorie 73

1. Übersicht über das theoretische Werk 73
   a. Die Schriften in der Reihenfolge ihres Erscheinens 73
   b. Gestaltungsmerkmale der Titelblätter 84
   c. Kontinuität und Wandel Ungewitterscher Ideen 86
2. Die "Entwürfe zu Stadt- und Landhäusern" 91
   a. Die äußere Gestalt des Hauses: typologische Überlegungen und Materialverwendung 91
   b. Entwicklung neuer Ausdrucksformen: Programmatik, 'Versatz-Elemente', Entwurfsmodell 101
   c. Raumausstattung und Möblierung: das Haus als Gesamtkunstwerk, Implikationen für Ungewitters Vorstellungen der Sozialstruktur 108
3. Das "Lehrbuch der gothischen Konstruktionen" 117
   a. Aufbau und Inhalt 117
   b. Schlüssel-Begriffe 118
   c. Verknüpfung der Schlüssel-Begriffe zu einem Ideensystem 122
   d. Versuch einer Bewertung 126

IV. Ungewitter im Kontext der Neugotik und des Historismus 128

1. Anknüpfung an die deutsche Neugotik 128
a. Gotik-Rezeption und Mittelalter-Forschung: die Historie als Vorbedingung künstlerischen Schaffens 128
b. Der neugotische Kirchenbau 135
c. Die Architekten der "gotischen Bewegung" und der Wohnbau 148
d. August Reichenspergers Einfluß: Schaffung einer gemeinsamen Ideenbasis 150
e. Ungewitter als Vertreter einer konservativen Weltanschauung 153

2. Die Auseinandersetzung mit Frankreich und Rezensionen Ungewitterscher Schriften in den *Annales archéologiques* 158
a. Viollet-le-Ducs Restaurierungen und Architekturtheorie 158
b. Anregungen für die "Entwürfe zu Stadt- und Landhäusern" 162
c. Rezensionen in den *Annales archéologiques* 163

3. Ungewitter und die viktorianische Architektur Englands: Einflüsse vs. Parallelentwicklungen 167
a. Übersicht über die viktorianische Architektur sowie über die deutsch-englischen Beziehungen 167
b. Ungewitters Beziehung zu England: ein in Brechungen vermitteltes, tiefes Interesse 169
c. Rekurs auf das Early Victorian und die Bedeutung Augustus Welby Northmore Pugins 171
d. Rezeption Ungewitters in England: Rezensionen des "Gothic Model-Book" und Verbindungen in der Schülergeneration 178
e. Parallelentwicklungen zum High Victorian: Aufnahme der französischen Frühgotik, Polychromie im Außenbau, das 'Vernacular Revival' 181

V. Die Wirkung der Kasseler Schule 190

1. Ungewitter als Schlüsselfigur der Neugotik 190
a. Der Sakralbau in Kurhessen und in Deutschland 1870-1900 sowie Abhandlungen über den Kirchenbau 190
b. Grundlagen für den historistischen Fachwerkbau und für Wohnhäuser der "Hannoverschen Schule" 202
c. Ungewitters Lehre und seine Schüler als Dozenten an Technischen Hochschulen des norddeutschen Raumes (Kassel, Hannover, Berlin) 211

2. Ausbreitung Ungewitterscher Formen in den USA 216
a. Wiederauflage von Schriften Ungewitters 216
b. Carl Pfeiffer 216
c. Burnham & Root 222
d. Eduard Rath 223

VI. Ergebnis und Ausblick 225

Katalog 227

1 Lübeck, Wohn- und Geschäftshaus Breite Str. 10 228
2 Hamburg, Wohn- und Geschäftshaus Gr. Burstah 8 234
3 Hamburg, Wohn- und Geschäftshaus Gr. Burstah 12-16 236
4 Hamburg, Wohn- und Geschäftshaus Hermannstr. 1-3 238

5 Hamburg, Wohn- und Geschäftshaus Hermannstr. 24-26 242
6 Hamburg, Wohn- und Geschäftshaus Hopfenmarkt 15-17 243
7 Hamburg, Wohn- und Geschäftshaus Gr. Johannisstr. 2-4 245
8 Hamburg, Wohn- und Geschäftshaus Rathausstr. 31 247
9 Hamburg, Wohn- und Geschäftshaus Alter Wall 63 248
10 Hamburg, Wohn- und Geschäftshaus Neuer Wall 21/23 249
11 Hamburg, 'Patriotische Gesellschaft' 250
12 Hamburg, Nikolaikirche 252
13 Steinkirchen, Gut Bergfried 255
14 Hamburg, Gärtnerwohnung vor dem Lübecker Tor 257
15 Weinberghaus 260
16 Leipzig, Wohnhaus und Pergamentfabrik Schlenk 262
17 Leipzig, Denkmal Weiße/Leibniz 266
18 Gemeinde- und Spritzenhaus 269
19 Leipzig, Dekoration, Giebel der kath. Kirche 270
20 Kassel, Höhere Gewerbeschule 271
21 Leipzig, Fleischhalle 277
22 Leipzig, Auftrag für ein Grabmonument 278
23 Wien, Votivkirche 279
24 Neustadt (Kr. Marburg), evangelische Pfarrkirche 287
25 Fritzlar, Dom St. Peter, Marienkapelle 293
26 Fritzlar, Kirche des Ursulinenklosters 298
27 Volkmarsen (Kr. Wolfhagen), katholische Pfarrkirche St. Maria 300
28 Haina (Kr. Frankenberg), Kirche und Hospital (ehem. Kloster) 306
29 Nieste (Kr. Kassel), evangelische Pfarrkirche 317
30 Wetter (Kr. Marburg), ehemalige Stiftskirche 323
31 Frankenberg, evangelische Stadtpfarrkirche 328
32 Wasenberg (Kr. Ziegenhain), evangelische Kirche 333
33 Neustadt (Kr. Marburg), katholische Pfarrkirche St. Trinitatis 339
34 Wolfhagen, evangelische Pfarrkirche St. Anna 346
35 Malsfeld (Kr. Melsungen), evangelische Pfarrkirche 349
36 Eschwege, Katharinenkirche, Westturm 355
37 Innsbruck, Rathaus 357
38 Momberg (Kr. Marburg), katholische Pfarrkirche 359
39 Amöneburg (Kr. Marburg), katholische Pfarrkirche 365
40 Bockenheim, Frankfurt/M., katholische Kirche St. Elisabeth 372
41 Frankfurt/M., Dom, Kanzel 378
42 Kassel, Bahnhofstr. 22 379
43 Hamburg, Kunsthalle 380
44 Hundelshausen (Kr. Witzenhausen), evangelische Pfarrkirche 381
45 Gelnhausen, Marienkirche 388
46 Schlierbach (Kr. Gelnhausen), Schiff der ev. Kirche 389
47 Kassel, Friedhofskapelle 390
48 Kassel, Hinterhaus 391
49 Kassel, Brüderkirche 391

Anhang 392

Verzeichnis der verwendeten Abkürzungen 392
Kurzbiographien der Ungewitter-Schüler 392
Übersicht zum Kirchenbau 398
Lebensweg der Schüler G.G. Ungewitters 399
Lebensweg der Schüler C.W. Hases 399
Literatur- und Quellenverzeichnis 400
Abbildungsnachweis 413
Register (Orts- und Personennamen) 414

Überblick über die Rezeption Ungewitters in der Forschung zur Neugotik

Das wissenschaftsgeschichtliche Umfeld, in das sich eine monographische Studie über Ungewitter einbinden läßt, ist trotz beachtlicher Fülle in vielen Feldern dennoch nur punktuell erforscht. Deswegen werden im folgenden nur die Positionen vorgestellt, die für den hessischen Architekten relevant erscheinen.

Kurzgefaßte Überblickswerke wie das von Baur[1] stehen neben der Behandlung grundsätzlicher Probleme, z.B. Germanns Abhandlung über die Architekturtheorie der Neugotik [2], die immer noch das bedeutendste Standardwerk darstellt. Regionale Schwerpunkte der Aufarbeitung historistischer Architektur liegen in Hannover [3] sowie im Rheinland [4]. Die zahllosen Überblickswerke zum architektonischen 'Historismus'[5] bis in die jüngste Zeit hinein erweisen sich für unseren Ansatz leider kaum als hilfreich.[6]

Vielen wichtigen Vertretern sind Monographien gewidmet, so dem Architekten Carl Wilhelm Ernst Schäfer und dem Juristen und Politiker August Reichensperger.[7] Die zahlreichen enzyklopädischen Nachschlagewerke, auch im angelsächsischen und amerikanischen Raum, gehen davon aus, daß Ungewitter sehr bedeutend für die deutsche Neugotik und das sog. 'Vernacular' gewesen ist.[8] Insbesondere für die Architekten um die Mitte des Jahrhunderts wie z.B. den Neugotiker Vincenz Statz fehlen bisher umfassende neuere, nicht nur rein werkorientierte oder Einzelfragen gewidmete Studien. Dem hessischen Architekten Ungewitter mit seinen vielschichtigen Interessen und Ansätzen wird nun erstmals eine monographische Abhandlung gewidmet.

Zu seinen Lebzeiten konnte sich Ungewitter mit den Postulaten der 'Materialgemäßheit', der nachvollziehbaren Konstruktion sowie der besonderen Auffassung der Gotik nur selten Anhänger unter den privaten Bauherren schaffen. Lediglich im Kirchenbau vermochte er seine Ideen in der neugotischen Formensprache auszudrücken. Die Generationen seiner Schüler und Nachfolger gewannen mit denselben Ideen und ähnlichen Formen erheblichen Einfluß auf die Architekturgeschichte Deutschlands (vgl. Kap. V). Ungewitter und seine Werke wurden insofern bis in das frühe 20. Jh. hinein vielfältig aufgegriffen, er wird sogar aufgrund der Originalität seiner Gotik als der "erste wirkliche Neugotiker Deutschlands"[9] bezeichnet.

Eine beachtliche Wirkung Ungewitters als Theoretiker der deutschen Neugotik stellt Fritz Schumacher in den 1930er Jahren fest.[10] Damit besteht eine Wertschätzung in Norddeutschland noch bis in die Moderne hinein, wobei gerade Schumacher - vielleicht auch in seiner Funktion als Fachschriftsteller und Oberbaudirektor in Hamburg - in seiner Suche nach zeitgemäßen Ausdrucksformen für den Backsteinbau, als traditionelles und zugleich modernes Material, sowie der Konfrontation mit der Backsteingotik der Hase-Schule in Hamburg, den Historismus nicht einfach verurteilt. Die Gotiker sind nach seiner Auffassung lediglich so befangen im Historischen, daß sie nicht bis zum Allgemeingültigen vordringen. Ungewitters "Lehrbuch der gothischen Konstruktionen" zollt er Respekt, da es im Gegensatz zu den vielen Praktikern der Neugotik die Auseinandersetzung mit dem Klassizismus auch auf ästhetischer Ebene führt. Obwohl Schumacher ihm eine Ernsthaftigkeit in der Suche nach 'Wahrheit' im Bauen zugesteht, verblaßt Ungewitter seiner Meinung nach "mit einer gewissen Biederkeit" hinter Eugène Emmanuel Viollet-le-Duc. Dennoch ist dessen Erwähnung als einziger Neugotiker der Jahrhundertmitte in Deutschland bemerkenswert. Schumachers Interesse ist aber offenbar noch durch die Frage nach einer Anwendbarkeit der Erkenntnisse aus dem 19. Jh. hinsichtlich der Zusammenführung von Material, Konstruktion und Regionalität für seine eigenen architektonischen Vorstellungen motiviert.

Andererseits wird der hessische Architekt in einem Übersichtswerk wie dem von Wolfgang Herrmann nicht erwähnt; es ist vom Ansatz rein architekturhistorisch-deskriptiv orientiert.[11] Die Aufspaltung in eine Architekturgeschichtsschreibung durch Architekten und die Kunstgeschichtsschreibung durch Gelehrte hat bereits im vorigen Jh. begonnen und setzt sich insofern fort, als daß eben ein Architekt wie Schumacher den hessischen Architekten berücksichtigt, während Herrmann ihn nicht nennt (vgl. Kap. IV.1). Die Rezeptionsbedingungen sind insofern unterschiedlich.

Seit den 1950er Jahren rückt die Neugotik als eine eigene Stilrichtung innerhalb des Historismus verstärkt in den Blickpunkt gesonderter Schriften.[12] Die Äußerungen zur Neugotik und zum

Historismus stammen nunmehr fast ausschließlich von kunsthistorischer Seite; zunächst mit den Versuchen, das 19. Jh. zu verstehen und es in der Schilderung in Form einer Entwicklungsgeschichte als eigene Epoche zu begreifen.[13]

Eine internationale Verknüpfung neugotischer Bestrebungen, die für unsere Studie wichtig ist, zeigt Frankl 1960 auf, indem er einen Schwerpunkt auf theoriebezogene Schriften über die Gotik und ihre Interpretation setzt.[14] Er belegt dies durch den Verweis Ungewitters auf die Franzosen Emerich Henszlmann (1813-1890) und Viollet-le-Duc sowie den Engländer David Ramsey Hay in seinem "Lehrbuch der gothischen Konstruktionen".[15] Umgekehrt wiederum sind viele der Ungewitterschen Schriften in englischen oder französischen Ausgaben erschienen (vgl. Schriftenverzeichnis).

Nach Kokkelink ist Ungewitter primär als Verfasser einer Reihe illustrierter Musterbücher mit eigenen gotischen Entwürfen bekannt geworden, die seit 1849 bis über seinen Tod hinaus erschienen sind[16] und mit denen er einen wichtigen Beitrag zur Erforschung der Gotik sowie neuer Formgebung in der Mitte des 19. Jahrhunderts geleistet hat. Indem Conrad Wilhelm Hase als zentrale Figur der Hannoverschen Schule verkündete, das architektonische Erbe Ungewitters antreten zu wollen, gestand er dem Kasseler eine durchaus fundamentale Wirkung auf sein eigenes Schaffen zu (vgl. Kap. V.1).

Innerhalb der regional orientierten Historismus-Forschung zeichnet sich zunehmend eine Rolle Ungewitters als Vordenker für die Hannoversche Schule ab; bisher hat der Blick nach München für die Ausbildung der hannoverschen Architekten überwogen. Die Schlußfolgerung daraus wäre, daß Ungewitter die Rolle einer Schlüsselfigur zum Verständnis der Neugotik in Norddeutschland übernimmt, wie bereits die Verteilung der Wirkungsstätten seiner Schüler andeutet (vgl. Kap. V.1).[17]

Mit der Nachzeichnung regionaler Verbindungen einerseits sowie internationaler Schulbildungen[18] andererseits sind zwei Pole der in den 1960er Jahren einsetzenden Historismus-Forschung gekennzeichnet, die sich insgesamt um eine vorurteilsfreie Wertung des 19. Jahrhunderts zu bemühen beginnt, die sich im Gegensatz zu ihren Vorgängern der 1920er und 30er Jahre nicht mehr für eine Beschäftigung mit dieser Epoche rechtfertigen muß. Schon der zeitliche und damit auch emotionale Abstand erlauben eine weniger voreingenommene Sichtweise.

Indem Stefan Muthesius 1972 Ungewitters Interesse für die Fachwerkarchitektur als traditionelle und regionale Bauweise in den Mittelpunkt stellt, schaut er über die Grenzen der stilistischen Kategorie der Neugotik hinaus. Mit der Unterordnung der Stilfrage unter den Wahrheitsbegriff nimmt Ungewitter demnach Tendenzen der 'Deutschen Renaissance' sowie des 'Vernacular' voraus, indem er vorsichtig das 16.-18. Jahrhundert als Vorbild anerkennt, soweit in ihnen eine Kontinuität der gotischen Konstruktionsweise gegeben sei; in den Möbel-Entwürfen nehme er sogar das reine 'Vernacular' voraus.[19] Ungewitters architektonischer Wahrheitsbegriff umspannt sowohl Konstruktion als auch Materialverwendung, die beide offen sichtbar gezeigt werden sollen. Da die Frage des Materials allgemein diskutiert wird, reiht Muthesius Ungewitter mit Eugène Emmanuel Viollet-le-Duc und George Edmund Street unter die bedeutendsten Neugotiker jener Zeit ein. An dieser Stelle liegt ein Hinweis auf die prinzipiell undogmatische Haltung Ungewitters vor, außerdem ist seine Tendenz zur Ablösung von der Stilfrage markiert. Inwiefern tatsächlich bei Ungewitter ein Potential für die Verbindung französischer rationalistischer mit angelsächsisch ethisch-sozialen Konzepten vorhanden ist, indem etwa Wahrheit für Material und Konstruktion gefordert wird, ist im folgenden auszuloten (vgl. Kap. I).

Germanns bereits erwähnte Studie zu der Architekturtheorie der Neugotik liefert die maßgebliche Grundlage für jede weitere Beschäftigung mit dem Thema. Er spannt den Bogen von der Renaissance bis zum frühen 20. Jahrhundert, so daß große Entwicklungslinien und Kategorisierungen sichtbar werden. Die Mitte des 19. Jahrhunderts betrachtet er anhand der drei wichtigsten Zeitschriften der gotischen Bewegung in Frankreich *(Annales archéologiques)*, England *(The Ecclesiologist)* und Deutschland *(Kölner Domblatt)*, so daß vor allem deutlich wird, wie die Vertreter der Epoche sich selbst gesehen haben. Ungewitter wird im Zusammenhang mit Reichensperger behandelt und somit der Kölner Schule zugeordnet; dies sei jedoch kritisch hinterfragt (s. Kap. IV.1). Die internationale Verflechtung der Neugotik um die Jahrhundertmitte beschreibt Germann ebenfalls ausführlich, z. B. die Konzentration auf das 13. Jh. als Vorbild, wie sie auch Ungewitter übernahm. Außer einem weitgespannten, anhand umfassender Quellenstudien belegten

Überblick über die Neugotiktheorie liefert Germann Anhaltspunkte zur Schaffung von Bewertungskriterien der einzelnen Phasen, z.B. Anspruch auf die Gültigkeit der Gotik als Universalstil im mittleren 19. Jh.

Am eingehendsten hat sich bisher Jutta Schuchard in ihrer Monographie über Schäfer mit Ungewitter in seiner Funktion als dessen Lehrer und Vorbild auseinandergesetzt. Sie belegt die Wirkung auf Schäfer für die Theorie, aber insbesondere auch anhand eines stilistischen Formenvergleiches.[20] Ansatzweise werden Verbindungen zu anderen Architekten hergestellt, z.B. in der Beobachtung, daß Ungewitters Publikation über Holzarbeiten eine Parallele zu Bemühungen Friedrich Eisenlohrs darstellt. Hier überschreitet sie ebenfalls den rein stilistischen Rahmen der Neugotik. Wie Karl Friedrich Schinkel, Karl Alexander Heideloff und Viollet-le-Duc postuliert auch Ungewitter den Stil als Sprache für neue Gedanken; eine Idee, die noch für Schäfer als einen seiner bedeutendsten Schüler prägend geblieben ist[21] (vgl. Kap. V.1). Mit der Anerkennung Ungewitterscher Bemühungen um eine Inventarisation mittelalterlicher Bauten - wenngleich diese zunächst im Ansatz stecken blieben -, wird auf eine weitere Facette seiner Betätigung hingewiesen. Damit rückt erstmals der archäologisch-forschende Ansatz in den Blickpunkt.[22]

Die Rolle Ungewitters im Kontext der gotischen Bewegung skizziert neuerdings Lewis in seiner Studie über Reichensperger und die Bedeutung seiner Politik für die deutsche Neugotik.[23] Lewis ist damit der erste Kunsthistoriker, der die gotische Bewegung in Deutschland als eigenständiges Phänomen untersucht. Diese erweist sich allerdings doch als vielschichtiger, als es seine Darstellung, die Reichensperger in den Mittelpunkt stellt und so verschiedene Architekten wie Hase, Statz und Ungewitter hauptsächlich in ihrem Bezug zu Reichensperger charakterisiert, nahelegt.

Hammerschmidt führt in seiner Schrift über den späten Historismus die Neugotik in Deutschland auf zwei Quellen zurück: Der katholischen Gotik des Rheinlandes mit Zentrum in Köln stellt er die evangelisch-preußische Neugotik Schinkels und seiner Schule gegenüber.[24] Im Sakralbau erreicht die Neugotik aufgrund des Einflusses von Reichensperger, Bunse, Hase, Ungewitter etc. zur Jahrhundertmitte eine dominante Position. Ungewitter spielt mit Heideloff, Görgel und Schäfer eine Rolle in der Gruppe derjenigen Forscher, die die romantisch-nationale und christliche Motivation der Gotik durch eine konstruktive, rationalistische Auffassung ablösten. Seine Vorlegeblätter reihen sich unter das Erscheinen der ersten Inventare und Bauaufnahmen als Grundlagen für den Konstruktionsunterricht ein. Die Hand- und Musterbücher förderten eine "exakte, konstruktiv verstandene und durchorganisierte Neugotik"[25].

Eine leichte Akzentverschiebung liegt in der Feststellung Krufts, daß der protestantische Architekt Ungewitter weniger doktrinäre Auffassungen als Reichensperger vertritt.[26] Mit dieser Sichtweise durchbricht er eben die bislang dargestellte Polarisierung, was für unsere Studie als einer der zentralen Ansatzpunkte Geltung erlangt.

Auf einen Beitrag Ungewitters zur Denkmalpflege, der sich sowohl in Restaurierungsmaßnahmen als auch in den Schriften niederschlägt, verweisen erneut Weyres/Trier. Sie liefern zahlreiche Beispiele, wobei so weit wie möglich auch die Generation seiner Schüler berücksichtigt wird.[27] Dieser Aspekt wird uns nur als ein Teil des Ungewitterschen Werkes beschäftigen können (vgl. Kap. II.4).

Brönners Studie zum historistischen Villenbau rückt Ungewitters "Entwürfe für Stadt- und Landhäuser" in den Mittelpunkt für die Entwicklung malerisch-mittelalterlichen Bauens in Deutschland, die sich von dessen Ideen ausgehend zuerst in Hannover entfaltet hat.[28] Obwohl durch Reichensperger schon 1845 formuliert und in den Ideen der englischen Neugotiker noch früher angelegt, setzt in Deutschland dennoch erst Ungewitter diese Ideen in architektonische Entwürfe um. Ob dies, wie Brönner behauptet, eine Vorwegnahme all dessen ist, was sich an malerischer Architektur bis zur Jahrhundertwende entwickelt hat, wird zu diskutieren sein. Aufschlußreich ist der Hinweis auf die besondere Qualität dieser Entwürfe, die in einander durchdringenden stereometrischen Körpern und in der Formulierung komplexer plastischer und funktionaler Zusammenhänge besteht. Im Anschluß an Brönners Ergebnisse werden Individualität und Funktionalität der Wohnhäuser Ungewitters bzw. seiner Nachfolger immer wieder angemerkt.[29]

Das Bild der bisherigen Kenntnisse zu Werk und Bedeutung Ungewitters für die Architektur des 19. Jahrhunderts erscheint splitterhaft, da man in der Beschäftigung mit sehr unterschiedlichen Themen auf ihn stößt (Denkmalpflege, historistischer Wohnbau, Gotik-Forschung, Neugotik-

Theorie, Architekturschulen). Die Rezeption verläuft dabei selektiv: In der Regel werden außer den Abbildungen der Hauptveröffentlichungen ("Entwürfe zu Stadt- und Landhäusern", "Gothisches Musterbuch" - dieses Werk hat er mit Statz gemeinsam verfaßt -, "Lehrbuch der gothischen Konstruktionen", "Entwürfe zu Land- und Stadtkirchen") die Vorworte der Schriften ausgewertet sowie auf die durch Reichensperger publizierten Briefe Ungewitters zurückgegriffen.

Eine monographische Betrachtung des Architekten Georg Gottlob Ungewitter ermöglicht es, Facetten seiner Persönlichkeit aufzuzeigen, die die Komplexität der Diskussion um eine zeitgemäße und zugleich historisch legitimierte Architektur um die Mitte des vorigen Jahrhunderts spiegeln. Die Art und Weise der Geschichtsaneignung erlaubt ihrerseits Rückschlüsse auf Ungewitters Weltbild. Es wird hierfür ein zweiteiliges Vorgehen gewählt: einerseits die Anwendung stilkritischer Kategorien zur Formanalyse, andererseits Überlegungen zur Theorie der Neugotik.

Die vergleichende Stilbetrachtung ist nach wie vor die einzig tragfähige Basis zur Einordnung des architektonischen Werkes, das im Katalog vorgestellt wird, wozu im vorliegenden Fall aber auch eine Vielzahl publizierter Entwürfe für Grabsteine, Möbel, und Häuser gehören (allein letztere werden in mehr als 80 Tafeln gegeben). Es können natürlich nicht alle Entwurfsgruppen mit der gleichen Intensität behandelt werden, der Schwerpunkt liegt neben den ausgeführten Wohnbauten und Kirchen auf den "Entwürfen zu Stadt- und Landhäusern".

Eine Einschränkung besteht hinsichtlich der Signifikanz des mittelalterlichen Formenpotentials für Ungewitters Architektur seit dem zweiten Drittel des vorigen Jahrhunderts, da es bis dahin wenig analytische Studien zur Gotik gegeben hat. Aufgrund des seit etwa 1830 vorauszusetzenden Bekanntheitsgrades und damit universaler Verfügbarkeit der Formen sagen sie nichts mehr über Verbreitungsmodi und -wege, durchaus aber noch etwas über stilistische oder typologische Präferenzen in der Auswahl aus.[30] Ergebnisse der Formbetrachtung sind auf zwei Ebenen zu erwarten: Welche Motive der mittelalterlichen Gotik und welche Prinzipien der zeitgenössischen Architektur - und zwar nicht nur der neugotischen - werden gewählt, bzw. wie werden sie verwendet?

Es geht letztlich um die Gewinnung einer Architektursprache, wie am Beispiel Ungewitters aufgrund der Vielfalt seines Schaffens gezeigt werden kann. Über die Neugotik gemäß seiner Auffassung hat er versucht, sich über einen bestimmten Stil eine ganze Welt anzueignen. Die Stilsprache mußte dazu erst Konvention, d.h. allgemein verständlich, werden. Da Ungewitter in dieser Phase historistischer Architektur und Theorie eine Vorreiterrolle übernahm, wird unsere Studie diese Richtung verfolgen.

Ebenso wichtig wie die Auswertung des Formenschatzes ist das geschriebene, theoretische Werk Ungewitters. Anhand des "Lehrbuchs der gothischen Konstruktionen" wird versucht, seine Architekturtheorie als in sich geschlossenes Konzept zu begreifen, das über Begriffe wie 'Christentum' oder 'Wahrheit' unmittelbar an außerarchitektonische Systeme anschließt: die Organisation der Gesellschaft unter veränderten Bedingungen, wie z.B. der Industrialisierung, sowie die neue Definition des Standpunktes von Kultur und Religion. Andere Denkmodelle von Vorläufern und Zeitgenossen Ungewitters können helfen, den Bezugsrahmen für die Frage nach Innovation und Konvention der Ungewitterschen Theorie abzustecken. Es ist keine vollständige Auswertung angestrebt, sondern es werden Linien angedeutet - manchmal vielleicht durchgezogene Linien, wo sie hätten gestrichelt bleiben müssen -, doch können kaum anders Bezugspunkte über den unmittelbaren biographischen oder neugotischen Rahmen hinaus gesehen werden. Besonders faszinierend erscheinen zwei Beobachtungen:

Erstens: Der scheinbare Widerspruch, der in der Vereinbarkeit einer theoretischen Abstraktion von der Stil-Befangenheit (Ungewitter erklärt Konstruktion und Funktion für wichtiger als die Stilfrage) mit einer Konzentration auf frühgotisches Vokabular in einer Person liegt.

Zweitens: Der Dualismus, daß ein ausgesprochener Praktiker zunehmend auch Theoretiker wird; und zwar nicht aus Mangel an Aufträgen, denn das "Lehrbuch" als umfangreichstes Werk erscheint von 1859 bis 1864, also genau in dem Zeitraum, in dem stetig mehr Aufträge an Ungewitter vergeben werden.

1 Christian Baur, Neugotik. München 1981.
2 Georg Germann, Neugotik. Geschichte ihrer Architekturtheorie. Stuttgart 1974 (zuerst engl. 1972).
3 Günther Kokkelink, Die Neugotik Conrad Wilhelm Hases. Eine Spielform des Historismus. In: *Hannoversche Geschichtsblätter*, Neue Folge, Bd. 22, Heft 1/3. Hannover 1968; Ders., Conrad Wilhelm Hase, Architekt und Lehrer der Baukunst. In: Universität Hannover 1831-1981, Festschrift zum 150jährigen Bestehen der Universität Hannover. Bd. 1. Hannover 1981, S. 180ff. Daran anschließend zuletzt: Reinhold Happel, Karl Börgemann. Ein Architekt der Hannoverschen Schule zwischen Historismus und Moderne. (Schriften des Institutes für Bau- und Kunstgeschichte der Universität Hannover Bd. 8) Hannover 1993.
4 Willy Weyres, Rheinischer Sakralbau im 19. Jahrhundert. In: Ludwig Grote (Hg.), Die deutsche Stadt im 19. Jahrhundert. München 1974, S. 175-188 (mehr in Kap. IV. 1).
5 Der Begriff ist trotz seiner inzwischen etablierten Anwendung in der Kunstwissenschaft nicht unproblematisch, vgl. z.B.: Wolfgang Hardtwig, Kunst und Geschichte im Revolutionszeitalter. Historismus in der Kunst und der Historismusbegriff der Kunstwissenschaft. In: *Archiv für Kulturgeschichte* 61 (1979), S. 154-190; zur Neugotik am Beispiel des Kölner Dombaus vgl. S. 182ff.
6 Exemplarisch seien die jüngsten Werke genannt: Dieter Dolgner, Historismus. Deutsche Baukunst 1858-1900. Leipzig 1993; Mohammed Scharabi, Architekturgeschichte des 19. Jahrhunderts. Tübingen/ Berlin 1993. Letzterer unterstellt Ungewitter nicht nur eine materialistische Auffassung, sondern wertet sein "Lehrbuch" als Beweis einer positivistischen Einstellung (ebd, S. 175 und 294). Die Neugotik unterliegt gelegentlich auch immer noch einer pauschalen Abwertung (vgl. Doreen Yarwood, The Architecture of Europe: The 19th and 20th Century. London 1991).
7 Jutta Schuchard, Carl Schäfer 1844-1908. Leben und Werk des Architekten der Neugotik. (Materialien zur Kunst des neunzehnten Jahrhunderts Bd. 21) München 1979; Michael J. Lewis, The Politics of the German Gothic Revival - August Reichensperger (1808-1895). Cambridge/Mass. 1993 (zuerst als: Michael J. Lewis, August Reichensperger (1808-1895) and the Gothic Revival. Diss. University of Pennsylvania 1989).
8 Wasmuths Lexikon der Baukunst, Bd. 4, S. 598; Thieme-Becker, Allgemeines Lexikon der bildenden Künstler, Bd. 33. Leipzig 1939, S. 577; J. M. Richards (Hg.), Who's who in Architecture, from 1400 to the present day. London 1977, S. 326; danach: Barry Berdoll, G. G. Ungewitter. In: Macmillan Encyclopedia of Architects. New York/London 1982, S. 234 .
9 David Joseph, Geschichte der Baukunst des 19. Jahrhunderts, 2. Bd. Leipzig 1910; hier zit. n. 1919^2, S. 269. Eine ähnliche Würdigung, daß Ungewitter der erste gewesen sei, der besonders der mittelalterlichen Baukunst um 1850 wieder nachgespürt habe und, daß er mehr Einfluß auf die deutsche Baukunst als Viollet-le-Duc auf die französische genommen habe: A. Steinmetz, Einleitung. In: Carl Schäfer, Von deutscher Kunst. Gesammelte Aufsätze und nachgelassene Schriften, hgg. von H. A. Schäfer. Berlin 1910, S. VII-XVIII, hier S. IXf.
10 Fritz Schumacher, Strömungen deutscher Baukunst seit 1800. Leipzig 1935, S. 53; Ders., Der Geist der Baukunst. Stuttgart 1938 (Neuausgabe 1983), S. 156f.
11 Wolfgang Herrmann, Deutsche Baukunst des 19. und 20. Jahrhunderts, 1. Teil Von 1770-1840. Breslau 1932 (zusammen mit dem zweiten, 1933 unterdrückten Teil: Basel/Stuttgart 1977).
12 Alfred Kamphausen, Gotik ohne Gott. Ein Beitrag zur Deutung der Neugotik und des 19. Jahrhunderts. Tübingen 1952.
13 z.B. Hermann Beenken, Der Historismus in der Baukunst. In: *Historische Zeitschrift* 157 (1938), S. 27-68; Ders., Das neunzehnte Jahrhundert in der deutschen Kunst. München 1944; Ders., Schöpferische Bauideen der deutschen Romantik. Mainz 1952.
14 Paul Frankl, The Gothic. Literary Sources and Interpretations through Eight Centuries. Princeton 1960, S. 714.
15 Emerich Henszlmann, Théorie des proportions appliquée dans l'architecture. Paris 1859; David Ramsey Hay, Proportion or the Geometric Principle of Beauty. London 1843; Eugène Emmanuel Viollet-le-Duc, Dictionnaire raisonnée de l'architecture française du XIe au XVIe siècle, 10 Bde. Paris 1854-1868. Zu Henszlmann: Anna Zádor, Henszlmann and the Theory of Gothicism. In: *Architectural Review* 65 (1966), S. 423-26.
16 Kokkelink, 1968, S. 19.
17 Diese These stützen die Ergebnisse meiner Magisterarbeit: Karen David, Neugotischer Schulbau in Schleswig Holstein. Ausgewählte Beispiele höherer Schulen in Lübeck, Kiel, Schleswig, Flensburg und Husum, unpubl. Magisterarbeit Kiel 1990. Gekürzt als: Karen David-Sirocko, Bauten höherer Schulen in Schleswig-Holstein im Kontext des Historismus und der Neugotik. In: *Nordelbingen* 61 (1992), S. 145-180.
18 z.B.: Leonardo Benevolo, Geschichte der Architektur des 19. und 20. Jahrhunderts. 2 Bde. München 1964; Ludwig Grote (Hg.), Historismus und bildende Kunst. Vorträge und Diskussion im Oktober 1963 in München und Schloß Anif. (Studien zur Kunst des neunzehnten Jahrhunderts Bd. 1) München 1965; Peter Collins, Changing Ideals in Modern Architecture. London 1965.
19 Vorwort der *Entwürfe für Stadt- und Landhäuser,* vgl. auch Vorwort der *Entwürfe zu gothischen Möbeln* (s. Schriftenverzeichnis); Stefan Muthesius, Das englische Vorbild. Eine Studie zur deutschen Reformbewegung in Architektur, Wohnbau und Kunstgewerbe. (Studien zur Kunst des neunzehnten Jahrhunderts Bd. 26) München 1974, S. 83 und S. 85f.
20 Wiederum wird die Einbindung in Theorie-Bestrebungen der ersten Hälfte des 19. Jahrhunderts in Frankreich, England und Deutschland betont, wobei Ungewitter dem Kölner Kreis zugerechnet wird (Schuchard, 1979, S. 31 und 34).
21 Schuchard, 1979, S. 43 und 53f.
22 Hinweise schon bei Germann, 1974, S. 143 und Willy Weyres/ Eduard Trier, Kunst des 19. Jahrhunderts im Rheinland, Bd. 2, Architektur II, Profane Bauten und Städtebau. Düsseldorf 1980.
23 vgl. Lewis, 1993, S. 87-110, 123-37.
24 Valentin Wolfgang Hammerschmidt, Anspruch und Ausdruck in der Architektur des späten Historismus in Deutschland (1860- 1914). Frankfurt/M. 1985.
25 Hammerschmidt, 1985, S. 28 und 54.
26 Hanno-Walter Kruft, Geschichte der Architekturtheorie. Von der Antike bis zur Gegenwart. München 1985, hier 1990^3, S. 364.
27 Willy Weyres, Eduard Trier, Kunst des 19. Jahrhunderts im Rheinland, Bd. 1. Düsseldorf 1980, S. 402.
28 Wolfgang Brönner, Die bürgerliche Villa in Deutschland 1830-1890. Unter besonderer Berücksichtigung des Rheinlandes. (Beiträge zu den Bau- und Kunstdenkmälern im Rheinland Bd. 29) Düsseldorf 1987, S. 122.
29 z. B. Harold Hammer-Schenk/ Günther Kokkelink, Vom Schloß zum Bahnhof. Bauen in Hannover. Zum 200. Geburtstag des Hofarchitekten G. L. F. Laves 1788-1864. Ausstellungskatalog, Institut für Bau- und Kunstgeschichte der Universität Hannover. Hannover 1988, S. 459.
30 Zu der nur eingeschränkt sinnvollen Behandlung der Architektur des 19. Jahrhunderts unter dem Aspekt der Ikonologie vgl. auch: Hans Knauß, Zweckbau - Architektur zwischen Repräsentation und Nutzen. (tuduv-Studien Reihe Kunstgeschichte Bd. 5) München 1983.

I. Biographie

Wanfried 1820-34

Georg Gottlob Ungewitter verbringt seine Kindheit in der hessischen Handelsstadt Wanfried an der Werra (Kr. Eschwege), wo er am 15. September 1820 als Sohn des Kaufmanns und Tabakfabrikanten Johann Martin Justus Ungewitter (1785-1845) und dessen Frau Marie Juliane Elisabeth (1797-1852), geb. Hohmann[1], geboren wird *(Abb. 1)*. Ungewitter hat noch eine Schwester Mathilde. Bis heute sind in Wanfried, das bis in das 19. Jh. hinein als Endhafen der Weser-Werra-Schiffart eine wichtige Funktion für den Güterumschlag innegehabt hat, viele aufgrund des handelsbedingten Wohlstandes errichtete Fachwerkhäuser erhalten geblieben. Eines von ihnen hat die Familie des Architekten noch bis 1984 in direkter Generationenfolge bewohnt *(Abb. 2)*.[2] Eine Inschrifttafel an dem stattlichen Haus in der Schlagdstraße 16 verweist darauf, daß dies das Geburtshaus des "Meisters der gotischen Baukunst" ist. Entsprechend dem familiären Hintergrund wächst er mit evangelischer Konfession auf.

Abb. 2) Geburtshaus Ungewitters, Wanfried

Die hessische Linie geht auf Christoph Ungewitter, Pfarrer zu Schwarzenhasel (1638-1696), zurück.[3] Dessen Nachfahren stellen in Hessen hohe Geistliche, Beamte und Juristen, z. B. war der Urgroßvater des Architekten, Superintendent Reinhard Christoph, zugleich Konsistorialrat und Oberhofprediger in Kassel (1715-1784). Der Vater des Neugotikers ist - ebenso wie sein Bruder Johann Georg Ernst (1786-1845) - gelernter Kaufmann. Beide treten als Rittmeister in das Kürassier-Regiment unter Jérôme Bonaparte, dem jüngsten Bruder Napoleons I. ein, der von Dezember 1807 bis Ende Oktober 1813 in Kassel auf der Wilhelmshöhe - in Napoleonshöhe umbenannt - residiert hat. Am 21. November 1813 kehrt der 70jährige Kurfürst Wilhelm I. (gest. 1821) unter dem Jubel der Bevölkerung zurück, nachdem sich Jérôme wegen Verschwendung rasch unbeliebt gemacht hat. Am 1. Juli 1815 gründen die Brüder Ungewitter ein "Speditions- und Kommissionsgeschäft" in Wanfried, dem 1820 eine Tabakfabrik angeschlossen wird.[4] Der Familienzweig, dem der Architekt angehört, scheidet am 12. März 1848 vertraglich aus dem Geschäft aus.

Durch seinen Vater wird Georg Gottlob, der einen lebhaften Charakter hat, so weit unterrichtet, daß er für den Besuch einer polytechnischen Schule ausreichend vorbereitet ist.[5] Nach seinem ersten Schulbesuch in Wanfried hätte Ungewitter ebenfalls eine kaufmännische Laufbahn einschlagen sollen, wovon die Familie schließlich aufgrund seines starken Interesses für die Baukunst absieht.[6] Im Elternhaus ist man also um die Bildung des Sohnes sehr bemüht, wenngleich seine Neigungen sich nicht in die erhoffte Richtung entwickeln.

Kassel 1834-37

Mit vierzehn Jahren siedelt Ungewitter für dreieinhalb Jahre (1834-37) in die Residenzstadt Kassel über. Die Zeit von 1830-50 bringt viel Unruhe mit ihren Verfassungskämpfen, dem mehrfachen Wechsel der Regierung sowie zahlreichen Aufständen. Zugleich setzt ein wirtschaftlich-industrieller Aufschwung ein[7], dem u. a. auch die Gründung einer polytechnischen Schule Rechnung trägt. Geschichts- und Kulturbewußtsein konzentrieren sich in neugegründeten Vereinen, so werden beispielsweise 1834 der Verein für hessische Geschichte sowie der Kunstverein ins Leben gerufen. Mit dem Abschluß der ersten Studien Ungewitters 1837 endet auch die erste Amtsperiode des konservativen Ministers für Justiz und Inneres Ludwig Hassenpflug, der für Ungewitter später eine entscheidende Rolle spielt. Die Bautätigkeit unter Kurfürst Wilhelm II. (reg. ab 1821) nimmt stark zu, z.B. läßt er die Wilhelmstraße als Anfang eines neuen Stadtteils, der Wilhelmstadt im Nordwesten der hugenottischen Oberneustadt, anlegen. Seit dem Reichsdeputationshauptschluß 1803 als Kurfürstentum anerkannt, liegt der künstlerische Schwerpunkt auf der imperialen Repräsentation, die auf römische, aber bald auch griechische Vorbilder zurückgreift.[8]

In Kassel besucht Ungewitter sowohl die höhere Gewerbeschule als auch die Akademie.[9] Seit 1777 besitzt Kassel eine “Académie de Peinture et de Sculpture”, der 1781 auf Veranlassung des Landgrafen Friedrich II. von Hessen-Kassel eine “Académie d' Architecture” angeschlossen wird. Im Jahr 1800 löst Oberhofbaurat Heinrich Christoph Jussow (1754-1825)[10] Louis Simon dy Ry als Direktor der Bauakademie ab. Unter Jussow vollzieht sich ein Wandel vom Spätbarock zum Klassizismus, auch dieser von französischem Einfluß geprägt. Ankäufe für die Bibliothek schöpfen das bibliographische Angebot vollständig aus, zusätzlich werden Zeichnungen, Abgüsse, Veduten und Modelle erworben.[11] Ab 1804 sieht der Lehrplan - bei einem Stand von etwa 90 Schülern - sechs Klassen mit vier Wochenstunden pro Fach (Malerei, Plastik, Architektur) vor, nur in der ersten Klasse werden noch acht Stunden Zeichnen zusätzlich erteilt. Der Lehrplan ist folgendermaßen eingeteilt: 1. Klasse: Zeichnen nach dem Leben, 2. Klasse: Zeichnen nach Gips, 3. Klasse: Perspektive, 4. Klasse: Ornamente (seit Januar 1806), 5. Klasse: Anfangsgründe des Zeichnens, 6. Klasse: Anfangsgründe der Baukunst.[12] Für die Ausbildung stehen Gipsabgüsse von Antiken, von den fünf Säulenordnungen mit dazugehöriger Ornamentik, Brücken- und Schleusenmodelle, Kupferstiche mustergültiger Bauwerke aus Italien, Frankreich und Deutschland zur Verfügung. Ab 1806 wird eine Klasse für Ornamentzeichnen eingerichtet, der der Hofbildhauer Johann Christian Ruhl (1764-1842) vorsteht. Auf diesem Wege sollen die korrekte Formkenntnis gefördert und eine gut ausgebildete Handwerkerschaft in Kurhessen herangezogen werden. Für die Anfangsgründe des Zeichnens wurde J. N. L. Durands “Recueil et parallèle”[13] als Lehrbuch zugrunde gelegt. Lehrplan und Studienorganisation lehnen sich an die Pariser Ecole Royale d'Architecture an (ab 1823 Ecole des Beaux-Arts).

An der Akademie unterrichtet 1832-40 Hofbaudirektor Julius Eugen Ruhl, der Sohn des obengenannten Bildhauers (1796-1871)[14], Architektur. Er führt 1834-36 mit seinem Ständehaus die Neorenaissance als Alternative zu dem bisher dominierenden Klassizismus in Kassel ein. Die anderen Bereiche decken Werner Henschel (Plastik) und Emil Grimm (Malerei), der jüngere Bruder der Märchenverfasser, ab, womit Biedermeier, Nazarenertum und der sog. ‘Eklektizismus’ (gemeint ist stilistische Vielfalt) das Klima bestimmen.[15] Ruhls Schüler, unter ihnen Ungewitter, zeichnen unter anderem gotische Bauten nach Musterbüchern sowie Vorlegeblättern, die dieser zuvor in Berlin bestellt hat. Insbesondere in der Lehre Ruhls deutet sich eine Alternative an, indem er die gesamte Bandbreite historischer Stile als Vorlagen für eigenes Bauen ausschöpft, wobei die italienische Frührenaissance und der ‘Rundbogenstil’ dominieren, aber auch die anglisierende Neugotik ihren Platz hat.

Architektur wird des weiteren durch den streng klassizistischen Johann Heinrich Wolff (1792-1869)[16] gemäß seinem eigenen Vorschlag durch Nachzeichnen und Tuschen von Ornamenten vermittelt, bevor es an das Komponieren von Gebäuden aller Art, besonders zu staatswirtschaftlichen Zwecken, geht.[17] Dies ist die übliche Ausbildungsmethode, bei der für die mittelalterliche Architektur inzwischen Werke wie Paul Deckers “Gotisches Musterbuch” (1759) oder Hoffstadts “ABC” (1840-45) verfügbar sind, nach denen an der Kasseler Akademie aber offenbar nicht studiert wird. Wolff ist seit 1819 Assistent von Bromeis, ab 1821 Lehrer und seit 1832 Professor an der Akademie.

Im Jahr 1832 wird auch der Stundenplan der Akademie durch Bromeis[18], dem Direktor der Architekturabteilung bis 1853 (sein Amt wird nicht wiederbesetzt), umstrukturiert.[19] Dies erfordert die Einrichtung der höheren Gewerbeschule. Die Anzahl der Unterrichtsstunden erhöht sich auf sechs pro Woche und Lehrer, ebenso die Zahl der Schüler auf fast 200 im Jahr 1834, als auch Ungewitter eintritt. Bis 1843 halbiert sich die Zahl wieder auf etwa 128. 1839 versucht man, sich die auf dem Gebiet des Zeichenunterrichtes konkurrierende höhere Gewerbeschule einzuverleiben. Die Schüler der Architekturabteilung an der Akademie sind meist Lehrlinge des Baugewerbes, fast nie Architekten.

Ungewitter besucht zugleich die im Dezember 1832 eröffnete höhere Gewerbeschule[20], deren Lehrpersonal teilweise identisch mit demjenigen der Akademie ist. Bis 1849 bleibt die Einrichtung eine Gewerbeschule mit den Lehrfächern der Realschule unter stärkerer Betonung der Naturwissenschaften; zusammenhängende Vorlesungen über Bauwissenschaften oder Konstruktionsübungen werden nicht angeboten, es wird lediglich lineares Zeichnen durch Kopieren von Vorlegeblättern eingeübt. Für Ungewitter ist der bereits genannte Johann Heinrich Wolff als Lehrer für architektonisches und kunstindustrielles Zeichnen maßgeblich. Wolff - Architekt und Architekturschriftsteller - hat 1814 bei Percier an der Ecole-des-Beaux-Arts studiert; 1816/17 folgt ein Rom-Aufenthalt. Von Wolff sind im Jahr 1830 "Über Plan und Methode der Ausbildung in der Baukunst" sowie im Jahr 1834 "Beiträge zur Ästhetik der Baukunst" erschienen, das letztere wird grundlegend für Böttichers "Tektonik der Hellenen" 1843-52; eine Schrift, die Ungewitter später in seinem eigenen Unterricht verwendet. Wolff hat zudem 1835 ein "Handbuch der höheren Kunstindustrie für Gewerbetreibende und Künstler sowie für Lehranstalten" herausgegeben. Nach der Wahl des Baufaches erweist sich Ungewitter an der polytechnischen Schule von schneller Auffassungsgabe und großem Fleiß.[21] Durch seine Lehrer findet zunächst an der höheren Gewerbeschule Kassel eine Berührung mit streng klassizistischer Architektur statt.

München 1837-40

1837 wendet sich Ungewitter nach München, das insbesondere unter Ludwig I. zu einer Kunstmetropole europäischen Ranges aufsteigt. Die drei Jahre dort nutzt Ungewitter auch zu Reisen in Deutschland.[22] Er studiert 1837-38 an der renommierten Akademie der bildenden Künste bei Friedrich von Gärtner (1792-1847).[23] Die unter Ludwig I. angegliederte Bauakademie übt gerade unter dessen Direktorat starke Anziehungskraft aus[24]; in der Architektursektion studieren neben anderen 1825 Semper, 1828 Bürklein, oder später 1840-42 Hase. Gärtner bemüht sich während seiner sechsjährigen Amtszeit als Direktor um Reformen, die er jedoch wegen der Verschiedenheit der Interessen nicht durchgreifend umzusetzen vermag.[25]

Während der Studienzeit Ungewitters entstehen die wichtigsten Bauten in der Ludwigstraße: 1832-43 Staatsbibliothek, 1833-35 Blindeninstitut, 1835-40 Universität, 1838-43 Gebäude der Salinendirektion, 1840-44 Feldherrnhalle. Darüber hinaus werden die ersten großen Restaurierungen mittelalterlicher Dome unter Gärtners Leitung in Angriff genommen, so am Dom zu Regensburg 1834-39 und am Dom zu Speyer ab 1840. Gärtner strebt zwar die Rückführung auf den ursprünglichen Zustand an, verfährt dabei jedoch moderater als z. B. der Nürnberger Neugotiker Alexander Heideloff, der bis 1833 die Bauleitung zur Restaurierung des Bamberger Doms innegehabt hat und eine strikte Regotisierung fordert. Gärtner wird auch das neu eingerichtete Amt eines "Generalsekretärs der plastischen Baudenkmale Bayerns" übertragen. An der Akademie vertritt er die Lehre in Baukonstruktion und -geschichte, Formenlehre sowie in der praktischen Ausbildung. Er berücksichtigt verschiedene Stile als Vorlage und proklamiert einen unbefangenen Gebrauch der historischen Formen im eigenen Schaffen, was er oft mit seinen eigenen Bauten im Unterricht illustriert.[26]

Ungewitter arbeitet parallel dazu drei Jahre lang im Atelier Friedrich Bürkleins, dessen Architektur er - wie den übrigen Münchner 'Rundbogenstil' - später rundweg ablehnt. Er gewinnt hier allerdings wichtige praktische Kenntnisse und Erfahrungen sowie eine vertiefte Ausbildung, wie ihm sein Lehrherr später bescheinigt. Er hat

> *[...] während der Dauer von 3 Jahren sowohl im ästhetischen als auch konstruktiven Theile der Architektur Unterricht erhalten, und bey ausgezeichneten Fähigkeiten und rastlosem Fleiße die glänzendsten Fortschritte gemacht [...]*[27]

Friedrich Bürklein (1813-1872) hat selbst 1828 an der Münchner Akademie studiert, bevor er in Gärtners Atelier eingetreten ist. Er vertritt ihn im Unterricht und übernimmt Planung nebst Bauführung des Salinendirektionsgebäudes. Nach eigenen Entwürfen entstehen zahlreiche Privatbauten in München und Umgebung sowie auch der Hauptbahnhof München 1848-50, bevor er sich ab 1852 den Bauten der Maximilianstraße widmet (z.B. Regierungsgebäude 1858-64, Entwurf zum Maximilianeum 1857-61). Bürklein gehört zu den erfolgreichsten und namhaftesten Schülern Gärtners.

Mit der Entscheidung für München orientiert sich Ungewitter gezielt an einem der künstlerischen Zentren zur Fortsetzung seiner Ausbildung, wodurch ein hoher Qualitätsanspruch in der Wahl der

Lehrer sowie des Ausbildungsortes deutlich wird. In der dortigen Lehre und Architektur wird zwar die stilistische Bandbreite des Historismus weit ausgeschöpft, innerhalb derer herrscht aber dennoch Gärtners romanisierender 'Rundbogenstil' vor. Erstmals kommt er mit der Gotik direkt in Berührung, insbesondere durch die Restaurierungen mittelalterlicher Dome. Die Behauptung, daß er sich schon der "Schalheit" des "modernen Lebens" bewußt wird, und die Gotik als einzigen Ausweg für einen Neubeginn ansieht[28], darf angesichts seines eigenen Frühwerks bezweifelt werden.

> *Das frostige, antikisierende Wesen, welches an der Kasseler Schule, wie damals fast allerwärts, unbedingt dominirte, war dem Naturelle Ungewitters zuwider, oder gewährte ihm doch keine Befriedigung; der Münchner Eklektizismus gestattete ihm wenigstens, auch mit romanischer und gothischer Formgebung sich einigermaßen bekannt zu machen und so die in ihm liegenden Keime zur Entwickelung zu bringen.*[29]

Diese Einschätzung August Reichenspergers trifft den Sachverhalt genauer, indem die Bandbreite der stilistischen Ausbildung in München gesehen wird. Einige Ideen aus dieser Zeit bleiben in Ungewitters weiterem Schaffen wirksam: In späteren Restaurierungen erweist sich der hessische Architekt nicht als dogmatischer Regotisierer - wie etwa Heideloff -, wie er überhaupt selten dogmatisch in der gotischen Formenausführung ist. Erstmals kommt er bei Gärtner auch mit der Idee des backsteinsichtigen Bauens in Kontakt. Damit markiert die Münchner Zeit den Eifer sowie die tiefe Überzeugung, der das Ungewittersche Schaffen entspringt.

Kassel 1840-42

Im Anschluß an die Münchner Jahre legt Ungewitter am 6. Mai 1840 in Kassel die kurhessische Bauelevenprüfung vor einer Prüfungskommission ab, der Bromeis, der Geh. Oberbaurat Johann Conrad Rudolph (1784-1844), Lange und Burhenne angehören. Besonders zeichnet er sich im Entwerfen und Zeichnen von Baurissen aus.[30] Infolgedessen wird er am 13. Mai des folgenden Jahres als Baueleve bei der Oberbaudirektion zugelassen und praktiziert dort für eineinhalb Jahre.

1842 bittet Ungewitter das Ministerium des Innern um seine Entlassung. Dem liegt folgender Vorfall zugrunde: Schon im Mai hatte er in einem Gesuch an die Oberbaudirektion gebeten, ihn für eine Reise nach Berlin freizustellen. Sein Vorgesetzter Landbaumeister R[udolph] läßt den Vorgang ruhen, um das Vorhaben - nach Mutmaßung Ungewitters - durch eine zu späte Bewilligung zu vereiteln. Also richtet Ungewitter am 9. Juni einen Antrag an das Kurfürstliche Ministerium des Innern, in dem er um Beurlaubung zur Fortsetzung seiner Studien durch eine für seine höhere Ausbildung erforderliche Reise nach Berlin (wo auch Wolff studiert hatte) nachsucht. Er will darüber hinaus wissenschaftliche Verbindungen anknüpfen, die auch für dienstliche Arbeiten nützlich sind und verzichtet auf jegliche Vergütung. Seinem Antrag wird nicht stattgegeben, woraufhin Ungewitter am 14. Juni die Kündigung einreicht; die Entlassung erfolgt prompt zwei Tage später. Seine eigenmächtige Kündigung bedarf in der späteren Bewerbung nach Kassel einer Rechtfertigung:

> *Ein mir vom damaligen Chef der Oberbaudirektion, Herrn Scheffer, aus mir unbekannten Gründen verweigerter Urlaub, den ich zur Fortsetzung meiner praktischen Studien im Ausland wünschte, veranlaßte mich damals, lediglich im Interesse meiner Kunst, aus dem kurhessischen Vorbereitungsdienste zu scheiden.*[31]

Der eigenmächtige und durchaus riskante Bruch mit seinem Dienstherrn verdeutlicht Zielstrebigkeit sowie das - bisweilen harsche - Durchsetzungsvermögen Ungewitters. In dem unbedingten Willen zur Weiterbildung gemäß seinen eigenen Maximen ist eine bemerkenswerte Eigenständigkeit, auch Selbstsicherheit, zu erkennen. Sobald er keine Aussicht auf ein Fortkommen in seinem Sinne mehr sieht, löst er sich aus den gerade angeknüpften Bindungen in Kurhessen.

Hamburg 1842-48

Im Frühsommer des Jahres 1842 begibt sich Ungewitter für sechs Jahre nach Hamburg, wo der Wiederaufbau nach dem Großen Brand ansteht; angesichts der im übrigen geringen Privatbautätigkeit in den 1840er Jahren sieht er hier gute Chancen für private und öffentliche Aufträge. Ungewitter nimmt zunächst für einige Monate eine Stelle im Atelier Johann Hinrich Klees-

Wülberns (1800-45) an.[32] Bald darauf richtet er ein eigenes Büro mit Gustav Ludolf Martens (1818-1872) ein. Die Sozietät führt mehrere Bauten in Hamburg und Norddeutschland aus und nimmt an verschiedenen Konkurrenzen teil (vgl. Kat. 2-13). Nach Ungewitters eigener Aussage hat er sowohl in Hamburg als auch anderen benachbarten Städten an die 24 größere und kleinere Bauten ausgeführt.[33]

Das Büro ist unter zwei Adressen im Neubaugebiet genannt: 1845-47 im Großen Burstah 57, 1848 in der Ferdinandstr. 75.[34] In diese Zeit fällt - aufgrund verschiedener Einflüsse - Ungewitters Hinwendung zum ziegelsichtigen Bauen, auch schon eine deutliche Anlehnung an mittelalterliche Formen. Seine wie auch Martens' Entwicklung vom verputzten zum ziegelsichtigen Bauen verläuft parallel zu anderen Gärtnerschülern, die ebenfalls in Norddeutschland wirken, wie etwa Alexis de Chateauneuf und Georg Friedrich Ziebland in Hamburg oder August Andreae in Hannover.

Theodor Bülaus "Haus der Patriotischen Gesellschaft", das der erste öffentliche neugotische Backsteinbau in Hamburg ist, nimmt Ungewitter später gegen Reichenspergers Kritik in Schutz, indem er auf die widrigen Umstände verweist, gegen die sich Bülau durchsetzen mußte.[35] Bülau und Ungewitter weisen zudem charakterliche Ähnlichkeiten auf: Beide sind sie beharrlich bis hin zum Starrsinn und bekommen Probleme in der Durchsetzung ihrer Vorstellungen, da sie sich wenig kompromißfähig zeigen (vgl. Kat. 1 und Kap. II. 1).

Lübeck 1848/49

Vor den politischen Unruhen weicht Ungewitter im Frühjahr 1848 nach Lübeck aus, wo er die nächsten neun Monate verbringt.[36] In dieser Zeit festigt sich nach eigener Aussage der Wunsch, seine Kräfte dem "eigenen Vaterland" zu widmen und sich ein festes Lebensziel zu stecken; eine Bewerbung als Ingenieur zur kurhessischen Staatseisenbahn hat, trotz einer fast sicheren Zusage vom 15. Mai, allerdings keinen Erfolg.[37]

Die Lübecker Episode gewinnt jedoch eine einschneidende Bedeutung für die Hinwendung zur Gotik, die er dort in zahllosen Beispielen mittelalterlicher Backsteinarchitektur kennenlernen kann:

> *Meine Studien der gotischen Kunst in handwerklicher Beziehung insbesondere wurden dadurch begünstigt, daß ich von Anfang des Jahres 1841 bis gegen Ende 1848 fast ausschließlich mit einem Bau in Lübeck beschäftigt war und es mir somit möglich wurde, das aus den dort so zalreichen mittelalterlichen Arbeiten Erlernte theilweise zu reproduziren. Von da ab habe ich aber ganz und ausschließlich der christlich germanischen Baukunst meine Zeit gewidmet und bin nun von Anfang des Jahres 1849 an mit Herausgabe eines größeren Werkes "Vorlegeblätter in jeder Richtung der baulichen Handwerke", von welchem bereits 5 Hefte erschienen sind, beschäftigt.*[38]

Darüber hinaus bestätigt ihn die Lektüre einer Schrift August Reichenspergers in dem neu eingeschlagenen Weg:

> *Ich muß Euer Exzellenz das Geständniß ablegen, wie ich vor nun etwa 4 Jahren durch Ihre Brochüre "Die christlich-germanische Baukunst und ihr Verhältniß zur Gegenwart" zuerst von der Nichtigkeit all des modernen Plunders, dem ich damals zufolge meiner in München gemachten Schule noch mehr als billig ergeben war, überführt und auf den einzig rechten Weg gebracht wurde.*[39]

Ungewitter wendet sich der Gotik aber nicht nur aus rein theoretischen Erwägungen zu, sondern ebensowohl bedingt durch den unmittelbaren Eindruck mittelalterlicher Architektur in der norddeutschen Hansestadt, wofür Motive wie Staffelgiebel, Blendgliederungen, Backsteinmaßwerk in seinen Entwürfen Belege liefern (vgl. Kat. 1, 4, 13). Details aus Lübeck, die auf minutiösen Studien des Verhältnisses von Form und Material beruhen, finden sich in seinen ab 1849 in Leipzig edierten Schriften wieder.

Leipzig 1849-51

Ungewitter siedelt nach der erfolglosen Bewerbung um eine Einstellung im kurhessischen Hoch- und Straßenbau (für die Main-Weser-Bahn), die von der Oberbaukommission, die 1848 die Oberbaudirektion abgelöst hatte, befürwortet, vom Innenministerium jedoch mangels Bedarfs abgelehnt wird, nach Leipzig über. Er hat von der Aufhebung der Oberbaudirektion infolge eines neuen Verwaltungsgesetzes gehört, weswegen viele Baubeamte bei den einzelnen Behörden angestellt werden sollen, woraufhin er seine bereits mündlich vorgetragene Bitte um eine Anstellung im Hoch- und Straßenbau erneuert und einige Zeugnisse über Staatsexamen sowie später ausgeführte Bauten beilegt.[40] Ungewitter verlegt seinen Wohnsitz im Frühjahr 1849 nach Sachsen, da die geschäftlichen Bindungen in Norddeutschland bereits gelöst gewesen sind. Dort gibt er eigene Schriften heraus, zuerst die "Vorlegeblätter für Ziegel- und Steinarbeiten" sowie "Vorlegeblätter für Holzarbeiten " (vgl. Schriftenverzeichnis). Außer den im Laufe seines Lebens erschienenen zehn Schriften kamen einige weitere Projekte zu Eisen- (1853) und Schmiedearbeiten (1854), über Eisenbahnbauten (1861), zu einer Charakteristik der christlichen Baukunst in Deutschland von den Resten der Römerzeit bis ins 17. Jahrhundert mit den darin hervortretenden provinziellen Eigentümlichkeiten (1861)[41], zu Holzbauten (1861 und 1863) sowie über Kirchenausstattungen (1863) nicht zur Ausführung. Eine kleine Abhandlung über den Gußeisenstil scheint indes im Jahr 1858 erschienen zu sein.[42]

Reichensperger betont, daß Ungewitter immer Theorie und Praxis zu verbinden sucht, um wegweisend und anregend für eine Wiederbelebung der Baukunst, die in das Leben des Volkes Eingang finden soll, zu wirken.[43] Infolge einer Anzeige der Vorlegeblätter, die Reichensperger in das *Kölner Domblatt* gesetzt hatte, tritt Ungewitter an diesen im August 1850 heran; er fühlt sich durch dessen Anerkennung in seinen Bestrebungen ermutigt.[44] Der Kontakt zu Reichensperger bleibt bis zum Tode Ungewitters bestehen.

In den ersten beiden Jahren des Briefwechsels erwähnt Ungewitter vor allem Schriften und Zeitschriftenartikel Reichenspergers[45] bzw. übersetzt dessen Beiträge aus den *Annales archéologiques*, dem maßgeblichen neugotischen Organ in Frankreich. Sie erscheinen dann zum Teil in deutschen Zeitschriften (z.B. der *Zeitschrift für praktische Baukunst*). Ungewitter erhält auch das ab 1851 erscheinende katholische *Organ für christliche Kunst*, das vorerst als einziges deutsches Periodikum die Gotik in den Mittelpunkt rückt.

Obwohl Ungewitter sich als Privatarchitekt niedergelassen hat, erhält er kaum Bauaufträge. Außer dem Wohnhaus mit der Fabrik Schlenk (s. Kat. 16) befaßt er sich mit kleineren Projekten, wie z.B. über lange Zeit hinweg in zahlreichen Entwurfsstadien mit einem Denkmal für C. F. Weiße (s. Kat. 17). Im übrigen nimmt er unermüdlich für eigene Studienzwecke ältere Baudenkmäler auf. Über sein Leben in Leipzig ist nichts zu ermitteln, noch nicht einmal eine Adresse.[46] Er wendet sich gegen jedes "Gefasel über 'Weltanschauung'", sondern sucht sich stattdessen Sachkenntnis zu verschaffen, wobei "man in jetziger Zeit viel zu leiden hat, wenn man beim Baue eines gothischen Wohnhauses von der sog. modernen Eleganz abgehen und sich dem Alten zuwenden will".[47] Mit der Konzentration auf den gotischen Stil treten in Leipzig, wie schon in Norddeutschland, Schwierigkeiten auf, diese Formen und Ideen an Bauherrn zu vermitteln. Ungewitter beklagt sich bitter über die Isoliertheit, welcher ein ernsthafter Neugotiker verfallen sei.[48] Gotik ist auch für ihn die christliche Kunst schlechthin. Vor diesem Erfahrungshintergrund knüpft er in Leipzig zunächst eng an die Kölner neugotische Bewegung an, wobei er sich mit seinem Standpunkt ausdrücklich auf die konservative und vielerorts unpopuläre Seite der Diskussion um den geeigneten architektonischen Stil stellt; eine Diskussion, die um die Jahrhundertmitte ihren Höhepunkt erreicht.

Durch die sehr ungünstige Beurteilung selbst der Schinkelschen Gotik in Erfurt oder der des Gropius in Freiburg, die mit dem "obligaten Weiß und Gold oder sonstigen Berliner Farben" arbeiten[49], bezieht er eine Position, die kaum Spielraum zuläßt. Selbst archäologisch angelegte Schriften, die sich mit den Formen des Mittelalters befassen (z. B. Hefner, Kirchengeräthschaften), finden keine Anerkennung, da sie eben nicht um eine Wiederaufnahme des gotischen Stils für Neubauten bemüht sind.[50] Die Kompromißlosigkeit seiner eigenen Vorstellungen sowie die scharf formulierte Abwendung nicht nur von Klassizismus und Neurenaissance, sondern auch von zeitgleichen neugotischen Bauten erschweren einen Anschluß in Leipzig.

Kassel 1851-64

Die Lehrstelle in Kassel an der höheren Gewerbeschule tritt Ungewitter im Jahr 1851 mit dezidierter Programmatik an. Am 12. November 1850 bewirbt er sich um die Nachfolge Ernst Kochs (gest. 19. Oktober 1850) als Lehrer für Konstruktions-, Materiallehre und Hochbau an der höheren Gewerbeschule Kassel mit folgendem Anschreiben:

Wenn es eine allgemeine Wahrnahme ist, daß in den arbeitenden Klassen und den Bau-Handwerkern insbesondere von Liebe zu ihrer Arbeit, von einer besonderen Ehre, welche sie in eine kunstreiche Vollendung derselben setzen sollten, die Rede nicht mehr ist, so daß die armen Leute oft, gerade durch diese innere Leere auf allerhand törichte Ideen und auf Wege gebracht werden, die sie von ihrem eigenen Heile immer weiter entfernen; so dürfte die Ursache solcher Verirrung kaum in etwas anderem als in der Entfremdung der Kunst von dem Handwerk und diese wieder in den Irrungen after-klassischer Richtung gesucht werden, in welcher besonders die Baukunst als in einer Erbschaft der aus der französischen Revolution hervorgegangenen Ideen befangen ist. Bei einer ferneren Beibehaltung dieser Richtung aber ist derjenige Einklang zwischen Kunst und Handwerk der in einem beiderseitigen Gedeihen unerläßlich ist, nicht zu erzielen, in dem die sogenannte klassische Kunst gerade Wirkungen anstrebt, die mit den in Deutschland vorhandenen Materialien und der durch diese bedingten Arten der Arbeiten, unmöglich in Wahrheit erreicht werden können. Nur durch eine Wiederaufnahme der gotischen Baukunst aber mag das oben angedeutete Ziel erreicht werden, da schon der historische Beweis vorliegt, daß mit dem Verlassen derselben gerade auch die künstlerische Durchbildung des Handwerks verloren ging und der Richtung, aus welcher sich die moderne Zerfarenheit entwickelte, Tor und Tür geöffnet ward. An fast allen jetzt bestehenden Bildungsanstalten, Akademien, Gewerbeschulen, u.s.w. aber wird das Studium der mittelalterlichen Architektur aus Gründen, welche nicht weiter erwähnt zu werden brauchen, gänzlich vernachlässigt, und hat wol unter der kleinen Zal derer, die jetzt dieser heiligen Sache folgen, nicht einer solchen Anstalten das mindeste zu danken. Es dürfte aber eine Stelle wie die erledigte besonders deshalb zur Anstrebung jenes Zieles als eine geeignete erscheinen, weil die gotische Kunst gerade unmittelbar aus der Konstruktion hervorgegangen und jede Konstruktion im höheren Sinne werthlos ist, insofern sie nicht dazu dient, etwas Kunstmässiges zu produciren.[51]

Damit hält Ungewitter seine Ansichten nicht zurück, sondern begibt sich offen in die schon abzusehende Konfrontation. Er betont abermals den Wunsch, seine Fähigkeiten in den Dienst seines Heimatlandes zu stellen, wobei er für seinen künstlerischen Standpunkt Schutz und Würdigung erhofft. Die Oberbaukommission warnt denn auch in einem Schreiben vom 24. Januar 1851 vor der Einseitigkeit des Ungewitterschen Unterrichts; man fürchtet, daß er keine ausreichend gründlichen Kenntnisse aller Unterrichtsbereiche, besonders der Bauwissenschaften, besäße. Daß er dennoch auf Beschluß des Ministeriums des Innern vom 4. Februar 1851 mit dem Unterricht in den Bauwissenschaften betraut wird, hat er offenkundig der Fürsprache Reichenspergers[52] zu verdanken. Daß Ungewitter von dessen diesbezüglichen Bemühungen wußte, läßt sich nur vermuten. Ab 1851 werden Reichenspergers Schriften zwar noch gelegentlich erwähnt, den Hauptanteil nimmt jetzt aber die Auseinandersetzung mit anderen Werken ein. Ungewitter muß nun eigene Unterrichtskonzepte entwickeln, wobei er eine große Bandbreite an Lehrinhalten abzudecken hat. Ungewitter wird damit selbständig und löst sich von Köln innerlich wieder. Nichtsdestoweniger kann er sich mit dem konservativen Minister Hassenpflug und dem orthodox lutherischen Kirchenvertreter F. A. C. Vilmar[53] am ehesten verständigen (s. u.).

Nachdem man zunächst am 28. November 1850 dem Bruder des Verstorbenen, Wilhelm Koch, die Stelle provisorisch übertragen hat, was am 4. Februar 1851 zurückgenommen wird, erhält Ungewitter am 29. März 1852 eine provisorische Anstellung als ordentlicher Lehrer mit einem Gehalt von 400 Talern pro Jahr. Erst am 24. Januar 1856 erfolgt eine definitive Anstellung, zwei Jahre später eine Gehaltserhöhung auf 600 Taler, die das Innenministerium am 11. März 1858 genehmigt.

Ungewitters Beginn der Lehrtätigkeit am 1. März 1851 wird von günstigen Umständen begleitet. Eine bereits lange diskutierte Reorganisation der höheren Gewerbeschule[54] konnte 1849 bereits in Kongruenz zu seinen Vorstellungen begonnen werden, wobei die Anforderungen insgesamt steigen. Die allgemeine geistige Ausbildung soll verbessert werden über die Einrichtung des Fachklassen-Systems. Es sind 109 Baueleven, die ihr Examen abgelegt haben, vorhanden, von denen zwei jetzt noch weiter die Schule besuchen wollen. Die Mehrzahl ist für den Eisenbahnbau ausgebildet, nur vier Schüler beabsichtigten, eigentlich Architekten zu werden. Ungewitter beklagt sich, daß Wolff nur zwei Wochenstunden Entwerfen von Werken höherer Baukunst gelehrt habe und mit demselben Zeitansatz die Architekturgeschichte vermitteln wollte. Wolff habe außerdem lediglich aus seinen an der Berliner Bauschule gefertigten Skripten diktiert. Die Gotik ist offenbar gar nicht behandelt worden, weswegen Ungewitter in einer Eingabe an das Ministerium hier einen Schwerpunkt setzen will - leider unter Vernachlässigung aller anderen Epochen.[55] Er möchte auch die Prüfung verschärfen, um die Zulassung zu erschweren.[56] Bis zum Mai 1851 ist die Reorganisation zu Ungewitters Zufriedenheit abgeschlossen.[57]

Der Studienplan für Architekten sieht im ersten Jahr naturwissenschaftliche Fächer (Mathematik, Geometrie, Physik, Chemie, Mineralogie), Sprachen (Deutsch, Französisch oder Englisch), Geschichte und Zeichnen vor. Im zweiten Jahr schließen sich Mechanik, Laborpraxis, Geognosie (= Geologie) und Geographie an. Erst im dritten Jahr werden Geschichte der Baukunst, Baumaterialien- und Konstruktionslehre, Ästhetik der Baukunst, Maschinenkunde, Statistik gelehrt.[58] Die Schule wird insgesamt aufgewertet, wobei gerade Ungewitter mit dem Unverständnis vieler Kollegen zu kämpfen hat, die nicht verstehen, wieso ein protestantischer Lehrer an der Rückkehr in die Zeit der "tiefsten mittelalterlichen Verfinsterung" Gefallen finden kann.

Ungewitter kann über seine umfassenden Lehrgebiete eine breite Wirkung entfalten, nachdem Wolff ausgeschieden ist.[59] Er erteilt mit 17 Wochenstunden doppelt so viel Unterricht wie die Professoren an der Akademie.[60] Er lehrt die Konstruktions- und Materialienlehre, das architektonische Zeichnen (freie Entwürfe nach gegebenen Programmen), die Perspektive (Schwergewicht auf Darstellung architektonischer Formationen), die Geschichte der Baukunst (Ägypter, Griechen[61], Etrusker), die Anfänge der christlichen Baukunst, germanische (=gotische) Architektur in Deutschland, die Baukunst in England, die Wiederaufnahme der Antike in Italien, das Wiedererwachen der christlich-germanischen Bauweise (Vollendung des Kölner Doms). Dazu gehört gleichermaßen eine Beurteilung von Bauten der Neuzeit. Darüber hinaus läßt er Studien mittelalterlicher Bauwerke, vor allem hessischer, auf zahllosen Exkursionen anfertigen.[62]

Den tragenden Grundgedanken dieses Lehrprogramms drückt Ungewitter folgendermaßen aus:

> *In der festen Überzeugung, daß nur durch ein kräftiges Zusammenwirken aller Faktoren also auch der Kunst unser Volk von den Verirrungen der neueren Zeit auf den rechten Weg zurück gefüret werden kann [...]*[63]

Anfänglich reagieren die Schüler ablehnend auf den andersartigen Unterricht - sie beschimpfen Ungewitter als "Mucker und Jesuit"[64] -, was sich aber rasch legt. Er beginnt eben nicht mit dem Nachzeichnen der Fragmente römischer Bauten oder dem Erlernen der fünf Säulenordnungen, so daß nicht, wie Hehl formuliert,

> *[...] aus dem zusammengetuschten Vorrathe einzelne Theile aus ihrem Zusammenhange herausgerissen monoton zusammengestellt und etwas Neues aus dem betreffenden Style geschaffen wird, sondern es wird einfach mit dem Construiren begonnen.*[65]

Dem Vorwurf der Einseitigkeit ist die Erziehung zur Selbständigkeit entgegenzuhalten, indem statt der üblichen Kopien eigene Entwürfe gefordert werden. Dies macht letztlich die Überlegenheit der Ungewitterschen Schule gegenüber vielen zeitgenössischen Lehrmethoden aus, was auch die Tatsache belegen kann, daß Georg Moller sich schon bald die Ungewittersche Methode aneignet. In Kassel findet die bevorzugte Behandlung der Gotik keinerlei Resonanz, es wird stattdessen immer wieder der Vorwurf der Einseitigkeit durch die staatlichen Baubeamten vorgetragen.[66] Der seit dem 6. Februar 1851 im Amt befindliche Direktor der höheren Gewerbeschule, Johannes Hehl, weiß hingegen die Pflichttreue, Arbeitsamkeit und Befähigung Ungewitters durchaus zu schätzen.

Ungewitter versucht immer wieder, für seinen Unterricht die entsprechende Literatur sowie Abgüsse gotischer Details anzuschaffen. In der Architekturabteilung werden 1878 mehr als 320 Bände gezählt, worunter deutsche, englische, französische Bücher sind.[67] Die Anschaffung von Werken wie der Monographie von Schmitz über den Kölner Dom oder Viollet-le-Ducs "Dictionnaire raisonné" ist mit Sicherheit Ungewitter zuzuschreiben. Er selbst erwähnt u.a. Abgüsse von Details und Faksimiles des Kölner Domes. Er beschwert sich auch über die Ankaufspolitik seiner Vorgänger.[68] Für die Lehre vom Mittelalter muß überhaupt erst Unterrichtsmaterial angeschafft werden, bisher gibt es von Korkmodellen der Säulenordnungen bis zu Durands Werk nur klassisch-griechische oder römische Vorlagen.

Nachdem in Hessen durch die 1840er Jahre hindurch öffentliche Bauten im 'Rundbogenstil' und verputzte Wohnhäuser mit sparsamen klassizistischen Dekorformen errichtet werden, kommt neugotische Architektur über die Landschaftsgärten erst mit dem Wirken Ungewitters zum Durchbruch. Unmittelbar vorher und noch gleichzeitig wirkt der Lehrer Friedrich Lange, der aber wenig baut; stellvertretend sei die ehem. chirurgische Klinik in Marburg aus dem Jahr 1856 genannt.[69] Er ist für Restaurierungsmaßnahmen bekannt (vgl. Kap. II. 4). Akademielehrer wie Julius Eugen Ruhl lassen zwar von ihren Schülern Entwürfe nach Bauaufnahmen alter hessischer Architektur verfertigen, leisten auch selbst Beiträge zur Aufnahme von Denkmälern, übernehmen jedoch nichts davon in die Entwurfspraxis.[70] Am 26. Oktober 1853 übernimmt Ruhl das Amt des Oberbaudirektors, zugleich wird er zum Vorsitzenden der Oberbaukommission und zum Referenten im Justiz- und Kriegsministerium ernannt.[71]

Die politische Situation ist durch eine weitere restaurative Periode gekennzeichnet, die in Kurhessen in einer zweiten Amtsperiode Ludwig Hassenpflugs (1794-1862)[72] von 1850-55 Gestalt annimmt. Hassenpflug ist für die Ministerien für Inneres sowie für Justiz zuständig. Die Stände sind gegen ihn, der als Inbegriff der Reaktion gilt.[73] Ungewitters Berufung findet in eben diesem politischen Umfeld statt. Nicht nur, daß Hassenpflug wie Reichensperger Jurist ist, auch die christlich-konservative Grundhaltung verbindet sie (z.B. die Idee des 'christlich-germanischen' Staates, die Forderung nach Rückkehr zum Ständestaat). Kirchenpolitisch bestimmt Vilmar mit dem Streben nach Stärkung des autoritären Elementes in der Kirche und ihrer Eigenständigkeit das Geschehen. Es ist auffällig, daß Ungewitters Neugotik in diesem politischen Klima und besonders im Kirchenbau sich durchzusetzen vermag.

Über Ungewitters Privatleben liegen kaum zeitgenössische Aussagen oder Unterlagen vor. Am 15. September 1852 heiratet er Albertine Elise Landré (1831-1903), die Tochter eines Kasseler Rittmeisters. Aus der Ehe gehen fünf Töchter Frieda, Henriette, Marie, Ottilie, Lilli und ein Sohn Karl, der am 7. Juni 1864 geboren und später im Ausland verschollen ist, hervor. Wohnhaft ist die Familie von 1854-57 im Holländischethor 22 1/2, an der Chaussee.[74] In unmittelbarer Nähe der Wohnung dürfte auch das Atelier lokalisiert gewesen sein; dort haben sich, sobald Ungewitter von einer Reise zurückgekehrt war, seine Familie und seine Schüler zu einem ersten Bericht eingefunden.

Es werden zunächst einige kleine Aufgaben an ihn herangetragen. Davon erwähnt er selbst Ladeneinrichtungen.[75] Im Jahr 1852 wird Ungewitter im April/Mai mit einem Gutachten über einen durch den Kasseler Regierungsbaumeister entworfenen Plan zur Erweiterung der Stadt an städtebaulichen Fragen beteiligt.[76] Zu dem aufgrund des bergigen Geländes schwierigen Anschluß an ältere Stadtteile legt der "rühmlichst bekannte Professor Ungewitter" das beste Gutachten vor. Da kein Beschluß erreicht wird, bleiben die Projekte liegen.[77] Ungewitter bemängelt vor allem, daß in dem Plan keine Kirche vorgesehen ist, was aber aus moralischen Gründen dringend erforderlich sei. Analog zur geschlossenen Bebauung der Oberneustadt entstehen seit den 1850er Jahren - gemäß der von 1784 bis 1874 gültigen kurhessischen Bauordnung - dicht an dicht gesetzte vierstöckige Gebäude, bevor eine neue Bauordnung im Jahr 1874 die geschlossene Bebauung verbindlich festschreibt.

1854 erhält Ungewitter das Angebot, die Nachfolge Friedrich Eisenlohrs (gest. 27. Feb. 1854) am Karlsruher Polytechnikum anzutreten.[78] Heideloff empfiehlt ihn nachdrücklich, nachdem beide sich 1853 in Leipzig kennengelernt hatten.[79] Es soll ausdrücklich keine Entscheidung gefällt werden, bevor nicht ein Vorschlag und ein Urteil Heideloffs vorgelegen haben, um die Stelle im Sinne Eisenlohrs neu zu besetzen. Professor Koogmann leitet die Verhandlungen und zwei Herren mit Namen Keller und Werner wollen Ungewitter in seiner Amtsausübung in Kassel kennenlernen. Es kommt zu Meinungsverschiedenheiten mit letzteren, die schließlich auch zum Bruch mit dem Ungewitter wohlgesonnenen Koogmann führen. Ungewitter reagiert verbittert.[80] Die Möglichkeit einer Anstellung als "Ingenieur-Assistent 1.Klasse" bei der österreichischen Nordbahn 1855/56 zerschlägt sich ebenfalls. Ab 1856 kann Ungewitter endlich mit Aufträgen der evangelischen und katholischen Kirche eigene Bauten ausführen.

Im Herbst 1859 führt ihn eine Studienreise nach Belgien und Frankreich. Während dieser Zeit (1859-64) wohnt er Cölnische Thor 44, im oberen grünen Wege.[81] Im Jahr darauf reist er wiederum nach Frankreich und trifft Viollet-le-Duc. Noch immer bemüht sich Ungewitter um einen beruflichen Wechsel: 1861 besteht Aussicht auf eine einträgliche Anstellung in Lippe-Detmold, die sich aber ebenfalls zerschlägt.[82] Auch die Bewerbung um die Stelle als dritter Lehrer für Baukunst am Polytechnikum Hannover im Herbst 1862 bleibt erfolglos. Im Frühjahr 1862 reist er nach Innsbruck als Preisrichter im Wettbewerb um den dortigen Rathausneubau, wofür er schließlich ein eigenes Projekt entwirft (vgl. Kat. 37).

Nachdem man auf Antrag Hehls Ungewitter am 11. Februar 1863 das Prädikat "Baumeister" verliehen hat, wird sogar eine Gehaltserhöhung auf 700 Taler am 6. Januar genehmigt. Im Frühjahr zieht die Familie in eine Wohnung in dem von Ungewitter errichteten Haus Scholl um. Ab dem 20. Juli muß er einen dreiwöchigen Urlaub in einem Seebad aufgrund seiner angegriffenen Gesundheit antreten, dennoch erliegt er im folgenden Jahr am 6. Oktober der Lungentuberkolose.[82a] Er erlebt die mit der Jahreswende 1866/67 eingetretene Einverleibung Kurhessens in Preußen nicht mehr, mit der wieder eine neue Ära beginnt. Ein Überblick zeigt, daß Ungewitters Krankheit und Tod seine Hauptschaffensphase abrupt beenden *(s. S. 27, Fig.1)*.

Entwurf eines Charakterbildes

Abschließend wird versucht, anhand einiger Fundstücke aus den durch Reichensperger herausgegebenen Briefen ein Charakterbild Ungewitters zu entwerfen. Die Lehrtätigkeit bereitet ihm große Freude, sie ist ihm offenbar auch schon frühzeitig ein wichtiges Anliegen (Leipzig). Bitterkeit empfindet er über diejenigen Schüler, die lediglich zum Examen oder aufgrund anderweitiger äußerer Bedingungen den vorgeschriebenen Kurs besuchen, um dann in den bürokratisierten Staatsdienst zu treten, wo die Kenntnis der Gotik überflüssig oder sogar hinderlich ist. Die Lehrtätigkeit führt trotz anfänglicher Schwierigkeiten rasch zur Bildung der Kasseler Schule, Ungewitters Schüler gehen zu Hase, Oppler, Viollet-le-Duc, E. W. Pugin, Scott, Friedrich v. Schmidt. Damit wirkt er zu einem gewissen Teil an der Konstitution der Neugotik als gotische Bewegung europaweiten Ausmaßes mit. Ein Überblick über seinen Ausbildungs- und Wirkungskreis verdeutlicht zudem seine überregionale Bedeutung für die deutschen Länder *(Abb. 3)*.

Besonders wirksam kann er seine Ideen im eigenen Atelier vermitteln; hier ist er der echte Meister alten Schlages, er muntert die Schüler mit humoristischen Einfällen auf, spornt ihren Wetteifer an. An seine Arbeitsweise erinnert sich Eberhard Hillebrand 1923:

> *Ungewitter zeichnete und schrieb stehend an seinem Pult und rauchte dabei stets eine lange Pfeife. Wenn er bei der Arbeit eine Pause machte, stellte er sich gewöhnlich mit der Pfeife in der Hand in die Türöffnung seines Arbeitszimmers und berichtete über eine Bausache, erzählte eine Tagesneuigkeit oder gab einen Scherz zum besten.*[83]

Schon leere Redensarten sind ihm zuwider, stattdessen solle man zielgerichtet und überlegt sprechen. Eine ähnlich rational geprägte Grundhaltung zeigen die Beurteilungskriterien für die Arbeiten der Schüler, denn was nicht überlegt entwickelt ist oder sich nicht ausführen läßt, findet keine Gnade. Im Gegensatz zu anderen Neugotikern scheint er jedoch nicht pedantisch zu sein, z.B. hinsichtlich der Prioritätensetzung in der Rezeption der Gotik, wenngleich ihm gelegentlich Orthodoxie nachgesagt wird.[84]

> *Ueberhaupt nahm er es mit Allem, was ihn beschäftigte, sehr ernst, am ernstesten mit seinem eigentlichen Berufe. Sein Trieb nach schaffender Thätigkeit konnte kaum befriedigt werden. Noch in seinen letzten Lebenstagen arbeitete er, so lange die todtmatte Hand noch Griffel und Feder zu halten vermochte.*[85]

Trotz einer heute übertrieben erscheinenden Dramatisierung im Ausdruck sieht man hier die Unbeugsamkeit und Zähigkeit des Ungewitterschen Wollens.

Seine Bewertung vieler offizieller Amts- und Würdenträger ist ebenfalls abwertend, wie eine Äußerung über die Angehörigen der Ersten Kammer, die sich als konservativ betrachten, belegt:

> *Man scheint auf dieser Seite das Ideal des Staates in einem Zustande zu finden, wobei die Religion vorzugsweise als Mittel zu dienen hat, das Volk so weit zu beruhigen, daß die Staatsdiener ihre Gehalte in voller Sicherheit verzehren und jeden Abend gemüthlich in die Ressource gehen können, wo die Tabakspfeifen schon bereit stehen müssen, deren mindeste Unordnung an dem unglücklichen Gesellschaftsdiener, um des Prinzipes der Autorität willen, strenge zu ahnden ist - alles Höhere aber, und namentlich die Kunst, wird besten Falles*

als etwas Unschädliches, jedenfalls als etwas völlig Überflüssiges angesehen.[86]

Immer wieder beeindruckt in den Zitaten die Schärfe der Formulierungen, die Streitbarkeit, aber eben auch der Enthusiasmus, mit denen Ungewitter seine Positionen verfochten hat.

Errichtung eines Denkmals auf Ungewitters Grab

Posthume Ehrungen finden sich in beträchtlicher Anzahl und mit vielfach weitgehend übereinstimmendem Inhalt.[87] Noch 1904 wird bedauert, daß das Grab Ungewitters nicht angemessen hervorgehoben sei.[88] 1906 setzt man ihm ein Denkmal auf dem Kasseler Hauptfriedhof *(Abb. 4)*. Infolge einer Initiative des Architekten- und Ingenieur-Vereins Kassel wird nach einer Umbettung der sterblichen Überreste des Architekten die architektonisch gefaßte Erinnerungstafel mit aufwendig polierten Granitsäulen nach einem Entwurf des Julius Till angefertigt und am 28. November eingeweiht. Es wird betont, daß es sich nicht um eine Verherrlichung seiner Verdienste, sondern ein Zeichen der Dankbarkeit gegen den verehrten Meister handelt, die ihm Schüler und Anhänger noch immer entgegenbringen.[89]

Abb. 3) Übersichtskarte der Ausbildungs- und Wirkungsstätten Ungewitters

1 Mitteilung von Ernst Otto Braasch (inzwischen verstorben), ehem. Vorsitzender der Gesellschaft für Familienkunde und Archivar, an Jutta Schuchard. Er bezieht sich auf Kirchenbücher. Demnach irrt Rogge-Ludwig, der Ungewitters Mutter als Tochter des Baurats Ludovici bezeichnet (W. Rogge-Ludwig, Hessische Baumeister 2: Georg Gottlob Ungewitter. In: *Hessenland* 2 (1888), S. 148-51).

2 Frdl. Mitt. von Ernst Dieter Marwitz, dessen Vorfahre mütterlicherseits der Onkel des Architekten - Johann Georg Ernst Ungewitter - war.

3 Einfache Stammtafel, zusammengestellt von Paul Ungewitter, Berlin, 1966. Paul Ungewitter hat sich mehr als 40 Jahre mit der Namensgeschichte beschäftigt, leider ist es nicht gelungen, ihn selbst oder seine Nachfahren aufzuspüren. Der Familienname geht demnach auf einen Müller und Stadtschöffen Ungewitter in Fritzlar zurück, der 1361 erwähnt wird (S 1, Nr. 2356, Stadtarchiv Kassel (im folgenden SAK)).

4 125 Jahre Gebr. Ungewitter AG, Zigarrenfabriken. Festschrift am 1. Juli 1940 (IV Dc/ Wan 4; SAK). Zu diesem Anlaß auch: 125 Jahre Gebrüder Ungewitter. *Hessische Post* vom 1. Juli 1940 (SM 2; SAK).

5 R[udolf] Schroedter, Georg Gottlieb Ungewitter. In: *Althessischer Volkskalender*. Melsungen 1898, S. 42f.

6 Hugo Steffen, Drei Baumeister der mittelalterlichen Baukunst des 19. Jahrhunderts. In: *Die Christliche Kunst* 8 (1911), S. 184-199. Außer Ungewitter werden C. W. Hase und F. Schmidt behandelt.

7 Hugo Brunner, Geschichte der Residenzstadt Cassel. Zur Feier des 1000jährigen Bestehens der Stadt im Auftrage des Magistrats verfaßt. Kassel 1913, S. 395.

8 Albrecht Bangert, Architektur von Heinrich Christoph Jussow in Kassel um 1800. Diss. München 1969, S. 94.

9 Bewerbung vom 12. November 1850, ähnlich ein Brief vom 20. Februar 1849 (Best. 16/ Rep. VI/ Kl. 28/ Nr. 47; Hessisches Staatsarchiv Marburg (im folgenden SAM)).

10 Heinrich Jussow (1754-1825), Baumeister in Kassel und Wilhelmshöhe. Katalog der Ausstellung des Nachlasses des Künstlers im Hessischen Landesmuseum zu Kassel. Kassel 1958.

Abb. 4) Grabmal Ungewitters auf dem Kasseler Hauptfriedhof, Entwurf von Till, 1906

11 Marianne Zehnpfennig, Architektenausbildung um 1800 - Das Beispiel der Akademie in Kassel. In: Winfried Nerdinger (Hg.), Revolutionsarchitektur. Ausstellungskatalog München. München 1990, S. 60-67, hier S. 61.
12 H[ermann] Knackfuß, Geschichte der Königlichen Kunstakademie zu Kassel. Kassel 1908, hier S. 152-214; Hans Vogel, Die Lehrer für Kunstgeschichte an der Kunstakademie Kassel 1777-1970. In: *Kunst in Hessen und am Mittelrhein* 13 (1973), S. 87-92; Marianne Zehnpfennig, Die Studien- und Ausbildungszeit von G. L. F. Laves. In: Harold Hammer-Schenk/ Günther Kokkelink (Hg.), Vom Schloß zum Bahnhof. Bauen in Hannover. Zum 200. Geburtstag des Hofarchitekten G. L. F. Laves. Katalog der Ausstellung im Landesmuseum Hannover. Hannover 1988, S. 117-136. Daran anschließend auch: Zehnpfennig, 1990 (vgl. die vorige Anm.). Auf Knackfuß greift zurück: Konrad Ege, Ausbildung an der Architektur-Akademie in Kassel 1781-1840. In: Antike Bauten in Modell und Zeichnung um 1800. Vollständiger Katalog der Korkmodelle und der Sonderausstellung der Staatlichen Kunstsammlungen Kassel 1986, bearb. von P. Gercke. Kassel 1986.
13 Jean-Nicolaus-Louis Durand, Recueil et parallèle des édifices de tous genre, anciens et modernes. Paris 1800 (dann weitere Auflagen). Von ägyptischen Pyramiden bis zu Bauten seiner Zeitgenossen liefert er verschiedenste Beispiele.
14 Siegfried Lohr, Planungen und Bauten des Kasseler Baumeisters Julius Eugen Ruhl (1796-1871). Ein Beitrag zur Baugeschichte Kassels und Kurhessens im 19. Jahrhundert. (Kunst in Hessen und am Mittelrhein 23, Beiheft) Darmstadt 1984, hier S. 69. Dort wird eine Linie zu Ungewitters Vorlegeblättern gezogen, wobei Lohr übersieht, daß die ersten Schriften Ungewitters bereits vor dessen Anstellung in Kassel erschienen sind.
15 175 Jahre Kasseler Akademie, 1952, S. 19.
16 Rudolf Hallo, Wolff, eine Kasseler Steinmetzen- und Baumeisterfamilie. In: *Hessenland*. Monatsheft für Landes- und Volkskunde, Kunst und Literatur Hessens. 41. Jg. Heft 10. Marburg Oktober 1930 (Bausteine V). Wiederabgedruckt in: Rudolf Hallo, Schriften zur Kunstgeschichte in Kassel. Sammlungen, Denkmäler, Judaica. Hgg. von Gunther Schweikhart. Kassel 1983, S. 75-86. Hallo arbeitet mit heute verlorenen Archivalien. Eine Abbildung zeigt den Aufriß zu den Häusern der Wolf-Schlucht von 1838 in nüchternem Klassizismus.
17 Gegen das viele Kopieren wendet sich schon Ludwig Grimm, ein weiterer Bruder Wilhelms und Jakobs, der 1805-7 an der Akademie weilt, in Bemerkungen zu einem Satzungsentwurf (Knackfuß, 1908, S. 166f.).
18 Johann Conrad Bromeis 1788-1855. Ein kurhessischer Architekt, Ausstellung im Ballhaus am Schloß Wilhelmshöhe 24. Juli bis 9. Oktober 1988. Kassel 1988. In den Kat. Nr. 64-67 werden die Entwürfe zur Gewerbeschule bzw. ihrem Laboratorium kurz genannt (S. 48, 50).
19 nach: Knackfuß, 1908, S. 171-211.
20 Verwaltungsbericht von 1882 (Best. 152/ acc. 1938/39/ Nr. 2120 (SAM); zit. n.: Jutta Schuchard, Carl Schäfer 1844-1908. Leben und Werk des Architekten der Neugotik. (Materialien zur Kunst des neunzehnten Jahrhunderts Bd. 21) München 1979, Anm. 351).
21 Schroedter,1898.
22 Bewerbung vom 12. November 1850 (s. o.).
23 Winfried Nerdinger (Hg.), Friedrich von Gärtner. Ein Architektenleben 1791-1847. Katalog München 1992; Oswald Hederer, Friedrich von Gärtner (1792-1847). Leben - Werk - Schüler. (Studien zur Kunst des neunzehnten Jahrhunderts Bd. 30) München 1976.
24 Die Bedeutung Gärtners belegen die Schülerzahlen: Komponierklasse (Schnorr) 17, Malklasse (Hess) 6, Kupferstecherklasse 3, Bauklasse im Antikensaal 91.
25 Er klagt, daß die Professoren vor allem mit den einfachen, handwerklichen Verfahren des Zeichnens befaßt seien und folglich kaum zu einer Vermittlung des Entwerfens vorzudringen vermöchten (Gärtner in einem Bericht über Mängel der Akademie vom 15. Februar 1843).
26 Hederer, 1976, S. 236-38.
27 Zeugnis Bürkleins vom 10. Oktober 1840 (Best. 16/ Rep. VI/ Kl. 28/ Nr. 47; SAM).
28 Rogge-Ludwig, 1888.
29 August Reichensperger, Georg Gottlob Ungewitter und sein Wirken als Baumeister. Zumeist aus Briefen desselben dargestellt. Leipzig 1866, S. 1f.
30 Zeugnis 6. Mai 1841 (Best. 16/ Rep. VI/ Kl. 28/ Nr. 47; SAM).
31 Brief 20. Februar 1849 (s.o.).
32 Reichensperger, 1866, S. 2.
33 Bewerbung 12. November 1850 (s.o.). Schon im Jahr zuvor schreibt er, daß er "ziemlich viele und sehr verschiedene Bauten ausgeführt" hat (Brief 20. Februar 1849; s.o.), wovon besonders der letztgenannte Aspekt zutrifft.
34 1849 wird in den Adreßbüchern der Hansestadt Hamburg nur noch Martens unter dieser Adresse geführt, ab 1850 keiner der beiden mehr.
35 Brief 10. Oktober 1850 (Reichensperger 1866, S. 20).
36 Reichensperger, 1866, S. 2.
37 Brief 20. Februar 1849 (s.o.).
38 Bewerbung 12. November 1850 (s.o.).
39 Brief 30. August 1850 (Reichensperger, 1866, S. 18f.).
40 Brief 20. Februar 1849 (s.o.) Die Ablehnung durch das Ministerium des Innern erfolgt am 25. April 1849 (Best. 16/ Rep. VI/ Kl. 28/ Nr. 47; SAM).
41 An Weigel war dieser Vorschlag bereits mit einer Gliederung eingegangen (Reichensperger, 1866, S. 207-210).
42 Erwähnt wird ein "Beitrag zur Entwickelungs-Geschichte des Gußeisen-Styles, dieses Hoffnungs-Ankers unserer Zukunftsarchitekten", der als Anlage beiliegt. Es hat sich dabei, wenn man Ungewitters Ablehnung des Gußeisens bedenkt, sicher um eine kritische Schrift gehandelt, worauf auch der ironisch gemeinte zweite Teil des Titels hindeutet (Brief 27. April 1858; Reichensperger, 1866, S. 165). Leider läßt sich dies Werk nicht mehr aufspüren.
43 Reichensperger, 1866, S. 2. Vgl. auch: Ludwig Pastor, August Reichensperger, Bd. 2, Freiburg i.Br. 1899, S. 319f.
44 Brief 30. August 1850 (Reichensperger, 1866, S. 17).
45 Im Jahr 1850 werden erwähnt: Eine Rezension im *Kölner Domblatt*, "Die christlich-germanische Baukunst", der Aufsatz zur Hamburger Nikolaikirche sowie der in den *Annales archéologiques* über Bauhütten (Reichensperger, 1866, S. 17, 19, 30, 31, 39), im Jahr 1851: "Über das Bildungsgesetz der gotischen Architektur", ein Artikel im *Deutschen Kunstblatt,* einer in der *Hannoverschen Zeitung* sowie ein Bericht über die Londoner Industrieausstellung (Reichensperger, 1866, S. 39, 55).
46 Vereinzelt liegen seine Schriften vor: Beispielsweise besitzt das Museum des Kunsthandwerks eine englische Ausgabe des "Gothischen Musterbuches" von 1862. Die Adreßbücher nennen ihn nicht, im Stadtarchiv und Stadtgeschichtlichen Museum sind fast keine Unterlagen erhalten.
47 Brief 30. August 1850 (Reichensperger, 1866, S. 18). Dies bezieht sich auf das Wohnhaus Schlenk (s. Kat. 16).
48 Brief 10. Oktober 1850 (Reichensperger, 1866, S. 19).
49 Brief 21. Januar 1851 (Reichensperger, 1866, S. 40).
50 Brief 3. Dezember 1850 (Reichensperger, 1866, S. 33).
51 Brief 12. November 1850 aus Leipzig an das Kurfürstliche Ministerium des Innern (Best. 16/ Rep. VI/ Kl. 28/ Nr. 47; SAM). Der von Hassenpflug am 26. November gegengezeichnete Brief wird zum Bericht an den Direktor der höheren Gewerbeschule, Johannes Hehl, weitergeleitet.
52 Anmerkung Reichenspergers zu einem Brief Ungewitters (Reichensperger, 1866, S. 34).

53 vgl. Karl E. Demandt, Geschichte des Landes Hessen. Darmstadt 1980, S. 419.
54 knappe Übersicht: Das Polytechnikum im Dörnbergschen Haus. In: Wolfgang Hermsdorff, Ein Blick zurück aufs alte Kassel. Kassel 1978, S. 28f. Ungewitter wird dort als einer der berühmtesten Lehrer der Anstalt erwähnt. Die Institution verkümmert unter preußischer Herrschaft als Provinzial-Gewerbeschule, obwohl sie 1873 einen Neubau erhält, und wird schließlich nur noch als höhere Baugewerbeschule genutzt. Eine Geschichte dieser Institution ist bislang nicht geschrieben, so daß es schwer ist, zum Beispiel die Bibliotheksbestände zu Lebzeiten Ungewitters zu rekonstruieren.
55 Brief 8. März 1851 (Reichensperger, 1866, S. 47-49).
56 Brief 15. März 1851 (Reichensperger, 1866, S. 49f.).
57 Brief 17. Mai 1851 (Reichensperger, 1866, S. 51-54).
58 Programm der höheren Gewerbeschule in Cassel. Schuljahr Michaelis 1850-1851, hgg. von Direktor Dr. Philippi, 25. Juli 1850 (Best. 16/ Rep. VI/ Kl. 28/ Nr. 4; SAM) und Hehls Bericht über Ungewitters Unterricht vom 31. Januar 1857 (Best. 16/ Rep. VI/ Kl. 28/ Nr. 39; SAM).
59 Brief 17. Mai 1851 (Reichensperger, 1866, S. 51).
60 vgl. die Lehrverfassung der höheren Gewerbeschule von Michaelis 1849 (Best. 16/ Rep. VI/ Kl. 28/ Nr. 33; SAM). Im Jahr 1857/58 werden insgesamt 16 Stunden Zeichenunterricht in der vierten Klasse gegeben: 4 Deskriptive Geometrie, 6 Freihandzeichnen, 2 Architektonisches Zeichnen, 4 Planzeichnen (Programm der höheren Gewerbeschule in Cassel zu Michaelis 1857. Kassel 1857, S. 16).
61 Das Studium der griechischen Kunst wurde nach Böttichers "Tektonik der Hellenen" betrieben.
62 z.B. Brief 9. Oktober 1854 (Reichensperger, 1866, S. 124). Dies erwähnt auch: H[einrich] v. Dehn-Rotfelser, Vortrag, gehalten im Kasseler Architekten- und Ingenieurverein. In: *Kölner Domblatt* 31. Oktober 1866, 31. Dezember 1866 und 31. März 1867 (bereits vorher in der *ABZ* erschienen).
63 Bewerbung 12. November 1850 (s.o.).
64 Brief 17. Mai 1851 (Reichensperger, 1866, S. 52).
65 Bericht Johannes Hehls, der seit 6. Februar 1851 Direktor der höheren Gewerbeschule war, über den Unterricht Ungewitters an das Kurhess. Ministerium des Innern vom 31. Januar 1857 (Best. 16/ Rep. VI/ Kl. 28/ Nr. 39; SAM).
66 Brief 13. September 1856 (Best. 16/ Rep. VI/ Kl. 28/ Nr. 39; SAM), vgl. auch: Reichensperger, 1866, S. 69ff. und 149.
67 Führer durch Cassel und seine nächste Umgebung. Festschrift, dargebracht der einundfünfzigsten Versammlung deutscher Naturforscher und Aerzte. Kassel 1878.
68 Briefe vom 24. Juni, 1. August, 18. Oktober, 16. Dezember 1851, 9. August, 12. Dezember 1852 (Reichensperger, 1866, S. 56, 63, 66, 69-74, 92, 99).
69 vgl. Dieter Großmann, Die Bau- und Kunstgeschichte der Stadt Marburg - Überblick, S. 847.
70 Julius Eugen Ruhl, Gebäude des Mittelalters zu Gelnhausen. 24 Ansichten. Frankfurt/M. 1831 (vgl. Lohr, 1984).
71 Lohr, 1984, S. 109.
72 Ludwig Hassenpflug (1794-1862). Kurhessischer Staatsminister. In: Ingeborg Schnack (Hg.), Lebensbilder aus Kurhessen und Waldeck , S. 101-121; vgl. auch: A[lois] Holtmeyer, Die Bau- und Kunstdenkmäler im Regierungsbezirk Cassel. Bd. VI: Kreis Cassel-Stadt (Text, 1. Teil). Kassel 1923, S. 21f.
73 Brunner, 1913, S. 429f.
74 Adreßbücher der Stadt Kassel.
75 Brief 16. Dezember 1851 (Reichensperger, 1866, S. 72f.).
76 Briefe 7. Mai 1852 und 3. Februar 1855 (Reichensperger, 1866, S. 82f. und 130f.).
77 Brunner, 1913, S. 392.
78 Briefe 15. Mai und 10. August 1854 (Reichensperger, 1866, S. 117f., 121f.).
79 Brief 31. Oktober 1853 (Reichensperger, 1866, S. 103).
80 Brief 24. Juli 1854 an Heideloff (ABK I c 821; Germanisches Nationalmuseum Nürnberg).
81 Adreßbücher der Stadt Kassel: 1867 Elise Ungewitter mittlere Carlsstraße 79, 1868 Mittelgasse 48, ab 1870 werden weder Ungewitters Witwe noch P. Zindel (der mit Ungewitters Frau eine Liason hatte, aus der zwei uneheliche Kinder hervorgingen, und der deswegen die Stadt verlassen mußte) genannt (Zindel 1867 untere Carlsstraße 220 und 1868 untere Carlsstraße 9). Die Kölnische Straße liegt im Neubaugebiet, wo die ersten Häuser nach Münchner, spätere nach Hamburger Vorbildern errichtet werden, was noch einmal auf die Anerkennung der Städte verweist, in denen Ungewitter studiert hat und tätig war (Engelhard, Architektonische Zustände und Bestrebungen in Kurhessen. In: *ZfB* 1852, S. 213-220 und S. 411-18).
82 Brief 22. März 1861 (Reichensperger, 1866, S. 204).
82a Vgl. den Auszug aus dem Sterberegister der evangelischen reformierten Freiheiten Gemeinde in Kassel, Bd. 15, S. 10, Nr. 66 vom 23. Januar 1939.
83 Arbeit galt ihm nach eigener Aussage mehr als Erholung als andere Vergnügungen (Eberhard Hillebrand, Ueber das Wiedererwachen der Gothik in Deutschland in der Mitte des vorigen Jahrhunderts. Nach einem Manuskript von 1923. Hgg. von Günther Kokkelink. In: Quellen zur Neugotik der Hannoverschen und Kasseler Schule. Im Druck).
84 *Er gilt für einen sehr bedeutenden Kenner der gothischen Baukunst und wird von seinen vielen Schülern für einen Apostel der orthodoxen Baukunstregeln gehalten.* (Jacob Hoffmeister's gesammelte Nachrichten über Künstler und Kunsthandwerker in Hessen seit etwa 300 Jahren, hg. von Ernst Prior. Hannover 1885, S. 127). Hoffmeister/Prior unterlaufen allerdings gelegentlich Irrtümer.
85 Reichensperger, 1866, S. 10.
86 Brief 9. August 1852 (Reichensperger 1866, S. 91).
87 Zur Ehrung des 1864 verstorbenen Architekten G. G. Ungewitter. In: *Casseler Tageblatt* vom 26. und 27. November 1906; Zum 100jährigen Geburtstag des Gotikers Georg Gottlob Ungewitter. In: *Hessenland* 34. Jg. Kassel 1920, S. 140f.; Hbach, Der Erbauer vieler kurhessischer Kirchen. Zum 120. Geburtstag von Georg Gottlob Ungewitter. In: *Casseler Heimat* vom 15. September 1940; U. D. Oppitz, Zum 100. Todestag G.G. Ungewitters. In: *Werra-Rundschau* vom 6. Oktober 1964; Ungewitter - Wiedererwecker der Gotik. In: Wolfgang Hermsdorff, Ein Blick zurück aufs alte Kassel Bd. 4: Künstler, Könner, Musenkinder. Kassel 1982, S. 32f. (mit Abb. des Grabmals); Helmut Bernert, Aus alten Tagen. Georg Gottlieb Ungewitter, ein Neugotiker an der höheren Gewerbeschule in Kassel. In: Die Brücke. Betriebszeitschrift der Hermann Karl Holzapfel GmbH & Co KG, Nr. 35 Dezember 1988. Kassel 1988, S. 3-6. Die meisten Artikel sind gesammelt im Stadtarchiv Kassel. Eine ebenfalls erwogene Benennung einer Straße nach dem Architekten kam nie zustande.
88 *Zentralblatt der Bauverwaltung* Nr. 61 (1904), S. 378f. Unter der Rubrik "Vermischtes" wird auf den in der Zeitschrift erschienenen Artikel "Ein Bild Ungewitters" verwiesen (s. Literaturverzeichnis). Hier wird die Vorgeschichte des Denkmals geschildert, aber auch der Architekten-Verein als "Wohnsitz Ungewitters" bezeichnet.
89 *Casseler Tageblatt und Anzeiger* vom 4. Dezember 1906 (S1 Nr. 642; SAK), auch *Hessische Blätter*, Jg. 35., Nr. 3319 vom 8. Dezember 1906. Zur 150-Jahrfeier des Friedhofes wurde jüngst eine Restaurierung des Grabmals durch Herrn Page abgeschlossen (frdl. mdl. Mitt. von Frau Dr. Schuchard 1994).

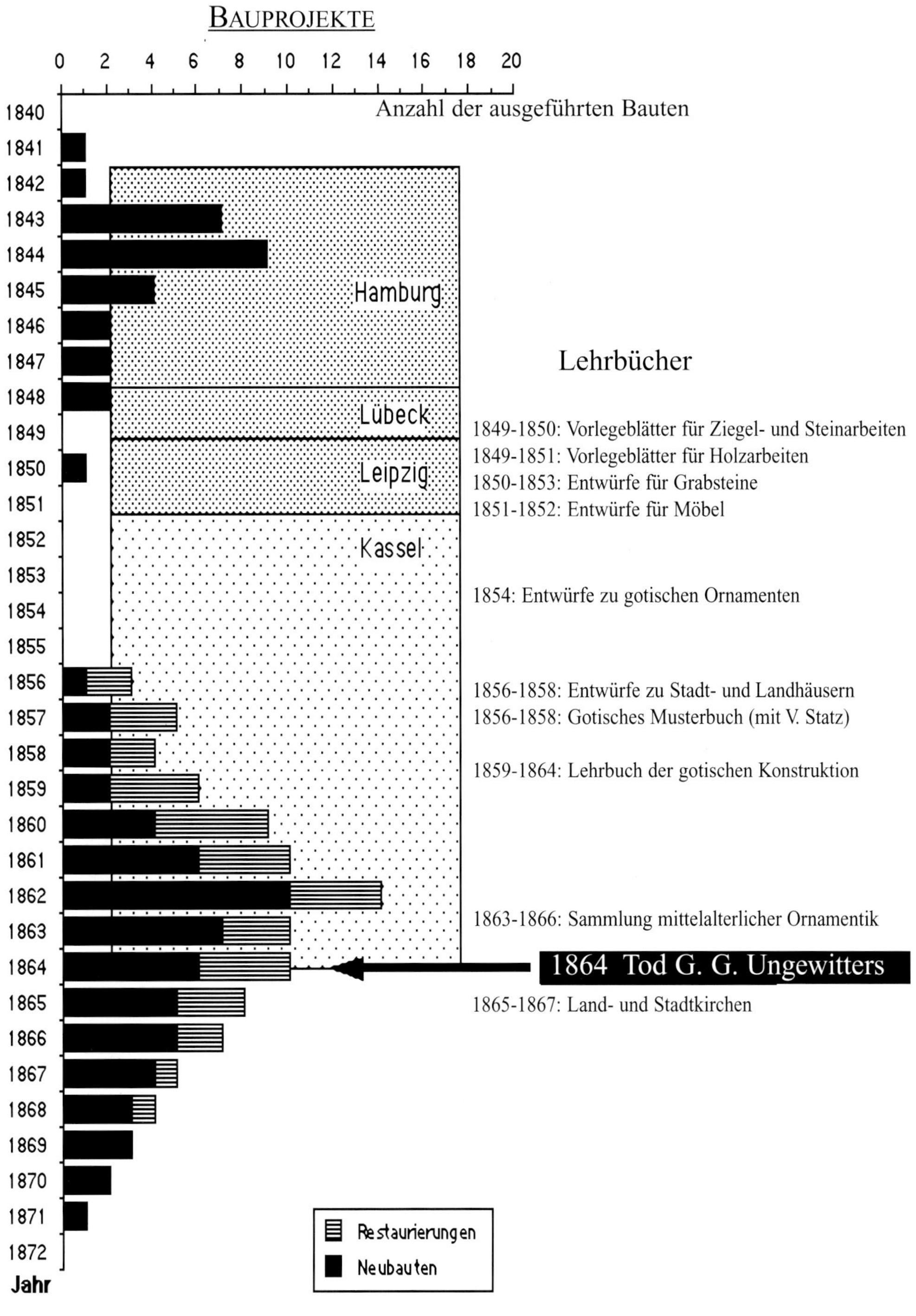

FIG. 1 UNGEWITTERS WIRKEN IM ÜBERBLICK

Die Gotik und der Stil der freien Landschaft macht den Ingenieur zum Romantiker.[1]

II. Das architektonische Werk

1. Das Frühwerk 1842-46

Das Ungewittersche Frühwerk in Hamburg ist, wie schon in der Biographie angedeutet, durch einen auffälligen Kontrast zwischen den bis 1846 ausgeführten Putzbauten und den zwischen 1847 und 1849 erschienenen Entwürfen, die alle in Backstein gedacht sind, gekennzeichnet. Daß Ungewitter überhaupt in nennenswertem Umfang Häuser gebaut hat, die nicht neugotisch sind, war bisher nicht bekannt. Die folgende eingehende Betrachtung dieser Periode soll helfen, gedankliche Anstöße für einen Wandel der architektonischen Auffassung zu ergründen, der während der Zeit in Norddeutschland stattfindet.

a. Die ersten Schaffensjahre in Hamburg 1842-48 unter dem Einfluß der Münchner Schule

Brand und Wiederaufbau

In der ersten Hälfte des 19. Jahrhunderts verursacht der wirtschaftliche Aufschwung in Hamburg (Erschließung neuer Überseemärkte) rigorose Eingriffe in die Bausubstanz, z.B. 1805 Abriß des Domes (für den es auch politische Gründe gab), 1807 Niederlegung des Maria-Magdalenen-Klosters für den Neubau der Börse, wodurch sich das Stadtbild bereits zugunsten der neuen Erfordernisse verändert. Bettelordenskirchen waren zuvor bereits wegen ideologischen Gegensätzen (Aufklärung und Romantik) umstritten gewesen, so daß es oft nicht schwierig war, ihren Abriß durchzusetzen. Dann zerstört der Große Brand vom 5. bis 8. Mai 1842 großflächig die Altstadt mit den Kirchspielen St. Petri, St. Jacobi und St. Nikolai, den darin befindlichen Hauptkirchen sowie dem Rathaus.[2] Der Wiederaufbau der Stadt zieht kurzfristig eine Vielzahl Architekten an, unter ihnen auch Ungewitter. Er tritt in das Büro des Johann Hinrich Klees-Wülbern (1800-1845)[3] ein, der wiederum an der Kopenhagener Akademie bei Christian Frederik Hansen studiert hat. Klees-Wülbern hält sich seit 1825 in Hamburg auf, wo er einer der meistbeschäftigten Privatarchitekten wird. Er errichtet während der 1840er Jahre u. a. das israelitische Hospital in der Marienstraße, St. Pauli (1841/43) sowie die Synagoge in der Poolstr. (1842/44).[4]

Infolge der Brandkatastrophe ernennen Rat und Bürgerschaft am 12. Mai 1842 eine "Technische Kommission zum Wiederaufbau", der der Baudirektor Carl Ludwig Wimmel, der Ingenieur William Lindley, die Baubeamten Paridom Gottlob Heinrich und Heinrich Hübbe sowie die Privatarchitekten Alexis de Chateauneuf, Jacob Heinrich Ludolf, Johann Hinrich Klees-Wülbern - Ungewitters Arbeitgeber - und zeitweilig auch Gottfried Semper angehören. Die Kommission ist in ihrer bis 1845 andauernden Tätigkeit unter anderem zuständig für die Neueinteilung und Wiederbebauung der Grundstücke nebst Straßenführung, Platzbildung sowie für die Anlage der "Stadtwasserkunst" in Rothenburgsort als geregeltes Fließwassersystem.[5] Die baulichen Richtlinien der "Technischen Kommission" sind deutlich von feuerpolizeilichen Vorschriften bestimmt: Sie fordern massive Außenmauern von mindestens eineinhalb Stein Stärke, feste Dachdeckungen, verbieten hölzerne Bauteile (d. h. Fachwerk), und auch die Errichtung spitzer Giebel oder von Erkern über Hauptgesimsen wird grundsätzlich untersagt. Über seine Tätigkeit bei einem Mitglied der Kommission versucht Ungewitter, unmittelbar in dem Geschehen der neuen Stadtplanung Fuß zu fassen.

Der nach einigen Monaten fertiggestellte Bebauungsplan sieht breite, begradigte Straßenzüge vor, die die gewachsene städtische Struktur Hamburgs, das einschließlich St. Georg und St. Pauli 150.000 Einwohner zählte, ablösen.[6] Der englische Ingenieur Lindley bemüht sich um eine städtebauliche Planung im modernen, an den Erfordernissen von Handel, Industrie und Verkehrstechnik gemessenen Sinne, indem er das mittelalterliche Innenstadtgefüge durch ein Rasterschema ersetzt, wobei sein rational angelegter Plan durch Gegenvorschläge Sempers und Chateauneufs im

Detail modifiziert wird. Hamburgs Wiederaufbau stellt einen wichtigen Beitrag zum bürgerlichen Städtebau des 19. Jahrhunderts dar, der den absolutistisch geprägten landesherrlichen Städtebau um eine neue Komponente ergänzt.[7]

Ungewitter gründet schon bald ein eigenes Büro, in das er Gustav Ludolf Martens (1818-1872) aufnimmt (vgl. Kurzbiographie der Schüler). Das im Neubaugebiet gelegene Unternehmen (Gr. Burstah 57 bzw. Ferdinandstr. 75) floriert, wie die zahlreichen Aufträge ab 1843 zeigen.[8] Die Gründung des Architektenbüros dürfte damit spätestens in diesem Jahr stattgefunden haben. Im persönlichen Verhältnis beider Baumeister gilt Ungewitter als leitende Figur:

> *Der leider schon 1864 verstorbene Architekt Ungewitter hat sich durch seine gothische Konstruktions- und Formenlehre sowie durch viele andere litterarische Veröffentlichungen und kleine kirchliche Ausführungen in den weitesten Kreisen einen bedeutenden Namen erworben; damals war er die anregende Seele dieses Zusammenlebens und Wirkens. Martens erlangte durch seines Mitarbeiters Streben, an jene Blüthenzeit deutscher Baukunst wieder anzuknüpfen und Neues zu schaffen, den Fingerzeig für den von ihm einzuschlagenden Weg, um nordwärts der Elbe bahnbrechend aufzutreten.*[9]

Da beide Architekten weiterhin Kontakt hielten, lassen sich parallele Entwicklungen sowohl in Theorie und Bauten als auch in der Auffassung von der Aufgabe des Architekten in Martens' weiterem Schaffen begreifen. Wie Ungewitter in seinem reifen Werk, ist Martens seit den 1850er Jahren von konstruktiver Wahrheit und formaler Schönheit des gotischen Stiles durchdrungen.[10] Martens richtet später außerdem in Kiel einen städtischen Gewerbeverein zur Ausbildung von Handwerkern ein, dessen Vorsitz er zugleich übernimmt, wie die handwerkliche Lehre seit 1850 Ungewitter beschäftigt hat. Darüber hinaus enthält Martens' Werk über Möbel (1859) Entwürfe in der Manier Ungewitterscher Vorlegeblätter[11]; wie überhaupt sein Wirken im Profanbau ansetzt, während der Kirchenbau, der das Schaffen vieler anderer Neugotiker bestimmt, sekundär bleibt. Ungewitters Hamburger Schaffensperiode bewirkt aufgrund dieses persönlichen Kontaktes letztlich eine Ausbreitung der Ideen der gotischen Bewegung in den äußersten Norden hinein.

Die Hauptaktivität des Wiederaufbaus in Hamburg spielt sich zwischen 1843 und 1845 ab, bis zum Winter 1846 sind die meisten Gebäude fertiggestellt.

> *Auf den Stil zu sehen, hatte man überhaupt keine Zeit.*[12]

Deswegen hält man zumeist in Formen und Raumorganisation am Gewohnten fest. Vorwiegend entstehen helle, klassizistische Straßenzüge, im Gegensatz zum alten Hamburg mit seinen "Backsteinhaufen" (nach einem Ausdruck Melhops). Ende der 40er bis Mitte der 50er Jahre kommt es - bedingt durch politische Unruhen und Kriege - zu einem weitgehenden Stillstand im Baufach, so daß Ungewitter die Hansestadt wieder verläßt.

Baubedarf und Haustypen

Als feststehende Typen für den städtischen und vorstädtischen Wohnbedarf kristallisieren sich das Mietshaus, das bürgerliche Stadthaus sowie das Landhaus, das zur 'Villa' avanciert, heraus. Mietshäuser stellen eine neue Form städtischen Wohnens dar, das an verschiedene Faktoren, z.B. Wohnansprüche, wirtschaftlich-soziale Rahmenbedingungen, kommerzielle Initiativen, staatliche Förderung, Bodenpreise oder Stadtplanung gekoppelt ist.[13] Ungewitters und Martens' Haus Hermannstraße 1-3 verkörpert solch ein Mietshaus, das für den mittleren Wohnbedarf mit 3 bzw. 5 Zimmern vorgesehen ist (vgl. Kat. 4). Das Mietshaus am Hopfenmarkt ist in Kleinstwohnungen unterteilt, die nach dem Brand fast nur dort noch Raum finden (vgl. Kat. 6).[14] Das Etagenhaus offeriert zugleich Räume für eine gewerbliche Nutzung, wobei sich Geschäfte, die große Schaufenster benötigen, in den Erdgeschossen ansiedeln. Das Gebäude Neuer Wall 21/23 repräsentiert den Typ des eleganten Stadthauses wohlhabender Kaufleute und Fabrikanten, wie er sich in den Kirchspielen St. Jacobi und St. Petri durchsetzt (vgl. Kat. 10).

Die durchgreifende Stadtmodernisierung löst eine Diskussion um das Wohnen der unteren Klassen aus, die in zunehmendem Maße aus der Innenstadt verdrängt werden.[15] Die Forderung nach Erhalt der Verschiedenheit der Stadtviertel, wie sie der Architekt Carl Friedrich Reichardt formuliert, indem er sich für eine Wahrung der Funktionsverflechtung von Lager, Kontor und Wohnen in den Kaufmannsvierteln sowie für eine Mischung der Wohn- und Geschäftsstandorte der verschiedenen sozialen Schichten in der Innenstadt ausspricht, erweist sich als nicht durchsetzbar. Der Aufwertung der Grundstücke, den Neubauten mit höherem technischen, sanitären Standard folgt unausweichlich eine beträchtliche Steigerung des Mietspiegels.

Ungewitter und Martens bauen entsprechend diesem Bedarf Häuser mit repräsentativen Fassaden. Ungewitter kritisiert im nachhinein die Vernachlässigung der erschließenden Bereiche (Treppe, Vorplatz, Gang) zugunsten einer Erhöhung der Anzahl an Zimmern, die er als überflüssig ansieht.[16] Seine Erfahrungen kann er später in seine Entwürfe zu größeren Stadthäusern einbringen, eine Bauaufgabe, der sich kaum ein anderer Neugotiker der Jahrhundertmitte gestellt hat (vgl. Kap. III. 2).

Die geplante Vielfalt des Straßenbildes, wie sie Klees-Wülberns Bebauung eines ganzen Straßenzugs Glockengießerwall/Ecke Georgsplatz zeigt, war ein zentrales Anliegen.[17] Martens und Ungewitter erwerben ebenfalls Grundstücke, um sie selbst zu bebauen und im spekulativen Sinne gewinnbringend zu nutzen (vgl. Kat. 6, 7). Sie binden ihre Formen in das Erscheinungsbild der Straße ein (vgl. Kat. 3), was in der Homogenität der Gesamterscheinung einen beachtlichen Konsens über Wohnhausarchitektur zeigt. Angesichts der Ausbildung der Architekten in verschiedenen Schulen (Kopenhagen, Berlin, München, Wien) überrascht die Einheitlichkeit der Neubauten, vielleicht, weil die Entscheidung der Bauherrn auf eine Bestätigung der klassizistischen Tradition hinwirkt. Außerdem verweilen viele der fremden Architekten und Bauhandwerker nur temporär in Hamburg - wie eben auch Ungewitter -, da der Bauboom plötzlich zu Ende ist.

Städtebau

Der bereits genannte Architekt Reichardt formuliert im Jahr 1842 allgemeine städtebauliche Richtlinien, die über den Regionalfall Hamburg hinausweisen. Darin erfolgt eine Absage an jegliche regelhafte Anwendung reiner Grundsysteme, womit er Bemühungen des Stadtplaners Camillo Sitte um 1890 vorwegnimmt:

> *Was giebt den besser gebauten unserer alten Städte denn anders den Reiz des malerischen in der Gruppirung der Gebäude, [...] als das scheinbar Zufällige, entstehend aus dem Anschließen an die vorhanden gewesenen Zufälligkeiten des Terrains [...]. Jeder besondere Fall fordert seine eigene Auffassung, und müssen die zu Grunde zu legenden Bedingungen, nach denen ein solcher Plan entworfen werden soll, in den besonderen Verhältnissen sich begründen.*[18]

Gegen eine schnurgerade Straßenführung wendet sich aber auch Bülau, der im übrigen ein Gegner Reichardts ist, denn:

> *Hamburg ist ein Freistaat und darf nicht aussehen, wie eine Residenz.*[19]

Auf die Maxime des Unregelmäßigen und Malerischen für die Anlage einer Stadt greift Ungewitter in seinen “Entwürfen zu Stadt- und Landhäusern” zurück, das Malerische wird bei ihm konstantes Kennzeichen der architektonischen Form, vom Haus bis zur Organisation städtischer Bebauung (vgl. Kap. III. 2).[20] Das stadtbaukünstlerische Ergebnis des Wiederaufbaus wird heute im Vergleich zu den Entwicklungen in der Münchner Maxvorstadt oder dem Berliner Erweiterungsplan James Hobrechts als wenig dogmatisch in der Rücksicht auf die topographischen Verhältnisse eingestuft.[21] In Hamburg vollzieht sich nach 1842 die “entscheidende Wendung zum bewußt gestalteten Architekturraum”, die als größte künstlerische Leistung im 19. Jh. gelten darf.[22] Dabei ist es gerade der Spielraum, innerhalb dessen Kriterien für die städtebauliche Organisation erörtert werden, der Ungewitter eigene Ideen entwickeln hilft, wie das Beispiel des Malerischen andeutet.

Ungewitter und die Münchner Schule

Eine retrospektive Betrachtungsweise bestimmt bisher die Bewertung der Ungewitterschen Lehrzeit:

> *Von den auf antiker Grundlage ruhenden Arbeiten in Süddeutschland wissen wir, dass dieselben vom besten Erfolge begleitet waren, aber trotzdem ein noch ungeklärtes Sehnen, nämlich das Streben nach konstruktivem Ernst und Wahrheit, im Innern des Jünglings unbefriedigt liessen.*[23]

Abb. 5) Doppelwohnhaus, Hamburg, Jolasse, um 1844

(Zeitschrift für praktische Baukunst 8 (1848), Tf. 6)

Zu einer solchen posthumen idealisierenden Stilisierung steht das frühe Werk der Sozietät Ungewitter und Martens im Widerspruch. Ungewitter selbst äußert sich später kritisch über seine Anfänge[24], hat sie aber nie verleugnet oder gar ausgeblendet, wie Hermann Steindorff es tat.

Die ersten Häuser der beiden jungen Architekten zeichnen sich durch stilistische Vielfalt sowie unterschiedliche Qualität aus. Alle Adressen sind 1843 als "abgebrannt" vermerkt (die Hermannstraße gibt es noch nicht, sie hieß Zuchthausstraße und lag etwas anders), so daß es sich immer um Häuser in neu zu bebauenden Straßenzügen handelt.[25] Die Grundrisse auf den verbreiterten, weniger tiefen Parzellen weichen nicht wesentlich voneinander ab, auch die Anordnung von drei bis vier Fensterachsen in drei bis vier Geschossen herrscht für das bürgerliche Stadthaus vor. Die Häuser von Ungewitter und Martens entsprechen damit der typischen Bebauungsweise. Die ersten Etagenhäuser verweisen noch im Grundriß auf eine Übergangsperiode mit engen, dunklen Treppen, Vorplätzen und Wirtschaftsräumen (vgl. Kat. 4). Die hygienischen Fortschritte machen sich in der Anlage von Toiletten und Bädern bemerkbar, die bei Einzelhäusern in der Regel in den oberen Geschossen gelegen sind, die die Privat- und Schlafräume beinhalten (vgl. Kat. 1). Des öfteren werden mehrere Parzellen in einer Fassadenkomposition zusammengefaßt, um eine großzügige Wirkung zu erzielen (vgl. Kat. 3, 10).

Das Haus am Hopfenmarkt, der wie der Meßberg 1842 neu als Marktplatz angelegt wird, schließt - ebenso wie das Haus Hermannstr. 22-24 - an eine spätklassizistische Auffassung im Sinne Klees-Wülberns an, bei dem Ungewitter zuerst gearbeitet hat (vgl. Kat. 5, 6). Ungewitter und Martens bemühen sich um einen größeren Formenreichtum; sie verwenden vermehrt die Vertikale betonende Details, die dazu dienen, einzelne Elemente in ein Gliederungssystem einzuspannen, indem die gerade Verdachung über dem Sturz gegen das Gesims darüber zu drücken scheint; dies entspricht Klees-Wülberns Häusern. Ein Blick auf die Fuchssche Tafelsammlung zeigt, daß es viele Häuser mit gleichen Formen gibt, die aber lockerer durchfenstert und strenger horizontal geschichtet sind. Die Stichbogenfenster folgen, wie auch die Verkröpfung der Sohlbänke im I. Obergeschoß, üblichen Schemen. Die klassizistische Tradition kann sich in Hamburg immerhin noch bis zur Mitte der 1870er Jahre behaupten, bevor sie durch die Neorenaissance abgelöst wird. Mit nur zwei von zehn Häusern stellen klassische Formen im Werk Ungewitters allerdings lediglich einen geringen Anteil dar.

Abb. 6) Wohnhaus Jungfernstieg 12, Hamburg, F. G. Stammann, um 1844 (Zeitschrift für praktische Baukunst 7 (1847), Tf. 25)

Ein 1848 in der *Zeitschrift für praktische Baukunst* erschienenes Doppelwohnhaus in der Dammtorstraße/Ecke Große Drehbahn von Jean David Jolasse (1810-76)[26], der bis 1833 ebenfalls in München Baukunst studiert hat, zeigt einen Rückgriff auf den Typus des venezianischen Stadtpalastes, der bei geschlossener, kubischer Großform einen Reichtum an nicht tektonisch aufgefaßter Dekoration darbietet *(Abb. 5)*. Ähnlich klar gegliedert ist das Gebäude Gr. Johannisstr. 2-4 (Kat. 7), das im Detail ebenso wie Jolasses Haus gotisierende (z. B. Vierpässe unterhalb der Fenster im I. Obergeschoß) und griechische Formen (Akroterien) in unbefangener Stilmischung präsentiert. Insbesondere die leicht vortretenden Balkone und Flacherker der Außenachsen weisen auf Bürklein in München zurück.

Der Aufriß des Hauses Jungfernstieg 12 von Franz Georg Stammann (1799-1871)[27], dessen Halbrund in der Treppenführung übrigens ebenfalls auf Bürklein zurückgeht, stimmt im Rhythmus der Fenstersetzung sowie der Verteilung stilisierter floraler Ornamentik an den Fenstereinfassungen mit dem Meißnerschen Haus (Kat. 10) überein *(Abb. 6)*. Auch dieses Haus enthält große "Verkaufslokale" im Erdgeschoß, da der Eigentümer einen möglichst großen Ertrag erzielen will.[28]

Im Großen Burstah 12-16 gleicht die Gliederung des obersten Geschosses einschließlich des Mezzanin durch Lisenenstreifen sowie die ornamentale Gestaltung der Fensterstürze nicht nur dem Nebenhaus Großer Burstah 10 (Kat. 3), sondern auch einem anderen Haus in derselben Straße - mit der Nr. 52 - auffällig, das Fuchs auf seiner Tf. 22 am rechten Rand wiedergibt. Die Fenster des I. und II. Obergeschosses im Großen Burstah 12-16 vertreten ebenfalls einen gängigen Typus: rustizierter Rundbogenschluß, seitliche Rahmung durch Pilaster wie auch die Brüstungsgitter in gotisierendem Zierrat, Stilformen, die Faulwasser als "normännisch-gotisch" bezeichnet. Darin ist die Suche nach dekorativer Ausgestaltung durch ein erweitertes Formenrepertoire ablesbar, das die mittelalterlichen Stile Romanik und Gotik einschließt, woraus sich in München ein charakteristi-

Abb. 7) Wohnhaus Fürstenstraße 22, München, 1845-50

Abb. 8) Wohnhaus Fürstenstraße 22, Detail

Abb. 9) Wohnhaus Amalienstraße 10, München, F. Bürklein, 1847

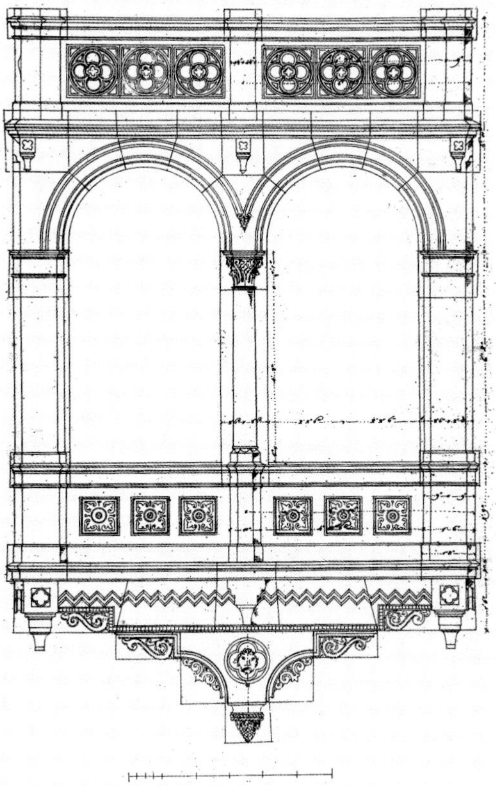

Abb. 10) Erker, F. Bürklein, 1843 (Detail aus: Haus Fürstenstraße 8c) (Architekturmuseum der Technischen Universität München (TUM) Nr. 17.2340)

scher Stil entwickelt hat. Folglich fällt es schwer, auf stilkritischem Wege eine persönliche Handschrift von Ungewitter und Martens herauszulesen.

Wandbehandlung, Fensterformen und Komposition weisen eindeutig nach München, wo beide Architekten studiert haben und Ungewitter auch praktisch tätig war. Die Eckhäuser Hermannstraße 1-3 in Hamburg (vgl. Kat. 4) und Fürstenstraße 22 in München (zwischen 1845-50 von einem unbekannten Architekten errichtet) zeigen beide den Rundbogenstil mit Reminiszenzen italienischer Frührenaissance *(Abb. 7)*. Die Fenster werden teils in Gruppen gefaßt, auf leicht vor- und zurückspringende Wandschichten verteilt und in der Belétage durch z.B. vorgekröpfte Brüstungen ausgezeichnet, wie ein Ausschnitt zeigt *(Abb. 8)*. Im Münchner Beispiel herrscht eine klare Organisation, die in dem Hamburger Eckhaus hinter einer ornamental abwechslungsreicheren Textur zurücktritt.

In den dekorativen Profilen der Fenstergewände sowie der Friesornamentik und den Fensterstürzen der Großen Johannisstraße 2-4 (Kat. 7) besteht eine Anknüpfung an Friedrich Bürkleins Wohnhäuser. Mehrfache Abstufungen der Wandschichten sowie die dem romanisch-gotischen Vokabular entnommenen Details, die für Bürklein bezeichnend sind, finden sich beispielsweise in dessen Münchner Haus Amalienstr. 10 von 1847 (ehem. Nr. 60) *(Abb. 9)*. Die nur wenig vorspringenden Erker mit ihrem ebenfalls flach vorgelegten Sockel in der Mittelachse der Großen Johannisstraße einerseits sowie die für Hamburg ungewöhnlich schlichte Rundbogen-Putzquader-Gliederung des Großen Burstah 8 andererseits finden ein Pendant in Eduard Bürkleins (Bruder Friedrichs) Amalienstr. 63 von 1845. Die stark ins Dekorative gewendete Behandlung der Erker und Balkons in der Hermannstr. 1-3 mit z.B. Zickzackfriesen entsprechen bis in die Feinheiten hinein der Formensprache Friedrich Bürkleins *(Abb. 10)*.

Ungewitters Lehrherr Bürklein übt in München einen erheblichen Einfluß im Wohnbau der 1840er Jahre aus, seine Vorstellungen beginnt er schon in den späten 1830er Jahren zu formulieren, als sich eine Verbesserung der Auftragssituation im Wohnbau abzeichnet.[29] Seine Fassaden zeigen in Gruppen gesetzte Fenster, die durch den romanischen Profanbau Deutschlands inspiriert sind.[30] Altane und Flacherker können erstmals 1843 durch Genehmigung per Regierungsentscheid im Haus Schwarzmann durchgesetzt werden. Unterschiede liegen im feineren Fugennetz und in der weniger monumentalen Erscheinung der hansestädtischen Architektur, wozu auch die Rücknahme der Torbogenbetonung beiträgt. Der in München um 1840 entwickelte Kanon der Einfassungen der Fenster, neuer Gesimsformen (Diamant- und Zickzackfriese), vielfach an den Kanten profilierter Wandschichten sowie lisenenartiger Vorlagen mit Bogen- oder Zinnenfries tritt bei Ungewitter und Martens wie bei den anderen Hamburger Architekten auf, die in München ausgebildet sind. Das Aufbrechen homogener Wandflächen ist ansonsten in Hamburg selten, wie auch die vertikale Zusammenbindung der dominierenden klassizistischen Horizontallagerung entgegensteht.

Damit kristallisiert sich eine Gruppe von Hamburger Architekten heraus, die in München ihre Ausbildung absolviert haben, der Ungewitter und Martens zuzuordnen sind. Auffällig ist, daß sie alle in der Hansestadt mit ihrer Formenwahl einer Minderheit angehören. In der Stilwahl stehen sie deutlich abseits: 68,6% Klassizismus, renaissancisierend bzw. gotisierend je 4%, gotisch nur 0,5%, zierlich venezianisch 18,5%.[31] Architekten aus der Münchner Schule leisten in Hamburg eine innovative Erweiterung bisheriger Wohnbauformen, der Beitrag von Ungewitter und Martens fällt hierbei quantitativ und qualitativ durchaus ins Gewicht. Gärtners Formlehre absorbiert ebenso wie die anderen Architekturschulen (besonders Berlin) sowohl die historischen Baustile Italiens (Tre-/Quattrocento Florentiner bzw. Lombardischer Provenienz) als auch Deutschlands (rheinische Romanik) und vermag daraus eine eigene neuartige Stilsprache zu formulieren, die in Hamburg in den mittleren 1840er Jahren eingeführt wird.

Im Massenwohnbau stößt allerdings die verschiedene Stilvorlagen im Ornament vereinende Architektur bald an ihre Grenzen, indem sich gerade die auf Nahsicht berechnete Detailgestaltung im Zusammenhang eines großen Baukörpers verliert. In Hamburg, wo sich viele akademisch gebildete Architekten innerhalb einer kurzen Zeitspanne und auf engstem Raum mit dem Entwurf von Mietshäusern befassen, ist der qualitative Standard generell hoch. Zunächst bleibt man mit den Bauvolumina noch im kleineren Maßstab, der aber dennoch einen erheblichen Unterschied zur Architektur vor dem Brand darstellt. Jeder Architekt und Bauherr konnte sich auf einer festen Basis baulicher Konventionen noch annähernd individuell entfalten und darstellen.

b. Theodor Bülau und der Ziegelbau in Hamburg

Es gibt bereits einen Hinweis aus dem späten 19. Jh. auf den Wandel der Architekturauffassung Ungewitters:

> *Er [Semper] baute u. A. die Apotheke in der grossen Bäckerstrasse mit in Sgraffito-Manier ausgeführten figürlichen Darstellungen an der Façade, während in anderer Richtung Ungewitter, gemeinschaftlich mit dem jetzigen Kieler Stadtbaumeister Martens thätig war, obwohl sich in seinen damaligen Hamburgischen Bauten noch nicht die gründliche constructiv gothische Behandlung erkennen läßt, welche beide Männer in ihren späteren Arbeiten kennzeichnet.*[32]

Bisher haben sich Ungewitter und Martens als Repräsentanten der Münchner Schule gezeigt, von deren Lehre sie 1844 noch überzeugt sind, als sie ihr Projekt für die Nikolaikirche einreichen (vgl. Kat. 12). Die Auseinandersetzung mit den Ausdrucksformen des Backsteins sowie mit dem gotischen Stil ist unmittelbarer Eindruck eines in Hamburg während der 1840er Jahre diskutierten - und von da ab viel beschriebenen - Phänomens.[33] Daran läßt sich eine Bedeutung der Entscheidung Ungewitters innerhalb verschiedener Begründungsansätze für Stil und Material ermessen.

Die Abwendung vom Putzbau ist auch in Hamburg mit einer Wieder- oder eher Neuentdeckung des reinen Ziegelbaus verknüpft, die unter dem Vorzeichen des 'Zweckmäßigen', sogar 'Industriellen' steht. Indem sich der Disput über den 'Stil' in den Vordergrund schiebt, werden diesem Material ganz unterschiedliche Bedeutungsschichten zugesprochen.

Vertreter der Aufklärung hatten mit ihrer Kritik an dem zum Formalismus erstarrten Vitruvianismus die Aspekte Material und Konstruktion ins Blickfeld architektonischer Theorien gerückt. Die Forderung nach einer Kongruenz von Bautechnik und Erscheinungsbild weitet sich über eine symbolhafte, abbildende Darstellung hinaus auf Aspekte der Eigenwirkung von Material und technischen Erfordernissen aus. Vor diesem Hintergrund findet in Hamburg seit den 1820er Jahren Backstein im sog. 'Zweckbau' Eingang.

Der gebürtige Hamburger Alexis de Chateauneuf (1799-1853) stellt seine Suche nach einem neuen Stil auf diese theoretische Grundlage. Nach dem Studium bei A. Leclère in Paris und bei Weinbrenner gründet er 1822 ein eigenes Büro in der Hansestadt.[34] Sein Interesse am Ziegel, das trotz mehrerer Reisen zu Denkmälern der mittelalterlichen Backsteingotik nicht archäologisch ausgerichtet ist, schlägt sich im sog. "roten ABC" nieder, einem Wohnhaus für den Senator Martin Hieronymus Hudtwalcker 1825/26 in der ABC-Straße 26 und ein Haus ABC-Str. 31-33.[35] Es handelt sich um schlichte Bauten mit rundbogigen Fenstern, die glatt in die Wandfläche eingeschnitten sind, welche eher an Berliner Bauten Schinkels (z.B. das Packhofgebäude) erinnern. Das Engagement für dieses Material begleitet sein Werk, er errichtet daneben aber auch verputzte Häuser in allen gewünschten Stilformen, vornehmlich in italienischer Neorenaissance.[36]

Die Wohn- und Geschäftshäuser von "Schulte & Schemann" sind das bekannteste Beispiel eines Ziegelbaus von Chateauneuf. Die Fassade am Fleet zeigt in vier Geschossen eine klare Gliederung durch die Fensterachsen. Lisenen bzw. Blenden und die Hauptgesimse schaffen plastische Akzente; historisierende Details werden stark zurückgenommen.[37] Die Rasterung entspricht nicht den auf malerische Erscheinung und vielfältig aufgebrochene Wandbehandlung gerichteten Formprinzipien Ungewitters, wie er sie z.B. in der Hermannstr. 1-3 demonstriert. Chateauneuf formuliert die Rolle des Backsteins 1837 anläßlich des Börsenprojektes:

> *Da die offene Darlegung der Construction die natürlichsten, in allen klassischen Architekturen gezeigten, Flächenmassen darbietet, und zugleich die Textur des Materials selber, die lebendigste ewig dauernde Farbe bildet, so mußten Bewurf und Tünchkünste hier weichen.*[38]

Solche Ansätze, die durch ihre Vielfalt von Stil und Material zur Lösung aller denkbaren Bauaufgaben geprägt sind, zeigen einen Widerschein in Ungewitters Œuvre, der sich also keineswegs abrupt zur ausschließlichen Verwendung gotischer Formen entschließt. In dem Bekenntnis zu Materialwahrheit, zur Beachtung konstruktiv-praktischer Erfordernisse und zur stilistischen Freiheit werden ähnliche Gedanken niedergelegt, wobei es Ungewitter - zumindest im Jahr 1848 - dann aber doch um den "Weg zum Mittelalter" geht (vgl. Kat. 1).

Die 1765 gegründete "Gesellschaft zur Förderung der Künste und der nützlichen Gewerbe" ist im frühen 19. Jh. zur maßgeblichen Institution für die höhere Architektenausbildung in Hamburg avanciert.[39] Bis zur Gründung des Architekten- und Ingenieur-Vereins, der in demselben Gebäude residiert, ist dies das einzige Forum für eine architektonische Diskussion gewesen.[40] 1843 veranstaltet die Gesellschaft, der u.a. Chateauneuf und Bülau angehören, ein Preisausschreiben zur "Fabrizierung und Lieferung von Ziegelsteinen vorzüglicher Güte und Schönheit". Über die Verbesserung des Materialangebotes erwartet man einen Fortschritt der Architektur, da der Ziegelbau im Gegensatz zu der rasch verschmutzenden Putzhaut, die ständigen Erhaltungsaufwand nach sich zieht, eben nicht mit Zierrat künstlich belebt werden müßte.[41] Damit spricht sich eine reformerische Absicht hinter der Diskussion um den Backsteinbau aus. Später widmet sich Martens in seiner Amtszeit als Kieler Stadtbaumeister intensiv der Verbesserung der Ziegelproduktion in den Herzogtümern; ebenso wird die Sorgfalt des Material-Form-Konnexes bei Ungewitter verständlich (vgl. Kap. III. 2).

Dem läßt sich ein weiterer Aspekt anfügen: Es geht um die Kritik an der Vergabe von Bauaufgaben nach dem strikten Konkurrenzprinzip. Skeptisch äußert sich Chateauneuf, wie später neben anderen auch Ungewitter, über die Vergabe von Bauausführungen bereits 1836:

> *Nahm man, was das Bauwesen betrifft, von jeher hausväterlich an der Ausführung teil, erfreute man sich daran, die Materialien selber bestens zu beschaffen, dem Verlauf der Arbeiten zu folgen, die Arbeiter sich selbst heranzubilden und den freien Bürgern bei ihren eigenen Unternehmungen mit dem Beispiele der Tüchtigkeit von Staats wegen voranzugehen oder ihnen wohl gar von der Staatsgewalt unter die Arme zu greifen,- so verauktioniert man jetzt die Arbeit an den Mindestnehmenden, unbekümmert um dessen Fähigkeiten.*[42]

Ebenso scharf wendet sich Theodor Bülau - übrigens mit ähnlicher Wortwahl - gegen dies Verfahren.[43] Damit reichen nicht nur einige Kritikpunkte Ungewitters in die Hamburger Zeit zurück, sondern die Beobachtungen schließen sich schon zum Umriß seines späteren Konzeptes zusammen: Ausbildung für Handwerker auf der Basis einer Förderung der Kenntnis von Materialherstellung und -bearbeitung, um seinen angemessenen Einsatz zu gewährleisten. Er will damit der Entpersönlichung zwischen Architekt und ausführendem Baumeister entgegenwirken.

Der Backstein wird immer wieder unter dem Vorzeichen einer ihm zugesprochenen ideologischen Kraft verwendet.[44] Nachdem die Hanse im Zuge ihrer Ausbreitung seit dem 12. Jh. in Kirchen, Profan- und Wehrbauten sowie Rathäusern ihrer Macht Gestalt verliehen hat, wird der Ziegel bis in unser Jahrhundert hinein als 'urdeutsch' rezipiert (vgl. die "Heimatschutz-Bewegung"). Dies trifft einen wichtigen Nerv der gotischen Vertreter im ersten Drittel des 19. Jahrhunderts, die sowohl Stil als auch Material als Ausdruck des 'Nationalcharakters' wählen.

Das von Bülau 1845-47 ausgeführte "Gebäude der Patriotischen Gesellschaft" verdeutlicht einen Wandel in der Bewertung des Backsteins. Zu Beginn ist der Bau sowohl als bauliches (Material als Ausdruck der Rationalität) als auch politisches (demokratische Ideen des Vormärz) Reformprogramm intendiert, das sich bis zur Einweihung in ein reaktionäres Moment verkehrt.[45] In der Schrift zur Verteidigung seines Baus favorisiert Bülau die Gotik einseitig. Er legt anhand des Postulates der Materialwahrheit seine Weltanschauung dar, die in der Zusammenführung von Christentum und Nation der Neugotik des frühen 19. Jahrhunderts angehört (vgl. Kap. IV). Folglich kritisiert er Veränderungen, die er seinem Entwurf zur Ausführung zuteil werden lassen mußte:

> *Deutsche zweckmäßige Dächer und Giebel wurden in unzweckmäßige griechische flache umgeändert, deutsche Erker in französische Balkons verwandelt, Fenster anstatt nach Bedürfniß, nur nach Gefühl und Proportion vertheilt usw. usw.* [46]

Die Rezeption des gotischen Stils im Backsteinbau teilt sich in gleichgesinnte Enthusiasten und beißende Spötter.[47] Nicht das Material ist also strittig, sondern der Stil: Die Gotik gilt als roh, derb, hoffnungslos veraltet und überlebt. Bülau wird damit zum Außenseiter, seine nur von wenigen geteilte Sichtweise trägt der Backsteinneugotik in Hamburg einen unauslöschlichen Ruf als konservativ-frömmelnd ein; einen Ruf, von dem sich die Neugotik nie wieder zu befreien vermochte.

Ungewitter verteidigt 1850 das "Gebäude der Patriotischen Gesellschaft" gegen massive Kritik, erwähnt die Schwierigkeiten der Realisierung der Vorstellungen Bülaus, daß dieser "trotz seiner eisernen Festigkeit" Zugeständnisse machen mußte. Gestalterisch erweise sich besonders der Innenraum als den alten Meistern ebenbürtig.[48] Daraus übernimmt Ungewitter Teile des Treppenhauses in die erste Lieferung seiner "Vorlegeblätter für Ziegel- und Steinarbeiten".[49] Schon für einige Details wirkt somit Bülau anregend.

Theodor Bülau (1800-1861) kehrt nach einem Studium der Historienmalerei an der Münchner Akademie (seit 1820) im Jahr 1842 nach Hamburg zurück. Nebenbei hat er dort architektonische Studien betrieben. Er bevorzugt ausdrücklich den gotischen Stil. Seine Gebäude als "trutzige Inkunabeln einer mittelalterlichen Landnahme" gefallen aber dem hanseatischen Publikum nicht.[50] Dennoch entfaltet Bülaus kleines Werk eine Signalwirkung für den Hamburger Backsteinbau. Bülau erhält, wie später Ungewitter, aufgrund seiner Unnachgiebigkeit nur wenige Aufträge, muß sein Leben als Zeichenlehrer fristen, was nach Schumacher hieß: "lebendig begraben sein". Die Backsteinhäuser Bülaus erschienen 1847 und 1848 in der *Zeitschrift für praktische Baukunst* bzw. in der *Allgemeinen Bauzeitung* 1848.[51] Die Auftraggeber sind entweder selbst Mitglieder der 'Patriotischen Gesellschaft' oder gehören ihrem unmittelbaren Umfeld an.[52] Die Grenzen des gotischen Backsteinbaus sind insofern von vornherein eng gesteckt. Bülaus Backsteinbauten wirken wie "Fremdlinge".[53] Gerade die Neugotiker haben unter den Problemen adäquater Ziegelherstellung zu leiden, da sie auf feinere, komplizierte Formsteine angewiesen sind, die nicht oder in nur minderer Qualität lieferbar waren.

Im Gegensatz zu z.B. Ungewitters Hermannstr. 1-3 sind Bülaus Wohnhäuser vorwiegend im Straßenzug eingebaut. Bülaus viergeschossige Häuser tragen einen Treppengiebel, auf den er selbst im traufständigen Doppelhaus Schleusenbrücke 9-13, das um 1843/44 entstanden und 1847 veröffentlicht worden ist, nicht verzichtet *(Abb. 11)*. Mit diesem Gebäude verbindet den Entwurf zur Hermannstr. 1-3 eine vertikale Achsensetzung, die mittelalterlich-gotischen Formen sowie eine Auflockerung der Dachsilhouette durch drei kleine Schaugiebel, die zwischen einen durchbrochenen Zinnenkranz bzw. eine Kleebogenarkatur geschoben werden. Ungewitters Formen sind jedoch herber und schlichter. Die schmalen profilierten Lisenen Bülaus vermögen ihre vertikale Streckung pointierter auszudrücken als die flach aufgelegten Streifen Ungewitters. Bülau folgt in der

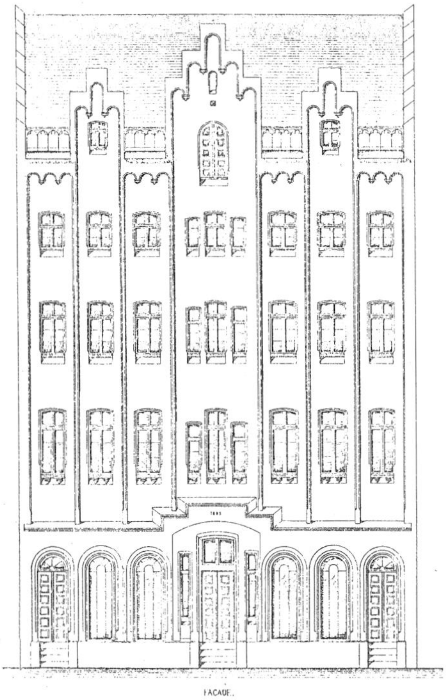

Abb. 11) Haus Schleusenbrücke 9-13, Hamburg, Bülau, 1834/44 (Zeitschrift für praktische Baukunst 7 (1847), Tf. 53)

Abb. 12) Gebäude der Patriotischen Gesellschaft, Trostbrücke 1, Hamburg, Bülau, 1845-47

Höhenentwicklung der Abtreppung in der Ausrichtung auf die Giebelspitze als höchstem Punkt. Ungewitters nur dreigeschossiges Eckhaus setzt ein klares Gegengewicht horizontaler Elemente zu den drei Giebeln, die als Dreiecksgiebel mit Trauf- und Firststaffeln bzw. einfacher Abtreppung an der Eckachse die Ansprache 'mittelalterlich' verhaltener formulieren.

Motivische Übereinstimmung besteht mit Bülaus Gebäude für die Patriotische Gesellschaft (Bau 1845-47), dessen Zinnenkranz Ungewitter im Gut Bergfried (Kat. 13) leicht abgewandelt aufgreift *(Abb. 12)*. Während Bülaus Auffassung eines 'mittelalterlichen' Erscheinungsbildes im Wohnbau von Umrißform und Gesamtgliederung (auch Figurenschmuck) bestimmt ist, bleibt Ungewitter in Lübeck sowie in dem Entwurf zur Hermannstraße 1-3 (Kat. 1, 4) dichter an modernen Baukörperformen und verlagert seine stilistische Aussage in die Ornamentik. Ungewitter stellt außerdem höhere Ansprüche an die Ziegelherstellung, da er eine größere Anzahl unterschiedlicher Formsteine benötigt, während Bülau mit Profilen und einfachen Maßwerken auskommt. Dies verweist wieder auf Ungewitters Freude am komplexen und vielfältigen Detail, ist aber nicht realisierbar. Bülau weicht für die Ornamentik auf Sandstein aus (z.B. Glockengießerwall 21, Ferdinandstr. 65), Ungewitter zeigt sich in den veröffentlichten Entwürfen zur Hermannstraße, zur Gärtnerwohnung und zum Gut Bergfried radikaler in der einheitlichen Materialverwendung.

Bülau wirkt sowohl für die Material- als auch die Stilwahl anregend.[54] Außer wenigen Formen, die er übernimmt, bemüht sich Ungewitter um eigene Detailbildung, deren Grundzug der Derbheit und Vielfalt der plastischen Formen weiterhin für sein Werk bestimmend bleibt. Ungewitter fasziniert letztlich die einseitig-polemische Auffassung Bülaus mehr als Chateauneufs streng rationalisierende Suche nach einem 'neuen Stil'.[55] Die Gotik ist für die gesamte Bandbreite architektonischer Aufgaben vorgesehen, so entwirft Bülau Grabmale, Kirchen, Profanbauten und Einrichtungen.[56] Obwohl gerade im Wohnbau nicht angenommen, schließen sich Ungewitter und Martens in ihren veröffentlichten Entwürfen Bülaus Streben nach dem "Altmodischwerden der Häuser und Straßen" an. Wahrheit, die sich im Rohziegelbau ausdrücken soll, wird ihnen wichtiger als die

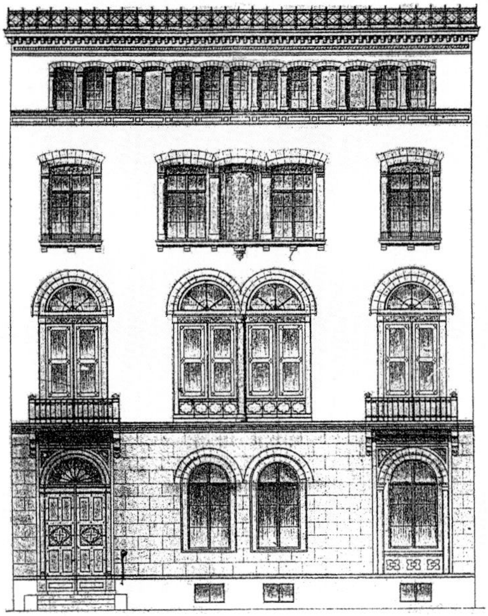

Abb. 13) Wohngebäude, Hamburg, G. L. Martens, um 1844 (Zeitschrift für praktische Baukunst 26 (1866), Tf. 42)

noble Eleganz des Putzbaus; Zweck und Material führen bei angemessener Respektierung logisch und ausschließlich zum Mittelalter (vgl. Kat. 1). Die Aufnahme eines bekannten Stils, der seine Anwendbarkeit auf ein gesamtes architektonisches System bereits einmal bewiesen hat, ist als Identifikationsmuster der einfacher scheinende Ausweg aus der Stilkrisis.

Bülaus Interesse für gotische Kunst, das er anhand der Restaurierung des Regensburger Doms formuliert, ist vom romantischen Nationaldenkmalsgedanken durchdrungen.[57] Ungewitter schränkt dies ein, indem er auf politisierendes Vokabular weitgehend verzichtet und auch für das Bauen - zumindest verbal - Begrenzungen vornimmt, denn es ist sein "Streben, sich an die Wahrheit und Aechtheit der älteren Werke, *so viel thunlich*, anzuschließen" (Herv. der Verf.; vgl. Kat. 1). Sowohl im Bauen als auch in den Schriften gehört Ungewitter einer anderen Generation an, die die Gotik nicht nur mit den üblichen Kategorien (Zweck, Konstruktion) belegt - die auch andere Theoretiker des Historismus beanspruchen -, um sie einseitig als nationale und christliche Baukunst zu stilisieren, sondern er setzt immer direkt bei architektonischen Fragestellungen an. Es sei hier nur auf den Kontrast zwischen ideologisch überfrachtetem Text und nüchternen zeichnerischen Aufmaßen Bülaus hingewiesen, während Ungewitter immer um eine Vernetzung beider Darstellungsweisen bemüht ist (vgl. Kap. III. 1).[58]

Besonders Bülau dürfte auf Ungewitter in Hamburg maßgeblichen Einfluß ausgeübt haben, da er allein die Forderung nach Backsteinrohbau mit der nach Wiederaufnahme der Gotik - ganz dogmatisch gesehen - und schließlich persönlicher Überzeugungskraft verbindet. Ergänzend ist auf Chateauneufs Studien norddeutscher Backsteinarchitektur zu verweisen; seine Kenntnis dieser Formen sowie das Gespür für das Material veranschaulicht die Petrikirche (1843-49), während sein Werk im übrigen auch andere stilistische Facetten zeigt. Der Wandel zu radikalen Außenseitern bei Ungewitter und Martens liegt in der Zeit um 1846/47, denn der Entwurf zur Nikolaikirche war mit Sicherheit weder gotisch noch ziegelsichtig, derjenige zur "Patriotischen Gesellschaft" müßte entsprechend der Ausschreibung mindestens in Backstein gefaßt gewesen sein, was aber nichts über den Stil aussagt. Mit der Veröffentlichung seiner frühen Entwürfe ab 1847 will Ungewitter *nicht mehr* an dem 'Kompromiß-Endresultat' gemessen werden, sondern seine neuen Ideen vermitteln. Die Übertragung mittelalterlicher Formen auf eine typologisch neue Bauaufgabe findet aber als Identifikationsmuster keine Resonanz.

c. Die Rezeption Lübecker Backsteinarchitektur 1848/49

Ungewitter entflieht den politischen Ereignissen 1848 nach Lübeck.[59] Dort hat es keine Revolution gegeben, das Leben verläuft in vergleichsweise ruhigen Bahnen.[60] Die Hamburger Architektur, wie sie nach dem Brand 1842 entstanden ist, strahlt bis nach Lübeck aus. Dies belegt eine Gegenüberstellung des von Ungewitter ausgeführten Hauses Breite Str. 10 in Lübeck (vgl. Kat. 1) mit einem bislang übersehenen Entwurf von Martens für ein Haus in der Ferdinandstraße in Hamburg, das auf die Zeit um 1844 zu datieren ist *(Abb. 13)*.[61] Schon der Kubus mit axialer Verteilung der Öffnungen, die in den beiden unteren Geschossen rundbogig, darüber segmentbogig überfangen sind

Abb. 14) Häuser Breite Straße 6 (1838) und 8 (1862), Lübeck

und sich in der Mezzaninzone zu einer Reihe kleiner schmaler Blenden bzw. Öffnungen verdichten, weist in diese Richtung. Mittelalterliche Details wie Diamantquader, flache Balkons, Fenstereinfassungen und im Putz nachgezeichnete Entlastungsbögen belegen eine enge Übereinstimmung in Auswahl und Verwendung architektonischer Gliederungsmöglichkeiten. In der Ausführung mit Verputz, die gegen den Wunsch des Architekten stattfand, sucht Ungewitters Lübecker Bauherr Anschluß an die Neugotik benachbarter Häuser *(Abb. 14)*.

Ungewitter ist nach eigener Aussage schon seit 1841 mit dem Projekt in Lübeck befaßt gewesen - also noch vor dem Wechsel nach Hamburg. Daß er aber zuerst einen Backsteinbau entwirft, dann in Hamburg Putzbauten errichtet und wieder zum Backstein zurückkehrt, ist wenig wahrscheinlich. Wenn auch vielleicht Planungen für das Haus Breite Str. 10 1841 mit ersten Entwürfen begonnen haben, dürfte der veröffentlichte Entwurf dennoch kaum vor 1846 entstanden sein.

Seine Ankunft fällt in die Zeit der romantischen Entdeckung Lübecks, für die das Wirken Carl Julius Mildes (1803-1875), der sich vom kunstforschenden Maler zum malenden Kunstforscher[62] entwickelt, symptomatisch ist (z.B. seine Sammlung von lübeckischen Kunstaltertümern auf dem Hochchor von St. Katharinen seit 1841). Insofern sind auch die konservierend-archäologischen Rahmenbedingungen, die zur Neugotik gehören, hier stärker gegeben als in Hamburg. Reichenspergers Broschüre "Die christlich-germanische Baukunst" bedeutet insofern eine theoretische Fundierung des schon vorher erwachten Interesses an mittelalterlicher Architektur, speziell am norddeutschen Backsteinbau. Der Backstein hat als Material seit dem frühen 19. Jh. durch Schinkel in Berlin, aber auch durch Gärtner in München eine Aufwertung erfahren. Er tritt infolgedessen seit den 1830er Jahren auch in Norddeutschland auf, vornehmlich im Bereich des sog. 'Zweckbaus', d. h. industrielle Anlagen, aber selbst militärische Gebäude, Schulen und Bahnhöfe werden im sog. "Rohziegelbau" errichtet. Es gibt jedoch im einzelnen wichtige Unterschiede in der Auffassung und Verarbeitung dieses Materials.

In Ungewitters Studienstadt München hat es ziegelsichtige Architektur seit den 1820er Jahren gegeben, Ungewitter wird sogar selbst auf Baustellen der Ludwigstraße, wo unter Leitung Friedrich Bürkleins die von Friedrich Gärtner entworfenen Gebäude ausgeführt wurden, gearbeitet haben. Wenig überraschend sind daher Übereinstimmungen in der Wahl der Details aus dem romanisch-gotischen Bereich mit z.B. Gärtners Gebäude der General-Bergwerks- und Salinendirektion (Planung und Ausführung 1838-43), auch mit der entsprechenden theoretischen Haltung.[63] Ein Sinn für materialgerechtes Bauen ist aus München jedoch nicht abzuleiten, wo die Fassade aus konischen, fugenlos aneinander schließenden Backsteinen aufwendig vorgeblendet wird *(Abb. 15)*. Das Spiel mit der glatten Oberfläche, gesteigert durch farbige Kontraste der Gliederungen oder Ornamentierung im Sinne italienischer Vorlagen (Inkrustierung) bestimmt dort vielfach die Erscheinung.

Abb. 15) Ehem. Bayerische Berg-, Hütten- und Salzwerke AG, Ludwigstraße 27, München, Gärtner, 1838-43 (Detail des Mauerwerks)

Es gibt aber dennoch einige Experimente Gärtners mit dem Backstein als Material für Wohnhäuser, die auf Ungewitter gewirkt haben könnten. In der veröffentlichten Version seines Erstlingswerkes in der Breiten Straße 10 in Lübeck wird ein modernes Haus nur durch seine Ornamentik dem Charakter des Straßenzuges bzw. der Hansestadt generell eingeordnet. In der Gegenüberstellung mit einem undatierten Entwurf zu einem Gärtnerhaus von Friedrich Gärtner sehen wir an einem kubischen Baukörper aus Backstein eine klare Gliederung durch Lisenen, die wie ein Gitter wirken *(Abb. 16)*. Ornamente und Fenster werden horizontal auf Gesimsen und Brüstungen fest verankert. Ungewitter versucht, sich in der Motivwahl dem Lübecker Stadtbild anzupassen, z.B. mit Backsteinmaßwerk und Taustäben, während Gärtners Entwurf mit der großzügigen Arkatur des Erdgeschosses und den Zwickelfüllungen bzw. Fensterteilungen, die in Terrakottaplatten gedacht sein dürften, vielmehr eine Übereinstimmung mit Berliner Entwicklungen zeigt.

Asymmetrische kleine Gebäude, wie das in roten Ziegeln geplante Gärtnerhaus Ungewitters, haben in Berlin eine ausgeprägte Tradition, sowohl im sog. italienischen Villenstil, als auch im 'Schweizerstil' bzw. in der "Castle-Gothic".[64] Der Belvedereturm, der mit einer hölzernen Aussichtsplattform abschließt, verbindet das Gärtnerhaus mit der Berliner Bauschule, z.B. einer wohl in den 1850er Jahren im 'Schweizerstil'errichteten Villa in Hapsak (Estland) von Friedrich Adler *(Abb. 17)*. Außerdem erscheinen asymmetrische Kleinbauten in Holz mit einem markanten Aussichtsturm seit den frühen 1840er Jahren in *The Builder*, dessen Lektüre Ungewitter sich nach eigenem Bekunden gewidmet hat *(Abb. 18)*. Auch diese kleinen Gebäude gehören zumeist in den

Abb. 17) Villa in Hapsak, Estland, Adler (Architektonisches Skizzenbuch, Heft 34, Tafel 2)

Abb. 16) Projekt für ein Gärtnerhaus, Gärtner, undatiert (TUM Nr. 5.603)

Abb. 18) Sommerhaus in England, Entwurf, um 1843 (The Builder 1 (1843))

Kontext des 'Schweizer Stils', wofür in Hamburg Chateauneufs Haus für Frau von Heß ein frühes Beispiel liefert, so daß eben nur von Anstößen für eigene Ideen, nicht aber direkten Einflüssen gesprochen werden darf. Sowohl in der Gärtnerwohnung vor dem Lübecker Tor in Hamburg, deren Entwurf Ungewitter 1849 veröffentlicht hat, als auch in dem 1846 konzipierten Gut Bergfried entwickelt Ungewitter eine freie, stark asymmetrische Baukörpergruppierung und das für ihn charakteristische Turmmotiv. Damit setzt er die auf den englischen Landhausbau seit der Mitte des 18. Jahrhunderts zurückgehende Disposition, wie sie sich in den Hamburger Vororten u.a. in der englisch-neugotischen Villa Sloman artikuliert hat[65], in ein ungewohntes Material um.

Nachdem der Backstein bereits in Berlin durch Schinkel aufgegriffen worden war, läßt sich aufgrund eines von Ungewitter zitierten Motivs eine Verbindung zur Berliner Bauakademie andeuten (vgl. Kat. 4). Nach Grisebach liegt die Bedeutung der Bauakademie in der "Verbindung konstruktiver Prinzipien der Gotik mit der Flächengliederung und Formsprache klassischer Herkunft" und Schinkel folgt der "mittelalterlichen Bauweise, von innen heraus, die Fassade zu gliedern".[66] Die auf den Innenraum bezogene Fassadengliederung wie die spannungsvolle Verwendung glasierter und unbehandelter Ziegel haben ihre Wirkung auf Ungewitter sicher nicht verfehlt, der wegen der Berlin-Reise immerhin seine Stelle aufgegeben hatte. Die Ausformulierung gotischer Details in Backstein konnte er jedoch weder in München noch in Berlin lernen, wohl aber in Hamburg und eben besonders in Lübeck, wo er nach einem Wendepunkt in seiner Architekturauffassung um 1846 Muße fand, die ihm nun wichtigen Formen zu studieren. In seinen "Vorlegeblättern für Ziegel- und Steinarbeiten" scheint beispielsweise der Schaugiebel des Rathauses durch (vgl. Tf. 19, Fig. 13).

Der bisher ausschließlich auf die Lektüre Reichenspergerscher Schriften zurückgeführte Wendepunkt Ungewitters zur Gotik ist in diesem erweiterten Umfeld differenziert nachvollziehbar.[67] Ungewitter und Martens beginnen mit Bauten, die en vogue waren, bevor sie eigene Überzeugungen entwickeln (mit der Lektüre entsprechender Schriften Reichenspergers, Hoffstadts u.a.) und es sich aufgrund des vorherigen materiellen Erfolgs erlauben können, diese zu verfolgen, obwohl ihre Zeitgenossen nicht viel Verständnis für diese ungewöhnliche Architektur aufbringen. Ungewitter formuliert seine ästhetische Auffassung über ein Durchspielen unterschiedlicher Möglichkeiten, indem er - aus Gründen finanzieller Lukrativität? - historisierende Putzhäuser errichtet, daneben aber auch schon mit dem Backstein zu experimentieren beginnt. Die architektonische Theoriebildung erfolgt eben nicht durch ein konvertitenhaft umschlagendes Bekenntnis, sondern durch Ausprobieren. Ungewitter und Martens wenden sich vom Putz- bzw. Mischbau ab und entscheiden sich für den reinen Backstein.

In der strengen Idealisierung des Mittelalters gewinnt die Künstlerästhetik normativen Charakter, sogar dogmatische Ausschließlichkeit in der Rückbindung von Wahrheit und Konstruktion als materialbedingte Eigenschaften an einen einzigen Stil. Das Mittelalter wird als Gegenwelt entworfen: Ideal zu entwerfen ist wichtiger als real zu bauen (Veröffentlichung der Entwürfe, nicht der ausgeführten Bauten), die Konsequenzen ihrer Haltung sind aufgrund der widersprüchlichen Aufnahme des Bülauschen Gebäudes der Patriotischen Gesellschaft unübersehbar. Es ist vordringlicher, einen eigenen Standpunkt - bis etwa 1846/47 - zu finden, als die eigene Auffassung zu vermitteln. Dies stimmt mit Hipps These überein, daß im Backsteinrohbau über die 'Wahrheit' eine berufsständische Identität durch die Architekten gesucht wird.[68]

Die Auseinandersetzung mit dem Backstein erfaßt Ungewitter in Lübeck direkt und praktisch, führt zu einer Entwicklung seiner Formensprache, die ungewöhnlich stark an Materialeigenschaften orientiert ist. Motive mittelalterlicher Architektur, für die es in Lübeck sowie im gesamten norddeutschen Raum zahllose Anregungen gibt, sind im einzelnen nachweisbar (s.o.). Ungewitter entdeckt damit Lübeck im Zeichen der durch den Durand-Schüler Gärtner gelehrten formalen Strenge sowie des Rationalismus, wobei der religiös-romantische Aspekt eine vergleichsweise untergeordnete Rolle zu spielen scheint. Lübeck übernimmt die Funktion eines Refugiums, da Ungewitter den Unruhen in Hamburg in ein ruhigeres Klima entflieht. Mit seiner Bauweise kann er aber keinen Fuß fassen, so daß er schon nach einem Dreivierteljahr nach Leipzig übersiedelt.

1 Alfred Lichtwark, Der hamburgische Städtebau im neunzehnten Jahrhundert. In: *Jahrbuch der Gesellschaft Hamburgischer Kunstfreunde* Bd. 17. Hamburg 1911, S. 27. Dies Urteil ist von Lichtwark allerdings pejorativ gemeint!

2 Die Literatur zu Brand und Wiederaufbau wandelt sich von anschaulich schildernden Berichten (z.B. Julius Faulwasser, Der große Brand und der Wiederaufbau von Hamburg. Hamburg 1892) zu kritischer Bewertung (z.B. Fritz Schumacher, Wie das Kunstwerk Hamburg nach dem großen Brande entstand. Berlin 1920). Von den jüngsten Veröffentlichungen sind maßgeblich: Hermann Hipp, Freie und Hansestadt Hamburg. Geschichte, Kultur und Stadtbaukunst an Elbe und Alster. Köln 1989; Evi Jung-Köhler, Verlust und Chance. Hamburg 1842. Stadtmodernisierung beim Wiederaufbau nach dem Großen Brand. (Veröffentlichungen des Vereins für hamburgische Geschichte Bd. 37) Hamburg 1991 (zugl. Diss.: Stadtmodernisierung im 19. Jahrhundert: Hamburg nach dem Großen Brand von 1842 - Brand, Bürgerdiskussion, städtebauliche Planung, Wiederaufbau. Hamburg 1991).

3 Thieme-Becker, Lexikon der bildenden Künstler Deutschlands, Bd. 20, S. 431; Walter Melhop, Alt-Hamburgische Bauweise. Kurze geschichtliche Entwicklung der Baustile in Hamburg. Hamburg 1908, S. 186-191.

4 Irmgard Stein, Jüdische Baudenkmäler in Hamburg. Hamburg 1989, S. 58f., Abb. 30 und 70.

5 Hamburg und seine Bauten, unter Berücksichtigung der Nachbarstädte Altona und Wandsbek. Zur IX. Versammlung des Verbandes deutscher Architekten und Ingenieur-Vereine in Hamburg vom 24.-28. August 1890. Hamburg 1890, S. 48ff.

6 vgl. Hermann Hipp/Evi Jung, Hamburg nach dem Großen Brand von 1842 (Begleitschrift zum Nachdruck "Hamburgs Neubau" - Lithographien von Charles Fuchs. Hamburg 1846/47). Hannover 1985; Evi Jung-Köhler, 1991. Ihre Ergebnisse sind im einzelnen zwar sehr spannend und liefern ein Bild des Gesamtumfeldes, betreffen jedoch unseren Zusammenhang nicht unmittelbar.

7 Hipp/Jung, 1985, S. 19.

8 Damit ist die Nennung ab 1845 im Adreßbuch zeitlich - wie oft - unzuverlässig.

9 Hermann Steindorff, G. L. Martens - Nekrolog. In: *DBZ* 6 (1872), Sp. 242-245; hier Sp. 243.

10 Schulgebäude in Kiel von G. Martens [Waisenhofschule]. In: *ZfB* 15 (1865), Sp. 99-102.

11 G. Martens, Ausgeführte Mobilien, zunächst bestimmt für Schreiner und Metallarbeiter. Kiel 1859 (Rez. in: *OfcK* 10 (1860), S. 84 von W.).

12 Melhop, 1908, S. 194.

13 Hermann Funke, Geschichte des Miethauses in Hamburg. Hamburg 1974, S. 9.

14 Am Hopfenmarkt gab es vor 1842 15 Buden, nachher immerhin noch 5 Buden und 12 Sähle (d. h. 2 Zimmer mit Wohnküche) (Aufstellung in: Bericht J. H. Ludolff an die Rat- und Bürgerdeputation aus dem Jahre 1844 (SAH Best. 322-1,194), nach: Jung-Köhler, 1991, S. 145).

15 nach: Jung-Köhler, 1991, S. 62f. und S. 145f.

16 G. Ungewitter, Wohnhaus in Lübeck. In: *ZfpB* 8 (1848), Sp. 417.

17 Hipp/Jung, 1985, S. 16.

18 C. F. Reichardt, Einige Worte über die Wahl des Plans ..., S. 5f. (zit. n. Jung-Köhler, 1991, S. 70f.).

19 Bülau am 30. November 1842 in der *Hamburger Neuen Zeitung*. Das Blatt ist preußenfeindlich und viele Vormärzler veröffentlichten darin (vgl. Ann-Kristin Maurer, Theodor Bülau. Diss Hamburg 1987, S. 41).

20 Entsprechende Kritik übt er 1852 in einem Gutachten zur Stadterweiterung Kassels an der beliebten Geradlinigkeit und Rechtwinkligkeit (Brief 7. Mai 1852; Reichensperger, 1866, S. 82).

21 Jung-Köhler, 1991, S. 140.

22 H. Speckter, Der Wiederaufbau Hamburgs nach dem großen Brand von 1842. Vorbild und Mahnung für die heutige Zeit. Hamburg 1952, S. 43.

23 Steindorff, 1872, Sp. 243.

24 Brief 17. November 1850 (Reichensperger, 1866, S. 19).

25 Verkauf der insgesamt 581 neu gebildeten Grundstücke: 1843 302, 1844 167, 1845 72, 1851-57 insges. 31 (C.C. Hartmann, Übersicht der zum Bebauen verkauften Plätze. 3 Hefte 1844, 1845, 1846, zit.n.: C. F. Gaedechens, Historische Topographie der Freien und Hansestadt Hamburg. Hamburg 1880, S. 237).

26 Das Baudatum nennt der erläuternde Text nicht (Doppelwohnhaus in Hamburg. In: *ZfpB* 8 (1848), Sp. 15-17, Tf. 6f.).

27 Franz Georg Stammann hat die Akademien in Kopenhagen, St. Petersburg und Wien besucht. Sein Bruder Friedrich (1807-1880) war ebenfalls Architekt, der wiederum drei Jahre in München studiert hat. U. a. stammt das Herrenhaus Saxtorf in rotem Backstein - der norddeutsch-angelsächsischen Neugotik verpflichtet - ebenfalls von ihm (vgl. Thieme-Becker, Lexikon der bildenden Künstler, Bd. 31, S. 457).

28 Wohnhaus in Hamburg am Jungfernstieg. In: *ZfpB* 7 (1847), Sp. 341f. und Tf. 25f.

29 30 Bauten im Jahr 1840, Höhepunkt 1843 mit 105 Bauten (nach: Florian Zimmermann, Wohnbau in München 1800-1850. (Miscellanea Bavarica Monacensis Bd. 129) München 1984, S. 105).

30 1850 erfährt dies schon eine Beachtung: [o. Verf.], Übersicht der neuesten Kunsttätigkeit in München. 1. Architektur: In: *Kunstblatt* 1846, Nr. 22, S. 90 (nach: Florian Zimmermann, Kat. Nr. 179. In: Romantik und Restauration. Ausstellungskatalog München. München 1987, S. 498).

31 Funke nimmt eine Auswertung der Fuchsschen Tafeln nach einer Vielzahl von Kriterien vor, so z.B. auch Anzahl der Geschosse oder Fensterachsen (vgl. Funke, 1974, S. 22).

32 Gaedechens, 1880, S. 148.

33 grundlegend: Fritz Schumacher, Das Wesen des neuzeitlichen Backsteinbaus. München 1920. Nachdruck mit einer Einführung von Werner Finke. München 1985; vgl. auch: Fritz Schumacher, Die neuen Regungen des Hamburger Backsteinbaus in der Mitte des 19. Jahrhunderts. In: *Centralblatt der Bauverwaltung (=CdB)* 43 (1923), S. 61-65, 73-78, 85-88, 133-138; neuere Ergebnisse: Hermann Hipp, Backsteinbau in Hamburg. In: *Baukultur* 4, H. 1 (1984), S. 32-40; Dörte Nicolaisen, Studien zur Architektur in Hamburg 1910-1930. Nijmegen 1985 (Diss. München 1974); Hermann Hipp, Zum Backsteinbau des 19. Jahrhunderts - Seine Anfänge in Hamburg und anderen Städten. In: Arno Herzig, Das alte Hamburg (1500-1848/49). Vergleiche-Beziehungen. (Hamburger Beiträge zur öffentlichen Wissenschaft Bd. 5) Berlin/Hamburg 1989, S. 224-269.

34 zu Chateauneuf hier: Günther Lange, Alexis de Chateauneuf, ein Hamburger Baumeister (1799-1853). Hamburg 1965; zum Kirchenbau vgl.: Henrik Karge, Backsteinneugotik in Hamburg: Alexis de Chateauneuf und die Planung der Petrikirche (1841-49). In: Erich Böckler (Hg.), Martin-Carl-Adolf-Böckler-Stiftung: Kunst und Geschichte im Ostseeraum. (Hamburger Gespräche Heft 12) Kiel 1990, S. 187-216.

35 Zum Kommentar des Bauherrn sowie der Jahresausstellung des Kunstvereins in diesen Räumlichkeiten vgl. Hipp, 1989, S. 229f. und M. H. Hudtwalcker, Ein halbes Jahrhundert aus meiner Lebensgeschichte. 3 Bde. Hamburg 1862-1864, Bd. I, S. 135f. und 138 (zit. n.: Lange, 1965, S. 55f.).

36 Ob er sich im späten Werk dem Mittelalter näherte, kann hier nicht thematisiert werden (die Behauptung bei: Melhop, 1908, S.197).
37 Angestrebt ist vielmehr der "Ernst einer einheitlichen Materialwirkung" (*Zentralblatt der Bauverwaltung* 1923, S. 76).
38 Madsen, 1965, S. 20.
39 Henning Matthaei, Untersuchungen zur Frühgeschichte der deutschen Berufsschule dargestellt am Wirken der Patriotischen Gesellschaft zu Hamburg im 18. Jahrhundert. Hamburg 1967.
40 Hermann Hipp, Backsteinbau in Hamburg. In: *Baukultur* 4 (1984), S. 32.
41 Alexis de Chateauneuf, Einige Wünsche und Andeutungen über das Hamburger Staates Bauwesen. Vorschlag einer Preisaufgabe der Ziegelherstellung. Hamburg 1836 (vgl. Maurer, 1986, S. 43f.).
42 zit.n.: Melhop, 1908, S. 28.
43 Bülau, Das Haus der Patriotischen Gesellschaft oder Einiges über einen Neubau. Hamburg 1849, S. 22.
44 *Wie vernünftig ist diese kleine handliche Form, so nützlich für jeden Zweck. Welche Logik im Verband, in Muster und Textur. Welcher Reichtum in der einfachen Mauerfläche; aber wieviel Disziplin verlangt dieses Material.* (Mies van der Rohe).
45 vgl. die Rede des der Gesellschaft vorstehenden Sekretärs Dr. Kramer zur Grundsteinlegung am 2. Oktober 1845: "Der Geist des Bürgertums ... erhebe sich in ganz Deutschland" mit der des Sekretärs C. F. zur Einweihung am 1. Dezember 1847 (zit. n.: Hipp, 1989, S. 236).
46 Theodor Bülau, 1849, Vorwort. Dort findet sich auch der in der Neugotik vielzitierte Spruch von des "Zirkels Kunst und Gerechtigkeit, die ohne Gott niemand ausleiht". Die Idealisierung des Mittelalters mit einer politisch-nationalen Aufladung der Architektur weist zurück auf die Romantiker (vgl. z.B. Fichte, Reden an die deutsche Nation von 1807/08).
47 In vorderster Reihe der Gegner steht Carl Friedrich Reichardt, dem in der von ihm herausgegebenen *Hamburger Monatsschrift für öffentliches Leben* vom Februar 1850 ein Forum für seine Kritik zur Verfügung steht (Hipp, 1989, S. 237f.).
48 Brief 10. Oktober 1850 (Reichensperger, 1866, S. 20).
49 Auf Bülau könnte auch die Bemalung des Holzes im Innenraum in "reinen Farben" zurückzuführen sein, die bei Ungewitter immer eine große Rolle spielt (vgl. Kat. 1). Bülau läßt das Holz der Fensterzargen und -stöcke mit Leinöl bestreichen, zieht farbige Anstriche des Inneren, wie sie bei den Alten üblich waren, dem Grau der Modernen vor (Bülau, 1849, S. 16). Bülau berichtet an Semper auf dessen Anschreiben hin über seine Kenntnisse von der Farbigkeit gotischer Architektur (Brief vom 12. Juni 1835) (n. Maurer, 1987, Anm. 202, S.127).
50 Dirk Meyhöfer, Hamburgs Backstein. Hamburg 1986, S. 18.
51 Ferdinandstr. 65 (*ZfpB* 8 (1848), Tf. 1f.; Charles Fuchs, Hamburgs Neubau. Sammlung sämtlicher Fassaden der Gebäude an den neubebauten Straßen; für Architecten, Bauhandwerker etc. Hamburg 1847, Bl. Nr. 30); Schleusenbrücke 9-13 (1902 abgebrochen) (*ZfpB* 7 (1847), Tf. 53f.; Raboisen 66/68 (*ABZ* 1848, Bl. 169); Wohnhaus am Glockengießerwall 21 (ehem. Schleidensche Schule) (*ZfpB* 7 (1847), Sp. 343, Tf. 28-30).
52 vgl. Hipp, 1989, S. 233f.
53 Melhop, 1908, S. 208.
54 vgl. Lewis, 1993, S. 125f.
55 Vielleicht geht dies auf eine Anregung Friedrich Bürkleins zurück, der sich später mit dem Maximilianstil gleichfalls der Gotik verschrieb, wenngleich diese andere Formen zeigt.
56 vgl. Maurer, 1987, S. 5-32.
57 Julius Popp/Theodor Bülau, Architectur des Mittelalters in Regensburg. Regensburg 1834-39 (frz. 1841). Dies Werk erhebt Bülau in den Rang eines Fachschriftstellers. Damit rückt er in den Umkreis süd- und westdeutschromantischer Gotikauffassung, wie sie außer dem Kölner Kreis auch Heideloff in Nürnberg vertrat (vgl. Kap. IV. 1).
58 Bülau schätzt sich als "gesund deutscher Techniker" ein (Hugo Groothoff, Das Patriotische Gebäude, sein Erbauer Theodor Bülau und der diesjährige Umbau des Hauses. Vortrag, gehalten im Architekten- und Ingenieur-Verein zu Hamburg am 4. November 1898. Hamburg 1898). Dies darf aber nicht unbedingt wörtlich genommen werden, es liegt darin vielmehr eine Stilisierung des Techniker-Begriffs im Sinne des Bauhüttenideals.
59 Zum politischen Leben in Hamburg vgl.: Walter Langewiesche, Die Revolution in Hamburg. In: Herzig, 1989, S. 182ff.
60 vgl. Antjekathrin Graßmann (Hg.), Lübeckische Geschichte. Lübeck 1988, S. 611ff.
61 *ZfpB* 26 (1866), Sp. 307f. und Tf. 42f.
62 Graßmann, 1988, S. 593.
63 Anläßlich des Baus der Staatsbibliothek betont Gärtner: "So ging die Façade rein aus der Notwendigkeit der Construction hervor [...]" (zit. n.: Oswald Hederer, Die Ludwigstraße in München. München 1942, S. 86). Schon Schinkel hat formuliert: "Es ist sehr zu wünschen, daß diese dauerhafte, schöne und wahrhafte Architektur aus gebranntem Tone ohne Übertünchung recht viel Nachahmung, sowohl für öffentliche Gebäude als Privathäuser, finden möge." (Paul Ortwin Rave, Karl Friedrich Schinkel - Lebenswerk. Bauten für Berlin Bd. 3. Berlin 1942, S. 219f.).
64 vgl. Eva Börsch-Supan, Berliner Baukunst nach Schinkel 1840-70. (Studien zur Kunst des neunzehnten Jahrhunderts Bd. 25) München 1977. Bis etwa 1842 waren 16 Backsteinbauten in Berlin entstanden, etwa die Hälfte Kirchen sowie acht Industriebauten (vgl. Auflistung bei: Manfred Klinkott, Die Backsteinbaukunst der Berliner Schule. (Die Bauwerke und Kunstdenkmäler von Berlin Beiheft 15) Berlin 1987).
65 In Holstein ist die englische Castle-Gotik durch eine Anlage des Schinkelschülers Eduard Knoblauch in der Mitte der 1840er Jahre vertreten (vgl. Karen David-Sirocko, Die Blomenburg. Ein Jagdschloß der Romantik in Schleswig-Holstein. Tökendorf 1992).
66 August Grisebach, Karl Friedrich Schinkel. Leipzig 1924, S. 134f.; zit. n.: Max Onsell, Ausdruck und Wirklichkeit. Versuch über den Historismus in der Baukunst. (Bauwelt-Fundamente 57) Braunschweig/Wiesbaden 1981, S. 69.
67 Damit sei Lewis widersprochen, der ausschließlich Reichenspergers Einfluß gelten läßt, wenngleich er auch feststellt, daß Ungewitter eine neue Ästhetik der Gotik formuliert hat (Lewis, 1993, S. 124).
68 Hipp, 1989, S. 258f.

2. Die Wendung zur Gotik in Leipzig 1849-51

Der sich in Hamburg und Lübeck ankündigende Wandel der Architekturauffassung nimmt in Leipzig neue Formen an und wird auf ein immer solideres theoretisches Fundament gestellt. Ungewitter wendet sich nach Sachsen, nachdem eine Anstellung im kurhessischen Eisenbahnbau unerwartet gescheitert ist.[1]

a. Johann Andreas Rombergs *Zeitschrift für praktische Baukunst*

In der Spanne zwischen 1847 und 1852 erscheinen sieben Projekte Ungewitters in der *Zeitschrift für praktische Baukunst*[2], die der Berliner Johann Andreas Romberg (1806-1868) seit 1841 in Leipzig herausgegeben hat. Rombergs Büro befand sich am Neumarkt 36. Leipzig besitzt eine ausgeprägte bürgerliche Tradition und war Zentrum der Aufklärung. Im Gegensatz zu Dresden, wo seit 1806 Kurfürst Friedrich August III. als erster König von Sachsen residiert, hat es keinen Hof gegeben.

Romberg war im Frühjahr 1847 in Hamburg[3], und im selben Jahr erscheinen erstmals Entwürfe Ungewitters in seinem Journal. Es kann daher als sicher gelten, daß ein Kontakt schon in Hamburg zustandegekommen ist. Rombergs Zeitschrift stellt ein Forum dar, das ungewöhnliche und ungewohnte Bauten wie die Bülauschen in Hamburg aufnimmt (vgl. Kap. II.1).

Romberg ist zwischen 1835 und 1841 in Berlin und Hamburg als Architekt und Fachschriftsteller tätig gewesen, bevor er sich nach Leipzig wendet. Ausdrücklich sind ihm der industrielle Bedarf sowie die praktische Anwendbarkeit angelegen. In der Einteilung bezieht er sich mit einer Rubrik "Zuschriften" ausdrücklich auf englische Journale als Vorlage.[4] In der winzigen Spalte mit Neuerscheinungen tauchen Ungewitters Schriften nicht auf. Seit Mitte der 1850er Jahre widmet sich das Blatt schwerpunktmäßig der Berliner Schule und ab 1866 wechselt der Verlagsort ebenfalls nach Berlin. Der Grund dieses Konzeptwandels liegt sicher darin, daß Romberg die Zeitschrift 1853 verkauft hat, so daß sie eben auch Ungewitter nicht mehr offenstand.[5]

Romberg befaßt sich selbst in mehreren Artikeln mit dem Mittelalter und stellt sein Journal der Neugotik zur Verfügung.[6] 1844 fordert der Magdeburger Baurat Rosenthal eine neue Gotik, nicht wie sie sich historisch entwickelt hat, sondern wie sie sich entwickelt haben würde ohne die Beeinträchtigungen durch den rigorosen Katholizismus oder die zu einem falschen Extrem übergegangene Reformation.[7] Das wird ein wichtiger Gedankengang im weiteren Verlauf der Neugotik, indem u.a. Ungewitter auf eine eindeutige Stilstufe der Gotik zurückgreift, die ihm als Ausgangspunkt für seine Architektur dient. Dem Urteil Hammerschmidts, der von naiver, manchmal verständnisloser Darstellung von Geschichte und "tektonisch" orientierter Theorie der Architektur spricht[8], kann man mit der Einschränkung folgen, daß gerade die praxisnahe Ausrichtung als Neuheit und Eigenwert gilt. Bringmann stellt bereits ein geringes Niveau in der Argumentation Rombergs fest, der z.B. die Gotik als "Volkesstimme" apostrophierte.[9]

b. Auseinandersetzung mit der sächsischen Neugotik

Der "Denkmalkultus", das Interesse für den eigenen alten Baubestand, reicht in Leipzig in das ausgehende 18. Jh. zurück.[10] Durch den Kanoniker Christian Ludwig Stieglitz (1756-1836), der beispielsweise als Domherr von Wurzen an der Restauration 1817/19 mitgewirkt hat sowie für seine Schriften[11] bekannt ist, werden die Bemühungen vertieft und theoretisch untermauert. Stieglitz formuliert z.B. die Irregularität der Gotik als Qualität. Seine Position wandelt sich vom strengen Klassizismus zu einem funktionalistisch begründeten Eklektizismus.[12] In der späten Schrift "Beiträge zur Geschichte der Ausbildung der Baukunst" von 1834 erkennt er in seiner Einteilung in drei gleichwertige Stile die Gotik, die als 'altdeutscher' oder 'Spitzbogenstil' bezeichnet und der Kategorie 'romantisch' und dem Vertikalismus zugeordnet wird, für Kirchenbauten an.

Bürgerliche Vereine haben zuerst die Denkmalschutzidee getragen. In Leipzig ist 1825 der "Königlich Sächsische Verein für Erforschung und Erhaltung vaterländischer Altertümer" gegründet worden, in dem sich Gottfried Semper 1834-49 engagiert hat, der zuerst die Forderung nach dem Ausbau der unvollendeten Meißner Domtürme aufstellte. Gottfried Semper, der auf Schinkels

Empfehlung von 1834-49 Professor an der Dresdner Akademie gewesen ist, restauriert beispielsweise die Klosterkirche Kamenz 1845-50, obwohl er vor allem für seine Neo-Renaissance berühmt wird.[13] In den 1860er Jahren setzt eine Welle von Restaurierungen an Bauten der Romanik, Gotik und Renaissance ein (z.B. Erneuerung der Albrechtsburg in Meißen durch Haenel), wobei den ausführenden Architekten vorgeworfen wird, daß sie oft kein solides Wissen um die sächsische Kunst hatten.

In Leipzig, das ein Mittelpunkt der Aufklärung für die deutsche Kunst und Wissenschaft ist, wird der englische bürgerliche Einfluß ebenso wie in Hamburg am ehesten aufgenommen, z.B. erscheinen seit 1725 *Die vernünftigen Tadlerinnen* Gottscheds, eine moralische Wochenschrift, die sich nach Addisons *Spectator* richtet. Die Zeitschrift *Brittische Bibliothek* präsentiert bedeutende Neuerscheinungen in England, Aufsätze über englische Schriftsteller, Übersetzungen englischer Gedichte und Dramen.[14]

Die Neugotik führt maßgeblich Alexander Heideloff aus Nürnberg mit mehreren Kirchenbauten in Sachsen ein, als Beispiel sei die Leipziger katholische St. Trinitatis Kirche 1845-47, zu der Ungewitter einen Dekorationsentwurf für den Giebel geliefert hat, genannt (vgl. Kat. 19).[15] Heideloff, einer der Initiatoren der neugotischen Bewegung im südwestdeutschen Raum, pflegt seit 1814 Beziehungen nach Sachsen und Thüringen. Über seine in Thüringen errichtete Stadtkirche Sonneberg 1843-45 berichtet die *Illustrierte Zeitung*, deren Verlagsort wiederum Leipzig ist. Die dreischiffige Stufenhalle der Trinitatiskirche zeigt außen Ziegelrohbau, abgesehen vom Turmhelm und einigen Gliederungen. Im Innenraum tragen dünne, hölzerne Bündelpfeiler ein ebenfalls hölzernes Gewölbe.[16] Damit ist sie die erste Kirche dieser Bauart im 19. Jh. in Sachsen.

Der Leipziger Architekt Oscar Mothes (1828-1903)[17] errichtet 1848/49 eine ev. Kirche in Rüdingsdorf als drittes wichtiges Beispiel der sächsischen Neugotik vor 1850.[18] Mothes' Auffassung, daß die Gotik der zeitgemäße Stil sei, der auf soliden Kenntnissen des Mittelalters beruhen müsse, stimmt mit der gotischen Bewegung überein. Als Semper-Schüler hat er die Gotik im Rahmen der Denkmalpflege kennengelernt.

In seltenen Fällen können die Neugotik oder Neuromanik auch für Monumente Anwendung finden, wie u.a. die Diskussion um Ungewitters Denkmals für Weiße zeigt (vgl. Kat. 17). 1834 hat selbst Semper einen neugotischen Cholerabrunnen in Dresden errichtet. Als stilistische Alternative zu der durch Ungewitter erwähnten klassizistischen Thär-Statue Ernst Rietschels von 1850 in der Schillerstraße[19] fertigt außerdem Knaur im selben Jahr ein Bach-Monument in romanisch-gotischen Formen an. Knaur ist insofern für die Zusammenarbeit mit einem engagierten Neugotiker wie Ungewitter prädestiniert.

Außer der geographischen Nähe zu Kurhessen ist es auffällig, daß Leipzig offenbar ein wichtiger Ausgangspunkt für die Auseinandersetzung mit mittelalterlicher Bauweise gewesen ist, beispielsweise in den frühen Inventarisierungen durch Ludwig Puttrich (1783-1856).[20] In solch einem Umfeld, wobei auch der materielle Aspekt des Wohlstandes einer Industrie- und Handelsstadt nicht zu übersehen ist, erhofft sich Ungewitter - allerdings vergeblich - eine Akzeptanz seiner Bauweise. Sempers Schaffen ist ihm ein besonderer Dorn im Auge, wie die Äußerung über dessen Neues Museum (1847-54) in Dresden exemplarisch belegt:

> *Schon das neue Museum, die schwächste Arbeit Semper's, macht von außen durch die ganz gewöhnliche Anordnung und die langweilige, klassisch-italienische Ausführung einen traurigen Eindruck; gelangt man aber ins Innere, so erschrickt man wahrhaft über die abgeschmackten römischen Verzierungen und insbesondere über die unheimlichen gußeisernen Deckenkonstruktionen, die besonders von oben gesehen die Wirkung einer riesenhaften Spinnmaschine machen.*

Die Situation in Leipzig unterscheidet sich nur in Nuancen von der in Dresden:

> *Kein Semper hat hier zwar durch sein Talent den Geschmack verdorben, im Gegentheil sind die modernen Bestrebungen der hiesigen Architekten durchweg auf sehr knabenhaftem Standpunkt geblieben[...].*[21]

Daß Ungewitter kaum Aufträge erhalten hat erscheint um so unverständlicher, wenn man den Umfang der Bautätigkeit an Häusern in Leipzig in Betracht zieht: Im Jahr 1843 entstanden 1950, im Jahr 1851 ca. 1000 und im Jahr 1862 allein im Stadt-Gebiet 2140 neu erbaute Häuser.[22]

Das einzige ausgeführte Haus Ungewitters am Floßplatz in Leipzig entspricht gemäß den veröffentlichten Abbildungen mit der Material- und Formwahl den regionalen Gepflogenheiten (vgl. Kat. 16).[23] Die funktionale Anordnung im Innenraum zeigen Zugänge von den verschiedenen Seiten in die jeweiligen Etagen sowie der Ausleger im Giebel, der dazu dient, Lasten auf den großen Dachboden zu befördern. Die Funktionsverflechtung von Wohnen/Arbeiten, wie sie für Gewerbetreibende charakteristisch war und nach Ungewitters Auffassung bleiben sollte, ist gewahrt. Modernes Wohnen und Geschäftsbetrieb erscheinen im archäologisch korrekten Stilgewand, dafür wird auf jede Form der Repräsentation verzichtet. Beleg ist schon die unscheinbare Gestaltung des Haupteingangs, wo die Vorbehalte des Bauherrn verständlich werden, der Eleganz vermißt. Ähnlich dem Red House von Philip Webb für William Morris 1859/60 nimmt Ungewitter zu der stilistischen Charakterisierung eine ausgesprochen regional orientierte Material-Verwendung hinzu; die Aussage bestimmen sowohl Form als auch Material und Baukörpergruppierung.

Aus der Leipziger Phase sind außerdem zwei unausgeführte Projekte durch ihre Veröffentlichung in Rombergs Zeitschrift bekannt. Das sog. 'Weinberghaus', von dem wir den Bauplatz nicht kennen, zeigt die Weiterentwicklung des Typs des ländlichen Einfamilienhauses, wie er in der Hamburger Gärtnerwohnung vorformuliert ist (vgl. Kat. 14, 15). Beide Entwürfe erscheinen am Anfang bzw. am Ende des Jahres 1849, also in zeitlichem Abstand eindeutig nacheinander. Obwohl beide Häuser im Grundriß verschachtelt, mit einer Laube sowie einer gestuften Dachlandschaft, die in einem Holzturm kulminiert, versehen sind, lösen jedoch neue Formen die bisherigen ab. Stringenter als im Hamburger Gärtnerhaus erscheint die Fenstersetzung hinsichtlich einer Übereinstimmung von wohlproportionierter Gliederung der Fassade mit der Aufteilung der dahinterliegenden Zimmer. Entsprechend der für Ungewitter neuen Materialkombination von Bruchstein mit Haustein, die er wegen ihrer regionalen Tradition im mittleren Deutschland verwendet, werden die Wandflächen verputzt und mit dem Sandstein der Kanteneinfassungen, Giebel und Fenster bündig zu einer planen Oberfläche vereint. Statt der ein wenig derben Backsteinbauweise erscheinen fein konturierte Blendgiebel oder Fenstergewände, die von der Auffassung her der Spätgotik nahestehen. Sie sitzen wie Glanzlichter auf dem sonst schlichten gotischen Bau.

Originell ist die Anwendung gotisierender Formen für die moderne Aufgabe eines Gemeinde- und Spritzenhauses (vgl. Kat. 18). Nach einem ersten Altan in Gut Bergfried sowie Lauben an der Gärtnerwohnung und dem Weinberghaus sowie einem kleinen hölzernen Erker an der Hamburger Gärtnerwohnung, fomuliert Ungewitter am Spritzenhaus 1852 erstmals einen Kastenerker in gotischen Formen. Den Erker als wichtige Bereicherung des Wohnbaus hatte er sich bereits 1850 angeeignet, wie die Tf. 35-38 aus den "Vorlegeblättern zu Ziegel- und Steinarbeiten" belegen. Erst in Tf. 39 stellt er Erker in Ziegelbauweise vor, wobei das Material nach seiner Auffassung dafür nicht besonders geeignet ist und er auch keine historischen Vorbilder kennt.[24] Der Erker rückt also erst in Sachsen in das Blickfeld und spielt folgende Rolle:

> *Es giebt wohl nichts was mehr zum behaglichen Gebrauch eines Zimmers beiträgt und von außen eine wirksamere Zier des ganzen Hauses abgiebt als ein Erker. Es bedurfte wirklich all des seit Durand, Weinbrenner und anderen Bauleuten überkommenhabenden publizistischen Strebens, um diese der reichsten Ausbildung fähigen, aber auch in der einfachsten Gestaltung eben so nutzbaren als schönen Gebäudetheile außer Gebrauch zu bringen.*[25]

Damit entwickelt Ungewitter in der Leipziger Zeit Versatzstücke für seine nach Mitte der 50er Jahre von Kassel aus edierten Wohnbauprojekte.

Ungewitters Entwürfe erscheinen nicht unvermittelt in Sachsen. Hingewiesen sei auf einen Entwurf zu einem als "Salongebäudchen für einen Weinberg bei Dresden" titulierten Häuschen, das Landbaumeister Karl Moritz Haenel (1809-1880)[26] entworfen hat und das ausgerechnet in Rombergs Zeitschrift erschienen ist *(Abb. 19)*.[27] Das kleine Gebäude, dessen Grundriß aus einem Rechteck (Salon) mit mittig angeschlossenem Quadrat (Eingang, Treppe) besteht, ist der Hanglage geschickt angepaßt und greift mit Lauben seitlich des Eingangs, Erker nebst Auslucht am Salon in die Umgebung hinein. Haenel entwirft im Stil englischer Gotik, die im Landhausbau schon lange etabliert ist (hochrechteckige Fenster mit abgeknickten Traufleisten), markant steigt zudem der Kaminschlot hoch über den Dachfirst des Salons auf. Ungewitters verschachtelte, auf den Turm hin gesteigerte Anordnung seines Weinbergshauses hebt sich von Haenels simpler, additiv gefüg-

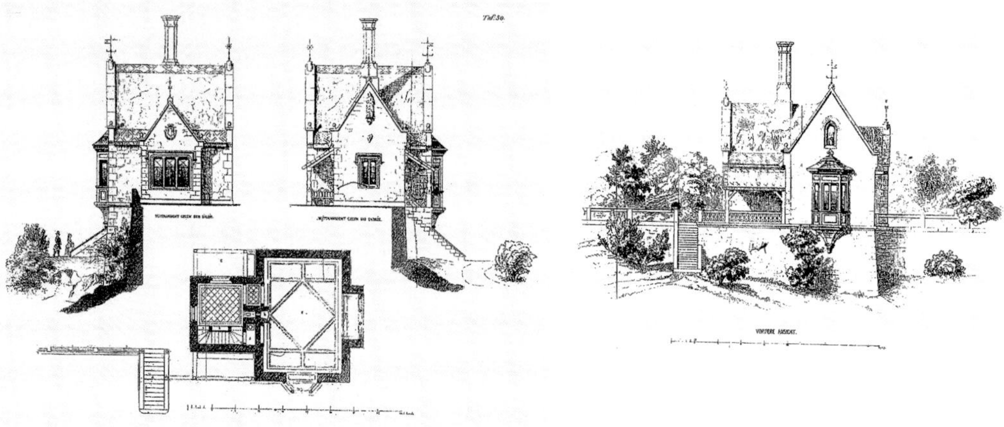

Abb. 19a/b) Entwurf zu einem Salongebäudchen für einen Weinberg bei Dresden, Grundriß und Aufrisse, Haenel, 1848 (Zeitschrift für praktische Baukunst 8 (1848), Tf. 50f.)

ter Komposition, die an englische Cottage-Bauweise angelehnt ist, allerdings wesentlich ab. Ungewitter arbeitet komplexer, z.B. Doppelung des Giebelmotivs in Tf. 41 als Gegengewicht zum Anbau mit der Laube, in der Ausbalancierung der Verteilung von Masse und Öffnung in seinem Gebäude. Ungewitter gestaltet zudem seine gotischen Details konsequent nach deutschen bzw. sächsischen Vorlagen. Er lehnt sich im Typus des kleinen, ländlichen Hauses an Haenel an, orientiert sich damit zu einem gewissen Maße an einer Bauaufgabe, die für ihn gleichfalls Aufträge erhoffen läßt. Daß dies Erfolg hat, zeigt der Auftrag zu einem Häuschen, das ebenfalls für einen Weinberg vorgesehen ist. Ob Haenels Bau zur Ausführung gelangte, ist nicht bekannt.

Außerordentlich kritisch steht Ungewitter nicht nur der Leipziger Akademie, sondern auch zeitgenössischer Neugotik gegenüber, die fast nie seinen Ansprüchen genügen kann. Den künstlerischen Geschmack bestimmt in Leipzig die zeitgleich mit Dresden 1764 gegründete Kunst-Akademie, deren Architekturabteilung Baudirektor Albert Geutebrück (1800-1868) vorsteht, der auch die Baugewerbeschule von ihrem Gründungsjahr 1838 bis zum Jahr 1862 leitet.[28] Geutebrück[29] baut spätklassizistisch, wie vor ihm schon Baudirektor Johann Friedrich Karl Dauthe (1749-1816), von dem aber auch neugotische Kirchenrestaurierungen stammen.

Von 1823 bis 1855 unterrichtet Friedrich Brauer, ein Schüler des Nazareners Julius Schnorr von Carolsfeld, Zeichnen und Portrait an der Akademie. Für den Bau seines Wohnhauses wählt Brauer die Neugotik, er hätte dafür nach Ungewitters Aussage ihn gern als Architekten bestimmt, was aber mit Rücksicht auf den Kollegen, der die Architektur vertritt (Geutebrück), nicht möglich gewesen sei. Die Zeichnungen für dessen "gotisch sein sollendes Haus", die Ungewitter beim Steinhauer gesehen hat, bezeichnet er als "wirklich unter aller Würde", da etwa spitzbogige Fenster moderne Profilierungen tragen.[30] Ungewitter kann sich an der nicht fundierten Formgebung stoßen, weil er selbst inzwischen weitgehend mit der mittelalterlichen Gotik vertraut ist. Da ihn moderne Zugaben stören, liegt sein Ideal zunächst einmal schon in möglichst korrekter - und vor allem bewußter - Anwendung historischer Formen. Im Winter 1850 berichtet er von einem geplanten Besuch Bürkleins, der ihn von seiner "unzeitgemäßen Richtung zu heilen" gedenkt, was Ungewitter amüsiert.[31] Ungewitter verfolgt noch während der 1850er Jahre, als er in Kassel wirkt, das Leipziger Baugeschehen aufmerksam, sooft er wegen der Projekte zum Leibniz-Denkmal dorthin kommt. Bis 1852 sind einige weitere neugotische Häuser entstanden, die in der Überladung mit Zierrat wiederum sein Mißfallen erregen.[32]

Die Aufnahme der Korrespondenz mit Reichensperger Ende August des Jahres 1850 bestärkt Ungewitter in einer neuen Formulierung seiner Architekturvorstellungen (vgl. Kap. IV. 1). Sein Versuch, den Sinn für Kunst in der Bevölkerung zu erwecken findet nur minimal - in der Bemalung einiger Deckenvertäfelungen entsprechend Ungewitters Vorschlägen "nach der alten Art" -

Resonanz.[33] In Ergänzung zu den bestehenden Ausbildungsmöglichkeiten plant er allerdings bereits in Leipzig die Ausbildung von Maurer- und Zimmermanns-Gesellen im Winter, wobei er sich in der Organisation an die Einrichtung Friedrich Schmidts in Köln anlehnen will (vgl. Kap. IV. 1). Ob es ihm gelingen kann, die Handwerker auf diesem Wege für die Gotik zu begeistern, erscheint ihm noch zweifelhaft.[34] Seine Unterweisung in mittelalterlichen Formen und Fertigungstechniken hätte in Leipzig eine Lücke gefüllt, wird aber offenkundig nicht realisiert. Das Engagement für das Handwerk ist eine Forderung, die auch in Reichenspergers Abhandlung "Die christlich-germanische Baukunst" von 1845 zu lesen ist. Ungewitter nimmt es besonders ernst und versucht Wege zu finden, um die sich auflösende Anbindung des Handwerks an die Kunst wieder zu festigen. Dies scheint der früheste Ansatz in Leipzig zu sein, die Gotik zu lehren, wobei der Bereich des Handwerks sogleich einbezogen wird; es geht eben nicht um eine bloße theoretische Ausbildung in akademischer Tradition. Die Anlehnung an Reichensperger bietet Ungewitter insofern nicht nur ein solides theoretisches Fundament und bindet ihn in eine überregionale Gruppe der gotischen Bewegung ein, sondern er bemüht sich sogleich um Umsetzung der entsprechenden Anregungen.

Wie zuvor in Norddeutschland läßt sich die an Baumaterial und regionalen Traditionen orientierte Bauweise in mittelalterlichen Formen kaum auf der Basis des Privatbaumeisters umsetzen, was eine Veröffentlichung im gedruckten Medium nahelegt. Die "Vorlegeblätter für Ziegel- und Steinarbeiten" gibt wiederum Romberg ab 1849 heraus. Für die Vertreter der Neugotik bietet außerdem T. O. Weigels Verlag[35] eine Möglichkeit, bei dem ab 1856 das "Gothische Musterbuch" erscheint (vgl. Schriftenverzeichnis).

Die Leipziger Periode scheint für Ungewitter selbst die am engsten gefaßte Auffassung der Gotik gewesen zu sein, zumal es an baulicher Praxis als Korrektiv seiner Ideale mangelte. Nicht die gotische Form an sich war schwer zu vermitteln, sondern die Ideen: Eigenwert des Materials, archäologisch korrekte Formverwendung, mithin die Rolle des Mittelalters als oberste Autorität und als Anknüpfungspunkt einer neuen Bauweise. Die Akzente auf Materialverwendung oder funktioneller Anlage, die für Ungewitter als Mitglied der in den 1840er Jahren entstehenden gotischen Bewegung charakteristisch sind, werden anscheinend durch den Stilstreit überlagert und leben - vorerst - gleichsam im Verborgenen.

1 Diese hätte ihn finanziell abgesichert. Zudem wäre dies diejenige Bauaufgabe gewesen, bei der eine Bauweise im Sinne Ungewitters sich am ehesten hätte realisieren lassen. Er selbst erwähnt die Stationsgebäude Eisenlohrs in Fachwerk sowie die ziegelsichtigen im Hannoverschen (Hase und andere) als vorbildlich.

2 *Zeitschrift für praktische Baukunst. Eine Monatsschrift zur Verbreitung gemeinnütziger Kenntnisse im Gebiete des gesammten Bauwesens, sowie der neuesten Erfindungen und Entdeckungen in der Baukunst im ausgedehntesten Sinne und den bauwissenschaftlichen Gewerben überhaupt, zunächst für Architecten, Ingenieure, Bauherren, Baumeister, Maurer- u. Zimmermeister, Steinmetze, Blei-, Kupfer- u. Schieferdecker, Schlosser, Schmiede und Eisenarbeiter überhaupt, Bautischler und Drechsler, Töpfer, Stuccatoren und Gypser, sowie für die, welche mit Baumaterialien handeln.* 1 (1841)- 41 (1881).

3 J. A. R[omberg], Wohnhaus in Hamburg. Entworfen und ausgeführt von Theodor Bülau. In: *ZfpB* 7 (1847), Sp. 444.

4 *ZfpB* 1 (1841), Vorwort (o. Pag.).

5 Jetzt berichtet nur noch das *Leipziger Tageblatt* in Ungewitters Sinn und veröffentlicht Reichenspergers Abhandlungen (Brief 31. Oktober 1853; Reichensperger, 1866, S. 101).

6 So bildet er im 2. Jg. 1842 Gewölbe englischer Kathedralen ab (Peterborough, Windsor, Canterbury etc.) oder äußert sich selbst im Jahr darauf über "Das Wohnhaus im Mittelalter" (3 (1843), Sp. 254ff.).

7 Rosenthal, In welchem Style sollen wir bauen? In: *ZfpB* 4 (1844), Sp. 26f.

8 Hammerschmidt, 1985, S. 132f.

9 *ZfpB* 11 (1851), Sp. 14f. (zit.n.: Michael Bringmann, Studien zur neuromanischen Architektur in Deutschland. Heidelberg 1968, S. 100).

10 vgl. die verschiedenen Berichte über das Straßburger Münster, z.B. von Wilhelm Heinse 1780. Dazu: Wilhelm Waetzoldt, Deutsche Kunstwerke beschrieben von deutschen Dichtern. Leipzig 1940.

11 Christian Ludwig Stieglitz, Geschichte der Baukunst der Alten. Leipzig 1792; Ders., Encyklopädie der bürgerlichen Baukunst. 5 Bde. Leipzig 1792-98; Ders., Von altdeutscher Baukunst. Leipzig 1820.

12 Kruft, 1985, S. 331f.

13 zuletzt: Harry Francis Mallgrave, Gottfried Semper, Architect of the Nineteenth Century. New Haven/London 1996, S. 67-164 zu Dresden.

14 Peter Korneli, Anfänge der Neugotik in Anhalt, Sachsen und Thüringen. Diss. masch. TH Dresden 1961, S. 96ff.

15 Den Formwandel der Neugotik zeigt z.B. die Kirche in Leipzig-Volkmarsdorf, die sich 1892 im Bau befand.

16 Die Kirche wurde 1943 zerstört (Hartmut Mai, Kirchen in Sachsen. Vom Klassizismus bis zum Jugendstil. Berlin/Leipzig o. J., S. 66).

17 Der Architekt und Kunstschriftsteller Mothes war nach einem Studium bei Semper seit 1853 in Leipzig ansässig. Er errichtete Kirchen, Schlösser (Großzschocher) und

restaurierte u.a. die Matthäikirche Leipzig (Thieme-Becker, Bd. 25, S. 193).
18 dazu: *Christliches Kunstblatt* 4 (1861).
19 Paul Weigel (Hg.), Leipzig. Ein Blick in das Wesen und Werden einer deutschen Stadt. Leipzig 1913, S. 163.
20 vgl. Ludwig Puttrich, Denkmale der Baukunst des Mittelalters in Sachsen. 4 Bde. Leipzig 1835-50. In den 1830er Jahren setzen umfassende Inventarisierungen in mehreren deutschen Ländern ein (Bringmann, 1968, S. 101).
21 beide Zitate: Brief 10. Oktober 1850 (Reichensperger, 1866, S. 21f.), Kritik an Semper weiterhin, z.B. 1858 (Ebd., S. 175) und 1860 (Ebd., S. 188).
22 nach: Emil Kneschke, Leipzig seit 100 Jahren. Leipzig 1867, S. 458.
23 vgl. Lewis, 1993, S. 131.
24 Ungewitter, Ziegel- und Steinarbeiten, Sp. 39 (Die Texte zu den Tf. 36 und 37 sind vertauscht).
25 Ungewitter, Ziegel- und Steinarbeiten, Sp. 37. Weitere Hindernisse sind der Publikumsgeschmack sowie die geltenden Bauverordnungen.
26 Haenel steht seit 1830 im sächsischen Staatsdienst, errichtet viele Schlösser (in den 50er Jahren z.B. Ausbau von Döben und Roßthal) und öffentliche Bauten (Hauptwerke u.a. Vollendung von Oper und Museum nach Sempers Flucht 1849). Er ist auch für die Restaurierung der Albrechtsburg Meißen zuständig (vgl. Cornelius Gurlitt, Das Schloß zu Meißen. Leipzig 1881, S. 41f.) (Thieme-Becker, Bd. 15, S. 435f.).
27 Entwurf zu einem Salongebäudchen für einen Weinberg bei Dresden von dem Landbaumeister Haenel in Dresden. In: *ZfpB* 8 (1848), Sp. 533, Tf. 50f.
28 Letztgenannte Einrichtung war nur im Winter geöffnet (G. W. Geyser, Leipziger Künstler-Album. 1. Heft. Mit einer historischen Einleitung, die Kunstzustände Leipzigs überhaupt und biographische Künstlernachrichten die vorliegenden Blätter betreffend. Leipzig 1858 (mehr n. ersch.), S. 1-8); vgl. auch Peter M. Zahn, Leipzigs Bauten des Klassizismus. In: Heinz Füßler, Leipziger Bautradition. (Leipziger Stadtgeschichtliche Forschungen Bd. 4) Leipzig 1955, S. 169-182. Diese Betrachtung schließt mit dem Jahr 1840.
29 zu Geutebrück: Gero Schilde, Leipziger Bauten aus der Schinkelzeit. In: *Mitteilungen des Landesvereins Sächsischer Heimatschutz* 14 (1925), S. 279-83.
30 Brief 21. Januar 1851 (Reichensperger, 1866, S. 43f.).
31 Brief 3. Dezember 1850 (Reichensperger, 1866, S. 34).
32 *Tamen est laudanda voluntas.* (Brief 4. Oktober 1851; Reichensperger, 1866, S. 94f). Auch: *Trotz aller Verkehrtheit, welche sich in den modernen Leipzigern kundgiebt, sind sie im Ganzen doch besser, als die liberalen Bureaukraten, die in den meisten Städten das Regiment führen.* Außerdem meint er, daß die Geistlichkeit eine Schrift wie Reichenspergers "Fingerzeige" benötige (ebd.). Damit reiht Ungewitter sich der Liberalismus- und Geistlichkeits-Kritik ein, wie sie auch von Reichensperger bekannt ist (vgl. Kap. IV.1).
33 Brief 10. Oktober 1850 (Reichensperger, 1866, S. 24f.).
34 Brief 17. November 1850 (Reichensperger, 1866, S. 26f.).
35 Den Verlag leitete Johann August Gottlob Weigel (1773-1846), dann sein Sohn Rudolf, bevor 1797 die Errichtung der Verlagsbuchhandlung erfolgte (Kneschke, 1867, S. 308f.).

3. Der Kirchenbau 1856-64

Ungewitter erhält seinen ersten Auftrag nicht früher als fünf Jahre nach Antritt der Lehrstelle in Kassel im Jahr 1856 für die ev. Pfarrkirche in Neustadt; und zwar als Resultat des im Vorjahr errungenen zweiten Preises in der Konkurrenz zur Wiener Votivkirche. Im gleichen Jahr 1856 wird er mit mehreren Restaurierungen beauftragt (Fritzlar: Dom und Ursulinenkloster, kath. Kirche Volkmarsen). Es lassen sich Wandlungen im Verhältnis zu den mittelalterlichen Formen und in der Ungewitter eigenen Architektursprache in seinen Kirchen feststellen, die im folgenden beschrieben werden. Die Bedeutung der Ungewitterschen neugotischen Stilvariante für den kurhessischen Sakralbau läßt sich anhand einer Betrachtung des Umfeldes der von der katholischen bzw. evangelischen Kirche vertretenen Positionen ermessen.

a. Die Stilentwicklung im Kirchenbau Ungewitters

Von Ungewitters erster Kirche, der 1856-61 geplanten und ausgeführten luth. Kirche in Neustadt (Kat. 24), gibt es ein Projekt, das mit großen Fensteröffnungen, deren östliche im Chor mit dünnen Maßwerkstäben gefüllt ist, der Neugotik des frühen 19. Jahrhunderts zuzurechnen ist. In der Auflösung in mehrere Kompartimente und einen hoch aufragenden Treppenturm läßt sich kaum ein sakraler Charakter vermitteln. Ausgeführt wurde allerdings eine zweijochige Saalkirche mit Westturm und Kastenchor in rotem Sandstein, wobei Turm und Langhaus über seitliche Schultermauern miteinander verzahnt sind, während Schiff und Chor klar getrennt werden. An dem der Wandebene eingebundenen Westportal lassen sich mit Traufleiste, Rundstabarchivolte und Kleebogen Stilformen erkennen, die Ungewitters Schaffen weiterhin begleiten. Die Verwendung eines massiven Steinhelms, der in fast allen künftigen Kirchen auftritt (Ausnahme Nieste), verbindet Ungewitter mit den anderen Neugotikern der Jahrhundertmitte (vgl. Kap. IV. 1). Das Schiff überspannt ein vierteiliges Kreuzrippengewölbe, das aus polygonen Rippen besteht, wie es für die Neugotik typisch ist, während am Triumphbogen ein Dreivierteldienst auf das künftige Werk des hessischen Architekten vorausdeutet. Insofern sind an diesem Erstlingswerk kleine Unstimmigkeiten zu bemerken (polygone und plastische Rippen bzw. Dienste). Wie in den meisten folgenden Anlagen, entwirft Ungewitter die Prinzipalstücke Altar und Kanzel ebenfalls in Sandstein. In der Ostwand wird ein zurückhaltend geschmücktes dreibahniges Spitzbogenfenster mit Dreipaß eingesetzt, das nochmals die Bedeutung des Chores als Höhepunkt in dem liturgischen Ablauf betont.

Als nächster Auftrag folgt der Teilneubau der von einem Landbaumeister begonnenen luth. Kirche Wasenberg 1860-62 (Kat. 32), wo während der Bauarbeiten am Langhaus tiefe Risse im Mauerwerk auftraten. Ungewitter stützt die Wände mit zwei freistehenden Strebepfeilern, deren Strebebögen an den Ecken des Schiffes ansetzen und bietet für ein konstruktives Problem eine ästhetisch ansprechende Lösung (vgl. Nieste, s.u.). Der Kastenchor der dreischiffigen Hallenkirche trägt Ungewitters Handschrift: abgeknickter Dreiecksgiebel, hochgotisches, gerundetes Fenstermaßwerk mit eingestellten kleinen Ordnungen, getreppte Strebepfeiler, Drei- und Sechspässe, Spitz- und Kleebogen als einfache gotische Formen. Schon in der Verwendung gelb-rötlichen Steins grenzt sich Ungewitter von Langhaus und Turm in dunkelrotem Sandstein ab, für die weitgehend sein Vorgänger verantwortlich war. Im Innenraum versucht er mit Knaufkonsolen in Ergänzung zu den direkt auf den Stützenschaft auflaufenden Polygonrippen ein stimmiges Bild zu erzielen. Im Chor findet sich abermals ein farbiges Fenster. In seinen Schaffensprozeß integriert Ungewitter die jeweiligen Handwerker sehr eng, wie die Absprachen sowohl mit dem Glaser als auch dem Orgelbauer belegen.

Ein Jahr darauf beginnt die Planung der luth. Kirche Malsfeld (1861-64) (Kat. 35), von der als unmittelbarer Reflex auf das "Eisenacher Regulativ" eine Signalwirkung für den nordhessischen Pfarrkirchenbau erwartet wird. Im Gegensatz zu dem überwölbten 5/8 Chor trägt das Langhaus eine Holztonne mit dreiseitiger Empore. Dies initiiert eine konfessionelle Trennung im Kirchenbau Ungewitters, der alle katholischen Kirchen wölbt, während ab jetzt die lutherischen Holzdecken im Schiff aufweisen. Turm und Schiff werden in Malsfeld wiederum zusammengebunden, der Chor z.B. durch Strebepfeiler auch im Außenbau deutlich abgesetzt. Die Idee der Querbetonung an der Westseite, die schon in Neustadt am Turm eine Rolle gespielt hat, wird mit zwei seitlichen kleinen

Spitzhelmen in Malsfeld noch einmal deutlich ausformuliert. Die gotische Stilsprache reduziert Ungewitter radikal, wie die hochrechteckig tief eingeschnittenen Langhausfenster exemplarisch belegen können. Wiederum arbeitet der Architekt bewußt mit seinem Material (sichtbare Bearbeitungsspuren), was sowohl die handwerkliche Sorgfalt als auch die farbige Absetzung von Gesimsen, Kanten und Gewänden in dunkelrotem Stein betrifft. Die Sensibilität für die Textur der Oberfläche ist für die Mitte des vorigen Jahrhunderts durchaus eindrucksvoll.

Im nächsten Jahr, 1862, werden gleich drei Aufträge seitens der katholischen Kirche an Ungewitter vergeben; er hat sich nunmehr die notwendigen Kontakte aufbauen können. In Momberg (1862-70) (Kat. 38) geht dem endgültigen Projekt ein Restaurierungsentwurf voraus, der durch die symmetrisch zweischiffige Gestaltung des Schiffes außergewöhnlich ist, die Ungewitter als malerisch und zugleich ökonomisch einstuft (vgl. die Argumentation für die Strebepfeiler in Wasenberg). In der Ausführung überspannt eine zehnteilige Rippenwölbung das breite Schiff. Im Außenbau trennt der Architekt die drei Abschnitte Turm, Schiff und Chor eindeutig voneinander, indem z. B. Langhaus und Chor separate Dächer erhalten. Der tief eingezogene Zugang (vgl. Malsfeld) wird mit einem mächtigen Wimperg auf wuchtigen Säulen als separates Portal akzentuiert. Die Fenster des Langhauses (zweibahnige Spitzbögen mit Sechspaß) ebenso wie die drei kleebogigen Lanzettöffnungen des veröffentlichten Entwurfes sind typisch für Ungewitters Kirchen (vgl. Neustadt, Bockenheim, Amöneburg). Erstmals setzt Ungewitter die von ihm gewünschte asymmetrische Aufbrechung des Baukörpers auch in einem den Westturm begleitenden runden, schlanken Treppenturm durch, der bis auf Nieste an allen weiteren Kirchen verwendet wird. Der Südeingang läßt sich als Herstellung einer Kontinuität zum Vorgängerbau begreifen, er ist zugleich ein englisches Motiv. Der Stil nähert sich immer mehr der Frühgotik an, was auch für alle folgenden Bauten gilt.

In der kath. St. Johanniskirche Amöneburg (1862-71) (Kat. 39) wird ein mittelalterlicher mächtiger Turm in der nordöstlichen Ecke in eine dreischiffige Kreuzbasilika mit 5/8 Chor integriert (vgl. umlaufende Gesimse, Bezug der Öffnungen zu denen an Chor bzw. Querschiff). Westfassade, Langhaus und Chor trennt er durch unterschiedliche Öffnungen in der äußeren Erscheinung. In die Westfassade ist das Portal eingebunden, lediglich ein flacher Wimperg wird der Mauer vorgeblendet (vgl. Malsfeld). Die darüber befindliche Wandzone erhält eine tiefe Nische mit Rundfenster (vgl. Nieste), so daß die kontrastive Licht- und Schattenwirkung als weiteres Kennzeichen Ungewitterscher Formauffassung, unabhängig von konfessionellen Erwägungen, gelten darf. Das Hochschiff trägt ein sechsteiliges Kreuzrippengewölbe, das für die Neugotik außergewöhnlich ist. Gemeinsam mit der reduzierten Ornamentik spricht sich der archaische Zug aus, der besonders das späte Œuvre Ungewitters auszeichnet.

Mit der infolge des Zweiten Weltkrieges stark veränderten dreischiffigen Stufenhalle mit Kastenchor greift der Baumeister für die kath. Kirche in Frankfurt-Bockenheim (1862-70) auf einen in der Neugotik des mittleren Jahrhundertdrittels beliebten Typus zurück. Mit den Gauben und Pyramiden, die aus oktogonalen Spitzhelmen in unterschiedlichen Formen entspringen (vgl. Momberg, Hundelshausen) oder den Strebepfeilern mit quer verdachten Aufsätzen (vgl. Nieste) ergibt sich ein überschaubares Repertoire frühgotisch stilisierter Formen. Modifikation im Detail bedeutet z.B. die erstmalige Verwendung von Strebepfeilern an einem Turm in Bockenheim, zwischen die das Westportal eingespannt ist. Der Sechspaß wird nicht mehr verwendet, d.h. Ungewitter überprüft das Formvokabular immer neu und wandelt es gegebenenfalls ab.

Nach einem nicht ausgeführten Restaurierungsentwurf mit spätgotischen Formen von 1859 folgt 1863 für die ev. Kirche Nieste ein Neubauprojekt (Kat. 29), wo Chor und Schiff unter einem Satteldach zusammengefaßt und gleichmäßig von Strebepfeilern mit eigenen Verdachungen umgeben werden. Der Turm schiebt sich aus der Westwand mit einer tiefen Nische für die Fensterrose heraus, bleibt jedoch teilweise der Wand eingebunden, wie das Übergreifen des Turmmassivs in die Dachfläche im oberen Drittel zeigt. Der hölzerne Dachreiter aus dem Restaurierungsentwurf wird im Neubau in einen verschindelten Turmhelm umgebildet. Die in hellem Sandstein errichtete Kirche ist mit der Holzdecke im Langhaus und dem gewölbten Chor das zweite Beispiel dieser konfessionsbedingten Differenzierung.

Dasselbe Schema der Deckenbehandlung ist folglich in der luth. Kirche Hundelshausen zu finden (1863-67) (Kat. 44). Das sechsteilige Chorgewölbe knüpft an das Amöneburger Hochschiff an,

es handelt sich offenkundig um eine im späten Werk Ungewitters auftretende Form. Die fein gestabten Gewändesäulen am Portal verdeutlichen, wie souverän Ungewitter die Kontraste zwischen schroffem, wandhaftem Mauerwerk und feinster, glatter Behandlung ausgewählter Details zu formulieren vermag. In der Materialverwendung entscheidet er sich erneut für eine polychrome Behandlung des Mauerwerkes, wobei einmalig in Hundelshausen Streifen am Turm sowie an den Rippen des Chorgewölbes auftreten (s. Abb. Einband). Den Erfindungsreichtum des Architekten unterstreichen die drei im Wechsel mit Wandfeldern gesetzten Zwerchgiebel des Schiffes. Die gespitzte Holztonne mit ihren Stichkappen ist materialsichtig gefaßt, in rot und gold an wenigen Stellen farblich ausgezeichnet. Da dieses der einzige original erhaltene Innenraum einer Ungewitterschen Kirche ist, läßt sich seine sorgfältige und zurückhaltende Behandlung des Materials auch im Rauminneren heute noch ablesen.
Im Laufe seiner Kirchenbautätigkeit erarbeitet sich Ungewitter die Gotik des frühen 13. Jahrhunderts, die im Vergleich zu seinen Zeitgenossen als "archaisch" einzustufen ist. Mit einer Differenzierung zwischen katholischem und evangelisch-lutherischem Kirchenbau steht er, soweit wir sehen, singulär. Wie die Kirche in Hundelshausen andeutet, rückt im späten Werk die Polychromie noch einmal verstärkt in den Blickpunkt, vielleicht Anzeichen für einen Stilwandel, der sich aufgrund des Todes Ungewitters nicht mehr zu entfalten vermochte.

b. Einfluß der Restaurierungstätigkeit auf die Neubauten

Da die Renovierungen mittelalterlicher Kirchen zu demselben Zeitpunkt beginnen und vom Umfang her den Neubauten gleichwertig sind, stellt sich die Frage nach einer Einwirkung der gotischen Kirchen auf Ungewitters Neubauten.

Gleich das erste Projekt, die ev. Kirche Neustadt, erweist sich als aufschlußreich, denn dort vollzieht sich zwischen 1857 und 1858 eine gravierende Planänderung (vgl. Kat. 24). Von einer Kirche, die mit großen Öffnungen, schlanken Maßwerkstäben und dem durchbrochenen Turmhelm stilistisch in dieselbe Phase gehört wie der Votivkirchenentwurf (vgl. Kap. IV. 1), wendet sich Ungewitter 1858 ab und vertritt eine neue Auffassung der Gotik, die für seine weiteren Kirchen bestimmend bleibt. An der ausgeführten Kirche zeigen sich nunmehr zwei markante Merkmale, die auf das umfangreichste Objekt, das Ungewitter restauriert und neu ausgebaut hat, verweisen: Kloster Haina (1857-62) (vgl. Kat. 27). Der Neustädter Triumphbogen ruht auf Dreivierteldiensten mit Basis und Kapitell, die von runden Konsolen aufsteigen. Dies ist ein Merkmal zisterziensischer Baukunst und sowohl im Mittelschiff als auch in den Seitenschiffen Hainas zu finden. Die sich über einem mit Bogennischen durchbrochenen Wandabschnitt erstreckende Galerie tritt im Chor sowie in der östlichen Querhauswand in Haina auf und wird das bestimmende Motiv des Chorinneren in Neustadt.[1]

Die von Dreiviertelrunddiensten getragenen Gewölbe mit Konsolen greift Ungewitter nochmals in Momberg (1862-70) und am Triumphbogen in Hundelshausen (1863-67) auf, ebenso wie den Laufgang, der von vielen frühgotischen Kirchen bekannt ist, und etwa in Amöneburg wieder erscheint (1862-71). Von den früheren Restaurierungsaufträgen hingegen sind keine so offenkundigen Anregungen ausgegangen (z.B. Dom und Ursulinenkirche Fritzlar).

Die tiefe Einnischung der Wand mit einem über einer flach abgeschrägten, mit Schiefer bzw. Ziegeln belegten Sohlbank sitzenden Rundfenster, wie sie an der von 1860-66 restaurierten Kirche in Wolfhagen auftritt, könnte inspirativ für den Ausführungsentwurf der ev. Kirche Nieste 1863 gewirkt haben. Dies wäre ein Beispiel, in dem ein konkretes mittelalterliches Motiv als Vorlage gedient hat, was aber im Werk Ungewitters selten ist.

Die intensive Beschäftigung mit den Kirchen in Haina, Wetter und Frankenberg hilft Ungewitter bei der Formulierung seines Stilideals, das sich die Frühgotik zum Vorbild nimmt. Daher sind beispielsweise die rundplastischen Maßwerke in Wasenberg, die Dreivierteldienste, die ab dem ersten Objekt in Neustadt vorherrschen, die Rundstützen, aber auch die Besonderheiten der Kapitelle abzuleiten, von denen die kleinen schlichten gebuckelten Blätter am Kapitell des Momberger Portals mit solchen der Frankenberger Langhauspfeiler übereinstimmen. In steter Verquickung von Restaurierung und Neubauten löst sich Ungewitter im Laufe seines Schaffens von polygonalen Gewölberippen, die in der Neugotik weit verbreitet sind, und nimmt die in mittelalterlichen Beispielen vor-

Abb. 20) Kathedrale Notre-Dame, Laon, Westfassade, um 1190/95 bis erstes Viertel 13. Jh.

Abb. 21) Elisabethkirche, Marburg, Ansicht von Südost, begonnen 1235 (Türme Anfang 14. Jh. vollendet)

geprägte Form mit Profilen und Rundstab (Haina, Wetter) auf. Offenbar ist diese schon in Momberg vorgesehen (vgl. den Restaurierungsentwurf), wird aber erst in Amöneburg ausgeführt.

c. Das Verhältnis zu anderen Kirchen der Gotik

Mit dem sechsteiligen Gewölbe erweitert Ungewitter das übliche Schema der von seinen Zeitgenossen fast ausschließlich verwendeten vierteiligen Kreuzrippenwölbungen (Chor Hundelshausen, Mittelschiff Amöneburg, Friedhofskapelle Kassel). Diese Gewölbeform findet er außer in Frankreich (Paris, Notre Dame) besonders am Rhein vor, sie wird sonst zu Beginn des 13. Jh. wieder aufgegeben[2], stellt bei Ungewitter also eine bewußte Anlehnung an die frühe, bis in die erste Hälfte des 12. Jahrhunderts zurückreichende Gotik (z.B. Laon) dar. Plattenmaßwerk, wie es vom ersten Entwurf für Neustadt 1858 bis zum letzten für Hundelshausen 1863 vorkommt, geht allerdings klar auf Chartres (beg. um 1194) zurück; auch dies stellt eine frühe Form dar, die ab Reims (Maßwerkfenster 1210) wieder aufgegeben wird.

Gleichfalls französischen Ursprungs sind die Rundpfeiler, die Ungewitter gern mit mächtigen Kapitellen und in gedrungenen Proportionen konzipiert.[3] Sie sind in Frankreich häufig, in der deutschen Frühgotik aber nur selten verwendet worden. Die Dekoration der Kapitelle in flachen, stilisierten, linierten Formen (Knospenkapitelle) ist ebenfalls z.B. in Notre Dame, Paris und Chartres angelegt (vgl. Bockenheim). Blattkapitelle des 14. Jahrhunderts, wie sie häufig in der Neugotik vorkommen, vernachlässigt Ungewitter zugunsten von Knospenformen, die durchgängig von dem ersten Bau in Neustadt bis zu dem letzten Entwurf für Hundelshausen belegt sind. Tiefe Raumschluchten an den Fassaden, die u. a. durch vortretende Portale erzeugt werden, sind im Falle der Kasseler Friedhofskapelle aufgrund des Rosenfenster-Motivs nach Laon (Westfassade, vollendet um 1225) zurückzuverfolgen *(Abb. 20)*. Der Turmhelm in Hundelshausen gibt mit aus dem Viereck entwickelten Türmen mit hochschlanker Öffnung und Pyramidenverdachung vereinfacht den Südturm von Chartres wieder.

Die Marburger Elisabethkirche (beg. 1235, Türme in den ersten Jahrzehnten des 14. Jahrhunderts vollendet) bietet vor allem die Anregung für die Rundprofile des Maßwerks, Fenster- und Portalgewände mit Säulen *(Abb. 21)*. Eindeutig ist der Rückgriff auf die Marburger Elisabethkirche für den Helm in Momberg sowie denjenigen in Frankenberg. In Frankenberg steigen die Dreiecksgiebel mit spitzbogiger reich verzierter Öffnung hinter einer Maßwerkbalustrade auf und werden an den vier Ecken durch die von den Turmstrebepfeilern vorbereiteten kräftigen Riesen begleitet, analog zum mittelalterlichen Vorbild. Die Orientierung an der prominentesten und zugleich zeitlich 'passenden' Kirche hessischer Gotik legt schon der Wirkungskreis nahe. An die Marienkirche Gelnhausen (Chorwand Mitte 13. Jh.) könnten sich die Nischen mit eingestellten Säulen in Hundelshausen anlehnen, die mit dem Kämpfer in die Wand eingebunden sind und knospige Kapitelle unter quadratischem Abakus tragen.

Vorwiegend orientiert sich Ungewitter somit an französischer und hessischer Gotik in ihren frühen, plastisch wirksamen Formen: z.B. vollrundes Maßwerk, im Unterschied zu den mit abgefasten Stäben fein gegliederten Öffnungen der Kölner und Berliner Neugotiker. Im Rückgriff auf die Stilstufe der ersten Hälfte des 13. Jahrhunderts sowie auf das französische Formenvokabular hebt sich Ungewitter von vielen zeitgenössischen deutschen Neugotikern ab, die generell die zweite Hälfte des 13. Jahrhunderts bevorzugt haben.

Auf die Romanik geht die Ausbildung eines den Westwerken entlehnten Querriegels in Neustadt (1858) und Malsfeld (1861) zurück. Den Mindener Dom, der im Umriß seines Westwerks von 1150 diesen Kirchen nahesteht, bildet Ungewitter im "Lehrbuch" in Fig. 1342 (3. Aufl.) ab.[4] Formen des 14. Jahrhunderts treten in der Votivkirche in Wien 1854/55, spätgotische Maßwerke im Restaurierungsentwurf für Nieste von 1859 auf (vgl. Kat. 23, 29).

Ungewitter selbst erwähnt hinsichtlich der Grundrisse die Zisterzienserbaukunst, englische Kirchen sowie westfälische und hessische Dorfkirchen. Damit begründet er die Saalform, den Kastenchor, aber auch die mittigen Westtürme[5], die ein Kennzeichen der deutschen Neugotik (auch der englischen) sind, anstatt französischer Doppelturmfassaden. Die zeitliche Bandbreite seiner Vorlagen, die zunächst von der Romanik bis in das 14. Jh. hineinreicht, engt sich ab 1862 auf die Gotik des ausgehenden 12. bis zur ersten Hälfte des 13. Jahrhunderts ein. Darin drückt sich, da nach heutiger Auffassung mit Chartres die Hochgotik beginnt, die bereits erwähnte archaisierende Stilauffassung aus.

d. Entfaltung oder Verfestigung des Formenkanons ?

Die drei mittelgroßen katholische Kirchen, die Ungewitter 1861 und 1862 entworfen hat, legt er dreischiffig an: die Basilika in Amöneburg, die Stufenhalle in Bockenheim und die Halle in dem Ausbau der kath. Kirche Neustadt. Die Stufenhalle wird, ohne mit diesem Begriff bezeichnet zu werden, als Zwischenform klassifiziert, aber nicht weiter erörtert.

Ab 1862 werden auch lutherischen Kirchen wie diejenige in Hundelshausen in diesem an die frühe Gotik angelehnten Stil errichtet, der als typisch für Ungewitter gelten kann. In den letzten beiden Schaffensjahren, nach den beiden Frankreich-Reisen 1859 und 1860, legt er sich zeitlich fest, was eine Homogenität der Gesamterscheinung bewirkt. In der Eingrenzung auf diese Zeit liegt auch eine gewisse Einseitigkeit, mit dem Begriff 'Dogmatik' ist jedoch vorsichtig umzugehen. Im einzelnen treten immer wieder originelle Erfindungen auf, so daß nicht von einem starren Formschema gesprochen werden kann.

Ungewitter isoliert einzelne Formen, vor allem Nebenmotive oder häufig wiederholte Elemente an Kathedralen, die er zur Hauptdekoration seiner Pfarrkirchen erhebt (vgl. Wasenberg). Die Begründung für asymmetrisch angelegte Sakristeien und Treppentürme durch Funktion und malerische Erscheinung (Bockenheim, Hundelshausen, Momberg) taucht seit den ersten Entwürfen auf (Neustadt, Nieste). Sakristeien stellen auch sonst ein wichtiges Element des Arrangements einer neugotischen Kirche dar, da sie eine Staffelung der Chorpartie bewirken. Damit ergibt sich aus der Grundforderung der funktionellen Angemessenheit bei Ungewitter eine Spannbreite in der Disposition, die von anderen Neugotikern weniger konsequent ausgeschöpft wird, zumal in der Zeit vor 1870.

Markant ist weiterhin die Reduktion des Querhauses. Bereits im Votivkirchenentwurf tritt es nicht über die Fluchtlinie der Außenwände der Seitenschiffe hervor, im weiteren Werk gibt es lediglich in Amöneburg ein Querhaus. Im Falle der kleinen Kirchen mag dies aufgrund der einfachen Raumdisposition einleuchten, für mittelgroße Bauten (Bockenheim, kath. Kirche Neustadt) reicht dies Erklärungsmodell nicht aus. Ungewitter bevorzugt sowohl für evangelische als auch für katholische Kirchen den Richtungsbau. Er verzichtet konsequent auf den symbolischen Gehalt der Kreuzform, was angesichts des Ringens um charakteristische, zugleich moderne und traditionelle Bautypen mit entsprechender Symbolik, das zahllose Kirchenvertreter beschäftigt, erstaunlich ist. Querschifflose evangelische Kirchen treten vereinzelt auf, als Beispiele seien Schinkels Werdersche Kirche (1824-30) sowie Ohlmüllers Mariahilf in der Au (1831-39) oder auch Stülers Bartholomäuskirche in Berlin (1854-58) genannt. Eine zunehmende Ausbreitung dieser Grundrißlösung ist erst in den 1880er Jahren zu beobachten, im Zusammenhang mit der Diskussion um die akustisch günstigste Anordnung der Sitze, und der Entwurf Otzens für die Petrikirche in Altona von 1880 scheint das erste Beispiel zu sein. Katholische Architekten wie Statz errichten nur in seltenen Fällen reine Longitudinalbauten (vgl. Kap. IV. 1).

Ungewitter grenzt sich somit von den katholisch-restaurativen und evangelisch-orthodoxen Strömungen ab. Er folgt damit, ohne daß dies mit einer Äußerung belegbar ist, den Richtlinien des *Ecclesiologist*, der Querhäuser für unfunktional und überflüssig erachtet.[6] Jedenfalls hält er den auf den Chor ausgerichteten Längsbau für die angemessene Form, womit auch der im evangelischen Kirchenbau in der zweiten Hälfte des Jahrhunderts vielfach angewandte Zentralbaugedanke (schon Sempers Entwurf zur Hamburger Nikolaikirche 1844) verworfen wird. Ungewitter schließt an Typen an, für die es auch in Hessen mittelalterliche Beispiele gibt, z.B. ev. Pfarrkirche Homberg/Ohm (im wesentlichen 1. Hälfte 13. und 2. Hälfte 14. Jh.), ev. Pfarrkirche Melsungen (dreijochige Kurzhalle aus dem 14. und frühen 15. Jh.), wodurch die Abgrenzung der kleinen und mittelgroßen Kirchen von der Kathedrale ganz deutlich wird.

Der Charakterisierung und dem "Ausdruck" Ungewitterscher Kirchen dienen nicht nur Details, sondern auch Verschränkungen der Großformen: Integration der Türme in die Westwand (Nieste, Malsfeld, Hundelshausen), indem der quadratische Turmunterbau in das Satteldach des Langhauses hineinreicht oder der seitlich abgestellte Turm Bestandteil der Fassadengliederung der Westwand wird (Entwurf zur kath. Kirche Neustadt). In der ev. Kirche Neustadt z.B. liegen die Schultermauern nicht bündig zur Westfassade, sondern werden bis zur westlichen Langhauswand zurückgenommen. Dazwischen liegt ein Pultdach mit anderer Neigung und Höhe als das Langhaussatteldach; somit es eindeutig nicht zu letzterem gehört (vgl. Kat. 24). Im Detail leisten Kaffgesimse, Traufleisten und Wasserschläge eine Verspannung der gliedernden Elemente auf der Bauoberfläche, die aufgrund zahlreicher Versprünge lebhaft wirken und nicht nur glatte Horizontallinien darstellen. In der plastischen Wandbehandlung mit Tendenz zur monumentalen Erscheinung liegt ein weiteres Kennzeichen Ungewitterscher Architektur. So werden z.B. an den Portalen vorgezogene Wimperge nicht nur als filigrane, dreieckige Scheiben ausgebildet, sondern sie reichen bis an die westliche Mauer heran. Dadurch entsteht eine direkte Anbindung und vor allem ein räumlich-körperliches Massenvolumen (vgl. Momberg, Bockenheim, Hundelshausen).

Die Fähigkeit Ungewitters zur Gestaltung seiner Kirchen in wirkungsvoller Schlichtheit bei gleichzeitigem programmatischen Anspruch auf Schönheit auch für kleine Bauten zeigt, daß zwar eine gewisse Hierarchisierung über den Aufwand an 'decorum' ausgedrückt wird, dies aber nicht den grundsätzlichen Schönheitswert von Architektur in Frage stellt. Dazu trägt das Material wesentlich bei, das farblich differenziert eingesetzt wird (Verwendung des harten Steins aus dem Besitz des Maurermeisters in Malsfeld für Randeinfassungen etc.) oder bei dem die Meißelspuren stehen bleiben bzw. an den sorgfältig bearbeiteten Kanten in rotem Stein geglättet werden. Daher entsteht eine klare Linie im Kontrast zu Textur und Farbschattierung der Hauptmauerflächen. Zugleich unterstreichen diese Bauten die Verlagerung von "Ausdruck" und "Charakter" auf die Ebene der Großform, die durch handwerklich qualitätvolle Ausführung konturiert wird. Die strenge Trennung von Nutz- und Monumentalbau, die letztlich aus der akademischen Tradition und dem

Klassizismus resultierte, die strikte Einteilung des Ranges eines Baus nach den Gesichtspunkten des 'decorum' werden somit theoretisch überwunden und praktisch umgesetzt, indem eine Wirkung über die großen Kompartimente mit entsprechender Aussagekraft beabsichtigt ist. Dies weist auf den späten Historismus voraus.

Ungewitter setzt im Pfarrkirchenbau programmatisch an, indem er Kunst als Synthese von Zweckmäßigkeit und Schönheit definiert. Konsequenter als die meisten Zeitgenossen wirkt Ungewitter auf eine Umsetzung theoretischer Forderungen der Neugotiker hin. Monumentalität beruht bei ihm auf der Plastizität der Details einerseits, der klaren Wandfläche andererseits, wodurch Ungewitter "Größe" auch im kleinen Maßstab erzielt. Mit seinen Kirchen widerlegt Ungewitter trotz zunehmend zu beobachtender Einheitlichkeit den Vorwurf der Monotonie neugotischen Bauens, indem er Prototypen außerordentlich individueller Pfarrkirchen liefert, zum Teil in bescheidensten Abmessungen. Darin und in ihrer dennoch monumentalen Erscheinung weist sein Schaffen letztlich bis zur Jahrhundertwende voraus.

e. Die Bedeutung des gotischen Stils vor dem Hintergrund der in der katholischen und evangelischen Kirche vertretenen Positionen

Die grundlegende Frage aus der Zusammenstellung des Werkkataloges lautet: Wieso kann sich Ungewitter ausgerechnet im Kirchenbau durchsetzen? Diese Aufgabe bedarf im 19. Jh. am wenigsten der Innovation, da die Inhalte der christlichen Lehre sowie die Liturgie - sei sie katholisch oder evangelisch - am wenigsten Veränderungen unterlagen, verglichen mit den neuen Bauaufgaben des Museums oder der Börse. Das 19. Jh. ist immer noch ein christlich bzw. kirchlich geprägtes Zeitalter in Deutschland. Seit 1815 gewinnt die Religion wieder verstärkt an Bedeutung. Dies entspricht einerseits der Geisteshaltung des "Restaurationszeitalters", indem konservative Tugenden wie Ehrfurcht, Pietät und Treue favorisiert werden, andererseits untermauert auf metapolitischer Ebene die Kirche die Autorität der Politiker und unterstützt die Legitimität politischer Konzepte wie auch politischen Handelns.[7]

Insofern stellt die architektonische Aufgabe eines Kirchenbaus eine Konstante dar. Die Kirchen bleiben aber nicht unberührt von den Veränderungen ihrer Entstehungsbedingungen. Aufgabe der Architektenschaft ist es, der veränderten Geisteshaltung im Kirchenbau Ausdruck zu verleihen; sie tat dies seit dem frühen 19. Jh. in einer Anknüpfung an die Bauformen des Frühchristentums (z.B. Zieblands Bonifatiusbasilika in München), der Romanik (vgl. Gärtners Ludwigskirche) und Gotik (z.B. Schinkels Werdersche Kirche). Daneben wird weiterhin kontinuierlich in klassischer Tradition weitergebaut (vgl. Klenzes "Anweisung zur Architectur des christlichen Cultus").

Im Zuge der Säkularisation 1802 und zunehmender staatlicher Reglementierungen ringt die katholische Kirche um Stärkung ihrer Position als Gegenkraft zum modernen Staat (Erlasse des als reaktionär geltenden Ministeriums Manteuffel 1850-58). 1852 bildet sich im Landtag die 'katholische Fraktion', die ab 1858 im Parlament als 'Fraktion des Zentrums' gearbeitet hat, bevor sie im preußischen Verfassungskonflikt 1862-67 zerrieben wird. Unter Führung der Brüder August und Peter Reichensperger sowie Hermann v. Mallinckrodts gilt es, die kirchliche Freiheit möglichst zu erhalten. Im Unterschied zu den Liberalen verfechten sie eine großdeutsche Haltung, im Kontrast zu den Konservativen folgen sie dem Konstitutionalismus. Gemeinsam mit den Konservativen kämpfen sie seit 1859 gegen die Einführung der Zivilehe, andererseits für eine Beibehaltung der engen Verbindung zwischen Kirche und Volksschule, was eine liberale Position ist.[8] In distanzierter Haltung zu Liberalismus und Demokratie formulieren sie patriarchalisch konservative Überzeugungen. Die katholische Kirche vermag dem politischen Umschwung zum Liberalismus am Ende der 50er Jahre nur eine autoritäre Defensivhaltung entgegenzusetzen. Durch die Erneuerung des christlich-germanischen Staates sollen mit der Wiedereinführung der ständischen Ordnung Bürokratie und Demokratie gleichermaßen niedergehalten werden.[9] Mit dem Stichwort 'Ultramontanismus' sei daran erinnert, daß eine zentralistische Organisation, auf die Autorität des Papstes konzentriert, vorherrscht. Auf diese Weise versucht sich der Katholizismus in einer als fremd und feindlich empfundenen Welt zu behaupten.

Die Abkehr bezieht auch die von technischen Neuerungen gekennzeichnete Entwicklung ein (vgl. die Polemik Reichenspergers gegen die Londoner Weltausstellung 1850 sowie gegen das Eisen als Baumaterial). Seit den 1840er Jahren erfolgen zahlreiche kirchliche Vereinsgründungen. Exemplarisch sei der 1844 gegründete und nach einem Heiligen der Gegenreformation benannte Borromäusverein genannt, es befanden sich darunter aber auch Kunstvereine, die das Nazarenertum in der Malerei sowie die Neugotik in der Architektur festschreiben, die sich beide der 'Wahrheit' und dem 'Wesenhaften' zuzuwenden vorgaben.[10] 1852 plant man sogar die Einrichtung einer eigenen katholischen Akademie, die 1876 durch die Gründung der Görres-Gesellschaft partiell verwirklicht worden ist. Der Kampf gegen die Universitäten reicht bis in das erste Drittel des Jahrhunderts zurück; diesem Hintergrund ist sicher auch die Akademiefeindlichkeit z.B. Reichenspergers entwachsen, die für die Neugotik ein wichtiges Thema wird. Damit versucht die katholische Kirche, sich eine möglichst unabhängige und ausgegrenzte Nische für ein Fortleben ihrer Ideale zu schaffen. Der politische Katholizismus, wie ihn etwa Reichensperger verkörpert, erwächst aus den katholischen Erneuerungsbestrebungen und agiert im Spannungsfeld zwischen Kirche und Staat sowie zwischen Kirche und moderner Gesellschaft.

Die evangelische Kirche bemüht sich um eine Identitätskonstitution in dem neuen Gesellschaftsgefüge. Um 1800 setzt in der protestantischen Kirche die Abwendung von der Aufklärung ein.[11] In der evangelischen Kirche ist der Landesherr oberster Bischof, der durch eine Behörde, das Konsistorium, über innere Angelegenheiten Verfügungsgewalt besitzt. Damit sind die Verquickungen und Reibungsflächen Kirche - Staat größer als bei den Katholiken, wo der Staat nur Aufsichtsrechte der Kirchenhohheit wahrnehmen kann. Weder in der katholischen noch in der evangelischen Kirche hat es vor 1871 einen ausgeprägten Nationalismus gegeben.

Spezifisch protestantische Bauformen mußten erst neu entwickelt werden, jedenfalls wenn mittelalterliche Stile angewendet werden sollen, da die einfachen Kirchen klassischer Bauart (sog. "Betsäle") nicht mehr genügen. Der Unterschied zwischen reformierten und lutherischen Gemeinden wirkt sich in den Bauformen aus: Entweder liegt die Betonung auf der Kirche als Ort der Versammlung der Gemeinde oder auf der Beibehaltung des Altares als wesentlicher Ort der liturgischen Handlung. Die Neugotik findet besonders in lutherischen Kirchen Anklang und ist teilweise mit einer orthodox-lutherischen Haltung verbunden. Ungewitter hat ausschließlich lutherische Kirchen errichtet. Die evangelische Kirche nimmt nach der Jahrhundertmitte einen enormen baulichen Aufschwung: Zwischen 1858 und 1860 entstehen in den deutschen Ländern 264 Neubauten, von denen mehr als die Hälfte gotisch sind.[12]

Am Bau oder an der Unterhaltung einer Kirche sind eine Vielzahl von Behörden und Gremien beteiligt; das gilt für beide Konfessionen. Von kirchlicher Seite sind z.B. die erzbischöfliche Verwaltung, der Dechant (Leiter der Dekanate, kleinere Verwaltungsbezirke einer Diözese) bzw. der Pfarrer, der Kirchenvorstand und die Gemeindevertretung zu nennen. Ihnen stehen auf staatlicher Seite Regierung und evtl. das Konsistorium[13] zur Leitung des Kirchen- und Schulwesens, der Landrat, die Gemeindeverwaltung, die Baukommission, die in der Gemeinde zur Durchführung des Bauvorhabens gewählt wird und unter Leitung des Bürgermeisters tätig ist, gegenüber.[14] Daß sowohl der Bischof in Fulda bzw. die jeweiligen Sachverständigen auf katholischer Seit als auch das Konsistorium mit Sitz in Marburg auf evangelischer Seite in Ungewitters Kirchenbauplanungen eingegriffen haben, ist aus dem Katalog ersichtlich. Die Vergabe nach Gewerken (Maurer, Tischler, Zimmerer usw.) an einzelne Handwerksmeister oder Generalunternehmer ist üblich; die freihändige Vergabe, die Ungewitter in Einzelfällen durchzusetzen versuchte, war eigentlich nur für Reparaturen und kleine Umbauten zulässig.[15] Neugotische Bauten sind nach vorliegenden Erkenntnissen meistens etwas teurer als neuromanische gewesen. Da die Errichtung einer Kirche von oft undurchsichtigen Finanzierungsmethoden und Genehmigungsverfahren begleitet ist, wie es auch Ungewitter zu spüren bekommen hat, können anhand unserer Beispiele keine generalisierenden Aussagen für Kurhessen getroffen werden. Jedenfalls gibt es keine Mustervorlagen oder Vorschriften speziell für Kirchenbauten, wie z.B. Klenzes "Anweisung zur Architectur des christlichen Cultus"[16] von 1822/24 in München, die "Entwürfe für Kirchen, Pfarr- und Schulhäuser, zum amtlichen Gebrauch herausgegeben von der Ober-Bau-Deputation" in Berlin 1844 mit Entwürfen von Stüler, Soller und Busse meist im italienisierenden Rundbogenstil. Daß damit der Kirchenbau nicht zu den wichtigsten und charakteristischen Aufgaben des Jahrhunderts gehört, weil er immer wieder dieselbe Botschaft formuliert und keine Anstöße für die weitere Entwicklung liefert, ist eine fragliche Hypothese[17], weil zumindest im zeitgenössischen Bewußtsein diese Bauaufgabe als die häufigste und idealste Aufgabe der monumentalen Kunst aktuell geblieben ist[18].

Während der Zeit von 1850-70 findet in Kurhessen die Wendung zur Neugotik im Kirchenbau statt, die Ungewitter bewirkt und der er Gestalt verleiht. Die gotische Form ist nunmehr vielschichtig besetzt: "Bildungserlebnis, Träger geschichtlicher und patriotischer Assoziationen, Repräsentant der Christlichkeit und Instrument einer abstrakten Architekturästhetik"[19]. Der gotische Stilapparat läßt sich zunächst in dieser Auffassung für die Kirche anwenden, deren Tradition eben, in vielen Bauten erlebbar, bis in das Mittelalter zurückreicht.[20]

Ungewitter setzt "seine Neugotik" gegen Eingriffe und Stilvorschriften der Baubehörden durch. Damit wird aufgrund seines Wirkens die Gotik im nördlichen Kurhessen sakraler Gattungsstil bis zur Aufweichung durch Romanik, Spätgotik und andere Formen zur Jahrhundertwende (vgl. Kap. V.). Den plötzlichen Umschlag zu einer Akzeptanz der Neugotik im Kirchenbau zeigt die rasche Zunahme seiner Aufträge, die ihren Höhepunkt 1862 erreicht, als er mit vier Bauten bzw. Projekten befaßt war, obwohl nur drei Kirchen überhaupt zu seinen Lebzeiten vollendet worden sind (vgl. Fig. 1, S. 27).

Ungewitter stellt sich mit seinen Überzeugungen und seinen Formen auf die Seite der lutherischen Orthodoxie bzw. der Erweckungsbewegung[21] in Kurhessen.[22] Von dem Hauptvertreter dieser Bewegung, Vilmar, erwartet er, daß dieser ihn fördern und unterstützen würde. August Vilmar (1800-1868) ist ursprünglich Gymnasiallehrer in Hersfeld, später Leiter des Marburger Pädagogiums gewesen.[23] Er gehört der seit den 30er Jahren aktiven 'Erweckungsbewegung' an, die von Kassel ausgehend sich gegen den Rationalismus der Aufklärung wendet. 1870 erscheint seine Schrift "Die Lehre vom geistlichen Amt", wonach das geistliche Amt als direkt göttliche Institution allein die Weitergabe des Heils sichert.[24] Hassenpflug gilt als Anhänger und Förderer der als "Mucker" und "Mystiker" bezeichneten Bewegung, die vom Gros der Bevölkerung mißtrauisch beobachtet wird. Mit denselben Vokabeln wird denn auch Ungewitter in seinen ersten Vorlesungsstunden in Kassel bedacht. Nicht immer gilt die Beschimpfung der auch gegen den Liberalismus sich stemmenden Bewegung, sondern sie drückt oftmals nur eine rein persönliche Feindschaft aus. Das vorzeitige Ende der zweiten Amtsperiode Hassenpflugs im Oktober 1855 ist mit der Unterstützung seines bedeutendsten Mitarbeiters Vilmar verknüpft. Vilmar bekleidete die Funktion des Ministerialreferenten für Schul- und Kirchenangelegenheiten im Ministerium des Innern. Die Erweckungsbewegung mit der erstarkten altgläubigen Richtung fordert eine Befreiung der Kirche vom Staat. Der Landesherr soll nicht das Kirchenregiment führen, wie dies seit der Reformation der Fall war (summus episcopus), sondern der Superintendent. Für diesen Posten ist Vilmar auserkoren, der seit Mai 1851 Stellvertreter des Kasseler Superintendenten Ernst (gest. 1855) war. Hassenpflug unterstützt Vilmars Ansinnen, gerät damit in Differenzen mit dem Kurfürsten, der seine Macht ungeschmälert zu erhalten strebt. Der Kurfürst bringt auch Vilmars Lehre vom lutherischen Charakter der hessischen Kirche keinerlei Verständnis entgegen, sondern wirft ihm katholisierenden Hierarchismus vor. Im Mai 1855 wählt die Majorität der niederhessischen (d. h. nordhessischen) Pfarrer Vilmar zum Nachfolger Ernsts, da jedoch der Kurfürst die von Hassenpflug verlangte und kirchenrechtlich erforderliche Bestätigung Vilmars als neuen Superintendenten verweigert[25], nimmt Hassenpflug nebst mehreren Kollegen im Oktober seinen Abschied.

Ungewitter erhofft sich eine Förderung durch Vilmar, mit dem er bald Kontakt aufnahm, und knüpft offenbar an Argumente der Erweckungsbewegung an. Kritisch wendet auch er sich gegen den Rationalismus mancher Protestanten: Sie hätten "von Haus aus mehr die Vermuthung der Aufgeklärtheit für sich".[26] In Haina bricht der Konflikt mit einem Pastor offen aus, der Ungewitters ikonographisches Programm als katholisierend auffaßt. Das bedeutet aber eben nicht eine Wende zum Katholizismus, sondern läßt sich der orthodoxen Partei innerhalb des Protestantismus zuordnen.

Ungewitter leistet, wie gesehen, eine konfessionelle Differenzierung, die zumindest in der Neugotik von 1840-70 einzigartig zu sein scheint.[27] Deswegen stellt er eine Schlüsselfigur für die Neugotik in Deutschland dar. Die Neugotik ist andererseits, wie Ungewitters Tätigkeit sowohl für evangelische als auch katholische Auftraggeber zeigt, im Kirchenbau ungewollt konsensfähig. Über konfessionelle Grenzen hinaus vermag sie für die Internationalität der kirchlichen Tradition und tief empfundene Frömmigkeit als Ausdruck kirchlicher Bewegungen des 19. Jahrhunderts zu stehen. Die Kirche versteht sich jeweils vor allem als ethische Institution. Wie der Erfolg der Neugotik für den Kirchenbau zeigt, gelingt es, dies zu vermitteln, wozu Ungewitter - und zwar nicht nur lokal begrenzt - einen bedeutenden Beitrag geleistet hat.

1 Ein weiteres wichtiges Beispiel für das Prinzip der zweischaligen Wand ist die Ostkonche von Groß St. Martin in Köln (nach 1150-1172). Einen Umgang gibt es z.B. schon in S. Remi.

2 Ungewitter, Lehrbuch der gothischen Konstruktionen (3. Aufl.), S. 8. Im 12. Jh. eingeführt, gibt es sechsteilige Gewölbe später auch wieder im ausgehenden 13. Jh.

3 Mit Paris und Laon nennt er die heute noch bekanntesten Beispiele (Ungewitter, Lehrbuch der gothischen Konstruktionen (3. Aufl.), S. 176).

4 Das Westwerk als Querriegel gibt es vor allem in Westfalen und Sachsen, mit überhöhter Mitte sind Minden und Hildesheim zu nennen (dtv Atlas zur Baukunst. Bd. 2, S. 381).

5 Ungewitter, Lehrbuch der gothischen Konstruktionen (3. Aufl.), S. 280.

6 *The Ecclesiologist* 5 (1846), S. 80 und 8 (1848), S. 111.

7 Nipperdey, 1983, S. 405.

8 Die Kirche zwischen Revolution und Restauration (= Handbuch der Kirchengeschichte, hgg. von Hubert Jedin, Bd. III., 1. Halbbd.). Freiburg/Basel/Wien 1971, S. 536f.

9 Franz Schnabel, Deutsche Geschichte im neunzehnten Jahrhundert. Bd. 4: Die religiösen Kräfte. Freiburg 1955, S. 177.

10 vgl. auch: *Kirchenschmuck - ein Archiv für weibliche Handarbeit*. Hgg. unter Leitung des christlichen Kunstvereins der Diözese Rottenburg. Stuttgart 1 (1857) - 10 (1866). Literatur zur Baugeschichte wird höchst selten erwähnt.

11 vgl. Nipperdey, 1983, S. 423-39.

12 Statistik des ev. Kirchenbaues in Deutschland. In: *Christliches Kunstblatt (= Chrl. Kbl.)* 2 (1860), S. 31f.; Dass. In: *Ebd.* 3 (1861), S. 14f.

13 Die aus Theologen und Juristen bestehenden Konsistorien führten die kirchliche Jurisdiktion und Aufsicht durch, wobei die Kompetenzen örtlich und zeitlich differierten. Im 19. Jh. werden sie allmählich durch gewählte Synoden ersetzt, bevor das landesherrliche Kirchenregiment 1919 endgültig entfällt (Lexikon für Theologie und Kirche, Bd. 6, Sp. 477).

14 Norbert Schöndeling, Das kirchliche Bauwesen des 19. Jahrhunderts im linksrheinischen Teil des Erzbistums Köln. Finanzierung, Bau und Unterhaltung kirchlicher Gebäude. Diss. TH Aachen 1989. Die Situation ist auf Kurhessen nicht übertragbar, da es sich hier nicht um eine preußische Provinz, die zumal katholisch dominiert war, handelt. - Schöndeling erwähnt das "Gotische Musterbuch" neben z.B. F. M. Hessemer, Arabische und altitalienische Bauverzierungen 1853; A. Essenwein, Norddeutschlands Backsteinbau im Mittelalter 1855; Hoffstadt Gothisches ABC 1840-63. Als es im Zuge der "Vorschriften betr. die Ausarbeitung der Entwürfe zum Bau neuer Kirchen in baulich-technischer Hinsicht" im Jahr 1856 darum geht, die Kenntnisse der Baumeister in der Detailbildung zu verbessern, werden solche Mustervorlagen empfohlen (vgl. S. 233).

15 vgl. Jörg Schulze, Kirchenbauten des 19. Jahrhunderts im alten Siegkreis. Köln 1977 (= Arbeitsheft 21, hg. vom Landeskonservator Rheinland), S. 278f. Nach klassizistischen Kirchen der ersten Jahrhunderthälfte finden z.B. offene Dachstühle für ev. Kirchen und seit den 1860er Jahren gotische Formen Eingang. Trotz des Eisenacher Regulativs gibt es aber auch viele Kirchen im 'altchristlichen' Stil (S. 283f.).

16 Leo von Klenze, Anweisung zur Architectur des christlichen Cultus. Faksimile-Neudruck der Ausgabe München 1822/24. Mit einer Einführung von Adrian von Buttlar. Nördlingen 1990. Klenze versteht sein Werk als Musterbuch für den modernen Kirchenbau, der auf dem basilikalen Schema ruhen soll. Es besteht für ihn kein Zweifel an der stilbildenden Wirkung der Kirchenbaukunst, die er aber über ein staatliches Kunstmonopol ausgeübt wissen will (vgl. Einführung S. 8f.). Klenze kritisiert in diesem Zusammenhang die Gotik ausführlich (vgl. S. 11-15).

17 Hammerschmidt, 1985, S. 245.

18 *DBZ* 23 (1889), zit.n. Hammerschmidt, 1985, S. 246.

19 G. F. Hartlaub, Der Symbolwert des Historischen in der Baukunst unserer Zeit. In: *Zeitschrift für Ästhetik und allgemeine Kunstwissenschaft* 34 (1940) (3), S. 154ff.

20 Neumann nennt als vornehmlich mit Sakralbauten beschäftigte Architekten unter anderen auch Ungewitter, Hase, Hittorf, Gau, Viollet-le-Duc, Pugin, Scott (Neumann 1952, S. 32). Das wird Ungewitters Intention nicht gerecht, liegt aber bei einer Sicht auf das ausgeführte Werk nahe.

21 Im 19. Jh. ist die Erweckungsbewegung eine Strömung innerhalb des Protestantismus. Sie setzt auf eine subjektivistische Erlebnistheologie und steht in evidentem Widerspruch zur Aufklärung (Wörterbuch der Kirchengeschichte, S. 199f.; vgl. auch: Leif Grane, Die Kirche im 19. Jahrhundert. Göttingen 1987, S. 56 und 152ff.).

22 Ähnliche Feststellungen trifft Schumacher für Mecklenburg-Schwerin, wo ab 1840 der wachsende Einfluß der lutherischen Orthodoxie den Rund- und Spitzbogenstil à la Schinkel ablöst zugunsten der Neugotik mit archäologischer Detailtreue, offenem Dachstuhl usw. (das frühe Werk Theodor Krügers) (Kuno Schumacher, Studien zum historisierenden Kirchenbau Mecklenburgs im 19. Jahrhundert. Diss. Greifswald 1981, S. 9-12).

23 vgl. Philipp Losch, Geschichte des Kurfürstentums Hessen 1803 bis 1866. Kassel 1927, S. 205-212, 297-300.

24 Gerhard Langmaack, Evangelischer Kirchenbau im 19. und 20. Jahrhundert. Kassel 1971, S. 298.

25 vgl. dazu: *Protestantische Kirchenzeitung* 2 (1855), S. 822, 998 und 1234.

26 Brief 1. Juni 1854 (Reichensperger, 1866, S. 119).

27 Danach setzt erst wieder in den 1880er Jahren eine Strömung ein, die deutliche Unterschiede zwischen evangelischen und katholischen Kirchen im Bau fordert, allerdings mit Abkehr vom Mittelalter und mit einem Anschluß an das 18. Jh. verbunden; die Stilfrage ist dabei Nebensache (Emil Sulze [Pastor in Dresden], Die evangelische Gemeinde. Gotha 1892). Daß die Gotik außer in Jagdschlössern und Gärten auch im katholischen Kirchenbau vorherrscht, schreibt noch einmal Gurlitt 1906 fest (Cornelius Gurlitt, Kirchen, Stuttgart 1906, S. 188f.).

4. Restaurierungen mittelalterlicher Kirchen ab 1856 und die Entwicklung der Denkmalpflege in Kurhessen 1840-1870

Der Begriff "Denkmalpflege" läßt sich für das 19. Jahrhundert kaum mit demjenigen der "Restaurierungsmaßnahmen" gleichsetzen, wenngleich auch das Verdikt Dehios heute nicht mehr uneingeschränkt gilt:

> *Der Historismus des 19. Jahrhunderts hat aber außer seiner echten Tochter, der Denkmalpflege, auch ein illegitimes Kind gezeugt, das Restaurationswesen. Sie werden oft miteinander verwechselt und sind doch Antipoden. Die Denkmalpflege will Bestehendes erhalten, die Restauration will Nichtbestehendes herstellen.*[1]

Nach Dehio klafft ein unüberbrückbarer Zwiespalt zwischen Wirklichkeit und Fiktion, den erst der konservierende Ansatz der Denkmalpflege im frühen 20. Jh. habe überwinden können. Bis heute wird ähnlichlautend argumentiert, wenn es um die Bewertung von Wiederherstellungen alter Gebäude im vergangenen Jahrhundert geht.[2] Restaurationsmaßnahmen stellen im vorigen Jahrhundert einen selbständigen Bereich im Arbeitsfeld des Architekten dar, in dem gerade Neugotiker ihr Wissen einbringen und vertiefen konnten.

Die Frage sowohl der Entdeckung als auch der Umsetzung neuer Kenntnisse zum Mittelalter erscheint sehr spannend (z.B. Polychromie der Innenräume) und ist trotz wichtiger Vorarbeiten noch ein "weites Feld". Der Zusammenstellung von Hauptpunkten der Ungewitterschen Maßnahmen im Außen- und Innenbau folgt eine Einbindung in die kurhessische Entwicklung sowie ein skizzenhafter Vergleich mit anderen Neugotikern, was eine erste Bewertung seiner Maßnahmen erlaubt. Ob Ungewitters Datierungen oder Schlußfolgerungen im Detail heute noch gültig sind, muß weitgehend dahingestellt bleiben. Das Augenmerk wird sich auf die Frage richten, ob ein erfindungsreicher Architekt wie Ungewitter sich überhaupt von einem eigenschöpferischen Eintrag freimachen kann. Es werden nicht die Restaurierungen im Sinne eines Beitrags zu einer Geschichte der Denkmalpflege behandelt, sondern als untergeordneter Teilaspekt der Betrachtung eines architektonischen Œuvres. Dies erklärt den hohen deskriptiven Anteil, um erst einmal exemplarisch eine Vorstellung davon zu entwickeln, wie der archäologisch-historistische Umgang mit dem Mittelalter ausgesehen hat.

a. Kernpunkte der Restaurierungsmaßnahmen im Außenbau

In einem der ersten Projekte, der Wiederherstellung der Marienkapelle, die Teil der aus der Romanik und Gotik stammenden Stiftskirche St. Peter in Fritzlar ist, versucht der Architekt im Jahr 1856, seine Ausbesserungen an der lange Zeit dem Verfall preisgegebenen Kapelle des späteren 14. Jahrhunderts möglichst behutsam vorzunehmen. Die unregelmäßige Erscheinung in der Verteilung der westlichen Öffnungen bleibt gewahrt, indem vor allem die notwendigen Sicherungsmaßnahmen (Dacherneuerung) durchgeführt werden. Dem fügt er kaum mehr als die Giebelblume hinzu. Damit erfährt der gotische Charakter der Kapelle eine Unterstützung im Detail, was unterstreicht, daß es sich um einen jüngeren Annex der spätromanischen Stiftskirche handelt. Ungewitters eigene stilistische Ideale stehen in diesem Fall so weit im Einklang mit den historischen Gegebenheiten, daß keine Differenzen entstehen.

Es gibt aber auch strikte Regotisierungen; ein besonders kritisches Beispiel zeigt das Ursulinenkloster Fritzlar, ebenfalls im Jahr 1856 begonnen: Auf Wunsch der Äbtissin gestaltet Ungewitter die ursprünglich aus dem 14. Jh. stammende Kirche um, wobei er unter die barocke Decke einfach eine Kreuzrippenwölbung hängt. Möglicherweise ist dies Verfahren eine Konzession, zu der er sich genötigt sieht, um die Baukosten, die durch eine Entfernung der barocken Decke entstanden wären, zu vermeiden. Auch wenn er seine Decke den Befunden der Rippenanfänge oder Kragsteine gemäß gestaltet hat, liegt in der Einziehung des Gewölbes unter die barocke Decke eine Täuschung des Betrachters sowie ein Eingriff in die Raumproportionen vor. Die Ausstattung mit Altar, Kanzel und Wandbehandlung gleicht er zu einem einheitlichen Gesamtbild an.

Etwas anders gelagert sind die Baumaßnahmen in Haina 1857-62. In der Neuschöpfung des nördlichen Kreuzganges, der zwar nach Auffassung Ungewitters schon im Mittelalter bestanden hat, von dem jedoch lediglich einige Fundamentreste existieren, folgt er im Rekurs auf frühgotische Formen seinem eigenen Stilideal. Die Stilstufe ist natürlich unter allen anderen von ausgehender Romanik bis zur Spätgotik an Kirche und Kloster vertreten. In Ermangelung konkreter Aufrißbefunde erscheint ihm eine Neukonzeption legitim. Die im "Gothischen Musterbuch" dargestellte Lösung entspricht dem nicht, sie lehnt sich vielmehr an die "mittlere Stillage" des Langhauses an, so daß es sich vermutlich um einen Rekonstruktionsversuch Ungewitters handelt (vgl. Kat. 27). Nach Ungewitters Auffassung sind die Früh- und beginnende Hochgotik die bedeutendsten Bauphasen in Haina, womit die Erkenntnisse aus bauhistorischer Analyse ebenfalls die Anlehnung an die Frühgotik rechtfertigen können. Ohne Aufrißbefund wird demnach keine Ausführung eines einmal als existent angenommenen Zustandes angestrebt, während er bei einem Befund davor nicht zurückscheut (vgl. Ursulinenkloster Fritzlar). Die Verpflichtung auf das 'Wahrheitsethos' überwiegt in Haina vor der Möglichkeit der Herstellung eines als einst bestehend angenommenen Zustandes. Mit dieser Position stünde Ungewitter ein wenig abseits der gängigen zeitgenössischen Praxis.

An der Niester Pfarrkirche, für die Ungewitter 1859 einen Restaurierungsentwurf liefert, setzt er im Westen eine Dreiergruppe von Spitzbogenfenstern neu ein. Ein hölzerner Dachreiter ersetzt das offene Glockentürmchen, und es wird ein überdachter Zugang zur Nordempore, der auf einem einhüftigen Gewölbe ruht, hinzugefügt. Damit werden - unter Tilgung durchaus wichtiger historischer Spuren - Raum und Licht geschaffen. Gotisierung im Formenvokabular sowie die Erhaltung bzw. erst Schaffung eines malerischen Eindrucks durch den nördlichen Treppenaufgang stehen im Vordergrund, wodurch zugleich impliziert wird, daß es sich bei der Kirche um das Ergebnis eines historischen Bauprozesses handelt, da verschiedene Stilstufen der Gotik auftauchen (vgl. Votivkirche, Kat. 23).

Die beiden 1860 für die kath. Kirche in Neustadt entworfenen Wiederherstellungsvorschläge sind sehr unterschiedlich. Der zweite Entwurf zielt auf eine Erweiterung und Erneuerung unter möglichster Schonung des Bestandes im Westen, wobei auch die asymmetrische Zweischiffigkeit erhalten bleibt, die im ausgehenden 19. Jh. sehr beliebt wird (vgl. Kap. V. 1). Die neuen Teile sind z.B. durch unterschiedliche Stützen im Innenraum gekennzeichnet, während der äußere Wandaufriß ohne Einschnitte verläuft. Im ersten Projekt, offenbar etwas großzügiger angelegt, wird die Kirche im Zuge einer Erneuerung von Osten aus zu einer dreischiffigen Anlage ergänzt und vom Altbau werden lediglich die Nordostteile übernommen. Somit liefert Ungewitter zwei Varianten mit einem unterschiedlichen Anteil an Integration der alten Bausubstanz, worin der erhebliche Spielraum derartiger Wiederherstellungsmaßnahmen im 19. Jh. symptomatisch und problematisch aufscheint.

Im Momberger Entwurf setzt sich Ungewitter 1862 vehement für die Beibehaltung der Zweischiffigkeit ein, was er mit Begründungen der Kostenverminderung durch diese konstruktionsbedingte geringere Spannbreite der Gewölbe und abermals der Ästhetik (malerische Erscheinung) untermauert. Eine solche "archäologisch" gedachte Kontinuität zu dem Vorgängerbau wird von den Auftraggebern wie bereits in Nieste nicht befürwortet. Die Vertreter der Kirche suchen vielmehr nach wirklichen Neuerungen, selbst wenn diese wenig günstig wirken, wie die Proportion des Kirchenschiffes in Momberg mit seiner großen Weite im Verhältnis zu einer relativ geringen Höhe. Die Präferenz einer Bestandssicherung anstelle eines Neubaus erweist in diesem Fall, daß für Ungewitter das Mittelalter auch in der Praxis die Rolle einer obersten Autorität spielt, wie er es in seinen Schriften mehrfach proklamiert.

b. Die Ausmalung der Innenräume

Polychrome Kirchenraumgestaltung ist Mitte der 1850er Jahre nicht mehr ungewöhnlich; nur hat man sich bisher primär mit figürlicher Freskomalerei befaßt. An Bauten wie der Münchner Ludwigskirche mit ihrer dekorativen Behandlung der Architekturglieder schließt sich Ungewitters an der Raumstruktur orientierte Ausmalung nur partiell an. Seinen Ideen steht in Kurhessen eine ministerielle Vorschrift vom 30. Juni 1843 entgegen, die einen weißen Anstrich vorsieht und noch bis 18. September 1868 gültig bleibt.[3] Abweichungen darf es nur mit einer Sondergenehmigung geben. Dolff-Bonekämper sieht darin eine Orientierung an modernen protestantischen Sakralräumen in

Kurhessen.[4] Selbst bei mittelalterlichen Bauten bleibt ein etwaiger Wert der farbigen Fassung schon deswegen irrelevant, weil der Kirchenraum selbst 1843 noch nicht als Denkmal gegolten hat. Nach strikter Durchführung während der 1840er Jahre, weicht die Verbindlichkeit der Vorschrift während der 1850er Jahre auf, wozu die prominenten Restaurierungsvorhaben Friedrich Langes und Ungewitters[5] beitragen, wenn sie sie nicht gar veranlassen.

Ungewitters Innenraumausmalungen lassen sich drei verschiedenen Gruppen zuordnen: 1. Volkmarsen, 2. Wetter, Frankenberg, Marienkapelle Fritzlar, 3. Ursulinenkloster Fritzlar und Stadtkirche Wolfhagen.

Abb. 22) Polychrome Fassung des Kircheninnenraumes (Ungewitter, Lehrbuch, 3. Aufl., Tf. 146)

In der kath. Kirche Volkmarsen verwendet er 1857/59 eine rote Färbung für die Pfeilerkerne und die Gewölbekappen, die durch ein weißes Fugennetz aufgerastert sind. Ungewitter überträgt das für die Färbung der Kapitelle beschriebene Verfahren auf die Gesamtkomposition, indem alle Gurt- und Kreuzrippen sowie die begleitenden Rippen oder Dienste prinzipiell gleiche Muster erhalten, wobei im Detail Variationen auftreten. Am Triumphbogen werden Ranken eingeflochten, die zu den Chorkappen überleiten und zugleich mit erhöhter Prachtentfaltung auch einen Hinweis auf die liturgische Bedeutung des Chores darstellen. Im "Lehrbuch der gothischen Konstruktionen" gibt Ungewitter Beispiele der Wand-, Rippen- und Kapitellgestaltung *(Abb. 22)*. Demnach sind alle gleichartigen Teile gleichfarbig, also gibt es an Kapitellen eine Farbe für die Blattvorderseiten, eine für die Blattstärke und die Rückseite sowie eine für den Kelch.[6] Die dekorative Auflösung der Dienst- und Rippenbahnen überwiegt vor der Nachzeichnung konstruktiv bedingter Schub- und Kräftelinien.[7] Die Ornamentik mit Flechtwerk und Bänderung ist sehr altertümlich, so daß sich die Ausmalung als Ungewitters Vorstellung vom "Übergangsstil" bzw. von der Frühgotik deuten läßt.

In der ab Mitte des 13. Jahrhunderts entstandenen Stiftskirche Wetter betont Ungewitter mit überwiegend heller Fassung der Rippen optisch seine Auffassung von der Gotik als konstruktivem System im Innenraum (1859-64). Für die kräftige Quaderung greift der Architekt auf die mittelalterlichen Originalbefunde der Sandsteinquadermalerei zurück. Die Kapitelle bleiben rot und weiß; gleichfalls behält er die zur ursprünglichen roten Ausmalung gehörige Vergoldung der auf dunkelrotem Grund sitzenden Schlußsteinornamente bei. Farbige Akzente setzen sich als Hosen an den Rippen fort, die z.B. grün, gelb, weiß und schwarz koloriert sind. An die Beobachtung von Resten aufgemalter Bogenfriese unter den Fenstern knüpft Ungewitter den Grundsatz flächenhafter Bemalung, die jede Vortäuschung eines plastischen Effektes ausschließen müsse.

In Frankenberg (Auftrag 1859) steht ebenso die Abbildung der Konstruktion im Vordergrund; eine dekorative Anreicherung zieht sich auf wenige Stellen - Laubwerkkämpfer, Scheitel- und Kreuzungspunkte der Gewölbe - zurück. Die die Materialwirkung überhöhende Deutung des Raumes beider Kirchen erscheint in deutlicher, fast übertriebener Nachzeichnung. Aufschlußreich für den Wandel der Vorstellungen, die sich Forscher vom Innenraum gotischer Kirchen machten, sind die Abbildungen der Frankenberger Kirche aus den Jahren 1880 und 1927/28 (vgl. Kat. 31), anhand derer sich die jeweilige Rauminterpretation erschließen läßt. Die jüngere Version zeichnet sich durch eine puristische Auffassung aus, die heute nicht mehr gilt, wenngleich eine pauschale Ablehnung der Auffassungen des 19. Jahrhunderts teilweise überdauert hat, wobei Mittelalter-Forscher inzwischen allerdings auch gelegentlich die Qualität jener frühen Restaurierungen anerkennen.[8] Letztlich ist ja die Frage, wie denn nun mittelalterliche Kirchen farbig gefaßt waren, noch immer nicht abschließend beantwortet worden.

Eine flüchtige Betrachtung läßt zunächst die lebhaftere, kontrastreichere Farbigkeit und Musterung erkennen, die im frühen 20. Jh. stark zurückgenommen wird. Im 19. Jh. ahmt man nicht nur das Material möglichst getreu nach, sondern die Quaderung wird in linearer Übertreibung als gemalt gekennzeichnet; sie ist damit gleichzeitig Interpretation der Substanz, des rein Materiell-Stofflichen. Die Fassung von 1927 imitiert gleichfalls den Steinschnitt, doch stehen jetzt zurückhaltende Materialimitation und schlichte Weißung im Vordergrund. Die einfarbigen Rippen zeichnen 1880 kontinuierliche Bögen, so daß ein gerüsthafter Eindruck entsteht, womit Ungewitter seine konstruktive Deutung der Gotik abbildet, indem die Rippen als Anzeiger der Schublinien dienen, deren abbildhafter Charakter aber nicht verleugnet wird. Damit gibt er seine Fassung als Interpretation zu erkennen. 1927 herrscht ein umgekehrtes Prinzip: Die Rippen erscheinen ebenfalls als Steinimitat, so daß sie wie ein unter die Kappen gesetztes Skelett wirken. Die Rippenbahnen werden in (Material-) Stücke zerlegt, wie die Materialwirkung denn überhaupt den Raum bestimmt. Der Blattkranz der Kapitelle war 1880 alternierend gefaßt, ungefähr über jedem hellen Blatt setzt eine dunkle Rippe an und umgekehrt. 1927 ersetzt man dies durch umlaufendes helles Blattwerk, das eine Abschlußzone, auf der die Rippen unvermittelt aufsitzen, markiert. Im 19. Jh. wird die Raumschale in verschiedene Zonen mit Übergängen gegliedert, die konstruktiven Vorstellungen werden in der Dekoration abgebildet. Das frühe 20. Jh. bezieht mit Imitation bzw. neutraler Weißung keine ausdrückliche Position, der Aspekt der Raumausdeutung geht im Bemühen um schlichte Materialsichtigkeit bzw. Materialimitation verloren.[9]

Die aus dem späteren 14. Jh. datierende zweijochige Marienkapelle an der Stiftskirche St. Peter in Fritzlar läßt Ungewitter 1856 ausmalen. Wie in Volkmarsen wird die Wand dunkelrot (steinfarbig) mit hellem Quaderfugennetz gefaßt, so daß sie einen geeigneten Hintergrund für die lebhaftere Gewölbegliederung darstellt. Ebenfalls auf das Material verweisend, erhalten die Kappenflächen ein Backsteinfugennetz. Der alternierende Farb- und Musterrhythmus der Rippen und Gurte zeigt ihre Funktion als tektonische Elemente im System des gotischen Wölbungsbaus. Relativ breite Streifung sowie simple Ornamentik lassen das Gewölbe für heutige Sehgewohnheiten sehr lebhaft koloriert erscheinen, dies soll jedoch der Klarheit und Erkennbarkeit dienen.[10] Kreuzrippen nebst Gurten sind mit dem Wechsel von durchgehenden Farbstreifen und Ornamentbändern zwischen ganz ornamentaler Auflösung (vgl. Volkmarsen) und rein linearer Nachzeichnung der Rippenbahnen (vgl. Frankenberg) angesiedelt. Da sich hier in etwa eine chronologische Abfolge hinsichtlich der durchgreifenden Ausprägung des Systems der gotischen Wölbung ergibt, könnte die Dekoration wiederum Ungewitters Vorstellungen von dem zeitlichen Verlauf der Gotik verdeutlichen.

Seine Vorstellung für die Wandbehandlung im Ursulinenkloster Fritzlar ist den "Entwürfen für Land- und Stadtkirchen" zu entnehmen, wonach auf hellem Grund ein doppeltes Fugenraster mit Sperrfuge hätte erscheinen sollen, wenngleich das Foto von 1905 nur eine einfache Lineatur zeigt. Gleichfalls nicht ausgeführt wurde offenbar das dünne floral-stilisierte Dekor der Wandfläche zwischen Korb und Schalldeckel der Kanzel. Einen Hinweis auf Ungewitters Auffassung des Verhältnisses zwischen Material und Dekoration geben die Wandpaneele mit Rapporten floral-geometrischer Muster, die die Fläche kleinteilig auflösen. Rippenbemalung sowie Fenstereinfassungen entsprechen den obigen Beispielen, während Ranken in den Gewölbezwickeln und -schuhen der geweißten Kappen nur hier erscheinen.[11]

In Wolfhagen sind in vergleichbarer Weise Stützen und Kappenflächen geweißt, während Kämpfer, Gurte, Scheidbogen, Rippen und die unteren Kappenzwickel die farbtragenden Teile darstellen. Die hellen Gliederungselemente tragen eine dunkle Fugenzeichnung und in Spiegeln und Scheiteln Rapporte kontrastreicher, etwas grob stilisierter Muster bzw. Streifungen. In Anpassung an die mächtigen Proportionen der Gliederung ist die im Prinzip der Ursulinenkirche entsprechende Fassung im Detail abgewandelt worden.

Ähnlich den Neubauten herrscht auch in den Restaurierungen keine starre Schematik, wenngleich es eine Kontinuität bestimmter Elemente gibt: Ornamentbänder, alternierendes Prinzip der Farbgebung, lebhafte Linienführung, wenn möglich erfolgt eine Abbildung der Konstruktion. Ungewitter bemüht sich immer um eine Deutlichkeit in der Darstellung der Zonen eines gotischen Baus bzw. der Abschnitte einer Raumhülle. Vor den Wandhintergrund, der den Raum einschließt, werden Stützen bzw. Vorlagen eingestellt, die das Gewölbe tragen, das in seiner Quaderung auf die verwendeten Materialien zeichenhaft verweist. Feine Differenzierungen lassen sich als zeitliche, evtl. regional-typologische Abstufungen deuten. Die Kirche Volkmarsen aus der zweiten Hälfte des 13. Jahrhunderts bezeichnet nach Auffassung Ungewitters den Übergang von der Spätromanik zur Frühgotik. Frühe und hochgotische Kirchen (nach Ungewitters Definition) wie Wetter (ab Mitte 13. Jh.), Frankenberg (spätes 13./frühes 14. Jh.) bis hin zur Marienkapelle (späteres 14. Jh.) sind durch eine Auseinandersetzung mit der Konstruktion gekennzeichnet. Einen anderen Fall stellen das Ursulinenkloster Fritzlar sowie die Kirche in Wolfhagen dar, die mit heller Wand- und Kappengestaltung abweichen. Zu einigen Beobachtungen äußert sich Ungewitter im "Lehrbuch der gothischen Konstruktionen", wo er zu einem frühen Zeitpunkt und methodisch bemerkenswert der Faßmalerei ein gesondertes Kapitel widmet.

Zu Beginn der Studien zur farblichen Gestaltung mittelalterlicher Kirchen in den 1840er Jahren läßt sich die Frage, wie weit das Wissen zu diesem Punkt schon fortgeschritten war, nicht generalisierend beantworten, da die Kenntnisse noch eng an das persönliche Engagement des Einzelnen gebunden sind. Schwierigkeiten treten allerdings in der Akzeptanz von Farbbefunden auf, da sie nicht stimmig zum Ideal der Materialechtheit sind. Erkenntnisse Viollet-le-Ducs oder des seit 1843 amtierenden preußischen Konservators Ferdinand von Quast[12] finden kaum Beachtung, erst in der zweiten Jahrhunderthälfte verbreiten sich die in Musterbüchern zusammengetragenen Hinweise auf farbige Architektur, eine historisch-kritische Einstellung ist in aller Regel nicht festzustellen.[13] Ungewitters Kapitel stellt ein sehr frühes Beispiel theoretischer Auseinandersetzung mit Farbfassungen dar, wenn nicht das früheste in Deutschland. Bis heute erlaubt die Formel "nach Befund" unterschiedliche Rekonstruktionsversionen; man wird sich trotz fortgeschrittener Technik und umfangreicher Forschungen nicht von einem Restanteil eigener Einträge in Wiederherstellungen historischer Bauten freimachen können. Um so schwerer mußte dies um die Mitte des vorigen Jahrhunderts fallen, als kaum Hilfsmittel zur Verfügung standen.

Eine systematische Annäherung an gotische Faßmalerei, die sich schon aus der konkreten Betrachtung der Kirchenrestaurationen erschließen ließ, verfolgt Ungewitter im vorletzten Kapitel des "Lehrbuches".[14] Grundsätzlich unterscheidet er drei Varianten nach der Wand- und Fugengitterfarbe bzw. der Farbe der Mauerfläche der Gewölbekappen:

1. Auf einem roten Lokalton der Wände, Pfeiler und Gewölbe liegt ein weißes Fugennetz. Diesen Typus hat er speziell in Oberhessen beobachtet (Wetter mit besonders intensivem Rot, Schloßkapelle Marburg, Elisabethkirche Marburg vor der Restauration), die Datierung wird auf Ende 13./Anfang 14. Jh. gesetzt. Heute nimmt man die 1230er/40er Jahre - unmittelbar nach der Bauvollendung - an.[15] Erwähnung finden weiterhin Details wie verschiedene kreisumschlossene Sterne in der Mitte der Gewölbekappen[16] sowie die Farbigkeit der einzelnen Architekturglieder: Die Gewölberippen erscheinen in einem kräftigen Ockerton, die Rundstäbe der Scheidbögen weiß, die geraden Flächen gelb, die Kehlen hingegen dunkelrotbraun. Aus dieser Auflistung können aufwendigere Gestaltungen unmittelbar entwickelt werden.[17] Entsprechend geschieht die Restaurierung in Wetter (vgl. Kat. 30).

2. Die zweite Variante zeigt eine Umkehrung der ersten, d.h. auf weißem oder hellem steinfarbigen Grund erscheinen dunkelrotbraune Linien. Beispielhaft beschreibt er einen Befund der östlichen Lettnerseite in Haina: Die durch rote Linien eingefaßten Steine stehen senkrecht; sie tragen eine zusätzliche innere Einrahmung mit mittig plazierter Rosette.[18] Dies verdeutlicht einen wichtigen Kernsatz der Ungewitterschen Polychromie-Auffassung, indem Rosetten und isolierte Ornamente die Funktion übernehmen, jeglichen Anklang an eine Imitation wirklicher Quader auszuschließen. Die als "Täuschungsmittel" abqualifizierte Imitation (darin zeigt sich Ungewitters strikter Wahrheitsbegriff) sei zwar den modernen Architekturstilen eigen, Sinn der Quadermalerei hingegen sei die Bildung eines Flächenmusters.[19]

3. Die letzte Gruppe zeichnet sich durch geweißte Kappen aus, auf die Pflanzen- und Laubwerk in natürlichen Farben aufgetragen werden (vgl. Ursulinenkloster Fritzlar). Exemplarisch weist Ungewitter auf die Chorgewölbe der Marburger Elisabethkirche, die späteren Malereien der dortigen Schloßkapelle sowie abermals auf die Kirche in Wetter hin (außerdem Klosterkirche Breitenau bei Kassel, Trierer Liebfrauenkirche, St. Jacques in Lüttich). Die Ornamentik tritt sowohl vereinzelt als auch flächendeckend (z.B. Kreuzschiff der Kirche Wetter) auf. An Farbregeln gibt er gelbbraun für die Stiele, leuchtend grün für die Blätter, Blumen in blau, gelb, rot oder weiß, die aber so zurückhaltend verwendet werden müssen, daß der Grün-Weiß Gegensatz dominiert. In Wetter bewirken

sparsam aufgetragene Konturen eine größere Deutlichkeit an den Stellen, wo zwei Farben aneinanderstoßen.[20]

Außer der Einteilung in Gruppen gibt Ungewitter eine Auflistung verschiedenster Beobachtungen an Kappen, Diensten, Arkaturen oder Pfeilerflächen. Seine restauratorische Tätigkeit fußt somit offenkundig auf einer soliden Befundaufnahme. Folglich ist die Beschreibung und Klassifizierung primär an die ihm bekannten hessischen Beispiele gebunden, Hinweise auf weitere deutsche, belgische oder französische Kirchen treten ergänzend hinzu. Da es sich um einen frühen wissenschaftlich intendierten Ansatz zur Erforschung mittelalterlicher Polychromie in Deutschland handelt, bildet die Aufzeichnung der Befundlage den Hauptteil der Darstellung, woraus er - offenbar weitgehend eigenständig - erste systematische Überlegungen sowie Datierungen ableitet.

c. Bewertung der Maßnahmen im Spannungsfeld zwischen Bestandserhaltung und eigenschöpferischer Rekonstruktion

Anliegen dieses Abschnittes ist der Versuch einer Einbettung der von Gabi Dolff-Bonekämper bewußt ausgeklammerten - bzw. gelegentlich peripher gestreiften - praktischen Konzepte der Denkmalerhaltung, wie sie Ungewitter beschäftigen, in die Entwicklung einer Wertschätzung historischer Bauten in Kurhessen. Die Aufmerksamkeit gegenüber mittelalterlicher Geschichte und Kunst reicht bis in das 18. Jh. zurück, erstreckt sich jedoch erst einmal weniger auf Bauten bzw. allenfalls auf Ruinen von Burgen, Kirchen und Klöstern.[21] Um 1800 erwacht das zunächst subjektiv geprägte Interesse an historischen Denkmalen: Denkmale als Vergegenständlichung von Geschichtlichkeit.[22] Im frühen 19. Jh. kommt es zum Engagement für mittelalterliche regionale Altertümer unter den wissenschaftlichen Begründungen von Forschung und Schutz. Beide Faktoren bleiben noch bis zur Mitte des Jahrhunderts wirksam, wie sich an Ungewitters Beispiel ablesen läßt: Die Geschichtlichkeit eines Bauwerkes stellt einen Wert dar, der mittels Forschung erst richtig gewürdigt werden kann und eine angemessene Weitergabe an die Nachwelt ermöglicht. Um 1830 war der Wandel vom historiographisch-antiquarischen Interesse des späten 18. Jahrhunderts zum romantisch-sentimentalen, aber auch schon kunstwissenschaftlichen Ansatz vollzogen.[23]

Am 27. Juni 1835 ergeht eine ministerielle Verfügung von Ludwig Hassenpflug[24] an die Oberbaudirektion, die sie an die kurhessischen Landbaumeister weiterleitet, ein Verzeichnis aller Ruinen zu erstellen. Solch eine Bestandsaufnahme liefert die Grundlage für Stützungsmaßnahmen durch staatliche Behörden. Die mittelalterlichen Baureste verkörpern "Kristallisationspunkte seines [Hassenpflugs] Geschichtsbildes und seiner Zukunftsvision".[25] Die Anregungen zu Inventarisierungsmaßnahmen sowie zum Schutz der Denkmale stammen in erster Linie aus dem bürgerlich-liberalen Lager, verbindendes Element jenseits aller politischen Differenzen ist die emotionale Bindung an das Land Hessen und dessen Geschichte. Nach dem Gründungsaufruf zu einem *Verein für hessische Geschichte und Landeskunde* im August 1834 sieht man sich aufgrund der guten Resonanz in der Lage, für den 29. Dezember die erste Generalversammlung einzuberufen.[26] Maßgeblich beteiligt sind Carl Bernhardi (Kasseler Bibliothekar), Georg Landau (kurhessischer Archivar in Kassel) sowie Christoph v. Rommel (Direktor des Kasseler Staatsarchivs und der Landesbibliothek). Entsprechend einem umfassenden historiographischen Ansatz gelten Schriften und Objekte verschiedenster Art, selbst Dialekte als Quellen. Wie in den staatlichen Ministerien bemüht man sich um Erfassung wie auch Erhaltung der Relikte.

Schließlich sind drei Wertaspekte mittelalterlicher Kunstwerke akzeptiert: Geschichtsquelle, Stimmungswert, Kunstwert, "d.h. ihre ästhetische Struktur als Gegenstände, die nach einem nachvollziehbaren formalen System gestaltet sind und die auf kunstvolle Weise - zum Teil in Allegorien oder Symbolen - verschlüsselte Bedeutungen vermitteln können".[27] Möglicherweise beeindruckt dieses Interesse für die Geschichte des Lebens und der Kultur der hessischen Region schon Ungewitter, der zu dieser Zeit erstmals zur Ausbildung in die Residenzstadt gelangt; zumindest dürfte er etwa aus der Tagespresse, vielleicht auch aus Vorträgen einen gewissen Kontrast zum akademischen Alltag (Studien antiker Ruinen) empfunden haben.

Erst mit Beginn der preußischen Ära findet eine staatlich verordnete Inventarisation statt. Eduard von Möller, königlich-preußischer Administrator von Kurhessen, ersucht am 19. November 1866 um eine Inventarisation. Es sollen von den Landbaumeistern Denkmälerverzeichnisse angelegt werden. Dazu gehen bis Mitte 1867 viele Beiträge ein, als alle gesetzlichen Regelungen Preußens wirksam werden. Ungewitter hat seine Mitarbeit an einer schon in den frühen 1860er Jahren geplanten Inventarisierung zwar zugesichert, dazu ist es aber nie gekommen, obwohl er über Exkursionen mit seinen Schülern, die Aufmaße fertigen, seinen Beitrag leistet. Damit folgt er einem Vorschlag des Direktors der höheren Gewerbeschule, Johannes Hehl, von 1853/54.[28] Heinrich von Dehn-Rotfelser, der als Herausgeber vorgesehen ist[29], betont mit Rücksicht auf örtliche Eigenarten und der Forderung, bei Neubauten Widerspruch gegen diese zu vermeiden, Ungewittersche Maximen.[30] Wilhelm Lotz hat selbst als Lehrer für Naturwissenschaften (insbesondere Chemie) an der höheren Gewerbeschule Kassel gearbeitet und nebenbei die Veranstaltungen seines Kollegen Ungewitter besucht, bevor er sich 1862 ausschließlich der Bauforschung zuwendet; ein Resultat des überzeugenden Eindrucks, den der Architekt hinterlassen hat (vgl. Kurzbiographien der Schüler).

Die November-Verordnung stellt einerseits den Abschluß kurhessischer Bemühungen dar, da die Inventarisation von kurhessischen Baubeamten durchgeführt wurde, andererseits den Beginn der Denkmalerfassung der nun preußischen Provinz. Schließlich publizieren Lotz und von Dehn-Rotfelser zusammen die Ergebnisse der Aufnahme unter Mitwirkung des hessischen Geschichtsvereins in ihrem topographischen Werk über die Baudenkmäler im Regierungsbezirk Kassel.[31] Dehn-Rotfelser, der ebenfalls Ungewitters Vorlesungen gehört hat, widmet sich ganz der Erhaltung historischer Bauten und der Kunstgeschichte, er hat seine Forschungsergebnisse nicht in Neubauten verwendet.[32] Das Werk von 1870 gilt mit seinem alphabetischen Aufbau, Hinweisen auf weiterführende Literatur und den bündigen Beschreibungen als Kulminationspunkt für die Denkmalerfassung und den Denkmalschutz in Kurhessen.[33] Zur Inventarisierung leisten später der Einsatz von Fotografie und Photogrammetrie einen wesentlichen Beitrag.[34] Für diese Maßnahmen wirkte Ungewitters Unterricht als Vorbereitung, der immer auf möglichst genaue Bestandskenntnis ausgerichtet war.[35]

Der Fuldaer Gymnasiallehrer Friedrich Lange - den Ungewitter in Haina abgelöst hat - gilt als einer der Wegbereiter des Verständnisses für mittelalterliche, insbesondere gotische Bauten.[36] 1844 verfaßt er einen "Entwurf zu einer historisch-artistischen Darstellung der hessischen Kunstdenkmale", in dem er die Quellengattung Kunstwerke in den obersten Rang erhebt, da in ihnen die Entwicklung eines Volkes am besten zu erkennen sei.[37] Der Text erfährt als Beilage zum Jahresbericht des Geschichtsvereins 1847 eine weite Verbreitung. Lange ist der erste, der eine Kategorisierung von Objekten unternimmt und die Kenntnisse durch urkundlich abgesicherte, wissenschaftlich fundierte Analysen erweitern will. Nachdem 1847 eine Abhandlung über Fuldaer Baudenkmale erschienen ist, erhält er 1853 den Auftrag zur Restaurierung des Domes nebst Michaelskapelle, wozu die Freilegung alter Wandbemalung gehört. Langes Bekanntschaft mit Johann Claudius von Lassaulx (1781-1848)[38], der zuerst auf polychrome Wandgestaltung im Außenbau zurückgegriffen hat (St. Arnulph, Nickenich 1846-49), könnte sogar den initialen Impuls für die Auseinandersetzung mit mittelalterlicher Architekturfarbigkeit gegeben haben.

Langes prominentestes Vorhaben war die infolge einer Überschwemmung im Jahr 1847 unumgängliche Restaurierung der Marburger Elisabethkirche.[39] Nach einem ausführlichen Gutachten von 1849 wird ihm 1854 die künstlerische, ein Jahr darauf auch die technische Gesamtleitung für die bis 1865 andauernden Baumaßnahmen überantwortet. Er orientiert sich an seiner Befundaufnahme, infolge derer er mit der farbigen Innenraumfassung die plastischen Werte klarer zum Ausdruck bringen wollte. Lange hat anschließend 1866 die Marburger Schloßkapelle restauriert. Seine Maßnahmen gleichen mit dem Teppichmuster im unteren Wandbereich sowie dem Backsteinfugennetz mit einfarbigen Rippen und Wandvorlagen denjenigen Ungewitters *(Abb. 23)*. Seine Farbigkeit ist jedoch blasser und weniger kontrastreich. Langes Methode ist nach Dolff-Bonekämper charakteristisch für die wissenschaftlich begründete, rekonstruierende Denkmalpflege der Zeit. Schriften wie das "Gothische Musterbuch" von Statz und Ungewitter erleichtern derartige Maßnahmen.[40]

Die späten 1840er sowie die 50er Jahre stehen im Zeichen restauratorischer Praxis, für die die Neugotiker prädestiniert waren, unter Beteiligung der staatlichen Bauverwaltung, wie das Œuvre Ungewitters belegt. Erst durch die Vermittlung Heinrich von Dehn-Rotfelsers zwischen Geschichtsverein und dem 1858/60 gegründeten Kurhessischen Architektenverein stellte der letztere seine Bauaufnahmen für ein gemeinsames Veröffentlichungsprojekt zur Verfügung. In vier Liefe-

Abb. 23) Marburg, Schloßkapelle, nach der Restaurierung durch Lange, 1866

rungen erscheinen von 1862-66 Heinrich von Dehn-Rotfelsers "Mittelalterliche Baudenkmäler in Kurhessen".[41]

Auf diese Voraussetzungen, gerade nach der Gründung des Geschichtsvereins sowie dem Beginn größerer Restaurationen durch Lange, kann Ungewitter zurückgreifen. Beide kennen und schätzen sich zwar, doch hat sich Ungewitter kritisch zur Farbgebung der Elisabethkirche geäußert, die ihm noch zu blaß erscheint. Gemeinsam bemühen sie sich aber um die Anerkennung des Denkmalwertes von Kircheninnenräumen; zumal, wenn diese noch in Benutzung sind, gibt es Probleme mit kultischen Inhalten und Ansprüchen. Die Diskussion entspinnt sich schließlich weniger um ihren Schutz als über ihr historisches Aussehen. Da Ungewitter eine Vielzahl gotischer Kirchen restauriert hat, konnte er sein Wissen und seine Ideale einbringen. Das Klima für derartige Maßnahmen erscheint in den 1850er Jahren also recht günstig, indem von Bürgern getragene Organisationen wie auch staatliche Institutionen (Zeit des zweiten Ministeriums Hassenpflug) ähnliche Ziele verfolgen.

Stärker als im Falle von Neubauten ist die Diskussion um eine angemessene Wiederherstellung alter Gebäude am Schnittpunkt zwischen Vergangenheit und Zukunft lokalisiert. Indem Denkmalschützer meinen, eine in der Vergangenheit liegende Bestimmung zu erfüllen, deren höhere Rechtfertigung wiederum erst in der Zukunft liegt, treten die Belange der Gegenwart scheinbar zurück.[42] Konsequenterweise verläuft die Annäherung an die mittelalterliche Baugeschichte in einer stufenweisen Abfolge von Teilrealisationen ihrer Werte. Die anfänglich emotionalen Rezeptionsmuster gotischer Parkstaffagen schließen im Zuge der Übertragung auf Neubauten eine Würdigung ihres Alterswertes ein. Später tritt die Komponente eines Wertes als Kunstobjekt hinzu. Dies betrifft aber erst einmal nur das Bauäußere, selbst das mit Einschränkungen (regelmäßige Wiederherstellungen erstrebt). In einer Erweiterung des Denkmalbegriffes auf Kircheninnenräume eilen Ungewitter und Friedrich Lange ihrer Zeit voraus.

Die Anhänger der gotischen Bewegung wollen ihre Gotik-Vorstellungen gegen die als defizitär empfundene Gegenwart durchsetzen. Dies zeigt Ungewitters Kritik an zeitgenössischen Kirchenraumfassungen (vgl. das Kapitel im "Lehrbuch"). Weder die Überweißung noch die jüngeren Ausmalungsversuche finden Anerkennung. Sie sind in wenig kontrastreichen, lichten bläulichen, rötlichen oder ähnlichen Tönen gehalten, die eine stumpfe Wirkung hervorrufen, die als freundlich angesehen wird, die er jedoch als dilettantisch und unentschieden abqualifiziert, zumal die Durchführung vielfach ohne Hinzuziehung eines fachkundigen Architekten erfolgt. Die Eindrücke aus seiner Tätigkeit resümiert er folgendermaßen:

> *Wir haben dabei aber die Erfahrung gemacht, dass nur diejenigen Ausführungen uns selbst nicht allein, sondern auch die Auftraggeber, das Volk also, irgend befriedigen konnten, bei welchen wir dem Alten mit aller Genauigkeit gefolgt waren, und dass fast in allen Fällen die erlangten Concessionen gerade von denen bereut wurden, die sie verlangt hatten.*[43]

Es findet eindeutig eine Verfachlichung der Diskussion um angemessene Restaurierungen statt. Sein Resümee will auch belegen, daß historische Exaktheit zur Akzeptanz bei den Nutzern führt. Daher fühlt er sich als Anwalt "des Volkes" zu fachgerechten Restaurierungen verpflichtet.

Die Farbdiskussion kann nicht unabhängig von der Konfessionsfrage betrachtet werden, wie Ungewitter im Anschluß an seine Kritik jüngerer polychromer Maßnahmen feststellt:

In der Gegenwart wird sie [die kritisierte moderne Ausmalung] besonders noch von einzelnen rationalistischen Ultra's unter den geistlichen und weltlichen Behörden begünstigt, welche in jeder entschiedenen Farbe schon den Katholicismus wittern.[44]

Viele Katholiken folgen den Forderungen ihres Kultus vor archäologischen Gegebenheiten.[45] Hinsichtlich der Übernahme alter Ausstattungen fällt ihnen die Toleranz leichter, während Protestanten ungern ein Bild mit katholischer Ikonographie bestehen lassen, wie die Diskussion um die Marienkrönung in Wetter zeigt. Katholische Architekten wie Statz gelten allerdings - trotz der Gewissenhaftigkeit ihrer Bauaufnahmen und des Grundsatzes, möglichst unauffällig zu restaurieren - als puristisch in der Suche nach stilistischer Einheit.[46]

Zur reinen Wiederherstellung ist im vorigen Jh. immer eine schöpferische Komponente zu addieren.[47] Zu ähnlichen Grundprinzipien der Faßmalerei, beispielsweise der struktiven Gliederung in der Hochgotik, kommen noch heute entsprechende Fachleute. Michler verweist auf Forschungen Ungewitters, Viollet-le-Ducs und Schäfers.[48] Ungewitters Verdienst liegt darin, daß er in Deutschland einer der ersten ist, die nach genauer Beobachtung und Deskription mit einer Analyse beginnen. Ikonographische Fragen treten weitgehend zurück, die im übrigen das Hauptanliegen seiner Zeitgenossen bezüglich der Ausmalungen (neu-) mittelalterlicher Kirchen waren. Damit geht Ungewitter über rein rekonstruierende oder technische Ambitionen hinaus, es scheint ein Bewußtsein von den Möglichkeiten der Deutung eines Raumgefüges über das rein Materialistische hinaus auf. Letztlich tragen damit Malerei sowie Bauplastik zum Ausdruck der Architektur wieder wesentlich bei.

Breite Akzeptanz finden auch die restauratorischen Bestrebungen Ungewitters erst gegen Ende seiner Schaffenszeit, vor allem jedoch im Wirken seiner Schüler, wie Hugo Schneiders Maßnahmen an der Kirche Martinsstift belegen, deren Turmhelme sich an den in Eschwege anlehnen (vgl. Kat. 36). Bedeutend für die Theoriebildung erweisen sich später weiterhin Carl Schäfers Forschungen und Veröffentlichungen zur mittelalterlichen Polychromie.[49] Da eine Anerkennung mittelalterlicher Raummalerei erst im Laufe der 50er Jahre festzustellen ist,[50] übernimmt Ungewitter eine Vorreiterrolle. Schäfer wird Wegbereiter für eine historisch getreue Wiederherstellung sowie eine kritische Einstellung gegen den Purismus der Materialsichtigkeit. Dies sind Gedanken, die sich erst im letzten Viertel des vorigen Jahrhunderts in der Denkmalpflege durchsetzen.[51]

Die Besonderheit der Innenraumgestaltung Ungewitters liegt darin, daß er nicht dem Materialpurismus seiner Zeitgenossen folgt (vgl. Statz, von Quast u.a.). Sein Interesse mit Aufnahme, Vergleich und Datierung ist wissenschaftlicher Art. Wenn auch ein Anteil Interpretation einfließt, hat er dennoch den Blick dafür geöffnet, daß es überhaupt mittelalterliche Faßmalerei nach bestimmten Schemen gegeben hat (vgl. das Kapitel im "Lehrbuch"). Damit ist die Annahme Borger-Kewelohs, daß die Zeit bis 1880 vorwissenschaftlich sei, in dieser Hinsicht ergänzend zu modifizieren. Wenn auch alle namhaften Neugotiker zugleich Restauratoren waren (Zwirner, F. Schmidt, Hase, Statz usw.), ist ihr Umgang mit der Substanz im einzelnen sehr unterschiedlich, wie die Fallstudie Ungewitters andeutet.

Die Bewertung der Ungewitterschen Haltung in seinen Außenbaumaßnahmen erscheint durchaus ambivalent. Schon die personelle Verquickung Architekt-Restaurator erschwert es, ein schöpferisches Element auszuschließen, dies wird erst mit der modernen Denkmalpflege wesentlich eindeutiger entkoppelt. Darin liegt eine problematische Beziehung begründet, da Neugotiker wie Ungewitter versuchen, alle Sparten von Ingenieur und Restaurator noch in das Tätigkeitsbild des Architekten zu integrieren, um einem ganzheitlichen Anspruch der baulichen Kompetenz und Gestaltung gerecht zu werden.[52] Im Außenbau ist generell eine Vereinheitlichung und Annäherung an ein Idealbild der Gotik angestrebt; die Einfühlung in den "Geist" des Mittelalters steht der wissenschaftlichen Rekonstruktion unter Beachtung aller Bauphasen noch im Wege, die in der zweiten Jahrhunderthälfte führend wurde.

Erste bedeutende Forschungen haben schon in den 1840er Jahren durch die Kunsthistoriker Franz Kugler und Carl Schnaase sowie den ersten Preußischen Generalkonservator Ferdinand von Quast stattgefunden, wobei auch die Maxime verkündet wird, daß nur das Notwendige wieder instandgesetzt werden dürfe.[53] An den alten Bauten wurde die ästhetische Qualität geschätzt, hinzu tritt eine Besetzung mit religiös-politischen Inhalten (vgl. Köln, Speyer u.a. mit nationalen und christlichen Ideologien[54]). Ungewitters Maßnahmen fallen in die Hauptphase der Restaurierungen in den 1840er bis 80er Jahren, und er hat damit einen wesentlichen Beitrag zur wissenschaftlichen Begründung der Denkmalpflege geleistet.

Der Architekt des 19. Jahrhunderts scheint sich vielfach hinter die historische Substanz zurückzuziehen; eine Haltung, die bei Ungewitter ein wissenschaftliches Ethos verkörpert, indem die Treue zum vorhandenen Denkmal oberste Priorität gewinnt. Mit seiner Wiederherstellung von Kirchenfassaden lehnt sich Ungewitter an Reichenspergers Ideen an:

> *Die erste und hauptsächliche Regel bei jeder Restaurierung ist sonach die: so wenig wie möglich und so unwahrnehmbar wie möglich zu restauriren, dem Alten nur seinen Fortbestand zu sichern und das Fehlende oder Abhandengekommene genau nach dem Originale oder doch, in Ermangelung eines solchen, möglichst im Geist des Originals wieder herzustellen.*[55]

Reichensperger wendet sich theoretisch gegen die den Neugotikern des mittleren 19. Jahrhunderts vorgeworfene Durchsetzung der Stilreinheit, formuliert ein bedächtiges Vorgehen. In der Praxis kann das aber anders aussehen (vgl. oben). Er läßt sogar viele "Zopf-Objekte" noch eher gelten als zeitgenössische und wendet sich gegen die Symmetrie des heutigen Bauens, der "ganz und gar alles Malerische abgeht".[56] Ungewitter greift insbesondere diesen letzten Gedanken auf, was ihn von den Zeitgenossen abhebt. Reichensperger vertritt eine kluge Position in dem Umgang mit Denkmälern: Statt die stilistische Einheit zu beachten, sei es wichtiger, "daß die bei einem alten Bauwerk fast stets vorhandenen Spuren seines allmählichen Anwachsens, gleichsam seine Jahresringe nicht verwischt [werden], daß die verschiedenen Style, sowie jene Unregelmäßigkeiten und Zufälligkeiten, [...] erhalten bleiben"[57]. Damit ist im Kern der Gedanke organischen Wachstums formuliert. Die Unregelmäßigkeiten, die Reichensperger als bloßen Reiz betrachtet, werden bei Ungewitter zu einem Teil seines architektonischen Programms erhoben.

Die Theorie greift in der Anerkennung nachmittelalterlicher Bauteile, der Forderung nach vorsichtigem, schonendem Umgang mit der Substanz der Praxis vor. Daß immer die verschiedenen Bauteile in ihrer unterschiedlichen Entstehungszeit zusammenwirken, ist eher eine kunstgeschichtliche Position. In der Praxis kann sich auch Ungewitter nicht immer der Regotisierung entziehen, wie z.B. die geplante Entfernung der barocken Haube in Amöneburg bzw. des kleinen Dachreiters in Haina zugunsten eines großen gotischen Spitzhelms belegen.

Im Spielraum zwischen Konservieren und Herausarbeitung des "Charakters" einer Kirche wird zusätzlich eine eigene Sichtweise auf das Mittelalter, die notwendigerweise zeitgebunden ist, integriert. Die Kombination aus archäologischer Treue, welche besonders Theoretiker wie Reichensperger forderten, und schöpferischem Eigenanteil des ausführenden Architekten (bzw. Baumeisters) kennzeichnet generell die Restaurierungsmaßnahmen des Historismus seit Mitte des Jahrhunderts. Wie der Widerspruch zwischen Regotisierung und dem Bewußtsein der Notwendigkeit der Schonung des Denkmals aufzulösen ist, läßt sich kaum klären. Vielleicht glaubten die Architekten tatsächlich, daß sie den eigenen Anteil bewußt hätten ausklammern können.

1 Georg Dehio, Denkmalschutz und Denkmalpflege im neunzehnten Jahrhundert. Festrede an der Kaiser Wilhelm-Universität zu Straßburg am 27. Januar 1905. Wiederabgedruckt in: G. D., Kunsthistorische Aufsätze. München 1914, S. 261-282, Zitat S. 274.

2 Vgl. die Sichtweise Goeges, der Pugins Restaurierungstheorie auf der Grundlage kirchlicher Erneuerungsbestrebungen in der Nachfolge des "Oxford Movement" sieht, d. h. als religiöses Programm, das nicht nur auf der Besorgnis um den Erhalt der Bausubstanz gründet (Thomas Goege, Theorie und Praxis der Restaurierung im Gothic Revival: Die Restaurierungsbewegung der 'Ecclesiologists'. Diss. Bamberg 1981, S. 216f.).

3 Best. 16/ Rep. XII/ Kl. 9/ Nr. 31 (SAM); zit. n.: Gabriele Dolff-Bonekämper, Die Vergegenwärtigung der Elisabethkirche durch die Denkmalpflege im 19. und 20. Jahrhundert. In: 700 Jahre Elisabethkirche Marburg 1283-1983. Katalog 1: Die Elisabethkirche - Architektur in der Geschichte: Ein Handbuch zur Ausstellung des Kunsthistorischen Institutes der Philipps-Universität Marburg. Marburg 1983, S. 135-161; hier , Anm. 39, S. 158.

4 Gabriele Dolff-Bonekämper, Die Entdeckung des Mittelalters. Studien zur Geschichte der Denkmalerfassung und des Denkmalschutzes in Hessen bzw. Kurhessen im 18. und 19. Jahrhundert. (Quellen und Forschungen zur hessischen Geschichte Bd. 61) Darmstadt/Marburg 1985, S. 135f.

5 Dolff-Bonekämper verweist darauf, daß Ungewitter im Ursulinenkloster Fritzlar und in Volkmarsen seine Vorstellungen durchsetzen konnte (Dolff-Bonekämper, 1985, Anm. 332, S. 256).

6 Konkrete Farbvorstellungen nennt er im "Lehrbuch": grünschattierte Streifen, durch einen dunkelbraunen oder weißen, oder einen weiß-gesäumten roten, braunen oder dunkelblauen, oder einen schwarz gesäumten gelben Streifen zu trennen. Es wechseln mehrfarbige Schattierungen mit solchen Streifen (Ungewitter, Lehrbuch der gothischen Konstruktionen, 3. Aufl., S. 617).

7 vgl. die Beschreibung eines kantonierter Pfeilers bei: Jürgen Michler, Über die Farbfassung hochgotischer Sakralräume. In: Wallraf-Richartz-Jahrbuch Bd. 39 (1978), S. 29-64, hier S. 40.
8 Hans Josef Böker, Die 'Lippoldsberger Bauschule'. In: Franz J. Much (Hg.), Baukunst des Mittelalters in Europa. Hans Erich Kubach zum 75. Geburtstag, S. 123-140. Böker weist darauf hin, daß Carl Schäfers auf einer sorgfältigen Befundaufnahme des Bestandes basierende Restaurierung durchaus in Grundzügen der mittelalterlichen Rauminterpretation entsprach, was aber während der Rekonstruktion 1956 nicht beachtet wurde, bei der man sogar die romanische Originalausmalung beseitigte (S. 127).
9 Die Kanzel erhält offenbar auch eine andere Fassung: Die Glieder am Korb, die 1880 dunkel waren, werden hell gefaßt und umgekehrt.
10 Ungewitter, Lehrbuch der gothischen Konstruktionen, 1. Aufl., S. 614.
11 vgl. Ungewitter, Sammlung mittelalterlicher Ornamentik, Tf. 6 und 12.
12 Quast veröffentlicht 1852 in der *ZfB* einen Artikel über "Archäologische Wanderungen durch einige Romanische Kirchen im Harze" und hat zuvor z.B. die Augustinerchorherrenkirche Unser Lieben Frau in Halberstadt restauriert (1839-47) (Hans Berger, Denkmalpflege an romanischen Bauten zwischen Harz und Elbe. In: Kunst des Mittelalters in Sachsen. Festschrift Wolf Schubert. Weimar 1967, S. 17-36).
13 z.B. W. Pastern, Kirchliche Dekorations-Malerei im Style des Mittelalters. Leipzig 1892-93; vgl. Bornheim, gen. Schilling, Farbige Architekturdekoration. In: Reallexikon zur deutschen Kunstgeschichte, Bd. 7, 1975, S. 271ff.
14 Interessanterweise wird auf sein Werk noch immer für Befundbeschreibungen und Bezugsherstellung zurückgegriffen, vgl.: Werner Bornheim, gen. Schilling, Fugenmalerei im Mittelalter. In: *Deutsche Kunst und Denkmalpflege* 1961, H. 1, S. 5-21.
15 Michler, 1978, S. 46 und 52.
16 vgl. Ungewitter, Lehrbuch der gothischen Konstruktionen, Fig. 903 (= Farbtf., Fig. 2 in der 3. Aufl.).
17 vgl. Ungewitter, Lehrbuch der gothischen Konstruktionen, 1. Aufl., S. 620.
18 Vergleichend verweist Ungewitter auf Frankreich für ähnliche, z.T. reicher verzierte Malereien, so ein Beispiel aus dem Saal von Angers.
19 Ungewitter, Lehrbuch der gothischen Konstruktionen, 1. Aufl., S. 621.
20 Das gleiche Rankenwerk in etwas größerem Maßstab konnte Ungewitter für die Wandflächen nachweisen (Ungewitter, Lehrbuch der gothischen Konstruktionen, 1. Aufl., S. 622).
21 vgl. Dolff-Bonekämper, 1985, S. 6-55.
22 Dolff-Bonekämper wertet das Material zwischen 1780 und 1828 aus, in dem über hessische Kunstwerke berichtet wird. Hauptverfasser der Beiträge ist der Marburger Theologe Karl Wilhelm Justi. Schon zu diesem Zeitpunkt stellt sie fest, die politischen Grenzen seien innerhalb der deutschsprachigen Länder längst obsolet geworden, was Buchproduktion und -handel betrifft. Damit war Ungewitter mit großer Wahrscheinlichkeit über gleichartige Bemühungen z.B. im Rheinland informiert, so weit sie veröffentlicht vorlagen.
23 Dolff-Bonekämper, 1985, S. 58.
24 Hassenpflug hat schon in einem politischen Zirkel in den 1820er Jahren die Rückkehr zum vorabsolutistischen Ständestaat gefordert (Dolff-Bonekämper, 1985, S. 130). Vgl. Robert Friderici, Ludwig Hassenpflug (1794-1862). Kurhessischer Staatsminister. In: Ingeborg Schnack (Hg.), Lebensbilder aus Kurhessen und Waldeck 1830-1930, Bd. 5. Marburg 1940, S. 101-121.
25 Dolff-Bonekämper, 1985, S. 130.
26 nach: Dolff-Bonekämper, 1985, S. 139ff.
27 Dolff-Bonekämper, 1985, S. 82.
28 Best. 16, acc. 1909/33/VI/28/39 (SAM); zit. n.: Jutta Schuchard, Denkmalschutz und Denkmalpflege in Hessen im 19. Jahrhundert. In: *Hessische Heimat* Heft 1 (1975) (=Sonderheft Denkmalpflege in Hessen). Wiesbaden 1975, S. 9-17, hier S. 11.
29 Der Verein für hessische Geschichte und Landeskunde nimmt zu dem 1858 gegründeten hessischen Geschichtsverein durch Dehn-Rotfelser Kontakt auf, der dann einige Lieferungen "Mittelalterliche Baudenkmäler in Kurhessen" ediert (Wilhelm Hopf, Hundert Jahre hessischer Geschichts-Verein. Kassel 1934, S. XVII). Ungewitter ist nicht nachweislich Mitglied in einem dieser Vereine gewesen.
30 H[einrich] v. Dehn-Rotfelser, Vortrag, gehalten im Kasseler Architekten- und Ingenieurverein. In: *Kölner Domblatt* vom 31. Oktober 1866, 31. Dezember 1866 und 31. März 1867 (zuerst gedruckt in: Literatur- und Anzeigenblatt für das Baufach. Beilage zur *ABZ* 7 (1861-65), S. 45f.).
31 Heinrich von Dehn-Rotfelser/Wilhelm Lotz, Die Baudenkmäler im Regierungsbezirk Cassel (mit Benutzung amtlicher Aufzeichnungen beschrieben und in topographisch-alphabetischer Reihenfolge zusammengestellt). Im Auftrage des Kgl. Ministeriums für geistliche Unterrichts- und Medicinal-Angelegenheiten, hg. durch den Verein für hessische Geschichte und Landeskunde. (Inventarium der Baudenkmäler im Kgr. Preußen, Provinz Hessen-Nassau) Kassel 1870.
32 Dolff-Bonekämper 1985, S. 175.
33 Das Werk gehört damit zu den Inventarwerken der 1860er Jahre, die in Deutschland beispielhaft sind (Dolff-Bonekämper, 1985, S. 186).
34 Vor Ludwig Bickell, der 1892-1902 hessischer Bezirkskonservator war, und Friedrich Bleibaum, der das Amt des Bezirkskonservators von Hessen-Kassel ab 1926 inne hatte und eine Fotodokumentation angelegt hat, dachte schon Ungewitter um 1860 an eine fotografische Bestandsaufnahme (Schuchard, 1975, S. 11).
35 Die Berücksichtigung der kunsthistorischen Gegebenheiten versuchte Dehn-Rotfelser auch weiterhin durchzusetzen, z.B. am Merseburger Dom (vgl. dazu: Peter Findeisen, Geschichte der Denkmalpflege: Sachsen-Anhalt. Von den Anfängen bis in das erste Drittel des 20. Jahrhunderts. Berlin 1990, S. 111f.).
36 Gottfried Ganßauge, Friedrich Lange (1811-1870). Lehrer der Architektur und Universitätsarchitekt. In: Ingeborg Schnack (Hg.), Lebensbilder aus Kurhessen und Waldeck 1830-1930, Bd. 6. Marburg 1958, S. 188-207.
37 Dolff-Bonekämper, 1985, S. 160.
38 Zu Lassaulx' denkmalpflegerischer Tätigkeit: Udo Liessem, Studien zum Werk von Johann Claudius von Lassaulx 1781-1848. (Koblenzer Beiträge zur Geschichte und Kultur Bd. 5) Koblenz 1989, S. 248ff.
39 Gabi Dolff-Bonekämper, Die Restaurierung der Marburger Elisabethkirche im 19. Jahrhundert. In: *Hessische Heimat* Heft 4/5 (1981) (=Sonderheft Sankt Elisabeth). Marburg 1981, S. 158-67. Lange sollte das von Hoffstadt begonnene Lehrbuch (ABC) fortsetzen (S. 159).
40 Dolff-Bonekämper, 1983, S. 135-161, hier S. 142-46.
41 1. Lieferung: Marburger Schloß, Kapelle etc., 1862; 2. und 3. Lieferung: Stiftskirche Fritzlar, 1864; 4. Lieferung: Michaelskapelle Fulda, 1864.
42 Dolff-Bonekämper, 1983, S. 2.
43 Ungewitter, Lehrbuch der gothischen Konstruktionen, 1. Aufl., S. 613.
44 Ebd., S. 624.
45 vgl. zu Statz: Nicola Borger-Keweloh, Mittelalterliche Dome im 19. Jahrhundert. München 1986, S. 58. Reichensperger wendet sich gegen eine Übermalung der Quader, ebenso die Dombaumeister Denzinger, Schmidt und Voigtel in einem Gutachten zur Restaurierung des Frankfurter Domes 1868 (S. 149f.).
46 Vogts, 1960, S. 59-67. In der Trierer Liebfrauenkirche, die Statz restauriert hat (Innen 1870-73) und die stellvertretend für zahllose andere Maßnahmen genannt sei, fin-

den sich ähnliche Grundschemata der Ausmalung, indem florale Ornamentik auf hellen Kappen, Hosen und Schlußsteinen in reicher Fassung erscheinen. Unterschiede liegen in der Detailbehandlung, so werden die Kämpfer auf dunklem Hintergrund mit einfarbig hellen Blattreihen versehen (Nicola Borger-Keweloh, Die Liebfrauenkirche in Trier. Studien zur Baugeschichte. (Trierer Zeitschrift für Geschichte und Kunst des Trierer Landes und seiner Nachbargebiete Beiheft 8) Trier 1986 (zugl. Diss. Bonn 1986)). Statz trennt demnach zwischen einer archäologischen und dem Gotteshaus in seiner Funktion angemessenen Restaurierung (S. 162).

47 Ob aber das Verdikt der absoluten Stilreinheit zutrifft, ist fraglich (so bei: Schuchard, 1975, S. 13; Gottfried Kiesow, Denkmalschutz in Hessen. In: Erwin Stein (Hg.), 30 Jahre Hessische Verfassung 1946-76. Wiesbaden 1976, S. 253-68). Eine vorsichtige Bewertung bei Meißner (Jan Meißner, Zum Umgang mit mittelalterlichen Putzen und Maueroberflächen beim Wiederaufbau rheinischer Burgen in der Romantik. In: Hartmut Hofrichter (Hg.), Putz und Farbigkeit in mittelalterlichen Bauten. Veröffentlichungen der Deutschen Burgenvereinigung, Reihe B: Schriften. Marksburg/Braubach 1993 (zugleich Sonderheft der *Burgen und Schlösser*), S. 97-103.

48 Michler, 1978, S. 57.

49 vgl. C. Schäfer, Restaurationsbarbareien und Kunstgelehrsamkeit. In: *DBZ* 10 (1876), S. 85f.; Ders., Gotische Wandmalereien in Marburg. Ein Beitrag zur Geschichte der mittelalterlichen Polychromie. In: *DBZ* 10 (1876), S. 324-26; 13 (1879), S. 33f., 43f., 53f. Letzteres wieder abgedruckt in: Carl Schäfer, Von deutscher Kunst: Gesammelte Aufsätze und nachgelassene Schriften. Berlin 1910, S. 129-148. Zu den Restaurierungen auch: Heinrich Magirius, Geschichte der Denkmalpflege: Sachsen. Berlin 1989, S. 67, 119, 128, 145-47, 296.

50 Borger-Keweloh, 1986, S. 138. Die Ablehnung einer Fassung von Werksteinwänden entgegen Befunden des Malers Peter Gumsheimer überwiegt noch in den 50er Jahren an der Trierer Liebfrauenkirche (S. 149).

51 Karl Gruber, Die Schäferschule. In: *Deutsche Kunst und Denkmalpflege* 25 (1967), S. 51-62; auch Borger-Keweloh, 1986, S. 149.

52 Gottfried Kiesow hat hierfür den Begriff des "denkmalpflegerischen Handelns" geprägt, der den Ursprung aus individuellen Überlegungen und persönlichem Antrieb deutlich werden läßt (nach: Gabriele Wolff, Zwischen Tradition und Neubeginn. Zur Geschichte der Denkmalpflege in der ersten Hälfte des 19. Jahrhunderts. Geistesgeschichtliche Grundlagen in den deutschsprachigen Gebieten. Diss. Frankfurt 1992 (= Frankfurter Fundamente der Kunstgeschichte Bd. 9), S. 2). Leider endet die Untersuchung weit vor der Jahrhundertmitte.

53 Fuß, Über die Erhaltung Denkmäler alter Kunst. In: *ABZ* 8 (1843), S. 97-112; zit. n.: Hartwig Beseler, Frühwerke rheinischer Denkmalpflege. In: *Deutsche Kunst und Denkmalpflege*. München 1959 (= Sonderheft: Tagung der Landesdenkmalpfleger im Rheinland 1957), S. 48-65, hier S. 64.

54 Jochen Zink, Zur Vollendung des Kölner und des Speyerer Doms - Mittelalterrezeption und frühe deutsche Denkmalpflege. In: Göppinger Arbeiten zur Germanistik, Sonderdruck aus Mittelalter-Rezeption II, Nr. 358, Göppingen 1982, S. 169-193.

55 August Reichensperger, Einige Andeutungen in Bezug auf die Restaurierung geschichtlicher Baudenkmäler. In: *Kölner Domblatt* Nr. 8 vom 31. 8. 1845; wiederabgedruckt in: Ders., Fingerzeige auf dem Gebiete der kirchlichen Kunst. Leipzig 1853, S. 29-38.

56 Reichensperger, 1845 (vgl. Anm. 55).

57 Reichensperger, 1853, S. 32.

Abb. 24) Entwurf zu einem Erker in Ziegelbauweise (Ungewitter, Ziegel- und Steinarbeiten, Tf. 39)

III. Die Schriften: Beiträge zu Formentwicklung und Architekturtheorie

1. Übersicht über das theoretische Werk

Es gibt zehn Schriften von Ungewitter, die in chronologischer Reihenfolge vorgestellt werden, um dann typische Gestaltungsmerkmale der Titelblätter sowie die gedankliche Entwicklung skizzieren zu können. Weitere Titel erscheinen durch Neu- oder Teilauflagen älterer Werke. Durch seinen frühen Tod unterbrochene Lieferungen wurden entweder eingestellt oder von Schülern fortgesetzt, bzw. es kamen erst posthum schon für eine Veröffentlichung vorbereitete Entwürfe heraus (vgl. Verzeichnis der Schriften). Die Erscheinungsjahre lassen sich teilweise nur indirekt erschließen, wie auch die Auflagenhöhe schwer kalkulierbar ist. Wegen des Herstellungsaufwandes für den Satz bzw. für die Lithographien ist eine Zahl von 2000 Stück - nach den Angaben heutiger Verlage - als absolut untere Grenze anzusehen. Exemplare Ungewitterscher Schriften und Entwurfssammlungen finden sich in weiträumiger Verbreitung in den Bibliotheken Deutschlands, Englands, Frankreichs, der Schweiz und der U.S.A.

a. Die Schriften in der Reihenfolge ihres Erscheinens

Zuerst erscheinen in sechs Lieferungen 1849/50 die "Vorlegeblätter für Ziegel- und Steinarbeiten", die bis 1897 vier Auflagen erleben. Die dritte Auflage kommt 1890 unter dem Titel "Details für Stein- und Ziegel-Architektur im romanisch-gothischen Style" heraus, die Grundlage einer Edition des in Berlin, Paris und New York ansässigen Verlagshauses Hessling & Spielmeyer wird: "Details for stone and brick architecture in Romanesque and Gothic style" (vgl. Kap. V. 2). Der Untertitel der dritten Auflage nennt mit Sockelprofilen, Gesimsen, Fenstern, Giebeln, Erkern, Balkons etc. die Bauteile, die ingesamt 48 Tafeln darbieten *(Abb. 24)*. Mit der Bezeichnung als "Vorlagenwerk für Architekten, Steinbildhauer und Schulen" ist zugleich der Verwendungszweck umrissen.

Wichtige Gedanken legt Ungewitter bereits im Textteil seiner ersten Schrift nieder. Die moderne Verputz-Architektur wird abgelehnt, nur durch eine Anknüpfung an das Mittelalter sei es möglich, das Bauwesen neu zu beleben.[1] Das Studium des Mittelalters solle auf der Grundlage des Glaubens an die Vollkommenheit der alten Meister begonnen werden, denn erst das tiefe Durchdringen ihrer Formen schafft nach seiner Auffassung Einsicht in die Strukturen gotischer Bauweise, selbst wenn sie zunächst unverständlich erscheinen. Dies ist die Basis, auf der Ungewitters gesamtes, in sich streng rational entwickeltes architektonisches Konzept letztlich beruht. Für seine Suche nach dem 'Wahren' und 'Guten' in der Architektur liefert Ungewitter im Vorwort ein pathetisch klingendes Glaubensbekenntnis, das auf ehrliche Überzeugung gegründet ist:

> *Aus der Vergangenheit stehen uns noch so viele der erhabensten Werke da, deren Beleuchtung uns eben den Unwerth unserer heutigen Bauweise zeigt, und nur in einem Anknüpfen an diese Vergangenheit, an die Werke des deutschen Mittelalters, liegt die Möglichkeit, dem gesunkenen Bauwesen wieder zu frischer Blüthe zu verhelfen.*

Mit der Herausgabe einer ersten eigenen Schrift im Jahr 1849 bezieht der Architekt einen eindeutigen Standpunkt als Verfechter der Gotik, was sein gesamtes künftiges Schaffen bestimmen sollte.

Kurz darauf erscheinen in analoger Gestaltung und wiederum in sechs Lieferungen 1849-51 die "Vorlegeblätter für Holzarbeiten", die bis etwa 1897 ebenfalls ihre vierte Auflage erreichen, die ab der dritten Edition mit einem neuen Titel "Gothische Holz-Architektur" sowie als englische Ausgabe bei Hessling & Spielmeyer vorliegen.[2] Ungewitter stellt auch in der zweiten Schrift selbst entworfene einzelne Elemente wie gekehlte Balken, geschnitzte Friese, Wandvertäfelungen, Türen, Fenster, Giebel oder Erker vor *(Abb. 25)*.

In den "Vorlegeblättern für Holzarbeiten" werden wesentliche Gedanken, die in den "Ziegel- und Steinarbeiten" angelegt sind, genauer entfaltet, und es treten neue hinzu. Mit der Forderung nach einem Aufgreifen der Holzbalkendecken, die als "wahr" und "echt" apostrophiert werden, schließt

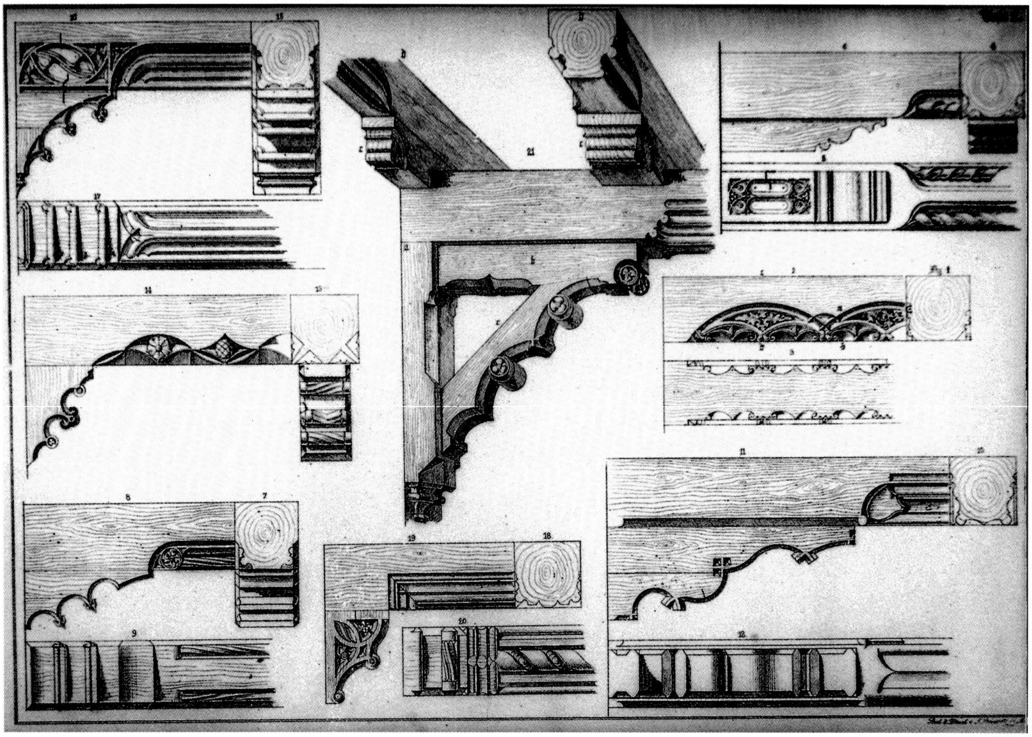

Abb. 25) verschiedene Formen von Trägern mit Kehlungen und gestochenen Verzierungen (Ungewitter, Holzarbeiten, Tf. 2)

er unmittelbar an das erste Werk an. Für den Holzbau hebt er als einen wichtigen neuen Aspekt die Bedeutung einer polychromen Fassung - beispielsweise der Balkenflächen - für eine reiche dekorative Wirkung hervor, die sich selbst bei einfachen Grundformen erzielen lasse.[3]

Ungewitters Auseinandersetzung mit dem Baustoff Holz bedarf einer Rechtfertigung. Er hebt deswegen im Vorwort hervor, daß die Holzbauweise mehr noch als der Massivbau einer gänzlichen Vernachlässigung anheim gefallen sei, daß Holz als minderwertig gelte und an den Fassaden unter einer Putzschicht verborgen würde. Dem Material werde jegliche Fähigkeit einer monumentalen, das heißt künstlerischen Wirkung abgesprochen. Es sei nach seiner Auffassung aber gerade deswegen wichtig, die jeweiligen Eigenschaften des Baustoffes kennenzulernen und sie in eine Kunstsprache zu übertragen. Demnach gibt es für ihn keine Hierarchie in der Wertigkeit der Materialien Holz, Backstein und Stein. Die den Holzbau einschränkenden feuerpolizeilichen Vorschriften müßten aufgehoben werden, oder ein Erlaß künftiger Richtlinien sollte auf den Prinzipien der Gotik, die als christliche Zeit und Kunst der Maßstab sei, fußen. Die Vorbilder, auf die unter Berücksichtigung von Konstruktion und Funktion zurückzugreifen sei, stellen sog. "altdeutsche Holzhäuser", Chorgestühle, Täfelungen, Holzdecken und Möbel des Mittelalters dar.

In seiner zweiten Schrift formuliert Ungewitter folgende Arbeitsmaxime:

> *Deshalb ist auch hier, wie im Stein- und Ziegelbau und wie überhaupt in jedem Zweige des Handwerks, in sofern sich solches zur Kunst erheben will - und das wird vielleicht bald Lebensbedingung dafür sein - kein anderer Weg zu betreten, als alle Ueberbleibsel christlicher Kunst bis in die geringsten Details der Zusammenfügung der einzelnen Theile mit dem gewissenhaftesten Fleiss zu studiren und dann danach zu arbeiten.*[4]

Verkürzt ließe sich formulieren: Bauen (Architektur) ist für Ungewitter Handwerk, das sich auf dem Wege des Studiums von Form und Fügung im Mittelalter in den Rang einer Kunst zu erheben vermag.

Die Tiefe, mit der er die gotische Formensprache durchdringen will, drückt immer wieder auch die Suche nach Gesetzen und Prinzipien ihrer Entwicklung aus. In der Anwendung der so erarbeiteten alten Prinzipien auf neue Gegenstände, die in der Gegenwart benötigt werden, liegt der Wille zum Schöpferischen, zur Neugestaltung, der dem vorigen Jahrhundert so lange abgesprochen worden ist. Ungewitter ist in diesem Punkt allerdings wenig selbstsicher, denn er gesteht gleich im Vorwort Fehler und Inkonsequenzen in denjenigen Entwürfen, für die ihm Vorlagen aus dem Mittelalter fehlen, schon vorab ein. Er grenzt sich damit von dem ausgeprägten Selbstbewußtsein vieler Zeitgenossen ab, von denen einige sogar glaubten, einen neuen Stil erfinden zu können; es sei lediglich auf den durch Maximilian I. im Jahr 1850 in München ausgeschriebenen Wettbewerb hingewiesen.

Mit den im Jahr darauf begonnenen "Entwürfen zu Grabsteinen" liefert Ungewitter Kompositionen, die im Aufgabenkreis eines Architekten eigentlich eine Randerscheinung darstellen. Der Beginn ihres Erscheinens 1851 fällt mit seinem Ortswechsel nach Kassel zusammen. Der Textanteil tritt, auch in allen folgenden Entwurfsserien, im Vergleich zu den beiden ersten Schriften zurück; außer einem Vorwort gibt es nur noch knappe Bezeichnungen zu den Tafeln. Neben zwei deutschen Auflagen erscheinen zwei französische Editionen in Paris 1856ff. sowie eine englische in London 1858. Die Tafeln werden weiterverwendet, der Text aber wortgetreu übersetzt, auch in der Titelblattvignette.[5]

Die 48 Beispieltafeln folgen der im Vorwort formulierten Einteilung in zwei Haupttypen: 1. Bezeichnung der Grabstätte unter Angabe der Daten, 2. sog. Erbbegräbnis, das vier Untergruppen enthält (niedrige Gruft, höhere Gruft mit einer Tür in der Seitenwand, sog. Gruftkapelle, Einfriedung der Grabstätte mit einer reich geschmückten Rückwand). Die einfachen Steine der erstgenannten Gruppe werden aus den Grundformen von Quadrat, Dreieck bzw. Polygon entwickelt.

Die Nachbildung von Martersäulen oder Tabernakeln erfordert einen entsprechenden Inhalt, z.B. Reliefs mit religiösen Inhalten, während er Bibelsprüche oder andere Verse für unpassend hält. Damit wird die Verwendung von bildlichen Darstellungen den reinen Wortinschriften vorgezogen. Unter theologischem Aspekt gedeutet, hält sich Ungewitter enger an die bildliche Überzeugungskraft, die insbesondere im Katholizismus eine gewichtige Rolle spielte. Auch als Anhänger der neulutherischen Orthodoxie im 19. Jh., wo sich Wort und Sakrament gleichwertig gegenüberstanden und eben die Liturgie bedeutsam war, konnte Ungewitter für Bildwerke eintreten. Die Forderung nach einer Angemessenheit von Form und Inhalt ist in dieser Deutlichkeit erstmals bei Ungewitter zu finden; die Form läßt sich eben doch nicht nur durch die Anforderungen von Material und Konstruktion begründen.

Stilistisch sind die Entwürfe sehr verschieden. Kleine Steine des traditionellen Stelentyps oder in Fialen- bzw. Pfeilerform bleiben in schlichter Kompaktheit, aber es gibt auch aufwendige spätgotische Strukturen wie das Gesprenge-Motiv in Tf. 43 *(Abb. 26, 27)*. Typisch für Ungewitters Retabelgräber ist die tiefe Ausarbeitung der Platten bzw. Rückwände, bis hin zur Nischenbildung mit freistehenden Säulen, die Wimperge tragen *(vgl. Abb. 27)*. Selbst Grabstelen werden mit dem Motiv des Strebesystems gemäß der konstruktiven Gotik-Auffassung durchgeformt *(Abb. 28)*. Ungewitter wiederum mag sich etwa von Hoffstadts Entwürfen angeregt haben lassen, da der mittelgroße Wandgrab-

Abb. 26) einfache Grabsteine (Ungewitter, Grabsteine, Tf. 2)

Abb. 27) Wandgrab (Ungewitter, Grabsteine, Tf. 43)

stein von Tf. 22 in Aufbau und Verteilung des Ornaments etwa dem von Tf. 34 bei Hoffstadt entspricht[6] *(Abb. 29, 30)*. Auch Vincenz Statz könnte mit seinen Mariensäulen oder zahlreichen Entwürfen für Grabmonumente anregend gewirkt haben.[7]

Grabsteine, die nach diesen Vorlagen gearbeitet sind, finden sich vereinzelt noch auf nordhessischen Friedhöfen, z.B. in Kassel und Ehringen.[8] In Ehringen entstand etwa 1877 ein Grabmal für Katharina Mathilde Kuhaupt, geb. Schwarz (1845-1877), die sicher eine enge Verwandte, evtl. Frau oder Tochter, des Steinmetzen Kuhaupt gewesen ist, mit dem Ungewitter zusammengearbeitet hat (vgl. Kat. 35). Solche persönlichen Verbindungen lassen sich leider immer nur sporadisch nachweisen, deuten aber Ungewitters formbildende Wirkung auch auf dem Gebiet der Sepulkralarchitektur an.

1851 erscheint der erste Band der “Entwürfe zu gothischen Möbeln”, schon etwa 1854 in zweiter, dann bis 1898 in fünfter Auflage, 1856 eine französische sowie 1858 eine englische Ausgabe. Präsentiert werden vor allem Stühle, Tische, Schreibtische, Sofas, Betten, Hängeschränke, Büffets und sogar ein Betschemel. Mehrere Tafeln am Schluß des zweiten Bandes, den Peter Zindel fortgesetzt hat, stammen offenbar von dessen Hand (vgl. Bd. 2, 5. Lieferung, Tf. 33-40). Insbesondere die Möbel-Entwürfe lieferten regional breitgefächert Anregungen. Aufschlußreich ist eine Zuordnung zweier Zeichnungen zu dem in Tf. 3 des ersten Bandes dargestellten Tisch, von denen eine von Ungewitter, eine von Gärtner stammt *(Abb. 31, 32, 33)*. Es ist eine charakteristische Umformung Ungewitters zu sehen, der von einem Tisch-Typ ausgeht, der etwa dem Gärtnerschen entsprochen haben mag, den er über eine vereinfachte Zwischenstufe, die sich auf die Holzverbindung konzentriert, in seine eigene massive, gotisierende Formensprache umsetzt.

Im Vorwort wendet sich Ungewitter gegen die bisher in der Möbelschreinerei übliche Anbringung gotischen Zierwerks:

> *Was man heut zu Tage meistentheils unter der Bezeichnung ‘gothische Möbel’ fertigen sieht, das unterscheidet sich in der ganzen Construction durchaus nicht von*

Abb. 28) Grabstele (Ungewitter, Grabsteine, Tf. 39)

links: Abb. 29) einfacher Grabstein (Hoffstadt, Gotisches ABC-Buch, 1847, Tf. 34)

rechts: Abb. 30) einfacher Grabstein (Ungewitter, Grabsteine, Tf. 22)

Abb. 31) Skizzenblatt, Ungewitter (Ungewitter-Skizzenbuch, Graphische Sammlung, Staatl. Museen Kassel)

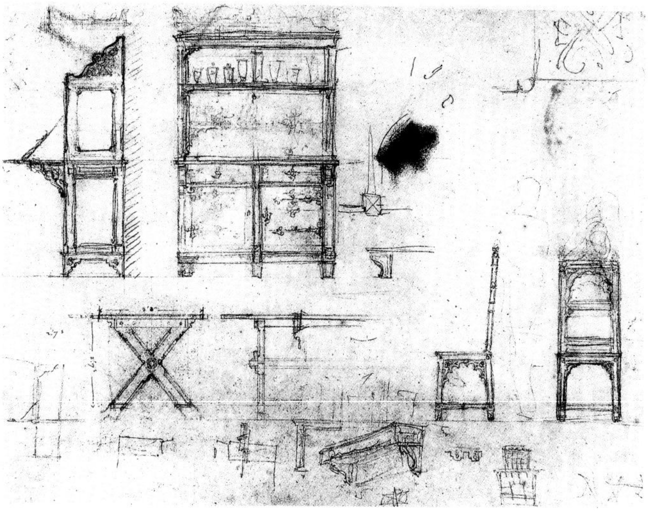

Abb. 32) Skizze zu Möbeln für das Gärtnerhaus, Gärtner, undatiert (TUM Nr. 5.681)

den modernen. Man ist nur bestrebt, die völlige Nüchternheit dieser letztern durch allerlei gothisirendes Zierwerk zu verdecken, zu welchem die Motive in der Regel von Werken ganz anderer Gattung, am wenigsten aber von Möbeln entnommen sind. So werden Glasthüren mit Maßwerk beklebt, die Ecken mit Leisten benagelt und beleimt, überall Nasen angebracht, an denen man die Kleider zerreißt, wenn nicht jene abbrechen, kurtz die ganze Bestimmung des Möbels und die Bequemlichkeit der Benutzung unter mißverstandener Gothik zermartert.

Er wendet im Bereich der Möbel dieselben Kriterien an, die auch seiner Architektur zugrunde liegen, wenn er für Hausgeräte angemessene Materialverwendung, die ihre Langlebigkeit garantiert, sowie den Gebrauchswert als Hauptbedingungen ansieht. Eine Steigerung der ästhetischen Wirkung ist durch korrekt angebrachtes Ornament möglich, solange es aus der Funktion hervorgeht.

Im eigenen Schaffen beschränkt sich Ungewitters Tätigkeit in Kassel zunächst auf kleine Aufträge für Möbel oder Innenraumgestaltungen (Ladeneinrichtungen), wobei es ihm schrittweise gelingt, Tischler von seinen Vorstellungen zu überzeugen.[9] Die Unzufriedenheit mit den eigenen Entwürfen, die er nach dem Erscheinen der ersten Hefte empfunden hatte, weicht, nachdem einige Möbel daraus angefertigt worden sind, wobei es große Probleme bereitet, die Schlosserarbeiten sachgerecht herstellen zu lassen.[10] Ein im März 1854 von einem Kasseler Tischler angefertigter Tisch soll auf der Münchner Industrie-Ausstellung "ein Fiasko gegen die Nürnberger und Wiener 'gotischen' Möbel gemacht haben".[11] Es werden vereinzelt weitere Möbel ausgeführt, auch in Köln, wie aus der Korrespondenz mit Reichensperger hervorgeht.[12]

Die Übertragung architektonischer Überzeugungen auf die Innenausstattung und die Suche nach typgerechten Vorbildern sind wichtige neue Aspekte, die Ungewitter in die Neugotik für Möbel in Deutschland einbringt. Damit kann die Legitimation der Präferenz der Gotik parallel zur Architektur erfolgen: Nur die Gotik erziele Schönheit aus einer Erfüllung der Kriterien Benutzbarkeit und Lebensdauer und die Schönheit erfährt durch das Ornament lediglich eine Steigerung. Das Zierwerk dient dazu, die Funktion noch stärker zu unterstreichen, darf sie nicht maskieren. Die konsequente Auffassung der Möbelschreinerei nach architektonischen Kriterien zeichnet Ungewitters Entwürfe als Besonderheit um 1850 aus.

Die "Entwürfe zu gothischen Ornamenten" beschäftigen sich, wie der Untertitel "zunächst für Decken und Wände" kundgibt, mit der Innenraumgestaltung. Sie werden viermal von dem ersten Erscheinungsjahr 1854 an bis 1889 aufgelegt. Außer dem Titelblatt gibt es einige weitere

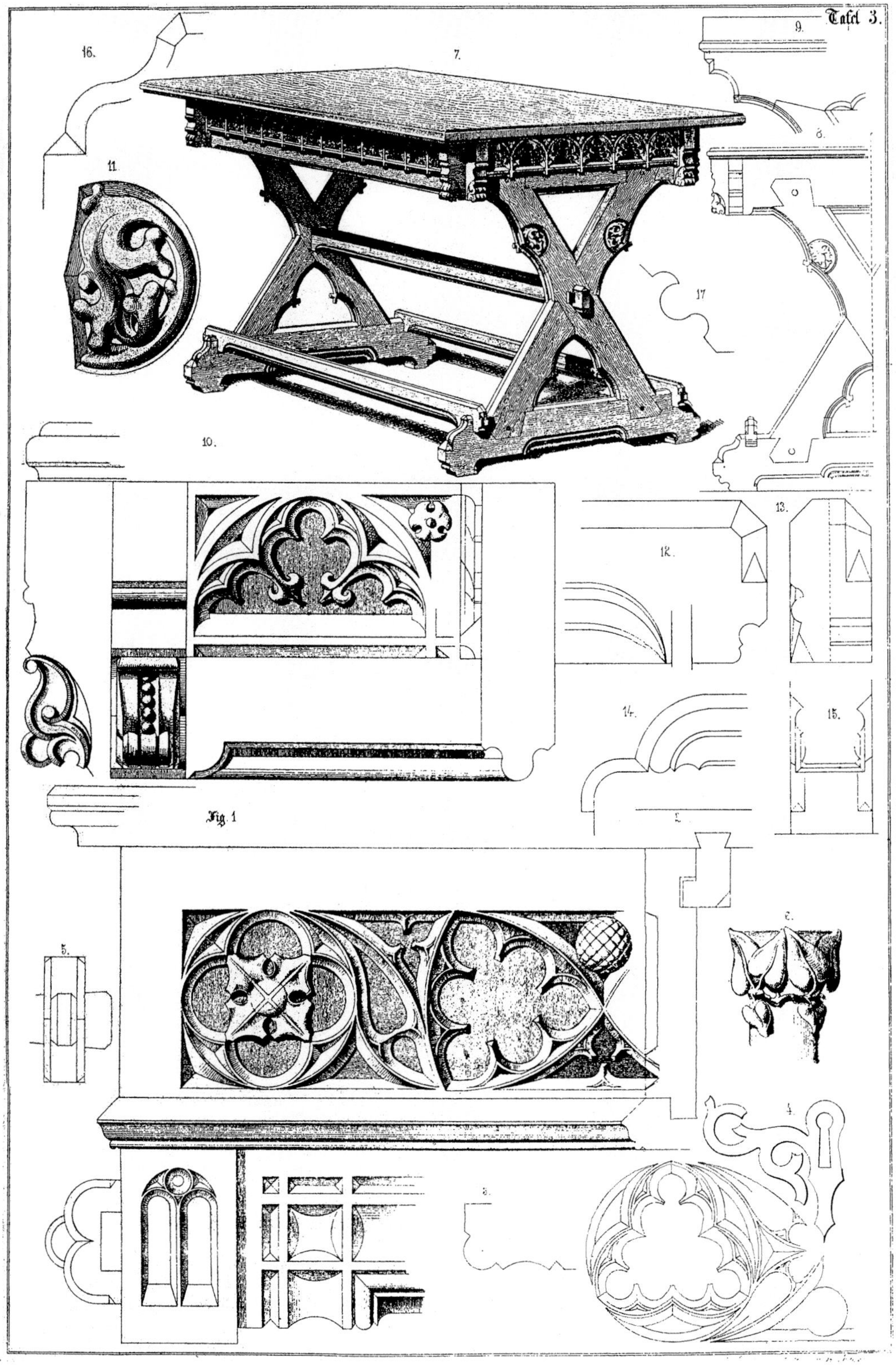

Abb. 33) Tisch (Ungewitter, Möbel, Bd. I, Tf. 3)

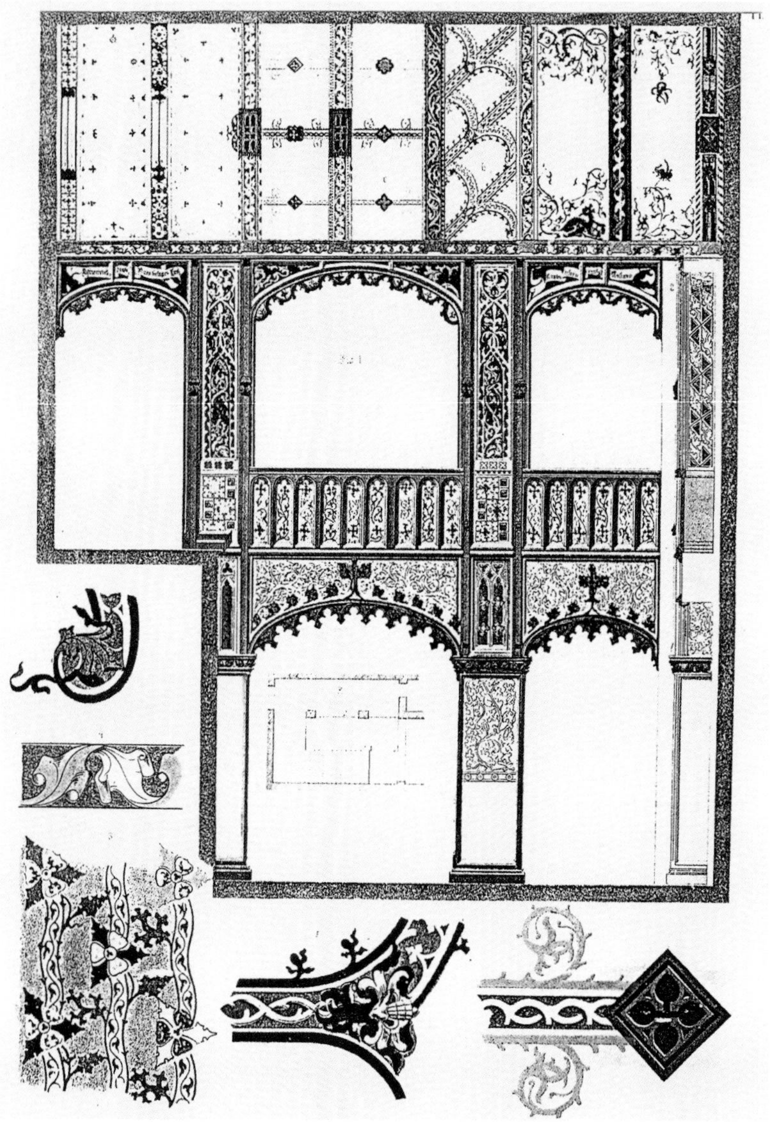

Abb. 34) Wanddekoration für ein Treppenhaus (Ungewitter, Ornamente für Decken und Wände, Tf. 6)

Farblithographien (z.B. Tf. 4, 6). Es werden gemalte Decken und farbige Wandverzierungen vorgeführt, von denen ein Vorschlag für ein reich ausgemaltes Treppenhaus wiedergegeben sei, in dem spätgotische Bogen- und Rankenmotive dominieren *(Abb. 34)*. Da die Entwürfe in einigen Fällen für bestimmte Häuser vorgesehen sind, könnte es sich um die genannten kleineren Baumaßnahmen der späten Leipziger Zeit handeln. Der Text zu Tf. 6 beschreibt einen Entwurf im Detail, der als Verzierung eines älteren Gebäudes entworfen worden ist.

In Stil und dekorativem Reichtum bestehen Anlehnungen an die Hoch- und Spätgotik (z.B. Kielbogen) (Tf. 8). Mit Rot, Blau, Grün, Braun, Beige, Orange, Gelb und Gold steht eine reiche Palette lebhafter Farben nebeneinander. Ungewitter bevorzugt lasierende Überzüge für große Flächen bzw. eine Hervorhebung der Dekoration und Profile durch kräftige, leuchtende Töne. Der Aspekt der Farbe in der Architektur, die in ihrer Funktion erläutert wird, spielt wiederum eine große Rolle. Wie in anderen Werken gibt Ungewitter gelegentlich mittelalterliche Vorbilder an.[13] Damit findet eine intensive Hinwendung zu einem weiteren bisher wenig beachteten Feld der Erforschung des Mittelalters statt. Anlaß ist wiederum die Aufgabe einer konkreten Anwendung für einen Bauauftrag, nicht eine bloße Dokumentation historischer Farbgebung.

Die in zwei Bänden 1856 und 1858 herausgegebenen "Entwürfe zu Stadt- und Landhäusern" gehören zu den wichtigsten Vorlagewerken Ungewitters (vgl. nächstes Kap.), die als "Gothische Stadt- und Landhäuser" bis zu fünf Auflagen erleben, die bis kurz vor 1900 in Umlauf gebracht werden. Außerdem erscheinen die ersten drei Hefte 1856/57 in französischer Edition. In den letztgenannten Auflagen hat sich die Zahl der Tafeln von 96 auf 108 erhöht, so daß - wie bei den Möbeln - Ergänzungen von anderer Hand (durch Zindel?) stattgefunden haben müssen.[13a] Nach Details und Ausstattungsstücken wendet sich Ungewitter nun der äußeren Hülle des Wohnraumes zu, die eine klassische architektonische Aufgabe darstellt.

Ein Gemeinschaftsprojekt mit den rheinischen Katholiken Statz und Reichensperger stellt das "Gothische Musterbuch" in zwei Bänden von 1856 und 1861 dar, das 1905 in 2. Auflage neu bearbeitet durch den Hase-Schüler Karl Mohrmann erscheint, der bezeichnenderweise eben das von Ungewitter beigesteuerte Beispiel Haina herausgenommen hat. Wieder folgen eine französische (1856) und eine englische Ausgabe (um 1858), letztere mit einer Übersetzung der von August Reichensperger verfaßten Einleitung. Der Text mit Beschreibungen sowie zeitlicher bzw. regionaler Einordnung begleitet die über 200 Tafeln mit mittelalterlichen Beispielen. Die Maßwerkfigurationen, die Grabplatten in Niello-Technik (schwärzliche Legierung auf Metall), die Schlosserarbeiten, Wasserspeier, Kapitelle etc. sind vor allem dem gotischen Kirchenbau entnommen. Diesmal, wie später noch einmal in der "Mittelalterlichen Ornamentik", werden Beispiele ausschließlich aus dem Mittelalter vorgeführt, das für Ungewitter die Rolle einer obersten Autorität spielt.[14] Es handelt sich fast ausschließlich um deutsche Vorlagen aus Holstein, Westfalen, Niedersachsen, dem Rheinland und Sachsen, nur wenige kommen aus dem süddeutschen Raum. Der Hauptanteil stammt aus Nordhessen, zumal von Kirchen, die Ungewitter restauriert hat (Volkmarsen, Wetter usw.).[15] Offensichtlich hat also der hessische Neugotiker den größten Teil der Abbildungen beigesteuert.[16]

Rezensionen berufen sich auf das Verdienst Statz' und Ungewitters für die Aufnahme gotischer Architektur, so daß sie mit ihrer Anleitung für das Zeichnen gotischer Bauformen eine Lücke in den Unterrichtsmitteln für bautechnische Lehranstalten füllen können. Die Darstellung in strengen Umrißzeichnungen folgt ebenfalls den Mustern mittelalterlicher Meister und gilt - ebenso wie die Umsetzung in die Lithographie - als sehr gelungen.[17]

Einige Vorlagen für die lithographierten Tafeln haben sich erhalten. Vorgestellt wird ein Beispiel mit laufendem Ornament, das in sorgfältiger Federzeichnung mit Weißhöhung bis auf die linke untere Ecke vollständig ausgeführt ist *(Abb. 35)*. Die Herausarbeitung des Licht- und Schatten-

Abb. 35) Vorzeichnung, Ungewitter (= Gotisches Musterbuch, Tf. 75) (Zeichnung im Skizzenbuch, Graphische Sammlung, Staatliche Museen Kassel)

Abb. 36) Vorzeichnung, Ungewitter, (= Sammlung mittelalterlicher Ornamentik, Tf. 5) (Zeichnung im Skizzenbuch, Graphische Sammlung, Staatliche Museen Kassel)

kontrastes läßt die einzelnen Formen scharf hervortreten. Dieselbe Akribie der Zeichnung ist sowohl in dreidimensionalen Darstellungen - etwa von Kapitellen - als auch in den Umrißzeichnungen ornamentaler Details oder figürlicher Darstellungen zu verfolgen *(Abb. 36)*. Die Anschaulichkeit der perspektivischen Wiedergabe, die zusammen mit der geometrischen und vereinfachenden Linearzeichnung auftritt, führt den inzwischen erreichten Kenntnisstand der Mittelalterforschung Ungewitters eindringlich vor Augen.

Sein Hauptwerk "Lehrbuch der gothischen Konstruktionen" beschäftigt Ungewitter von 1859-64 (vgl. Kap. III. 3), und es erscheint 1875 in unveränderter zweiter Auflage. Darin überwiegt der Text[18], der die Gotik als bauliches System insgesamt erläutert, aber auch in einer Vielzahl von Schemazeichnungen, die in 48 Tafeln zusammengefaßt sind, illustriert. Erhebliche Änderungen, z.B. die Umstellung der Reihenfolge der Kapitel und die Ergänzung von Zeichnungen zur Erläuterung der statischen Verhältnisse, die zu Ungewitters Lebzeiten noch nicht unbedingt bekannt waren, treten mit der wiederum durch Karl Mohrmann bearbeiteten dritten Auflage ein. In der vierten Auflage von 1901-3 wirkt es als Standard-Lehrbuch zur Gotik bis in unser Jahrhundert hinein (vgl. Kap. V.).

Das Erscheinen einer "Sammlung mittelalterlicher Ornamentik in geschichtlicher und systematischer Anordnung", die Ungewitter 1863 begann, wurde infolge seines Todes nach Abschluß der ersten Abteilung eingestellt, da zu wenig vorbereitetes Material für eine Fortsetzung zur Verfügung stand. Das Projekt zeigt mit der chronologisch-strukturellen Anlage, die in der 1. Abteilung das plastische Ornament der Frühgotik behandelt, daß in den späten Schriften der Gedanke der Systematik bestimmend wird. Der Text nimmt wieder größeren Raum ein, die emotional geprägte Schreibweise der frühen Schriften weicht einer strengen Sachlichkeit. Ungewitter versucht, eine Definition spezieller Stilkategorien, z.B. der Frühgotik, zu liefern.[19]

Die Herausarbeitung grundsätzlicher Prinzipien beschränkt sich nicht mehr auf eine bestimmte Materialart oder Bauaufgabe, sondern wird auf die Rolle und Bedeutung des Ornamentes in der Architektur generell ausgeweitet, indem der Vergleich mit insbesondere griechischen, aber auch romanischen und anderen Formen erhebliches Gewicht erhält. Als die beiden grundlegenden Prinzipien der Ornamentik werden einerseits das geometrische Flächenornament, das das System der Teilung ausdrückt, andererseits das Figurenwerk, das die Gestaltung der die Teilung bewirkenden Körper ist, angesehen. Beide liefen in allen Zeiten parallel nebeneinander, aber nur in der Gotik habe ihre Verbindung Vorbilder geschaffen, die ewige Gültigkeit erlangten.[20] Die Beschreibung der Gesetzmäßigkeiten geschieht stilübergreifend, aber die Gotik liefert wieder die besten

Resultate und wird somit als alleiniges Vorbild normiert. Ungewitter kann seine Stilwahl jetzt differenzieren und im Detail begründen, da er sich im Laufe von knapp fünfzehn Jahren eine bemerkenswert fundierte Kenntnis der mittelalterlichen Gotik erarbeitet hat, während in den frühen Schriften Formen aus der Früh-, Hoch- und Spätgotik miteinander vermischt auftreten.

Posthum gibt Eberhard Hillebrand 1865 bis um 1867 Ungewitters Sakralbauprojekte unter dem Titel "Land- und Stadt-Kirchen. Eine Sammlung von ausgeführten oder für die Ausführung bestimmten Entwürfen zu kirchlichen Gebäuden, den Einzelheiten und dem Zubehör derselben" heraus, die 1897 in dritter Auflage vorliegen. In seinem Vorwort hebt Hillebrand die Ungewitterschen Bestrebungen nochmals hervor, und in der Ausführung von ihm ergänzter Abbildungen schließt er sich ganz an die erste, noch von Ungewitter stammende Lieferung an. Abschließend stehen biographische Notizen, so daß Hillebrand hinter seinen Meister zurücktritt, im Gegensatz zu P. Zindel, der die Entwurfsserien Ungewitters mit seinen eigenen, abweichenden Ergänzungen unvermittelt fortgesetzt hat.

Abb. 37) Ungewitter, Holzarbeiten, Titelblatt

b. Gestaltungsmerkmale der Titelblätter

Allen Schriften, bis auf das "Lehrbuch der gothischen Konstruktionen", sind Titelblätter beigegeben, die gemeinsam mit dem jeweiligen Vorwort eine programmatische Einheit in Wort und Bild darstellen. Mit fast missionarischem Eifer versucht Ungewitter, auf allen in dem gedruckten Medium zur Verfügung stehenden Ebenen Überzeugungsarbeit zu leisten. Den Titelblättern liegt eine einheitliche Komposition zugrunde: In ein Rahmensystem sind Schriftbänder mit Titeln oder anderen Inschriften sowie szenische Darstellungen eingefügt. Der Blatthintergrund wird oft mit flächigen Mustern gestaltet, darauf und dazwischen sitzen Figuren, Wappen etc. (vgl. "Vorlegeblätter für Holzarbeiten", "Entwürfe zu Grabsteinen") *(Abb. 37, 38)*.

Die Rahmen sind sehr unterschiedlich gestaltet, von einer einfachen Rundstableiste im ersten Werk bis zu einer breiten Doppelrahmung in den "Entwürfen für Möbel"; die Rahmenleisten müssen noch nicht einmal symmetrisch sein ("Entwürfe für Stadt- und Landhäuser") *(Abb. 39, 40, 41)*. Die Schriftbänder mit dem Titel, die aber nie den Autor nennen, können an jeder beliebigen Stelle stehen, sei es in der Mitte oder am oberen bzw. unteren Rand. Die Rahmen sind entweder als Flächenmuster stilisiert oder mit plastisch-naturalistischen Ranken gearbeitet. Die Holzarbeiten zeigen direkt nebeneinander beide Darstellungsweisen, so daß sich das laufende Ornament des äußeren Rahmens als Übersetzung des inneren in eine lineare Form deuten läßt *(vgl. Abb. 37)*. Dadurch wird die enge Beziehung zwischen Naturalismus und Abstraktion im gotischen Ornament, die im Text thematisiert wird, veranschaulicht. Im Stil erinnern Naturalismus sowie komplizierte geometrische Verschränkungen an spätgotische Vorlagenblätter.

Die Szenen beziehen sich nicht nur in den Inhalten auf die Tafeln, sondern auch auf die Ideale der Herstellung (handwerkliche Möbelfertigung) oder auf den Text selbst: Der Weinkeller in den "Vorlegeblättern für Ziegel- und Steinarbeiten" illustriert den letzten Satz des Vorwortes auf der gegenüberliegenden Seite *(vgl. Abb. 39)*:

Sie [die Vorlegeblätter] sollen gewissermaßen den Weg zu den Quellen weisen, die nach Gottes weisem Rathe in Deutschland noch so reichlich fließen, daß sie Jedem, der Verlangen danach trägt, zu klarem alten Weine werden.

Symbolik und Sinnsprüche beziehen sich auf den christlichen Gehalt der Gotik: z.B. Josef

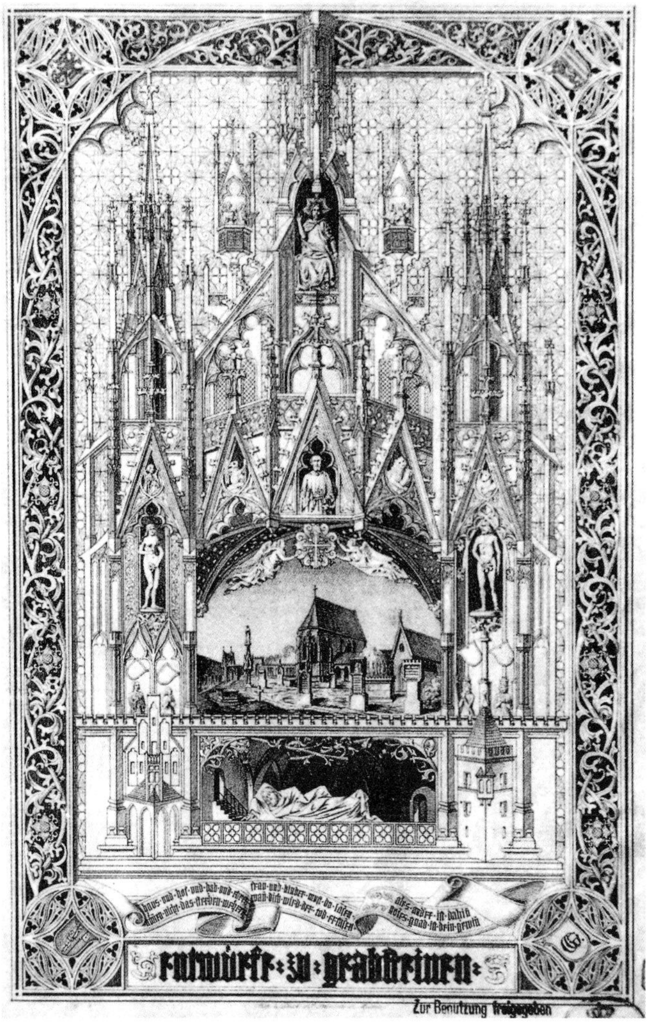

Abb. 38) Ungewitter, Grabsteine, Titelblatt

als Zimmermann ("Vorlegeblätter für Holzarbeiten"), Gott als Weltenrichter, Petrus als Himmelspförtner ("Entwürfe zu Grabsteinen"), Datierung auf den Tag der Bekehrung Pauli, d.h. den 25. Januar ("Entwürfe für gothische Möbel"). Es liegt aber nie ein ausgeklügeltes oder originelles ikonographisches Programm vor, die Einfügung erfolgt vielmehr konventionell oder bruchstückhaft, indem beispielsweise nur zwei Evangelistensymbole ausgewählt werden ("Gothische Ornamente").

Ikonographische Versatzelemente wie Adam und Eva nach der Erkenntnis, Christus als Weltenrichter, der über den Evangelistensymbolen thront, sowie Petrus als Himmelspförtner deuten die Darstellungen in dem Titelblatt der "Entwürfe für Grabsteine" (vgl. Abb. 38). Die Ebenen weltlicher Existenz (städtische Architektur, Friedhof) sind szenisch dargestellt, die Figuren des Himmels von einem phantastischen architektonischen 'Gespinst' umfangen. Damit orientiert sich Ungewitter an bildkünstlerischen Regeln des Mittelalters, indem der irdische Bereich anschaulich und der himmlische in abstrakter Darstellung gezeigt werden.

Die Sinnsprüche sind oft moralisierend-humorvoll in einer eigenartigen Mischung, wie das Beispiel der Grabstein-Entwürfe zeigt:

haus und hof und hab und ehren/können nicht das sterben wehren/frau und kinder mußt du lassen/wann dich wird der tod erfassen/alles andre ist dahinn/gottes gnad ist dein gewinn.

Wappen tragen Zirkel für die Architektur ("Vorlegeblätter für Ziegel- und Steinarbeiten", "Gothische Ornamente"), Zimmermanns-Werkzeuge ("Vorlegeblätter für Holzarbeiten"), die Initialen des Autors ("Entwürfe für Grabsteine", "Gothische Ornamente"), Burg und doppelköpfigen Adler ("Entwürfe für Grabsteine", "Entwürfe zu gothischen Möbeln", "Gothische Ornamente").

Vergleichen lassen sich diese Blätter in ihrem Grundschema mit spätmittelalterlicher Buchkunst, die einzelne Seiten figürlich und ornamental durch Miniaturmalerei auszeichnet. Gotische Buchmalerei verbindet ebenfalls die figürlich-szenische Darstellung mit den ornamentalen Randleisten sowie architektonischen Rahmungen. Die textile Flächenkunst mit szenischen Einschüben, wie sie im Mittelalter entwickelt wurde, verfeinert Ungewitter mit Mitteln und perspektivischer Sehweise des 19. Jahrhunderts. Die Buchkunst erlebte in dieser Zeit einen weit verbreiteten Aufschwung, so daß Ungewitter kein Einzelfall bleibt.

Die Seiten haben eine anschaulich-erläuternde Funktion: Es geht um die Überführung der aus der

Abb. 39) Ungewitter, Ziegel- und Steinarbeiten, Titelblatt

Anschauung der Natur gewonnenen Vorstellungen in eine Kunst-Sprache, um das Begreifen der Form im Raum. Diesem muß wieder eine Umsetzung in die Fläche folgen, da das Vorlagenbuch als Medium zur Verbreitung von Formideen, die sich mit der Gestaltung der dritten Dimension (Körper, Raum) befassen, dient. Dieses Vexierspiel weist dem Betrachter der Titelblätter die Richtung, wie er die Tafeldarstellungen aufzufassen hat.

c. Kontinuität und Wandel Ungewitterscher Ideen

Die Art der Schriften umfaßt ein beachtliches Spektrum: Vorlegeblätter (zwei von 1849-51), Entwürfe (fünf von 1850-58, bzw. bis um 1868 mit den Kirchen), ein Musterbuch 1856-61, ein Lehrbuch von 1859-64 und eine Ornamentsammlung 1863-65. Damit reicht der Beginn der meisten Werke in die 1850er Jahre zurück, mithin die Leipziger und frühe Kasseler Zeit vor dem ersten Bauauftrag 1856. Da in den frühen 50er Jahren die Entwürfe zahlenmäßig überwiegen, scheint ihnen die Rolle einer Kompensation des Mangels an konkreten Aufträgen zuzufallen.

Vom Aufbau her gleichen sich die Werke, die alle ein Vorwort, Texterläuterungen, Tafeln sowie oft noch ein Titelblatt enthalten und mit Ausnahme des "Lehrbuches" im Folioformat erscheinen. Die Anzahl der Textseiten differiert je nach Art der Schrift: für Vorlagen fast 25 Seiten mit Erklärungen; in den Entwürfen reduziert auf 5-10, die direkt die Darstellungen benennen (z.B. Grundriß, Profil, Schnitt), über 600 im Lehrbuch, das einen Traktat-Charakter besitzt (vgl. Kap. III. 3). Jeder Band ist mit 48 Tafeln versehen; nur das gemeinsam mit Statz verfaßte Musterbuch enthält über 100 Tafeln in jedem der zwei Bände. Die Tafeln werden von Steinmetz (bzw. Steinmetz und Bornemann) in Meißen, Leopold Kraatz in Berlin oder W. Loeillot in Berlin lithographiert. In späteren Auflagen fehlen diese Angaben in der Regel. Ausdrücklich stellt Ungewitter die Deutlichkeit der Darstellung für eine Nacharbeitung vor den malerischen Effekt (Grundrisse, Aufrisse, Schnitte).[21]

Die vorab zusammengefaßten Gedanken der Vorworte entfaltet Ungewitter in vielfachen Variationen über immer dieselben Themen, zum Teil mit einer für die Leser anstrengenden Penibilität[22], die mit der Nachvollziehbarkeit

Abb. 40) Ungewitter, Möbel, Titelblatt

für Handwerker sowie Studierende des Baufaches begründet wird. Er verarbeitet Wissen sowohl aus eigener Erfahrung (z.B. Behinderung einer Ausführung hölzerner Dachfenster[23]) als auch aus spätmittelalterlichen und zeitgenössischen Schriften (vgl. Kap. IV. 1). Immer wieder verweist er auf persönliche Eindrücke.[24]

Mit der Forderung nach Gewissenhaftigkeit und Treue sowie der Achtung vor dem Handwerk greift Ungewitter im Vorwort der "Vorlegeblätter für Ziegel- und Steinarbeiten" in den Bereich politisch-gesellschaftlicher Anliegen hinein. Besonders ausgeprägt offenbart sich sein Ansatzpunkt für eine Reform des Handwerks in den "Vorlegeblättern für Holzarbeiten". Er meint, fähige Holzschneider außer im Schiffbau der norddeutschen Küstenländer auch unter Zimmerleuten und Tischlern zu finden, wobei er einen veredelnden Einfluß der Arbeit auf die Verfertiger erwartet.[25]

Dazu gehört auch die harsche Kritik mit emphatischem Unterton, die er an zeitgenössischer Bauweise übt und die in seinen ersten Werken breiteren Raum einnimmt als in den späteren:

Wenn sie [die Kunstbildung im Bauwesen] wahr wäre, wäre sie auch gut, aber das Grundübel ist eben, daß die meisten der heutigen Ausführungen aller Wahrheit baar und ledig sind, daß fast Jeder in dem Style, der ihm wohl mehr der schönste als der angemessenste dünkt oder, wenn wir die gewöhnlichen Bauausführungen bürgerlicher Wohnhäuser betrachten, in dem, der dem Publikum am besten gefällt, arbeiten will.[26]

Die Begeisterung für die Gotik reißt ihn zur grundsätzlichen Infragestellung der Aktualität aller anderen Kunst hin: Er meint, daß man die jetzige Kunstrichtung insgesamt verlassen und wieder das Studium des Mittelalters beginnen müsse, sonst sei die Kunst überhaupt nicht mehr zeitgemäß, sondern gehöre der Vergangenheit an. Damit streut er in die Erläuterungen der Tafeln immer wieder seine Überzeugungen ein. Er wendet sich mit Schlagworten gegen die industrielle Produktion sowie gegen die Aufklärung und die Richtlinien der Baupolizei, die Holzkonstruktionen wegen der Feuergefahr beschränken. Die von Ungewitter beobachtete Willkür im Bauen (z. B. in der Anbringung von Hauptgesimsen) sei deswegen so gefährlich, da sie einem Bedeutungsverlust Vorschub leiste. Dem steht sein Wunsch nach neuen Gesetzen auf Grundlage der christlichen Zeit und Kunst, der Gotik nämlich,

Abb. 41) Ungewitter, Stadt- und Landhäuser, Titelblatt

entgegen. Die kirchliche Architektur ist für Ungewitter der zentrale Angelpunkt, um die Aufgaben der weltlichen Baukunst gemäß Material und Handwerk behandeln zu können; ein Gedanke, der sich bis in das Lehrbuch hindurchzieht (vgl. Kap. III. 3).

Die Formen werden aus ihrer Koppelung an Material und Funktion heraus in den Erläuterungen der Tafeln im einzelnen beschrieben: von Sockelprofilen[27] über Kellerfenster bis zu Giebelbildungen. Dieses Thema steht auch in den "Holzarbeiten" noch im Vordergrund, wo Bedürfnis, Konstruktion und Material die Form bestimmen sollen. Eine bisher gültige Zuweisung des Materials Backstein an den byzantinischen Stil läßt Ungewitter nicht mehr gelten: Wenn man nur die Formen aus reinem Material konstruiert, reiche das Byzantinische nicht aus, man werde sich der Gotik unwillkürlich nähern müssen.[28] Ungewitter sucht in der Formgebung nach Materialeigenschaften vorzugehen, indem er z.B. im Backsteinbau Formziegel als die adäquaten Gliederungselemente ansieht und sich gegen den Mischbau wendet, wo die Verzierungen aus Sandstein gefertigt sind.[29] Theoretisch stellt er die Berücksichtigung der Eigenschaften des Materials vor die Stilfrage, was meines Erachtens aber als ein rhetorischer Schachzug anzusehen ist, denn seine Ausweitung als Prinzip auf andere Stile nutzt er immer nur zur Untermauerung der universellen Anwendbarkeit der Gotik.

Beide "Vorlegeblätter" gewinnen den Charakter einer Exposition, auf der alle weiteren Schriften aufbauen. Dieser Schritt findet während der Leipziger Zeit statt, in der Ungewitter sich ausschließlich der Gotik verschreibt (vgl. Kap. II. 1). Mit einer konsequenten Aufwertung der bis dato als minderwertig geltenden Materialien Backstein und Holz wendet Ungewitter sich einem neuen Punkt in der Architektur zu, der den durch Schinkel initiierten Anfängen des Backsteinbaus in Berlin entspricht, aber auch schon im Wiederaufbau Hamburgs diskutiert worden ist (vgl. Kap. II. 2). Das Holz, dem die Eigenschaft der Monumentalität nicht zugebilligt wird, will Ungewitter zu einer künstlerischen Ausbildung bringen, er erklärt es sogleich im Vorwort ausdrücklich für gleichrangig mit Stein und Ziegel. Damit wirkt er wiederum der klassischen Tradition entgegen. Das Material selbst bestimmt bei Ungewitter direkt und wesentlich die Form, indem z. B. die feineren Gestaltungen des Holzes nicht für den härteren Stein geeignet erscheinen.[30] Solche Überzeugungen tragen nicht unwesentlich dazu bei, das bisher gültige architektonische Denken aus den Angeln zu heben. Mit der Konzentration auf die Materialfrage geht die Zuweisung bestimmter Formen an gewisse Regionen einher, indem z.B. die mittelalterliche Backsteinarchitektur norddeutscher Städte[31], wie sie Ungewitter aus eigener Anschauung vertraut war, in den Gesichtskreis rückt, was zur Mitte des Jahrhunderts noch selten gewesen ist (vgl. Essenwein). Das Wissen um Tiroler Holzgiebel hingegen dürfte angelesen sein.[32] Daran wird deutlich, welche bedeutende Rolle die zahlreichen Veröffentlichungen im 19. Jh. übernehmen, indem sie die eigene Anschauung ergänzen oder aber auch ersetzen können.

Wichtig zur Formfindung ist neben dem Verwendungszweck die Konstruktion, die in ihrer Sichtbarkeit zugleich als Ausdruck von Wahrheit gewertet wird:

> *Wahrhaft beklagenswerth aber und selbst lächerlich sind die neueren Versuche, Holz in Stein zu verwandeln. Wo man auch die Resultate dieser modernen Alchymie anschaut, ob an Hauptgesimsen, Frontispicien, Säulen etc. und wie die Herrlichkeiten alle heissen mögen, aus allen ist der Fluch der Lüge ersichtlich, Alles sieht nach kurzer trügerischer Glanzperiode unglaublich gemein und bettelhaft aus.*[33]

Das Zitat ist zugleich ein gutes Beispiel für den ironisch-sarkastischen Schreibduktus, der zwar nicht nur Ungewitter eigen ist, jedoch seine Formulierungen stets sehr stark bestimmt (vgl. auch die Briefe an Reichensperger).

Wegweisende Vorstellungen zu einzelnen Elementen, die seine Wohnbauentwürfe auszeichnen, formuliert Ungewitter in den Vorlegeblättern ab 1849: hohe Dächer, Erker, Fenster mit bleiverglastem oberen Teil, Fenster mit Sitzen und der Turm als höchste Zierde für ein Haus, da er ein malerisches Erscheinungsbild bewirkt[34] oder als "Lug-in's-Land" einen Beitrag zu einem "lustigen Ansehen" leistet[35]. Übereinander auskragende Geschosse, wie sie an Fachwerkhäusern vorkommen, gelten ebenfalls als malerisch, womit wieder der Abwechslungsreichtum ("Mannigfaltigkeit") mittelalterlicher Formen bzw. einer regionalen Bauweise im Vordergrund steht.[36] Diese Formen, zu denen sich Lauben und Altane hinzurechnen lassen, dienen nach Ungewitters Auffassung der Steigerung der Wohnqualität.[37] Interessant ist, daß der Architekt sich mit dem Profanbau beschäftigt, dessen formgebende Prinzipien zwar auf der kirchlichen Architektur basieren, der aber dennoch die dringlichere, vielleicht auch reizvollere, zeitgenössische Aufgabe darstellt.

In den ersten beiden Werken sind verschiedene Aspekte der Architekturtheorie niedergelegt, in einigen Fällen allerdings nur am konkreten Beispiel erarbeitet, so daß das Konzept noch nicht in sich geschlossen ist. In den frühen Schriften schwingt stichwortartig die der Romantik eigene Sicht der Gotik als Einheit von Religion, Vaterland und Kunst nach, die Reichensperger 1842 formuliert hatte, die aber längst nicht mehr alleinige Inhalte der Neugotik sind (vgl. Kap. IV. 1). Ungewitter verharrt nicht in der Sehnsucht nach einer einheitlichen Welt, sondern versucht, seine eigene Zeit durch Entwürfe und Bauten zu formen.

Von Beginn an spielt die Klassizismuskritik eine wichtige Rolle: Winckelmann sei der heimischen Bauweise entfremdet, Durand und Weinbrenner werden als Puristen bezeichnet, da sie Erker diskreditierten.[38] Die Abgrenzung dient der Gruppenbildung der Neugotiker in ihrer Gegnerschaft zu der klassischen Tradition. Dies zeigt, daß es vor allem erklärtes Ziel der Architekten der gotischen Bewegung ist, zu denen Ungewitter zählt, die bisherige Bauweise grundsätzlich in Frage zu stellen.

Wie aus allen seinen Werken hervorgeht, beschäftigt sich Ungewitter eingehend mit dem Problem des Raumes und die räumliche Vorstellungskraft ist eines der wichtigsten Merkmale seines Schaffens. Er bezieht auch das Ornament auf die Struktur und den räumlichen Charakter der zu schmückenden Flächen und Körper. Zur ansprechenden Wirkung trägt außerdem die geschickte Einfügung des Bildwerkes in den gegebenen Raum maßgeblich bei.[39] Der andere Punkt, der unmittelbar damit zusammenhängt, ist die Suche nach einer Brücke zwischen Geometrie und organischer Form:

> *Letzteres [das Bildungsgesetz der Ornamentik] aber besteht in der organischen Natur in einer Verbindung des geometrischen Princips mit demjenigen, welches wir hier als das lebendig künstlerische bezeichnen wollen, und welches als eine so unendlich complicirte Theilung aufgefasst werden kann, dass das System derselben für uns nicht mehr zu ergründen ist, mithin eine Erweiterung des endlichen in das unendliche in sich schliesst.*

In der Romanik und Frühgotik habe man die geometrische Form durch die Kenntnis des inneren Bildungsgesetzes des jeweiligen Naturvorbildes ermittelt, wie sich am Beispiel der Trierer Liebfrauenkirche, der Marienkirche Gelnhausen oder der kath. Kirche Volkmarsen nachzuvollziehen lasse.[40] Das gotische Ornament bewege sich zwischen Geometrie und Naturalismus, optimal sei besonders die Frühgotik mit ihrer 'Mittellage'.

Aus den letzten Schriften spricht insofern ein systematisches Verständnis, das sich nach den idealistischen, etwas schwärmerischen Anfängen sowie einer Phase des Experimentierens in der Umsetzung in zahlreiche Entwürfe als letztes Stadium der schriftlichen Niederlegung Ungewitterscher Architekturtheorie ausbildet. Mit den "Entwürfen" bringt er seine eigenen Formen in Umlauf (wie z.B. vor ihm schon Schinkel), wobei er die Bezeichnung "gotisch" im Titel meist vermeidet. "Vorlegeblätter" stellen Musterbücher mit eigenen, unmittelbar an dem Material und seinen Möglichkeiten orientierten Detailformen dar. Doch auch mit einer umfassenden Wiedergabe historischer Ornamente kann er einem Desiderat gerecht werden. Alle Schriften sind in der vorgesehenen Verwendung als Lehrmittel im polytechnischen Unterricht nicht darauf angelegt, kopiert zu werden. Vielmehr wird ein Verständnis für den Zusammenhang Material-Konstruktion-Form unter Berücksichtigung der individuellen Bauaufgabe zu erwecken gesucht, was letztlich bis in das 20. Jh. hineinweist.

Mit einem Fleiß, der um die Mitte des vorigen Jahrhunderts im deutschsprachigen Raum kaum Parallelen hat (weder Heideloff noch Kallenbach oder Hoffstadt erreichen mit ihren Schriften denselben Umfang bzw. dieselbe Bandbreite), widmet sich Ungewitter in seinen Veröffentlichungen der gotischen bzw. der anhand regionaler Materialien ausgeprägten mittelalterlichen Kunst. Seine Schriften bedeuten einen neuen Weg in der Tradition der "Musterbücher", indem er zwar einerseits, wie es seit dem frühen 19. Jh. üblich wurde, Werkpublikation und Lehrbuch trennt[41], andererseits demonstriert er anhand eigener Entwürfe seine Prinzipien, wie es vor dem 19. Jh. üblich gewesen ist. Neu für den Typ des "Musterbuches" ist, daß Ungewitter entwerferische Praxis und theoretischsystematische Darlegungen zusammenführt. In dieser umfassenden Ausarbeitung scheint er um die Jahrhundertmitte hinsichtlich der gotischen Bewegung der letzte Vertreter gewesen zu sein, da selbst Zeitgenossen wie Statz, Hase u.a. allenfalls ihre eigenen Projekte herausgegeben haben, ohne sich in so großem Umfang mit der Theorie zu befassen. Praktisches Wirken und theoretische Schriften bedingen sich bei Ungewitter. In der eigenen Schule in Kassel kann er den Bedarf an Lehrbüchern ermitteln und die mit der zunehmenden Anzahl von Bauaufträgen zu beobachtende Konzentration auf die frühe Phase der Gotik ab etwa 1862 schlägt sich in seiner letzten Schrift nieder, die er auf die Frühgotik als Ideal ausrichtet.

Im folgenden werden zwei ausgewählte Schriften vorgestellt, die einerseits den Aspekt der Formerfindung, andererseits denjenigen der Theoriebildung abdecken.

1 vgl. auch das Vorwort der "Vorlegeblätter für Holzarbeiten", wo das Mittelalter als ausschließliches Vorbild festgeschrieben wird oder dasjenige der "Entwürfe zu Grabsteinen", in denen das Charakteristische der "gewölbten Art", d.h. der Gotik, hervorgehoben wird.

2 Das Opus wird in der Wiederaufnahme mittelalterlicher Holzverarbeitung gewürdigt bei: Luciano Patetta, L'architettura dell'Eclettismo: fonti, teorie, modelli 1750-1900. Milano 1975, S. 240.

3 Ungewitter, Vorlegeblätter für Holzarbeiten, S. 3.

4 Verweis auf Böttchers Werk für ein Beispiel von freistehenden Ständern (Ungewitter, Vorlegeblätter für Holzarbeiten, S. 2), vgl. C[arl] Bötticher, Die Holzarchitectur des Mittelalters. Mit Anschluss der schönsten in dieser Epoche entwickelten Produkte der gewerblichen Industrie. Heft 1-4 Berlin [1835] - 1842.

5 Die englische Ausgabe wird von unterschiedlichen Verlegern bzw. Druckern verbreitet: Trübner & Co. in der Paternoster Row 1858 und Thomas Harrild, Printer, Salisbury-Square und Fleet-Street (o. Dat.).

6 Hoffstadt hat seinen Grabstein auf dem Darmstädter Friedhof ausgeführt, wobei durch die Verwendung bereits vorhandener Steine Höhe und Breite vorgeschrieben waren (Hoffstadt, 1840-45, S. 236).

7 vgl. Vogts, 1960, für Abbildungen (nach S. 88).

8 Gerhard Seib, Grabmalideen des Neugotikers Georg Gottlob Ungewitter und ihre Realisierung auf nordhessischen Friedhöfen. In: *Hessische Heimat* 38 Heft 2/3 (1988), S. 105-116; Ders., Exemplarische Darstellung einer Fallstudie am Beispiel der Friedhöfe in Kassel. In: Vom Kirchhof zum Friedhof. Wandlungsprozesse zwischen 1750 und 1850. Kassel 1984 (= Kasseler Studien zur Sepulkralarchitektur 2), S. 19-48.

9 Brief 16. Dezember 1851 (Reichensperger, 1866, S. 72f.). Eine gute Verbindung zu den Tischlern zeigt auch der Auftrag an Ungewitter, eine Fahne für deren Zunft zu entwerfen, woraufhin dieser sich wieder an Reichensperger mit der Frage nach einem Patron wendet (Brief 29. März 1856; Reichensperger, 1866, S. 147).

10 Brief 21. Januar 1854 (Reichensperger, 1866, S. 107).

11 Briefe 14. März und 10. August 1854 (Reichensperger, 1866, S. 114 und 122, Zitat S. 122).

12 Der Kasseler Tischler, der für Ungewitter arbeitet, ist billiger als derjenige in Köln, da er den Schreibtisch von Tf. 35 mit verzinnter Schlosserarbeit, reicher Vergoldung und Bemalung an einen Herrn Sepp für 140 Taler - ohne großen Gewinn allerdings - verkauft hat, während ein in Köln angefertigtes Himmelbett stattliche 290 Taler kostete (Brief 29. März 1856; Reichensperger, 1866, S. 147).

13 Ungewitter, Vorlegeblätter für Holzarbeiten, S. 16 (Galerie im Hl.-Geist-Hospital Lübeck), vgl. auch Ungewitter, Entwürfe für gothische Möbel, Sp. 2, 7f., 11, 17f.

13a Veröffentlichung von 2 der ergänzten Objekte unter dem Namen Ungewitter in: "Die deutsche Villa", um 1875, Tf. 41-44.

14 vgl. Ungewitter, Vorlegeblätter für Holzarbeiten, S. 7.

15 Für die "Sammlung mittelalterlicher Ornamentik" ist eine generalisierende Aussage nicht möglich, da das Projekt in den Anfängen stecken blieb.

16 Statz mußte über den Umweg Reichensperger angetrieben werden, seine Blätter einzureichen (Brief 17. Oktober 1855; Reichensperger, 1866, S. 141).

17 L. Lohde, Rezension des Gothischen Musterbuches. In: *ZfB* 7 (1857), S. 483-88.

18 Ungewitter bekennt, damit etwas "ins langweilige Genre" geraten zu sein (Brief 11. Mai 1859; Reichensperger, 1866, S. 178).

19 Ungewitter, Sammlung mittelalterlicher Ornamentik, S. 7.

20 Ebd., Einleitung.

21 Vorwort der "Entwürfe für gothische Möbel", Einleitung der "Gothischen Ornamente".

22 Ungewitter, Vorlegeblätter für Holzarbeiten, S. 7f.

23 Ebd., S. 9.

24 Ebd., S. 6, 9f., 12, 14, 19.

25 Ebd., S. 7, 13.

26 Vorwort, vgl. auch die Vorworte der Grabstein- und Möbel-Entwürfe.

27 Ungewitter, Vorlegeblätter zu Ziegel- und Steinarbeiten, Sp. 1, vgl. auch den Gedanken des "Charakters" eines Materials (Ungewitter, Vorlegeblätter für Holzarbeiten, S. 17).

28 Ungewitter, Vorlegeblätter zu Ziegel- und Steinarbeiten, Sp. 11.

29 Ebd., Sp. 1f. In seinen "Entwürfen für Stadt- und Landhäuser" in der Mitte der 50er Jahre verwendet er den Mischbau dann wieder in einer Serie von Beispielen.

30 Ungewitter, Vorlegeblätter für Holzarbeiten, S. 2, 6.

31 Ungewitter, Vorlegeblätter zu Ziegel- und Steinarbeiten, Sp. 15f.; Vorlegeblätter für Holzarbeiten, S. 11f.; vgl. auch Entwürfe zu Grabsteinen, S. 5.

32 Ungewitter, Vorlegeblätter zu Ziegel- und Steinarbeiten, Sp. 12; Vorlegeblätter für Holzarbeiten, S. 17 etc.

33 Ungewitter, Vorlegeblätter für Holzarbeiten, Vorwort; vgl. auch S. 1, 3.

34 Ungewitter, Vorlegeblätter zu Ziegel- und Steinarbeiten, Sp. 43f.

35 Ungewitter, Vorlegeblätter für Holzarbeiten, S. 9, 17.

36 Ungewitter, Vorlegeblätter zu Ziegel- und Steinarbeiten, Sp. 29; Vorlegeblätter für Holzarbeiten, S. 1, 6, 8.

37 Ungewitter, Vorlegeblätter für Holzarbeiten, S. 15.

38 Ungewitter, Vorlegeblätter zu Ziegel- und Steinarbeiten, Sp. 13f., 37f.

39 Ungewitter, Sammlung mittelalterlicher Ornamentik, Einleitung.

40 Ebd., S. 8f., 11-13, Zitat S. 9.

41 vgl. Percier und Fontaine, Schinkel, Weinbrenner, Klenze u.a. (Kruft, 1985, S. 338).

Nun ist aber das Haus und was dazu gehört auch so eine Art von Kleid seines Bewohners; gerade so wie die Schnecken und Schildkröten, haben auch wir in unseren Wohnungen unsere Schalen; [...][1]

2. Die "Entwürfe zu Stadt- und Landhäusern"

Inwiefern Ungewitters Entwürfe zu Wohnhäusern richtungsweisend für die zweite Hälfte des 19. Jahrhunderts gewesen sind, hat Brönner bereits beschrieben.[2] Er hebt insbesondere den Aspekt der malerischen Asymmetrie hervor, der gerade in der Hannoverschen Schule eine große Rolle spielte. Daneben steht Ungewitters Entdeckung des Fachwerkbaus für den damaligen Bedarf.

Unser Anliegen ist eine Studie zu dem Verhältnis zwischen Form, Funktion und Material, um die Ungewitterschen Gestaltungsmerkmale mit dem zugrundeliegenden Entwurfsverfahren zu ermitteln. Denn es stellt sich hier die Frage nach den Gründen für die große Wirkung der von Ungewitter in den frühen und mittleren 50er Jahren - als er noch keine bzw. kaum Aufträge in Kassel hatte - entworfenen Gebäude: Was hat sie so attraktiv gemacht?

a. Die äußere Gestalt des Hauses: typologische Überlegungen und Materialverwendung

Die "Entwürfe zu Stadt- und Landhäusern" zeichnen sich durch eine große Variabilität ihrer Erscheinung aus. Sie beruht zunächst auf einer Untergliederung in mehrere Typen sowie einer abwechslungsreichen Materialwahl.

Ungewitter unterscheidet im Wohnbau entsprechend der jeweiligen Lage in oder außerhalb der Stadt zwei Haupttypen mit je zwei Untergruppen, die ihrerseits den unterschiedlichen Größenordnungen Rechnung tragen: 1) *Stadthäuser* a) für eine Familie b) großzügige Ein- und Mehrfamilien- bzw. Mietshäuser und 2) *Landhäuser* a) Gartenhäuser b) Landhäuser.

Die städtischen Gebäude werden sämtlich unter dem Oberbegriff 'Wohnhäuser' geführt, gelegentlich spezifizieren ergänzende Bezeichnungen wie "für eine Familie", "größeres Haus", "Eckhaus" oder die Angabe der Anzahl auf einer Etage wohnender Partien die Bauaufgabe. Mit 26 bzw. 27 Häusern behandelt Ungewitter die beiden übergeordneten Gruppen gleichrangig, was aber nur bedingt für die Untergruppen gilt. Es finden sich eindeutig mehr große als kleine Stadthäuser (19 : 7), während das Verhältnis von Gartenhäusern zu Landhäusern (darunter ein Schloß) (11 : 16) in etwa ausgeglichen ist. Von den beiden ungewöhnlichen, d. h. um die Mitte des 19. Jahrhunderts in der Neugotik wenig üblichen Typen des städtischen Etagenhauses sowie des kleinen ländlichen Wohnhauses wird exemplarisch je ein Beispiel vorgestellt. Beide Aufgaben zeigen in der Praxis Ungewitters aus der Hamburger bzw. Leipziger Schaffensperiode eine Kontinuität.

Aufgrund wirtschaftlicher und sozialer Veränderungen mußten Architekten des mittleren 19. Jahrhunderts sich sowohl mit dem Problem städtischen Massenwohnbaus als auch den Lebensformen für gut situierte Bürger befassen sowie den gesamten Bereich des vorstädtischen Wohnens erschließen. Vor der Frage nach dem Stil gilt es, die der Gesamtorganisation von Wohnraum neu zu definieren. Erste Resultate im Städtebau stellen die ab kurz nach 1800 entstandenen Straßenzüge, z.B. die Ludwigstraße (ab 1817 Klenze, ab 1827 Gärtner) in München oder auch der Wiederaufbau Hamburgs nach 1842 dar, die Ungewitter aus eigener Erfahrung kannte.

Kurz charakterisiert wird der Entwurf für ein größeres Haus in einer Straßenflucht auf Tf. 15 im 2. Band (im folgenden abgekürzt als II, 15) *(Abb. 42)*. Ungewitter zeigt ein viergeschossiges traufständiges Wohn- und Geschäftshaus mit drei Lukarnen in Ziegelbau mit Hausteineinfassungen. Der Grundriß besteht in einem quergelagerten dominanten Vorderhaus, an das ein kleiner rückwärtiger Flügel mit einem Treppenturm, der in den Winkel eingestellt wird, L-förmig anschließt. Nach dem Grundriß in Fig. 1 gibt es pro Etage eine Wohneinheit, mithin für den gehobenen Wohnbedarf. Das ist der gebräuchlichste Grundrißtyp, den Ungewitter für die Hälfte seiner Stadthäuser verwendet. Darin greift er auf die traditionelle, bis in das Mittelalter zurückreichende Organisation

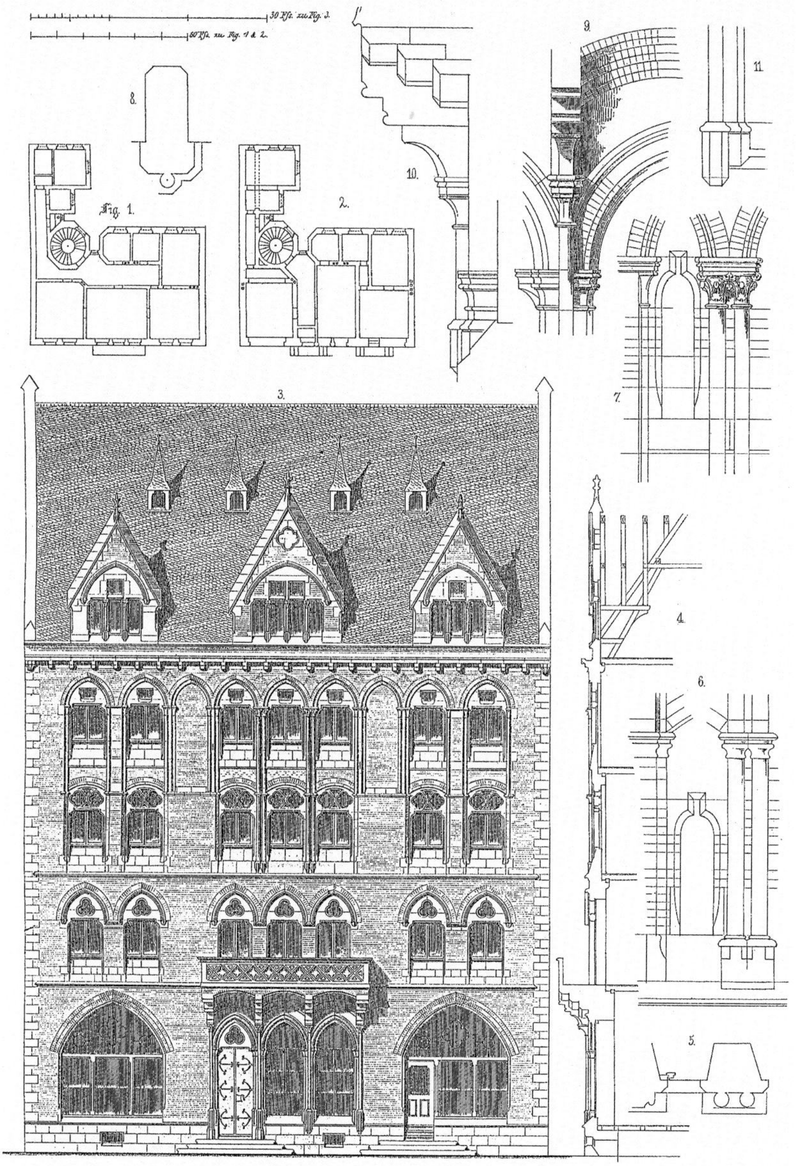

Abb. 42) Größeres Haus in einer Straßenflucht (Ungewitter, Stadt- und Landhäuser, Bd. II, Tf. 15)

städtischen Wohnraums bzw. kombinierten Wohn-/Geschäftsraums in Vorder- und Hinterhaus zurück, wie sie ihm aus seinen Aufträgen in Lübeck und Leipzig geläufig war (vgl. Kat. 1, 16).

Über dem Erdgeschoß mit drei Ladenräumen liegen drei Wohnetagen sowie ein teilweise ausgebautes Dachgeschoß. Von den zwei Zugängen führt der rechte direkt in das Geschäft, der mittige, hohe spitzbogige Haupteingang auf den Korridor, von dem aus die beiden anderen Läden zu betreten sind. Fensterformen und -höhen sind innerhalb eines Wohnstockwerkes identisch, werden aber geschoßweise variiert. Die Anordnung der sieben Fensterachsen in zwei Zweier- mit einer mittigen Dreiergruppe entspricht der Einteilung in drei Zimmer an der Straßenseite, deren mittleres am größten ist. Das symmetrisch gestaltete Gebäude trägt einen Balkon im I. Obergeschoß, der das Portal und zwei ebenfalls spitzbogige Schaufenster überspannt. Unter die mächtigen Balkonkonsolen schieben sich schlanke Säulen, die mit denjenigen der Gewände in ein Zusammenspiel von überfangender und eingestellter Gliederung treten. Das Haus, das mit Spitzbögen, die in Zweier-

oben und unten:
Abb. 43 a,b) Gartenhaus (Ungewitter, Stadt- und Landhäuser, Bd. I, Tf. 19f.)

oder Dreier-Gruppen bzw. zu einer durchgängigen Reihe zusammengefaßt (III. Obergeschoß) die Fassade gliedern, sowie Drei- und Vierpässen mit einfachen Mitteln im gotischen Stil ausgeformt wird, ist in seiner Ebenmäßigkeit ein seltenes Beispiel in Ungewitters Werk.

Ungewitters Gartenhäuser erscheinen im Grundriß kompakt, indem sie quadratisch (I, 14; I, 45), L-förmig (I, 17; II, 14; II, 24) bzw. als Doppel-L (I, 46), rechteckig (I, 19; II, 4) oder verschachtelt (II, 17) angelegt werden. Der Typus geht auf das englische Cottage zurück, wie es etwa Loudon in zahlreichen Beispielen illustriert hat (vgl. Kap. IV. 3).[3] Gerade diese Häuser erzeugen durch ihre auf kleinem Maßstab sich ausbreitende Vielfalt weniger eine monumentale als eine ausgesprochen 'wohnliche' Atmosphäre (I, 1; I, 4; II, 23; II, 44). Ein Gartenhaus in Holz illustriert diesen Aspekt, wobei nur am Rande auf die zeichnerische Qualität der Illustration hingewiesen sei *(Abb. 43)*. Über rechteckigem Grundriß mit gewölbtem Keller erheben sich zwei jeweils von außen zugängliche Wohngeschosse. Das Haus ist um mehrere Stufen aufgestockt und wird dadurch aus der Umgebung herausgehoben. Mit der nach oben hin zunehmenden Verbreiterung der Grundfläche durch Auskragungen werden Eigenarten des Holzbaus respektiert; ebenso in der Aneinanderreihung der Fenster zu Bändern sowie dem Dekor der Füllbretter mit locker gereihten Vierpässen und den abgefasten Ständern (vgl. auch I, 17; I, 47).

Da die Gefache mit in Mustern versetzten Ziegeln ausgemauert sind, zeichnet sich die Oberflächenwirkung durch eine lebhafte Struktur aus. Dies erinnert an die zahllosen Fachwerk-/Ziegelhäuser des 'Alten Landes' an der Elbe, die Ungewitter während seines Wirkens in Norddeutschland kennengelernt hatte. Sockel und Treppenstufen aus Haustein addieren eine weitere Komponente zu der Material- und Farbvielfalt. Die Hausteinelemente an den Kanten des in massiver Ziegelbauweise entworfenen Erdgeschosses deuten primär Linien in schräger Aufwärtsbewegung an. Ständer, Fensterpfosten, Dachschrägen, insbesondere aber der nach außen gelegte überdachte Treppenaufgang, an dessen Endpunkt wiederum ein Satteldachvorbau mit Giebel erscheint, bilden eine stufige Vertikalentwicklung. Diese erreicht im Turm ihren höchsten Punkt, der mit einer Einknickung des Helmes und kleinen Schmuckgiebelchen nochmals im Umriß aufgelockert erscheint. Das 'Malerische', das noch behandelt wird (s.u.), ist eng an die überlegt abgestufte Höhenentwicklung gebunden. Aus diesem Grund ist für Ungewitter die Turmmotivik charakteristisch.

Die Luken des nur zu einem Teil aus der Dachfläche herausschauenden polygonalen Türmchens in Tf. 19 verweisen auf eine wirtschaftliche Nutzung, die eigentlich nicht vorhanden ist. Im Gegenteil, die perspektivische Ansicht auf Tf. 20 zeigt einen offenen Turm, der also lediglich als Aussichtspunkt dient. Damit findet eine Reduktion der ursprünglichen Funktionsattribute auf zeichenhafte Werte bzw. ihre Umnutzung im Sinne des neuen Wohnlichkeitsideals statt.

Entsprechend der Einteilung in Stadt- und Landhäuser lassen sich einige jeweils konstitutive Merkmale aus den beiden gewählten Beispielen ableiten. Die Notwendigkeit der Einpassung in den Straßenzug schränkt den Spielraum in der Stadt ein, eine optimale Ausnutzung der Grundfläche ist unabdingbar. In der Höhenentfaltung erscheint der Umriß als geschlossene Kastenform, die Linien von Dachfirst und Traufe bestimmen das Bild, nur giebelständige Bauten erlauben einen Abwechslungsreichtum. Der Großform ordnen sich Giebel, Lukarnen, Erker und Loggien ein. Die Symmetrie bleibt bestimmend, weil sich das Haus in kompositorischer Geschlossenheit im Straßenzug als Individuum behaupten muß. Das kleine ländliche Haus der Cottage-Tradition übersetzt Ungewitter in eine regional und traditionell belegte Formensprache und macht es als Familienhaus bewohnbar. Das größere ländliche Haus (zwischen Cottage und Schloß) muß erst neu entwickelt werden. Ungewitter verarbeitet darin die Villa des Burgentyps[4], aber auch das heimische Bauernhaus (s.u.).

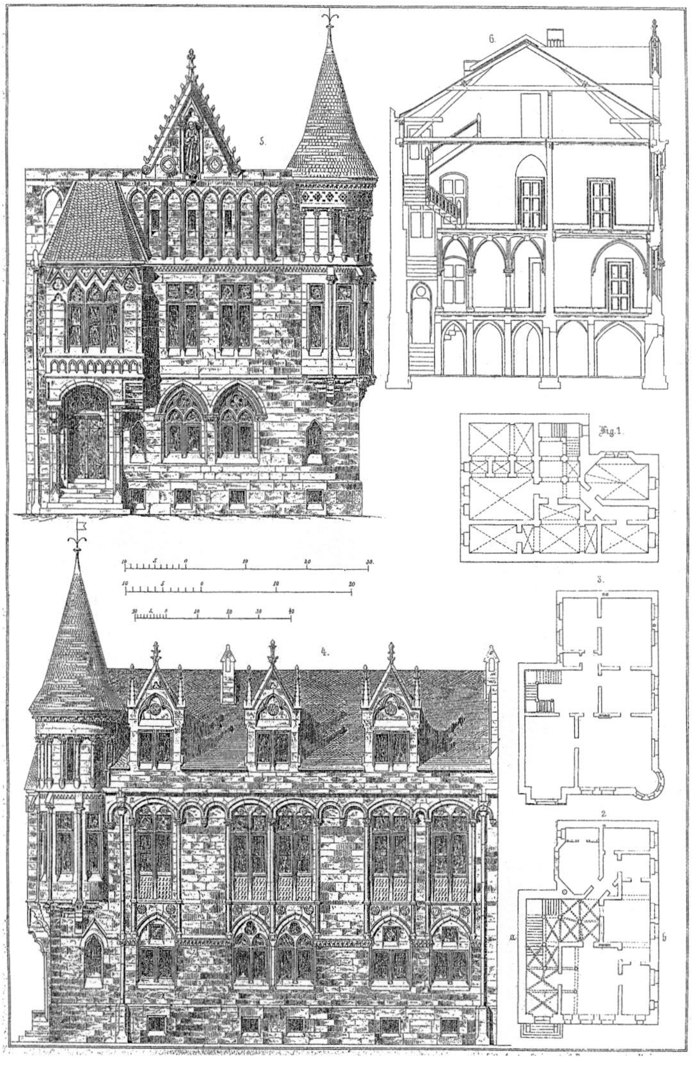

Abb. 44) Wohnhaus (Ungewitter, Stadt- und Landhäuser, Bd. II, Tf. 29)

Je nach Baumaterial besitzen Ungewitters Häuser, wie bereits angedeutet, bezeichnende Merkmale[5], die wiederum nur anhand einer Auswahl weniger Beispiele erläutert werden können. Er zeigt Haustein-, Ziegel- und Fachwerkhäuser sowie alle erdenklichen Kombinationen. Hinsichtlich der Motive sind bereits aufgrund dieses breiten Spektrums nur Hinweise zu einzelnen Details möglich. Schon Brönner hat nur schwer Vorlagen für Ungewitters Häuser finden können. Die Ableitung des Grundrisses Tf. I, 31 von demjenigen des Meißner Schlosses, des Erkers in Tf. II, 13 von dem Pfisterhaus Colmar, der Vergleich der Erker-Innenansicht in Tf. I, 2 mit einer Darstellung des Hieronymus in der Zelle mögen zutreffen, lassen aber zugleich erkennen, daß eine solche Zuordnung immer nur punktuell möglich ist.

Mittelalterliche Steinhäuser, die Ungewitters Ideal der Frühgotik entsprechen, haben sich in Deutschland relativ selten, in Frankreich hingegen seit dem 12. Jh. in größerer Anzahl erhalten. Dort lassen sich die gerade

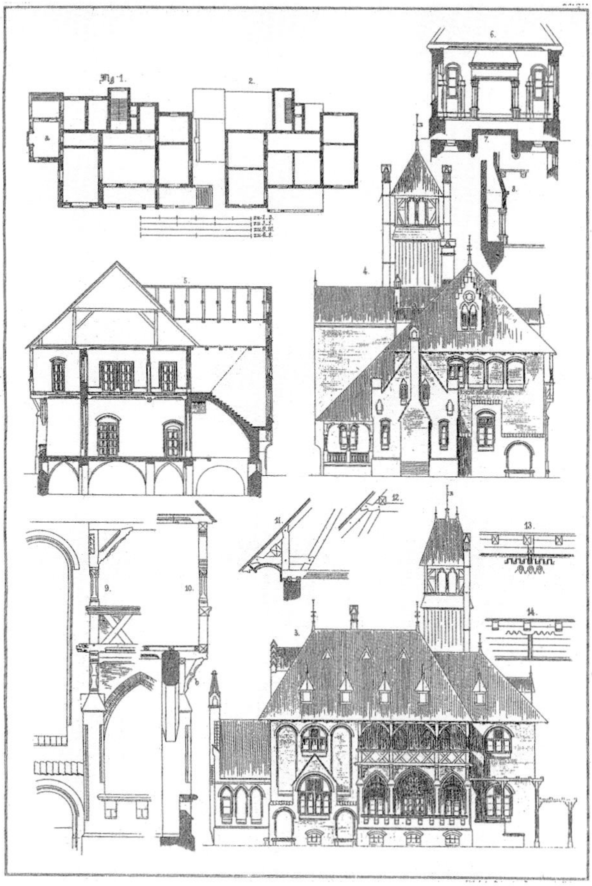

oben und unten: Abb. 45 a,b) Landhaus in Ziegelbau (Ungewitter, Stadt- und Landhäuser, Bd. I, Tf. 27f.)

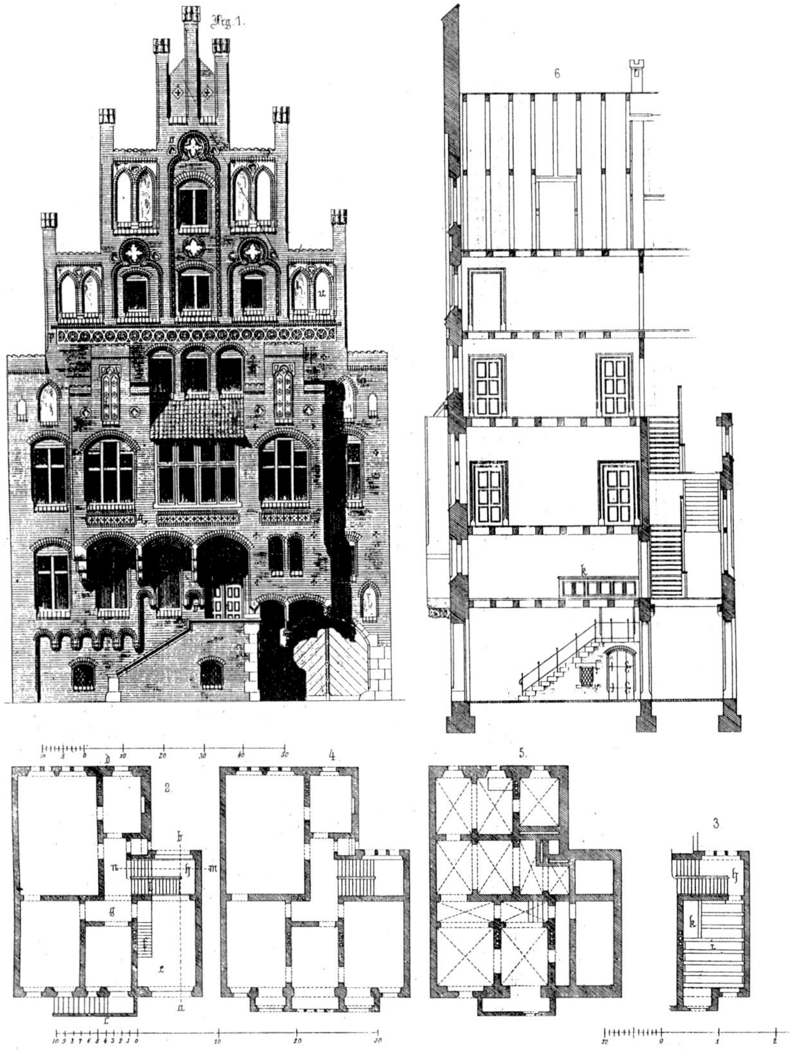

Abb. 46) Wohnhaus für eine Familie (Ungewitter, Stadt- und Landhäuser, Bd. I, Tf. 21)

geschlossenen, mit einer Kleebogenblende überfangenen, hochrechteckigen Fenster wie in Tf. II, 29 in der Gotik nachweisen, die sowohl zu Zweiergruppen gekuppelt als auch zu Reihen zusammengefaßt auftreten können (z.B. in Dijon) *(Abb. 44)* (vgl. auch Kap. IV. 2).[6] Daß im Detail eine Umformung mittelalterlicher Elemente eintritt, zeigt die Anbringung eines Zinnenkranzes statt der im Mittelalter üblichen Fialbekrönung an den Echauguetten, die für Ungewitter neben vielen anderen Neugotikern typisch ist (vgl. Tf. I, 22). Für die Dekorformen, die reich gestalteten Kastenerker oder Einzelheiten der gestaffelten Giebel diente sächsische oder süddeutsche Stadtarchitektur, etwa in Leipzig und Nürnberg, als Anregung.

Der norddeutsche Ziegelbau wird zunächst im preußischen Raum wiederentdeckt.[7] Bis zum Erscheinen der Entwürfe Ungewitters hat es nur wenige Schriften und zwar mit Aufnahmen mittelalterlicher Beispiele gegeben.[8] Seine Formvorstellungen seien anhand eines Landhauses kurz beschrieben *(Abb. 45)*. In der Mitte des von einem Walmdach überdeckten Kernbaus befindet sich die über zwei Eingänge erreichbare Halle, an die sich die übrigen Räume anlagern. Tf. I, 28 zeigt in perspektivischer Übereckansicht den lebhaft gegliederten, von einem Turm mit freistehendem Kaminschlot überragten Baukörper. Er besteht aus einem geschlossenen, mit wenigen hochgelegenen Fenstern und Blenden versehenen Eckbereich, an den sich mit Loggia und Laube sowie dem hinter einem quer angefügten Satteldachanbau teilweise sichtbaren überdachten Eingang offen gestaltete Abschnitte anschließen. Die Wand erscheint als glatte Mauerfläche mit vorkragendem Sockel, in den drei Rundbogennischen zur Aufnahme von Blumentöpfen eingeschnitten sind. Dieser Sockel greift mit zwei Mauerzungen, die die Fenster des Erdgeschosses rahmen, in die darüberliegende Zone ein.

Abb. 47) Gasthaus zum Schwan, Wanfried, um 1600

Vor- und Rücksprünge der Blendfigurationen beleben nicht nur die Ziegelwand, sondern schaffen plastisch wirksame Zusammenhänge, stellen eine Symmetrie etwa für den Abschnitt rechts der Kante her, die als Ruhepunkt zur Asymmetrie der Großformen fungiert. Die Blenden und die schichtige Gliederung als Möglichkeit der Gestaltung einer Ziegelwand, die außer dem Versatz farbiger Ziegel angewendet wird, geht auf Studien mittelalterlicher Backsteinarchitektur in Norddeutschland zurück. Einen präpositorischen Charakter für die Entwürfe gewinnt das Gut Bergfried (Kat. 13), das in der Grundrißdisposition, dem dominanten Turmmotiv, aber auch in der Wandschichtung auf das spätere Werk vorausweist.

Maßwerkfriese aus Formsteinen, farbig hervorgehobene Profile der Fenstergewände (Tf. I, 4), mit Spitzbogenblenden gegliederte Staffelgiebel und Flachbogenfenster (Tf. I, 14) entlehnt er spätmittelalterlicher Architektur, wie sie Wohnhäuser z.B. in Lübeck auszeichnet. Die Zinnen, die das Landhaus Tf. II, 28 umziehen, lassen auch an Stadttore wie in Üngeling denken, die im 19. Jh. eine prominente Rolle spielten. Durchbrochene Giebel (Tf. I, 4; II, 21) bestimmen die Schauwände vieler Rathäuser in Handelsstädten der norddeutschen Küstenregion (z.B. Tangermünde um 1430, Lübeck 1440-42). Auch Ungewitters Backsteinbauten leben von der Durchbrechung der Giebel und von Blenden, wobei das Element der Farbigkeit eine wichtige Rolle spielt (vgl. Tf. II, 20f.). Zu welch schmuckreicher Ausgestaltung das Material fähig ist, zeigt ein stattliches giebelständiges Stadthaus *(Abb. 46)*. Der Fassade liegt ein symmetrisches Schema zugrunde, das im Giebeldreieck mit den in der Höhe gestaffelten Dreipaßblenden, den gekoppelten Spitzbogenblenden der Außenachsen durchgängig herrscht. Im Hochparterre sowie dem darüberliegenden Geschoß tritt ein breiter Erker vor, der auf einer von Konsolen gestützten Segmentbogenfolge ruht. In der rechten Achse wird der Erker neben dem Eingang heruntergezogen, knüpft damit an das Treppenpodest und zugleich an die asymmetrische Gestaltung des Sockelgeschosses an.

Mit den Fachwerkhäusern stellt Ungewitters Werk Vorlagen zur Verfügung, die in der zweiten Hälfte des 19. Jahrhunderts aufgegriffen wurden.[9] Historische Beispiele liefert unter anderem Ungewitters Geburtsort Wanfried *(Abb. 47)*. Vereinzelt lassen sich Überlegungen zu konkreten Vorlagen anstellen: Es läßt sich etwa das dreieckig auskragende Türmchen im Giebel, das in einem Landhaus in komplizierter Verschränkung mit der Dachfläche den Giebel schmückt, auf ein ähnliches Motiv an dem Rathaus in Markgröningen aus der Mitte des 15. Jahrhunderts beziehen *(Abb. 48, 49)*. Vereinzelt gibt es Zierformen des niedersächsischen Fachwerkbaus, z.B. den Treppenfries an den Schwellen in Tf. I, 12.

Mit den zu Reihen gesetzten Andreaskreuzen in den Brüstungsgefachen besteht eine Anknüpfung an Fachwerkhäuser, wie sie Ungewitter aus seinem oberhessischen Umkreis zahlreich bekannt sind. Dieses Motiv tritt auch an hessischen bzw. thüringischen Rathäusern wie Alsfeld (1512) oder Wernigerode (Mitte 15. Jh.) bzw. Wohnhäusern, wie dem abgebildeten in Marburg (um 1590), auf, die für die Ausprägung einer Dachlandschaft mit Walmdach, durchbrochen und verschliffen mit polygonalen spitzhelmigen Erkern, Zwerchhäusern, aber auch Loggien und Lauben, wichtige Anregungen darstellen (vgl. die Erker in II, 13 und II, 31) *(Abb. 50)*. Ähnliche Merkmale zeigen auch die Rathäuser in Michelstadt oder Frankenberg, die aus dem späten 15. und frühen 16. Jh. stammen.[10] Mit Verstrebungen in ganzer Wandhöhe oder Fußstreben mit Kopfbändern bzw. Kopfwinkelbändern (Tf. I, 38; I, 46) bleibt Ungewitter der Zeit um und nach 1500 verbunden.[11] Andere

Abb. 48) Landhaus (Ungewitter, Stadt- und Landhäuser, Bd. II, Tf. 26)

Motive, wie die Fußbänder bei gleichmäßiger Ständerreihung sowie die rasterartigen Gefache *(vgl. Abb. 43)*, weisen gleichfalls nach Norddeutschland. Die Wahl einer bestimmten Zeit als Vorbild läßt sich im Fachwerkbau Ungewitters nicht beobachten. Er hat jedoch regionale Formen genau beobachtet, wie die Parallelität der Vorhalle an einem Haus in Schlierbach zu dem Gartenhaus I, 19 zeigt, wo eine dreiteilige Arkatur, die den Eingang überspannt, aus Holzstützen mit Bügen, die sich zu Spitzbögen zusammenfinden, auftritt *(vgl. Abb. 43)*. In den "Vorlegeblättern für Holzarbeiten" bildete er 1849/51 vor allem norddeutsche Fachwerkmotive ab, während in den Entwürfen 1856/58 oberhessische Häuser als Anregung gedient haben. Seinem Willen zur Anknüpfung an mittelalterliche Fachwerkbauten steht entgegen, daß aus der Zeit vor 1400 keine Beispiele bekannt waren.

Den freien Umgang mit solchen Anregungen möge ein Landhaus unterstreichen *(Abb. 51)*. Über einem Grundriß in doppelter L-Form (Fig. 1) entwickelt sich ein höchst abwechslungsreiches Gefüge, das seinen Mittelpunkt in einem großen Satteldach hat, welches durch Einschnitte oder angelagerte Türme aufgebrochen wird. An der kurzen Stirnseite, in der der Eingang liegt, erscheinen ungewöhnlich kombinierte Strukturen, indem über einem dreieckigen Erker wieder ein viereckiger Turm aufsetzt, der den Erker teilweise verdeckt und verschattet. Damit ruht die Komposition, einschließlich des hohen Turmhelmes, letztlich auf einer einzigen freistehenden Stütze. Dies ist Ausdruck einer Sicherheit im Umgang mit statischen Erfordernissen. Ein phantastisch-irreguläres Motiv liegt auch in dem aus dem den Eingang überfassenden Giebelrisalit hervortretenden Erker, der in den oberen Geschossen nochmals vorspringt. Die Verschachtelung von Giebelmotiven in Fig. 3, indem der von zwei freistehenden Stützen getragene Giebel im Dreieck eine Schwebegiebelkonstruktion (Fluggespärre, Freigespärre) erhält und der links darunterliegende Balkon mit einem kleinen Spitzbogengiebel versehen wird, bedeutet eine Motivverdoppelung und die Einbindung einer Kleinstruktur in den Makroorganismus.

Die Seitenansicht in Fig. 5 bringt mehr Ruhe in die Komposition durch eine regelmäßige Fensterverteilung auf der Wand, die axial in Erd- und Obergeschoß sitzen. Regelmäßig gereihte Ständer sowie einheitliches Fachwerk

Abb. 49) Rathaus, Markgröningen, Mitte 15. Jh.

Abb. 50) Wohnhaus Ecke Markt- und Wettergasse, Marburg, um 1590

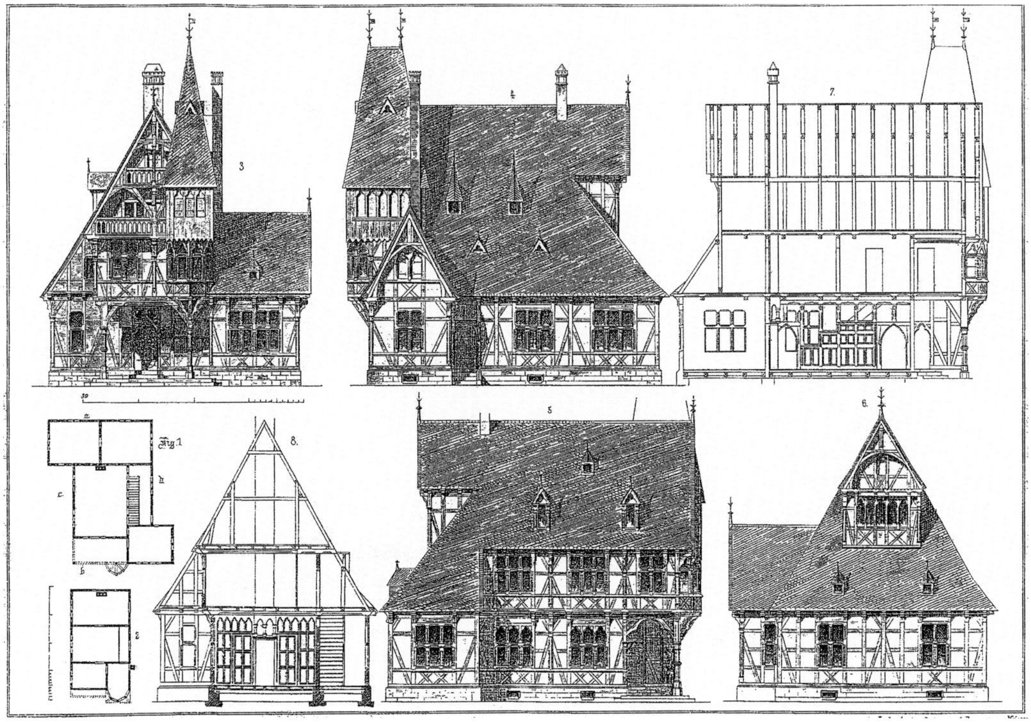

Abb. 51) Landhaus (Ungewitter, Stadt- und Landhäuser, Bd. I, Tf. 46)

geben Homogenität und unterstreichen die dem Rasterfachwerk unterliegende klare Konstruktion. Wie der Querschnitt in Fig. 8 verdeutlicht, zeigen Ständer und Streben eine Entsprechung zu dem sichtbaren Rasterfachwerk des Außenbaus, die im Gegensatz zu vielen Häusern im Schweizerstil in der Tradition der Berliner Schule steht. Auch das sogenannte "technische" Fachwerk Friedrich Eisenlohrs, das ebenfalls noch nicht wirklich von der Konstruktion her entwickelt, sondern oft als gitterartiges Muster aufgelegt ist, entspricht Ungewitters Bauweise nicht (vgl. Kap. V.1). Obwohl alle Aufrisse eigene Einheiten darstellen, schließen sie sich z.B. in umlaufender Sockelzone und identischen Fensterformen trotz des ausgeprägt malerischen Charakters zu einer stimmigen Gesamterscheinung zusammen.

In Ungewitters Neuschöpfungen fließen Formenanregungen aus unterschiedlichen Zeiten und je nach Materialwahl verschiedenen Regionen der nordeuropäischen Baukunst zusammen, die alle dem bürgerlichen Bereich des Wohnens und der Repräsentation aus dem späten Mittelalter bzw. der Renaissance entstammen. Die überlieferten Formen bringt er jedoch verfremdet in neue Kompositionen ein, die er anhand seiner tiefen Kenntnis des Zusammenhanges zwischen Form und Baustoff zu formulieren vermag. Mit ihrer beobachteten Materialvielfalt sind Ungewitters Entwürfe Vorläufer für die folgende Entwicklung in Deutschland.

In der Berücksichtigung der Komponente gezielter Materialverwendung liegt ein weiteres Moment: Dem 'ortlosen' modernen (Stadt-) Menschen soll ein Identifikationspunkt von Ort, Zeit und Tradition angeboten werden. Damit dient das neu-mittelalterliche Stadthaus als Zeichen und Wertsetzung; seine Wirksamkeit entfaltet sich vor dem Hintergrund der Kontrasterfahrung der durchschnittlichen Bebauung. Im ländlichen Wohnen wird der Bruch des modernen Menschen mit seiner Vergangenheit und der natürlichen Umgebung durch baulich-individuelle Verankerung und durch eine Harmonie zwischen Mensch, Kultur (Arbeit) und Natur überbrückt bzw. kompensiert. Dabei handelt es sich um ein Idealbild, das letztlich noch Züge romantischer Utopie aufweist.

b. Entwicklung neuer Ausdrucksformen: Programmatik, 'Versatz-Elemente', Entwurfsmodell

Programmatische Äußerungen zum Wohnbau Ungewitters sind im Vorwort und auf dem Titelblatt der "Entwürfe für Stadt- und Landhäuser" greifbar *(vgl. Abb. 41)*.[12] Es wird Kritik an dem bisherigen Experimentieren mit verschiedenen Stilen geübt, das aus einem Überdruß an der klassischen, als monoton bezeichneten Baukunst entsprungen sei. Daß Mannigfaltigkeit und malerische Wirkung dieser Bauweise versagt blieben, hat nach Ungewitter folgenden Grund:

> *Und das kam daher, weil man nur Styl und nichts als Styl wollte, weil man das Kunstschöne, wie früher mit Triglyphen und Sparrenköpfen, so jetzt mit Rundbogen, Krystallschnitten und Bogenfriesen oder mit Maaßwerk, Fialen und Wimpergen oder endlich mit Balustern und Feston's zu construiren bemüht war und darüber die Anknüpfung an den Zweck, kurz den Zusammenhang mit dem Leben übersah; weil man ferner die glänzendsten Beispiele jener Epochen sich zu Mustern erkies, deren Pracht man dann nach jener den Jesuiten imputirten, bekannten Maxime mit gleißenden Surrogaten hervorzuzaubern trachtete.*

Er prangert die Auswahl der Beispiele an, daß man sich an den größten, prächtigsten Bauten orientiert hätte, anstatt genauer die unterschiedlichen Bauaufgaben zu beachten. Die Theorie eilt bei Ungewitter voraus, indem er die Bedeutung von Architektur wesentlich in ihrer Massengliederung und dem Material begründet sieht, in der Praxis aber doch auf historische Formen zurückgreift. Der Vorlagenbereich wird mit dem 16. bis 18. Jh. entsprechend weit gefaßt, der Versuch einer "Rückübersetzung" in Formen des 13. und 14. Jahrhunderts meint im Grunde allerdings Neuerfindungen gemäß Ungewitters Kenntnis von der Gotik. Diesen Stil bevorzugt er aufgrund seiner Variabilität und der Fähigkeit, auch einfache Aufgaben mit der Maßgabe des Kunstschönen zu behandeln, ebenso wie der Präzision in der Detailformung. Damit entsteht - aus heutiger Sicht - ein erhebliches Spannungsfeld retrospektiver und progressiver Denkweise in einer Person, das aber als solches von Ungewitter selbst offenbar gar nicht empfunden worden ist.

Weitreichende Konsequenzen ergeben sich aus der Einführung des 'Malerischen' als ästhetische Kategorie. Die geforderte Irregularität aus praktischen Erfordernissen heraus kann bedingungslos positiv bewertet und in der Form unendlich variiert werden. Das Titelblatt der "Entwürfe zu Stadt- und Landhäusern" dient hierfür als Illustration; es stellt Ungewitters städtebauliches Ideal dar: eine aufgelockerte Silhouette der Wohn- bzw. Geschäftsgebäude mit den charakteristischen Motiven (Erker, Türme usw.) *(vgl. Abb. 41)*.[13] Den Fokus stellt eine leicht aus der Blickachse gerückte Kirche dar, davor liegt ein Platz mit einem Brunnen, der den perspektivischen Fluchtpunkt bildet. Auf der Straße herrscht reges Leben. Der in der linken Randleiste gegebene Querschnitt durch ein Haus verweist auf seine Nutzung, indem ein Keller zur Lagerung von Weinfässern gezeigt wird. Diese harmonisch-ideale Vorstellung einer Stadt trägt Züge einer Vision, da es sich um ein klares Gegenmodell zur beklagten Monotonie handelt. Höhenstaffelungen erzeugen eine Lebhaftigkeit, fast Dramatik, die sich in rechtwinklig verzahnten oder gegeneinanderlaufenden Volumina sowie einer Komplexität der Verflechtung in Großform und Detail fortsetzt, wodurch immer wieder ein individueller Ausdruck erzielt wird. Die Vielfalt dieser kalkulierten Wirkung birgt das Moment der Überraschung. Damit fordert die Vielansichtigkeit der Gebäude die Aufmerksamkeit des Betrachters zur Auseinandersetzung heraus. Ungewitters Auffassung des Malerischen ist allerdings zur Jahrhundertmitte noch kaum vermittelbar.

Eine weitere wegweisende Idee, die in den Wohnbau-Entwürfen formuliert wird, ist die Öffnung zum 'Vernacular'. Der entscheidende Satz aus dem Vorwort lautet:

> *So verliert einer ausgeprägten Charakteristik, einer wahrhaften Ausführung gegenüber die eigentliche Stylfrage von ihrer Bedeutung.*

Die Rücknahme der Stilfrage zugunsten von 'Charakter' und 'Wahrhaftigkeit' hat eine Flexibilität in der Handhabung des Formenschatzes zur Folge, denn, wenn eine geeignetere Form unter Berücksichtigung der gestaltgebenden Prinzipien gefunden werden kann, ist das gotische System einer Erweiterung fähig. Auf dem Höhepunkt des sog. Stilstreites distanziert sich der hessische Architekt davon zugunsten der einfachen ländlichen Bauten, die bisher nicht unter den Begriff "Architektur" fielen. Ungewitter deutet eine Brücke zwischen der mittelalterlichen Vergangenheit und der Gegenwart an; und zwar auf dem Gebiet der Möbeltischlerei. In entlegenen Regionen, die nicht an der modernen Entwicklung Teil genommen haben, arbeiten nach seinen Beobachtungen Stuhlmacher, die - vielleicht unbewußt - den gotischen Regeln immer noch folgen. In der Betonung der Ländlichkeit, d. h. einer gewissen Zivilisationsferne im Zusammenhang mit der Überlieferung mittelalterlicher Tradition zeigt sich die antimodernistische Haltung des Neugotikers deutlich (vgl. Kap. IV.1).

Über eine innovative Theoriebildung hinaus lassen sich grundlegende 'Versatz-Elemente' herausarbeiten, die typisch für Ungewitter sind. Damit zerlegt er die Architektur in Einheiten, die immer wieder leicht modifiziert und anders zusammengestellt werden können, was ein immenses Potential an Variabilität birgt. Der Begriff des 'Versatz-Elementes'verlangt zunächst eine Definition: Im Gegensatz zu einem Motiv verstehen wir darunter eine gleichfalls stilgebundene oder eine Stilform darstellende Einheit, die aber größer gefaßt ist. Die Möglichkeit einer Abwandlung durch Vervielfachung oder Modifikation der Einzelform gehört als konstitutives Merkmal dazu.

Zuerst seien die Fenster genannt: Sie sind hochrechteckig, immer mit einem geraden oder segmentbogigen Sturz - letzterer an den Backsteinbauten zu beobachten - in den hellverglasten, zu öffnenden Flügeln versehen. Eine Teilung ist durch Pfosten, Säulen bzw. Kreuzstöcke gegeben. Diese Fenster werden einzeln, in Gruppen und Reihen, bis hin zu Bändern versetzt. Eine dekorative Steigerung, wie sie gern für Portale oder Hallen angewendet wird, ist möglich durch ein Oberlicht mit feststehenden, buntverglasten Scheiben, das auch mit Maßwerk gegliedert sein kann. Eine markante Komposition stellt die Reihung dreier hochrechteckiger Öffnungen dar, deren mittlere überhöht ist und die unter einer Spitzbogenblende zusammengefaßt werden (Tf. I, 25), die auch in Fünfergruppen gebündelt erscheinen können (Tf. I, 4; II, 16).

Weiterhin gehört, als kompositorische Eigenheit, die Ausbalancierung einer dreieckigen Giebelseite mit einem polygonalen oder runden Ecktürmchen hierzu (Tf. II, 21; II, 39). In Tf. II, 21 vermittelt der hoch aufragende Rundturm, der auf Höhe der Traufe des rechten Hausteils auskragt, zwischen der giebel- und der traufständigen Seite des im rechten Winkel angeordneten Baukörpers, indem er den Dreiecksgiebel rechts unten verdeckt, zugleich aber die durchbrochene, gestaffelte Rahmung der Lukarne begrenzt und überhöht *(Abb. 52)*. An der rechten unteren Ecke des Giebels in Tf. II, 39 setzt ein polygonales Holztürmchen an, das nicht nur die symmetrische Gestaltung der Fassade durchbricht, sondern zugleich ein Gegengewicht zu dem an der linken Seite anschließenden überdachten Treppenaufgang und dem dahinter sichtbaren Treppenturm bietet.

Eine kaum kopierte Besonderheit liegt weiterhin in der Anlage von Erkern, die den Eingang sowie eine daneben liegende Fensterachse überfangen (z.B. Tf. I, 1) *(vgl. Abb. 54)*. Auch dies ist ein Mittel von subtiler Verklammerung der Fassade. Diese Verbindungen leisten zwar auch verspringende Traufleisten, Fenstergruppen etc., doch ist gerade die räumliche, nicht nur linear aufgetragene oder weiter fortgesetzte Motivkontinuität etwas, das Ungewitter auszeichnet. Erker (ein- oder mehrgeschossig), Zwerchhäuser und Lukarnen, die dem Wohnlichkeits-Ideal des mittleren 19. Jahrhunderts entsprechen, entfalteten ihre Hauptverbreitung während der Renaissance und erleben im Historismus bzw. darüber hinaus eine weitere Blütezeit im sog. malerischen Wohnbau. Insofern gibt es eine Reihe von äußeren Merkmalen, die für die abwechslungsreiche Ausformung der Ungewitterschen Häuser verantwortlich sind, unabhängig vom Material. Dabei handelt es sich um plastisch-körperlich wirksame Strukturen wie Loggien, Altane, Lauben und vor allem Erker. Typisch für Ungewitter ist der über eine Treppe erreichbare, hochgelegte, in einer Laube verborgene Hauszugang, der ebenso wie der Altan des Obergeschosses die private Sphäre markiert. Straßen- und Hofseite werden gezielt unterschiedlich gestaltet, je nach ihrer Funktion für den Gesamtbereich des Wohnens.

Damit findet eine Aufspaltung historischer Architektur in 'Versatz-Elemente' statt, die als Bausteine zur Komposition neuer Gebäude dienen. Vorläufer dieses Verfahrens ist Durand, der anhand eines Rasterschemas Grund- und Aufrisse in vielen Fallbeispielen entwickelt (auch dies eher ein Lehr- als ein Praxiskonzept).[14] Er setzt aus den Grundbausteinen Gebäude zusammen, wie es der jeweilige Bedarf erfordert. Ungewitter geht im Gegensatz zu Durand nie additiv, sondern immer integrativ vor, indem die Abschnitte der Baukörper sich zwar einzeln entfalten, immer aber trotzdem eng verbunden bleiben. Indem sich selbst die Ornamentik in Vorkragungen, Blenden, auf denen Erker und Türmchen als Zwischenstufe zwischen Dekoration und Raumgestaltung ansetzen, gleichsam aus der Wand schiebt, wird ein Kompositionsprinzip wieder bis ins Detail verfolgt, wie

Abb. 52) Landhaus in Ziegelbau (Ungewitter, Stadt- und Landhäuser, Bd. II, Tf. 21)

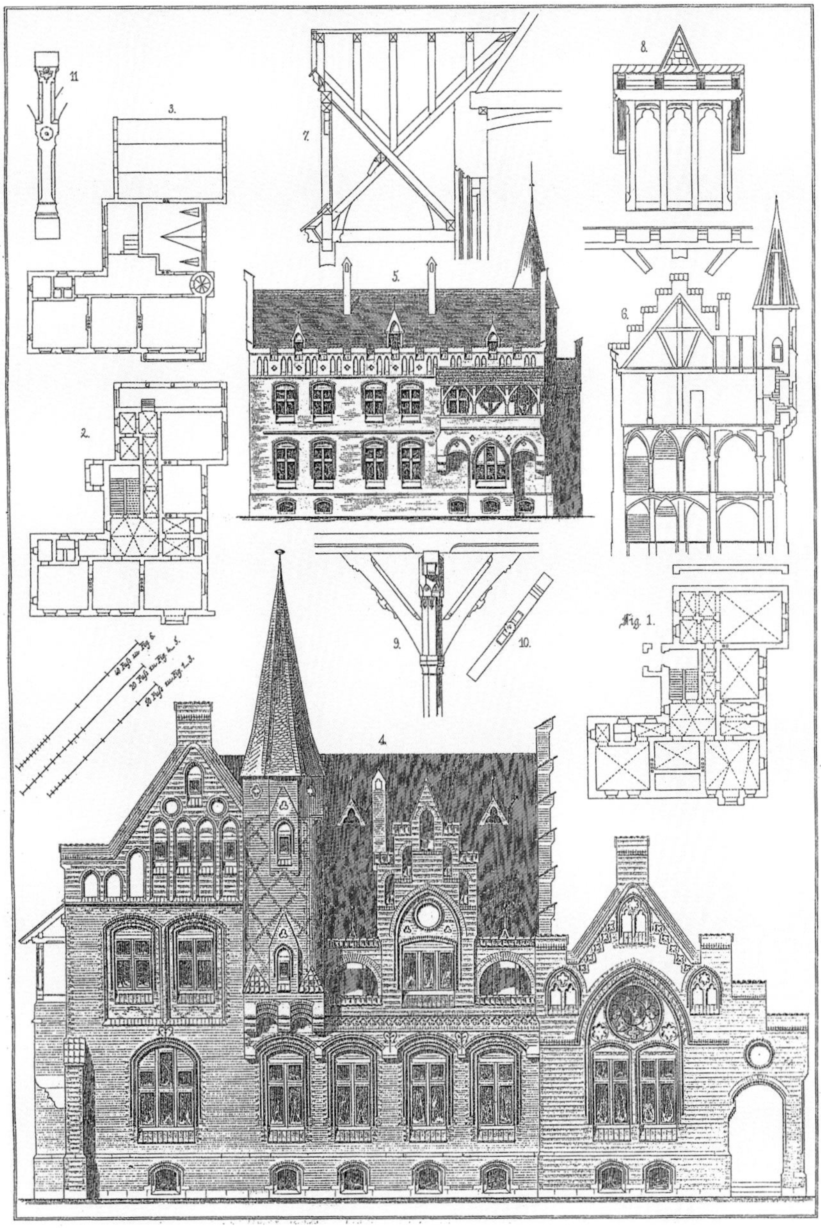

Ungewitter dies aus der Analayse der gotischen Architektur abgeleitet hat (s. nächstes Kap.). Die strenge Verfolgung eines Zusammenspiels von Material und Form erklärt nicht nur die Vielfalt der Erscheinungsformen Ungewitterscher Häuser, sondern ist ein Aspekt der Modernität des Historismus.

Hauptkriterium dessen ist die Beschäftigung mit dem Erker. Er wird im Zeichen des "Traulichen", "Gemüthlichen" rezipiert. Das baupolizeiliche Verbot müsse aufgehoben werden, damit wieder eine "wohlthuende Abwechslung" in das Straßenbild Einzug halten könne.[15] In dem Erker verkörpert sich nach Brönner das Bemühen um eine malerische und auf die Schaffung eines neuen Stils bedachte Baukunst, so daß er für den Historismus ein Gegenstand intensiver Beschäftigung bleibt.[16] Da Ungewitters Häuser dieses Motiv in so vielfältiger Ausformung zeigen wie nie zuvor bis 1856/58, darf er als die wichtigste Leitfigur dieser architektonischen Gestaltungsweise gelten.

links und rechts: Abb. 53 a,b) Wohnhaus (Ungewitter, Stadt- und Landhäuser, Bd. II, Tf. 19f.)

Den Kompositionen Ungewitters liegen charakteristische Entwurfsverfahren zugrunde, die elastisch formerzeugend sind. Die Gliederung der Fassaden zeigt die von Ungewitter oft beschworene Einheit in der Vielfalt. Exemplarisch kann dies anhand eines Eckhauses in Mischbauweise aus Ziegeln mit Sandstein nachvollzogen werden *(Abb. 53)*. Das Haus mit vier Hauptgeschossen sowie einem Dachgeschoß erstreckt sich in fünf bzw. sieben Achsen entlang zweier Straßenzüge. Die Ecke ist durch einen im I. Obergeschoß ansetzenden viergeschossigen Polygonerker, dessen Spitzhelm die Firsthöhe des Satteldaches überragt, mit einem Blickpunkt ausgezeichnet. Der Erker ist für Eckhäuser unabdingbar (vgl. Tf. I, 15f.; II, 1f.), er zeigt, daß die Komposition auf die Eckansicht im Straßenraum hin berechnet ist. Das stattliche Gebäude legt sich in vier Flügeln um einen kleinen Innenhof. Drei Rundtreppen erschließen es: Die Haupttreppe ist im breiteren Flügel

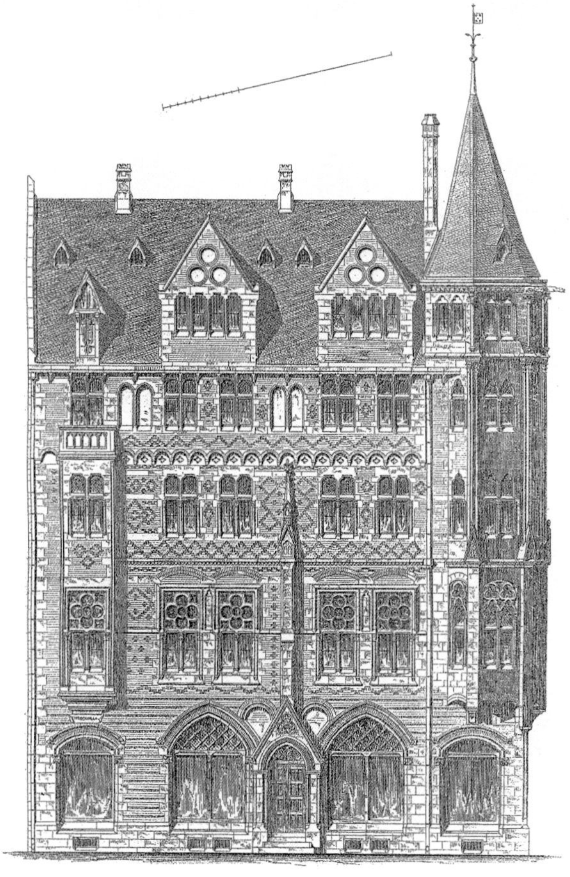

an der Rückwand der Eingangsachse gelegen, zwei kleinere an den kurzen Seiten, also im Hinterhaus. Auch die Vielzahl unterschiedlich großer Räume zeigt mit der Anlage der größeren Zimmer zur Straße, bzw. der kleinen, zum Teil nur über einen langen Korridor erreichbaren, in der rückwärtigen Partie die gängige Organisation eines Mietshauses, wie sie in der ersten Hälfte des 19. Jahrhunderts üblich war.

Das Erdgeschoß enthält große Schaufenster unter gedrückten Spitzbögen, darüber liegt die Belétage, deren Fenster höher als in den übrigen Wohngeschossen sind. Wie der Schnitt zeigt, nimmt im Vorderflügel die Raumhöhe in den oberen Geschossen ab, was dem Typus des städtischen Mietshauses entspricht (vgl. Tf. II, 19, Fig. 4). Die zweiflügeligen Fenster der Belétage sind durch einen Mittelpfosten getrennt, im Oberlicht tritt schmückend ein stehender Vierpaß aus Steinmaßwerk hinzu. Die in allen Geschossen axial gesetzte Durchfensterung verteilt sich folgendermaßen: An der Außenachse tritt im I. und II. Obergeschoß ein Kastenerker vor, die Fenster der übrigen vier Achsen werden zu Zweiergruppen gebündelt und im I. Obergeschoß durch ein Wasserschlaggesims sowie eine Dreipaßblende zwischen den Oberlichten eng aneinandergekoppelt. Mit zunehmender Höhe vereinfacht Ungewitter die Fenster, indem etwa die Säulen in den Laibungen sowie in der Mitte entfallen und das bunt verglaste Oberlicht in Größe oder Schmuckaufwand zurückgenommen wird.

Daß die Komposition trotz ihrer Vielfalt zusammenhält, gewährleistet die geschoßweise gleiche Gestaltung der Fenster sowie der symmetrische Bezug auf die Eingangsachse *(vgl. Abb. 53 b)*. Die Außenachsen stellen jeweils mit ihren vorkragenden Erkern eine deutlich spürbare seitliche Begrenzung dar. Das Gesims zwischen I. und II. Obergeschoß, der um eine Steinbreite vorkragende Rundbogenfries zwischen II. und III. Obergeschoß sowie das Konsolgesims festigen die horizontale Schichtung des Aufrisses ebenso wie die Bänderung im Sockel bzw. das Zick-Zack- und Rautenmuster der Wohngeschosse. Die Dachfläche wird durch zwei Lukarnen mit Dreiecksgiebeln und einer vierreihigen Fensterfolge unter drei Kreisblenden sowie kleine Gauben durchbrochen.

Die Originalität Ungewitterscher Einfälle drückt die Portalgestaltung in Tf. II, 20 aus. Auf dem Scheitel des dreieckigen Giebels über dem spitzbogigen Portal mit Oberlicht entspringt eine abgetreppte Vierkantvorlage, die im II. Obergeschoß als Fiale mit krabbenbesetztem Helm ausläuft. Die Vorlage erinnert an einen Strebepfeiler in Miniaturform. Die Zwickel zwischen Giebeldreieck und den spitzbogigen Schaufenstern füllen Rundbogenblenden aus. Damit lenkt Ungewitter den Blick des Betrachters auf die Mittelachse und unterstreicht ihre Funktion für den Zusammenhalt der Gesamtkomposition.

Der Polygonerker springt auf Konsolen vor, die an den drei Ecken in Lisenen mit dreieckigen Verdachungen fortgesetzt werden. Die Lisenen werden im II. Obergeschoß zunächst von doppelten Säulen, die die dazwischen sichtbare Kante rahmen, abgelöst, im obersten, ringsum frei sich entwickelnden Geschoß sind sie auf eine einfache Säule reduziert. Ob es sinnvoll ist, die Ecken des

Erkers mit Wasserspeiern zu besetzen, ist aus dem Blickwinkel eines Straßenpassanten fraglich, vielmehr scheint die Freude an mittelalterlichen Formen hier über praktische Erwägungen obsiegt zu haben.

Der Erker als gestalterischer Angelpunkt stellt zugleich die Überleitung zur längeren siebenachsigen Fassadenseite dar (Tf. II, 19), indem die Dreipässe im Oberlicht der Fenster im I. Obergeschoß an den mittleren vier Achsen wiederholt werden *(vgl. Abb. 53 a)*. Die linke Achse sowie die beiden äußeren am rechten Rand greifen die Vierpässe der kurzen Straßenseite auf. Die in Tf. II, 20 reichhaltig eingetragene ornamentale Textur durch Muster verschiedenfarbiger Backsteine ist an der langen Seite vereinfacht. Dort entfaltet das Materialzusammenspiel des Sandsteins mit der Ziegelfläche die Hauptausstrahlung. Das Material wirkt abermals auf die Formen zurück, indem der kleinteilige Ziegel flächengebunden - teppichhaft - verwendet wird, der Haustein für die raumgreifenden Elemente der Erker, Lukarnen und Einfassungen der Fenster.

Mit mehrgeschossigen Turmerkern, besonders an den Ecken der urbanen Gebäude, Lukarnen und Zwerchhäusern, Risaliten und flachen Erkern wird das Prinzip der Abwechslung und Vielfalt zur Bewältigung der zunehmenden Größenmaßstäbe des Wohnungsbaus in zahlreichen Varianten durchgeführt. Ein Haus wie dieses fand unzählige Umsetzungen durch Ungewitters Schüler wie auch Architekten der Hannoverschen Schule (vgl. Kap. V. 1). Ungewitter lieferte damit erste Entwürfe für den konzentrierten Wohnbedarf und hat entsprechend seinen programmatischen Forderungen die Vielfalt, das Malerische sowie die gotischen Motive für das Mietshaus eigentlich erstmals formuliert.

Ein anderes in seinem Vorwort verfochtenes Prinzip ist das des 'Bauens von innen nach außen'. Dies scheint gleich an dem ersten Entwurf zu einem kleineren Wohnhaus für eine Familie durch *(Abb. 54)*. Mit seinen insgesamt fünf großen Zimmern entspricht es der kleineren bürgerlichen Wohnung.[17] Das in Bruch- und Haustein gedachte Gebäude hat insofern expositorischen Charakter. Innerhalb eines kompakten quadratischen Grundrisses legt Ungewitter links der Mitte eine Achse von Zugang, Vorraum mit Stufen und Korridor, woran sich nach links abzweigend die Treppenhalle anschließt. Die Halle ist relativ groß und mit einer Spitzbogenarkatur dekorativ-repräsentativ gefaßt (s. den Schnitt Tf. 2, Fig. 2, der nur einen Teil des Hauses zeigt). Die Wohnräume zweigen direkt vom kurzen Flur bzw. der Treppe ab, das ist sowohl ökonomisch als auch eine deutliche Formulierung des Mittelpunktes im Haus. Der Grundriß des I. Obergeschosses zeigt dieselben Merkmale, da vom geräumigen Vorplatz der Treppe aus alle Zimmer begehbar sind. Die Anordnung schafft zugleich eine Offenheit des Raumgefüges statt langer, dunkler Gänge, die Ungewitter schon in seinem Hamburger Frühwerk bemängelt hat (s. Kat. 4). Die zumeist viereckigen Räume sind relativ groß, d.h. es herrscht eine Überschaubarkeit, die sich auch in der Fassade widerspiegelt.

Der Aufriß zur Straßenseite wiederholt in den zwei Wohnetagen nebst einem Dachgeschoß über gewölbtem Keller das Grundrißquadrat in der Fassadenproportion. Bei klarer Axialität der vier hochrechteckigen Kreuzstockfenster im I. Obergeschoß wird dennoch eine weitere Unterteilung durch die vertikale Halbierung in je zwei Fensterachsen vorgenommen. Im Erdgeschoß liegen neben einem Rechteckfenster das von zwei freistehenden Säulen getragene und mit einer vorgelagerten Sitzbank versehene Portal auf der linken Hälfte sowie drei einzelne hochrechteckige Fenster mit Kleeblattblende auf der rechten. Das Obergeschoß tritt linksseitig mit einem flachen Kastenerker vor, dessen Vorsprung auf der rechten Hälfte in einer vorkragenden Wandschicht, wiederum mit Segmentbögen, eine Fortsetzung findet, so daß eine horizontale Verbindung entsteht.

Der von Viertelkreiskonsolen bzw. Säulen getragene Erker übergreift Portal und Fenster, ein bereits genanntes typisches Ungewitter-Element. Dazwischen ist eine Dreipaßfiguration eingeschoben, die zusammen mit der von einem Baldachin bekrönten Figur im I. Obergeschoß eine Mittelachse am Erker bildet, der somit eine in sich symmetrische Binnenstruktur zeigt. Über dem Dreipaßfries des Erkers verläuft eine Traufleiste, die sich bis auf die rechte Hälfte der Fassade fortsetzt. Die rechte Außenkante liegt hinter einem Fallrohr für Regenwasser und der abgesetzten Wandschicht des vorkragenden Obergeschosses, wodurch ein dem Erker korrespondierender klarer seitlicher Abschluß formuliert wird.

Die in durchbrochene, wimpergbekrönte Spitzbogen- bzw. Dreipaßöffnungen aufgelöste Silhouette des Giebels läßt einerseits die Kontur des Satteldaches erahnen, greift andererseits die kubisch geschlossene Form des Baukörpers auf. Damit vereint der Giebel den traditionellen Typ des städtischen giebelständigen Hauses mit einer horizontalen Dachlösung, die der klassischen Bauweise angehört.

Auf der Rückseite wiederholt Ungewitter mit einer ungewöhnlichen Halbierung bis in das Dach hinein Zweiteilung und Axialität der Straßenfassade. Die linke Seite erscheint flächenhaft, die rechte mit Loggia und Altan unter einem abgewalmten Dach tief ausgehöhlt angelegt, in ihrer Räumlichkeit mit dem frontseitig vorspringenden Erker übereinstimmend. Mit der gesteigerten Aushöhlung des Baukörpers verweist er auf den privaten Charakter der Rückansicht, während die repräsentative Straßenseite sich durch größere Geschlossenheit auszeichnet. Ungewitter stellt immer eine Beziehung zwischen Innenraum und Fassade her, auch wenn auf den ersten Blick die Häuser willkürlich malerisch angelegt zu sein scheinen.

oben, links und unten:
Abb. 54 a,b) Wohnhaus für eine Familie (Ungewitter, Stadt- und Landhäuser, Bd. I, Tf. 1f.)

c. Raumausstattung und Möblierung: das Haus als Gesamtkunstwerk, Implikationen für Ungewitters Vorstellungen der Sozialstruktur

Die von Ungewitter entworfenen Wohngebäude stellen keineswegs nur architektonische Hüllen dar, vielmehr sind sie auf engste Weise mit ihrer Ausstattung verwoben, was auch auf Vorstellungen der idealen Sozialstruktur Rückschlüsse zuläßt. Die Grundrisse basieren in aller Regel auf viereckigen Raumformen, sie sind nicht oktogonal oder anderweitig unregelmäßig wie im englischen oder anglisierenden neugotischen Schloßbau, der in der asymmetrisch ausgreifenden Gesamtanordnung durchaus nachklingt (erinnert sei an Strawberry Hill und Babelsberg als prominente Beispiele).

Schnitte, Detailzeichnungen und kleine perspektivische Darstellungen vermitteln einen Eindruck von der Ausstattung der Ungewitterschen Häuser. Die Wände werden im unteren Bereich mit Paneelen verkleidet, die darüberliegende Wandzone an den Hauptschauseiten durch locker gesetzte Musterung mit Schmuckfriesen reich dekoriert (vgl. Tf. II, 4, Fig. 19). An der kurzen Seite einer mit steinernen Kreuzrippengewölben überdeckten Halle findet der Kamin seinen Platz, so daß die Halle in ihrer zentralen Bedeutung für das häusliche Leben als Ort der Kommunikation kenntlich wird.[18] Eine Anregung für die farbliche Fassung des Innenraums stellt Tf. II, 8 dar *(Abb. 55)*.

Da sich die Halle bzw. der erweiterte Korridor als Zentrum herausbilden, rücken Treppenanlagen in der Regel an den Außenrand (Tf. I, 8; I, 27; I, 31; I, 35). Sie erscheinen im Aufriß als eigene Abschnitte in vielfältigen Turmausführungen (vgl.Tf. II, 3; II, 5; II, 7). Diese Beobachtung verdeutlicht, wie sich Ungewitter eine in Grund- und Aufriß korrespondierende Komposition vorstellt und wie wichtig ihm die Artikulation jedes Bauabschnittes - gemessen an der Funktion - ist. In der Regel dominiert Holz für die Ausstattung, besonders in der Gestaltung der Hallenräume, die sich mit einer spitzbogigen offenen Dachkonstruktion (Tf. II, 37, Fig. 2) an Decken englischer 'Halls' orientiert (vgl. Kap. IV. 4). Dort finden auch die vorkragenden Figuren ihr Vorbild. Mit einem Rosenfenster wird ein sakral anmutendes Motiv eingeführt *(Abb. 56)*. In einem anderen Beispiel trägt die Deckenkonstruktion zugleich eine umlaufende Galerie, deren Knaggen reich mit Figuren und Laubwerk verziert sind, wie die Detailzeichnungen angeben *(Abb. 57)*. Dem sichtbar belassenen Baustoff Holz fällt damit eindeutig die wichtigste Rolle der Innenraumgestaltung zu.

Es sind bei Ungewitter Ansätze für wandfeste Ausstattung zu erkennen, die im weiteren Verlauf der Entwicklung eine große Rolle spielt. Außer dem genannten Beispiel, wo die Sitzbänke fest in die Nischen eingebaut sind (Tf. II, 32, Fig. 2), gibt es auch in Erkern ländlicher und städtischer

Abb. 55) Farbige Dekoration des Saales in Tf. 3 (Ungewitter, Stadt- und Landhäuser, Bd. II, Tf. 8) (vgl. die folgende Abb.)

Abb. 56) Gartenhaus (Ungewitter, Stadt- und Landhäuser, Bd. II, Tf. 3)

Häuser mit der Wand verbundene Sitzgelegenheiten (Tf. I, 4; I, 14, Fig. 12; II, 34, Fig. 3) *(vgl. Abb. 59)*. Fenstersitze, die sich an der Fassade als flache Erker ausdrücken, sind ursprünglich Bauelemente der Spätgotik, vgl. z. B. die Stube eines Bürgerhauses Goslar *(Abb. 58)*.[19] Im letztgenannten Beispiel Ungewitters steht ein Tisch mit Blumentopf vor dem offenen Fenster, wodurch die Illustration besonders lebendig wirkt, als hätten die Bewohner gerade kurzzeitig den Raum verlassen. Vielleicht haben diese kleinen, raffiniert angelegten Szenen mit ihrer Suggestionskraft mehr zur Wirkung der Entwürfe beigetragen, als wir es uns heute vorstellen können.

Den Hausentwürfen sind 1851 solche zu Möbeln vorausgegangen, in denen Ungewitter bereits viele seiner Vorstellungen zu einer Ausstattung von Wohnräumen formuliert hat *(Abb. 61)*.[20] Die Besonderheit der Ungewitterschen Möbel-Entwürfe, die in ihren durchkonstruierten, in Aufrissen, Schnitten und perspektivisch dargestellten Formen besteht, ist bereits hervorgehoben worden. Die strikte Werkgerechtigkeit und das "echte" Verständnis der gotischen Konstruktionsprinzipien werden als neuer Ansatz akzentuiert.[21]

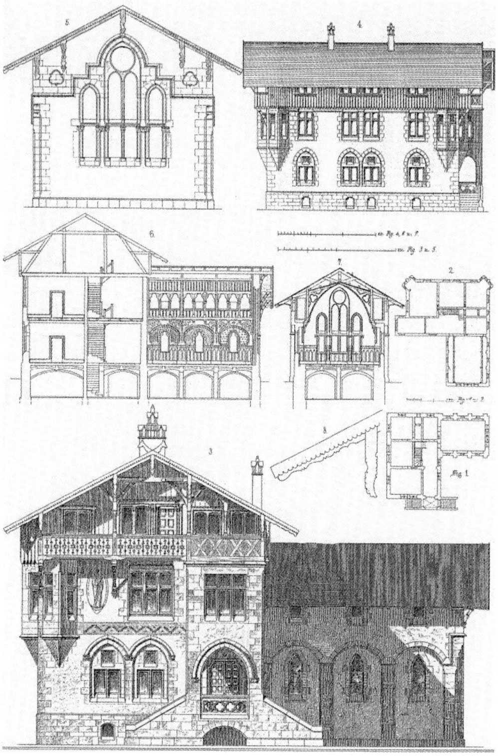

Abb. 57 a,b) Landhaus (Ungewitter, Stadt- und Landhäuser, Bd. II, Tf. 31f.)

Abb. 58) Stube eines Bürgerhauses (heute Stadtarchiv), Goslar, Fenstersitze, spätgotisch

Ein typischer Stuhl findet sich im zweiten Band auf Tf. 19: An eine leicht geneigte Rückenlehne läuft in entgegengesetzter Richtung das rückwärtige Beinpaar an *(Abb. 62)*. Üblich war sonst ein einziges Holzstück, das von den Beinen bis einschließlich zur Rückenlehne reichte. Ungewitter verwendet Verzapfungen und Verblattungen als holzspezifische Verbindungen, Nägel sind kaum zu sehen. Die Verbindungen werden deutlich gezeigt, indem überstehende Ecken einer Zapfverbindung dekorativ den Zusammenhang mit ihrer Funktion untermauern. Dabei besteht ein Hang zur Redundanz, die den architektonischen Historismus überhaupt kennzeichnet. Die Möbel zeigen eine Ausgewogenheit in der Flächenspannung, bildhauerisch-plastische Elemente wie Säulchen mit Basis und Kapitell, z.T. auch Wirtel, werden vorgesetzt oder erscheinen freistehend vor einem kantigen Holzstück, so daß dessen tragende Funktion durch ein architektonisches Versatzstück demonstriert wird.

Trotz des funktionalen Anspruches tritt die Freude am Ornament zutage, es sind nicht alle Formen strikt sinnhaltig. Dies betrifft aufwendige Maßwerkgalerien oder gar Zinnen als obere Schrankabschlüsse (vgl. Tf. I, 5 oder I, 26). Ein kleiner Baldachin, der sich an der Oberkante eines Spiegels aufspannt, verwandelt den Betrachter in eine Gewände- oder Nischenstatue *(Abb. 60)*.

Abb. 59)
Wohnhaus in Ziegelbau (Ungewitter, Stadt- und Landhäuser, Bd. I, Tf. 4)

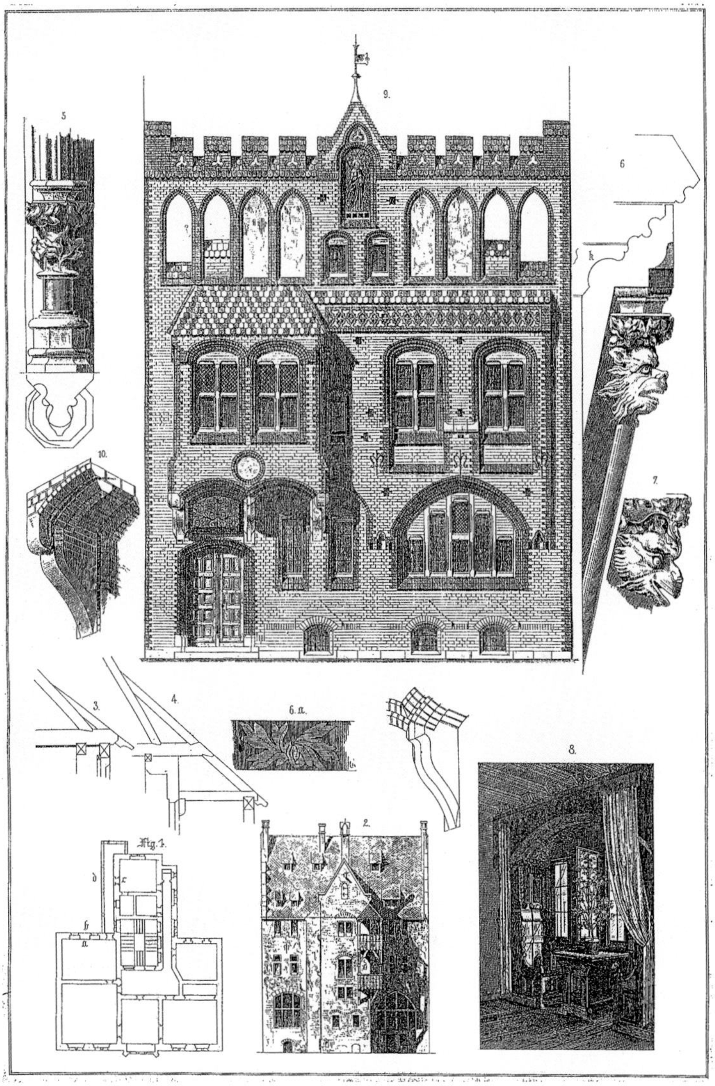

Die Derbheit, gelegentliche Klobigkeit Ungewitterscher Formen wird durch das konstruktive Erfordernis größerer Holzstärke bei materialgerechter Arbeit erklärt, da eine Minimierung der Leimverbindungen ebenso wie das deutliche Zeigen der Verbindungen für eine lebendige Wirkung verantwortlich seien (vgl. Vorwort). Die reichhaltige Dekoration kann nach Auffassung des Architekten im Falle einer Ausführung immer ohne weiteres reduziert werden. Die robuste Erscheinung wird nicht durch farbige Intarsien gemildert, wie sie z.B. im High Victorian ebenso wie an vielen deutschen Möbeln auftreten. Gleichwohl spielt die Farbe eine wichtige Rolle: In den Erläuterungen zu den Tafeln werden Farbvorschläge sehr differenziert vorgetragen. Immer aber ist das Material einheitlich, die Farben sollen lediglich belebend auf das Betrachterauge wirken.

Als Vorlagen für mittelalterliche Möbel dienten Ungewitter - einer Anregung Reichenspergers folgend - alte Gemälde, wobei er in Kassel selbst wenig dazu gefunden hat.[22] Allerdings sind auch konkrete Anregungen von Möbeln im Kapitelsaal des Domes in Münster festzustellen, wo es einen Zahltisch mit drei Laden aus dem 15. Jh. gibt, an den sich Tf. I, 33 anlehnt *(Abb. 63, 64)*. Die freistehenden Säulen vor der eigentlichen Stütze als Motiv zwischen Konstruktion und Dekoration zeigt ein ebenfalls in Münster verwahrter Wangentisch um 1500 *(Abb. 65, 66)*. Konservative Vorstellungen vom bürgerlichen Wohnen im 19. Jh. illustrieren die Holzschnitte Ludwig Richters, auf

Abb. 60) Spiegel (Ungewitter, Möbel, Bd. I, Tf. 23)

Abb. 61) Büffet, Wanduhr, Hängeschrank, Konsoltisch (Ungewitter, Möbel, Bd. II, Tf. 4)

denen oft auch Häuser mit Fachwerk (vgl. "Lob des Weibes") und Erkern dargestellt werden, die aber insbesondere in den Räumlichkeiten ähnlich einfache, handwerklich derbe Möbel aufweisen, die das Ideal des pietätvollen, patriarchalisch bestimmten Familienlebens illustrieren *(Abb. 67)*.

Einen festen Platz nehmen Pflanzen in Ungewitters Wohnhausentwürfen ein, die immer wieder auf Tischen oder sogar auf eigens angelegten Konsolen um eine Säule herum erscheinen *(Abb. 68)*. Die Dekoration des Raumes und der Fußbodenbelag, die beide mit stilisierten Ranken versehen sind, bis hin zu Knospen, die direkt aus dem Säulenschaft in der Raummitte wachsen, zeigen dasselbe Prinzip: Überall gibt es quasi domestizierte, abstrakt umgesetzte Naturzitate. In der dargestellten Umgebung treten in den ländlichen freistehenden Einzelhäusern ebenfalls Architektur und Natur in einen sinnstiftenden Zusammenhang: Das Haus gilt als ebenso organisch entwickelt, gewachsen und belebt. Es liegt einzeln in seiner Umgebung, wo mit Wald und Einsamkeit in einigen Beispielen Topoi der Gartentheorie des 18. Jahrhunderts nachwirken. Die Darstellungen Ungewitters tragen Idealcharakter, wenn man den Kontext der Stadtentwicklung ab der Mitte des 19. Jahrhunderts mitbedenkt, wo die Vorstadtvilla oder das Mietshaus für die meisten Menschen Alltag wurden. Die der Kategorie der ländlichen Häuser angehörenden Beispiele lassen sich als Ausdruck der Idee eines Gesamtkunstwerkes deuten, da in ihnen Ungewitters Vorstellungen über die Organisation und Inhalte des menschlichen Lebens insgesamt niedergelegt werden.

Die Wohnräume, ihre Anordnung und Ausstattung spiegeln - zu einem gewissen Maße - Vorstellungen gesellschaftlicher Organisation. Ungewitter befaßt sich fast ausschließlich mit bürgerlichem Wohnen für mittlere bis gehobene Verhältnisse, nur ein einziges Landschloß gibt es unter sei-

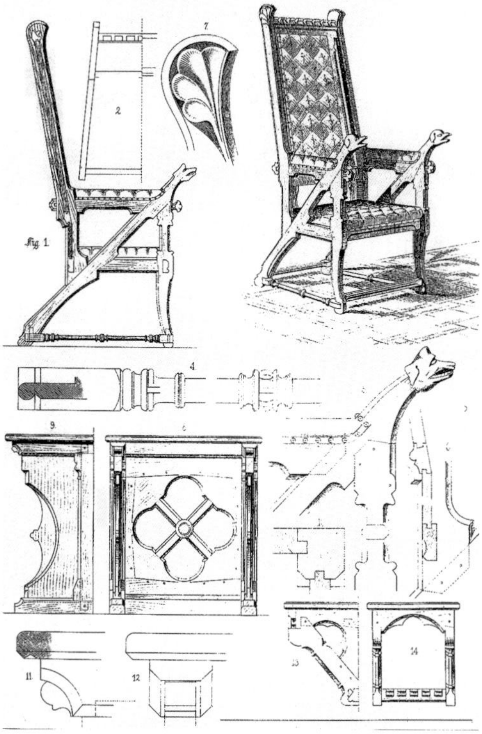

Abb. 62) Stuhl (Ungewitter, Möbel, Bd. II, Tf. 19)

Abb. 63) Tisch mit Kasten darin (Ungewitter, Möbel, Bd. I, Tf. 33)

Abb. 64) Zahltisch mit drei Laden, Westfalen, 15. Jh. (Kapitelsaal des Domes, Münster)

Abb. 66) Wangentisch (sog. Spieltisch des Jan van Leyden), norddeutsch (?), um 1500 (Kapitelsaal des Domes, Münster)

Abb. 65) Schreibtisch (Ungewitter, Möbel, Bd. I, Tf. 5)

Abb. 67) „Laß mich frühe hören deine Gnade“, Illustration, Ludwig Richter, 1861

nen Projekten. Die Grundrisse entsprechen den Anforderungen bürgerlichen Wohnens, da sie übersichtlich und platzökonomisch angelegt sind.[23] Obwohl den Räumen keine dezidierten Funktionen zugeordnet sind, kann man in der Betrachtung der Querschnitte, die über Raumhöhe oder dekorativen Aufwand Auskunft geben, Rückschlüsse ziehen. Weiterhin weisen z.B. die Fenster in Formen und Größe darauf hin, daß, wie es üblich war, die vorwiegend öffentlichen und repräsentativen Räume sich im Erdgeschoß bzw. in städtischen Gebäuden an der Straßenseite befinden, die privaten Wohn- und Schlafräume in den oberen Geschossen. Indem Treppenvorplätze und vor allem die Halle großzügig angelegt sind, werden sie von reinen Durchgangs- zu Aufenthaltsräumen, so daß ein Gleichgewicht zwischen Privat- und Repräsentativsphäre gewahrt bleibt.[24] Mit offener variabel belassener Raumgestaltung sowie -nutzung entfernt sich Ungewitter von der strikten trennenden Aufteilung der meisten zeitgenössischen Bauten.

Sprüche und Heiligenfiguren dienen der Sinnstiftung im Zeichen des “Altertümlichen”[25], “Traditionellen”, mithin der Überhöhung der reinen Formebene. Neben einfachen Kennzeichnungen, wie z.B. der Angabe von Daten (Tf. I, 3; I, 23) und Sprüchen, werden Figuren in Nischen an den Fassaden, Eingängen und Ecken versetzt, die an Patrone und Heiligenbilder erinnern, wie sie in vielen Städten überliefert sind (Tf. I, 17; I, 35; II, 4; II, 42). Durch Attribute sind z.B. die Heilige Katharina (Tf. I, 15f.; II, 6) oder auch eine Reihe von Herrscherstatuen zu erkennen (Tf. II, 45). Wie im letzteren Fall der inhaltliche Bezug zu dem stattlichen Stadthaus zu denken ist, bleibt etwas unklar. Jedenfalls wird auch hier der Anschluß an überlieferte Gestaltungsmerkmale hergestellt.

Bürgerliche Gesellschaftsvorstellungen bestimmen auch die Funktionszuweisung einzelner Bereiche an Personengruppen, die aus der Darstellung der die Architektur belebenden Figuren deutlich wird. Dies ist zwar keineswegs einzigartig bei Ungewitter, es wird aber doch die Trennung von Hauswirtschaft und Kinderfürsorge als Zuständigkeitsbereiche der Frau und öffentlich-beruflichem Leben als demjenigen des Mannes festgeschrieben (Tf. I, 7; II, 13; II, 32; II, 43). In strikter Zweckorientierung des Wohnens in mittelalterlich/frühneuzeitlichen, zugleich regionalisierenden Formen liegt Ungewitters Beitrag zur bürgerlichen Emanzipation im 19. Jh., indem er konkrete Bilder für Kultur- und Lebensweise der dominanten Gesellschaftsschicht zur Verfügung stellt, die von dieser aber erst in seiner Schülergeneration akzeptiert wurden.

Abschließend sei gefragt, worin das Wegweisende dieser Ungewitterschen Häuser gelegen haben mag. Im Raum Norddeutschland (Niedersachsen, Schleswig-Holstein, selbst Nordhessen) führt Ungewitter Entwürfe für den malerisch-mittelalterlichen Backsteinbau ein; und zwar *vor* Hases Wohnhaus, das dieser 1861 errichtet. In Kurhessen[26] setzen sich später neben Stein- vor allem Fachwerkhäuser durch, die aber in ganz Mitteleuropa Zuspruch fanden. Die maßgebliche Initiative ging wiederum von Ungewitter aus. In Kurhessen galt es, einerseits einen Gegenpol gegen die höfisch-französische Vergangenheit und andererseits gegen das zentralisierende, machtstrebende Berlin baulich zu formulieren. In Köln hatte die neugotische Bewegung einen ähnlichen Hintergrund, selbst in Niedersachsen, das gleichzeitig mit Kurhessen und Schleswig-Holstein 1866/67 von Preußen vereinnahmt wurde, läßt sich die Blüte der Hannoverschen Schule ähnlich bewerten. Ungewitters Entwürfe umfassen - aufgrund seines persönlichen Werdeganges - diese Regionen des nördlichen und westlichen Deutschland.

Die Beobachtung des Ungewitterschen Entwurfsmodells verweist auf einen neuen Gedanken in der Architektur, der bis in das 20. Jh. hineinwirkt. Die Architektur wird nicht nur abstrakt, gemäß einem Grundmodul aufgerastert, sondern anschaulich nachvollziehbar in Funktionseinheiten zerlegt. Diese lassen sich dann je nach örtlichen Gegebenheiten, Wünschen des Auftraggebers usw. zusammenfügen. Ungewitters Häuser vermögen insofern der Ausdifferenzierung und zunehmenden Komplexität gesellschaftlicher Strukturen gerecht zu werden. Er unterscheidet vor allem nach der Materialverwendung, d.h. der Form-Material-Konnex - nicht aber etwa die gotische Form im Sinne stilistischer Doktrin -, wirkt identitätsstiftend. Identität wiederum ist eben das, was in der zweiten Hälfte des vorigen Jahrhunderts angesichts der sich abzeichnenden zunehmenden Anonymität im gesellschaftlichen Zusammenleben immer mehr gesucht wurde.

Abb. 68) Innenraum des Gartenhauses in Tf. 35 (Ungewitter, Stadt- und Landhäuser, Bd. I, Tf. 36)

1 A[ugust] Reichensperger, Über den Bau unserer heutigen Wohnungen. In: *ZfpB* 10 (1850), Sp. 195.
2 Brönner, 1987, S. 121ff. Die übliche Belegung mit dem Begriff "Villa" ist allerdings nicht unproblematisch, gerade wenn es um die Werkbetrachtung eines Neugotikers geht. Mit der schlichteren Bezeichnung als "Häuser" blendet Ungewitter den antik-italienischen Kontext der "Villa" als Bau- und Lebensform aus (vgl. Bernhard Rupprecht, Villa. Zur Geschichte eines Ideals. In: Hermann Bauer / Lorenz Dittmann / Mohammed Rossen / Bernhard Rupprecht, Wandlungen des Paradiesischen und Utopischen. Berlin 1966, S. 210-50). Die begriffliche Unschärfe in synonymer Verwendung einerseits bzw. konträrer Auffassung andererseits beobachtet auch: Barbara Edle von Germersheim, Unternehmervillen der Kaiserzeit (1871-1914). Zitate traditioneller Architektur durch Träger des industriellen Fortschritts. (Beiträge zur Kunstwissenschaft 25) München 1988 (zugl. Diss. Bochum), S. 34-52, hier 43f. Zum Unterschied Villa bzw. Landhaus nach der Wende zum 20. Jh.: Julius Posener, Berlin auf dem Wege zu einer neuen Architektur. Berlin 2. Aufl. 1995, S. 160.
3 J. C. Loudon, An Encyclopaedia of Cottage, Farm and Villa Architecture and Furniture. London 1833, hier verwendet: 1842[2].
4 Die Burgvilla, die von Ley als "schwärmerische Illusion im Sinne der Romantik" gedeutet worden ist, erhält bei Ungewitter allerdings einen neuen Realitätsgehalt (Andreas Ley, Die Villa als Burg des Historismus im südlichen Bayern 1842-1968. München 1981, S. 36).
5 Der vielfach verwendete Begriff 'Materialgerechtigkeit' hat sich als Stichwort zwar eingebürgert, müßte jedoch erst einmal genauer hinterfragt werden (Beispiel für die unbefangene Verwendung: Ernst Badstübner, E. Wipprecht, Das wunderliche Dogma der Materialgerechtigkeit. In: Farbe und Raum Heft 3, Jg. 35, Berlin 1981, S. 22-26).
6 Vgl. Anke Halbach, Wohnbauten des 12.-14. Jhs. in Burgund. Diss. Köln 1984, vgl. Tf. I, II, IV.
7 Literaturauswahl: Martina Abri, Die Friedrich-Werdersche Kirche zu Berlin: Technik und Ästhetik in der Backstein-Architektur K. F. Schinkels. (Die Bauwerke und Kunstdenkmäler von Berlin Beiheft 22) Berlin 1992, S. 40ff.; Manfred Klinkott, Die Backsteinbaukunst der Berliner Schule. Von K. F. Schinkel bis zum Ausgang des Jahrhunderts. (Die Bauwerke und Kunstdenkmäler von Berlin Beiheft 15) Berlin 1988; für die ältere Forschung vgl.: Friedrich Wachtsmuth, Der Backsteinbau der Neuzeit. Marburg 1942.
8 Das umfangreichste Dokumentationswerk: August

Essenwein, Norddeutschlands Backsteinbau im Mittelalter. Karlsruhe 1855. Er zeigt detaillierte Zeichnungen mit Ziegelverbänden und Formen der Maßwerke, z.B. für Zinnenbekrönungen aus Brandenburg und Lüneburg in Tf. 33. In seinem Vorwort betont er bereits, daß das Material einen großen Einfluß auf die Architektur nimmt. Essenwein verwendet in den 1850er und 60er Jahren auch gotische Ziegelformen für einzelne Wohnhäuser oder eine Schule (vgl. auch Holzamer, 1985). Ungewitter erwähnt die Schrift später in seinem "Lehrbuch".

9 Der Blick auf Holzbauten in Tirol und der Schweiz öffnet Ungewitter neue Formmöglichkeiten. Als konkretes Vorbild scheinen sie nur in einem seiner Entwürfe durch (vgl. auch Eisenlohr und *The Builder*). Reichensperger betont 1845 die Bedeutung dieser Bauweise etwa im Hinblick auf ihre konstruktive Aussagekraft. Die Architekten in Köln bleiben hingegen bis um 1900 dem Steinbau verpflichtet. Vgl. Michael Imhof, Historistisches Fachwerk. Zur Architekturgeschichte im 19. Jahrhundert in Deutschland, Großbritannien (Old English Style), Frankreich, Österreich, der Schweiz und den USA. Bamberg 1996 (zugl. Diss. Bamberg), S. 247-72 zu Ungewitter.

10 vgl. Günter Binding/Udo Mainzer/Anita Wiechmann, Kleine Kunstgeschichte des deutschen Fachwerkbaus. Darmstadt 1989[4].

11 vgl. Heinrich Walbe, Das hessisch-fränkische Fachwerk. Gießen 1954[2].

12 Einwirkungen von Äußerungen Reichenspergers auf Ideen (das Malerische, der Innenraum wirkt auf die äußere Gestalt), aber auch Motive (Erker, hohe Dächer) sind mit Sicherheit anzunehmen (vgl. A[ugust] Reichensperger, Über den Bau unserer heutigen Wohnungen. In: *ZfpB* 10 (1850), Sp. 195-202; und "Die christlich-germanische Baukunst" (vgl. S. 3 für die Forderung nach sorgfältiger Ausführung der Türklopfer, die sich Ungewitter nach eigenem Bekunden zu Herzen nahm)). Kritisch gegen die Versuche, auf das Mittelalter für moderne Wohnbauten zurückzugehen, äußert sich der Inspektor an der Kunstakademie Königsberg, Gemmel (H. Gemmel, Über das Mittelalter im Wohnbau bei Romberg und Ungewitter. In: *ZfpB* 12 (1852), Sp. 65-80). Trotz einleitender Zustimmung für z.B. Ablehnung des Maskierens des Baumaterials glaubt Gemmel nicht an einen Erfolg der Ungewitterschen "Vorlegeblätter für Holzarchitektur", er zählt im einzelnen Nachteile der mittelalterlichen Architektur auf, u.a. könne sie keine angemessenen Raumgrößen bilden (wegen der Länge der Holzbalken). Außerdem seien für den deutschen Walzer mindestens 22 Fuß im Quadrat erforderlich (Sp. 70).

13 Anregungen geben auch zeitgenössische Veröffentlichungen historischer Stadtansichten, vgl. die Tf. bei: Vincenz Statz, Mittelalterliche Bauwerke nach Merian. Mit einer Einleitung von August Reichensperger. Leipzig 1856.

14 vgl. Brönner, 1987, S. 85ff.

15 Ludwig Lange, Ueber die Anwendung des Erkers. Vortrag, gehalten in der 10. Versammlung deutscher Architekten und Ingenieure in Magdeburg 1856. In: *ABZ* 21(1856), S. 305-07. Vorher: A[ndreas] Romberg, Über die Mittel der byzantinischen und gotischen Baukunst in Anwendung auf die Baukunst unserer Zeit, im Vergleich zu den Mitteln, welche die griechische Baukunst der modernen bietet, oder Gründe, warum wir byzantinisch und gothisch und nicht griechisch bauen sollen. In: *ZfpB* 11 (1851), Sp. 199-36. Romberg erweist sich in der Darstellung des Erkers, der Betonung von Ziegel und Holz als Kompilator (vgl. Reichenspergers Artikel von 1850 und Ungewitters Vorlegeblätter).

16 Wolfgang Brönner, Erker, Giebel, hohes Dach. In: *Jahrbuch der Rheinischen Denkmalpflege* Bd. 29 (1983), S. 199-218. Brönner verweist darauf, daß sich die Untersuchungen bisher meist auf die Verbindung malerisch-gotisch in der ersten Hälfte des 19. Jahrhunderts beschränkt haben und daß eine Beschreibung in den Quellenschriften des vorigen Jahrhunderts in fast identischem Vokabular auffällt (vgl. Wilhelm Lübke als Verfechter der Neu-Renaissance 1891) (vgl. S. 204). Welche Schwierigkeiten mit den Genehmigungsverfahren für Erker es in Nürnberg und Köln gleichermaßen gab, belegt er anhand von Heideloff 1818 sowie F. v. Schmidt 1848 (vgl. S. 210).

17 Albert Geul, Die Anlage der Wohngebäude mit besonderer Rücksicht auf das städtische Wohn- und Miethhaus. Ein Leitfaden zu Vorträgen an technischen Lehranstalten und zum Selbstunterricht für Bauhandwerker und angehende Architekten. 1.-10. Lieferung Stuttgart 1868, S. 52. Der Verfasser war Professor am Polytechnikum Nürnberg.

18 Die Aktualität einiger Forschungsergebnisse des 19. Jahrhunderts im Bezug auf die Halle (Schäfer, Viollet-le-Duc) vermerkt: Hans-Georg Lippert, Das Haus in der Stadt und das Haus im Hause. München 1992, S. 14ff.

19 Gertrud Benker, Bürgerliches Wohnen. Städtische Wohnkultur in Mitteleuropa von der Gotik bis zum Jugendstil. München 1984, S. 84f.

20 Vorher waren gelegentlich neugotische Entwürfe veröffentlicht worden: 1835-53 "Journal für Möbelschreiner und Tapezierer" des Mainzer Schreinermeisters Wilhelm Kimbel, 1832-37 Heideloffs "Bau- und Möbelschreiner oder Ebenist". Dann erschienen rein der Gotik gewidmet: B. K. Heller, Darstellungen sämmtlicher Haus- und Luxusartikel im deutschen Style. Nürnberg 1849; C. A. Heideloff, Muster-Werke aus der Nürnberger Bauhütte für Drechsler. Nürnberg 1851 und eben Ungewitters Schrift (Jörn Bahns, Zwischen Biedermeier und Jugendstil. Möbel im Historismus. München 1987, S. 16).

21 Georg Himmelheber, Klassizismus, Historismus Jugendstil. (=Bd. 3 von: Heinrich Kreisel, Die Kunst des deutschen Möbels). München 1973, S. 169f.; die Abb. 648 und 733 zeigen Nachbauten des Tisches Tf. 3 in Bd. I in Schloß Lednice (Eisgrub) (Bau 1845-58) im südlichen Mähren durch die Fa. Carl Leistler (?) aus Wien (um 1856/58) sowie in Schloß Sychrov (Bau 1847-62) in Nordböhmen. Der Argumentation Himmelhebers schließt sich Bahns an: Mit Ungewitter ist die Stufe des 'dogmatischen' (bei Bahns synonym für kenntnisreichen) Historismus erreicht, anstelle biedermeierlicher Grundformen tritt nun eine gotisierende Konstruktionsweise (Abb. 10, S. 38: Tisch von Tf. 3) (Bahns, 1987, S. 37). Ebenso: Rainer Haaff, Gründerzeit. Möbel und Wohnkultur. Westheim/Pfalz 1992, S. 46-48 zu neugotischen Möbeln.

22 Brief 24. November 1855 (Reichensperger, 1866, S. 146). Auch für sonstige Gerätschaften zog er außer Bildern Miniaturen und Holzschnitte heran (Brief Januar 1862; Reichensperger, 1866, S. 212).

23 In den 40er Jahren erscheint eine Raumbeschreibung mit entsprechender Ausdeutung bei Romberg, der feststellt, daß im mittelalterlichen Wohnhaus ein großer Raum, mit Fenstern fast sakraler Pracht erleuchtet, das Zentrum des Bürgerhauses gewesen sei ([J. A. Romberg], Das Wohnhaus im Mittelalter. In: *ZfpB* 3 (1843), Sp. 254).

24 Zur Ausweitung des Privatbereichs sowie der Funktionsspezialisierung der Räume vgl.: Hermann Zinn, Entstehung und Wandel bürgerlicher Wohngewohnheiten und Wohnstrukturen. In: Lutz Niethammer (Hg.), Wohnen im Wandel. Beiträge zur Geschichte des Alltags in der bürgerlichen Gesellschaft. Wuppertal 1979, S. 13-27. Zum Verständnis der Familie als eine sich selbst begründende und als Selbstzweck begreifende Gemeinschaft vgl.: Jürgen Kocka (Hg,), Bürger und Bürgerlichkeit im 19. Jahrhundert. Göttingen 1987.

25 Der Hausspruch wurde im Zuge der Hinwendung zum sog. "Altdeutschen" in der Architektur wiederentdeckt ([Paul] Rowald, Der deutsche Hausspruch. In: *Centralblatt der Bauverwaltung* 1889, S. 6f., 14f.).

26 Vorher gab es neugotische Schlösser und Turmburgen, wie z.B. das von einem englischen Architekten ausgeführte Friedelhausen bei Gießen von 1852 (vgl. Heinz Biehn, Schloßbau der Romantik in Hessen und der Historismus. In: Renate Wagner-Rieger/ Walter Krause (Hg.), Historismus und Schloßbau. München 1975, S. 103-118).

3. Das "Lehrbuch der gothischen Konstruktionen"

Ein so umfangreiches Werk wie Ungewitters "Lehrbuch der gothischen Konstruktionen" mit mehr als 600 Textseiten, die die auf 46 Tafeln zusammengestellten Figuren erläutern, entzieht sich einem unmittelbaren Zugang. Ungewitter legt darin seine Auffassung von der Architektur mit zahllosen Beispielen und Details nieder. Es soll im folgenden der Versuch unternommen werden, sich diesem Werk durch eine Analyse nach ausgewählten Kernbegriffen zu nähern. Die Begriffe wiederum fügt Ungewitter nach einem bestimmten Denkmuster zu einem systematischen Komplex zusammen. Mit der Formulierung architektonischer Ideale in den Schriften ist eine für das 19. Jh. typische Einbettung architekturtheoretischer Konzepte in eine bauhistorische Abhandlung zu beobachten (vgl. Kap. IV. 1). Ungewitter begrenzt sich zeitlich jedoch auf die Gotik bzw. ihre römischen oder byzantinischen Vorläufer in der "Wölbkunst".

a. Aufbau und Inhalt

Ungewitter baut sein Lehrbuch so auf, daß es als Leitfaden zum Studium am Beispiel des Mittelalters anwendbar ist. Reihenfolge und Inhalt erscheinen in den späteren, von Karl Mohrmann redigierten Auflagen verändert, so daß die erste Auflage die Grundlage unserer Untersuchung darstellt (vgl. Schriftenverzeichnis).

Das Lehrbuch ist offenkundig unmittelbares Ergebnis der inzwischen mehrjährigen Erfahrungen Ungewitters als Lehrer in Kassel. Es gibt eine ganze Reihe kleiner Blätter, die mit geometrischen Zeichnungen und mit in mathematischer Kurzform ausgedrückten Konstruktionshinweisen den Charakter eines Skriptes tragen, das Ungewitter seinen Vorlesungen zugrundegelegt haben könnte *(Abb. 69)*. In ganze Sätze gefaßt, wäre solch ein Blatt durchaus im Lehrbuch vorstellbar.

Das Lehrbuch ist in neun Kapitel gegliedert, die sich im Anschluß an die Darstellung einzelner Bestandteile wie Profilierungen, Maßwerk, Gewölbekonstruktion, Gestaltung von Pfeilern, Säulen, Pfosten und Auskragungen mit der Grundrißbildung der Kirche ausführlich befassen, die mit knapp 250 Seiten das Hauptkapitel darstellt. Darin werden außerdem Aufriß und Schnitte abgehandelt. Zur Vervollständigung werden kürzere Abschnitte über Türme und Portale, Aufriß der Türme, farbige Innenausstattung und Anlage der Lettner angehängt. Die fortwährende Vermischung von Deskription, Analyse und Interpretation ist außerordentlich schwer aufzuschließen. Die Entwicklung des Ganzen geschieht in Abschnitten zu Teilfragen, so daß sich aus dieser starken Verästelung nur schwierig ein Gesamtbild gewinnen läßt.

Ein erheblicher Anteil des Buches ist im Charakter einer Baulehre abgefaßt, die aus Anweisungen zur Austragung von Grund-

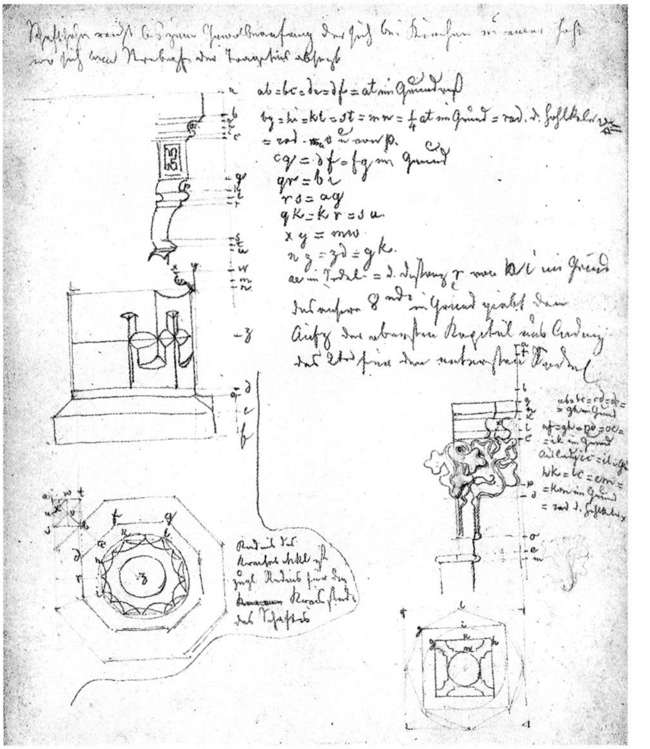

Abb. 69) Skizzenblatt mit Erklärungen geometrischer Figuren, Ungewitter (Ungewitter-Skizzenbuch, Graphische Sammlung, Staatliche Museen Kassel)

rissen, Aufrissen und Schnitten besteht; ein sehr pragmatischer Ausgangspunkt also. Darin eingewoben sowie rahmend in Einleitung und Schlußwort erscheint ein knapp formulierter Umriß des architekturtheoretischen Standortes. Weitergehende philosophische Konzepte werden nicht explizit formuliert. Die Frage der Korrektheit der Baulehre wird weitgehend ausgeklammert, allenfalls in Stichproben nachvollzogen, insofern eine enge Rückkoppelung an geometrisch-mathematische Entwurfsverfahren nicht nur das rationale Denkmuster untermauert, sondern auch zur Erklärung des ausgeprägt räumlichen Begreifens, das ein besonderes Merkmal der Lehre Ungewitters ist, beiträgt. Es werden Beispiele aus denjenigen Textpassagen herausgegriffen, in denen die Baulehre direkt an theoretische Aspekte anschließt oder als reflexiver Einschub greifbar ist. Obwohl das Verfahren einfach ist, ergibt sich ein erstaunlich differenziertes und kohärentes Bild.

Die didaktische Aufgabe als Erläuterung für Praktiker bzw. Studenten sowie als Handbuch für Bauhandwerker läßt Beschreibungen und ausführlichen, mitunter umständlichen Erklärungen größten Raum, wie das Verfahren des Einsetzens von Fensterverglasungen belegen kann.[1] Diese werden oft durch Angaben von Varianten zu einem Grundschema weiter ausgedehnt. Zuerst soll demnach für den jeweiligen Detailentwurf eine Freihandskizze angelegt werden, an die sich eine Fixierung des "Charakters der Konstruktion" durch geometrische Hilfsmittel anschließen müsse.[2] Immer wieder betont Ungewitter die freie Handhabung aller Regeln sowie die Rolle der geometrischen Durchkonstruktion als Hilfsmittel für die Formbildung. Darin spricht sich ein undogmatischer Umgang mit den Prinzipien der Gotik aus, der eine wichtige Qualität der Ungewitter-Schule ausmacht. Die geometrische Schematisierung erleichtert dem Anfänger, für den das Lehrbuch gedacht ist, den Einstieg in die komplexe gotische Formentwicklung.

Über empirische Studien das Prinzip zu erschließen, zeigt eine wissenschaftlich-beobachtende Basis an, auf der jegliche theoretischen Erörterungen Ungewitters aufbauen.[3] Für dieses Vorgehen hat es natürlich Anregungen gegeben (vgl. die ausführliche Auseinandersetzung mit der Gotik in Hoffstadts "Gothisches ABC" von 1840-47 oder auch Heideloffs schmales Heft "Der kleine Altdeutsche" von etwa 1850 (vgl. Kap. IV. 1)). Symptomatisch für Ungewitters Auffassung ist, daß die Gotik nicht nur als geometrisches Ornament erläutert wird, sondern auch Lehrbeispiel für den modernen Architekten ist. Den Erwartungen seiner Zielgruppe versucht er zu entsprechen, indem er technischen Fragen einen großen Stellenwert zumißt.

b. Schlüssel-Begriffe

Mit ausgewählten Begriffen, die von Ungewitter mit tiefergehenden Ideen belegt werden oder die sich heute als charakteristische Stichworte des architektonischen Historismus offenbart haben, werden wir uns im folgenden befassen. Dazu zählen: die Gotik im Sakralbau, die Gotik als Prinzip, die Konstruktion, die Verbindung zwischen Form, Funktion und Ausdruck sowie das Malerische und der Stil.

In seiner umfangreichsten Darlegung der Architekturtheorie entwickelt Ungewitter sein gesamtes System anhand der gotischen Kirche.

> *So schliesst die Kathedrale die gesammte Formentwickelung aller übrigen Werke in sich, gleichwie der Geist, der unter ihren Gewölben wohnt, alle Räume durchdringt. [...] Der Palast, das Rathhaus, das Wohnhaus sind freilich von der Kirche verschieden, aber gebetet wird doch in allen, den durch die Religion sanctionirten Zwecken dienen doch alle, und es würde daher ihre äussere Form dem innersten Kern ihres Wesens widersprechen, wenn sie ihre Entstehung aus der Gestaltung der Kirche nicht zur Anschauung brächten.*[4]

Damit bleibt die Gotik, trotz aller anderen Aspekte, bei dem hessischen Architekten immer eng an den Glauben gebunden, daß die Religion die Kraft besitze, einen gesellschaftlichen Grundkonsens herzustellen.[5] Diese Haltung stellt zum Zeitpunkt des Verfassens des Lehrbuches eine eindeutig konservative Position dar.

Ungewitter vertritt die Auffassung der Gotik als Prinzip. In der klassischen vitruvianischen Tradition hatte es Regeln gegeben, nach denen ein ebenfalls fest definierter Formenkanon angewendet werden durfte, um jeweils den Inhalt bzw. die Idee eines Bauwerks zu symbolisieren. Im frühen 19. Jh. wird auch die Gotik mittels einer Auftragung dekorativer Formen zitiert, um assoziativ auf bestimmte Gehalte zu verweisen. Dies entspricht aber im Grunde dem Verfahren der klassischen Lehre. Es kommt durch Ungewitter und seine Generation zur Lösung von einem starren Formbegriff, die Auffassung der Gotik als Prinzip führt zu einer Dynamisierung, Abstraktion und Flexibilisierung der Stilauffassung. Dazu leistet Ungewitter im deutschsprachigen Raum einen wichtigen Beitrag.

Ein konkretes Beispiel möge veranschaulichen, wie Ungewitter sich dies in der Praxis vorstellt: Die Teilung in alte und junge Pfosten, wie sie am Fenstermaßwerk vorkomme, bestimme auch die Triforiengliederung.[6] Damit zeigen die für verschiedene Bauteile durchgängig gültigen Kompositionsprinzipien in ihrer Übertragbarkeit von einem Bauteil auf einen anderen, daß beide Formen aus der gleichen gedanklichen Basis erwachsen. Die auf diese Weise gewonnene Flexibilität enthebt die Gotik der Regelproblematik der vitruvianischen Tradition; sie erlaubt eine begrenzte Autonomie der Architektur, indem sie einer eigenen inneren Gesetzlichkeit folgt. Feste Regeln lehnt Ungewitter ab, er glaubt vielmehr, mannigfaltige Wechselwirkungen zwischen praktischen und künstlerischen Aspekten im Mittelalter gefunden zu haben; erst die Spätgotiker hätten demnach die Einordnung in ein festeres Schema versucht, was ihnen denn auch zum Verhängnis geworden sei.

Ungewitter leitet charakteristische Eigenschaften der gotischen Architektur aus dieser Prinzipienhaftigkeit her: Sie sei mehr als jede andere geeignet, selbst schwierigen oder ungünstigen Programmen zu genügen, da sie den jeweiligen Gegebenheiten gerecht zu werden vermöchte. Als Beispiel führt er die Argumente für und gegen eine Anlage von Emporen an.[7] Mit solchen Überlegungen untermauert er seine Auffassung, daß die Gotik besonders anpassungsfähig für die verschiedenartigsten Bauaufgaben sei.

Konstruktion wird bei Ungewitter von einem terminus technicus in eine ästhetische Kategorie übertragen.[8] Indem die Konstruktion offengelegt wird, entspricht sie dem Wahrheitsgedanken (s.u.), wird somit in ihrer Wirkung betrachtet und stellt darin eindeutig eine ästhetische Kategorie dar:

> *Die offene Darlegung aller konstruktiven Verhältnisse bildet aber das Lebensprinzip der gotischen Architektur, [...].*[9]

Daneben steht kontinuierlich die Verwendung als rein technischer Begriff, wie es bisher in der Architekturtheorie üblich gewesen ist. Die Konstruktionsgerechtigkeit der Gotik ist eines der zentralen Argumente der Neugotiker für ihre universale Anwendbarkeit (vgl. Kap. IV).

Ein direkter Anschluß der Konstruktionsweise an die Form der Details sowie an die Ornamentik wird immer wieder beschrieben:

> *Hiernach liegt es aber entschieden im Wesen der gotischen Kunst, die ganze Konstruktionsform zur Kunstform auszubilden, d.h. sie auf alle jene Einzelheiten anzuwenden, an welchen der dekorative Karakter in den Vordergrund tritt.*[10]

Wieder werden über das Aufspüren von allgemeingültigen Gesetzen der Konstruktion, die zur Wirkung beitragen, Grundmuster bestimmt, die eine variable Entfaltung erlauben.

Der Konnex von Form und Funktion durchzieht Ungewitters Schriften - ebenso wie die Äußerungen zu seinen Bauten - als wichtiges Leitmotiv (vgl. Kap. III.1). Dies dient als Erklärungsmodell für große Bauabschnitte, etwa die Funktion des Schildbogens mit darüberliegendem Wandstück: Der Schildbogen sei neben dem Strebepfeiler wichtigster Teil des tragenden Mauerwerks: 1. zur Verstrebung benachbarter Strebepfeiler in der Wandebene, 2. zur Aufnahme des Schubes oberer Wölbteile, 3. zum Tragen der Dachlasten, 4. zur Übertragung des Windschubes gegen das Dach und die oberen Wandteile auf die Strebepfeiler.[11] Aus dieser Einsicht heraus kann Ungewitter an seinen eigenen Bauten (vgl. die Kirchen) Konstruktionsfehler vermeiden (im Gegensatz zu Statz).[12] Wieder weist er seiner Erkenntnis in der Ausweitung bis in kleinste Details eine weitreichende Gültigkeit zu.[13] Die ästhetische Wirkung vermag er mit eigenen Entwürfen zu illustrieren. Die Annahme, daß die struktive Form der Gesimse ihre Ausladung bestimme oder indem selbst Umgänge mit strukturellen Gründen erklärt werden, belegt die Bedeutung dieses Gedankens für Ungewitters Auffassung der Gotik (vgl. ev. Kirche Neustadt, Kat. 24).[14]

Auf funktionsgerechte Formen wird auch der 'Ausdruck' des Architekturwerkes zurückgeführt. Als Beispiel nennt er die Konzeption des Kirchenquerschnittes, der aus dem Grundriß, den

Forderungen der Wölbung, der Lichtzufuhr und schließlich dem Streben nach dem vollendeten Ausdruck zu entwickeln sei. Das beinhaltet ferner, daß die funktionelle Form nicht Selbstzweck ist. Selbst die dekorativen Elemente wie Wasserspeier müssen ihre Funktion erkennen lassen: Wasserspeier in ruhiger Linienführung seien der wetterbedingten Vergänglichkeit weniger ausgesetzt, außerdem wird die "stramme, schön geschwungene Linie der Bewegung" aus ästhetischen Erwägungen der allzu freien Bearbeitung und den "willkürlichen Wendungen amphibilischen Charakters" an spätgotischen Figuren vorgezogen.[15]

Im Einzelfall läßt sich sogar eine richtig beobachtete Parallelisierung zur klassischen Formtradition erkennen: Die Löwenmasken des griechischen Sima (Giebelgesims mit Traufrinne, Masken in der Dorischen und Korinthischen Ordnung) haben dieselbe Funktion wie die Wasserspeier.[16] Willkür der Formengebung und unruhige Linienführung, die den Ausdruck stören, werden strikt abgelehnt. Die modernen Fallrohre seien jedoch keine Alternative. Ungewitter bemüht sich, die Wirkung von Architektur auf den verschiedenen Ebenen von Detail, Proportion und Komposition anschaulich zu erklären, wobei er auf ikonographische Ebenen etwa der Symbolik oder Allegorie verzichtet.

Ein weiterer Schlüsselbegriff Ungewitters ist das 'Malerische'. Diese Kategorie, die teilweise auch mit dem Stichwort 'Mannigfaltigkeit'[17] belegt wird, hat schon im vorigen Kapitel für den Wohnbau eine Rolle gespielt. Die Eigenschaften, die die synonym verwendeten Begriffe charakterisieren, sind vielfältig. Genannt wird etwa die typologische Variationsbreite, die der gotische Kirchenbau ermöglicht: Innerhalb der beiden Systeme Hallenkirche und Basilika mit ihren vielen Zwischenstufen erlauben die Prinzipien der gotischen Konstruktion endlose Mannigfaltigkeit. Das gilt ferner für proportionale Verhältnisbestimmungen etwa der Gesamthöhe zu der Größe der Einzelglieder oder wird an konkreten Bauabschnitten - beispielsweise der Vorhalle - beschrieben. Ungewitter gesteht der Gotik zu, daß sie lediglich an wenige essentielle Grundschemen gebunden ist, die gewissermaßen den Rahmen ihrer Variabilität markieren. Die Ausfächerung innerhalb des Rahmens sei dann auch nie willkürlich. Damit versucht er, eines der Hauptargumente der Gotik-Gegner zu entkräften, die in diesem Stil keine Regeln zu erkennen vermochten.

Immer wieder fällt der Begriff in Ungewitters Analyse der Einzelformen der Gotik, u.a. für den Aufriß von Triforien, die Profile, die Gesimsgliederung, die Fialen oder das Maßwerk.[18] Zur Kennzeichnung des Mannigfaltigen im Sinne formaler Vielgestalt sei auf den Bereich der Bauplastik verwiesen. Die Wasserspeier können naturalistische Erscheinungen annehmen, indem sie Tiere, Ungeheuer oder menschliche Gestalten darstellen. Sie sind darüber hinaus ein geeigneter Ort, um das Element des Humors in der Architektur zur Geltung zu bringen. Ungewitter nennt ein Beispiel von St. Blasien in Mühlhausen, wo an einem großen Faß der Hahn durch eine winzige Menschenfigur gedreht wird.[19]

Die Erhebung des Unregelmäßigen zum positiven Konstruktionsprinzip ist als ein wesentlicher Abgrenzungsfaktor von der klassizistischen Tradition zu bewerten. Das Unregelmäßige gilt als reizvoll, schon weil es funktionsgerecht, d.h. ästhetisch ansprechend ist.[20] Gerade die Entfaltung unter der Prämisse des Malerischen auf der Basis fester Prinzipien erklärt die große Formenvarianz in Ungewitters Werk (vgl. "Variety" und "The Picturesque" der angelsächsischen Tradition, s. Kap. IV. 3).

Im "Lehrbuch" wird diese Facette, die sich nicht zuletzt in abwechslungsreicher Linienführung niederschlägt, bis in kleinste Details verfolgt. Ungewitter beschreibt, daß die Ausladung der unteren Stufe im Kirchenschiff in zwei oder mehrere Unterteilungen zerfallen könne, so daß zusammen mit den ungleichen Höhen der verschiedenen Dienstsockel eine malerische Kombination entstehe. Das Verspringen der Linienführung trage seinerseits zur ansprechenden Wirkung des Innenaufrisses der Kirche bei.[21] Ein weiterer Punkt ist die Brechung der Monotonie großer Flächen, z. B. von Dächern, durch farbige Dekoration.[22] Analog steht die Hervorhebung einzelner Teile im Zusammenhang mit seiner Auffassung von Lebendigkeit (vgl. die "Vorlegeblätter für Holzarbeiten"), die in Architektur und Ausstattung als wichtiger Wirkungsfaktor zum Tragen kommen müsse.

Das Malerische beinhaltet aber auch die Art und Weise der Lichtführung, bzw. wie der Kontrast zwischen hellen und dunklen Partien eines Raumes ausgespielt wird. Das dunkle Mittelschiff entfaltet nach Auffassung Ungewitters seine Wirkung im Zusammenspiel mit einem hellen Chor. Dies könnte erklären, warum er die basilikale Raumform in seinem Werk gemieden hat, da die Beleuchtung durch den Obergaden diese Wirkung abgeschwächt hätte. Ungewitter setzt insofern die Lichtführung zur Erzielung einer dramatischen Wirkung ein. Damit besteht ein Anschluß an das von Piranesi vorgeformte Ideal des Malerischen.[23] Ungewitter weitet offenbar im Rückgriff auf Konzepte, die aus dem 18. Jh. stammen, den Begriff des Malerischen aus, der sich in der ersten Hälfte des 19. Jahrhunderts weitgehend in der Bezeichnung der im englischen Landhausbau angelegten pittoresken Asymmetrie erschöpft hatte. Das Malerische ist zunächst auch immer mit dem Gotischen verknüpft und enthält eine emotionale Komponente. Ungewitter versucht, diese Kategorie wiederum am Beispiel neu zu begründen und die Mittel, diese Wirkung zu erreichen, offenzulegen.

Im Zentrum der Architekturdiskussionen im vorigen Jahrhundert steht die alles dominierende Frage nach dem Stil, mithin die Suche nach einem zeitgemäßen Stilideal. Ungewitter entscheidet sich für die Gotik, genauer für eine Präferenz des 13. Jahrhunderts, das er aber nicht dogmatisch als ausschließliches Vorbild begreift. Wieder folgt die Begründung an konkreten Fallbeispielen: Eine stärkere Ausladung der Gesimse an den Werken der Frühgotik lasse erkennen, daß es im 13. Jh. noch keine Scheu vor einer klaren Artikulation des waagerechten Abschlusses gegeben habe.[24]

Die Stilvorliebe wird sowohl ästhetisch als auch funktionell begründet: Die frühgotische doppelte Fensterreihe am Langhaus einer Kirche sei vorteilhafter als eine spätere schlanke Bildung der Fenster, da sie ästhetisch günstiger wirke sowie funktional eine bessere Zugänglichkeit der Fenster gewährleiste.[25] Ungewitter wendet sich mit der Argumentation gegen Sehgewohnheiten und Gotikauffassungen, die sich fälschlicherweise eingeschliffen hätten, indem insbesondere überschlanke Fenster als Produkt des gotischen Vertikalismus oder sogar alleiniger Ausdruck des kirchlichen Charakters gegolten hätten. Auch an Kirchen im modernen Stil kann er solche Lanzettfenster nicht akzeptieren, da sie meistens von Emporen durchschnitten seien.[26]

Ungewitters intensive Studien zum Mittelalter erlauben ihm detaillierte Begründungen seiner Formsprache. Der an den älteren gotischen Werken auftretende rechteckige oder gefaste Strebebogen-Durchschnitt sei Zeichen der Sparsamkeit, der feineren Unterscheidung sowie der schärferen Charakteristik, verglichen mit den reicheren Gliederungen späterer Perioden.[27] Aufwendige Formen will er für Innenräume, unter deren Bögen Menschen einhergehen, aufgespart wissen. Die Hervorhebung der Einfachheit und des strengen Charakters ist ein wichtiger Aspekt des Ungewitterschen Stilideals, dem eine Tendenz zum Archaismus, d.h. zur Vereinfachung und auch Monumentalisierung seiner an einem als früh aufgefaßten Stil orientierten Formwahl, innewohnt (vgl. Kap. II. 3). Simple Formen seien nicht nur aus ökonomischen Gründen zu bevorzugen, sondern vor allem werden ihnen Ausdrucksstärke und Klarheit zugesprochen. Mit dieser Position schließt sich Ungewitter französischen und englischen Neugotikern an, weniger jedoch seinen deutschen Zeitgenossen (vgl. Kap. IV).

In Ungewitters Konzept, wie demjenigen anderer Neugotiker auch, spielt der Begriff der "Wahrheit" eine Schlüssel-Rolle, mit dem eine ethische Komponente in die Architektur eingeführt wird:

> *Die schärfste Auffassung der zu erfüllenden Bedingungen, der gegebenen Verhältnisse und der Eigenthümlichkeiten der Materialien, das Bestreben, immer die grössten Ziele mit den kleinsten Mitteln zu erreichen, vor Allem aber die gewissenhafteste Scheu vor jeder Unwahrheit in der Formenentwicklung und die dadurch bedingte gänzliche Vermeidung aller Surrogate sind die für die gotischen Konstruktionen karakteristischen Eigenschaften. Selbst die einer häufig vorkommenden Auffassung nach verderbtesten Werke der Spätgotik theilen dieselben, und sündigen nur durch eine gewisse Übertreibung, eine jedem Prinzip gefährliche Haarspalterei.*[28]

Der Begriff der "Wahrheit" besitzt eine Vielzahl von Facetten, die von der Materialwirkung bis zu der Formbildung reichen. Da "Wahrheit" als charakteristischer Wert in einer christlichen Gesellschaft gilt, kann der Begriff auf die für diese Gesellschaft als adäquat angesehene Architektur übertragen werden. Die Anwendung dieser Kategorie auf verschiedene Aspekte der Ungewitterschen Architekturtheorie bewirkt zugleich eine Integration und trägt somit wesentlich zur Bildung eines geschlossenen Denksystems bei. Ähnlich hatten schon "Truth" und "Reality" im Zentrum der englischen Neugotik gestanden (vgl. Kap. IV. 3). Demgegenüber treten gerade in Ungewitters Schriften Religion und christliche Kunst im Vergleich zu anderen Neugotikern eher in den Hintergrund, denn für Ungewitter als Baumeister spielten solche weitreichenden außerarchitektonischen Erwägungen nur eine sekundäre Rolle. Er läßt seine Vorstellungen hinsichtlich des Gesellschaftsmodells punktuell - auch wiederholend - in die Darlegung des architekturtheoretischen Standpunktes einfließen.

c. Verknüpfung der Schlüsselbegriffe zu einem Ideensystem

Ungewitter entwickelt, wie die meisten Architekturtheoretiker, seine Vorstellungen von Architektur auf drei Ebenen, zwischen denen es Verbindungen gibt: Baupraxis, Ästhetik, gesellschaftliche Relevanz *(vgl. Fig.)*.

UNGEWITTERS ARCHITEKTURTHEORIE

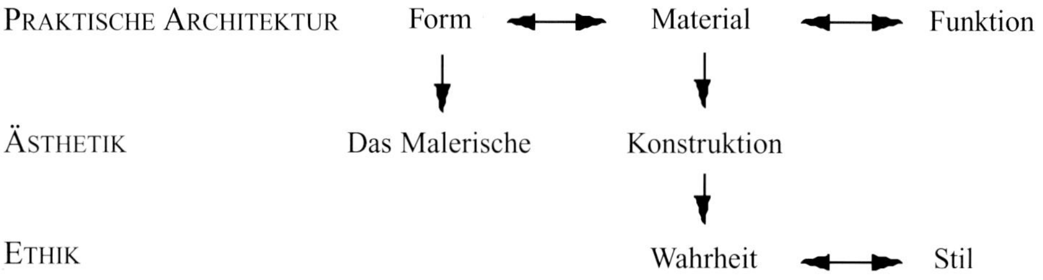

Fig. 2 Schematisch vereinfachte Darstellung der Architekturtheorie Ungewitters im "Lehrbuch der gothischen Konstruktionen"

1. Praktischc Architcktur

In der Korrespondenz zwischen Form, Funktion und Material ist ein funktional orientiertes Denken zu konstatieren; entsprechend wurde die Neugotik im frühen 20. Jh. interpretiert.[29] Ungewitters Annahme, daß alle großen Zusammenhänge selbst in den kleinsten Einzelheiten abgebildet seien, läßt erahnen, weswegen ihm an einer ausführlichen Beschreibung aller Details - z.B. der Strebepfeiler - gelegen war:

> *So spiegeln sich überhaupt auch in diesen scheinbar geringfügigen Details alle allgemeineren Verhältnisse ab.*[30]

Die sog. "Natur des Materials" führt zu bestimmten Formen. Am Beispiel des Schmiedeeisens erläutert Ungewitter, daß seiner Gestaltung enge Grenzen gesetzt seien, indem sich beispielsweise Profilierungen kaum anbringen ließen.[31] Der Gedanke erinnert an Durands "nature des matériaux".[32] Seitdem kann die Materialkomponente einen Eigenwert zugewiesen bekommen. Die Form wird demnach direkt aus den jeweiligen Gegebenheiten entwickelt, nicht als erlerntes, abstraktes Modell übergestülpt. Da die Form aber durch Material und Funktion bestimmt ist, erweist sich die Konstruktion ebenfalls an die stofflichen Eigenschaften gebunden.

Exemplarisch illustrieren dies die Äußerungen zum Ziegelbau. Ungewitter beschreibt, wie der Ziegelbau sich sukzessive von dem aus dem Werksteinbau beibehaltenen Formengut löste und stattdessen die besonderen Eigenschaften des Baustoffes neue Vorzeichen etwa für die Portalgestaltung setzten.[33] Das Material besitze, im Gegensatz zum Stein, zwar einen industriellen Charakter, sei aber in der Verwendungsmöglichkeit genauso durch "gesunde Logik" bestimmt.

Die Gotik zeichne sich außerdem durch ihre Materialökonomie aus: Die Außenwand für den Dachansatz könne relativ niedrig gehalten werden, um Mauermasse zu sparen. Folglich habe das

Mittelalter auch die maßlose Holzverschwendung späterer Jahrhunderte nicht gekannt, da Verkämmung und mitteltiefe Überblattung - statt der unsicheren Verzapfung der Enden - weniger stützende Balken erforderten.[34] Ungewitters Schlußfolgerung ist, daß die Gotik generell durch das Bestreben gekennzeichnet sei, die größten Wirkungen mit den geringsten Mitteln zu erreichen.[35]

2. Ästhetik

In der Wechselwirkung von Material und Ausdruck entsteht eine Aufwertung der Materialkomponente, der Ungewitter ebenfalls einen ästhetischen Eigenwert zugesteht. Mit dem Begriff der Konstruktion schlägt er gleichfalls eine Brücke zur Ästhetik und über die Forderung nach konstruktiver Wahrheit erfolgt eine Erweiterung bis in die ethisch-gesellschaftliche Ebene. Das Malerische als Ausdruck des Charakters eines Gebäudes wiederum bestimmt die Kunstform der Architektur maßgeblich, darin ist auch die Individualität ihrer Erscheinung begründet.

Der "Charakter", als ein ästhetischer Begriff, ist zunächst ein Resultat geometrischer Verhältnisse:

Ganz besonders beeinflusst das Höhenverhältniss des Ganzen und der einzelnen Teile den Charakter des Bauwerks. Eine Betrachtung der mittelalterlichen Werke lässt auch hier wieder eine unendliche Mannigfaltigkeit erkennen. Zwar spricht sich in den Bauten der verschiedenen Gegenden in den Höhenmassen eine gewisse Verwandtschaft aus, dieselbe ist aber einem Wandel in den Zeitabschnitten unterworfen und wird in besonderen Fällen von dem Streben nach grösserer Prachtentwickelung, nach höherem Aufbau durchbrochen.[36]

Die Anlage eines einzigen Daches über einer dreischiffigen Halle sei ungünstig, weil es nicht dem Charakter des Querschnittes, d. h. der Dreiteilung, entspreche. Außerdem gehe eine unbefriedigende Wirkung von der außen sichtbaren großen Dachfläche aus.[37] Der "Charakter" berührt aber auch das Verhältnis von Innenraum zum Außenbau, das "stimmig" sein müßte.

Das gründliche Studium des Mittelalters verleiht nach Auffassung Ungewitters die Fähigkeit, eine freie künstlerische Tätigkeit zu entfalten. Also fällt die Historizität als Stilbegründung ebenfalls in den Bereich der Ästhetik, wie Ungewitter am Schluß des "Lehrbuches" formuliert:

Um diese freie künstlerische Tätigkeit ist es nun überhaupt ein gar bedenkliches Ding. Mag es immerhin titanenhafte Individuen geben oder gegeben haben, vermögend von vornherein und mit einem Male die Elemente des früheren zu einem völlig neuen Ganzen zu verbinden, und so eine der Schöpfung fast adäquate künstlerische That zu thun, so ist doch der Glaube, in diese Kategorie zu gehören, für jeden Einzelnen sicher als ein Unglück anzusehen. Für alle nach minder grossartigem Massstab angelegte Naturen aber ist der einzige Weg zur künstlerischen Freiheit nur durch ein sorgfältiges Studium der vorangegangenen Kunstperioden zu finden, durch eine gewissenhafte Erforschung ihrer konstruktiven Prinzipien, mithin, da die gotische Architektur sich gewissermassen als der Abschluss und das Produkt aller primären Kunstperioden darstellt, zunächst in dem Studium dieser letzteren. Möchte es uns im Verlauf dieser Blätter gelungen sein, derartige Bestrebungen zu erleichtern.

Es liege im Wesen der gotischen Kunst, daß sie nicht eine Einheit herstelle, wenn diese durch keinerlei innere Gründe gefordert sei, also auch keine Wirkung simuliere, die einer abweichenden Konzeption entspreche. So sei das Maßwerk Gestalt gewordene Planimetrie, d. h. die geometrische Austragung nimmt eine künstlerische Form an.[38]

Eine Analogiesetzung zwischen Form und Natur kommt an mehreren Stellen vor, genannt sei die "naturgemäße" Verbindung von Maßwerken. So hätten die Meister des 12. Jahrhunderts ein Gebäude entwickelt, die für Deutschland typische Kirche mit gleich hohen Schiffen (der Begriff Hallenkirche erscheint erst ab der 3. Auflage), die in der Tiefe des konstruktiven Gedankens und in der Schärfe des Ausdrucks unübertroffen sei und deren Prinzip sich auch auf andere Systeme anwenden ließe. Die Verwendung der Dienste und vielgliedrigen Pfeiler begründet er damit, daß der "Organismus" des Baues den einzelnen Teilen verschiedene, in verschiedenen Höhen zu leistende Funktionen vorschreibe.[39] Außerdem bestünde ein der "Natur des Spitzbogens" angemessener Abschluß in der Giebelform, so daß diese dekorative Gestaltung eines der Grundgesetze der gotischen Architektur ausdrücke.[40]

Die Symbolik spielt - ebenso wie die Ikonographie - lediglich eine untergeordnete Rolle.[41] Die Beschäftigung mit diesen Fragen überläßt ein so direkt am Bauen orientierter Architekt wie Ungewitter anderen Fachleuten; er selbst wendet sich im Zweifelsfall an Reichensperger oder greift auf Programme anderer Architekten zurück (vgl. Haina, Kat. 27).

Dafür verwendet er vielfach Sprachanalogien, indem er das Verhältnis von Zeichnung zu Bauwerk demjenigen von Schrift zu Sprache gleichsetzt oder eine Beziehung zwischen Form und Sprache beschreibt.[42] Die Auffächerung der architektonischen Stilmittel in Übereinstimmung mit der immer weiter fortschreitenden Ausdifferenzierung des sprachlichen Kodex' ist ein Kennzeichen der Architektur des späten Historismus. Ansätze hierzu leisten Forscher und Architekten aus dem zweiten Jahrhundertdrittel, die nicht nur das für die Gotik erforderliche vielfältige Formenrepertoire zur Verfügung stellen, sondern auch die Zusammenhänge erläutern.

3. Gesellschaftliche Relevanz/Ethik

Aus den architekturimmanenten Erwägungen heraus entwickelt Ungewitter sein ethisches Konzept, indem der Aspekt 'Wahrheit' bestimmten gesellschaftlichen Organisationsstrukturen zugeordnet wird (Christentum, Bürgertum). Er geht dabei weniger dogmatisch als Reichensperger und der Kölner Kreis vor, da er sich weder auf den Katholizismus noch auf ein parteipolitisches Programm festlegt, wenngleich eine Nähe zu konservativen Gruppierungen festzustellen ist (vgl. Kap. IV. 1).

Die Auffassung der Gotik als Universalstil soll das komplizierte Geflecht zusammenhalten:

Hierin, in dem traditionellen Karakter der gotischen Kunst, in ihrer durchweg erhaltenen Geschichtlichkeit, liegt ein zweites nicht minder wichtiges Moment derselben, wodurch sie nicht so sehr von der Renaissance und dem Rokoko als von einer gewissen Richtung der modernen Kunstbestrebungen sich scheidet, welche dahin geht, die Erfindung eines neuen zeitgemässen Baustiles mittelst einer völlig willkürlichen Vermengung aller vorangegangenen auf dem Vehikel der Surrogate zu erjagen. Anstatt die Prinzipien der vorangegangenen Stile sich anzueignen, benascht man so ihre Resultate, anstatt die etwa der Neuzeit angehörigen Materialien, wie das Gusseisen, welche wirklich wertvolle Eigenschaften besitzen, den letzteren gemäss zu verwenden und eine entsprechende Formenentwickelung zu suchen, benutzt man sie vorherrschend als Täuschungsmittel zur Darlegung eines der ganzen Konstruktion fremden Reichtums, giesst sie in Formen, welche ihren Eigenschaften völlig widersprechen, kurz man sucht eine freie künstlerische Thätigkeit dadurch zu erreichen, dass man alle Verstandesthätigkeit und selbst jedes tiefer gehende Studium völlig ausschliesst.

Der Anspruch auf 'Wahrheit' und auf die Gültigkeit der Gotik als Prinzip, wie ihn folgendes Zitat aus dem Schluß des Lehrbuches vor Augen führt, stellt zudem die antik-klassizistische Tradition insgesamt in Frage:

In nicht minderem Masse sind jene Eigenschaften auch die der griechischen Architektur, so dass die völlige Verschiedenheit der Resultate eben in der Verschiedenheit der Bedingungen und Materialien begründet ist, sowie ferner in der Zeitstellung und dem Entwicklungsgang der gotischen Kunst, wonach dieselbe in den Stand gesetzt war, auf den Resultaten aller vorangegangenen Kunstepochen, also auch jener auf die griechische folgenden zu fussen und von denselben aus ihre Systeme zu entwickeln.

Ungewitter versucht immer wieder, mit Vorurteilen und gängigen Denkmustern gegenüber der Gotik aufzuräumen. Der gesteigerte Ausdruck des Vertikalismus in der gotischen Konstruktion verdränge eben nicht den Horizontalismus, gerade das Streben nach rein vertikalem Prinzip stelle eine Schwäche der späteren Werke dar, was nur von Gegnern dieser Kunst irrigerweise als Notwendigkeit hingestellt würde.[43] Unter anderen hatte Stieglitz argumentiert, daß die Gotik dem Vertikalismus zuzuordnen sei (vgl. Kap. IV. 1).[44]

Nachdem schon die griechische Baukunst durchaus zweckmäßige Formen entwickelt habe, seien die Gotiker darüber hinausgegangen, wie Ungewitter am Beispiel des Hauptgesimses erläutert. Der gotischen Kunst sei es vorbehalten geblieben, aus der notwendigen Zweckerfüllung eine Kunstform auszubilden.[45] Statt einer Nachahmung, wie in der Klassik, seien die Baumeister des Mittelalters einer Umbildung der Formen fähig gewesen, die er als flexibler für zeitgenössische Bauaufgaben erachtet.[46]

Ungewitter kalkuliert seine Proportionen stets mit Rücksicht auf den Betrachter: Das Bild des durch den Gurtbogen gelegten Querschnittes solle dem Auge "wohlgefällig" sein, angestrebt seien "dem Auge wohltuende geometrische Beziehungen", d. h. Proportionen.[47] Die Nähe zum Betrachter erlaube außerdem einen dekorativen Reichtum, so könne beispielsweise eine Arkatur im unteren Mauerabschnitt des Chores angelegt werden.[48] Die Architektur ist damit auf das ästhetische Empfinden des Menschen bezogen, das sich aber offenbar nur ungenau bestimmen läßt, wie die vorstehenden Äußerungen andeuten.

Bezeichnend für Ungewitters Denken ist auch folgendes Beispiel: Die Kaffgesimshöhe bestimme sich nach einer dreifachen Skala von Gesamtproportion, menschlicher Körpergröße und Größe der Werkstücke des Materials.[49] Er verbindet damit drei eigentlich unterschiedliche Komponenten aus den Bereichen abstrakter Geometrie, anthropomorphen Denkens und materieller Bedingungen. Diese Bezugsetzung auf so verschiedenen Ebenen erscheint für ihn sehr typisch.

Ein kritischer Punkt für die gesamte Historismusdiskussion zur Mitte des vorigen Jahrhunderts ist die Idealisierung eines bestimmten Stils der Vergangenheit als Vorbild für die Gegenwart. Ungewitter formuliert entsprechend die "Genialität aller mittelalterlichen Arbeit", es habe "künstlerische Freiheit und eine darauf gründende freie Behandlung der Architektur" geherrscht, und der mittelalterliche Baumeister wird zur idealen Vorbildfigur für den Architekten.[50] Im "Lehrbuch" überträgt Ungewitter - wie schon in anderen Abhandlungen - den für das Mittelalter postulierten gesellschaftlichen Zusammenhalt durch das Christentum auf das 19. Jh. Damit übernimmt er die gängige Verbindung zwischen Christentum und mittelalterlicher Gotik, die auch für den katholischen Kreis um Reichensperger charakteristisch ist (s. Kap. IV. 1). Da die fundamentale Rolle der christlichen Religion aber nicht mehr unumstritten war, liegt in dieser Prämisse ein konservativ orientiertes Moment, indem idealisierte Strukturen aus der Vergangenheit helfen sollen, gesellschaftliche Probleme der Gegenwart zu lösen. Entsprechend ist die Herleitung der Formen des Profanbaus aus dem Sakralbau aufzufassen, wie Ungewitter sie besonders im Lehrbuch betont. Man könnte schließen, daß sich der Profanbau für den Architekten überhaupt nur aus seiner Bezogenheit auf den Sakralbau heraus definiert.[51]

Das Verhältnis zur Moderne ist durchweg kritisch: Eine Bestimmung der Gegenwart erfolgt wesentlich durch die Abgrenzung gegen die idealisierte Vergangenheit. Auch Ungewitter proklamiert die Gotik als Universalstil, ähnlich wie Pugin, Reichensperger oder Viollet-le-Duc. Sie findet Anwendung auf alle Bereiche der Gestaltung der menschlichen Umgebung, denn für Ungewitter ist keine architektonische Aufgabe denkbar, deren Lösung nicht aus der Gotik zu entwickeln ist. In der Wiederaufnahme dieses Stils wünscht er, wie er am Schluß des Lehrbuches formuliert, die Rückkehr der modernen Kultur auf den "richtigen" Weg zu erreichen. Er versucht, eine Integration von Architektur, Leben und Kultur zu erzielen, wie sie die Vertreter der gotischen Bewegung im Mittelalter gegeben glaubten:

> *Im Mittelalter aber war der Formensinn durch die fortwährende Betrachtung von kunstgerechten Arbeiten weit ausgebildeter als in der Gegenwart, und demgemäss auch die Empfindung eine reichere.*[52]

Für die Darlegung der Architekturlehre beruft sich Ungewitter auf eigene Studien mittelalterlicher Archäologie, wie sie seit dem ersten Drittel des Jahrhunderts in Deutschland durch Georg Moller und andere zunehmend intensiv betrieben wurden: Dem Verfasser des Lehrbuches sind nach eigenem Bekunden im Vorwort fast alle genannten Beispiele "durch Autopsie bekannt". Sie stammen vor allem aus den von Ungewitter selbst bereisten Ländern Belgien, Deutschland und Frankreich. Damit bilden die aus der kunsthistorischen Analyse der mittelalterlichen Architektur gewonnenen Kenntnisse nicht nur seine Formen, sondern auch die Inhalte seiner Lehre.

d. Versuch einer Bewertung

Ungewitter hat das erste Lehrbuch zur Gotik verfaßt, das weitgefächert verwendet werden konnte (vgl. Kap. IV. 1). Er bemüht sich um eine strenge Objektivierung und Systematisierung, wobei es aber doch immer zu einer Verschleifung der Ebenen kommt, zu a priori Setzungen und einem Mangel an Definitionen von Bedingungen für seine Kategorien.[53] Anhand der Formen eines bestimmten Stils werden Baugeometrie, Entwurfsmethodik und Detailformen gleichermaßen zu erklären versucht. Wie die Skizzen andeuten, ist es ein Resultat seiner Lehre *(vgl. Abb. 69)*, so daß eigenes Wirken und Theorie wieder unmittelbar verbunden sind.[54] Von anderen Zeitgenossen ist in der Neugotik weder qualitativ noch quantitativ Vergleichbares geleistet worden.

Das begriffliche Instrumentarium zeigt sich inzwischen - nach vielen Vorarbeiten in der ersten Hälfte des Jahrhunderts - differenziert: Wimperge, Fischblasen aus dem 15. Jh., Flamboyantornamentik, alte und junge Pfosten, Gesimsbezeichnungen, 'Übergangsstil', Lichtgaden, Formziegel, Narthex, aufgestelzte Gewölbe.[55] Den Begriff der Hallenkirche, der in der dritten Auflage auftaucht, verwendet Ungewitter nicht; er spricht von Kirchen mit drei gleich hohen Schiffen (vgl. S. 123).

Das Mittelalter wird in verschiedene Perioden untergliedert, wobei auf das Ideal der französischen Kathedrale des späten 12. und frühen 13. Jahrhunderts hingearbeitet wird, wie etwa die Betrachtung des Fenstermaßwerks belegt, für das Chartres und Mantes als Muster genannt werden. Eine gleichermaßen regionale wie prinzipielle Vorbildfunktion übernimmt die Marburger Elisabethkirche. Obwohl anhand konkreter Beispiele Entwicklungsreihen einzelner Stilperioden aufgestellt werden, bleibt der Text etwas unübersichtlich.[56]

Ungewitter setzt sich in Seitenbemerkungen mit jüngerer Forschung bzw. vorherrschenden Sichtweisen über die Gotik auseinander (vgl. Kap. IV. 1). Der dort herrschende Entwicklungsgedanke wird aufgegriffen: so etwa die Entwicklung des Laubwerks von der Romanik zur Gotik.[57] Anhand der Beobachtungen werden Gruppen gebildet: z.B. frühgotische Hallenkirchen in Hessen (Wetter, Haina, Frankenberg, Elisabethkirche Marburg) sowie westfälisch-niedersächsische Beispiele. Darin liegt eine deutliche Dichotomie zwischen Geschichtlichkeit und Normativität. Dies zeigt, wie fest die Forschung zur mittelalterlichen Baukunst[58] ihren Platz in der Architekturtheorie inne hat.

Ungewitters Erörterungen erscheinen logisch, geschlossen und von rationalistischem Denken geprägt *(vgl. Fig. 2 auf S. 122)*. Dies betrifft die Herstellung einer Verbindung zwischen Form, Funktion, Material und Konstruktion. Indem sie jeweils logisch voneinander abgeleitet werden, da sie sich nach Auffassung des Architekten gegenseitig unmittelbar bedingen, entsteht ein kohärenter Zusammenhang. Eine Anknüpfung an die ästhetische Ebene geschieht über den Komplex "Wirkung", "Ausdruck" und "Charakter". Die "Konstruktion" kann als verbindendes Gelenk von der rein technischen zur ästhetischen Ebene gelten, da sie zugleich praktisches Erfordernis und ästhetische Kategorie ist. Dies erlaubt eine direkte Ableitung architektonischer Schönheit von der Erfüllung eines bestimmten Zwecks.

Problematisch wird dann die Überleitung von der Ebene der Ästhetik zu der gesellschaftlicher Relevanz, wo über die Gleichsetzung von offen präsentierter Konstruktion mit "Wahrheit" eine Verbindung hergestellt wird, die nicht mehr logisch deduktiv ist, sondern eine schlichte Behauptung. Die ethischen Komponenten erlauben wiederum eine Ausdehnung des Stilbegriffs der Gotik auf die Rezeptionsebene. Das Studium der Vergangenheit wird als Lösung für die Zukunft betrachtet.

Indem der "Charakter" nicht nur in Stilformen, sondern schon in der Verteilung der Massen erzielt wird; ein Gedanke, er seit dem ausgehenden 18. Jh. in der sog. Revolutionsarchitektur erste Umsetzungen erfahren hat, kann insbesondere über "das Malerische" bei Ungewitter immer wieder ein komplexes Gebilde entstehen, das in kein regelhaftes Schema eingepreßt wird. Zugleich dringt jedoch ein arbiträres Moment ein, indem sich eine Spannweite zwischen "funktional-malerisch" und "gesucht-malerisch" öffnet. In der Setzung von Prinzipien, die das kanonische Regelwerk der Klassik ablösen sollen sowie der Auffassung der Gotik als generatives System, breitet sich ein Spielraum aus, der letztlich nicht mehr verbindlich in seinen Grenzen definierbar ist.

1 Die Seitenzahlen beziehen sich, soweit nicht anders angegeben, auf die dritte Auflage. Es handelt sich bei den angegebenen Textstellen immer um solche, die im Wortlaut unverändert aus der ersten Auflage übernommen worden sind. Der Bezug auf die jüngere Auflage dient dazu, die zitierten Äußerungen nachschlagen zu können, da die erste, originale Auflage nur in ganz wenigen Exemplaren noch vorhanden ist und in der Regel nicht verfügbar sein dürfte. Vgl. Ungewitter, Lehrbuch der gothischen Konstruktionen, S. 488ff.
2 Ebd., S. 509, 516.
3 Ebd., S. 343, 444.
4 Ebd., S. V.
5 Dies wird auch für Pugin festgestellt: Alf Bøe, From Gothic Revival to Functional Form. A Study in Victorian Theories of Design. (Oslo Studies in English Bd. 6) Oslo 1957, S. 21ff.
6 Ungewitter, Lehrbuch der gothischen Konstruktionen, S. 406.
7 Wenn Emporen in Hallenkirchen angelegt werden, sollten sie dem Baukörper "möglichst innig verwoben" sein (Ebd., S. 382, Fig. 889).
8 Die offen gezeigte Konstruktion gewinnt einen eigenen ästhetischen Wert bereits bei Stieglitz (im Rückgriff auf Durand) in seinen "Beiträgen zur Geschichte der Ausbildung der Baukunst" von 1834, wobei er aber kein zusammenhängendes Schema entwickelt (vgl. Kruft, 1985, S. 333). Vgl. auch zum Begriff 'konstruktive Ehrlichkeit': Dietmar Grötzebach, Der Wandel der Kriterien bei der Wertung des Zusammenhanges von Konstruktion und Form in den letzten 100 Jahren. Diss. TU Berlin 1965, S. 7ff. Dagegen steht z.B. Sempers Kritik an der gotischen Konstruktion als "Knochengerüst eines Krebses" (vgl. Heinz Quitzsch, Gottfried Semper - Praktische Ästhetik und politischer Kampf. (Bauwelt-Fundamente 58) Braunschweig/ Wiesbaden 1981, S. 76).
9 Ungewitter, Lehrbuch der gothischen Konstruktionen, S. 405. Die Auffassung der Gotik als 'lebendig' ist ebenfalls Teil des ästhetischen Entwurfs, ebenso wie vom 'Wesen der Konstruktion' die Rede ist (vgl. S. 531).
10 Ebd., S. 454.
11 Ebd., S. 338.
12 Das "Lehrbuch" gilt als das "große Standardwerk". Hingegen zeigen Statz' Hallenkirchen viele konstruktiv bedingte Schäden (Werner Müller, Grundlagen gotischer Bautechnik. München 1990, S. 240ff.; vgl. auch: H. Bollig, Statische Schäden an Hallenkirchen im Rheinland. Diss. Aachen 1975).
13 vgl. z.B. Ungewitter, Lehrbuch der gothischen Konstruktionen, S. 444-47, 461, 470, 578f.
14 Ebd., S. 343, 357, 440.
15 Ebd., S. 366.
16 Werner Müller/Gunther Vogel, dtv-Atlas zur Baukunst, Bd. 1. München 1983^{5}, S. 42f.
17 'Mannigfaltigkeit' als Kennzeichen mittelalterlicher Stile ist ein verbreiteter Topos, vgl. Deutsches Kunstblatt 1854 (Klaus Döhmer, "In welchem Style sollen wir bauen?". Architekturtheorie zwischen Klassizismus und Jugendstil. (Studien zur Kunst des neunzehnten Jahrhunderts Bd. 36) München 1976, S. 60).
18 Ungewitter, Lehrbuch der gothischen Konstruktionen, S. 406, 429, 438, 458, 467, 533.
19 Ebd., S.365.
20 Ebd., S. 418, 455.
21 Ebd., S. 344.
22 Für die Wirkung der Farbe vgl. August Schmarsow, Zur Frage nach dem Malerischen. Leipzig 1896.
23 Das Malerische in anderer Auffassung, als Kennzeichen barocker 'Massen-Kunst' bei: Heinrich Wölfflin, Kunstgeschichtliche Grundbegriffe. Basel/Stuttgart 1984^{17}, S. 81ff.
24 Ungewitter, Lehrbuch der gotischen Konstruktionen, S. 343f.
25 Ebd., S. 356.
26 Ebd., S. 356.
27 Ebd., S. 394, 454.
28 Ebd., Schluß (o. Pag.).
29 Stellvertretend sei genannt: Nikolaus Pevsner, Pioneers of the Modern Movement, from William Morris to Walter Gropius. London 1936.
30 Ungewitter, Lehrbuch der gothischen Konstruktionen, S. 449.
31 Ebd., S. 433.
32 Durand wiederum rekurriert auf Lodoli (Kruft, 1985, S. 311f.).
33 vgl. Ungewitter, Lehrbuch der gothischen Konstruktionen, S. 562ff.
34 Ebd., S. 334.
35 Ebd., S. 353.
36 Ebd., S. 331.
37 Ebd., S. 378.
38 Ebd., S. 357, 503.
39 Ebd., S. 384.
40 Ebd., S. 348.
41 Ebd., S. 513, 542, 550; zur Ikonographie S. 559-61.
42 vgl. z.B. Ebd., S. 428, 435, 448.
43 Ebd., S. 357, auch S. 425.
44 Christian Ludwig Stieglitz, Beiträge zur Geschichte der Ausbildung der Baukunst. Bd. 2, Leipzig 1834, S. 179.
45 Ungewitter, Lehrbuch der gothischen Konstruktionen, S. 438.
46 Ebd., S. 431.
47 Ebd., S. 331-33 (vgl. auch Volkmarsen, Kat. 28).
48 Neben anderen nennt er die Chöre in Wetter (s. Kat. 30) und an der Marburger Elisabethkirche sowie das Schiff der Ste. Chapelle in Paris (Ebd., S. 347).
49 Ebd., S. 345.
50 Ebd., S. 434, 509.
51 Ebd., S. 471 und 441f.
52 Ebd., S. 415.
53 vgl. Ebd., S. 454f.
54 Als Vorstudie in der Betrachtung der Wölbung als Ausgangspunkt erscheint: G. Ungewitter, Von den Bogen und Rippen des Kreuzgewölbes. In: Programm der höheren Gewerbeschule in Cassel zu Michaelis 1857. Kassel 1857, S. 3-15.
55 Ungewitter, Lehrbuch der gothischen Konstruktionen, S. 343, 348, 346, 371, 430ff., 470, 511, 524f., 558.
56 vgl. Gesimsausladung: Ungewitter, Lehrbuch der gothischen Konstruktionen, S. 343.
57 Ebd., S. 541.
58 Inhaltlich sind aus heutiger Sicht manche Aspekte korrekturbedürftig, vgl. dazu: Werner Müller, Von der Norm zur Form - die Konstruktion spätgotischer Zierkonsolen. In: Rainer Graefe (Hg.), Zur Geschichte des Konstruierens. Stuttgart 1989, S. 81-91.

IV. Ungewitter im Kontext der Neugotik und des Historismus

1. Anknüpfung an die deutsche Neugotik

a. Gotik-Rezeption und Mittelalter-Forschung: die Historie als Vorbedingung künstlerischen Schaffens

Bis zum Beginn des Ungewitterschen Wirkens hatten sich bereits verschiedene Ebenen der Gotik-Rezeption ausgebreitet, die nur knapp angedeutet werden können. Die Neugotik setzt im 18. Jh. in England ein, wenngleich seit dem Mittelalter kontinuierlich gotisch gebaut worden ist, dann aber aus Gründen der stilistischen Konformität.[1] Im englischen Landschaftsgarten entstehen gotische Gebäude in emblematischer Bedeutung, deren Rezeption von literarischen Mustern bestimmt wird: Der Romanschriftsteller Horace Walpole läßt sich ab 1750 seinen Landsitz Strawberry Hill gotisch umbauen, 1796 errichtet James Wyatt Fonthill Abbey für William Beckford, der ebenfalls Schriftsteller war. In Frankreich prägt sich der sog. Troubadorstil aus, der sich z.B. in der Ausstattung von Chateaubriands Villa von Vallée-aux-Loups mit gotischen Ornamenten im Jahr 1807 in der Architektur niederschlägt.

Auch in Deutschland setzt die Neugotik mit Staffagebauten zum Unterstreichen romantischer Gartenszenen ein.[2] Bei Christian Cay Lorenz Hirschfeld (1742-1792), der als Architekturtheoretiker durchaus Klassizist, als Gartentheoretiker englischer Vorromantiker ist, was sich in der Forderung der Symmetrie für Bauten und der Asymmetrie für den Park spiegelt, wird in seiner Ernsthaftigkeit der Zuwendung zu gotischen Gartengebäuden der neugotische Monumentalbau vorbereitet.[3] Er wendet sich gegen bloße Staffage-Kapellen, sondern fordert stattdessen ihre Nutzung. Damit entsteht ein neuer Wirklichkeitsanspruch der gotischen Bauweise im Park.

Gotische Formen werden unter anderem im Zeichen der "Erhabenheit" rezipiert; ein Gedanke, der auf den Sturm und Drang zurückgeht, wo das Geheimnisvolle und Unbegreifliche gotischer Kirchen sich in Topoi wie "Schauder des Erhabenen" bei Georg Forster in seiner Beschreibung des Kölner Domes von 1790 manifestiert hat. Das Emporstreben der Linien, die scheinbare Grenzenlosigkeit der Architektur und die Belegung mit der Natur-Methapher - der Vergleich eines gotischen Domes mit einem Wald - wirken ebenfalls lange nach.[4] Diese Gartengebäude, Inneneinrichtungen und Fassaden im gotischen Stil sind im ausgehenden 18. und frühen 19. Jh. von der Geisteshaltung der Romantik geprägt, in der die Stile des Mittelalters - vereinfacht gesprochen - als Inbegriff der Regellosigkeit, Anzeiger einer Dominanz der emotionalen Komponente und Ausdruck der Phantasie aufgefaßt werden. Um die Widerlegung dieser Auffassung, die sich sehr fest eingewurzelt hat, müssen sich Ungewitter und seine Zeitgenossen intensiv bemühen.

Mit Karl Friedrich Schinkel (1781-1841) treten zu dieser Auffassung neue Aspekte hinzu. In seinem Entwurf für ein Mausoleum der Königin Luise von 1810 sollen weitgehend frei erfundene, aber 'gotisch' empfundene Formen stimmungshaft wirken, indem sie eine "liebliche Palmenhalle in sanft rotem Dämmerlicht" darbieten.[5] Wohl als erster faßt Schinkel das gotische Gewölbe als Prinzip eines Systems auf, das ihm wiederum zur Versinnlichung der Idee des "Erhabenen" dient.[6] In Deutschland, wo während der französischen Besetzung (1806-13) die Bautätigkeit weitgehend eingestellt worden ist, weichen Architekten vielfach auf die Malerei aus, als Beispiel sei auf Schinkels "Gotischer Dom über dem Wasser" (um 1813)[7] verwiesen. Die gotische Kathedrale wird in eine bildhafte Erscheinung zur Erweckung sentimentaler und nationaler Konnotationen übertragen, wobei historische Formen in unhistorischen Gesamtkonzeptionen erscheinen. Insbesondere solche gotischen Visionen vermögen augenscheinlich einen Gehalt zu vermitteln, der als Ideal eine Kontrastfolie zur Realität entfaltet. Dieser 'Visionscharakter' wirkt noch in der Jahrhundertmitte in der gotischen Bewegung nach.

Bereits Goethes Schrift "Von deutscher Baukunst" aus dem Jahr 1772 hat das Gotikverständnis nachhaltig verändert, indem er auf das Nationale des Stils abhebt.[8] Die Schaffung eines Nationaldenkmals war bereits seit dem Ende der Befreiungskriege 1813 geplant.[9] Für Berlin entwirft Schinkel sein Projekt für einen Befreiungsdom, der nicht nur eine Überhöhung des nationalen Moments ins Sakrale bedeutet, sondern in dem er zugleich eine stilistische Synthese zwischen der klassizistischen Tradition und der Gotik anstrebt.

Die Gleichsetzung gotischer Architektur mit deutscher Kunst verbindet sich mit einer intensiven Auseinandersetzung mit gotischen Formen, die im Fortbau des Kölner Doms ab 1842[10] ihren Niederschlag findet. Der Gedanke der Errichtung eines Denkmaldoms verlagert sich nunmehr auf die möglichst originalgetreue Vollendung einer gotischen Kathedrale. Der Dom kann die Dreiheit Religion, Vaterland und Kunst symbolisieren. Diese Dreiheit geht auf einen Aufruf zur Gründung von Fialvereinen durch den Sekretär des Zentral-Dombauvereins August Reichensperger (1808-95) aus dem Jahr 1843 zurück und bleibt nicht nur bis in unser Jahrhundert hinein wirksam, sondern wird zugleich seitens des Auslandes mit deutscher Neugotik identifiziert.[11]

Den Ausbau des Kölner Domes als Nationaldenkmal fordert Joseph Görres (1776-1848) schon am 20. November 1814 im *Rheinischen Merkur*. So kann der Entschluß zur Fertigstellung schließlich in diesem Sinne funktionalisiert werden: als nationales Denkmal und Symbol des (evangelischen) Preußen, wie die Rede von Friedrich Wilhelm IV. zur Grundsteinlegung am 4. September 1842 belegt. Die Finanzierung teilen sich der preußische Staat und der 1841 gegründete "Zentraldombauverein". Nach 1850 spielen Dom und Dombau allerdings keine wirkliche nationale Rolle mehr.[12] Das Monument beanspruchen zugleich auch die rheinischen Katholiken. Als Folge von Ultramontanismus und Liberalismus besteht seit den 1830er Jahren ein wachsender Freiheitsanspruch der katholischen Kirche gegenüber dem obrigkeitlichen Staat, indem sie ihren Anspruch auf Mitgestaltung der Gesellschaft in Fragen der Ehe, Schule usw. formuliert.[13] Der Allianz zwischen katholischer Restauration und preußisch-protestantischem Königshaus bzw. Staat konnte deswegen keine lange Dauer beschieden sein. Der Einweihung im Jahr 1880 blieben schließlich die katholischen Vertreter aus Protest gegen die Gefangensetzung des Erzbischofs fern.

Für die Neugotik der Mitte des 19. Jahrhunderts stellt der Kölner Dom ein Schlüsselwerk dar. Der Schinkel-Schüler und erste Dombaumeister Ernst Friedrich Zwirner (1802-1861) faßt den Bau als "Canon gothischer Bauweise" auf und verwendet ihn wie eine Art Musterbuch, so beispielsweise in seiner Apollinariskirche in Remagen ab 1839. Zwirner bildet eine Bauhütte und hält Vorträge über Konstruktion, Baulehre und schult die Handwerker in mittelalterlichen Fertigungstechniken. Aus der Hütte gehen hervor: Vincenz Statz, Friedrich Schmidt, August Hartel (1894-1890), Franz Schmitz (1832-94) - die beiden letzteren später Dombaumeister in Straßburg -, Hilger Hertel (1831-1890) und August Rincklake (1843-1915), der später Diözesanbaumeister in Münster wird.

Um 1845 brechen zwei der wichtigsten Stützen der Motivierung der Domvollendung. Die dadurch ausgelöste Krise hat eine Veränderung der Neugotik-Auffassung zur Konsequenz. 1845 wird die Gleichsetzung gotisch = deutsch an eben diesem Beispiel öffentlich widerlegt und zwar durch August Reichensperger selbst, der gesteht, daß die Kathedrale Amiens (begonnen 1220) das Vorbild für den Kölner Dom (begonnen 1248) darstellt. Er reagiert damit zuerst auf eine etwas ältere Erkenntnis (s.u.). Er schafft mit dem Begriff 'christlich-germanisch' einen Ausweg, da zu der Zeit Nordfrankreich unter der Vorherrschaft germanischer Völker gestanden habe.[14] Die Notwendigkeit einer Umdeutung zwingt zu neuer Motivierung und gedanklicher Fundierung der Neugotik in Deutschland. Etwa zur gleichen Zeit werden verschiedene Entwicklungsstufen am Kölner Dom festgestellt (durch Franz Kugler im Jahr 1842[15]). Zuvor hatte man angenommen, daß das Bauwerk die Schöpfung eines einzigen Meisters sei; darin klingt der auf Goethes Hymnus auf das Straßburger Münster als Schöpfung Erwins von Steinbach zurückweisende Genie-Gedanke aus dem späten 18. Jh. nach; der Glaube an die Einheitlichkeit des höchsten Vollendeten wird nun aber obsolet (s.u.).

Die anhand konkreter Formstudien gewonnene Einsicht zwingt zu erneuter Auseinandersetzung mit der Stilfrage. Einerseits entsteht eine Diskussion um den 'besten', 'reinsten' Stil, andererseits wird die Gotik als Vorbild grundsätzlich in Frage gestellt. So treten Verfechter einer Wiederaufnahme der Romanik mit ähnlicher Argumentation in den Vordergrund (z.B. Semper 1844 anläßlich der Verteidigung seines Nikolaikirchenentwurfes[16]). Der Funktion als Formvorbild folgt eine Aufspaltung der Positionen. Für einige Architekten verhindert die Vollkommenheit des Doms jegliche neue Formerfindung, andere suchen nach nunmehr typologischen und entwicklungsgeschichtlichen Vorlagen, aber auch der Weg für einen gemäßigten Eklektizismus wird frei. Somit markiert

die Erfahrung der Auflösung und des Zusammenbruchs des bisherigen Denkmodells die Entwicklung der Kölner Schule in den 1840er Jahren. Das *Kölner Domblatt* als maßgebliches publizistisches Organ verficht denn auch keine typologische oder stilgeschichtliche Doktrin (im Gegensatz zu Frankreich und England, vgl. die beiden folgenden Kap.).[17] In einer Suche nach neuer Legitimation sowie beginnender Breitenwirkung über die erste Schülergeneration Zwirners an der Bauhütte (Schmidt, Statz) liegen wesentliche Aspekte der Entwicklung.
Das Interesse für die Relikte der eigenen, als national empfundenen Vergangenheit, für die "vaterländischen Denkmäler", schlägt sich in den deutschen Ländern während der ersten Hälfte des 19. Jahrhunderts in umfangreichem Schrifttum über mittelalterliche Architektur nieder. Da für die Neugotiker wichtige Argumente und Verfahren im Umgang mit den Monumenten vorgeprägt werden, wird die gedankliche Genese anhand einiger Markierungspunkte im Hinblick auf Ungewitter verfolgt.

Seit dem ausgehenden 18. Jh. gibt es - nach Vorläufern in England und Frankreich - auch in Deutschland eine Annäherung an mittelalterliche Bauwerke mit topographischem Interesse. Erster Vertreter, wenn nicht sogar Erfinder der topographischen Darstellung in großem Maßstab, ist der englische Millionär John Britton (1771-1851)[18], der in fünf Bänden "Architectural Antiquities" präsentiert, die von 1807-26 erschienen sind. In Frankreich gibt Alexander de Laborde "Les monuments de la France" in 2 Bänden 1816 und 1836 heraus. Die topographisch angelegten Veröffentlichungen geben - in unterschiedlichem Umfang - eine Zusammenstellung noch erhaltener Bauten der Vergangenheit, die im Sinne einer Formensammlung zunehmend an Umfang sowie an Präzision der Aufmaße gewinnen.

Der Architekt J. C. Costenoble (1769-1837) gibt 1812 in Halle unter dem Titel "Ueber altdeutsche Architectur und deren Ursprung" das erste Buch in Deutschland heraus, das sich ausschließlich der gotischen Baukunst widmet. Er leitet diese Bauweise aus Sitten, Gewohnheiten, Material, Klima, Religion und dem Charakter der Nation ab.[19] Damit gibt er Stichworte, die die Architekturtheorie im vorigen Jahrhundert weiterhin intensiv beschäftigen, indem sie je nach verfochtenem Stilvorbild in Anspruch genommen werden (vgl. das folgende Kap.).

Christian Ludwig Stieglitz (1756-1836), der sich nach einer juristischen Ausbildung als Architekturhistoriker sowie als Radierer betätigte, liefert in der Abhandlung "Von altdeutscher Baukunst", die 1820 in Leipzig in zwei Bänden erscheint, den ersten größeren Überblick in Deutschland. Er arbeitet in der Analogiesetzung Antike = Verstand bzw. Gotik = Phantasie mit älteren Kategorien und bezeichnet die Gotik, die er für den Kirchenbau als passend erachtet, als "romantische Bauart", die in ihrem Ursprung deutsch sei. Stieglitz ist auch Verfasser einer "Geschichte der Baukunst der Alten" von 1792 und wandelt sich von einem eng aufgefaßten Klassizismus zu einem funktional begründeten Eklektizismus, der in seiner späten Schrift "Beiträge zur Geschichte der Ausbildung der Baukunst" aus dem Jahr 1834 deutlich wird.[20]

Dem Kölner Dom hat seit dem frühen 19. Jh. insbesondere Sulpiz Boisserée (1783-1854) seine Aufmerksamkeit gewidmet.[21] Ab 1808 läßt er Aufmaße und Zeichnungen anfertigen, die er in seiner Baumonographie ab 1821 verwendet[22], wo er das Bauwerk in antizipierter Vollendung vorstellt. 1814 und 1816 fanden Moller bzw. Boisserée die Originalrisse in Darmstadt bzw. Paris, die ebenfalls veröffentlicht wurden. Die Vollendung des mittelalterlichen Gebäudes ist stets Boisserées tiefstes Anliegen gewesen. Ungewitter bestellt sich Faksimiles der Originalzeichnungen, Abgüsse von Details und einzelnen Fialen über Reichensperger. Die Frage einer Vollendung erscheint bei ihm der Verwendung als Lehrbeispiel untergeordnet, so daß er sich in einigen Punkten kritisch über den Dom, der für den Kölner Kreis die Inkunabel gotischer Baukunst darstellt, äußern kann.[23]

Die Gleichsetzung von gotisch = deutsch = christlich vertritt auch der als Professor für Altertumswissenschaften in Breslau tätige Johann Gustav Büsching (1783-1829) in seinem "Versuch einer Einleitung in die Geschichte der Altdeutschen Baukunst", der 1821 in Breslau erschienen ist. Bei dieser aus Vorlesungen entwickelten Schrift handelt es sich möglicherweise um die erste Darstellung der Gotik, die aus den Erfordernissen der Lehre abgeleitet ist.

In Deutschland unternimmt der Architekt und großherzoglich-hessischer Oberbaurat Georg Moller (1784-1852), der die englischen Bestrebungen kennt, mit seinem dreibändigem Werk "Denkmäler deutscher Baukunst" ab 1815 den ersten Anlauf, eine größere Auswahl mittelalterlicher Gebäude zu präsentieren.[24] Er legt die Grundlage für den Beginn einer inventarischen Aufnahme mittelalterlicher Gebäude. Ungewitter plant wesentlich später eine Mitarbeit an einem kunsttopographischen Werk über Kurhessen, wo lokale Eigenarten mittelalterlicher Bauten festgestellt werden sollen, um sie bei Neubauten beachten zu können (vgl. Kap. I).[25] Ungewitter bezieht sich vielerorts, z.B. im "Lehrbuch", auf Moller. In den vielen hessischen Beispielen übernimmt die Marburger Elisabethkirche ein Schlüsselrolle. Sie gilt als hochgotisch, besitzt aber im Vergleich zum Kölner Dom einen sehr viel schlichteren Charakter. Möglicherweise liegt hier eine erste Anregung für Ungewitters Stilideal, das sich durch besondere Einfachheit auszeichnet.

Mollers Betonung der Bedeutung des Messens und Zeichnens kommt Ungewitters methodischer Absicht entgegen, sich möglichst weit in die gotische Formenwelt einzuarbeiten. Die Tafeln zeigen geometrische Zeichnungen mit Angabe der Maßstäbe, der Grundrisse sowie verschiedener Details. Der richtige und reine Umriß ist wichtig, auf den auch Ungewitter bedacht ist. Moller präsentiert seine Tafeln chronologisch, um die Stilmerkmale zu erfassen, d. h. ein entwicklungsgeschichtliches Muster liegt zugrunde. Er bezieht die Position, daß man die Gotik bewundern und nachahmen, aber nicht mehr gotisch schaffen könne, da die äußeren Entstehungsverhältnisse sich inzwischen gewandelt hätten.[26] Noch ist es ihm wiederum eine nationale Verpflichtung, die Geschichte der deutschen Baukunst in den Blick zu stellen.

Vorsichtig setzt er zu einem neuen Schritt an: Die Konstruktionen des 13. Jahrhunderts seien von heutigen Künstlern zu berücksichtigen.[27] Später spricht er erneut davon, daß Klima, Material und Volkscharakter die Bauweise ("Konstruktionsart") bedingten. Er lobt neben der Einfachheit und Eleganz der Marburger Elisabethkirche die Ökonomie der Gotik aus dem 13. Jh., die die größte Wirkung mit dem geringsten Aufwand zu erzielen in der Lage gewesen sei. Er bezieht mit der Suche nach Kriterien, die unabhängig von der Stilfrage sind, eine distanzierte Position. Nach seiner Auffassung sei die Übereinstimmung von Schönheit und Zweckmäßigkeit für jedes Kunstwerk möglich, eben nicht nur für das gotische, wie Ungewitter und seine Mitstreiter behaupten. Moller bemerkt weitere Punkte, die auch Ungewitter nennt, u.a. die Spiegelung des Bildes des ganzen Werkes im Kleinen, wie sie die Türmchen zur Krönung der Strebepfeiler andeuten, die in ihren Füllungen die Form der Fenster mit Giebel und Pyramide darüber zeigen.[28] Beobachtungen zur gotischen Konstruktion, die die Einfachheit oder die Ökonomie der frühen Hochgotik aus der ersten Hälfte des 13. Jahrhunderts betreffen, welche Moller eher beiläufig erwähnt, übernimmt Ungewitter als wichtige Punkte in seine eigene Argumentation.

Die Autoren der genannten Schriften, die für eine größere Gruppe stehen, verfahren hauptsächlich historisch-deskriptiv, um sich den Denkmälerbestand erst einmal anzueignen. Es stellt sich zugleich die Frage, ob die mittelalterlichen Stile Romanik und Gotik in die zeitgenössische Praxis übernommen werden können oder sollen, was jedoch von einem Klassizisten der Weinbrenner-Schule wie Moller abschlägig beschieden wird: Die Gotik sei ungeeignet für moderne Gebäude.

Um etwa 1835 scheint eine erste Bruchstelle der Rezeption zu liegen, da nunmehr die Gotik vermehrt als struktureller Bauzusammenhang in den Mittelpunkt des Interesses rückt. Ungefähr zeitgleich wird die Erweiterung des Spektrums an Vorlagen, die erst der Stilfrage ihren Sinn verleiht, wirksam.[29] Zur selben Zeit beginnt die Historisierung in der Kunstgeschichtsschreibung.[30] In den 1830er Jahren setzen zahlreiche Bemühungen um ein tieferes, positivistisch-rational motiviertes Verständnis der Gotik ein, die auch die Erkenntnis ihres französischen Ursprunges beinhaltet.[31] Von Johannes Wetter (1807-1897) erscheint 1835 eine Abhandlung über den Mainzer Dom, in der er Grundfragen zur Gotik neu beleuchtet.[32] Wetter rechtfertigt den Spitzbogen folgendermaßen: er minimiere den lateralen Schub, erlaube die geringere Stärke von Wölbungsfüllungen (Kappen), mithin Materialersparnis, Dekorationen wie Fialen stärkten die Stabilität der Strebepfeiler. Nicht nur begreift er die Gotik als eine Gesamtheit, sondern es gewinnt abermals das gotische Konstruktionssystem Aufmerksamkeit. Der senkrechte Druck sowie der Seitenschub der Gewölbe werden über Stützen (tragende Pfeiler gegen senkrechte Drucklast) bzw. Strebepfeiler (Seitenschub) abgefangen.[33] Mit der Forderung, sich auf das mechanisch-technisch Unverzichtbare zu beschränken, greift Wetter auf Wren's Theorie der Fialen zurück, geht aber einen Schritt weiter in der Auffassung von Pfeiler, Spitzbogen und Strebepfeiler als essentielle Elemente der Gotik. Wetter fügt dem die Rippe als viertes Element hinzu.[34] Wie vor ihm Moller stellt er sich mit dem Argument der

Ökonomie gotischer Konstruktionen in eine französische Tradition.[35] Wetter geht also zuerst von den Stilelementen aus, dann erst befaßt er sich mit dem Ergebnis des Stilwandels.

Es wird deutlich, daß nach einer dokumentierenden Beschreibung gotischer Denkmäler der nächste Schritt eine Analyse ihrer Einzelteile im Hinblick auf Stilwandel und ein Verständnis des Systems sein muß. Damit vollzieht sich im deutschsprachigen Raum ab 1835 verstärkt ein entscheidender Schritt zur Zergliederung der Gotik in ihre einzelnen Bestandteile, wie sie in starkem Maße Ungewitters "Lehrbuch" kennzeichnet.

Von 1838-52 erscheint in Nürnberg eine Schrift des Nürnberger Neugotikers Karl Alexander Heideloff[36], auf die Ungewitter ebenfalls nachweislich zurückgegriffen hat: "Die Ornamentik des Mittelalters. Eine Sammlung ausgewählter Verzierungen und Profile byzantinischer und deutscher Architektur". In den 1840er Jahren, in denen die gotische Bewegung sich auszubreiten begann, kamen u.a. "Die Bauhütte" (Wesen und Ziele der mittelalterlichen Hüttengemeinschaft nebst geschichtlichem Abriß) sowie "Der kleine Altdeutsche" (eine kurzgefaßte Lehre gotischer Konstruktion anhand von Tafeln und knappen Anmerkungen) heraus.[37] Heideloffs Engagement für die Wiedereinführung der Gotik in eigenen Bauten (s.u.), Schriften und Lehre reicht in seinen Anfängen bis in das zweite Jahrzehnt zurück. Durch die "Ornamentik" erhebt er eine subjektiv zusammengestellte Auswahl mittelalterlicher Motive für einige Jahre zum vorbildlichen Kanon neugotischer Dekorationen.[38] Ungewitter äußert sich - trotz der Kritik an Heideloffs Architektur - anerkennend gegenüber seiner Gesinnung und seienm Enthusiasmus, aufgrund dessen er ihn persönlich hoch achtet.[39] Auf die Ornamentsammlung verweist er etwa für einzelne Türbeschläge in seinem "Lehrbuch".[40] Heideloff liefert in seinem Musterbuch Beispiele, die zumeist in den Bereich der Ornamentik und Dekoration gehören. Darunter befinden sich auch schon von ihm selbst entworfene Einzelheiten, was eine interessante Vorstufe im Hinblick auf Ungewitter darstellt.[41] In den anderen genannten Schriften erläutert er hingegen auch Baugesetze der Gotik, um sie in seiner Lehre am Polytechnikum Nürnberg seit den mittleren 1820er Jahren vermitteln zu können. Sein Heft "Der kleine Altdeutsche" entspricht zwar weder vom Umfang noch vom Niveau dem Ungewitterschen Lehrbuch, stellt jedoch einen 'Meilenstein' in der Entwicklung gotischer Lehrkonzepte für den polytechnischen Unterricht dar.

Besonders intensiv und kritisch auseinandergesetzt hat sich Ungewitter mit der bisher wohl umfangreichsten chronologisch angelegten Schrift zur Gotik, die der Jurist Friedrich Hoffstadt (1802-1846) abgefaßt hat. Seine "Vorlegeblätter zum gothischen ABC Buche, das ist: Grundregeln des gothischen Styls für Künstler und Werkleute" erschienen 1840-45 in Frankfurt.[42] Das unvollendet gebliebene Werk erläutert den gotischen Stil auf knapp 270 Seiten mit 40 Tafeln und setzt zu einer historischen Schilderung der Entwicklung christlicher Architektur an, die aber bereits in der frühchristlichen Periode abbricht. Hoffstadt nimmt den Aspekt des Nationalen zurück, rechtfertigt seine Begriffswahl "gotisch" anstelle von "altdeutsch" oder "spitzbogig" ausdrücklich, da sich dieser Begriff nun einmal eingebürgert habe und außerdem weniger mißverständlich sei als der seines Erachtens richtige Begriff "germanisch".[43]

Das Werk stellt einen weiteren Eckstein zur Vorbereitung des Ungewitterschen Lehrbuches dar. Hoffstadt beklagt den Ausschluß der Gotik von der Lehre an Akademien und Bauschulen; dem Mangel eines Lehrbuches möchte er mit seiner praktischen Zusammenstellung der Regeln des gotischen Stils Abhilfe leisten, das er für Künstler und Werkleute verfaßt. Deswegen gibt er genaue Anleitungen für das Austragen von einzelnen Figuren nach den Gesetzen der Geometrie, wobei er das Grundquadrat als Ausgangspunkt wählt. Ungewitter beginnt fast zwanzig Jahre später direkt mit der Gestaltung der architektonischen Einzelglieder.

Ein "wahres" Kunstwerk konnte Hoffstadts Überzeugung nach bisher nicht entstehen, da lediglich gotische Details entlehnt worden seien. Er gibt sich damit als in der Tradition der intensiven Gotik-Forschungen seit den 1830er Jahren stehend zu erkennen. Sein Aufruf, daß es der schönste Beruf sei, die "vaterländische Kunstrichtung" zu ergründen, fällt bei Ungewitter auf fruchtbaren Boden. Hoffstadt zeigt auf den Tafeln eigene Entwürfe - wiederum fast ausschließlich Details und zwar aus dem sakralen Bereich -, die er auf der Grundlage einer Auswertung alter Steinmetz-Meisterbücher, mittelalterlicher Baurisse sowie weiterer Schriften entworfen habe.[44] Die reine Verzierung erklärt er zur Nebensache und beginnt stattdessen mit den geometrischen Grundformen gotischer Bildungselemente. Diese Umkehrung des Verständnisses spielt insbesondere für die Auffassung der Gotik eine große Rolle, indem man diesen Stil nun gleichsam von innen zu erschließen sucht und nach seinen Prinzipien fragt. Im Zentrum steht - wie in Ungewitters Lehrbuch - der "christliche Dom", bzw. die "christliche Kirche". Auch Hoffstadt verficht einen universalen Anspruch der Wiederaufnahme der Gotik, indem er sie für Architektur, Skulptur und Malerei fordert, die sich eben alle in der Sakralarchitektur zu einem Gesamtkunstwerk zusammenfänden.[45]

Abb. 70) Fialen und Wimperge
Hoffstadt, Gotisches ABC-Buch, 1840/47, Tf. 16; Ausschnitt)

Hoffstadt verfolgt, trotz aller Parallelen, die sich auch auf die Darstellungen im Titelblatt mit einem quadratischen gerahmten Ornamentfeld mit seinen drei Wappen, an die sich das erste Titelblatt Ungewitters anlehnen könnte oder die Sprüche in Schriftbändern, letztlich ein anderes Konzept. Nicht nur, daß er mit der Gedankenlinie Dom - Wald - Poesie gängige Metaphern der Gotik wiederholt, er ist auch von der elementaren Bedeutung der Symbolik überzeugt.[46] Ungewitter kritisiert an Hoffstadt, daß er die Geometrie so ausschließlich in den Mittelpunkt stellt, worunter die Beachtung des Materials sowie die technische Durchführbarkeit litten.[47] Dies liegt daran, daß sich Hoffstadt eng an die spätgotischen Schriften - insbesondere die Mathias Roriczers[48] - anlehnt, so daß auch seine Details bis zu dem Entwurf einer Kapelle auf Tafel 40 von spätgotischen Formen und Strukturen mit komplizierten Verschränkungen bestimmt werden. Er gibt in Tf. 16 sogar direkt eine Kopie aus Roriczers Werk *(Abb. 70)*.

Die Geometrie ist für Hoffstadt die "Wurzel aller Form", das gleichseitige Dreieck und das Quadrat stellen die "Schlüssel" zum gotischen Stil dar.[49] Sein Verfahren, aus geometrischen Figuren Grundformen zu bilden, die dann vom Grundriß in den Aufriß ausgetragen werden, erscheint nicht nur starrer und regelorientierter, sondern entspricht in der stringenten Bindung an die Linie auch nicht Ungewitters Ausgangspunkt einer Gruppierung von Baumassen, dem Verhältnis einzelner Körper zueinander. Die Beschreibung als Mittel des "Sehenlernens", die bei Ungewitter ihren Raum beansprucht, bleibt konstant unabdingbare Voraussetzung für seine analytische Methode (vgl. voriges Kap.). Hoffstadts Unterfangen stellt mit dem didaktischen Ansatz sowie dem an der Geometrie entwickelten Erklärungsmuster ein bedeutendes Bindeglied zwischen den Schriften der 1830er Jahre und dem "Lehrbuch" bzw. der "Sammlung mittelalterlicher Ornamentik" Ungewitters dar.

Weitere für Ungewitter relevante Schriften hat Georg Gottfried Kallenbach (1805-1865) verfaßt. Seine "Chronologie der deutsch-mittelalterlichen Baukunst in geometrischen Zeichnungen mit kurzer Erläuterung"[50], erschienen in München 1844-47, oder der am gleichen Ort verlegte "Atlas zur Geschichte der deutsch-mittelalterlichen Baukunst" in 86 Tafeln von 1847 festigen die Auffassung der Gotik als christliche Baukunst von katholischer Seite her. Ungewitter verweist im "Lehrbuch" auf Kallenbach beispielsweise für spätgotische Maßwerkgalerien. Im "Atlas" überwiegt der Sakralbau in geometrischen Aufnahmen (allerdings meist ohne Maßstab). Die Datierungen der Tafeln werden sowohl direkt auf dem unteren Teil des Blattes erläutert als auch in einem vorangestellten entwicklungsgeschichtlichen Abriß, der von der römischen Basilika bis zur Mitte des 16. Jahrhunderts reicht. Kallenbach nimmt unter anderem einige Backsteinbauten auf, z.B. die Marienburg (Tf. 42-44). Aus Hessen erscheint lediglich die Kirche in Gelnhausen, die den für die sog. "Übergangsperiode" typischen Reichtum in "seltener Anmut" zeige (zu Tf. 23). Aus dem Bereich des Privatbaus bildet er u.a. zwei Wohnhäuser von um 1500 bzw. um 1550 aus Halberstadt ab (Tf. 81), die die Fachwerkbauweise dokumentieren. In seiner Beispielsammlung legt er die Gewichtung gleichmäßig auf das 13., 14. und 15. Jh., woran lediglich einige frühere und spätere Objekte sich anreihen.

Alle bis zur Mitte des vorigen Jahrhunderts vorliegenden Schriften, die sich ausschließlich der Gotik widmen, stellen die Frage nach dem Zusammenhang von Geometrie und Ornament,[51] oder sie dokumentieren alte Gebäude im Zuge der archäologischen Erfassung des Bestandes.[52] Die Objekte sind zu einem großen Anteil katalogisiert, Inventare aber noch selten, der Schwerpunkt liegt auf Sakralbauten, zu denen einige besonders auffällige Häuser hinzutreten. Gerade die Rezeption hessischer Gotik ist durch Mollers dreibändiges Werk gut vorbereitet, der auch schon begonnen hat, die Gotik als System zu erfassen. In diesem Punkt bestehen aber noch über Hessen hinaus erhebliche Defizite.

Mit einem anderen Zweig der Geschichte des Gotikverständnisses, der Kunstgeschichtsschreibung, hat bei dem Architekten Ungewitter offenbar wenig Berührung bestanden. Diese Trennung zwischen Architekten- und Kunsthistorikerliteratur stellt einen wichtigen Aspekt dar. Er erwähnt zwar das "Handbuch der Kunstgeschichte" aus dem Jahr 1842 von Franz Kugler (1808-1858), aber wiederum kritisch: Die von Kugler getadelte Anordnung einer Rose im Spitzbogen eines Fensters hat nach Ungewitters Auffassung durchaus ihre Berechtigung, da sie im Wesen der Konstruktion begründet sei und der Forderung nach einer Übereinstimmung des Inneren mit dem Äußeren entspreche.[53] Er stellt fest, daß die Form schon in Werken, die seiner Auffassung nach frühen Datums sind, z.B. der Kollegiatkirche Mantes, der Kathedrale Reims, den Kreuzflügeln der Notre Dame Paris auftritt.[54] Ungewitter rechtfertigt wiederum gemäß seinem Ideal die frühgotischen Anlagen. Umgekehrt nimmt Kugler Ungewitters "Musterbuch" von 1856/58 nicht zur Kenntnis, denn er vermerkt, daß es an näheren Mitteilungen über die hessischen Hallenkirchen in Nachfolge der Elisabethkirche in Frankenberg, Wetter und Alsfeld an näheren Mitteilungen fehle.[55] Er gibt lediglich Moller als Referenz an. Die Klosterkirche Haina werde als eines der glanzvollsten Monumente von Hessen gepriesen, enthalte romanische Teile sowie "primitiv gothische Theile", gehöre in der Hauptsache jedoch dem Beginn des 14. Jahrhunderts an.[56]

Damit nimmt Ungewitter als Vertreter der von Architekten verfaßten Darstellungen die neue Generation von Kunstgelehrten wie Kugler oder auch Carl Schnaase (1798-1875)[57] nur am Rande zur Kenntnis. So entgeht ihm etwa ein wegweisender Gedanke Schnaases, der sich dem Begriff des "Organischen" für die Architektur kritisch gegenüberstellt und feststellt, daß die neugotische Theorie in letzter Konsequenz auf Ornamente ganz verzichten müßte.[58]

Ungewitter selbst sieht bei Schnaase eine unrichtige Beurteilung vieler Monumente:

> *Am übelsten aber kommen unsere hessischen frühgothischen Werke fort, namentlich die Kirchen zu Haina und Wetter, die doch eben wegen ihres frühen Datums eine besondere Rücksicht verdient hätten.*[59]

Die Annahme Schnaases, daß die Dienste in Haina Schaftringe tragen, kann Ungewitter ebenso widerlegen, wie er auch die Bewertung des Maßwerks als unentwickelt zurückweist, da gerade das Hainaer Maßwerk kaum an Schönheit zu überbieten sei. Den Chor der Stiftskirche in Wetter, dessen Dienste Schaftringe tragen, in das 14. Jh. zu datieren, sei ebenfalls unzutreffend. Er gesteht Schnaases Werk jedoch schon angesichts der Menge an Bauwerken, die dieser zu bewältigen hatte, dennoch einen hohen Wert zu. Schnaase wiederum verweist in der zweiten Auflage von 1872 auf die Abbildungen zu Kloster Haina im "Lehrbuch", das zum Zeitpunkt der ersten Auflage 1856 noch nicht erschienen war.[60]

Schnaase würdigt - im Gegensatz zu Kugler - die hessische Gotik, deren Hauptkirche St. Elisabeth in Marburg er mit ihrem Bau ab 1235 dem "deutschen frühgothischen Styl" zuordnet:

> *Die ganze Façade ist also höchst anspruchslos und einfach, macht aber durch ihre klaren und regelmässigen Verhältnisse einen bedeutenden, würdigen und ernsten Eindruck und zeigt das Verticalprinzip in einer Klarheit und Reinheit, wie kaum irgend ein anderes Gebäude.*[61]

Als Nachfolgebauten nennt er u.a. Frankenberg und Wetter, während Haina entweder gleichzeitig oder sogar früher begonnen worden sei.

Sein unvoreingenommener und sogar positiver Blickwinkel auf die damals als Frühgotik aufgefaßte Periode stellt in den 1850er Jahren im Kreise der Kunstgelehrten ebenso eine Besonderheit dar, wie die Konzentration Ungewitters auf diese Zeit in Architekturtheorie und Kirchenbauten. Eine persönliche Verbindung zwischen Schnaase und Ungewitter ist jedoch nicht bekannt. Für Ungewitter und seine Zeitgenossen wird die Baugeschichte eine wichtige Voraussetzung für das künstlerische Schaffen: Die Historie wird zum Präzeptor der Kunst, nachdem vorher die Einheit der Geschichte im Ästhetischen begründet gewesen ist.[62]

b. Der neugotische Kirchenbau

Die ersten Entwürfe: Auseinandersetzung mit der Neugotik des frühen 19. Jahrhunderts

In Deutschland bedeutet die Entdeckung der Gotik anhand des Sakralbaus architekturgeschichtlich eine wichtige Stufe. Die Orientierung an "Klassikern" wie Straßburg und Freiburg, deren Entstehungszeit bis in das 14. Jh. hineinreicht, die Ungewitters Votivkirche auszeichnet, verbindet ihn mit der frühen, als "klassizistisch" oder "romantisch" bezeichneten Neugotik, die bis um 1840 wirkt.[63] Ungewitters erster Entwurf zur ev. Kirche Neustadt von 1857 mit kubischem Baukörper, der einen filigran aufgelösten kleinen Turmhelm trägt, sowie die glatt ausgespannte Wandfläche mit den relativ großen, scharf eingeschnittenen Öffnungen an der Ostwand entspricht im Duktus dieser Phase, wie er sie aus seiner Münchner Studienzeit kennt. Vergleichen läßt sich der unvermittelt aufgesetzte durchbrochene Maßwerkhelm mit dem von Daniel Ohlmüllers Mariahilf Kirche in der Au 1831-39, der im Detail viel reicher ausgeführt ist *(Abb. 71)*. Die Mariahilfkirche ist in Mischbauweise aus Ziegeln und Sandstein errichtet. Sie symbolisiert mit der Gotik die gesellschaftspolitische Einstellung des Herrschers, der die Werte eines idealisierten Mittelalters zu vermitteln suchte. Perfektionierung der Stilsprache und neue Inhalte leisten eine Aktualisierung, indem das unbestimmte, allgemein weltanschauliche Interesse der 30er Jahre zunehmend durch ein wissenschaftlich-rationales abgelöst wird.[64]

Abb. 71) Mariahilfkirche in der Au, München, Ohlmüller, 1831-39

Die Westfassade zeigt die Unterschiede zu Ungewitter: Ohlmüller stellt mittig über die annähernd quadratische Fassade einen Turm und schließt mit einer Blendwerkreihe die Seitenschiffe ab, die, von Eckfialen gerahmt, dazu dient, den aufstrebenden Charakter des Baustils zu betonen. Ansonsten werden geschlossene Ornamentfelder in deutlich gegliederte Flächen eingepaßt, sei es, um sie vollständig auszufüllen (Rose im Mittelschiff, Reminiszenz an das Straß-

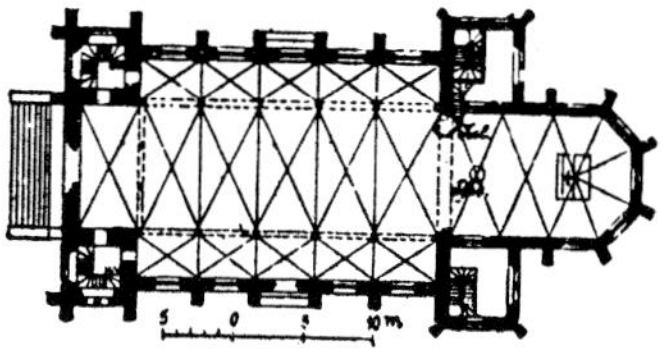

Abb. 72) ev. Kirche, Sonneberg, Heideloff, 1845

burger Münster) oder sie in der glatten Wandfläche 'schwimmen' zu lassen (kleine Rosen der Seitenschiffsachsen). Zusammenhänge zwischen Ornamentik und Fläche oder zwischen Fassade und Kirchenraum sind nicht erkennbar. Ungewitter stärkt in seinem ausgeführten Entwurf plastische Elemente der Konstruktion (Strebepfeiler), verdichtet gezielt die Ornamentik und schafft eine tektonische Struktur. Der Ohlmüllerschen Ziselierung der Wandoberfläche steht die Artikulation des Über-, Neben-, Vor- und Hintereinander bei Ungewitter gegenüber. Öffnungen sitzen an den aus der mittelalterlichen Gotik bekannten Stellen, während z.B. die Seitenschiffsfenster der Münchner Kirche - groß und hoch angesetzt, bekrönt von einem Wimperg mit Fialen, aber ganz im Sinne klassischer Ädikulen gedacht - die Nutzung des Inneren eher behindern (der Einbau einer Orgelempore wird die Fenster schneiden oder verdecken). Von derlei filigranen Formen löst sich Ungewitter nach den beiden genannten Sakralbauprojekten, wie die Ausführungsentwürfe für Neustadt belegen.

Karl Alexander Heideloff (1789-1865) stellt eine Mittlerfigur zwischen der frühen Neugotik, die z.B. das Schloß Lichtenstein von 1840-42 zeigt, und der gotischen Bewegung dar, mit der ihn die umfassende Lehre der Gotik, seine Schriften sowie die Auffassung der Gotik als Universalstil verbinden. Er entwirft im Grundriß konventionelle Kreuzkirchen mit eingezogenem 5/8 Chor, die oft phantasievoll angelegt und im Sinne der frühen Neugotik nicht tektonisch aufgefaßt sind, so z. B. die Kirche in Sonneberg 1845 *(Abb. 72)*. Das feine Ornament wird auf den flächigen Untergrund gelegt und die Gliederungen durch Fenster oder Strebepfeiler wirken wie applizierte isolierte Einzelformen. Die Kirche ist dem Idealbild einer hochgotischen Stadtpfarrkirche nachempfunden. Ungewitter gesteht Heideloff zwar eine anregende Wirkung zu, fällt aber gerade über die Kirchen mit "ihren hölzernen, berohrten und vergypsten Gewölben" ein vernichtendes Urteil[65], hat jedoch im darauffolgenden Jahr für dessen kath. Kirche in Leipzig eine Giebeldekoration entworfen (vgl. Kat. 19) und relativiert auch sein scharfes Urteil später (s. o.). In der im Aufriß sichtbaren Aufteilung des Baukörpers nach seinen Funktionen geht Heideloff, wie in Köln in den 1840er Jahren gefordert, einen Schritt weiter. Auch er setzt sich 1850 für eine Unterscheidung der Kirchen je nach Typus mit Einturmfassade für Pfarrkirchen oder Dachreiter für Kapellen ein.[66] Aufgrund dieser Voraussetzungen können sich Ungewitter und seine Generation nunmehr der "archäologischen" Korrektheit im Detail zuwenden.

Mit Schinkel findet die Neugotik in Berlin neben dem italienisch-altchristlichen Stil, der durch den Kronprinzen und späteren König gefördert wird, Eingang in den Sakralbau. Der freie Umgang mit gotisierenden Formen bleibt maßgebliche Konstante. Schinkel gibt mit den teilweise nach innen gezogenen Strebepfeilern sowie Emporen der Werderschen Kirche in Berlin (1824-30) einen wichtigen Anstoß für den evangelischen Kirchenbau. Emporen sieht Ungewitter für die kath. Kirche Neustadt um 1860 sowie die ev. Kirche Malsfeld 1861 vor. Die wesentlichen Neuerungen der Grundrißorganisation im protestantischen Longitudinalbau sind somit zuerst bei Schinkel zu beobachten. Die Unterschiede der Berliner Neugotik zu der Ungewitters lassen sich anhand von Johann Heinrich Stracks (1805-1880) Petrikirche 1846-50 (bzw. bis 1852) knapp veranschaulichen *(Abb. 73)*. Entspricht das Motiv des vorgelagerten Westriegels dem an Ungewitters Neustädter Kirche, ist die Genese jedoch eine andere: Strack verleiht seinem zentralisierenden Kreuzgrundriß mit dem quergelagerten Westwerk einen Gegenpol zum Chor, der direkt an romanische Vorbilder anschließt.[67] Ungewitter hingegen entwickelt aus englischen (vgl. Kap. IV. 3) und romanischen Anregungen eine ganz neue Form der Staffelung der Westfassade, die im Typus zwischen Turm und Dachreiter angesiedelt ist.

Zur Neugotik 'bekennt' sich auch Jakob Friedrich Eisenlohr (1805-54), dessen Kirchenentwürfe für protestantische Kirchen in Baden-Baden bzw. in Offenburg (beide ohne Datenangabe) trotz einzelner spätgotischer Formen eine Flächenwirkung der Wand sowie eine klare Gliederung der Bauabschnitte zeigen. Hingewiesen sei auf die Rahmung des Eingangs durch Strebepfeiler, zwischen die ein Wimperg gespannt ist. Bemerkenswert ist gleichfalls die Verwendung von Steinhelmen in Baden-Baden und die Verwendung des Konsolgesimses in Offenburg, das Ungewitter z.B. in Amöneburg aufgreift. Dies belegt zugleich, daß Eisenlohr nicht mehr der frühen Neugotik angehört, sondern der gotischen Bewegung. Eisenlohr verficht seit 1832 am Polytechnikum in Karlsruhe die Gotik als alleingültigen Stil aus christlich-nationalen Überlegungen: Das Christentum und der sog. "germanische Volksgeist" hätten ihren geschichtlichen Ausdruck in der Gotik gefunden.[68]

Ungewitter und der katholische Kirchenbau in Köln anhand des Vergleiches mit Vincenz Statz

Im Zentrum der Gotik-Diskussion in Deutschland steht die Entdeckung des Kölner Doms. Folglich treten in Ungewitters Votivkirche, seinem ersten gotischen Kirchenentwurf, mehrere Elemente des seit 1842 in Vollendung begriffenen Baus auf, etwa der Wimperg der Westfassade oder das Maßwerk der durchbrochenen Turmhelme (vgl. Kat. 23). Der Kölner Dom wirkt unmittelbar formbildend auf die in der Bauhütte tätigen Meister wie Ernst Friedrich Zwirner[69], Friedrich von Schmidt[70] sowie Vincenz Statz. In der gesamten Diözese bleibt der Dom Ausgangspunkt für den Sakralbau.[71]

Vincenz Statz (1819-1898) ist nach einer Zimmermanns- und Maurerlehre bei dem Schinkelschüler Ferdinand Luthmer 1841 in die von Zwirner geleitete Dombauhütte in Köln eingetreten.[72] 1845-54 bekleidet er den Rang des zweiten Domwerkmeisters. Da er sich weigert, die für den Staatsdienst erforderliche Prüfung abzulegen, folgt erst nach mehreren Anläufen 1861 die Ernennung zum Privatbaumeister. Aufgrund des über Reichensperger zustandegekommenen Kontaktes Ungewitters zu Statz und der gemeinsamen Herausgabe eines Vorlagenbuches ist dieser Kölner Architekt eine wichtige Figur für Ungewitter.

Statz' Schaffen umfaßt fast ausschließlich katholische Kirchen im Rheinland, so daß er als Begründer der rheinischen Schule der Gotik gilt.[73] In seiner Funktion als Gutachter im Auftrag des Generalvikariats ab 1850 sowie als Diözesanbaumeister seit Januar 1863 greift Statz immer wieder regulierend in den Kirchenbau ein.[74] Außerdem werden seine Entwürfe stets durch das Generalvikariat besonders zügig genehmigt. Insofern sind seine Bautätigkeit und Wirkung nicht zuletzt an die qua Amt erwachse-

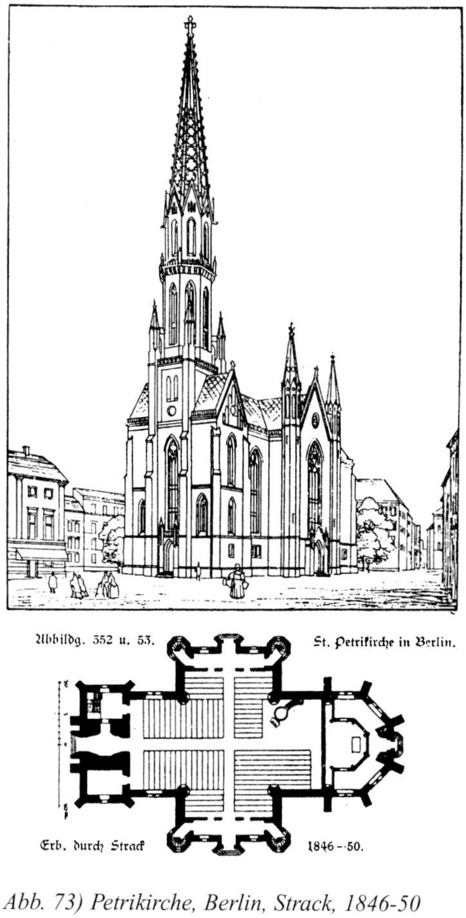

Abb. 73) Petrikirche, Berlin, Strack, 1846-50

Abb. 74) Marien-Kirche, Neustadt-Eberswalde, Statz, 1851

nen Machtbefugnisse gekoppelt. Ihm wird eine Einseitigkeit in dem strikten Beharren auf der Gotik vorgeworfen, denn sogar die gotischen Kapitelle an der Lülsdorfer Kirche des Ungewitter-Schülers Wiethase verändert er eigenmächtig, sofern sie nicht genau seinen eigenen Vorstellungen entsprechen.[75]

Hinsichtlich kleiner Pfarrkirchen bzw. Kapellen legt sich Statz schon mit seinem ersten Werk, einer Kapelle in Köln-Nippes aus dem Jahr 1847, auf ein charakteristisches Schema fest, das er nochmals in der 1851 im *Organ für christliche Kunst*[76] erschienenen Marien-Kirche in Neustadt-Eberswalde verwendet *(Abb. 74)*. Gestufte, abgeschrägte Strebepfeiler umstehen in einem gleichmäßigen Rhythmus Langhaus, Chor und Westwand. In Eberswalde ist zwar ein einfacher Saal vorgesehen, sonst verwendet Statz hauptsächlich den Kreuzgrundriß. Er faßt in seinen Portalen den Eingang sowie das darüberliegende mehrbahnige Maßwerkfenster immer zu einer Einheit durch ein profiliertes Gewände zusammen (Nachwirkung des Kölner Doms). Der durch ein eigenes Satteldach überfangene Portalrisalit ist dem Baukörper wie eine flache Scheibe vorgelagert. In seiner Niester Kirche, die in Abmessungen und schlichter Gestalt vergleichbar scheint, schafft Ungewitter gerade einen Zusammenhang zwischen Eingang, Westfenster und Turm, die alle dem quadratischen Sockel eingebunden bleiben (vgl. Kat. 29). Den oftmals etwas trocken wirkenden Schematismus sowie die strikte Symmetrie des Statz ersetzt Ungewitter durch Verzicht auf filigrane Details (vgl. die Maßwerkgliederung des Westfensters in Eberswalde) zugunsten räumlich-plastischer Ausformung, wie das Niester Beispiel belegt.

Statz befaßt sich allerdings schon fast zehn Jahre früher mit dem Entwurf einfacher Pfarrkirchen. Seine Anlehnung an hochgotische Formen, zu der er sich nach einigen frühen romanisierenden Entwürfen in seinem Erstlingswerk - der erwähnten Kapelle in Köln-Nippes - entschließt, wird wegweisend für die Neugotik in Deutschland. Auch die konsequente Abwendung vom Kathedralschema, die bei ihm in der Gestaltung der Westfassade sichtbar ist, stellt ein Novum dar. Es handelt sich um die für die Neugotik als Reformbewegung kennzeichnende Suche nach verschiedenartigsten Vorbildtypen.

Unterschiedliche Rezeptionsbedingungen der Werke des rheinischen und kurhessischen Architekten legt die Reaktion auf Statz' Marienkapelle offen: Der Schriftsteller Ernst Weyden äußert sich anerkennend im *Kölner Domblatt* vom 31. Oktober 1847. Für die Veröffentlichung des Entwurfes in diesem Journal zeichnen Friedrich Baudri als Herausgeber des *Organ für christliche Kunst* sowie Reichensperger verantwortlich.[77] Darin erscheinen viele weitere Arbeiten von Statz und werden, da das Blatt in vielen Pfarrhäusern gehalten worden ist, entsprechend publik. Infolge einer Initiative Reichenspergers erläßt Weihbischof Johann Baudri, der Bruder des Herausgebers obiger Zeitschrift, am 27. Juli 1852 eine Verfügung, die für Kirchen und Bauten im sakralen Umfeld (Pfarr- und Vikarienhäuser) die Gotik festschreibt. Der Aufschwung der Neugotik im katholischen Kirchenbau des Rheinlandes erfährt wesentliche Förderung aus den restaurativ eingestellten Kreisen von Klerus und führenden Laien. Noch 1912 wird in einem Erlaß des Kardinals Antonius Fischer aus Köln für neue Kirchen der romanische, gotische oder Übergangsstil empfohlen, insbesondere aber die Gotik.[78] Der Zusammenhalt innerhalb der Angehörigen der katholischen Konfession erweist sich damit als sehr ausgeprägt, im Gegensatz zur schwierigen Situation Ungewitters in Hessen. Ungewitter ist eben kein Katholik, sondern der orthodoxen lutherischen Bewegung nahestehend, die in Kurhessen vielerorts unpopulär war (vgl. Kap. II. 3). Es gibt außerdem vor dem

Abb. 75) kath. Pfarrkirche St. Suitberg und St. Gertrud, Rheinbrol, Statz, 1856

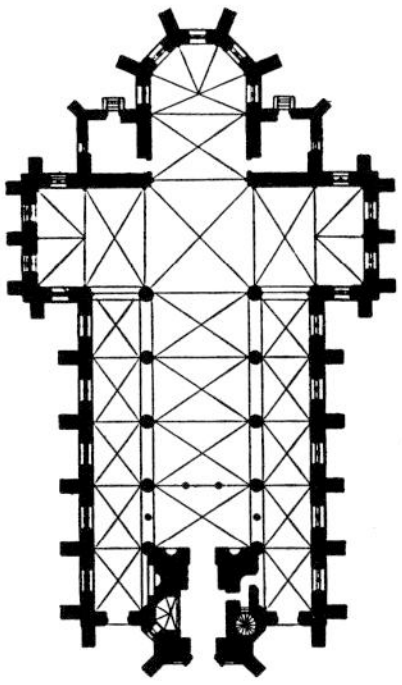

Eisenacher Regulativ von 1861 keinen protestantischen Konsens über den Kirchenbau, der von allen Landeskirchen getragen worden wäre.

Bei Statz und Ungewitter lassen sich Gemeinsamkeiten benennen: Statz wählt für seine mittelgroße Pfarrkirche Rheinbrol (1856) die symmetrische dreischiffige Kreuzanlage mit zweijochigem Querhaus und 5/8 Chorschluß sowie zwei an den Chor anschließenden Kapellen *(Abb. 75)*. Nur vereinzelt treten bei Statz querhauslose dreischiffige Anlagen auf (allerdings ganz symmetrisch), die bei Ungewitter vorherrschen (Bockenheim, Entwürfe zur kath. Kirche Neustadt), der den Kreuzbau nur in Amöneburg wählt. Die Kirchen beider Architekten zeigen einen deutlich artikulierten Westturm und einen von Annexen begleiteten Chor. Der Turm trägt einen Steinhelm, der zu einem charakteristischen Merkmal der Neugotik im mittleren Drittel des vorigen Jahrhunderts wird. Statz scheint der erste gewesen zu sein, der durchgängig massive Steinhelme angewendet hat. Reichensperger hatte sie aus Gründen der Feuersicherheit und geringen Unterhaltungskosten gefordert[79]; es hat sie aber vorher schon in der englischen Neugotik gegeben (vgl. Kap. IV. 3). Beide Architekten verwenden regional typisches Material, wobei der mit viel Mörtel gehaltene Schiefer bei Statz eine lebendige Wirkung erzeugt.

Unterschiede der jeweiligen Ausformung zeigt die Turmgestaltung in Rheinbrol im Vergleich zu Bockenheim, obwohl es sich in beiden Fällen um einen mittigen Westturm handelt, der aus dem Quadrat in einen oktogonalen Steinhelm übergeleitet wird. Statz schließt den quadratischen Sockel auf etwa halber Höhe mit einer Maßwerkbalustrade ab, hinter der die oktogonale Glockenstube mit ihren spitzen Giebeln, an den Ecken von Strebepfeilern begleitet, aufsteigt. Dieses Geschoß wird mit kleinerem Durchmesser wiederholt und darüber mit einem übereck aufsitzenden Spitzhelm bekrönt.[80] Ungewitter zieht den von Eckstrebepfeilern begleiteten quadratischen Turm bis etwas über die Firsthöhe des Mittelschiffsdaches hinauf und schließt mit einem vorkragenden Gesims ab, auf dem der Steinhelm mit einem Kranz flach anliegender Gauben sowie Pyramiden aufsitzt. Die Komposition wirkt sehr mächtig und scheint bis um 1865 fast nur von Ungewitter verwendet worden zu sein. Kölner Architekten wie Statz und Schmidt wählen in aller Regel - ebenso wie die Berliner Schinkel-Schüler - die doppelt gestufte Überleitung.

Im Innenraum wird Statz' Kirche als Stufenhalle konzipiert, indem Blenden die Obergadenfenster ersetzen.[81] Dieselbe Raumform sieht Ungewitter in Bockenheim vor, allerdings mit sehr gedrungenen Proportionen. Das Gewölbe ruht in Rheinbrol wie auch in Amöneburg und Bockenheim auf kräftigen Rundpfeilern, aus deren Kämpfern die Konsolen der Wanddienste aufsteigen. Der Wandaufriß erinnert mit Gewölbefüßen, die auf kurzen Runddienststücken ansetzen, an Bettelordenskirchen. Ungewitter kennt mit der Klosteranlage in Haina ein wichtiges Beispiel durch eigene Restaurierungstätigkeit.

Die Aufnahme eines zweischiffigen Grundrisses tritt im vorigen Jh. zuerst 1856 in Statz' Pfarrkirche Mönchengladbach-Lürrip auf.[82] Vorbilder finden sich aus der Spätgotik im Eifel-Mosel-Raum ebenso wie österreichische und böhmische Beispiele des 14. und 15. Jahrhunderts. Ungewitters Argumentation mit Wirtschaftlichkeit, wie er sie im "Lehrbuch" vorträgt, kann als Ansporn zu weiterer Verwendung gedient haben. Ungewöhnlich ist jedoch, daß Ungewitter in Momberg eine symmetrische zweischiffige Lösung wählt, die eine Ausnahme darstellt. Im späten 19. Jh. sind eine Reihe asymmetrisch-zweischiffiger Kirchen gebaut worden (vgl. Kap. V).

Ungewitters mittelgroße katholische Kirchen der 1860er Jahre zeigen damit Parallelen zu Statz und anderen Kölner Schülern wie z.B. zu Friedrich Schmidt (s.u.). Ungewitter bleibt der frühen Stilstufe seiner Vorbilder besonders augenfällig mit dem sechsteiligen Gewölbe im Amöneburger Mittelschiff, das in Anlehnung an das gebundene System jeweils mit zwei Jochen der Seitenschiffe korrespondiert (bei stets gleichen Arkadenpfeilern), dichter verpflichtet, statt der üblichen jochweisen Anordnung vierteiliger Kreuzrippengewölbe. Im Gegensatz zu Statz, aber in Übereinstimmung mit Schmidt, markiert Ungewitter die vortretenden übergiebelten Portale als eigene Bauabschnitte. Statz schneidet die Öffnungen in die Wandfläche. Das Prinzip der Akzentuierung einzelner Bauabschnitte wird somit wiederum jeweils unterschiedlich umgesetzt.

Gemeinsame Auffassungen lassen sich auch in der Ausstattung beobachten, wie die Zusammenschau der Ungewitterschen Kanzeln in Fritzlar um 1856/57 (Kat. 26) bzw. Frankfurt 1862 (Kat. 41) mit einem von Statz im Jahr 1865 im *Organ für christliche Kunst* veröffentlichten Entwurf zeigt *(Abb. 76)*. Von einem schlichten Geländer in Fritzlar zu dem spitzbogendurchbrochenen Typus in Frankfurt sowie den Relieffeldern mit Evangelisten entwickelt sich Ungewitters Gestaltung in eine parallele Richtung. Unterschiede, die wiederum in schlankerer Proportionierung der glatt abgefasten Stützen an Statz' Treppenaufgang liegen, fallen erst bei genauerem Hinsehen auf. In allen drei Beispielen handelt es sich um Steinkanzeln. Ein wichtiges Merkmal der Anhänger der gotischen Bewegung ist es, daß sie die Prinzipalstücke in Stein statt des sonst verbreiteten Holzes (vgl. z.B. mecklenburgische Kirchen von Buttel u.a.) ausgeführt wissen wollten. Steinkanzeln mit Reliefs der Evangelisten oder Kirchenväter, wie Reichensperger sie gefordert hatte, treten folglich z.B. auch bei F. Schmidt oder C. W. Hase (in Backstein) auf. Die Materialwahl ihrerseits bedingt bereits die mächtige Erscheinungsform und einfache Ornamentik.

Abb. 76) Kanzel, Statz, 1865

Das Übergewicht der rheinischen Neugotik, die von Köln ausgehend ab etwa Mitte der 1840er Jahre eine eigene stabile Tradition darstellt, liegt im Sakralbau. Ungewitter kann auf das Formen- und Typenrepertoire zurückgreifen, was er zu einem gewissen Anteil tut. Prinzipiell bemüht er sich jedoch stets um individuelle Schöpfungen, für die er einen unverwechselbaren Stil entwikkelt hat.

Neugotische Formen im evangelischen Kirchenbau

Ungewitter bezieht sich in der Wiener Votivkirche 1854/55 auf die neugotische Nikolaikirche Scotts in Hamburg *(Abb. 77)*, die die Initialzündung für die Durchsetzung der Neugotik nach europäischen Vorbildern des 13. Jahrhunderts in Deutschland gegeben hat, u.a. für Heinrich Ferstel 1854/55 in seiner Wiener Votivkirche, August Stüler in der Bartholomäuskirche Berlin 1854-58, Ferdinand Stadler in der Elisabethkirche

Abb. 77) Nikolaikirche, Hamburg, Scott, 1845-63

Basel ab 1856 sowie für Statz in der Linzer Kathedrale ab 1858[83]. Der Hauptunterschied zu Ungewitter liegt in der Eintürmigkeit bei Scott, während der Aufriß der Westfassade ansonsten wesentliche Übereinstimmungen offenbart. In der Portalzone mit dem wimpergbekrönten Spitzbogenfenster darüber, in dem der Kölner Dom nachklingt, mehr aber noch in der klaren Geschoßtrennung vom geschlossenen Sockel über die schrittweise Auflösung bis zum Turmhelm gleichen die Projekte einander (vgl. Kat. 23) *(Abb. 78)*. Die Aufstellung von Figuren in Tabernakeln oberhalb der Wasserschlaggesimse korrespondiert ebenso wie die Schaffung klarer Zonenübergänge. Dazwischen bleibt immer noch Raum zur Entfaltung der Oberfläche, so daß ein dynamisches Wechselspiel zwischen Wand und Ornament entsteht.

Als protestantischer Architekt bezieht Ungewitter Position zum Eisenacher Regulativ, mit dem eine typologische und stilistische Normierung des Kirchenbaus versucht worden ist, indem das Leitbild der spätmittelalterlichen, vorreformatorischen Pfarrkirche[84] bestätigt werden sollte. Die Vorgeschichte des 1861 veröffentlichten "Eisenacher Regulativs für den evangelischen Kirchenbau" reicht bis in die frühen 1850er Jahre zurück (Kirchentage in Elberfeld 1851, in Dresden 1856 und in Barmen 1860).[85] Ausgangspunkt der Diskussion ist Berlin, wo ein "Verein für religiöse Kunst in der ev. Kirche" existierte. Berlin gilt auch weiterhin als Zentrum der Entwicklung des evangelischen Kirchenbaues. Das Regulativ formulieren maßgeblich Architekten: Christian Friedrich Leins (1814-1892) (Stuttgart)[86], Friedrich August Stüler (1800-1865) (Berlin) und Conrad

Abb. 78) Nikolaikirche, Hamburg, Scott, Entwurf, 1844-45

Wilhelm Hase (Hannover). Die von Leins ab 1866 errichtete Johanneskirche Stuttgart gilt als Musterkirche für das Regulativ. Er wendet sich von den spätgotischen schwäbischen Formen zu der allgemein in der Neugotik bevorzugten Hoch- und Frühgotik.[87] Schon um 1858 waren einige Beiträge erschienen, in denen Kernforderungen erörtert wurden.[88] Die literarische Produktion zeigt jedoch weniger soziale Implikationen als das katholische Schrifttum.[89] Ungewitter engagiert sich nicht in der Eisenacher Bewegung und wird in ihrer ab 1858 in Stuttgart als Pendant zu dem katholischen *Organ für christliche Kunst* erscheinenden Zeitschrift *Das christliche Kunstblatt* nicht zur Kenntnis genommen. Im *christlichen Kunstblatt* wurde neben der Gotik des 13. Jahrhunderts allenfalls die Romanik akzeptiert, folglich wurden meist neugotische Projekte vorgestellt, z.B. von Möckel, Northoff und Wiethase, aber auch von Leins bzw. seinen Schülern. Interessant ist, daß die Elisabethkirche Marburg als historisches Ideal angesehen wird (Kreuzgrundriß, auch die Hallenform, zwei Fensterreihen, einfache kantonierte Pfeiler, klare und regelmäßige Verhältnisse).[90] Ebenso wie die Eisenacher Bewegung gegen den Zerfall der kirchlichen Struktur, die eine Folge des Übergangs von der territorial einheitlichen Staats- zur Volkskirche ist, zu wirken beabsichtigt, versucht dies, ohne Verbindung zu dieser großen Bewegung, auch Ungewitter in Nordhessen.

Das 1861 in Eisenach beschlossene Regulativ für den evangelischen Kirchenbau legt in 16 Paragraphen, die hier nicht vollständig wiedergegeben zu werden brauchen, äußere Gestalt und Organisation des Innenraums fest. In den meisten Punkten entsprechen Ungewitters Kirchen den Forderungen: Sie sind geostet, zeigen ein längliches Viereck als angemessenste Grundform, die Höhe beträgt etwa 3/4 der Breite, es gibt einen separaten Altarraum im Osten und vor allem folgt er der Empfehlung der Gotik. Ein Turm im Westen darf keinesfalls fehlen, das Material ist dauerhaft und solide zu wählen, Verputz unbedingt abzulehnen und Emporen sollen möglichst vermieden werden. Die Anlage einer Holzkonstruktion im Innenraum gilt als akustisch vorteilhaft, so daß Ungewitter seine Kirchen in Malsfeld und Hundelshausen preiswert und zugleich zweckdienlich ausgestattet hat. Die Aufstellung des Altars im Chor, der Kanzel an einem Pfeiler des Chorbogens oder an einem Mittelschiffspfeiler in größeren Kirchen sowie der Orgeltribüne im Westen werden von Ungewitter ebenfalls berücksichtigt. Seine Altäre sind mit einem Kruzifix versehen, das allerdings, wie in Nieste, in das Retabel eingearbeitet sein kann. In den Formulierungen des "Eisenacher Regulativs" überlagern sich funktionale Anforderungen (Raumorganisation) mit ästhetischen (Materialverwendung) und semantischen Momenten (intendiert wird die Definition des "Wesens" einer evangelischen Kirche).

Über die Forderung nach Symmetrie sowie dem als bedeutsam geltenden Kreuzgrundriß setzt Ungewitter sich hinweg und liefert unter ausdrücklichem Bezug auf das Regulativ eine kaum goti-

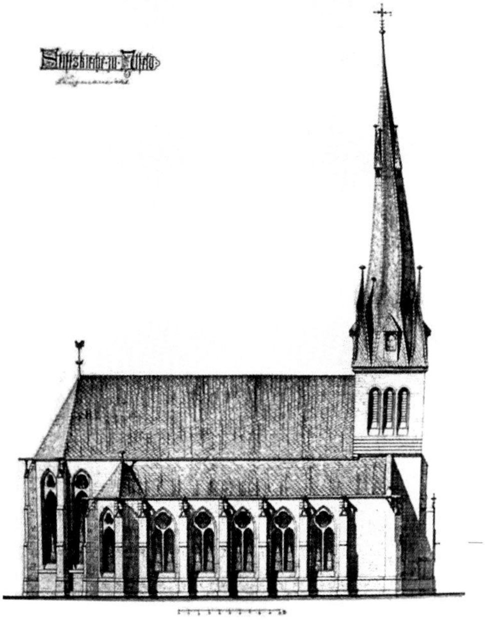

Abb. 79 a) ev. Stiftskirche, Ilfeld, Hase, 1866-68

sche Kirche in Malsfeld, deren Langhausfenster er entgegen der Empfehlung, daß im Falle des Anbringens von Emporen klare Zweigeschossigkeit zu herrschen habe, zu tiefen Schlitzen zusammenzieht, so daß eine Zweizonigkeit des Langhausaufrisses auf den ersten Blick kaum zu sehen ist. Er ignoriert die Vorschriften damit ohne weitere Erklärung bzw. distanziert sich mit einem gewissen Maß an Ironie davon. Für ihn liegt das "Wesen" einer evangelischen Kirche also weder ausschließlich in der durch das Regulativ festgelegten Kompositionsweise noch in der deutlichen Anwendung eines bestimmten Stils.

Die meisten neugotischen evangelischen Kirchen, ihre Anzahl liegt bei mehr als 100, hat im norddeutschen Raum Conrad Wilhelm Hase (1818-1902) errichtet, der mit für das Eisenacher Regulativ verantwortlich zeichnet. Sein Erfolg im Kirchenbau setzt vor allem 1859-64 mit der Christuskirche in Hannover ein, also etwa zeitgleich mit Ungewitter. Im Laufe seines jahrzehntelangen Wirkens kann Hase eine ungleich größere Breitenwirkung entfalten (vgl. Kap. V. 1).[91]

Hases kreuzförmige Grundrisse (z. B. Hilter, Arpke, Loxten) mit polygonalen bzw. sogar Umgangschören (Christuskirche) greifen der Entwicklung in Richtung auf schmale, gangartige Seitenschiffe bzw. zentralisierende Anlagen (Niedersachswerfen 1867-69) vor.[92] Daneben verwendet er kontinuierlich auch den konventionellen dreischiffigen Kreuzgrundriß (z.B. in Langenhagen 1868-70). Ungewitter bevorzugt den Longitudinalbau (z.B. Bockenheim), der in Hases dreischiffiger Ilfelder Kirche 1866-68, die aus dem in dem Tal der Behre, wo Ilfeld liegt, anstehenden Porphyr errichtet ist, als Randerscheinung in dessen Werk Anwendung findet *(Abb. 79 a,b)*. Der Typus Stufenhalle stellt eine weitere Entsprechung dar, wobei Ungewitter das Mittelschiff seiner katholischen Kirche etwas höher hinaufzieht, so daß ein Stück Sargmauer sichtbar bleibt. Bei den Stützen handelt es sich um die in der Neugotik weit verbreiteten Rundpfeiler mit schlichten Kapitellen, die Hase in schlankeren Proportionen als Ungewitter in die Höhe führt. Am westlichen Portal erkennen wir eine für Ungewitter charakteristische Portalgestaltung mit Dreiecksgiebel (vgl. Bockenheim, Kat. 40), der bei Hase mit einer Plattenmaßwerkrose der französischen Gotik angelehnt erscheint. Der von einer Säule getragene Wasserspeier ist allerdings ein Motiv aus Ungewitters Kreuzgang am Kloster Haina (vgl. Kat. 27).

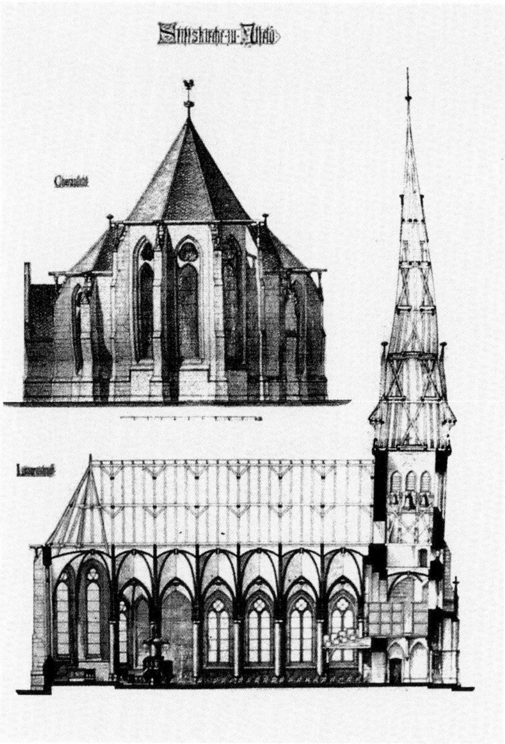

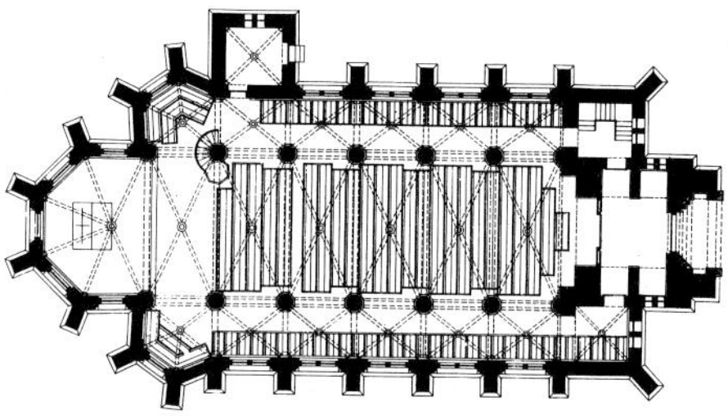

Abb. 79 b) ev. Stiftskirche, Ilfeld, Hase, 1866-68

Die Folge von Quersatteldächern, wie Ungewitter sie als Giebelreihe am Hundelshausener Langhaus vorsieht, ist eine beliebte Anordnung, die vor allem im evangelischen Kirchenbau auftritt. Hase verwendet sie zuerst in Arpke 1857-59. Er bleibt mit dicht gesetzter Reihung der Giebel, die nur durch Strebepfeiler getrennt sind, eng am mittelalterlichen Vorbild, z.B. der Ägidienkirche Hannover. Das bekannteste Beispiel ist die Ste. Chapelle in Paris.[93] Ungewitter entwickelt seine Form aus dem rhythmischen Wechsel von Durchfensterung und geschlossenen Wandabschnitten. Die Lösung läßt sich als 'Weiterdenken' der Malsfelder Fenster interpretieren, wo bereits die übereinanderliegenden Öffnungen zusammengefaßt worden waren. Erneut zeigt sich Ungewitters origineller Erfindungsgeist.

Ähnlich wie in Malsfeld (Kat. 35) sind in Hases mit Emporen versehener dreischiffiger Stufenhalle in Hagenburg (1868-70) die übereinanderliegenden Langhausfenster in einer Blende zusammengefaßt *(Abb. 80)*. Es gibt für solche vertikale Bindung Vorläufer spätmittelalterlicher Emporenkirchen (Münster, Petrikirche 1590). Im Unterschied zu Hase verzichtet Ungewitter in Malsfeld auf einen Spitzbogenschluß und schwächt die gotisierende Erscheinung ab. Die schlitzartigen Laibungen mit vertikaler Betonung durch Mittelpfosten sind viel kompromißloser vereinfachend als das Hasesche Fenster, so daß wiederum die verschiedene Ausformulierung des von beiden Meistern beherrschten gotischen Vokabulars ersichtlich wird.

Im Gegensatz zur Kölner Schule, die sich an das Verdikt Reichenspergers hält[94], verwenden Hase und Ungewitter für ihre neugotischen evangelischen Kirchen den offenen Holzdachstuhl, der auf englische Ursprünge zurückgeht. Hase, der diese Überdeckung lediglich aus Kostenersparnis wählte, übernimmt in Hilter spätgotische Formen mit feinem Gitterwerk, während Ungewitter bei geschlossener Oberfläche mit Stichtonnen bleibt.[95] Gemeinsamer gedanklicher Anstoß dürften Schriften und Bauten Pugins gewesen sein (vgl. Kap. IV. 3).

Die Formenauffassungen beider Neugotiker erscheinen insgesamt deutlich verschieden: Hase bevorzugt für seine vorwiegend in Backstein aufgeführten Kirchen aufwendig gegliederte, relativ große Öffnungen mit reicher Verwendung von Glasurziegeln. Im Steinbau lehnt er sich zwar zu einem gewissen Teil an Ungewitter an, es fällt aber die gleichmäßige spannungslose Komposition auf, wie sie in der einschiffigen Kirche mit eingezogenem Chorpolygon in Lebendorf 1879 zu sehen ist *(Abb. 81)*. Der feinere Schnitt der großen, dicht gereihten Fenster ist für Hase bezeichnend, während der hessische Architekt gedrungene Formen vereinfachend, archaisierend zusammenfügt.

oben: Abb. 80) ev. Kirche, Hagenburg, Hase 1868-70

links und unten: Abb. 81) ev. Kirche, Lebendorf, Hase 1879

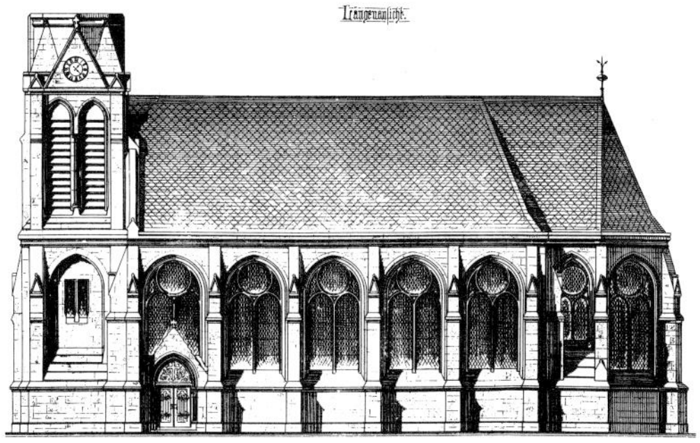

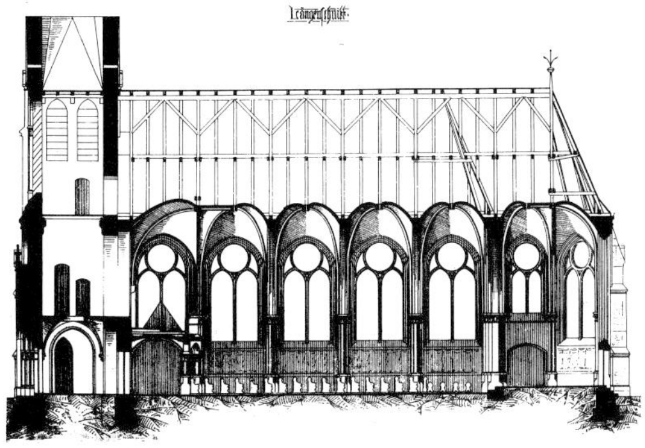

Übersicht über den neugotischen Kirchenbau 1850-70

Eine Durchsicht der zwischen 1850 und 1870 von Anhängern der gotischen Bewegung erbauten neugotischen Kirchen kleiner und mittlerer Dimensionen zeigt, trotz aller Verschiedenheit im einzelnen, gleiche Grundmuster, selbst konfessionelle Unterschiede sind wahrzunehmen, oder es lassen sich persönliche Eigenheiten am Beispiel Ungewitters ausleuchten. Im folgenden wird daher versucht, eine Übersicht zu skizzieren, die vielleicht nicht alle Einzelfälle abzudecken vermag.

Kleine Kirchen und Kapellen werden als Saal angelegt und erhalten anstelle des Turms lediglich einen Dachreiter im Westen (vgl. Eberswalde, Nieste, Bishausen), was konfessionsübergreifend festzustellen ist. Für neugotische mittelgroße Kirchen dominiert der Kreuzbau mit polygonalem Chor oder Umgangschor, der im Westen einen mittigen Turm mit massivem Spitzhelm zeigt (z. B. Hase, Leins, Statz, Schmidt[96]). Der von Ungewitter bis auf eine Ausnahme durchgehend verwendete Longitudinalgrundriß spielt weder bei Statz noch bei Hase eine nennenswerte Rolle, die den Kreuzgrundriß bevorzugen. Der Zentralbau, den Ungewitter nicht wählt, sei als Sonderentwicklung außen vor gelassen. Die Chorschlüsse sind fast immer polygon, während Ungewitter die Kastenform vorzieht, die es vereinzelt auch bei Statz gibt.

Charakteristisch für evangelische Kirchen scheinen Reihen von Sattel- bzw. Walmdächern entlang des Langhauses zu sein oder der zweizonige Wandaufriß, der oft auf eine Emporenanlage im Innenraum verweist, die es im katholischen Kirchenbau nicht gibt. Es gibt die Giebelreihen aber vereinzelt auch an katholischen Kirchen, vgl. Schmidts Lazaristenkirche in Wien 1860-62 *(Abb. 82)* und umgekehrt einheitliche Satteldächer an evangelischen Kirchen. Katholische Kirchen wiederum zeigen in den Stufenhallen eine Überhöhung des Mittelschiffs mit hochgezogener Sargmauer, die im protestantischen Kirchenbau, wo ebenfalls die Stufenhalle verbreitet ist, fehlt; dort stößt das große Satteldach eng an die Pultdächer der Seitenschiffe. Die Idee einer Folge von quer zum Schiff laufenden Dächern ist dem mittelalterlichen Hallenbau Hessens und Niedersachsens entlehnt, somit eine typische Form im norddeutschen Raum. Die deutliche Überhöhung des Mittelschiffs im katholischen Sakralbau nähert sich dem basilikalen Schema an.[97]

Abb. 82) Lazaristenkirche, Wien, Schmidt, 1860-62

Die Innenräume umspannen mit Basilika, Halle, Stufenhalle und Saal ein breites Spektrum. Ungewitter entwirft in Anlehnung an hessische mittelalterliche Dorfkirchen hauptsächlich Saalbauten, die drei größeren Formen tauchen in je einem Exemplar auf. Es herrscht sowohl im katholischen als auch im evangelischen Kirchenbau durchgängig die vierteilige Kreuzrippenwölbung. Sechsteilige Gewölbe verwendet außer Ungewitter in dieser Zeitspanne offenbar niemand. Die in allen seinen evangelischen Kirchen - bis auf das noch vor dem Eisenacher Regulativ begonnene Erstlingswerk Neustadt - verwendete Holzdecke ist konfessionsgebunden. Nur der Chor erhält immer, gemäß seiner liturgisch höheren Bedeutung als Standort des Altares, eine Wölbung. Auch Hase greift die Form der offenen Schiffsdecke auf, unterscheidet aber nicht nach Konfessionen, sondern versucht, möglichst die Steinwölbung durchzusetzen. Die offene Holzkonstruktion stellt für Hase lediglich eine preisgünstige Lösung dar und ist von daher auf kleine Kirchen beschränkt. Für die Neugotik dieser Phase sind runde Pfeiler typisch, die Ungewitter ausschließlich verwendet (bis auf die Vierung in Amöneburg), während die anderen Architekten mit kantonierten oder Bündelpfeilern mehrere Varianten anbieten. Insgesamt ist eine Anlehnung an Bettelordensarchitektur in der Schlichtheit der Kirchen sowie dem Zusammenspiel runder Pfeiler und auf Konsolen ruhender Dienste zu beobachten. Schwieriger erweist sich die Analyse der Fensterformen, da zwei- bis dreibahnige Spitzbogenfenster mit Paß bzw. Okulus oder mit überhöhter Mittellanzette kanonisch zu sein scheinen. Die entscheidenden individuellen Unterschiede liegen in der Feinarbeit der Fasen oder Profile.

Als Ergebnis des Vergleichs ist festzustellen, daß Ungewitters Werk sowohl innerhalb der katholischen als auch der evangelischen Kirchenbauten der Neugotik in Deutschland 1840-70 eine eigene Gruppe bildet. Er wirkt trotz der Ausrichtung auf eine bestimmte Epoche des Mittelalters der Verfestigung und Erstarrung des Formenkanons entgegen. Am Beispiel Ungewitters, der für beide Konfessionen baut, fällt auf, wie dicht das Eisenacher Regulativ an den Forderungen der Neugotiker bleibt, womit sich gleichzeitig die Unterschiede zum katholischen Kirchenbau verwischen. Aufgrund dessen spricht man von einer normierenden Gültigkeit des Regulativs, die sich bis zum Ausgang des Jahrhunderts ausgewirkt hat. Die Normierung wirkt sich außer in einer Anhebung des durchschnittlichen Niveaus der zuvor vernachlässigten Bauaufgabe kleiner Pfarrkirchen (vgl. den Entwurf des Landbaumeisters in Nieste) in der Festschreibung des Grundrisses sowie des "mittelalterlichen" Erscheinungsbildes (Gotik und Romanik) aus. Ungewitters Stilauffassung trifft, wie die rasche Zunahme an Aufträgen im Raum Nordhessen zeigt, auf gute Resonanz; in einer Zeit, in der überall die Zahl der Kirchenneubauten stetig ansteigt.

Die Entwicklung von Formen für den Typus der kleinen Pfarrkirche beschäftigt, wie gesehen, die Architekten um die Mitte des 19. Jahrhunderts. Die Grundrißdispositionen Ungewitters schließen unmittelbar an dörfliche Pfarrkirchen aus dem 12. und 13. Jh. an, die sich durch rechteckige Formen für Langhaus und Chor auszeichnen, im Gegensatz zu den polygonalen Chören, die von seinen Zeitgenossen bis auf wenige Ausnahmen kanonisch verwendet werden. Früheste und einfachste Bauform ist der Saal, der ebenfalls auf mittelalterliche Pfarrkirchen zurückweist. Zumal Ungewitters Verzicht auf Querschiffe entspricht den Bauten von Franziskanern und Dominikanern im 13. Jh. sowie auch Stadtkirchen des 14. Jahrhunderts. Ungewitter folgt vielmehr, ohne sich in den vorhandenen Quellen dazu zu äußern, den Richtlinien des *Ecclesiologist*, wo Querhäuser als unfunktional und überflüssig erachtet werden. Ungewitter steht damit abseits der richtig beobachteten idealistischen Absicht vieler Baumeister, einen 'vollendeten Typus' darzustellen[98], d.h. einer Orientierung an der Kathedrale der Hochgotik. Bei Schmidt beispielsweise werden nach Neumann "spätgotische Bauformen doktrinär mit Mitteln seines hochgotischen Ideals instrumentiert"[99] (vgl. Pfarrkirche in der Brigittenau bei Wien 1867-73), auch Leins liefert mit der Johanneskirche eine Imitation des Kathedralschemas, auf das auch Statz (Dom Linz) oder Hase nicht konsequent verzichten. Die von diesen Gotikern idealisierte Hochgotik stellt ein mittleres stilistisches Ideal dar. Nach Neumann wirkt darin unbewußt der Klassizismus als Tendenz im ästhetischem Empfinden nach, indem man versucht, die Regeln des künstlerischen Schaffens zu ergründen.[100]

Interessant sind drei Beobachtungen: erstens, daß Ungewitter überhaupt konfessionelle Differenzierungen vornimmt und zweitens, daß er trotz der Anwendung vieler zeittypischer Motive eindeutig seine eigene Formensprache mit beachtlicher formaler Spannweite entwickelt. Drittens verlagert er seinen Stil von der in Deutschland üblichen Anlehnung an Formen des zweiten Viertels des 13. Jahrhunderts nach dem Vorbild des Kölner Doms auf die Formen des ersten Viertels des 13. bzw. ausgehenden 12. Jahrhunderts (vgl. Kap. II. 3)[101], worin sich ein 'Archaismus'[102] ausdrückt, der für diese Phase neugotischer Architektur in Deutschland ungewöhnlich ist.

c. Die Architekten der 'gotischen Bewegung' und der Wohnbau

Die Anhänger der 'gotischen Bewegung' sind mit dem Anspruch angetreten, einen 'Universalstil' schaffen zu wollen. Die Umsetzung dieses Ziels kann zunächst offenbar nur teilweise erreicht werden. Zu Ungewitters Lebzeiten gibt es unter der Vielzahl neugotischer Wohngebäude jedenfalls nur wenige, die der Auffassung der 'gotischen Bewegung' entsprechen. Anhand eines exemplarischen Vergleichs läßt sich die Bedeutung der Ungewitterschen Entwürfe ermessen.

Zu nennen ist Friedrich Schmidts Wohnhaus Erben in Köln von 1847-48 *(Abb. 83)*. Das Haus erhebt sich über einem zweiflügeligen, durch einen Treppenturm verbundenen Grundriß. Das Vorderhaus enthält drei Geschosse, der Rückflügel, der im vorderen Bereich eine Kapelle aufnimmt, nur eines. Das mit einem Satteldach versehene Vorderhaus zeigt an den kurzen Seiten einen Treppengiebel, der in der Mitte der Traufseite in verkleinerter Form als Motiv wiederholt wird. Obwohl der versetzt angelegte Grundriß, die Formulierung der Treppe als schlanken Turm sowie einige Motive (Treppengiebel) auch bei Ungewitter auftreten, setzt Schmidts Haus Kölner Bauformen mit einer feinen, linienartigen Gestaltung, etwa an den Fenstergewänden, fort (vgl. z.B. Haus Orr, Pulheim (1838) von Zwirner), während die von Ungewitter entfaltete Durchbrechung der glatten Wand kaum thematisiert wird (vgl. das Haus auf Tf. I, 14, *s. Abb. 107*).

Die Schaffung geschoßübergreifender Gliederungen ist dem Kölner Kreis ebenso fremd wie Ungewitters Vielfalt der Fenster- und Giebelformen im einzelnen, wie das Wohnhaus für Friedrich Baudri, das Statz 1853-54 in Köln errichtet hat, belegt *(Abb. 84, vgl. Abb. 54)*. Die Verwendung von Wappen, Inschriften und Figuren entspricht einander allerdings ebenso wie die Abkehr vom Putzbau[103].

Erker und spätgotische Stadthäuser spielen seit den 1820er Jahren für Heideloff eine wichtige Rolle, er kann diese Ideen erst spät gegen baupolizeiliche Vorbehalte durchsetzen, z.B. im Haus Wiß, Nürnberg, 1854 *(Abb. 85)*. Die Schmuckfreude Heideloffs, die ihren Höhepunkt an dem dreiachsigen, dreigeschossigen Kastenerker mit Fischblasen-Maßwerk in den Oberlichten der Fenster erreicht, weicht bei Ungewitter einer Vervielfachung des Erker-Motivs oder der Bündelung mehrerer Fenster zu Gruppen (vgl. Tf. 41 in Bd. 1).

Auch später wird im Kölner Umkreis nicht die abwechslungsreiche und doch stimmige Erscheinung der Ungewitterschen Häuser erreicht. In der Durchführung konnte allerdings Ungewitter seine Vorstellungen nicht realisieren und mußte sich der Forderung nach Symmetrie und Rücknahme der Giebel bzw. Gauben beugen, was die geringe Akzeptanz seiner Auffassung des Malerischen in den frühen

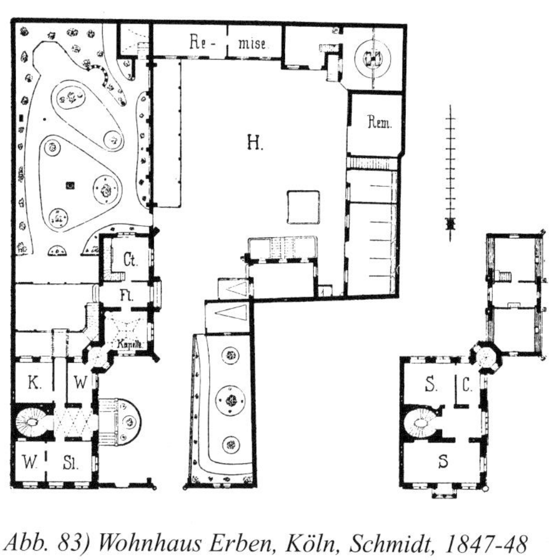

Abb. 83) Wohnhaus Erben, Köln, Schmidt, 1847-48

1860er Jahren unterstreicht (vgl. Haus Scholl, Kat. 42). Statz errichtet 1871 für 33,000 Mark die Villa der Erzbischofs von Köln *(Abb. 86)*. Sie ist ein Geschenk an Erzbischof Johannes von Geissel zum 50-jährigen Priesterjubiläum von seiten der Stände seiner Diözese. Das Erdgeschoß des aus gelben Ziegeln mit Hausteinverzierungen errichteten Gebäudes enthält die Wohnung des Erzbischofs, ein Zimmer für den als Sekretär tätigen Kaplan und eines für den Diener, während das Obergeschoß für zwei Gäste-Wohnungen vorgesehen ist. An den mit einem Walmdach versehenen zweigeschossigen Mittelflügel legen sich symmetrische niedrige Flügelbauten an. Der durch einen Sockel emporgehobene Hauptflügel dominiert die Ansicht, zumal durch den sich im oberen Geschoß aus der Ecke herausschiebenden Turm, der mit seinem hölzernen Umgang und Spitzhelm die Komposition überragt.

Die Entfaltung des Wohnbaus in den neuen gotischen Formen nach der Jahrhundertmitte geht vielmehr von Hannover aus, wie das um 1870 entworfene Wohnhaus Hudemühlen von Hase verdeutlicht *(Abb. 87)*. Prototyp dieser Bauweise ist das 1859, also ein Jahr nach Erscheinen des zweiten Bandes der Ungewitterschen Entwürfe begonnene, 1861 vollendete Wohnhaus Hase, dessen asymmetrischer Grund- und Aufriß in rotem Ziegelbau von den Hannoveranern spöttisch rezipiert wurde.[104]

Abb. 84) Wohnhaus Friedrich Baudri, Mohrenstraße 19, Köln, Statz, 1853-54

Abb. 85) Haus Johann David Wiß, Hauptmarkt 26, Nürnberg, Heideloff, 1854

Abb. 86) Villa des Erzbischofs von Köln, Statz 1871

Im Grundriß des Hauses in Hudemühlen gruppieren sich um die zentrale Halle, die nach außen vortritt, die übrigen Räume *(Abb, 87)*. Die Halle orientiert sich an Ungewitters Entwurf Tf. II, 4. Der Aufriß zeigt den charakteristischen Turm sowie die lebendig-abwechslungsreiche Fenstergestaltung. Wenn auch im Detail Modifikationen zu beobachten sind, läßt sich doch behaupten, daß Ungewitters Entwürfe den Ausgangspunkt der Hannoverschen Bauweise darstellen.

Es zeichnet sich ab, daß trotz der theoretischen Forderung nach universaler Anwendung der Gotik in Köln zunächst hauptsächlich Kirchen durch die entsprechenden Architekten errichtet worden sind. Offenbar ist Ungewitter der einzige Baumeister der 'gotischen Bewegung', der sich schon in den 50er Jahren konsequent dem Wohnbau und der Innenausstattung (vgl. seine Möbelentwürfe) in Deutschland zugewendet hat. Ab den 1860er Jahren kann sich die Neugotik über die Hannoversche Schule weiträumig durchsetzen, und auch in Köln[105] vermag die entsprechende Bauweise Fuß zu fassen.[106]

d. August Reichenspergers Einfluß: Schaffung einer gemeinsamen Ideenbasis

Die gotische Bewegung, die es in Frankreich, England und Deutschland gegeben hat, wird in den Zeitraum von 1840-60 datiert.[107] Für unsere Untersuchung sei das Jahr 1870 als Endpunkt vorgeschlagen, da es den Zeitpunkt der Fertigstellung der von Ungewitter entworfenen Kirchen markiert, bis zu dem auch posthum herausgegebene Werke, vor allem die "Entwürfe zu Land- und Stadtkirchen" erschienen sind. Bisher sind, wenn von einer gotischen Bewegung im deutschsprachigen Raum gesprochen wird, Köln, genauer das *Kölner Domblatt* als führende Zeitschrift, bzw. August Reichensperger gemeint. Weitere Zentren dieser nicht gleichmäßig über das Land verteilten Bewegung liegen in Nürnberg, Hannover und Kassel.

Die Zuweisung Ungewitters an den Kölner Kreis gründet sich hauptsächlich auf die von August Reichensperger (1808-1895) edierte Korrespondenz.[108] Mit dieser Selektion entsteht allerdings ein verzerrtes Bild, da andere persönliche Briefe Ungewitters, die erst ein Gesamturteil erlaubt hätten, kaum erhalten sind. Im Gegensatz zu Vincenz Statz, den schon sein rheinischer Wirkungskreis dauerhaft und eng an Reichensperger bindet, bleibt Ungewitter zeitlebens trotz freundschaftlich gemeinter Annäherung zu einem gewissen Grade distanziert.[109] Reichensperger traf nach eigener Aussage den hessischen Architekten - in immerhin knapp fünfzehn Jahren - lediglich vier- oder fünfmal in Kassel oder am Rhein, berichtet auch in seinen übrigen Artikeln oder Briefen nicht über ihn. Es bestand also ein zwar herzlicher, aber nicht immer sehr intensiver persönlicher Kontakt.

Das aus der Auswertung des Briefwechsels sowie der Kommentare Reichenspergers zu erschließende Verhältnis zwischen beiden Persönlichkeiten unterliegt besonderen biographischen Voraussetzungen. Der junge Architekt tritt dem um zwölf Jahre älteren, politisch tätigen Juristen mit Respekt und Bewunderung, aber auch mit großer Offenheit gegenüber. Letztere hebt Reichensperger ebenso wie den besonderen Reiz der nicht selten in Sarkasmus übergehenden Satire der Ungewitterschen Schreibweise ausdrücklich hervor. Der Jüngere fühlt sich dem Älteren gegenüber immer verpflichtet, zumal jener ihm seine Anstellung in Kassel vermittelt hat, eine Hilfestellung, die Reichensperger an geeigneter Stelle vermerkt.[110]

Hinzu kommt der Bewertungshorizont: die posthume Herausgabe einer Auswahl an Briefen. Dem Anlaß entsprechend - der frühe Tod des Architekten - äußert sich Reichensperger wohlwollend:

> *Die Wirksamkeit Ungewitter's greift tief in die neueste Entwickelung der deutschen Kunst ein, und sie ist, wie alles damit verwandte Wirken und Streben, nach Möglichkeit todtgeschwiegen worden.* [111]

Darauf folgt nicht etwa eine Spezifizierung dieser Aussage, sondern Reichensperger verfällt in die stetig wiederholte Klage über die der neugotischen Bewegung entgegengebrachte Ignoranz. Deswegen gelte es, das Andenken Ungewitters als "an einen der wackersten Vorkämpfer für die Sache der nationalen Kunst" wachzuhalten, wie auch sein Schicksal zur Urteilsbildung über derzeitige "Kämpfe auf dem ästhetischen Gebiete" herausfordere. Der Entwicklungsgang des Hessen sei anschaulich für den Weg eines Architekten, "welcher mehr vielleicht als irgend ein anderer die Mühen und Wechselfälle des Kampfes in sich selbst und nach außen hin zu bestehen gehabt hat".[112] Zutreffend erscheint die Einschätzung, daß Ungewitter der "Ungunst der Verhältnisse" erlag, ge-

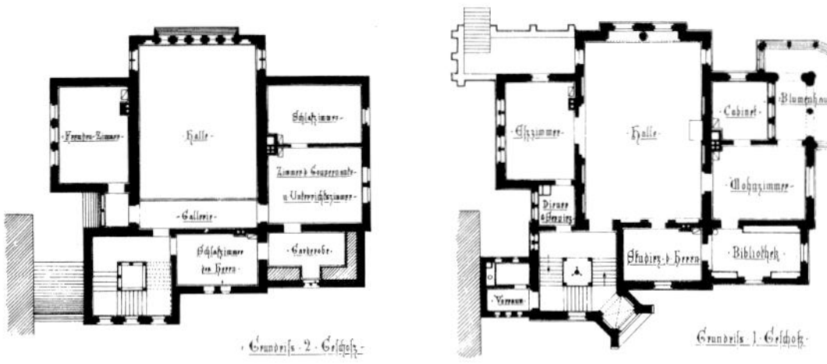

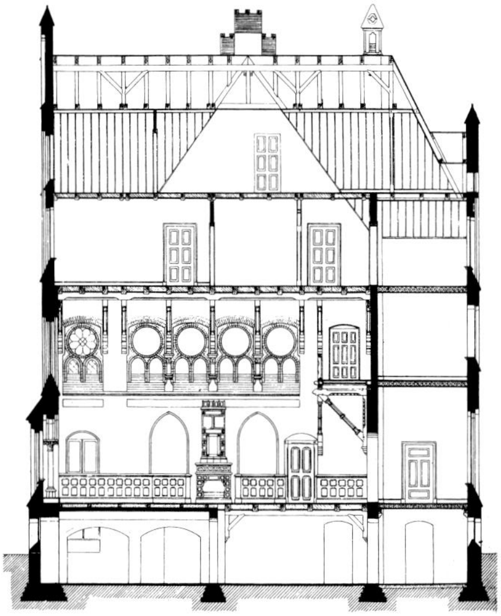

Abb. 87) Villa zu Hudemühlen, Hase, um 1870

gen die er sich so abmühte. Reichensperger will mit seiner Schrift das Verdienst des Meisters Ungewitter für die Zukunft sichern. In einer mehr als siebenseitigen Vorrede finden sich jedoch überwiegend Wiederholungen 'propagandistischer' Äußerungen des Herausgebers, die dieser zuvor bereits in anderen Schriften niedergelegt hatte.

Die nach mündlichen Auskünften Dritter zusammengetragene Biographie ist sachlich gehalten, mit gelegentlich eingestreuten eigenen Eindrücken, die Reichensperger von Ungewitter hatte oder auch nur auf ihn projizierte, so die Bemerkung, daß Ungewitter in seinen ersten Kasseler Studien Ungenügen an dem dortigen "frostigen, antikisirenden Wesen" empfunden habe. Das glättet das Bild stärker, als es zutreffend ist (vgl. Kap. II.1). Mit der Blickrichtung "auf eine lebendige Durchdringung von Theorie und Praxis", um Wege zur Regeneration des Bauwesens und einen Ausweg aus der "stylistischen Anarchie"[113] aufzuzeigen, sowie dem Weiterleben Ungewitterscher Ideen in seinen Schülern hebt er wichtige Beobachtungen heraus.

Dem Kontakt zu Reichensperger folgt eine Weitervermittlung an Statz, den Mitverfasser des Musterbuches, "dessen hervorragendes, an einer der größten architektonischen Aufgaben der Gegenwart entwickeltes konstruktives Talent das reiche Wissen und die Detailstudien Ungewitter's in glücklichster Weise zu ergänzen geeignet erschien"[114]. Reichensperger prägt ein Bild von Ungewitter als Formenzuträger, als Trabant der Kölner Schule in der Schilderung von dessen Bezugnahme auf ihn selbst und Statz, ordnet ihn mit der gewählten Formulierung vom 'konstruktiven Verständnis' subtil dem katholischen Baumeister unter. Zugleich stellt er immer seinen eigenen Anteil dar. Denkrichtung und Selbstbewußtsein Reichenspergers geben bisher die Interpretation des Ungewitterschen Schaffens vor.

Für die Ende 1850 geplante Gesellenschule in Leipzig hat Ungewitter die Einrichtung des Friedrich von Schmidt in Köln kennenlernen wollen, wozu es aber nicht kam. Schmidt arbeitete damals als Gehilfe Zwirners am Dombau und gab im Kolpingschen Gesellenhaus Unterricht im konstruktiven Zeichnen.[115] Der Blick Ungewitters von Leipzig aus nach Köln umfaßt demnach auch

Lehre und Organisation der praktischen Ausbildung auf handwerklichem Niveau. Für die eigene Konstruktionslehre zieht er Reichenspergers Schriften mit zu Rate[116], er hält sogar das katholische *Organ für christliche Kunst*, an dessen Inhalt - ein Bericht über Lübeck und Hamburg - er gelegentlich Kritik übt[117]. Außer dem ebenfalls katholischen *Kölner Domblatt* ist dieses bis zum Erscheinen des *Christlichen Kunstblattes* 1858 das einzige Journal, das sich überhaupt im Schwerpunkt mit gotischer Kunst befaßt.

In einigen frühen Projekten übernimmt der Kölner die Funktion eines Korrektivs, indem er Zeichnungen Ungewitters zum Weiße-Monument kritisch kommentiert. Daneben steht z.B. auch eine Anerkennung des Kölner Doms als "König aller deutschen Bauten", was aber kaum Konsequenzen für die Stilsprache hat. Infolge eines Ratschlages Reichenspergers läßt Ungewitter Abgüsse einzelner Details des Kölner Doms liefern. Auch Buchbestellungen wie C. W. Schmidts Werk über Kirchengerätschaften oder eine Abhandlung über englische Kirchen zwischen dem 13. und 15. Jh. stellen eine Verbindung her. Reichenspergers Autorität reicht so weit, daß Ungewitters - nicht ausgeführte - Idee, etwas den Puginschen "Contrasts" Vergleichbares zu verfassen, auf einem von Reichensperger geäußerten Wunsch beruht.[118] Auch hinsichtlich der Beurteilung der Londoner Industrieausstellung verläßt sich der Architekt offenbar auf den ihm zugesandten Bericht.[119] Mehrfach übersetzt Ungewitter Reichenspergersche Aufsätze aus den *Annales archéologiques* ins Deutsche zurück, um sie in Rombergs *Zeitschrift für praktische Baukunst* abdrucken zu lassen.[120] Einer seiner Schüler (Wiethase?) wird Anfang 1855 als Gehilfe für Statz diskutiert und reist im Frühjahr nach Köln ab. Im Laufe der Zeit werden die Briefe spärlicher und Ungewitter bahnt sich nach anfänglicher Anlehnung an den Kölner Kreis während der 1850er Jahre eigene Wege.

Den Einfluß Reichenspergers, dessen Schriften Kruft als "faszinierend-unerträglich" bezeichnet[121], illustriert ein exemplarischer Vergleich einiger Textstellen. Die von Ungewitter selbst so hoch eingeschätzte "Die christlich-germanische Baukunst" von 1845 liefert die eindeutigsten Berührungspunkte.[122] Beide Verfasser bevorzugen scharfe Formulierungen, Reichensperger allerdings emphatisch-polemisch, Ungewitter satirisch. Mit dem Bekenntnis zur Materialwahrheit, gegen die "Lüge" des Verputzens[123] oder in der Abwertung des Klassizismus' lassen sich ähnliche Ausdrucksweisen feststellen: Überall herrsche "fast dieselbe 'klassische' Langeweile" bzw. "Monotonie der antikisirenden Gebilde".[124]

Architektur sei durch Leitprinzipien bestimmt: Wahrheit, Zweckmäßigkeit, gediegene Schönheit und zwar von der Kirche bis zum Wohnhaus.[125] Hier gehen Begriffe und Stränge anderer Architekturrichtungen ein, was in der Genese nicht ohne weiteres aufzuschlüsseln ist. Das Mittelalter soll studiert werden, um seine Bildungsgesetze zu erfassen. Die Behauptung, daß die Schönheit der gotischen Architektur je nach Aufgabe eine besondere sei, sich aus dem inneren Wesen konstruiere usw., verbindet Reichensperger und Ungewitter erneut. Dem Postulat der Gotik als Universalstil verleiht allerdings erst Ungewitter in seinen Entwürfen entschiedene Form.

Auswirkungen der Kunst auf die Gesellschaft nehmen bei Reichensperger breitesten Raum ein. Ungewitter eignet sich die wichtigsten Stichpunkte an: Verbindung Gotik - Christentum[126] (die gotische Architektur als christliche Kunst) und die Funktion dieses architektonischen Stils zur Vergewisserung über den Fortbestand christlicher Werte. Die zeitgenössische Kunst wird hart kritisiert als akademisch, hoffähig, den Zwecken des gewöhnlichen Lebens nicht mehr dienen wollend, ganze Werkkategorien entbehrten jeglicher Schönheit.[127] Die Bauhütte solle die Akademie ablösen, da das Mittelalter eine Verbindung von Handwerk und Kunst leiste, während gegenwärtig das "Haschen nach Effect" im Vordergrund stünde.[128] Ungewitter leitet daher im Vorwort seiner ersten Schrift direkt aus der Forderung nach Hochachtung des Handwerks seine Formbildung ab.

Aus der Nennung dieser Einzelaspekte, von denen manche aus der Werkanalyse Ungewitters schon geläufig sind, läßt sich die Art der Wirkung Reichenspergers auf Ungewitter charakterisieren: Inhalt und Schreibstil beeindrucken Ungewitter, besonders "Die christlich germanische Baukunst". Es geht um dieselben Fragen: die sog. "Materialgerechtigkeit", die Konstruktion, die Neugotik als Universalstil, die Schaffung eines neumittelalterlichen Gesamtkunstwerkes und die Architektur als Ausdruck von Wahrheit.

Dogmatismus und Verfestigung bestimmen die Schriften Reichenspergers in den 1850er Jahren; in vielerlei Hinsicht gibt es einen Rückfall hinter den Rationalismus seiner "Die christlich-germanische Baukunst" zum abstrakten System und zur Mystik.[129] Schon im "Bildungsgesetz" von 1849[130] rückt er die Suche nach 'lebendiger Geometrie' und 'innerer Gesetzmäßigkeit' in den Mittelpunkt, was in den "Fingerzeigen"[131] 1853 noch stärker betont wird. Die Architektur wird nur noch allgemein beschrieben, indem der Stil des 13. Jahrhunderts als Bauweise in Analogie zur Natur herausgestellt wird. Die Umsetzung erfolgt auf dem Wege der Abstraktion, indem die 'Grammatik des gotischen Stils' zu berücksichtigen sei. Viele seiner früher erschienenen Artikel (z.B. diejenigen über die Kunst und die Architektur in Deutschland, die in den *Annales archéologiques* erschienen sind) reproduziert er 1856 ebenso wie die "Unterweisung" Lachers in den "Vermischten Schriften".[132] Es tauchen insofern kaum noch neue Gedanken auf. Möglicherweise verhindert diese Verengung in Köln eine universale Ausweitung der Neugotik in Deutschland, wie sie erhofft worden ist.[133] Aufgrund der durch wenige Einzelpersonen und ihre Machtposition möglichen forcierten Anwendung für rheinische Kirchenbauten und aufgrund des polemischen Auftretens Reichenspergers kann die Neugotik als 'Kirchenstil'[134] mit der Konnotation 'katholisch-ultramontan' von ihren Gegnern abgestempelt werden, ein Vorurteil, das ihr weiterhin anhaftet.

Wesentliche Ideen Ungewitters greifen auf die frühen Schriften Reichenspergers zurück, er ist insofern ohne Zweifel der Kölner Schule verpflichtet. Es gibt Akzentverschiebungen, da Ungewitter Prägnanz und Systematik des gotischen Stils sowie eine Anwendbarkeit in der Praxis konkret verfolgt. Reichenspergers frühe Schriften dienen ihm als Orientierungshilfe, auf deren Basis er seinen eigenen Standpunkt modifiziert entfaltet.

e. Ungewitter als Vertreter einer konservativen Weltanschauung

Mit der Wendung zum Mittelalter in Norddeutschland um 1846 hat sich Ungewitter bereits in ein "konservatives" Fahrwasser begeben (vgl. Kap. II. 1).[135] In seinen Äußerungen erfolgt eine Besetzung der Architektur mit Aspekten weltanschaulich-politischer Konzepte, wenngleich in erheblich geringerem Umfang als bei Reichensperger: Die bürgerlich-christliche Gesellschaft gilt als Zukunftsmodell, die Wiederzusammenführung von Handwerk und Kunst (statt industrieller Fertigung) will weiterhin die als traditionell aufgefaßten Produktionsbedingungen erhalten. In der Setzung der Gotik als Gegenwelt zur klassischen Bauweise soll die (vermeintliche) alte Gesellschaftsordnung auch die neue sein. Damit gehört der ethisch-moralische Überbau der Neugotik in seinen wichtigsten Elementen dem Konservatismus an, der neben Liberalismus und Nationalismus die dritte politische Kraft der ersten Hälfte des 19. Jahrhunderts ist.[136]

Die konservativen Leitbegriffe Ordnung, Stabilität und Bewahren werden von mehreren Gruppen vertreten (z.B. Adel, Kirchenvertreter).[137] Eine Abgrenzung gegen die französische Revolution, gegen den Fortschrittsglauben, gegen den modernen Staat des Absolutismus oder der bürokratischen Reform, gegen den Liberalismus, aber auch gegen den Nationalismus, der Tradition und Legitimität nicht beachtete, gehören zum Standard-Vokabular. Stattdessen wird betont, daß der Mensch in Bindungen lebt, die ständisch, hierarchisch und damit ungleich sind (vgl. Ungewitters Wohnhäuser). Der Rekurs auf personale statt sachliche Beziehungen spiegelt Ungewitters Bemühen, die handwerklichen Arbeiten persönlich, aus der Hand, zu verdingen. Seine Auffassung der Gotik, die von Ehrfurcht, Demut und Treue geprägt ist, das Denken in Kategorien wie "Entwicklung", "organische" Überleitung vom Alten in etwas Neues, die Betonung der Mannigfaltigkeit bzw. Individualität oder der Regionalismus seiner Bauformen fügen sich in den Zusammenhang des konservativen Modells. Relevant sind speziell die Verfechter des katholisch-romantischen Konservatismus, unter deren Hauptvertreter Joseph Görres zählt, wo das idealisierte Mittelalter die harmonische Einheit von Staat, ständischer Gesellschaft und Religion verkörpert.

Dennoch gelingt eine Zuweisung der Ungewitterschen Neugotik an den Konservatismus nicht in letzter Konsequenz, da bereits in einer exakten Begriffsbestimmung Probleme liegen. Kondylis schlägt folgende Definition vor: "Im streng historischen Sinne läßt sich also der Konservatismus als die ideologische und sozialpolitische Strömung definieren, deren Ziel die Aufrechterhaltung der societas civilis und der Herrschaftsstellung ihrer Oberschichten war."[138] Die Anfänge des Konservatismus liegen zudem bereits im 16. Jh., während im 19. Jh., in dem der Begriff erst geprägt worden ist, bereits die Auflösung des Konzeptes eintritt. Kondylis verweist darauf, daß zentrale Topoi des konservativen Selbstverständnisses in der Konservatismusauffassung auch von Nicht-

Konservativen übernommen werden. Er stellt dar, daß sowohl die vorgebliche Theoriefeindlichkeit als auch die Ambivalenz zwischen rationaler Argumentation und Ablehnung des Rationalismus ihre eigene Funktion als Polemik haben, wie auch der Begriff Tradition ein gedankliches Konstrukt ist, da immer nur eine Auswahl an historischen Erfahrungen und Epochen darunter verstanden wird. Dies dient der Darstellung der eigenen Position und der Sicherung eines eigenen Anteils im Machtgefüge der jeweiligen politischen Ordnung.

Für das Verständnis eines Architekten wie Ungewitter müssen die Grenzen übersichtlich bleiben. Die Inhalte seiner weltanschaulichen Äußerungen, mehr noch diejenigen Reichenspergers, für den eine weitergehende Studie im Hinblick auf den Konservatismus lohnenswert wäre, sind eindeutig konservativ, ebenso der Kreis seiner kirchlichen Auftraggeber. Ihm geht es aber nicht um die Stärkung einer Oberschicht, allenfalls um die Restitution familiärer Strukturen, die Ausdruck bürgerlicher Interessen sind. Für die Bedeutung der Ungewitterschen Architekturauffassung reicht die Zuweisung an eine politische Gruppierung nicht aus, da er die Durchsetzung eines architektonischen Reformprogramms intendiert.[139] Das bedeutet, daß die Neugotiker um 1850 in Köln, Hannover und Kassel jeweils unterschiedliche Zielsetzungen verfolgen. Die herausgelösten formalen, theoretischen und soziologischen Aspekte können die Vielschichtigkeit der Entstehungsbedingungen neugotischer Kunst und ihre im einzelnen abweichenden Inhalte nur andeuten.

1 Zur Frage der Kontinuität gotischen Bauens unter dem Begriff 'Nachgotik': Hermann Hipp, Studien zur Nachgotik des 16. und 17. Jahrhunderts in Deutschland, Böhmen, Österreich und der Schweiz. (3 Bde. Diss. Tübingen 1974) Tübingen 1979. Für die Thematik insgesamt grundlegend: Paul Frankl, The Gothic. Literary Sources and Interpretations through Eight Centuries. Princeton 1960.

2 Hermann Beenken, Schöpferische Bauideen der deutschen Romantik. Mainz 1951; Alfred Kamphausen, Gotik ohne Gott. Tübingen 1952; Wolfgang Schepers, Zu den Anfängen des Stilpluralismus im Landschaftsgarten und dessen theoretischer Begründung in Deutschland. In: Michael Brix/ Monika Steinhauser (Hg.), 'Geschichte allein ist zeitgemäß...'. Historismus in Deutschland. Lahn-Gießen 1978, S. 73-92.

3 Germann, 1974, S. 77; zu Hirschfeld s. Adrien von Buttlar/Margita Marion Maeyer (Hg.): Historische Gärten in Schleswig-Holstein. Heide 1996.

4 vgl. Germann, 1974, S. 79-81.

5 zit. n.: Christian Baur, Neugotik. München 1981, S. 25.

6 Germann, 1974, S. 83; Georg Friedrich Koch, Schinkels architektonische Entwürfe im gotischen Stil 1810-1815. In: *Zeitschrift für Kunstgeschichte* 32 (1969), S. 262-316. Zur Wechselwirkung romantischer Architekturtraktate und neugotischer Architektur: Hans-Joachim Kunst, Die Vollendung der romantischen Gotik im Expressionismus - Die Vollendung des Klassizismus im Funktionalismus. In: *kritische berichte* 7 (1979), S. 20-36; hier 30f.

7 vgl. Hermann Beenken, Das neunzehnte Jahrhundert in der deutschen Kunst. München 1944. Zu Schinkels Auffassung der Gotik im Kirchenbau als wirkliche Fortsetzung der Geschichte: Hans Sedlmayr, Verlust der Mitte. Frankfurt 1988, S. 66f. Besonders durch diese kritische und polemische Schrift setzte der österreichische Kunsthistoriker Sedlmayr eine kontrovers geführte Diskussion in Gang.

8 Dies geht letztlich auf Vasaris Sichtweise zurück, der den ihm widerstrebenden Stil den 'Goten' zuordnete. Johann Wolfgang von Goethe, Von deutscher Baukunst. (Münchner Lesebogen 36) München o.J., S. 10.

9 Mit dem in den Befreiungskriegen erstarkten Patriotismus und Nationalismus verbindet sich der sakrale Charakter der entsprechenden Denkmäler in Deutschland. Zuerst gab es eine Planung zur Errichtung eines Monumentes auf dem Schlachtfeld in Leipzig, die Verlagerung nach Berlin geschah auf Anregung des Kronprinzen (Thomas Nipperdey, Nationalidee und Nationaldenkmal in Deutschland im 19. Jahrhundert. In: Thomas Nipperdey, Gesellschaft, Kultur, Theorie. (Kritische Studien zur Geschichtswissenschaft Bd. 18) Göttingen 1976, S. 133-73).

10 Zur Domvollendung sei auf die jüngsten Schriften verwiesen: Klaus Niehr, 'Ansichten, Risse und einzelne Theile'. Abbildungen des Kölner Doms als Dokumente früher Kunstgeschichte. In: *Kölner Domblatt* 55 (1990), S. 167-200; Thomas Schumacher, Großbaustelle Kölner Dom. Technik des 19. Jahrhunderts bei der Vollendung einer gotischen Kathedrale. (Studien zum Kölner Dom Bd. 4) Köln 1993 (vgl. S. 713ff. zur Dombauhütte).

11 Germann, 1974, S. 139; zur Rolle Reichenspergers Lewis, 1993, S. 25-56.

12 Nipperdey, 1976, S. 148.

13 Thomas Nipperdey, Deutsche Geschichte 1800-1866. München 1983, S. 420.

14 Reichensperger selbst ist dabei - im Gegensatz zu anderen - die Differenz zwischen Reichs-, Sprach- und moderner Landesgrenze sehr wohl bewußt (Germann, 1974, S. 140).

15 Kugler definiert den Dom als Höhepunkt deutscher Kunst (Franz Kugler, Der Dom von Köln und seine Architektur. In: F. K., Kleine Schriften und Studien zur Kunstgeschichte. 3 Teile in 3 Bänden. Stuttgart 1853-54) (zit. n.: Germann, 1974, S. 90).

16 Gottfried Semper, Über den Bau evangelischer Kirchen. Mit besonderer Beziehung auf die gegenwärtige Frage über die Art des Neubaues der Nikolaikirche in Hamburg und ein dafür entworfenes Projekt. Leipzig 1845.

17 Germann, 1974, S. 143f.

18 vgl. auch: Kenneth Clark, The Gothic Revival. London 1928, S. 94.

19 William Douglas Robson-Scott, The Literary Background of the Gothic Revival in Germany. A Chapter in the History of Taste. Oxford 1965, S. 243.

20 Hanno-Walter Kruft, Geschichte der Architekturtheorie. München 1990^{3}, S. 331.

21 Sulpiz Boisserée, Denkmale der Baukunst am Niederrhein vom 7. -13. Jahrhundert. München [1821-] 1833.

22 Sulpiz Boisserée, Ansichten, Risse und einzelne Theile des Doms von Köln, mit Textteil Geschichte und Beschreibung des Doms von Köln, nebst Untersuchungen über die alte Kirchenbaukunst. Stuttgart 1823-1831. Auf seine Baumonographie folgt: Justus Popp/Theodor Bülau, Die gothische Architektur und deren Abkunft, dargestellt durch den Dom, die Jakobskirche, die alte Pfarre und andere Ueberreste altdeutscher Baukunst in Regensburg. Regensburg/Leipzig 1834-39.

23 Ungewitter, Lehrbuch der gothischen Konstruktionen, 3. Aufl., S. 435.

24 Schon ab 1812 ediert Moller Reproduktionen einzel-

ner gotischer Bauten nach exakten Aufmaßen, und zwar zuerst von der St. Elisabeth Kirche Marburg. Zu Moller: Frankl, 1960, S. 508ff.; Marie Frölich, Hans-Günther Sperlich, Georg Moller. Baumeister der Romantik. Darmstadt 1959 (mit einem Essay über Neugotik, S. 348-65).

25 Dehn-Rotfelser. In: *Kölner Domblatt* 1866/67.

26 Moller Bd. I, 1815, S. 5.

27 Ebd., S. VI (Gedanke klingt verhalten an bei: Costenoble, 1812, s.o.).

28 Moller Bd. I, 1815, S. 26.

29 Anders Amån, Architektur. In: Die Kunst des 19. Jahrhunderts. (Propyläen Kunstgeschichte Bd. 11) Berlin 1984 , S. 170-85.

30 Henrik Karge, Karl Schnaase. Zum Verhältnis von Ästhetik und Kunstgeschichte im 19. Jahrhundert. Unveröff. Habilschr. Kiel 1993.

31 Für die Frage der Herkunft der Gotik aus dem östlichen Kulturkreis, die das 19. Jh. stets beschäftigt hat, sei verwiesen auf: Sigrid Bertuleit, Gotisch-orientalische Stilgenese. Frankfurt/M. 1989.

32 J[ohannes] Wetter, Geschichte und Beschreibung des Domes zu Mainz, begleitet mit Betrachtungen über die Entwicklung des Spitzbogenstyls, das neugothische Constructionssystem in Deutschland und Frankreich und dem Einfluß der lombardischen und byzantinischen Kunst auf diese Länder, mit einem Grundriß des Domes. Mainz 1835.

33 In der 3. Auflage des "Lehrbuches" von Ungewitter merkt Karl Mohrmann im Jahr 1889 die Schwierigkeiten einer präzisen Ermittlung solcher Kurven an, während in älteren Auflagen nichts über Gewölbelinien zu finden ist. Frankl setzt die erste Auflage fälschlich mit 1858 an. Außerdem beschäftigt sich Ungewitter durchaus mit dem Thema: 1. Auflage, S. 86ff. über die Konstruktion der Gewölbe. Die 4. Auflage gibt die Lösungen, wie sie in der Romanik versucht wurden, in theoretischer Gegenüberstellung, es gibt keine absolute Chronologie (vgl. Frankl, 1960, S. 538f.).

34 Frankl, 1960, S. 494.

35 Dazu zuletzt: Kenneth Frampton, Grundlagen der Architektur. Studien zur Kultur des Tektonischen. München/ Stuttgart 1993.

36 Urs Boeck, Karl Alexander Heideloff. In: *Mitteilungen des Vereins für Geschichte der Stadt Nürnberg* 48 (1958), S. 314-90 (=Diss. Tübingen 1955/56) (Er setzt den Schwerpunkt auf das Verhältnis Heideloffs zur Denkmalpflege); Norbert Goetz, Um Neugotik und Nürnberger Stil. (Nürnberger Forschungen Bd. 23) Nürnberg 1981.

37 Carl Alexander Heideloff, Die Bauhütte des Mittelalters in Deutschland. Eine kurzgefaßte geschichtliche Darstellung mit Urkunden und andern Beilagen sowie einer Abhandlung über den Spitzbogen in der Architektur der Alten als Vorläufer der Grundzüge der altdeutschen Baukunst und auch an des Verf. Werk 'Die Ornamentik des Mittelalters' sich anreihend. Nürnberg 1844; Ders., Der kleine Altdeutsche (Gothe) oder Grundzüge des altdeutschen Baustyles, zum Handgebrauch für Architekten und Steinmetzen besonders für technische Lehranstalten bearbeitet. Nürnberg 1849-52.

38 Anette Faber, Der neugotische Umbau von Schloß Ehrenburg nach den Plänen K. F. Schinkels 1810-1840. (Jahrbuch der Coburger Landesstiftung Jg. 30) Coburg 1985, S. 281-394; hier S. 349.

39 Brief 31. Oktober 1853 (Reichensperger, 1866, S. 104).

40 Ungewitter, Lehrbuch der gothischen Konstruktionen, 3. Aufl., S. 568.

41 vgl. auch: Ernst Kopp (1793- nach 1851?), Stadtarchitekt von Erfurt: Ernst Kopp, Beitrag zur Darstellung eines reinen einfachen Baustyles. Erfurt 1837 (Museen, urbane Häuser, Rathäuser, aber alle Stilmodi).

42 Sechs Lieferungen erschienen 1840, 1842-47, eine siebte 1863 von Friedrich Lange.

43 Hoffstadt, 1840/47, S. 247f. Dies vorher schon bei Schnaase in seinen "Niederländischen Briefen" aus dem Jahr 1834 (frdl. Hinweis von PD Dr. Henrik Karge).

44 Hoffstadt, 1840/47, S. 65ff., dazu: Werner Müller, Friedrich Hoffstadts und Carl Alexander Heideloffs Turmkonstruktionen vor dem Hintergrund der oberdeutschen Steinmetzlehre des 16. bis. 18. Jahrhunderts. In: *Zeitschrift für Kunstgeschichte* 41 (1978), S. 41-56.

45 Hoffstadt, 1840/45, S. VII.

46 Ebd., S. XI.

47 Er merkt im "Lehrbuch" auch die Wirkung Lachers auf Hoffstadt an, den er ebenso wie Roriczer, wenngleich nicht unkritisch, heranzieht. Die Geometrie sieht Ungewitter nur bei Villard de Honnecourt an den ihr gebührenden Platz gerückt. Er selbst würde mit der Gewölbelehre beginnen und skizziert bereits 1856 in einem Brief an den Verleger Weigel in etwa den Aufbau des späteren "Lehrbuches" (Briefe 15. September 1856 und 3. Oktober 1859; Reichensperger, 1866, S. 151f., 181f.).

48 Es wurde etwa gleichzeitig von Heideloff in der "Bauhütte des Mittelalters" und von Reichensperger neu herausgegeben: A. Reichensperger, Das Büchlein von der Fialen Gerechtigkeit von Mathias Roriczer, weiland Dombaumeister in Regensburg, nach einem alten Drucke aus dem Jahre 1486 in die heutige Mundart übertragen und durch Anmerkungen erläutert, nebst einem Anhange über die Construction der Wimperge. Trier 1845 (z.T. neu in: Ders., Vermischte Schriften, Leipzig 1856, S. 55-74).

49 Hoffstadt, 1840/47, S. VI.

50 Von den in München herausgegebenen Schriften zur Gotik, die in den 1840er Jahren zahlreich waren, erwähnt er auch die "Sammlung gothischer Verzierungen" von F. Eggert; zu Kallenbach: *CdB* 19 (1899), S. 295f.; vgl. auch: Julius Fekete, Denkmalpflege und Neugotik am Alten Rathaus. München 1984, S. 35f.

51 Villard de Honnecourts Bauhüttenbuch aus dem13. Jh. stellt die einzige überkommene gotische didaktische Schrift dar, im Gegensatz zu Roriczers Steinmetzbuch von 1486 oder dem Lachers von 1516, die beide Kirchen behandeln.

52 zu Musterbüchern über mittelalterliche Architektur vgl. Thomas Weiß, Stildiskussion in der Sakralarchitektur des 19. Jahrhunderts in Deutschland. Diss. München 1983, S. 53-60. Er befaßt sich knapp mit terminologischen Indifferenzen (S. 53f.). Die Beispiele Hoffstadt und Statz/Ungewitter sind allerdings gerade nicht treffend, die Aussage, daß "nur die genaue Nachbildung im Ganzen wie im Detail" (S. 55) gewollt sei, trifft nicht zu. Etwa zeitgleich mit Ungewitter erschienen von Friedrich Eisenlohr "Ornamentik" 1849 (Vorbild des einheimischen Mittelalters in Details wie Kapitellen u.a., Interesse in den Gewerken wecken), "Mittelalterliche Bauwerke" 1853 (vgl. z.B. Heft 1, Tf. 7f. mit einem Erker an der Abtswohnung in Maulbronn).

53 Franz Kugler, Handbuch der Kunstgeschichte. Stuttgart 1842 (Ungewitters Kritik im "Lehrbuch", 3. Aufl., S. 531).

54 Andere Teile der genannten Kirchen, die auf die Mitte des 13. Jahrhunderts zurückreichen, werden heute als Beispiele für Rayonnant (späte Phase der Hochgotik) genannt.

55 Franz Kugler, Geschichte der Baukunst. Bd. 3 Stuttgart 1859, S. 243.

56 Ebd.; vgl. auch den Band zur Romanik, wo er Chor und Querschiff in Haina mit ihren romanischen Teilen erwähnt (F. K., Geschichte der Baukunst. Bd. 2 Stuttgart 1858, S. 471).

57 vgl. Karge, 1993.

58 nach: Germann, 1974, S. 91.

59 Brief 27. April 1858 (Reichensperger, 1866, S. 170).

60 Carl Schnaase, Geschichte der bildenden Künste. Bd. 5 Düsseldorf 1856 (1872^2) (= Geschichte der bildenden Künste im Mittelalter Bd. 3: Entstehung und Ausbildung des gothischen Styls).

61 Schnaase, 1856, S. 492.

62 Brix/Steinhauser, 1978, S. 237.

63 Eine Diskussion der gebräuchlichen Terminologie, wozu z.B. auch 'dogmatische' Neugotik gehört, ist ein erhebliches Desiderat der Neugotik-Forschung.

64 Gabriele Schickel, Neugotischer Kirchenbau in München. München 1987, S. 225.
65 Brief 23. Dezember 1850 (Reichensperger, 1866, S. 39).
66 Heideloff, Architektonische Entwürfe. I. Heft (1850), Anhang: Ueber den Kirchenbau der Protestanten, namentlich der Evangelischen, S. 25-54, hier S. 43f.
67 Den an Westwerke erinnernden Querriegel übernimmt Hase von Strack in Loxten 1858-60.
68 Der für seine Eisenbahnbauten auch von Ungewitter gerühmte Eisenlohr verfaßt ein Lehrbuch über die Anwendung des Ornamentes sowie einen Katalog vorbildlicher mittelalterlicher deutscher Baudenkmäler. Darauf aufbauend werden Hoffstadts "ABC" und Ungewitters "Lehrbuch" die bedeutendsten Hilfsmittel der Neugotiker der zweiten Jahrhunderthälfte (Meyer, 1973, S. 37 und Theologische Realenzyklopädie, S. 504), vgl. auch: Hans-Joachim Clewing, Friedrich Eisenlohr, der Zeichner und Baumeister. In: *Badische Heimat* 36 (1956), S. 23-32.
69 Zwirners Dompläne zeigen den Wandel vom Klassizisten zu einer historistischen Auffassung (vgl. H. Rode, E.F. Zwirner. Planentwicklung für den Ausbau des Kölner Domes 1833-44. In: *Kölner Domblatt* 1961-1962, S. 45-98, hier S. 88; zit. n. Bringmann, 1968, S. 85).
70 Erwin Neumann, Friedrich von Schmidt. Ein Beitrag zu seiner Monographie und zur Kunstgeschichte des 19. Jahrhunderts. Diss. Wien 1952 (Abb. nicht erreichbar); Monika Keplinger, Zum Kirchenbau Friedrich Schmidts. In: Ausstellungskatalog Wien, 1991, S. 20-33.
71 Verbeek, 1956; Willy Weyres/Albrecht Mann, Handbuch der rheinischen Baukunst des 19. Jahrhunderts. Köln 1968; Willy Weyres, Zur Geschichte der kirchlichen Baukunst im Rheinland von 1800-1870. In: Zur Geschichte der Kunst im Erzbistum Köln. Festschrift für Wilhelm Neuß (= Studien zur Kölner Kirchengeschichte) Düsseldorf 1960, S. 408-24.
72 vgl. Nekrolog in *DBZ* 71 (1898); Hans Vogts, Vincenz Statz 1819-1898. (Kunstgabe des Vereins für christliche Kunst im Erzbistum Köln und Bistum Aachen für die Jahre 1959/60) Mönchengladbach 1960; Willy Weyres, Vincenz Statz (1819-1898). Köln 1975.
73 Weyres, 1975, S. 119.
74 Darüber hinaus sendet Reichensperger ihm zahlreiche Pläne zur Begutachtung (Vogts, 1960, S. 6f.). Zur Auswirkung der gutachterlichen Tätigkeit: Jörg Schulze, Kirchen des 19. Jahrhunderts im alten Siegkreis. Köln 1977 (= Diss. TH Aachen 1972), bes. S. 273ff. Bringmann spricht - nicht zu Unrecht - von einer "Kunstdiktatur gotischer Richtung" (Bringmann, 1968, S. 98).
75 Schulze, 1977, S. 284.
76 In dieser katholischen Zeitschrift wird Ungewitter in seiner literarischen Tätigkeit gewürdigt, aber auch im Zusammenhang mit der Entdeckung des mittelalterlichen Backsteinbaus. Nach seinem Tod wird ihm als Theoretiker und Praktiker ein "Ehrenplatz in der zeitgenössischen Kunstgeschichte" eingeräumt (*OfcK* 14 (1864), S. 184, 258, 276).
77 Vogts, 1960, S. 17.
78 Kirchlicher Anzeiger für die Erzdiözese Köln 52 (1912), Nr. 4, Erlaß 31, Abschn. 3; zit.n. Weiß, 1983, S. 8.
79 Reichensperger, 1854, S. 28.
80 Ausnahme ist die kath. Pfarrkirche St. Marien Rheydt, wo auf dem quadratischen Turm direkt das Helmoktogon aufsitzt (Heinz Dohmen, Kirchenbauten des Erftraumes im 19. Jahrhundert. Diss. TH Aachen 1973, Abb. 158).
81 Bei der Wiederherstellung infolge der Zerstörungen des Zweiten Weltkrieges sind Fenster eingebrochen worden (Vogts, 1960, S. 26).
82 nach: Dohmen, 1973, S. 230.
83 vgl. Muthesius, 1974, S. 31f. Er nimmt allerdings keinen detaillierten Vergleich vor, so daß die Kennzeichnung etwas unbestimmt bleibt. Zur Nikolaikirche: Lewis, 1993, S. 99-108; Seng, 1995, S. 137-44.
84 Theologische Realenzyklopädie Bd. 18, 1989, S. 505. Dazu ausführlich: Eva Maria Seng, Der evangelische Kirchenbau im 19. Jahrhundert. Die Eisenacher Bewegung und der Architekt Christian Friedrich von Leins. (Tübinger Studien zur Archäologie und Kunstgeschichte Bd. 15) Tübingen 1995 (zugl. Diss. Tübingen 1993). Die Wirksamkeit des "Eisenacher Regulativs" bezweifelt Kaiser, schon weil jegliche juristische Grundlage für eine Verbindlichkeit als "Regulativ" fehle. Dem steht entgegen, daß sich viele Architekten, unter ihnen Ungewitter, explizit auf diese Forderungen bezogen haben (Paul Kaiser: Das sogenannte Eisenacher Regulativ von 1861: ein Kirchenrechtliches Phantom. In: Klaus Raschzock, Reiner J. (Hg.): Geschichte des protestantischen Kirchenbaues. Festschrift für Peter Poscharsky zum 60. Geburtstag. Erlangen 1994, S. 114-18).
85 Das Regulativ wurde auch im *Christlichen Kunstblatt* 8 (1862) veröffentlicht.
86 Leins war nach einer Ausbildung in Stuttgart und Paris ab 1858 Professor an der TH Stuttgart. Sein Werk umfaßt Klassizismus, italienische Renaissance, Romanik und Gotik (die beiden letzten für Kirchen) (Thieme-Becker, Bd. 22, S. 96f.). Den Wendepunkt in seinem Werk zu den mittelalterlichen Stilen markiert die Verwendung eines 'hammerbeam roof' im Schloß Hemmingen (Auftrag zum Umbzw. Neubau 1852). Leins empfahl seinem Bauführer Eugen Albert Ungewitters "Vorlegeblätter zu Holzarbeiten" (vgl. Schreiben von Leins an Albert vom 27. November 1853; zit.n. Seng, 1995, S. 83). Schon die frühen Schriften Ungewitters rücken ihn als Autorität für die neue Stilrichtung in das Blickfeld seiner Zeitgenossen.
87 Seng, 1995, S. 613.
88 An die 1856 in Dresden festgelegten 20 Punkte schließt an: C[arl] G[rüneisen], Evangelischer Kirchenbau. In: *Christliches Kunstblatt für Kirche, Schule und Haus* 1 (1858), S. 22-24, 25-30, 38f. Die 25 Thesen, die 1860 in Barmen formuliert worden sind, wiederholen überwiegend die bekannten Forderungen.
89 Ros Sachsse-Schadt, Rolf Sachsse, Bemerkungen zum protestantischen Kirchenbau 1860-1914. In: Udo Mainzer, Raum und Ausstattung rheinischer Kirchen 1860-1914. (Beiträge zu den Bau- und Kunstdenkmalen im Rheinland Bd. 26) Düsseldorf 1981, S. 19-24.
90 vgl. *Das christliche Kunstblatt* 11 (1882), S. 161-67 (zit.n. Seng, 1995, S. 291).
91 Zu einem gewissen Anteil liefert er Formkopien: In der Kapelle Bishausen lehnt er sich überdeutlich an Statz' Marienkirche in Neustadt-Eberswalde an.
92 Meiner Ansicht nach darf nicht unterschätzt werden, daß der Prototyp einer Kirche mit Empore zwischen teilweise nach innen gezogenen Strebepfeilern die Werdersche Kirche Schinkels ist. Möglicherweise hat die spätgotische Schloßkirche Wittenberg Schinkel inspiriert, da er 1815 mit Vorschlägen zu ihrer Restaurierung befaßt war (vgl. Findeisen, 1990, S. 263f.). Eine gleichartige Anordnung mit Emporen, die schmale Seitenschiffe ausfüllen, verwendet auch Karl Boos in der Wiesbadener Kirche, die Einflüsse der Berliner Neugotik zeigt.
93 Jean Bony, French Gothic Architecture 12th and 13th Centuries. Los Angeles/ London 1983, S. 388 und 396. Für Wimperge suchten Neugotiker wie Viollet-le-Duc und Lefèvre-Pontalis funktionale Erklärungsmuster zu finden, sie haben sich dabei aber "zu recht absurden Erklärungen hinreißen lassen" (vgl. den Artikel "gâble" in Viollet-le-Ducs Dictionnaire). Wimpergartige Giebel werden von der Würdeform antiker Tempelgiebel hergeführt, ihre Zusammensetzung zu Reihen wie in Ste. Chapelle oder dem Chor in Amiens gilt als Häufung von Würdeformen (Dieter Kimpel/Robert Suckale: Die gotische Architektur in Frankreich 1130-1270. München 1985, S. 101).
94 August Reichensperger, Fingerzeige auf dem Gebiete der kirchlichen Kunst. Leipzig 1853, S. 20.
95 Der offene Dachstuhl in flach gestuften Absätzen soll bei Hase auch durch die Restaurierung der Marienkirche Einbeck durch Andreae 1840-46 angeregt sein, der wiederum auf Laves' Einbauten in die Ägidienkirche zurückgegriffen hat (Kokkelink, 1968, S. 25).

96 Schmidt setzte sich jedoch später auch mit der Backsteingotik (Pfarrkirche in der Brigittenau bei Wien 1867-73) sowie dem Zentralbau (Kirche in Fünfhaus bei Wien 1867-75) auseinander, die als überaus "malerische" Arbeit gilt (Joseph, 1919², S. 324), vgl. Keplinger, 1991, S. 20-33.
97 Die Basilika war zumindest für Statz die Idealform, er konnte sie allerdings nur in der Linzer Kathedrale ab 1858 verwirklichen.
98 Gurlitt, 1906, S. 285.
99 Zu den Vorlagen bei Schmidt und ihrem Wandel im Laufe seines Schaffens vgl. Neumann, 1952, S. 225-27.
100 Neumann, 1952, S. 220.
101 Die Stilvorbilder in ihrer Periodizität nach: André Meyer, Neugotik und Neuromanik in der Schweiz: die Kirchenarchitekten des 19. Jahrhunderts. Zürich 1973, S. 36. In der Schweiz gibt es folglich beide Varianten (vgl. Basel nach deutschem sowie Genf und Bern nach französischem Vorbild).
102 Selbst an den Kapitellen ist dies zu beobachten, da es die in Köln üblichen Blattkapitelle nicht gibt, sondern schlichte Kelche oder Knospenkapitelle auftreten. In Köln gab es 1849 Abgüsse von Naturblättern als Vorlagen für Kapitelle, was im Zusammenhang mit Pugin steht. Erst ab 1860 findet eine Wendung zu stilisiertem Laubwerk statt, wobei in England Street einer der ersten ist, der vor das Jahr 1300 zurückging (Georg Germann/ Hermann Rode, Neugotische Blattkapitelle. In: *Kölner Domblatt*, 1971, S. 225-34).
103 Backstein verwendet z.B. auch Essenwein für den Entwurf eines Wohnhauses 1853, das mit Segmentbogenfenstern und Rundbögen ebenfalls mittelalterliche Stilformen zeigt.
104 vgl. Kokkelink, 1968; Lewis, 1993, S. 76-78.
105 vgl. für die Privatgebäude, von denen mit Wiethase auch ein Ungewitter-Schüler einige errichtet hat: Köln und seine Bauten. Festschrift zur VIII. Wanderversammlung des Verbandes deutscher Architekten und Ingenieur-Vereine in Köln vom 12. bis 16. August 1888. Köln 1888, S. 628ff.; vgl. auch: August Reichensperger, Zur Profan-Architektur. Mit besonderer Berücksichtigung der Erweiterung der Stadt Köln. Köln 1886, S. 3-54. Er wiederholt mit der Betonung des Familienhaus-Modells als Alternative zur Mietskaserne bekannte Positionen. Bemerkenswert ist, daß er London als Vorbild für die Vereinbarkeit von Familienhaus und großstädtischen Verhältnissen nennt.
106 Die hannoversche Schule wiederum dehnt sich im Wirkungskreis im späten 19. Jh. bis nach Nordhessen aus, vgl. Ferdinand Schorbachs Garvensburg in Züschen (1896-98), Schönermarks Schloß Berlepsch oder Schäfers Schloß Rauisch-Holzhausen für den Freiherrn v. Stumm 1885-93 umgebaut. Schäfer und Schorbach gehören der Ungewitter-Schule an, so daß dessen Einflüsse indirekt weiterwirken, z.B. in zweigeschossigen Hallen oder dem Rosenmotiv großer Fenster (vgl. Heinz Biehn, Schloßbauten der Romantik in Hessen und der Historismus. In: Renate Wagner-Rieger, Walter Krause (Hg.), Historismus und Schloßbau. München 1975, S. 103ff.).
107 Germann, 1974, S. 93ff.
108 August Reichensperger, Georg Gottlob Ungewitter und sein Wirken als Baumeister, zumeist aus den Briefen desselben dargestellt. Leipzig 1866. Zu Reichenspergers Kunstauffassung vgl.: Udo Liessem, Bemerkungen zu August Reichensperger auf dem Gebiete der Kunst. In: August Reichensperger (1808-1895) und die Kunst des 19. Jahrhunderts. Dokumentation, hgg. von der Stadt Koblenz, Stadtbibliothek/Stadtarchiv. Koblenz 1985, S. 55-114, zu Ungewitter S. 65. Daß Ungewitter unbequemer als z.B. Statz war, zeigt Lewis, 1993, S. 200f.
109 Die Zahl der Briefe nimmt - schon durch die ansteigende Zahl eigener Bauprojekte bedingt - stetig ab (zwischen 5 und 10 Briefen bis 1856, danach 1-2 pro Jahr). Die Anrede als "Geehrter Herr Appelationsrath" (im Gegensatz zu Weigel "Geehrter Herr und Freund") bleibt immer sehr respektvoll.
110 Reichensperger, 1866, S. 34f.
111 Reichensperger, 1866, S. IV.
112 Reichensperger, 1866, S. VI.
113 Reichensperger, 1866, S. 2.
114 Reichensperger, 1866, S. 3.
115 Brief 17. November 1850 (Reichensperger, 1866, S. 27).
116 Brief 2. Juli 1860 (Reichensperger, 1866, S. 192).
117 Brief 16. Dezember 1851 (Reichensperger, 1866, S. 74).
118 Brief 1. August 1851 (Reichensperger, 1866, S. 64f.).
119 Brief 16. Dezember 1851 (Reichensperger, 1866, S. 72).
120 Brief 8. März 1851 (Reichensperger, 1866, S. 44f.); August Reichensperger, Ueber das Bildungsgesetz der gothischen Baukunst. In: *ZfpB* 10 (1850), Sp. 201-208 (Vorgetragen hat Reichensperger die Äußerungen zuerst auf dem Winkelmannfest in Bonn am 10. Dezember 1849).
121 Kruft, 1990³, S. 362.
122 Er nennt aber auch viele andere Schriften,so z.B. die "Vermischten Schriften" oder die "Fingerzeige".
123 Reichensperger, 1845, S. 18f.; Ungewitter, Ziegel- und Steinarbeiten, Vorwort.
124 Reichensperger, 1845, S. 23; Ungewitter, Stadt- und Landhäuser, Vorwort
125 Reichensperger, 1845, S. 21.
126 Reichensperger, 1845, S. 20; Ungewitter, Ziegel- und Steinarbeiten, Vorwort.
127 Reichensperger, 1845, S. 38; Ungewitter, Lehrbuch der gothischen Konstruktion, S. II.
128 Reichensperger, 1845, S. 35.
129 Muthesius, 1974, S. 36.
130 vgl. Anm. 120.
131 August Reichensperger, Fingerzeige auf dem Gebiete der kirchlichen Kunst. Leipzig 1853. Er beschreibt dort u.a. den Zusammenhang zwischen Bauhütte und Kirche sowie die Bedeutung der Kirche als Ausganspunkt einer 'wahrhaftigen Restauration' und betont erneut die Vorbildhaftigkeit der Architektur des 13. Jahrhunderts. Er vermerkt, daß auch in England das 'Early English' sich durchzusetzen beginnt.
132 August Reichensperger, Vermischte Schriften über christliche Kunst. Leipzig 1856.
133 Anders Germann: Die Neugotik in Deutschland scheiterte an ihrem Festhalten am Steinmetzideal (Germann, 1974, S. 150).
134 Nach der Mitte des Jahrhunderts hat die Gotik im Norden und Süden Deutschlands von 1870-95 wenigstens auf dem Gebiet des Kirchenbaus die Oberherrschaft gewonnen (Hermann Schmitz, Die Gotik im deutschen Kunst- und Geistesleben. Berlin 1921, S. 235).
135 Semper bezeichnete schon 1860 die neugotische Schule als "ihrem Wesen nach restauratorisch" ('Prolegomena' zum "Stil", zit. n.: Wolfgang Götz, Stileinheit oder Stilreinheit? Alternativen zur Stilbildung in der Baukunst des mittleren 19. Jahrhunderts. In: Werner Hager, Norbert Knopp (Hg.), Beiträge zum Problem des Stilpluralismus. (Studien zur Kunst des neunzehnten Jahrhunderts Bd. 38) München 1977, S. 49-57; hier 53).
136 Noch im Expressionismus hat die Gotik ein antimodernes, selbst reaktionäres Potential, das mit den Zielsetzungen konservativer Kulturreformer übereinstimmt (vgl. Magdalena Bushart, Der Geist der Gotik und die expressionistische Kunst. Kunstgeschichte und Kunsttheorie 1911-1925. Diss. München 1990, S. 14).
137 vgl. Nipperdey, 1983, S. 313-19.
138 Panajotis Kondylis, Konservatismus. Geschichtlicher Gehalt und Untergang. Stuttgart 1986, S. 11-26, Zitat S. 23.
139 In seinem Streben nach einer Zusammenführung von Kunst und Leben liegt vielmehr noch immer romantisches Wunschdenken (vgl. J. A. Schmoll gen. Eisenwerth, Stilpluralismus statt Einheitszwang. Zur Kritik der Stilepochen-Kunstgeschichte. In: Hager, Knopp (Hg.), 1977, S. 9-19).

2. Die Auseinandersetzung mit Frankreich und Rezensionen Ungewitterscher Schriften in den *Annales archéologiques*

Im Herbst des Jahres 1859 reist Ungewitter erstmals, zunächst für zehn Tage, nach Frankreich. Die Bauten deutscher Architekten, die er in Paris sieht, mißfallen ihm sämtlich, seien sie klassizistisch wie diejenigen Hittorfs oder aber neugotisch wie die 1846 von Franz Christian Gau entworfene und von Théodor Ballu 1857 fertiggestellte Kirche Sainte Clotilde. So wenig er meint, auf die Arbeiten seiner Landsleute stolz sein zu dürfen, so sehr lobt er die Restaurierung des Chores von Notre Dame durch Viollet-le-Duc, dem er einen sehr hohen Rang zuspricht und ihn als Beispiel für deutsche Dombaumeister darstellt.[1] Im folgenden Jahr 1860 studiert Ungewitter vier Wochen lang mittelalterliche Städte mit ihren Monumenten, u. a. hat er St. Quentin, Laon, Soissons, Coucy, Noyon, Compiègne (Oise), Auxerre, Sens und Reims besucht, bevor er auch in Paris mit Viollet-le-Duc zusammentrifft.[2]

a. Viollet-le-Ducs Restaurierungen und Architekturtheorie

Die gotische Bewegung in Frankreich gewinnt für die Architektur in Viollet-le-Duc (1814-1879) ihren Hauptvertreter. Der Baumeister und Kunsttheoretiker führt vor allem Restaurierungen durch, beispielsweise ab 1840 Ste. Chapelle, ab 1844 Notre Dame in Paris (zusammen mit J. B. Lassus), ab 1846 St. Denis. Er baut aber auch im Auftrag Napoleons III. die spätgotische Schloßanlage Pierrefonds ab 1858 aus. Mit seiner Theorie, die er in zehn Bänden im “Dictionnaire raisonné de l’architecture française du XIe au XVIe siècle” von 1854-68 sowie in zwei zusätzlichen Bänden “Entretiens sur l’architecture” um 1872 (Bd. 1 bereits 1858 erstmals erschienen) niedergelegt hat, gilt er als einer der Wegbereiter moderner Architektur. Es fehlt bisher trotz zahlreicher Arbeiten eine erschöpfende Studie zu Person und Werk desjenigen, der als der “letzte große Theoretiker in der Welt der Architektur” bezeichnet wird.[3] Er tritt primär mit Restaurierungen und Schriften[4] hervor. In seinem Denken verbinden sich bürgerlich-liberaler Fortschrittsglaube und das Bewußtsein kulturellen Erbes. In seinen großen Schriften versucht er, eine wissenschaftlich fundierte Ästhetik zu liefern. In den wenigen ausgeführten Bauten findet der signifikante Rationalismus seiner Schriften in schlichten Formen sowie der Entwicklung neuer Konstruktionsweisen Reflexe.

Restaurierungen setzen in Frankreich mit einer Entdeckung mittelalterlicher Farbigkeit bereits früh ein, nachdem dort auch zuerst die antike Polychromie entdeckt worden ist. Eine erste Präsentation gibt es in einem Saal des 13. Jahrhunderts im Musée des Monuments Français (im alten Konvent der Petits Augustins de Paris, heute Ecole des Beaux-Arts). Mit der Überführung in ein Museum erfolgt 1795 eine chronologische Aufstellung.[5] Alexandre Lenoir präsentiert dort die französische Geschichte gemäß seiner Interpretation, die z.B. den Ursprung des Spitzbogens in Ägypten sieht.

Als Begründer der französischen Denkmalpflege gilt Arcisse de Caumont (1802-1873), der mit seinem “Essai sur l’architecture religieuse du moyen âge” von 1821 eine neue Terminologie für die mittelalterliche Baukunst einführt. Das archäologische Interesse konzentriert sich in Frankreich frühzeitig auf das 12. und 13. Jh., z.B. in den 1837 unter Supervision von Jean-Baptiste Lassus einsetzenden Restaurierungen von Saint-Germain in Auxerre (Hippolyte Godde) sowie der Ste. Chapelle in Paris (Felix Duban). 1840 erhält Viollet-le-Duc seinen ersten Auftrag, die Wiederherstellung der Kirche in Vézelay. Anhand der in den 1840er und 50er Jahren durch Viollet-le-Duc und Lassus durchgeführten Restaurierungen in Paris soll zugleich eine alternative Ausbildung im Sinne mittelalterlicher Werkstätten stattfinden (vgl. Bauhütten-Idee).

Viollet-le-Duc befaßt sich anläßlich der Restauration der Notre Dame in Paris mit mittelalterlicher Polychromie. Zusammen mit Lassus restauriert er die Kathedrale von 1844 an, deren Ausmalung 1850 abgeschlossen ist.[6] Zugleich wird eine neue Sakristei angebaut.[7] Ungewitter kann die Ergebnisse, auch die Ausmalung der Ste. Chapelle, auf seinen Paris-Reisen 1859 und 1860 studieren *(Abb. 88)*. Viollet-le-Duc legt die strukturelle Nützlichkeit der mittelalterlichen Polychromie später in den “Entretiens” dar.[8] Im Unterschied dazu zeigt die klassische Polychromie nach seiner Auffassung kein Interesse an einem strukturellen Ausdruck.

Die Restaurierungsgrundsätze Viollet-le-Ducs erscheinen widersprüchlich. In seinem Kommentar zu der Wiederherstellung der Notre Dame von 1843 will er alle Partien, seien sie original oder in späteren Epochen hinzugefügt, erhalten, festigen und im “angemessenen” Stil restaurieren. Der Künstler müsse sich mit seinen Ambitionen zurücknehmen. Im “Dictionnaire” hingegen erscheint unter dem Stichwort “Restauration” 1866 diejenige Definition, aufgrund derer man Viollet-le-Ducs Maßnahmen oft kritisiert hat: Restaurieren heißt Wiederherstellung eines vollständigen Zustandes, gleichwohl dieser nie zu einem gegebenen historischen Moment existiert haben mag.[9]

Ungewitter lobt die französischen Restaurationen ausdrücklich.[10] Seinen für deutsche Verhältnisse sehr frühzeitigen Bemühungen um eine Wiederherstellung der Polychromie mittelalterlicher Kirchen, wobei er die Wechselbeziehung zwischen Struktur und Malerei darstellt, liegen offenbar französische Anregungen zugrunde. Er hält sich hinsichtlich der Funktion des Architekten an die frühen Äußerungen Viollet-le-Ducs, nicht an dessen Schrift von 1866, die eben erst nach Ungewitters Tod erschienen ist.

Viollet-le-Ducs Architekturtheorie ist zum Zeitpunkt des Zusammentreffens mit Ungewitter 1860 ausgereift und teilweise veröffentlicht (etwa die Hälfte der Bände des “Dictionnaire de l’architecture française”[11], der erste Band der “Entretiens sur l’architecture”[12]). Ungewitter bezieht sich in seinem Lehrbuch vielfach auf das “Dictionnaire”, in dessen ersten vier bis 1859 erschienenen Bänden wichtige Stichworte wie ‘Architecture’ (mit einem Umfang von 337 Seiten) oder ‘Construction’ bereits abgehandelt worden sind. Viele seiner Gedanken hat Viollet-le-Duc außerdem bereits in den 1840er Jahren in den *Annales archéologiques* formuliert[13], deren letzte Artikel zur Struktur von 1846 und 1847, d. h. dem materiellen und praktischen Aspekt der Architektur, besonders berühmt geworden sind. Er betrachtet die mittelalterliche Architektur als Entwicklung eines effizienten und ökonomischen Systems, das in den gotischen Kathedralen des 13. Jahrhunderts seinen Höhepunkt erreicht habe.[14]

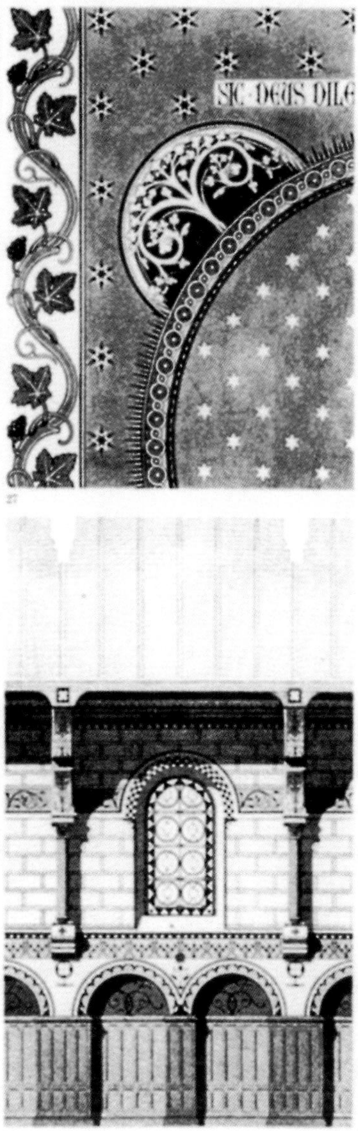

Abb. 88) Detail eine Skizzen für die Wanddekoration in der St. Denis-Kapelle in Notre Dame, Paris (Viollet-le-Duc, Peintures murales des chapelles de Nôtre Dame Paris, 1870)

Wichtige Gedanken Ungewitters finden sich bei Viollet-le-Duc, zum Teil etwas früher, zum Teil etwa gleichzeitig. Sowohl im “Lehrbuch” (1859-64) als auch in den “Entretiens” (1863-1872) wird ein historisches System entworfen. Seine späten Werke verfaßt Viollet-le-Duc ebenfalls mit didaktischem Anspruch, es sei an die “Histoire de l’habitation humaine” von 1873 erinnert, bei der es sich um eine umfassend angelegte Entwicklungsgeschichte handelt. Viollet-le-Duc bemüht sich in der für die Neugotik in Frankreich charakteristischen Polarität zur akademischen Tradition der Ecole des Beaux-Arts, die ebenfalls in den 1840er Jahren das Argument des Rationalismus für sich in Anspruch nimmt, um eine Weitervermittlung seines Denkens, zumal er keine Schule (bzw. nur ganz kurzfristig)[15] oder kein großes eigenes Atelier hatte.

Ungewitter zieht das “Dictionnaire” (die Bände 1 bis 6) zunächst für seine Beobachtungen an Konstruktion und Formen der mittelalterlichen Kirchen Frankreichs heran. Exemplarisch seien die Verweise auf die Fenstergestaltung der Ste. Chapelle, der St. Germain de Près sowie auf den ursprünglichen Bau der Kathedrale von Paris (Notre Dame) für Galerien und Triforium genannt. Er übersieht ebenso wenig die humorvolle Gestaltung der Wasserspeier an der in neuerer Zeit angefügten Sakristei der Kathedrale von Amiens. In Ermangelung eigener Beispiele übernimmt er außerdem die Vorschläge des Franzosen für Dachrinnen und Fallrohre aus Blei.[16]

Immer noch spielt auch für Viollet-le-Duc das ‘principe d’unité’ eine wichtige Rolle (vorher z.B. Moller). Ebenso will Ungewitter mit der Einordnung aller Teile eines Baus in den Gesamtorganismus eine Einheit schaffen, die in einen strukturellen Kontext mit der Kirche eingebunden bleibt.[17] Viollet-le-Duc versucht, naturwissenschaftliche Gesetze auf die Kunst zu übertragen, indem er meint, daß die Gesetze der Geometrie und Physik, die das Fortschreiten der natürlichen Entwicklung bedingten, in der Architektur imitiert werden müßten, um auch hier eine der Natur entsprechende Einheit zu erzielen.[18] Die gotische Kathedrale stellt jeweils den Ausgangspunkt dar, von dem aus das architekturtheoretische System entwickelt wird. Nur werden unterschiedliche Wege beschritten: Viollet-le-Duc leitet aus dem Konstruktionssystem der Kathedrale eine Manifestation moderner Baugesinnung ab[19], Ungewitter will zur kirchlichen Architektur als Grundlage für die weltliche zurückkehren. Erst danach können neue Wege beschritten werden.[20] Viollet-le-Ducs Denken ist insofern abstrakter als dasjenige Ungewitters, der sich doch enger an die Idee der Kathedrale bindet, wenngleich auch er diese als einen strukturellen und nicht nur ideellen Gesamtkomplex auffaßt.

Die Gotik favorisieren beide Architekten als Stil einer ökonomischen Materialverwendung, deren Höhepunkt um 1260 erreicht sei, danach nehme die Logik des Materialeinsatzes wieder ab.[21] Dadurch wird ein rationales Motivierungsmuster gesetzt, das auf eine Gleichwertigkeit zu den klassischen Stilen abzielt. Diese Denkweise hat gerade in bezug auf die gotische Konstruktion in Frankreich eine bis in das 18. Jh. zurückreichende Tradition.[22]

Viollet-le-Duc unterscheidet konstante und variable Architekturprinzipien: Konstant ist das Material, variabel das historische und soziale Umfeld. Nach der Auffassung Ungewitters führt in vergleichbarer Weise die Konstruktion der Teile nach ihrer Funktion und ihrem geeigneten Material direkt zu den Formen des Mittelalters, er bevorzugt die gotischen Detailbildungen aufgrund ihrer Präzision, eine Eigenschaft, die er auch an Viollet-le-Ducs Konstruktionssystem schätzt. Ungewitter wählt im “Lehrbuch” den Grundriß einer Kirche als Anfang, da dieser für ihn das eigentliche Gesetz gotischer Konstruktion in der Ausbalancierung der Strebepfeilerstärke gegen den Wölbungsschub verkörpert.[23] Mit dieser Suche nach konstruktiven Gesetzmäßigkeiten besteht ein unmittelbarer Anschluß an das streng rational angelegte Schema Viollet-le-Ducs.

Als Beleg wird ein konkreter Fall genannt: Im Kapitel über Gewölbe, das in der dritten Auflage unverändert übernommen wird, geht es Ungewitter um statische Verhältnisse, die zusammengesetzte Spitzbögen bewirken: Diese seien zwar weniger günstig als einfache Spitzbögen, aber, wenn der obere Teil der Bogenäste mit einem kleineren ‘Halbmesser’(Radius) geschlagen werde als der untere, könne die Form optimal und bei geringer Abweichung der Halbmesser auch “dem Auge wohltuend” sein. Diese Beobachtung tritt schon bei Viollet-le-Duc auf, der behauptet, daß im 12. Jh. oft Spitzbogen aufträten, deren Schenkel im mittleren Teil mit vergrößertem Radius geschlagen seien, wodurch eine statisch bessere Form gewonnen werde.[24] Daran schließt Ungewitter unmittelbar eine Erweiterung an, d.h. er paraphrasiert nicht nur die Gedanken anderer Neugotiker:

> *Im allgemeinen ist es nicht empfehlenswert, bestimmten schematischen Konstruktionsregeln eine gar zu hohe Bedeutung beizumessen, man soll sich vielmehr in erster Linie von den Rücksichten auf die Schönheit und die jeweiligen praktischen Anforderungen leiten lassen. Meist gelangt man zum Ziel durch den gewöhnlichen Spitzbogen.*[25]

Wie dicht die Konzepte selbst in den Formulierungen beieinander liegen, können folgende Zitate andeuten:

> *Construire, pour l’architecte, c’est employer les matériaux, en raison, de leurs qualités et de leur nature propre, avec l’idée préconçue de satisfaire un besoin par les moyens les plus simples et les plus solides; de donner a la chose construite l’apparence de la durée, des proportions convenables soumises a certaines règles imposées par les sens, le raisonnement et l’instinct humains.*[26]

und:

Dem oben geschilderten absoluten Schönheitsbegriff der antikisierenden Richtung steht dann die Schönheit der gotischen Architektur darin gegenüber, dass sie für jede einzelne Aufgabe eine besondere ist, dass sie für eine jede aus dem innersten Wesen derselben sich konstruiert und als die notwendige Folge der wohlverstandenen Dauerhaftigkeit und Zweckmässigkeit darstellt. Sie gestaltet sich demnach für jeden Einzelteil als die seinem struktiven Zweck angemessenste Form, für das Ganze aber als die der Bestimmung des Werkes am besten dienende und dieselbe am klarsten zum Ausdruck bringende Konzeption.[27]

Das Interesse Ungewitters an Viollet-le-Duc erweist sich als technisch-positivistisch zur geometrisch klaren Vermittlung des Wissens über die Gotik, wie auch die Abbildungen jeweils am zeichnerischen, handwerklichen Gebrauch orientiert sind. Außerdem übernimmt er von ihm Vorbilder für schöne Lösungen, um sie in sein ästhetisches Konzept zu integrieren.

In der rationalen Durchdringung und Verkettung der Argumente geht Viollet-le-Duc am weitesten von allen Anhängern der gotischen Bewegung zur Jahrhundertmitte. Er betrachtet die Architektur als Kunst der Konstruktion, die auf Logik, Klima, Ökonomie und den pragmatischen Regeln handwerklicher Produktion beruht. Seine Grundsätze sind denen in Pugins "True Principles" zwar vergleichbar, er versucht jedoch, eine Theorie über die Entstehung der Konstruktionsformen aufzustellen.[28] Seine Methode gewinnt einen deutlichen Einfluß auf Ungewitters "Lehrbuch der gothischen Konstruktionen", das geometrische Analysen[29] neben rational konstruktiver, logischer Argumentation bestimmen. Die Ausführungen erscheinen bei Viollet-le-Duc aber stärker syntaktisch, offen und additiv (vgl. seine Erkenntnis, daß der Strebebogen unökonomisch ist sowie den Einbezug des Materials Eisen für seine berühmten "eisernen Netzgewölbe"), während sich Ungewitter eher an das semantische und zu einer Weltanschauung geschlossene Vorgehen Pugins[30] anzuschließen scheint.

Im Unterschied zu Ungewitter spielt für Viollet-le-Duc das Christentum keine große Rolle. Zudem ist - zumal nach Viollets Wendung zur Moderne (Eisenkonstruktion) - auf persönlicher Ebene trotz des Treffens im Jahr 1860 ein eher distanziertes Verhältnis anzunehmen.[31] Viollet-le-Duc besitzt offenbar keine der Ungewitterschen Schriften, wohl aber solche von Essenwein, so daß auch hier kein nennenswertes Interesse an dem hessischen Architekten bestanden zu haben scheint.[32]

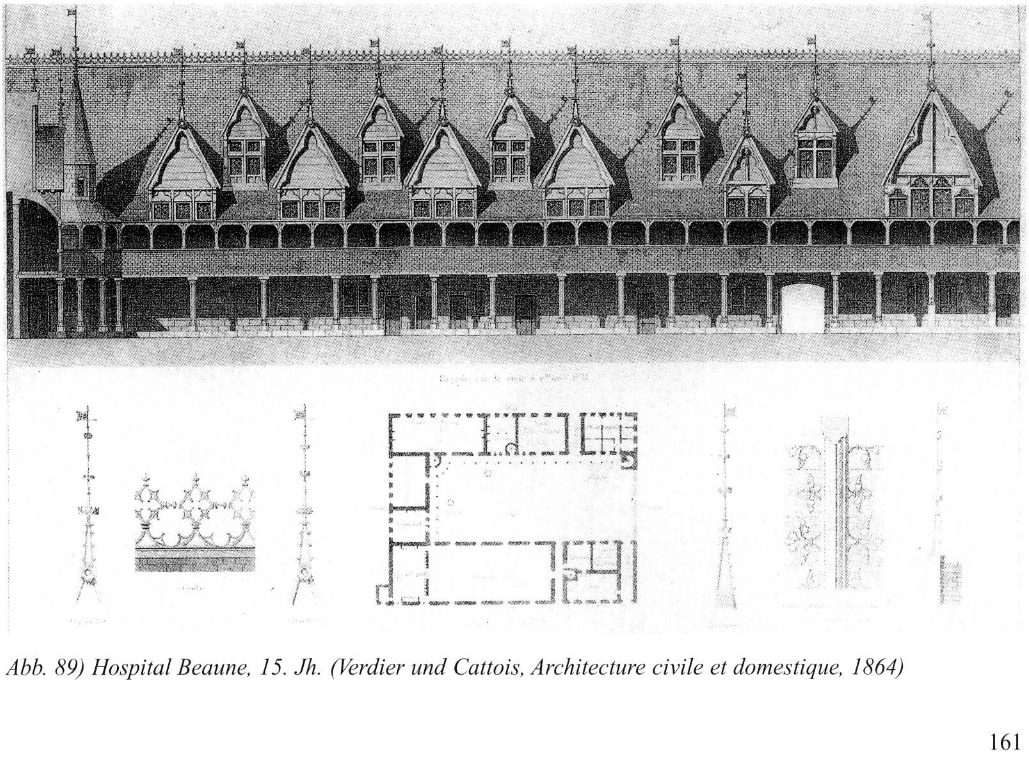

Abb. 89) Hospital Beaune, 15. Jh. (Verdier und Cattois, Architecture civile et domestique, 1864)

b. Anregungen für die "Entwürfe zu Stadt- und Landhäusern"

Das von Ungewitter im "Lehrbuch" genannte Werk von Cattois und Verdier "Architecture civile et domestique au moyen âge et à la renaissance", das zuerst 1852 in Paris erschien, gibt Beispiele von Häusern, Hospitälern, Rathäusern aus verschiedenen Ländern, z.B. die Rathäuser von Münster und Braunschweig oder auch das Hospital in Beaune, das mit seinen überdachten Umgängen oder den Giebelformen der hölzernen Lukarnen Ungewitter inspiriert haben könnte *(Abb. 89)*.[33]

Die malerische Gruppierung einzelner Bauabschnitte mit der Auflösung der Silhouette nach englischem Vorbild hat sich bis zur Mitte des Jahrhunderts auch in Frankreich etabliert. Wie das von Pierre-Charles Dussilon entworfene Schloß Schadau bei Thun (1849-54) zeigt, kommt es zu einer Rezeption der Loire-Schlösser, was eine Orientierung an einheimischen Bauten des Mittelalters und der Renaissance - zunächst im Schloßbau - bedeutet. Die markanten Rundtürme mit Kegelspitzdächern verwendet auch Ungewitter häufig (vgl. Tf. II, 4). Die Entwicklung steht im Zusammenhang mit dem zuerst in Frankreich aufkommenden Begriff 'Renaissance'.

Einen für diesen Kontext interessanten neugotischen Mietshaus-Entwurf liefert Félix Narjoux im Jahr 1875 *(Abb. 90)*. Das Regelmaß des Aufrisses mit jeweils geschoßweise gleich gestalteten Fenstern bzw. Lukarnen variieren lediglich ein Balkon sowie die beiden Zugänge. Übereinstimmungen mit Ungewitter stellen mit Gewändesäulchen versehene gekuppelte Fenster sowie das Konsolgesims, das von Lukarnen durchbrochen wird, her *(Abb. 91)*. Eine Vorstufe zeigt Tafel 25 im ersten Band der Ungewitterschen Entwürfe.

Entsprechend dem durch die Anhänger der gotischen Bewegung in Frankreich vertretenen Stilideal des 13. Jahrhunderts nimmt bereits Viollet-le-Duc die obengenannten Anregungen burgundischer Häuser auf (Rechteckfenster mit Dreipaßblende, in die eine Rosette gesetzt ist), die er in seinem "Dictionnaire" verarbeitet. Darauf aufbauend entwirft Viollet-le-Duc originelle städtische Einfamilienhäuser, die einige Parallelen zu Ungewitterschen Gebäuden zeigen *(Abb. 92, 93)*. Die asymmetrische Abfasung der Ecke betont er durch eine Löwenfigur auf der untersten Stufe des abgetreppten Giebels. Der Eingang ist in die linke Seitenachse verlagert. Dem mittig gesetzten Kaminschlot, der sich vorwölbt (vgl. die Wand des Hauses auf Tf. II, 4), entsprechen der polygonale Balkon sowie vor allem der flache, über den Dachfirst hinausragende Erker Ungewitters. Doch auch der Wirkung der glatten Wandfläche mit unregelmäßig versetzten Steinen und Entlastungsbögen wird ein Ausdruckswert beigemessen, wie dies übrigens ebenso bei vielen Kirchen Ungewitters der Fall ist (vgl. Kap. II. 3). Ungewitters Haus hebt sich vor allem in der Freude am Ornament von dem französischen Entwurf ab.

Abb. 90) Mietshaus in Chalon (Saône-et-Loire), Entwurf Félix Narjoux, 1875

Abb. 91) Wohnhaus (Ungewitter, Stadt- und Landhäuser, Bd. II, Tf. 33)

links:
Abb. 92) Wohnhaus (Viollet-le-Duc, Dictionnaire, Bd. 6)

Abb. 93) Wohnhaus (Ungewitter, Stadt- und Landhäuser, Bd. II, Tf. 23)

Im "Dictionnaire" erscheint abermals das Hospital in Beaune aus dem mittleren 15. Jh., auf dessen Abbildung Ungewitter im "Lehrbuch" verweist.[34] Ob sich vielleicht sogar Viollet-le-Duc in seinem erst nach 1858 erschienenem sechsten Band des "Dictionnaire" von Ungewitter hat anregen lassen, wie die Anlage von Sitzbänken oder die asymmetrische Ausbalancierung der Fassade durch einen Turm oder Erker andeutet *(Abb. 94, vgl. Abb. 93)*, kann nur vermutet werden.[35]

c. Rezensionen in den *Annales archéologiques*

Einige der frühen Ungewitterschen Schriften, die unter französischem Titel erschienen sind, werden 1856 und 1864 in den *Annales archéologiques* besprochen (vgl. Schriftenverzeichnis). Die Zeitschrift - ein Unternehmen der Brüder Didron - ist das maßgebliche Organ des "mouvement archéologique", der gotischen Bewegung in Frankreich.[36] Herausgeber zu Lebzeiten Ungewitters war Adolphe-Napoléon Didron (1806-1867) - Didron aîné -, der sich in den unterschiedlichsten Gebieten wie Journalismus, Ikonographie, Devotionalienhandel und Glasmalerei betätigt hat. Sein Bruder, der Buchhändler, hat vermutlich an der Edition der Schriften Ungewitters in Frankreich mitgewirkt.

1853 erscheint unter dem Titel "L'Art et l'Archéologie en Allemagne" der umfangreichste Artikel Reichenspergers zur deutschen Neugotik. Ansonsten werden - oft

Abb. 94) Wohnhaus (Viollet-le-Duc, Dictionnaire, Bd. 6)

gekürzte - Briefe abgedruckt, die vor allem den Kölner Kreis oder dessen Ableger in Wien, Friedrich Schmidt, erwähnen, aber auch Reichenspergers Auseinandersetzungen mit Kunstgelehrten in Berlin, z.B. mit Schnaase, der auch selbst zu Wort kommt, erörtern. Mit Genugtuung wird festgestellt, daß der Zirkel der gotischen Bewegung sich immer mehr vergrößert und sogar schon Möbel bzw. Innenausstattungen entworfen werden. Reichensperger nennt Ungewitter als Autor eines exzellenten Werkes über sog. "mittelalterliche" - gemeint ist neugotische - Architektur, womit er sich auf die "Vorlegeblätter für Ziegel- und Steinarbeiten" bezieht.[37]

1856 wird im Rahmen einer Auflistung deutscher Schriften, die sicherlich Didron zusammengestellt hat, der der Verfasser der meisten Artikel in seiner Zeitschrift gewesen ist, das "Gothische Musterbuch" erwähnt. Besonderes Augenmerk richtet sich auf Reichenspergers Einleitung zu der Sammlung mittelalterlich-gotischer Beispiele, die diesem als Modelle der Kunst gelten, und er die Gelegenheit nicht ungenutzt läßt, die Wiederbelebung des Spitzbogenstils zu propagieren.[38]

Etwas später in demselben Jahr werden Ungewitters Möbelentwürfe rezensiert. Die Praktikabilität des Buches für Möbeltischler besteche selbst den kritischen Leser, außerdem wende sich der Autor mit Recht gegen Möbel z.B. aus Palisander, gegen unsinnige Konstruktion usw., er wünsche eine Fertigung:

> *[...] comme en le faisait au moyen âge, à la solidité, à la "vérité" du meuble. Malheureusement il est trop allemand, trop amoureux du XVe et du XVI siècle; il sacrifice à ce faux art gothique de chardons et de chicorées, que la France et même l'Angleterre commencent à répudier.*

Dagegen wird die Forderung gestellt, sich strikt an den Stil des 13. Jahrhunderts zu halten, statt Nürnberg, Ulm und dem jüngeren Teil des Kölner Doms mögen sich deutsche Architekten in die Schule der Kathedralen von Laon, Noyon, Soissons oder Chartres begeben, die aus dem 12. und 13. Jh. stammen, und Ungewitter möge die Freiheit verzeihen:

> *[...] mais c'est du XIIIe siècle, du gothique grand et beau qu'il faut à l'Europe d'aujourd' hui, et non de ces dentelures, de ces oripeaux taillades et déchiquetés que le pauvre XVe siècle a mis à la mode en France, et auxquels l'Allemagne a donné l'hospitalité au XVIe. [...] Quoi qu'il en soit, M. Ungewitter a, le premier en Europe après Pugin, fait un livre pratique sur les meubles du moyen age et qui, style à part, peut rendre aux menuisiers-ébénistes le service que les 'Principes du style gothique' par Hoffstadt, rendent aux architectes et aux maçons.*[39]

Trotz aller Kritik setzt die französische Zeitschrift Ungewitter in eine Linie mit den Bemühungen Pugins. Dieselbe Kritik an der "zu späten Gotik" müssen sich kurz darauf die Grabsteinentwürfe gefallen lassen. Ungewitter versuche zwar, Pugin zu ähneln, doch werde letztlich in Deutschland der Triumph des "Wahren und Schönen des Mittelalters" verzögert, weswegen sich die Franzosen wiederum gegen eine Übersättigung mit ausländischen Schriften (vor allem deutschen!) sträuben. Aber in der ausschließlichen Verwendung gotischen Vokabulars stimmt Ungewitter doch wieder im Grundtenor mit der französischen Zeitschrift überein. Vor allem wird erneut die praktische Tauglichkeit anerkannt: Das Buch vermöge wirklich die Herstellung von Grabmälern anschaulich nachvollziehbar zu lehren.[40]

Zu den "Entwürfen für Stadt- und Landhäuser" wird positiv vermerkt, daß in den beiden letzten Lieferungen (des ersten Bandes) ein Fortschritt in Richtung auf das 13. Jh. erkennbar sei, aber noch immer:

> *[...] trop les tourelles à encorbellement, trop les pignons en degrés et les clochetons aussi multipliés qu'inutiles; mais la raison a gagné du terrain. La construction est plus ferme, plus simple, plus économique, et plus belle.*

Damit dürften vor allem die Steinhäuser gemeint sein, deren Fenster mit den erwähnten Motiven gestaltet sind: genaste Spitzbögen im Oberlicht, Spitzbogenblenden über rechteckigen Öffnungen und die Gruppierung zu Zwillingsfenstern (vgl. Tf. I, 40). Allerdings treten diese Formen schon in vorhergehenden Entwürfen auf, ebenso wie die Lukarnen (Tf. I, 25), während z.B. die durchbrochenen Giebel und Staffelgiebel gegen Ende des ersten Bandes reduziert oder ganz vermieden und stattdessen Dreiecksgiebel gesetzt werden. Im zweiten Band setzt sich diese Tendenz fort, was aber nicht über die stets dekorative und phantasiereiche Konzeption von Holz- und Backsteinhäusern oder solchen mit verschiedenartigen Materialkombinationen hinwegtäuschen darf, wo auch z.B. Durchbrechungen und Zinnenkränze kontinuierlich weiter verwendet werden (vgl. Tf. II, 21).

Der Verfasser habe sich von Häusern aus Provins und Reims inspirieren lassen, woraufhin der Rezensent die Voraussage wagt, daß Ungewitter sich binnen weniger als zwei Jahren sicher vollends dem französischen 13. Jh. als dem bald in ganz Europa herrschenden Stil zugewandt haben würde. Fazit:

> *L'ouvrage de M. Ungewitter aura contribué, pour sa part à cette renaissance inévitable et prochaine.*[41]

Im Todesjahr Ungewitters wird nochmals das "Musterbuch" mit einer Inhaltsübersicht erwähnt.[42] Im Schwerpunkt werden seine Entwürfe bis knapp 1858 berücksichtigt, schon der zweite Band der Wohnhäuser, der ebenfalls 1858 erschienen ist, wird nicht mehr beachtet, ebensowenig das "Lehrbuch".

In allen Rezensionen geben sowohl ein gewisser Dogmatismus als auch eine starke Nationalbezogenheit in der Verengung der zulässigen Stilvorlagen auf die französische Gotik des 13. Jahrhunderts den Ton an. Die Zeitschrift des Didron wollte eine Richtschnur für die Neugotiker sowohl im eigenen Lande als auch darüber hinaus liefern, wobei die eigene Kunst einer bestimmten Periode als höchstrangig und allein vorbildfähig aufgefaßt wird. Die Verbindung der deutschen Anhänger der gotischen Bewegung zu der entsprechenden französischen Zeitschrift und den führenden Architekten läuft über Reichensperger, der der mobilste Verfechter der Gotik und für die Herstellung eines Kontaktes zwischen England, Frankreich und Deutschland verantwortlich ist. Reichensperger wiederum lehnt sich mit der Idealisierung des 13. Jahrhunderts eindeutig an Frankreich an, da auch er Ungewitter einen "zu späten" Stil vorwirft.

Reichensperger erwähnt den hessischen Architekten nur selten, anders als seine Kölner Schützlinge Statz oder Schmidt, obwohl es eben Ungewitter war, der Reichenspergers Artikel in den frühen 50er Jahren für die *Zeitschrift für praktische Baukunst* wieder ins Deutsche zurückübersetzt hat. Zumal seit der zweiten Hälfte der 50er Jahre ist eine gewisse Distanz evident, als eben auch der Kontakt zu Reichensperger spärlicher wird. Gerade die weniger dogmatische Auffassung Ungewitters bereitet ihm offenbar sogar innerhalb der eigenen Bewegung Schwierigkeiten, was aber nicht an einer Wertschätzung der architektonischen Qualität und Praktikabilität seiner Entwürfe vorbeiführt.

Ingesamt betrachtet, wird ein französisches Interesse an Deutschland und der dortigen Neugotik in den 1830er Jahren gesehen, das danach allerdings abnimmt. In dieser Zeit geht von der deutschen Philosophie eine große Faszination aus. Architekten bzw. Architekturschriftsteller reisen um 1840 nach Deutschland.[43] Hippolyte Fortoul veröffentlicht "De l'art en Allemagne" in zwei Bänden in Paris 1841-42. Zusammen mit Leon Vaudoyer hat er die Rheingegenden bereist. Ab Nürnberg trennen sich ihre Wege, da Fortoul Schinkel in Berlin und Vaudoyer Klenze in München treffen will, beide haben keinen Erfolg. München enttäuscht Vaudoyer auch architektonisch, er empfindet die jüngste Architektur als chaotisch. Die Architektur wird ebenso negativ beurteilt, wie auf der anderen Seite die historische Lehre Hegels und das Wirken des Kunsthistorikers Schnaase geschätzt werden. Über den historistischen Diskurs in Frankreich:

> *It was a discourse conducted in metaphorical terms; structured by the language of history and archaeology, it was conducted principally in the writing of architectural histories, the academic discussion of archaeology and the debate over teaching history in schools of architecture.*[44]

Ähnlich wie in der Kölner Dombauhütte bleibt die gotische Bewegung in Frankreich in der Architektur primär an den Sakralbau gebunden, der oft trocken akademisch in der Formensprache ist (vgl. Kirchen von Lassus[45]) und erörtert im übrigen hauptsächlich theoretische Fragen. Die ambivalente Rezeption Ungewitterscher Schriften mit ihren vielfältig-einfallsreichen Entwürfen unterstreicht die unsichere Position dieses Architekten innerhalb der gotischen Bewegung, die sich auch auf Frankreich erstreckt, wo eine klare kirchliche Orientierung mit einem eindeutigen Stilideal (*Annales archéologiques*) bzw. eine technisch-ökonomisch angelegte Theoriefindung (Viollet-le-Duc) das Geschehen bestimmten.

1 Brief 3. Oktober 1859 (Reichensperger, 1866, S. 184-86).
2 Brief 28. November 1860 (Reichensperger, 1866, S. 196).
3 Literaturauswahl: Paul Gout, Viollet-le-Duc. Sa vie, son œuvre, sa doctrine. Paris 1914; John Summerson, Heavenly Mansions and other Essays on Architecture. New York/London 1963, S. 135; "A Visionary among the Gargoyles" tituliert ihn: M[illard] F[illmore] Hearn (Hg.), The Architectural Theory of Viollet-le-Duc. Readings and Commentary. Cambridge/Mass. 1990, Zitat S. XV; Henry-Russell Hitchkock, Modern Architecture: Romanticism and Reintegration. New York 1929, S. 55-57; Frankl, 1960, S. 571ff.; Maurice Besset, Viollet-le-Duc. Seine Stellung zur Geschichte. In: Grote (Hg.), 1963, S. 43-58; Louis Grodecki, Viollet-le-Duc et sa conception de l'architecture gothique. In: Actes du Colloque International 'Viollet-le-Duc'. Paris 1980, S. 115-126. Zu seinem Einfluß: Barry Bergdoll, 'The Synthesis of all I have seen': the architecture of Edmond Duthoit (1837-89). In: Robin Middleton (Hg.), The Beaux-Arts and nineteenth century French architecture. London 1982, S. 217-49 (Oppler als Viollet-Schüler).
4 vgl. auch: Prosper Merimée (Hg.), Dictionnaire raisonné du Mobilier Français de l'époque carlovingienne à la renaissance par Viollet-le-Duc. Paris 1858 (Enthält sowohl eigene Entwürfe als auch mittelalterliche Kopien); Viollet-le-Duc, Compositions et dessins. Publiés sous le patronage du comité de l'œuvre du maitre. Paris 1884 (enthält Kirchen, Pierrefonds, viele Details).
5 nach: Robin Middleton/ David Watkin, Neoclassical and 19th century architecture. New York 1980.
6 In Frankreich kämpften bereits die Mitglieder der Commission des Monuments Historiques für eine "Befreiung" der Kirchen von der durchgängig üblichen Ausweißung (Quatremère de Quincy, Victor Hugo).
7 Robin Middleton, Perfezione e colore: la policromia nell'architettura francese del XVIII e XIX. In: Rassegna, September 1985, S. 55-67, über das Mittelalter S. 64f.
8 vgl. auch: Prosper Mérimée, De la peinture murale et de son emploi dans l'architecture moderne. In: *Révue Générale de l'Architecture (RGA)* 9 (1851), Sp. 265. In dieser Zeitschrift hatte auch Viollet 18 Artikel präsentiert, die sich mit Restaurierungen und Polemik gegen die Ausbildung der Architekten an der Akademie befassen. 1861 verläßt er die Zeitschrift, was vielleicht mit der Konkurrenz durch die *Annales archéologiques* zusammenhängt (vgl. Marc Saboya, Presse et Architecture au XIXe siècle. César Daly et la "Revue Générale de l'Architecture et des Travaux Publics". Paris 1991, S. 167 und 216).
9 Philippe Junod, La terminologie esthétique de Viollet-le-Duc. In: Viollet-le-Duc. Katalog der Ausstellung im Musée historique de l'Ancien Evêche Lausanne 22.6.-30.9. 1979. Lausanne 1979, S. 57-66; Peter Kurmann, Viollet-le-Duc und die ironisierte Kunstgeschichte. In: Geschichte der Restaurierung in Europa. Histoire de la Restauration en Europe. Akten des internationalen Kongresses 'Restaurierungsgeschichte'. Actes du Congrès international 'Histoire de la Restauration'. Basel/Bâle 1991, Bd. 2 Worms 1993, S. 53-62.
10 Ungewitter, Lehrbuch der gothischen Konstruktionen, 3. Aufl., S. 633.
11 Interessant ist ein Vorläufer für diesen Typus: Quatremère de Quincy, Dictionnaire historique d'architecture. Paris 1832 (revidierte Ausgabe von: Ders., Encyclopédie Méthodique. Paris 1788-1825) (vgl. Robin Middleton, The Rationalist Interpretations of Classicism of Leonce Reynaud and Viollet-le-Duc. In: *AA files. Annales of the Architectural Association, School of Architecture* 11 (1968), S. 29-48); Auszüge bei: Philippe Boudon/ Philippe Deshayes (Hg.), Viollet-le-Duc, le Dictionnaire del'architecture. Relevés et observations. Brüssel 1979; ein interessanter Ansatz: Hubert Damisch, The Space Between: A Structuralist Approach to the Dictionary. In: Penelope Farrant et al. (Hg.), Eugène Emmanuel Viollet-le-Duc 1814-1879. London 1980, S. 84-89.
12 englische Übersetzung: Benjamin Bucknall, Lectures on Architecture by Eugène-Emmanuel Viollet-le-Duc. 2 Bde. London 1877, Reprint New York 1987.
13 Viollet-le-Duc, De la construction des édifices religieux en France depuis le commencement du christianisme jusqu'au XVIe siècle. In: *Annales archéologiques* 1844-47.
14 Middleton, 1968, S. 46.
15 An der Akademie gab Viollet 1864 lediglich zwei Monate lang ein Intermezzo als Lehrer für Kunstgeschichte und Ästhetik (Kruft, 1990^3, S. 320).
16 Ungewitter, Lehrbuch der gothischen Konstruktionen, S. 364, 367; vgl. auch S. 387, 389, 396, 411, 453, 474, 484, 598, 599, 602 620.
17 Viollet-leDuc, Dictionnaire raisonné, Bd. 1, S. III; Ungewitter, Lehrbuch der gothischen Konstruktionen, S. V.
18 Caroline van Eck, Organicism in 19th Century Architecture. Amsterdam 1994, S. 235.
19 vgl. dazu: Peter Collins, Changing Ideals in Modern Architecture 1750-1950. London 1965, S. 198-216.
20 Ungewitter, Vorlegeblätter für Ziegel- und Steinarbeiten, Vorwort.
21 Viollet-le-Duc, Dictionnaire raisonné, Bd. 1, S. 154; Ungewitter, Lehrbuch der gothischen Konstruktionen, S. 28.
22 vgl. Kenneth Frampton, Grundlagen der Architektur. Studien zur Kultur des Tektonischen. München/ Stuttgart 1993, S. 37-68.
23 Ungewitter, Lehrbuch der gothischen Konstruktionen, S. 282.
24 Viollet-le-Duc, Dictionnaire raisonné, Bd. 6, S. 29; Ungewitter, Lehrbuch der gothischen Konstruktionen, S. 26, Tf. VII, Fig. 49.
25 Ungewitter, Lehrbuch der gothischen Konstruktionen, S. 27.
26 Viollet-le-Duc, Dictionnaire raisonné, Bd. 6, S. I.
27 Ungewitter, Lehrbuch der gothischen Konstruktionen, S. IX.
28 zu Viollets Einfluß auf England: Robin D. Middleton, Viollet-le-Duc's influence in nineteenth century England. In: *Art History* 4, No 2, June 1981, S. 203-219.
29 Lehrbuch, S. 28, 56.
30 Frampton, 1993, S. 57.
31 Es hat offenbar auch keine Korrespondenz gegeben, zumindest sind in Viollets Briefen keine von Ungewitter vorhanden (frdl. mdl. Mitt. Robin Middleton 1993).
32 Viollet-le-Duc, Catalogue des livres composant la bibliothèque de feu M. E. Viollet-le-Duc, architecte, dont la vente aura lieu du mardi 18 au lundi 31 Mai 1880 par Charles Pillet & Barizer. Paris 1880.
33 Rezensiert in: *ZfB* 4 (1853), S. 451.
34 Viollet-le-Duc, Dictionnaire raisonné, Bd. 6, S. 115; Ungewitter, Lehrbuch der gothischen Konstruktionen, S. 232. Das Hospital mit den Lukarnen ist auch abgebildet bei: William Burges, Architectural Drawings. London 1870, Tf. 49.
35 vgl. auch ein in den 1870er Jahren entworfenes Landhaus (Abb.: Ivo Tagliaventi, Viollet-le-Duc e la cultura Architettonica dei Revival. Bologna 1976, S. 215).
36 vgl. Germann, 1974, S. 125ff.
37 *Annales archéologiques* 13 (1853), S. 348; vgl. Lewis, 1993, S. 124.
38 *Annales archéologiques* 16 (1856), S. 266f.
39 *Annales archéologiques* 16 (1856), S. 268.
40 *Annales archéologiques* 16 (1856), S. 309f.
41 *Annales archéologiques* 16 (1856), S. 310. Die Entwicklung des High Victorian und auch der 'gotischen Bewegung' in Teilen Deutschlands hat dem Verfasser in gewisser Hinsicht Recht gegeben.
42 *Annales archéologiques* 24 (1864), S. 373f.
43 Das Folgende nach: Barry George Bergdoll, Historical Reasoning and Architectural Politics: Leon Vaudoyer and the Development of French Historicist Architecture. Diss. (Manuskript) Columbia University New York 1986, S. 127ff.
44 Bergdoll, 1986, S. XVI.
45 Abb. bei Germann, 1974, S. 220.

3. Ungewitter und die viktorianische Architektur Englands: Einflüsse vs. Parallelentwicklungen

Anliegen dieses Kapitels ist eine Fokussierung der deutsch-englischen Interdependenz im 19. Jh. anhand des konkreten Beispiels eines Architekten aus dem "Gothic Movement". Die Beschäftigung mit Ungewitter als Kernfigur einer weitverzweigten Schule führt zu einer modifizierten Bewertung der sog. 'doktrinären' Neugotik in Deutschland.

a. Übersicht über die viktorianische Architektur sowie über die deutsch-englischen Beziehungen

Die viktorianische Architektur ist bis heute Gegenstand der angelsächsischen Forschung geblieben. Einerseits widmet man sich den ideengeschichtlichen Zusammenhängen, andererseits herrscht in Abhandlungen nach Bauaufgaben oder speziellen Ereignissen eine deskriptiv-positivistische Sichtweise vor, wobei es sich um eine stark soziokulturell orientierte Tradition handelt.[1]

Mit der in England bereits im 18. Jh. einsetzenden Industrialisierung kristallisieren sich dort Probleme eher heraus, was z.B. das Verhältnis der Industriefertigung zum Handwerk oder des Architekten zum Ingenieur betrifft. Schinkel wertet die industrielle bauliche Entwicklung in den Aufzeichnungen und Skizzen seiner Englandreise 1826 noch ambivalent[2], zehn Jahre später setzt mit Pugins "Contrasts" massive Kritik ein (s. u.).

Die Profession des Architekten, dem die Aufgaben oftmals über Wettbewerbe übertragen werden, spaltet sich in 'Architect' - 'Surveyor' - 'Builder' auf. Zur Aufsicht über eine Gewährleistung notwendiger Qualifikationen erfolgt 1834 die Gründung des Institute of British Architects (IBA) (seit 1837 Royal Institute of British Architects (RIBA)) sowie 1847 der Architectural Association. In Ermangelung architektonischer Schulen findet eine Ausbildung in den Büros der bereits etablierten Architekten - meist in London - statt. Auf diesem Wege lassen sich bestimmte Vorbilder und Ideen kontinuierlich vermitteln, im Gegensatz zu den sowohl politisch als auch kulturell weniger einheitlichen deutschen Staaten, wo mehrere Schulen nebeneinander bestehen. Im Baugewerbe erhält nunmehr eine Firma den Auftrag, anstatt einer gezielten Vergabe an jedes einzelne Handwerk oder gar Aushandlung individueller Kontrakte. Dagegen wenden sich sowohl in England als auch in Deutschland insbesondere Vertreter des "Gothic Movement" (z.B. Pugin, Ungewitter).

Die Entwicklungsgeschichte der viktorianischen Architektur wird übereinstimmend in drei Phasen eingeteilt, die genau die Regierungszeit der Königin Victoria von 1837-1901 abdecken: Early Victorian 1837-55, Mid Victorian 1855-75 und Late Victorian 1875-1901. Im Early Victorian besteht die stilistische Vielfalt beispielsweise im Schaffen ihres Hauptvertreters Charles Barry (1795-1860), der nach einem Entwurf, an dem der junge A. W. N. Pugin maßgeblich beteiligt gewesen ist, ab 1840 die Houses of Parliament errichtet hat, relativ ungebrochen fort. Kurz nach der Jahrhundertmitte legen sich renommierte Architekten wie William Burges (1827-1881), William Butterfield (1814-1900), George Gilbert Scott (1811-1878) oder George Edmund Street (1824-1881) ausschließlich auf gotische Formen fest. Sie wenden sich allerdings von englischen Vorbildern des Perpendicular ab, wie sie im Early Victorian bindend waren (vgl. das Werk Pugins). Nicht zuletzt bedingt durch gesetzliche Einschnitte wie die Aufhebung der Backsteinsteuer 1850, Aufhebung der Glassteuer sowie den technischen Verbesserungen in der seriellen Ziegelherstellung, entsteht eine Vielzahl von Gebäuden mit den epochentypischen Merkmalen. Lokale Materialien werden aufgrund hoher Transportkosten bevorzugt verwendet.[3] Im Late Victorian bestehen, wie im Falle von Alfred Waterhouse (1830-1905)[4], Konzepte und Formen der vorangehenden Periode fort, während etwa Richard Norman Shaw (1831-1912) mit der Öffnung zu traditionellen englischen Bauweisen des 17. und 18. Jahrhunderts die Stilgrenzen der Gotik sprengt.

Die vielfältigen Wechselwirkungen zwischen englischem und deutschem Gothic Movement im 19. Jh. beschreibt Stefan Muthesius für Architektur und Kunstgewerbe; ein Einblick in die Vielschichtigkeit des Prozesses mit Schwerpunkt auf der ersten Hälfte des Säkulums darf hier genügen. Es gibt drei Phasen, indem England nach 1815 industriell maßgeblich auf die deutschen Kleinstaaten wirkte, während Literatur, Philosophie und Kunst in umgekehrter Richtung einfließen.[5] Im Anschluß an selbständige Entwicklungen der folgenden Jahrzehnte intensivieren sich gegen Ende des Jahrhunderts die Kontakte wieder, jedoch in klar umrissenen Bereichen. Deutschland dient nun als Vorbild für Industrie und schulische Ausbildung, während aus England Kunst bzw. Kunsthandwerk, vor allem im Bereich der Wohnkultur, übernommen werden.

Die Forschungen zum Ursprung der Gotik sowie zu ihrer Begründung durch Konstruktionsprinzipien beginnen in England im 18. Jh. (vgl. Kap. IV. 1). Franz Kugler und Georg Moller finden mit ihren Beiträgen zur Erforschung der Gotik rasch Anerkennung als renommierteste deutsche Kunsthistoriker. Einige Schriften Mollers und Heideloffs erscheinen in englischer Übersetzung, während umgekehrt Matthew Holbeche Bloxams Schrift über die englische Gotik in deutscher Sprache herauskommt[6] oder auch Rev. William Whewell (1794-1866), der mit Lassaulx befreundet war, zur deutschen Spätromanik arbeitet.[7] "Archäologen" (kunsthistorische Forscher) wie Robert Willis aus Cambridge, der kontinentale Architektur des Mittelalters teilweise schon mit analytischem Ansatz studiert hat (wobei ihn hauptsächlich die Unterschiede zu England interessierten), blenden den architektonischen und sozialen Kontext völlig aus.[8] Nach 1850 wird durch Reisen englischer Architekten - nicht mehr nur Archäologen - die Bildung eines eigenen Urteils ermöglicht.

Während der Romantik erweckt die deutsche Kunstauffassung in England erhebliches Interesse. Der durch Friedrich Schlegel, aber auch François René Chateaubriand (1768-1848) verfochtene Konnex wahrer und religiöser Kunst wird in weiten Kreisen der gotischen Bewegung aufgegriffen.[9] Schlegel verschreibt sich zudem bereits dem Ideal des 13. Jahrhunderts, und es deutet sich auch mit der Auffassung, daß Schönheit in der Erscheinung der Nützlichkeit bestehe[10], eine gedankliche Genese aus französischer Tradition des 18. Jahrhunderts an. Darauf kann Pugin unmittelbar zurückgreifen, denn das Konzept des Mittelalters als Modell der idealen Gesellschaft geht auf deutsche Romantiker und vor allem auf französische Sozialtheoretiker (Claude Henri Saint-Simon (1760-1825)) zurück.

In der Malerei faszinieren zunächst die Ideale sowie die Werke der Nazarener englische Künstler. Darauf deutet die Forderung hin, daß die Ecclesiologist-Architekten sich als "group of devout church architects" begreifen sollen.[11] Die in England entstehende Pre-Raphaelite-Brotherhood entwickelt sich jedoch ab 1840 eigenständig weiter. Dennoch gibt es einige späte Auswirkungen, wie G. E. Streets Ausmalung seines eigenen Wohnhauses in Banbury in den frühen 50er Jahren in Overbeckscher Manier.

Umgekehrt blickt der *Ecclesiologist*, die Hauptzeitschrift des Gothic Movement, nach vehementer Abwertung des Nikolaikirchen-Entwurfes von Scott ab 1846 auf die Fortschritte der Neugotik in Deutschland. Reisenotizen, Zwirners Jahresberichte über den Fortschritt des Dombaus, die aus dem *Kölner Domblatt* übernommen werden, erscheinen ebenso regelmäßig wie Rezensionen deutscher Neuerscheinungen zur Liturgie, zur Symbolik und Architektur des Mittelalters, also zur "Ecclesiology" im engeren Sinne.[12] Ungewitters Schriften werden im *Ecclesiologist* nicht berücksichtigt, da eine archäologisch bzw. kirchenspezifisch orientierte Selektion stattfindet, die zugleich die Grenzen eines solchen Austausches markiert.

Nachdem man den Kölner Dom in seiner entwicklungsgeschichtlichen Periodizität begriffen und entsprechend als Formvorbild aufgefaßt hat, veröffentlichen sowohl Reichensperger in den *Annales archéologiques* als auch Benjamin Webb 1848 kritische Bemerkungen zu dieser Kathedrale. Reichensperger kritisiert außerdem, ebenso wie seine Freunde vom *Ecclesiologist*, die Tendenz zur Errichtung von Miniaturkathedralen statt ländlicher Kapellen. Dem stellt er die Forderung gegenüber, daß jedes Produkt der erneuerten Gotik eine individuelle Lösung anzubieten habe.

Ähnlich dem *Ecclesiologist* zögert man auch in Köln kurzzeitig vor einer Anerkennung der Gotik für protestantische Kirchen. Die Verbindung zwischen Gotik und Katholizismus bzw. High Anglican betonen die entsprechenden Vertreter immer wieder, so daß eine Übernahme seitens protestantischer Auftraggeber und Architekten sich erst allmählich durchzusetzen vermag, wie nicht zuletzt das Beispiel Ungewitter zeigt.

Die Bedeutung, die Reichensperger für die Vermittlung von Ideen englischer Neugotik nach Deutschland besitzt, ist beachtlich.[13] Er hat ein enges Verhältnis zu diesem Land, das er mehrfach bereist: "England for ever"; hier fühlt er sich "am meisten germanisch angeweht", und er bezeichnet sich selbst als "Anglomanen".[14] Erstmals gelangt er im Jahr 1846 auf die britische Insel anläßlich der Einweihung von Pugins Kirche St. Giles, Cheadle, worauf er Pugin, Scott und Barry aufsucht. Weitere Reisen folgen: 1851 zur Weltausstellung unter sachkundiger Führung Scotts, dann wieder 1857 - abermals ein Treffen mit Scott sowie mit Beresford Hope[15]. Umgekehrt informiert er die Engländer über die Kölner Schule.[16] Wieder ist dieser Mann die wichtigste Mittlerfigur, indem er den internationalen Kontakt innerhalb der gotischen Bewegung herstellt (vgl. voriges Kap.).

Das in 23 Bänden zwischen 1851-73 erschienene *Organ für christliche Kunst* referiert stetig über das Gothic Movement in England, solange es der in einem von Statz gebauten Haus lebende Friedrich Baudri ediert, d.h. bis 1865 (dann übernimmt van Endert). Oft stammen die Beiträge von Reichensperger, also gibt es im Gegensatz zu den übrigen Architekturzeitschriften im deutschsprachigen Raum eine deutliche Ausrichtung auf England, die aber eng an die jeweiligen Personen von Herausgeber und Verfasser geknüpft ist.[17] Wie Muthesius richtig sieht, wird dem deutschen Leser das Neue an der englischen Entwicklung seit den späten 1840er Jahren allerdings nicht klar. Zum Zeitpunkt des Todes von Pugin werden dessen Kategorien Zweck und Konstruktion als inzwischen ins Selbstverständnis eingegangen gewichtet. Jedoch werden Ruskins Schriften und Bauten von Street oder Butterfield so beschrieben, als ob man die neuen Elemente nicht zur Kenntnis nehmen wolle. Daraus erklärt Muthesius den Rückschritt der Kölner Schule hinter Reichenspergers früheren Rationalismus.[18] Nach gemeinsamen Schritten während des Early Victorian deutet sich nach 1860 eine Phase unabhängiger Auffassungen an.

b. Ungewitters Beziehung zu England: ein in Brechungen vermitteltes, tiefes Interesse

Obwohl er das Land nie selbst bereist hat, besteht ein weitreichendes Interesse Ungewitters an England. Hauptsächlich verläßt er sich auf Reichensperger, um sich über das "Gothic Movement" zu informieren. Von diesem übernimmt er auch die Bewertung des 1851 errichteten Crystal Palace als "Gewächshaus ohne architektonischen Wert". G. F. Waagen hingegen betrachtet das Ausstellungsgebäude, in dem Pugin in dem mittelalterlichen Kabinett mit Möbeln und weiterer Ausstattung vertreten war, als charakteristisch für die neue Zeit.

Welche englischen Schriften Ungewitter geläufig waren, ist lediglich fragmentarisch zu rekonstruieren. Bis zum Beginn seiner eigenen Tätigkeit liegen bereits zahlreiche Veröffentlichungen zur englischen Gotik vor, die auch schon die noch heute gültige Einteilung in die Phasen Early English, Decorated und Perpendicular von Thomas Rickman beinhalteten[19], auf die Ungewitter für seine im "Lehrbuch" entworfene Entwicklungsgeschichte der Gotik anhand einer Detail-Analyse zurückgreifen kann.[20]

In den Abbildungen des "Musterbuches" sowie des "Lehrbuches" lehnt sich Ungewitter mit der Angabe geometrischer Systeme an ein Werk der Brüder Joshua und Arthur Brandon von 1847-52 an.[21] Die Art der Darstellung, die nicht auf den malerischen Effekt zielt, sondern aufgemessene geometrische Zeichnungen der Details und Schnitte gibt, haben schon Pugin d. Ä. (Vater des Neugotikers) und Willson für ihre Sammlungen mittelalterlicher Formen verwendet.[22] Der Rekurs auf das Brandonsche Werk könnte möglicherweise auch das Konzept des "Lehrbuches" betreffen, wo ebenfalls eine Einteilung entsprechend den Bauabschnitten der gotischen Kathedrale (Fenster, Profile, Türen etc.) sowie nach verschiedenen Materialien (Stein, Holz, Eisen) vorgenommen wird. Im Detail stimmen gelegentlich sogar die Auffassungen zu markanten Eigenheiten der Gotik überein: Das Maßwerk sei Konstruktion und Dekoration zugleich.[23] Die Brüder Brandon illustrieren außerdem mittelalterliche Holzdecken, die für das Gothic Movement eine wichtige Rolle spielen (s. u.) *(Abb. 95)*. In seiner zweiten Schrift "Vorlegeblätter für Holzarbeiten" bildet Ungewitter ebenfalls - zumeist flache - Decken mit sichtbarer Holzarbeit ab. Englische 'Archäologen' gewinnen somit für Ungewitters didaktische Aufbereitung eine Bedeutung und regen ihn dazu an, sich neue Vorlagenfelder zu erschließen.

Spätenstens ab 1850 informiert Ungewitter sich anhand von *The Builder* über die englische Architektur. Diese Zeitschrift widmete sich seit ihrer Erstausgabe 1842 sowohl praktischen als auch theoretischen Fragen. Immer wieder erscheinen Illustrationen historischer Bauten oder

oben und unten: Abb. 95) Wymondham, Kirche, Holzdecke (Brandon, Analysis of Gothick Architecture, 1847 (-52))

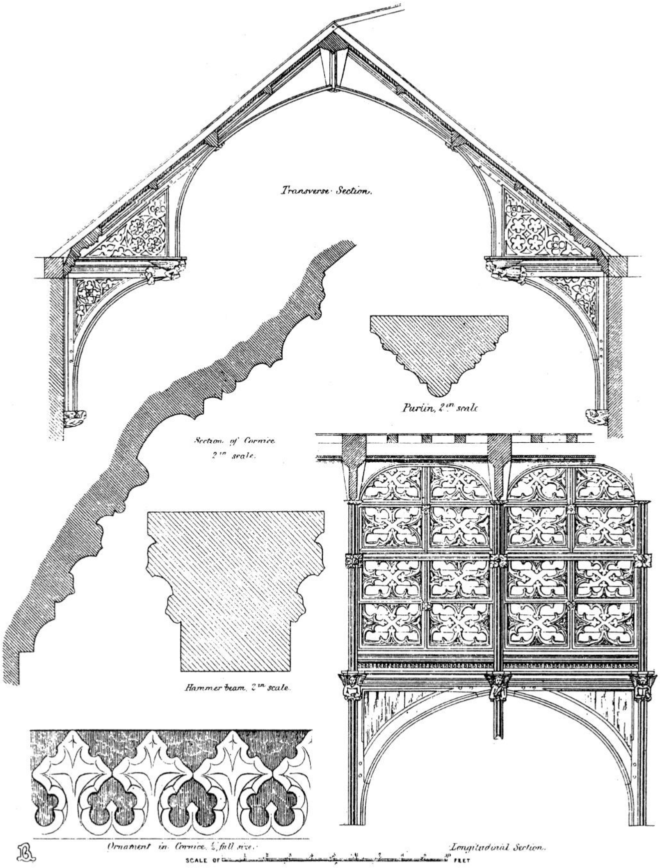

Schriftauszüge, die auf das Mittelalter Bezug nehmen, beispielsweise wird in einer Serie über 'Ancient Wooden Architecture' berichtet. Ebenso erscheinen zeitgenössische Entwürfe und Bauten wie Cottages von Loudon mit ihren Holzkonstruktionen und dekorativen vorstehenden Giebeln im Obergeschoß eines in Stein konzipierten Hauses *(Abb. 96)*. Noch 1866 spielen Holzbauten eine wichtige Rolle, darunter - auf Vermittlung Brewers - deutsche Beispiele wie ein Haus in Bacharach aus dem 15. Jh. *(Abb. 97)*. Von Villard de Honnecourt bis zu Pugins St. Augustine's, Ramsgate, reicht das Spektrum, wobei immer auch wichtige ausländische Ereignisse knapp vermerkt sind (z.B. der Brand und Wiederaufbau Hamburgs).[24]

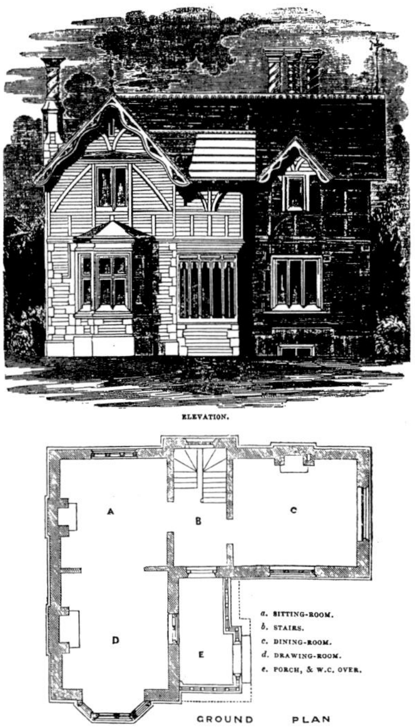

Abb. 96) Cottage, Loudon (The Builder 1843)

Abb. 97) Haus in Baccharach, 15. Jahrhundert (The Builder 1866)

c. Rekurs auf das Early Victorian und die Bedeutung August Welby Northmore Pugins

Motive englischer Pfarrkirchen

In einigen Fällen läßt sich eine Auseinandersetzung Ungewitters mit englischen Pfarrkirchen ablesen, die sowohl das Interesse an diesem Typus als auch an einzelnen Formen betrifft. Eine Gegenüberstellung der Neustädter Kirche (Entwurf 1858) mit Robert Willis' King's Walk Cemetery Chapel, Wisbech, Cambridgeshire, von 1841[25] gibt Aufschluß über Ungewitters Methode einer Adaption von Motiven *(Abb. 98)*. Die Architekten des Early Victorian übernehmen Formen mittelalterlicher englischer Pfarrkirchen, wie das der Westfassade aufgesetzte Glockentürmchen (bell-cote tower), das in vielen Grafschaften Vorläufer hat, welches der Architekt und Mittelalter-Forscher Robert Willis aus Cambridge für eine schlichte, plastisch durchgeformte Friedhofskapelle in

Abb. 98) King's Walk Cemetery Chapel, Wisbech, Cambridgeshire, R. Willis, 1841

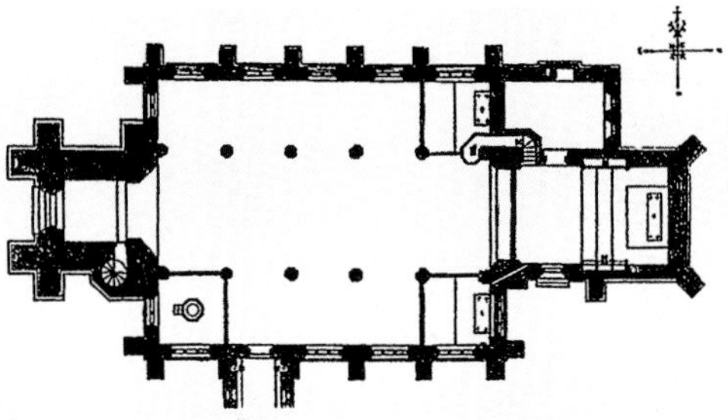

Abb. 99) St. Giles, Cheadle, Pugin, 1841-47

gedrückten Proportionen verwendet. Die Vorbereitung des Turmaufsatzes im Westen der Neustädter Kirche mit der deutlichen Vorkragung sowie besonders den seitlich stützenden Schultermauern weist Anklänge an die englische Bauweise auf. Der Hinweis auf Statz' Kapelle, die dieser 1851 im *Organ für christliche Kunst* publiziert, verdeutlicht den unterschiedlichen Ansatz beider Architekten: Statz übernimmt den englischen 'bell-cote tower' wörtlich, überträgt ihn lediglich in seine feingliedrige Formensprache *(vgl. Abb. 74)*. Ungewitter hingegen berücksichtigt auch die gedrungene Plastizität der Gesamterscheinung und greift das Element der seitlichen Stützmauern mit Satteldach heraus, um einen polygonalen Turmaufsatz zu motivieren. Damit liegt eine direkte Anregung durch englische Formen, vermittelt durch Zeichnungen, die Reichensperger von seinen Reisen mitbrachte, näher als eine Auseinandersetzung mit Statz.
Weitere Elemente, wie der seitlich im Westen abgestellte Turm des Entwurfs für die kath. Kirche Neustadt, ein südlicher Seiteneingang in Momberg oder auch offene Holzdecken (Malsfeld, Nieste, Hundelshausen) sind Kennzeichen englischer gotischer Pfarrkirchen, die durch Architekten des Early Victorian entdeckt werden und die Neugotik weiterhin durchziehen.[26] Eine Reihe von Varianten zeigt Pugin auf dem Titelblatt seiner 1843 in London erschienenen "An Apology for the Revival of Christian Architecture in England".

Pugin dienen um 1840 englische Pfarrkirchen des 13. und frühen 14. Jahrhunderts (Decorated) als Stilideal, da die Gotik nach seiner Auffassung während dieser Zeit wahrer Ausdruck des Glaubens, des Klimas, der Bedürfnisse im Land gewesen ist. Der Höhepunkt der Gotik wird in die Regierungszeit Edward I. 1272-1307 datiert. Die einzelnen Abschnitte des Baukörpers der von Pugin neu errichteten Kirchen, von denen eine der für die gotische Bewegung am bedeutendsten die St. Giles in Cheadle (1841-47) ist, drücken ihre jeweilige Aufgabe aus. Infolgedessen entstehen asymmetrische Türme oder Vierungstürme, Kompositionen mit voneinander abgesetzten Kuben, deren 'echte' Baustoffe die hohe Bedeutung der 'Wahrheit' für das Christentum belegen sollen *(Abb. 99)*. Pugin vermag sich, obwohl er zum Katholizismus konvertierte, vor allem im anglikanischen Kirchenbau durchzusetzen.

Ungewitters Interesse erstreckt sich außer auf einzelne Formen auch auf die den Typus der englischen Pfarrkirche bezeichnenden Elemente, z.B. die klare Trennung von Turm, Schiff, Chor und Sakristei. Er steht damit im Einklang mit der jüngeren Architektengeneration in Deutschland, die sich in der Suche nach komplexen Vorbildtypen nach dem Vorbild Pugins und der Camdenianer richtet, was die Kanonisierung des Kölner Doms ablösen hilft.[27] Im Gegensatz zu Vertretern der Kölner Schule - wie gerade Statz - setzt Ungewitter dies Prinzip mit größerer Konsequenz in seiner Entwurfspraxis um (vgl. Kap. II. 3, IV. 1).

Abb. 100) Titelblatt (Pugin, Details of antient timber houses of the 15th and 16th Centuries, 1837)

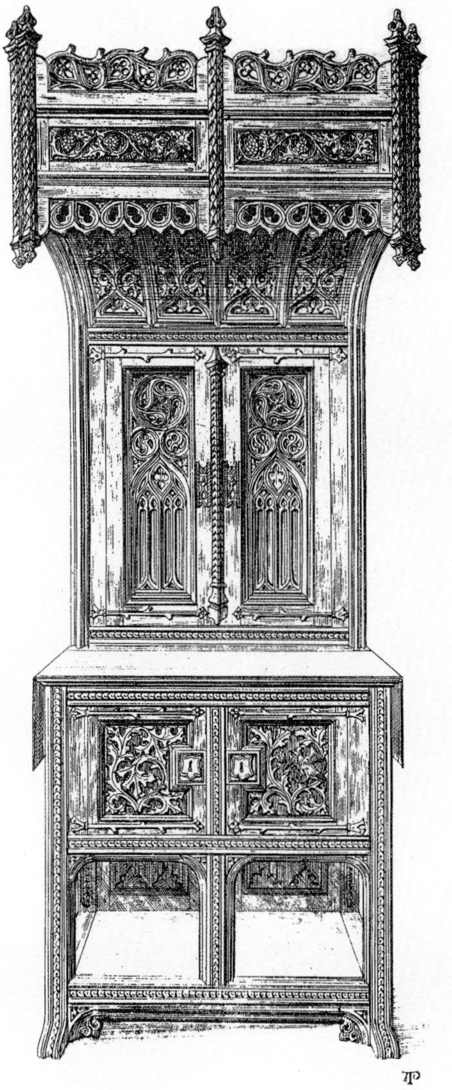

Abb. 101) Büffet (Pugin, Gothic Furniture in the style of the 15th Century, 1835)

Augustus Northmore Welby Pugin (1812-1852)

Reichensperger, der als ideologischer Hauptvertreter des deutschsprachigen Raumes im Gothic Movement engagiert ist, kann Ungewitter wie auch dem Kölner Kreis Informationen und Zeichnungen direkt übermitteln. Er eignet sich besonders Pugins Gedankengut an, formuliert dies in "Die christlich-germanische Baukunst" von 1845, die als Schlüsseldokument für die Würdigung Pugins auf dem Kontinent gilt.[28] Ungewitter bemüht sich um Zugang zu dem Originalwerk der "Contrasts" in seiner zweiten Auflage von 1841 mit der Absicht, den Bemühungen Pugins intensiv nachzufolgen.[29]

Eine Reihe verschiedener Aspekte verbindet Ungewitter mit dem acht Jahre älteren Pugin, der der Hauptvertreter des "Gothic Movement" im Early Victorian ist.[30] Beide veröffentlichen Schriften, die ein breites Spektrum umspannen: Architektur, Möbel und Dekoration, wie ein Titelblatt Pugins zu seiner Sammlung französischer Holzdetails exemplarisch illustriert *(Abb. 100)*.[31]

Die Möbelentwürfe Pugins von 1835 sind durch dekorativen Reichtum ausgezeichnet, den es teilweise auch bei Ungewitter 1851 noch gibt, der aber im Laufe des jeweiligen Schaffens bei beiden Architekten reduziert wird *(Abb. 101, 102)*.[32] Dies zeigt die Wendung von der Stilauffassung in Anlehnung an das 15. und 14. Jh. zu der Orientierung am 13. Jh. an. Die einfachen Formen aus adäquat verarbeitetem (Eichen-) Holz sprechen für sich, beispielsweise die X-förmigen Stützen. Eine vehemente Abgrenzung gegen die neugotischen Produkte des frühen 19. Jahrhunderts verdeutlicht den absoluten Anspruch des Neuansatzes der gotischen Bewegung. So kritisiert Pugin moderne 'gotische ' Armlehnstühle

Abb. 102) Büffet (Ungewitter, Möbel, Bd. 1, Tf. 46)

Abb. 103) St. Mary's Grange, Pugin, 1835

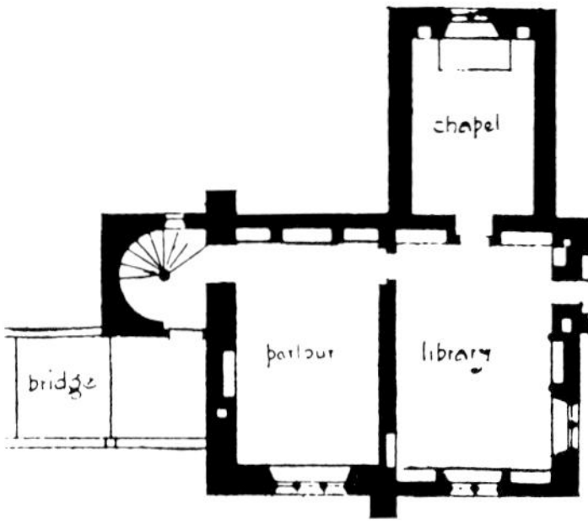

[...] with diminutive flying buttresses, everything crocketed with angular projections, innumerable mitres, sharp ornaments, and turreted extremities.[33]

Ebenso wie Pugin seine aus der Architektur gewonnenen Überzeugungen auf die Ausstattung anwendet und eine Vorbildwahl je nach Typus, d. h. Häuser für Häuser, Möbel für Möbel, fordert[34], tut dies Ungewitter (s. S. 75f.).

Pugin ist, außer durch seine Möbel und Bauten, von denen über 100 Kirchen sind (meist anglikanische, obwohl er selbst zum Katholizismus konvertiert war), aufgrund seiner polemischen Schriften berühmt geworden. Seine knappen Abhandlungen finden während der 1840er Jahre in Deutschland rasch Aufnahme. Sein Schaffen markiert den Umschwung von der sog. "romantischen" zur sog. "doktrinären" oder "reformerischen" Neugotik. Durch ihn wird die Gotik nicht nur als universal anwendbarer Stil, sondern als Lebensanschauung gewertet, was das Gothic Revival in seinem Gesamtcharakter völlig verändert hat.[35] Er versteht es wie nie zuvor, die Identifikation eines gewünschten Stils mit einer ersehnten Lebensart zu verbinden.[36]

Eine Umsetzung Puginscher Forderungen in architektonische Konzepte läßt sich bei Ungewitter auf unterschiedlichen Ebenen ab den 1850er Jahren aufspüren. Pugin stellt in seinen "Contrasts", die zuerst 1836, in 2. Auflage 1841 erschienen, das Ideal malerisch-mittelalterlichen Städtebaus bildlich dar. Die enge Zusammenführung zwischen Architektur und Programmatik des Gothic Movement bei Ungewitter geht vermutlich auf Pugins Ideen zurück. Auch der satirisch-humoristische Unterton in den Abbildungen entspricht einigen Szenen in Ungewitterschen Titelblättern, die den Zusammenhang mit dem Leben illustrieren sollen.

Spannend ist zudem der Rekurs auf offene Holzdeckenkonstruktionen ('hammerbeam roof'), die Pugin für den neugotischen Profanbau wieder einführte. Diese Art der Überdeckung wird - wie gesehen - bereits in englischen 'archäologisch' angelegten Publikationen wiedergegeben. Ein Blick auf St. Mary's Grange, das erste Wohnhaus, das Pugin 1835 für seine Familie errichtet hat, zeigt seine Gestaltprinzipien *(Abb. 103)*. Trotz ähnlicher Grundsätze (asymmetrische Disposition, sichtbere Ziegel) bestehen markante Unterschiede darin, daß Pugin weniger Wert auf eine Zusammenbindung der gruppierten Kompartimente legt, daß die horizontale Lagerung dominiert und vor allem eine Verbindung übereinanderliegender Geschosse kaum gegeben ist. Ungewitter erreicht mehr Homogenität und Dramatik in seinen Entwürfen. Pugins erstes eigenes Wohnhaus gilt als gelungene Reproduktion eines Gebäudes des 15. Jahrhunderts, es war klein, streng, wohnlich, aber auch eine ganz reale Erscheinung.[37]

Pugin bemüht sich mit dieser Form um eine Wiederbelebung des 'real medieval manor house', um eine Vereinigung von Picturesque und 'archäologischer' Treue.[38] Auch sein Haus in Scarisbrick, Lancashire, das er 1837-45 umbaut und das als bestes Beispiel für ein Early Victorian Country House gilt, führt hingegen noch nicht zu einer Wiederbelebung des 'English vernacular'.[39] Statt verputzter Decken mit Stuckgewölben, die noch lange beliebt bleiben, soll mit dem Material nun auch die Konstruktion deutlich sichtbar gezeigt werden, was zugleich als Ausdruck der ethisch-moralischen Integrität des Bewohners aufzufassen ist. In dieser Haltung stimmen beide Architekten grundlegend überein.

Ungewitters zwanzig Jahre später erschienene Entwürfe gehören augenscheinlich zu den frühesten Hallenkonzeptionen im Wohnbau in Deutschland. Die zweistöckige Halle mit umlaufender Galerie, flachem Satteldach, das von einer Binder-Konstruktion getragen wird, stellt eine vielseitig nutzbare Struktur als Zentrum der Kommunikation und des Lebens im bürgerlichen Wohnhaus dar. Den eingebauten Sitzbänken entsprechen Pugins fest installierte Bücherregale z.B. in St. Marie's Grange. Die Halle - oft mit Kamin und wandfester Ausstattung - kann als vorausweisend auf den Wohnbau der Jahrhundertwende angesehen werden.

Besonders intensiv setzt sich Ungewitter mit der Architekturtheorie Pugins auseinander, dessen Positionen erstmals eine klare Distanz zur Neugotik markieren, wie sie bis in das frühe 19. Jh. hinein aufgefaßt worden ist. Die Gotik im Sinne des Rokoko vermittelt über das Ornament als Träger der Kommunikation die Botschaft 'mittelalterlich'. Für die Neugotiker im ersten Drittel des 19. Jahrhunderts stellen subjektive Kriterien, bildhafte Werte - indem Komposition, Textur, Silhouette ein Erscheinungsbild bewirken - die entscheidenden Kriterien der Ästhetik dar. Ein Stil kann darüber hinaus, sowohl in England als auch in Deutschland, in den 1830er/40er Jahren aus typologischen Erwägungen heraus zugeordnet werden, z.B. bringt Richard Brown in seiner "Domestic Architecure" 1841 den Stil mit der landschaftlichen Umgebung in Übereinstimmung.[40] Dies drückt die Auffassung aus, Bauaufgaben seien in einem bestimmten Stil und zu einer bestimmten Zeit musterhaft gelöst worden.

Unterlegt mit rationalistischem Denken entwickelt sich Pugin seit den späten 1830er Jahren nach einer Formulierung Crooks zum 'erzviktorianischen Romantiker'. Aufgrund biographischer Bindungen - sein Vater war französischer Emigrant und umgab sich mit einem entsprechenden Freundeskreis - sowie durch zahlreiche Reisen kennt Pugin zudem die französischen Architekten und Publizisten mit ihren Bestrebungen (z.B. Restauration der Ste. Chapelle) aus eigener Anschauung und ist dafür prädestiniert, diese kontinentalen Inspirationen aufzugreifen.[41]

Maßgeblich wird der englische Architekt für eine neue Wertschätzung von 'Truth' und 'Reality'. Sein Streben richtet sich auf 'the real thing', womit die Forderung nach Bauten mit ernsthaftem Realitätscharakter gemeint ist, im Gegensatz zur Tradition neugotischer Staffagearchitektur, wie sie in englischen Landschaftsgärten entwickelt worden war. 'Truth' gilt vor allen Dingen für die materialgerechte Bauweise: Das Material soll in seiner stofflichen Qualität und konstruktiven Eigenart gezeigt werden. Damit fallen Stuckwölbungen in der Art des von Horace Walpole 1750 errichteten Strawberry Hill unter das Verdikt des Unechten, der Falschheit und der Lüge. Im Außenbau müßten Verputz oder Schlämmung konsequent vermieden werden; stattdessen gewinnt das verwendete Material in seiner ihm eigenen Erscheinungsweise einen ästhetischen Wert. Pugin setzt sich für den Versatz unregelmäßiger kleiner Steine, die mit Hausteineinfassungen versehen werden sollen, ein. Die Wirkung kalkuliert er in der Zusammenfügung, die das Mauerwerk als natürlich gewachsene Masse erscheinen läßt.[42] Daran knüpft Ungewitter in seinem Bau der Malsfelder Kirche unmittelbar an (vgl. Kat. 35). Auch in anderen Entwürfen liegt in der Kombination und Verarbeitung seiner Materialien ein gestalterischer Aussagewert.

Pugin belegt die Architektur mit ethisch-moralischen Kategorien, was - mit allen darin enthaltenen Problemen - weiteste Rezeption fand. Erste Ansätze hierzu finden sich im frühen 19. Jh. bei John Claudius Loudon (1783-1843). Er formuliert erstmals die Proklamation der Gotik als Universalstil, wobei er jedoch den 'Rundbogenstil' unter 'Gotik' einreiht. Neben der Forderung nach malerischer Planung als städtebauliches Prinzip werden für den Einzelbau Anschaulichkeit, Wahrheit und Zweckmäßigkeit angestrebt. Darin spricht sich die so oft wiederholte Formulierung von der Anpassung der Gotik an Klima, Material und Bedürfnis aus. Loudon nähert sich dem Begriff des 'organischen Ganzen', den Alois Hirt im Jahr 1809 explizit einbringt und der nicht nur für die Neugotik, sondern besonders für die Architektur des 20. Jahrhunderts weitreichende Auswirkungen zeitigt.[43]

Pugins Postulat der 'reality' löst das 'Regency Picturesque' ab, das John Nash, James Pennethorne u.a. vertreten haben, und wird rasch von William Butterfield sowie Philip Webb aufgegriffen. Pugin revolutioniert spürbar das Feld des 'domestic design'. Das Hospital 1839-42 und Castle 1840-52 in Alton verkörpern diese architektonischen Ideen, indem sie nicht nur ihre reine Funktion, sondern auch ihren sozialen Auftrag ausdrücken.[44] Darin liegt eben das Faszinosum einer moralischen Untermauerung architektonischer Überlegungen: eine direkte Anknüpfung an das Christentum - bzw. an den Katholizismus, zu dem Pugin 1834 konvertierte - und mittelalterliche gesellschaftliche Strukturen, wie man sie sich idealisiert vorstellte: eine Einheit von Sozialstruktur, handwerklicher Tätigkeit und Architektur. Pugins Postulat der Gotik als Universalstil fungiert zugleich als Symbol einer harmonischen Gesellschaft, die ihren Ausdruck in Gebäuden findet, die dem neugotischen Schönheitsideal entsprechen.

In das Jahr 1834 datiert mit der Zerstörung der Houses of Parliament der Wendepunkt von der 'Picturesque Gothic' zur 'Victorian Gothic'. Zu Pugins hämischer Freude geht der Bau des Parlaments als Symbol der 'Picturesque Gothic' in den Flammen auf. Gegen die Austauschbarkeit sakraler und säkularer Formen, die Verwirrung dekorativer und struktureller Elemente sowie das Mißverhältnis zwischen Maßstab und Zweck setzt Pugin sein 'True Picturesque'. Wenn nämlich ein Gebäude auf seine malerische Wirkung hin entworfen sei, sei es so unnatürlich natürlich, daß es lächerlich erscheine. Gegenbild sind die 'old catholic mansions' mit ihren bestimmt ausgesprochenen und schönen Formen, die in der Varianz der Elemente und Silhouette nicht nur die Erscheinung des Gebäudes steigerten, sondern auch die alte englische Gastfreundschaft ausdrückten, beispielhaft ließe sich Haddon Hall, Derbyshire, anführen, das vom 12.-17. Jh. entstanden sei.[45] Gegenüber der Wiederaufnahme des "Alten" nehmen Neuerfindungen einen sekundären Rang ein, was Pugin und Ungewitter eint und sie zugleich gegen Viollet-le-Duc abgrenzt:

> *I seek antiquity and not novelty. I strive to revive not invent.*[46]

In strikter Abgrenzung gegen das 'Regency Picturesque' des 18. Jahrhunderts, wo Architektur primär als Blickpunkt und Deutung der Landschaft bildhaft gedacht erscheint, verficht Pugin seit den späten 1830er Jahren eine rational-funktionale Entwicklung vom Grundriß zum Aufriß, d.h. von innen nach außen.[47] Das Malerische wird, wie zuvor das Erhabene bei James Malton, der Schlüssel zu einer Aufwertung der Gotik, indem Cottages und Landhäuser des Mittelalters als funktionell angesehen werden.[48]

Dies nimmt Ungewitter auf, wie folgende Zitate belegen können:

> *If our present domestic buildings were only designed in accordance with their actual purposes, they would appear equally picturesque with the old ones!* [49]
>
> *Geht auch Symmetrie bei einer solchen Anordnung verloren, so gewinnt man an Licht und das äußere Ansehen erreicht eine größere Mannigfaltigkeit, welchen letzteren Grund man jedoch nicht zu berücksichtigen hat, denn Mannigfaltigkeit kommt von selbst, wenn man einen jeden Theil eines Gebäudes dahin rückt, wo man ihn am besten braucht und so construirt, wie man ihn am leichtesten und besten construiren kann.*[50]

Ungewitters Verfahren entspricht damit den zwei von Pugin formulierten und häufig zitierten Regeln aus den "True Principles".[51]

Die klassizistische Theorie war eher rationalistisch als funktional gedacht, indem 'apparent utility' (vgl. Marc Antoine Laugier) im Vordergrund stand.

> *[Classical] buildings ... are designed to suit the elevation ... [In truly Gothic buildings] the elevation [is] made subservient to the plan.*[52]

Pugin übernimmt damit zwar klassizistische Theorien des Entwerfens, funktionalisiert jedoch einen Stil, der vorher dekorativ (Rokoko) oder szenisch (Picturesque) gedacht war, in seiner Anwendung auf neugotische Konstruktionen. Der Konnex Stilwahl - Moral führt zum Ersatz visueller und assoziativer Werte durch ethische. Inhärente Widersprüche führen gleichermaßen zur Entstehung wie zur Zerstörung des Gothic Revival an diesem Punkt, indem unter anderem theologische mit architektonischen Anliegen vermengt werden.[53]

Mit der Ausweitung des Begriffs Gotik über die Kodifizierung eines bestimmten Stils hinaus auf ein Prinzip fließen in die Suche nach einem universellen Stil architekturästhetische Überlegungen (Schönheit und Zweck), gesellschaftliche Ideale ebenso wie das Bemühen um historische Legitimation ein: Vergangenheit und Gegenwart sollen wieder ungebrochen zusammengeführt werden. Darin spricht sich eine noch als "romantisch" zu bezeichnende Sehnsucht nach Überwindung der durch die Französische Revolution endgültig zum Ausbruch gekommenen Abkopplung der Gegenwart von der Vergangenheit im menschlichen Bewußtsein aus.

Insbesondere Reichenspergers frühe Schriften lehnen sich stark an A. W. N. Pugin an. Damit stehen sowohl Argumentation als auch Gehalt der gotischen Bewegung in Deutschland von 1840-60 auf der Basis originär englischen Gedankengutes, z.B. in der Anbindung architektonisch-stilistischer Fragen an gesellschaftlich-ethische. Das Stilideal des 13. Jahrhunderts schließt nach bisheriger Auffassung an Frankreich an.[54] Meiner Ansicht nach liegt in dieser Sichtweise jedoch eine Unschärfe, da zum einen zwischen der Orientierung an der Gotik der ersten oder zweiten Hälfte des 13. Jahrhunderts unterschieden werden sollte, zum anderen die frühe französische Gotik im High Victorian eine erhebliche Rolle spielt. Es scheint vielmehr so, als ob sich die gotische Bewegung mit der Frühgotik-Idealisierung eine über nationale Grenzen hinaus verständliche Ausdrucksweise geschaffen habe.

Im Gegensatz zu weltanschaulich-politisch orientierten Persönlichkeiten wie Reichensperger beschränkt sich Ungewitters Rezeption Englands auf architektonische Einzelmotive sowie theoretische Aspekte: Pugins rationalistisch-funktionalistischer Ansatz wie sein Postulat ethisch-moralischer Qualitäten für die gotische Architektur hinterlassen einen tiefen Eindruck in Deutschland.

Ungewitter übernimmt das Konzept des 'wahrhaft Malerischen', wie es Pugin seit ca. 1836 vertrat, als Sinn und Abbild des Lebens, Monument der Geschichtlichkeit, Ausdruck von Individualität und Vitalität. Daß ihn dieses von anderen Neugotikern in Deutschland abhebt, haben wir bereits dargelegt. Damit geht die Hauptqualität Ungewitters und der Kasseler Schule ab der Jahrhundertmitte auf Pugins Ideen zurück, der sowohl Leitprinzipien als auch Ausdrucksformen des Gothic Movement im englischen Early Victorian zwischen 1837 und 1852, seinem Todesjahr, definiert hat.

d. Rezeption Ungewitters in England: Rezensionen des "Gothic Model-Book" und Verbindungen in der Schülergeneration

Sowohl *The Builder* als auch *The Building News* liefern 1858 im Abstand von zwei Monaten eine Rezension des gerade als "The Gothic Model-Book" bei Evans in London erschienenen "Gothischen Musterbuches" von Statz und Ungewitter, das mit der Wiedergabe reicherer Ornamentik sowie ausschließlich mittelalterlichen Beispielen in der älteren Tradition illustrierter Publikationen zur Gotik steht.[54a]

Der Rezensent in *The Builder* vermerkt einen Mangel an erläuterndem Text, erkennt jedoch an, daß die Illustrationen für sich selbst zu sprechen vermöchten. In einer Auflistung der abgebildeten Objektgruppen (Maßwerk, Eisenarbeiten, Tabernakel, Altäre, Buntglasfenster, Niellos etc.) wird betont, daß diese sich nicht als Vorbilder für englische Künstler eigneten; abschließend folgt nochmals ein Lob der Ausführung der Illustrationen. *The Building News* geben ein Zitat aus Reichenspergers einleitendem Text und würdigen noch deutlicher die feine Ausführung der Lithographie, die fast wie eine Radierung erscheine. Die Rückwendung der Autoren auf überlieferte Darstellungstechniken in der Herausarbeitung charakteristischer Konturen wird hervorgehoben. Damit würdigen beide Artikel genau den Aspekt, auf den die Verfasser besonderen Wert legten: Die Wiedergabe mittelalterlicher Objekte in mittelalterlichem Zeichenstil. Insgesamt zeugen die Berichte von pragmatischem Interesse, indem diejenigen Merkmale benannt werden, die für England Anregungen zu bieten vermögen.

Im Normalfall - soweit nicht Einzelpersonen bestimmten Aspekten gezieltes Interesse entgegenbrachten - kursierten durch die Bauzeitschriften eher nur oberflächliche bzw. durch Reiserouten und persönliche Bekanntschaften der Verfasser kanalisierte Kenntnisse von Deutschland in England, was im Großen und Ganzen auch für die Gegenrichtung gilt. Die Deutschlandreisen englischer Archäologen, Kritiker und Architekten folgen meist ähnlichen Routen: Sie reisen rheinaufwärts nach München und weiter nach Italien oder machen einen Abstecher nach Berlin. Viele von ihnen besuchen Nürnberg, das als Inbegriff einer mittelalterlichen Stadt stilisiert wird (vgl. Streets Beitrag in *The Ecclesiologist* von 1853). Wie tief die Kenntnisse gewesen sind, kann für die Phase von 1840-60 immer nur anhand einer Einzelanalyse festgestellt werden.

Abb. 104) Priester-Seminar in Paderborn, Güldenpfennig (The Builder 1873)

links und unten:
Abb. 105 a) Wohnhaus in Paderborn, Güldenpfennig (The Builder 1870)

Abb. 105 b) Wohnhaus in Paderborn, Güldenpfennig (The Builder 1870)

Obwohl Ungewitter selbst nicht auf England zurückwirkt, können wir Verbindungen dorthin in der Generation seiner Schüler und Nachfolger feststellen. Zusammen mit dem in Frankreich tätigen Zindel ergibt sich damit ein weit gespanntes Bezugsnetz.

Der Architekturkritiker und Zeichner H. W. Brewer liefert für *The Builder* zwischen 1870-72 eine Beitragsreihe über deutsche Gotik und Neugotik, der in der Regel Illustrationen beigegeben sind, von denen ein Priester-Seminar in Paderborn die Übernahme eines Ungewitter Motivs aus Haina (vgl. Kat. 27) zeigt *(Abb. 104)*. Brewer bereist bislang für das englische Publikum unbekannte Regionen, z. B. Paderborn, wo er auf den Architekten Arnold Güldenpfennig (1830-1908)[55] aufmerksam wird *(Abb. 105 a,b)*. Güldenpfennig ist heute so gut wie vergessen. Brewer, der ihn für lokal ausgebildet hält, stuft ihn hingegen als bedeutendsten Vertreter der neu-mittelalterlichen Richtung in Deutschland ein. Güldenpfennig hat zwar nicht bei Ungewitter studiert, lehnt sich in seiner Formensprache aber sehr stark an diesen an. Der Grund dürfte darin liegen, daß sowohl Karl Schäfer als auch Christoph Hehl vorübergehend in seinem Büro tätig gewesen sind. Brewer würdigt interessanterweise den Sinn für das Material sowie für das Malerische bei Güldenpfennig, also die charakteristischen Eigenschaften der Kasseler Schule.

Von Christoph Hehl wissen wir, daß er außerdem nach dem Studium bei Ungewitter 1860-62 während der frühen 1870er Jahre in den Büros von Edward Welby Pugin[56] (Sohn des genannten Augustus Welby Northmore) - u. a. am Ausbau Ramsgates mitwirkend -, bei G. G. Scott[57] sowie bei G. E. Street[58] tätig gewesen ist. Die Ausbildung bei Ungewitter verschaffte Hehl die nötigen Fertigkeiten im Zeichnen und Entwerfen gotischer Bauten, die ihm eine Beschäftigung bei drei führenden Architekten des High Victorian ermöglichten. Mit seinem ausgesprochenen Archaismus wählte Ungewitter genau die Stilstufe, die auch im High Victorian bevorzugt wurde. Die Anstellung Hehls deutet darauf hin, daß mit den Studien des 'Early French' eine Formensprache entwickelt wurde, die in einem internationalen Raum verstanden und geschätzt wurde.

e. Parallelentwicklungen zum High Victorian: Aufnahme der französischen Frühgotik, Polychromie im Außenbau, das 'Vernacular Revival'

Neben den erwähnten Einflüssen des Early Victorian auf Ungewitter lassen sich gleichartige Entwicklungen in England und Deutschland beobachten, offenbar ohne daß sie unmittelbar zusammenhängen. Dieses Phänomen tritt in der Zeit des High Victorian 1855-75 mehrschichtig auf, das sich durch Erweiterung des stilistischen Repertoires auszeichnet. Zunächst ist der Blick noch ganz auf gotische Formen gerichtet, die in der Schwere und Einfachheit der Formensprache dem 'Early French' angelehnt sind, gegen Ende der 1860er Jahre öffnen sich jüngere Architekten Prinzipien und Formen klassischer Provenienz, wie sie die heimische Landhausarchitektur bestimmt haben.

Aufnahme von Formen der französischen Frühgotik

Nachdem in England gotische Vorbilder bislang aus der eigenen Vergangenheit entlehnt worden sind, entsteht um 1850 ein Interesse an einfach anmutenden Formen der französischen Frühgotik, die im Zuge einer zunehmenden Hinwendung auf kontinentale Formen in den Blickpunkt rückt.

Diese Formen treten bei allen Architekten des High Victorian auf, exemplarisch sei ein spätes Beispiel, William Burges' Haus für Mr. McConnochie, Park Place, Cardiff von 1871-80 gewählt *(Abb. 106)*, das sogar die Bewunderung Viollet-le-Ducs hervorrief. Damit ist ein Beispiel für die Rezeption des Early French in einer Vorstadtvilla gegeben.[59] Die Ansicht zeigt an der Schmalseite ein großes Spitzbogenfenster, dessen Plattenmaßwerk im Oberlicht der französischen Frühgotik entstammt. Solche Fenstergestaltungen sind bereits für Ungewitter in den "Entwürfen zu Stadt- und Landhäusern" 1856/58 als charakteristisch hervorgetreten *(vgl. Abb. 56)*. Auf eine weitere motivische Übereinstimmung sei hingewiesen: die Verwendung inkorporierter Spitzbogenloggien *(Abb. 107)*. Sie treten an vielen mittelalterlichen Rathäusern auf, so daß wiederum eine Orientierung am kontinentalen Mittelalter zu konstatieren ist. Damit zeichnet sich eine Hinwendung zum frühen 13. Jh. ab, ähnlich wie sie Reichensperger als deutscher Neugotiker gefordert hat.

Damit soll kein direkter Einfluß Ungewitters auf Burges behauptet werden, sondern es zeigt sich der veränderte Charakter der High Victorian Gothic im Gegensatz zur voraufgegangenen Periode, indem mit der Aufnahme kontinentaler Formen eine allgemein verbindliche Sprache von Ausdrucksformen entwickelt wird. So gewinnt das High Victorian an Dramatik und Komplexität[60], die eben Ungewitter durchaus kennzeichnen.

'Billy' Burges[61], als Vertreter der High Victorian Gothic, sucht nach einem neuen Stil durch Erweiterung des Vorlagenspektrums an gotischem Vokabular, bedient sich der eklektischen Methode. Diese stilistischen Erwägungen, die in dem Rekurs auf die französische Gotik zum Ausdruck gelangen, überlagern bei Ungewitter jedoch die Suche nach einem zeitgemäßen Bautypus des bürgerlichen Wohnhauses, d. h. er geht mit systematischem Ansatz vor. Dies trifft bereits für seine in den 1840er und frühen 50er Jahren veröffentlichten Entwürfe zu (vgl. Bergfried, Weinberghaus, Gemeinde- und Spritzenhaus). In England ist eine Kohärenz in der Grundrißorganisation erst ab den späten 50er Jahren zu beobachten, die einen Gegensatz zur Addition der 'Castle-Gotik' und dem 'staccato-Rhythmus' Puginscher Kompositionen darstellt. Mit dieser geringen, aber doch signifikanten zeitlichen Verschiebung werden nun auch in England vorspringende Türme, Erker oder baywindows aus einer gemeinsamen Basis ent-

Abb. 106) Haus für Mr. McConnochie, Park Place, Caradiff, Burges, 1872

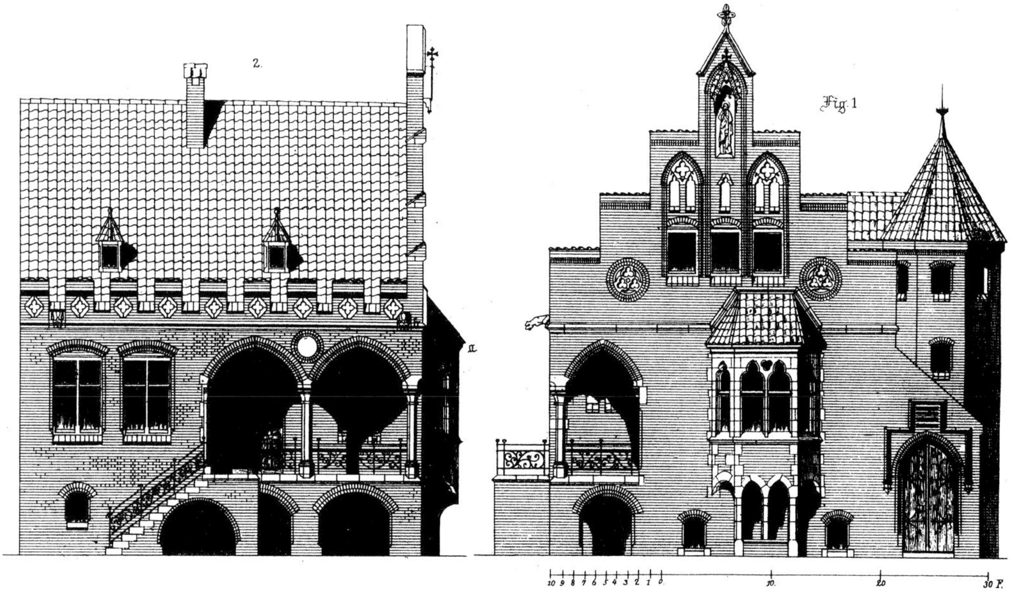

Abb. 107) Wohnhaus (Ungewitter, Stadt- und Landhäuser, Bd. I, Tf. 14)

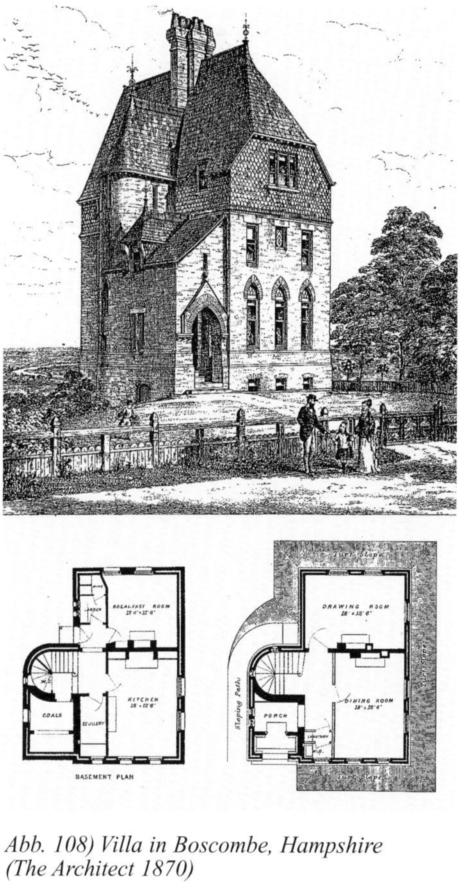

Abb. 108) Villa in Boscombe, Hampshire (The Architect 1870)

wickelt, die die Dichte des Grundrisses zusammenhält, wie ein von einem ungenannten Architekten errichtetes Wohnhaus zeigt *(Abb. 108)*.[62] Damit stellen wir Veränderungen fest, die ohne unmittelbar nachweisliche Verbindungen eintreten.

Polychromie im Außenbau

Farbigkeit im Außenbau bestimmt das Bild hochviktorianischer Architektur wesentlich, sowohl im Sakral- als auch im Profanbau. Da Ungewitter in den "Entwürfen für Stadt- und Landhäuser" sowie auch an der Malsfelder und Hundelshausener Kirche mit der Materialfarbe gearbeitet hat, stellt sich die Frage nach einem Zusammenhang.

In England entdecken Architekten und Architekturschriftsteller um 1850 die mittelalterliche Polychromie norditalienischer Bauten, vgl. John Ruskins Schrift "Stones of Venice" 1851-53, durch die man den englischen Alltag aufzuhellen versucht.[63] Ruskin leistet mit der Betonung visueller Elemente einen Beitrag zu einer neuen Sichtweise auf die Architektur. Die Ausformung der Oberfläche durch Licht- und Schattenwirkung, wie sie im zweiten Jahrhundertviertel dominiert, wandelt sich nach 1850 zu flächigen Wänden mit bündigen Streifen. Dies gilt als bemerkenswerteste Neuerung des englischen Gothic Revival in den 50er Jahren. In Deutschland tritt das Phänomen bereits etwas eher auf.

Die Architekturfarbigkeit entdecken auch in England zuerst die Klassizisten, dann rücken byzantinische Kirchen sowie arabische Bauten ins Blickfeld (Owen Jones, The Grammar of Ornament, 1856).[64] Farbeffekte werden primär durch verschiedenes Material erzeugt. Die Architekten des High Victorian bevorzugen flache Muster und einfache Formen für einen Ausdruck der Zweidimensionalität. Pugin, Ruskin, Street und Jones sprechen dieselbe Sprache. Gerade für die geringerwertigen Bauten bieten diese Muster die Möglichkeit ökonomischer Dekoration; einige Kirchenarchitekten richten sich allerdings in den 1860er Jahren auch gegen die Polychromie.

Abb. 109) Pfarrhaus und Schule in Boyne Hill, Berkshire, Street, begonnen 1854

Die Verwendung des Backsteins erlaubt farbige Muster, ohne den Grundsatz 'reality' zu verletzen.[65] Ruskin legt seine Vorliebe für Mosaikverkleidung in den "Seven Lamps of Architecture" 1849 nieder.[66] Das Backsteinmauerwerk zeige seine Konsistenz aus horizontalen Schichten (unter Herleitung aus der Geologie) durch Materialfarbigkeit oder auch Schichten verschiedener Materialien.[67] Ruskins Schriften üben einen maßgeblichen Einfluß auf die Kirchen der High Victorian Gothic aus.

Erste vorsichtige Anzeichen einer Fürsprache für Backstein und kräftige Polychromie sind im *Ecclesiologist* schon in den 1840er Jahren zu beobachten, die 'Ecclesiological Society' beginnt 1849 mit der Ausführung der Kirche All Saints, Margaret Street (vollendet 1859), die das erste, aber schon ausgereifte Beispiel des neuen Modus einer Stadtkirche darstellt. Die Akzentuierung der Oberflächeneigenschaften des Backsteins, der in der Regel im Early Victorian nicht verwendet worden ist, geht einher mit einer Ebenheit der Mauer, in der auch die Fensterrahmen bündig liegen.

Das neue englische Interesse an der Farbigkeit sowohl im Äußeren als auch im Inneren beobachtet das *Organ für christliche Kunst*, wobei die Polychromie der All Saints Kirche in London ambivalent bewertet wird. Entweder gilt sie als Muster oder die kräftige Farbigkeit wird kritisiert.[68] Darin spricht sich eine Unsicherheit im Umgang mit den neuen Entwicklungen der englischen Neugotik aus, zumal sich der größte Teil der Berichte noch auf Pugin bzw. dessen Nachfolger bezieht, was die konservative Haltung der Zeitschrift unterstreicht. Die *Allgemeine Bauzeitung* attackierte gleich im Jahr 1852 den 'Ruskinism' heftig wegen des Mangels an Rationalität und der sensitiven Annäherung an die Architektur.[69] Försters Architekturjournal - als Sprachrohr der gängigen Ansichten - bezieht einen eindeutig ablehnenden Standpunkt, zumal die gotische Bewegung auch in Deutschland, so weit sie überhaupt beachtet wird, Kritik erfährt (bes. die Äußerungen Reichenspergers).

Ein frühes englisches Beispiel stellen Pfarrhaus und Schule in Boyne Hill, Berkshire dar, begonnen 1854 durch G. E. Street *(Abb. 109)*. Der dreiflügelige Komplex mit Pfarrhaus und Schule wird an der vierten Seite durch die in Sandstein errichtete Kirche geschlossen. Die Backsteinwand der ein- bis zweigeschossigen Flügel fällt durch ihre abwechslungsreiche Musterung farbiger, teilweise glasierter Ziegel auf. Die Wand selbst spannt sich wie eine Haut straff über den Baukörper und erzeugt eine glatte Oberfläche. Street hatte gerade im Jahr zuvor Norditalien besucht und läßt Elemente der dortigen mittelalterlichen Architektur in breit gebänderten Entlastungsbögen einfließen. Mit der Schrift "Brick and Marble in the Middle Ages: Notes of Tours in the North of Italy" äußert er sich 1855 zur Farbigkeit. Durch viele Reisen, u.a. nach Deutschland, gilt er außerdem als einer der profundesten Kenner der kontinentalen Gotik.

In der Literatur wird das Phänomen mit dem Begriff der 'constructional polychromy' belegt, da es sich immer um 'colour that is inbuilt'gehandelt hat.[70] Die horizontale Bänderung der zumeist in Ziegel errichteten Gebäude mag allenfalls auf die schichtige Bauweise eingehen; eine darüber hinausgehend die Konstruktion verdeutlichende oder deutende Intention ist nicht zu erkennen. Eher überwiegt die Faszination an der Farbe zur Belebung und Dekoration der Mauerfläche (vgl. Musterungen), die die Wand als Fläche visualisiert, was ein neuer Ausdruckswert im High Victorian ist.

Auf dem Kontinent hatte bereits der mit Whewell befreundete Lassaulx die Polychromie entdeckt, indem er 1839 die Beschreibung einer neuen Art Mosaik aus Backsteinen lieferte.[71] Sein um 1840 auf Grundlage der rheinischen Romanik entwickelter 'Rundbogenstil' geht mit farbigem Kleinquadermauerwerk, Rosetten- und Fischhautmuster der englischen Polychromie um gut ein Jahrzehnt voraus und wurde kaum zur Kenntnis genommen.[72] Der Geschmackswandel von der malerisch-rauhen zur farbig-textilen Wand ist von weitreichender Konsequenz, da Semper, der von 1851-55 in London lebte, die Wand genetisch aus dem Teppich erklärte.[73] Sempers Studien zur antiken Architekturpolychromie zeigen ihm zudem, daß Material und Konstruktion nicht zur Bestimmung der künstlerischen Form genügen.

Kritik an der Polychromie und am malerischen 'Funktionalismus' ist 1855 aus Frankreich zu hören, wo das graphische Element in der Neugotik dominierend bleibt. Jedoch auch im eigenen Land gibt es Kritik an Streets Kirche St. Philip and St. James in Oxford (Entwurf 1859, Bau 1860-62) mit ihren horizontalen Linien in andersfarbigen Bändern: Der Horizontalismus gehöre eher der lombardischen, 'fremdländischen' Architektur an als der Gotik.[74] Die Streifung der massigen, mit simplifizerter Ornamentik geschmückten Kirche erinnert an diejenige Ungewitters in Hundelshausen (vgl. Kat. 44) *(Abb. 110)*. Hundelshausen, ab 1863 geplant, nimmt in dieser eindeutigen Anlehnung an das englische High Victorian eine Sonderrolle ein, möglicherweise läßt sich dies als neuer Ansatz im späten Werk Ungewitters deuten; möglich ist aber auch, daß es sich um ein singuläres Experiment gehandelt hat.

Abb. 110) Kirche St. Philip and St. James, North Oxford, Street, 1860-66

In seinen Wohnbau-Entwürfen der 1850er Jahre hat Ungewitter ebenfalls farbige Ziegel verwendet, jedoch entwirft er im Sinne norddeutscher Backsteingotik des Hoch- und Spätmittelalters. Eine Tendenz zur ausgesprochen glatten Oberfläche, wie sie in England dominiert, läßt sich bei ihm nicht beobachten.[75] Vertikale Geschoßbindungen durch Blenden mit farbigen Profilen bestimmen ebenso die Erscheinung wie die Dekoration mit Maßwerkfriesen aus glasierten Formziegeln. Ungewitter ist offenbar der erste in Deutschland, der polychrome Ziegel für Entwürfe zu dem neugotischen Profanbau in nennenswertem Umfang verwendet. Ihm war aber auch die norditalienische Vielfarbigkeit in Marmorinkrustationen durchaus geläufig, wie eine kolorierte Handzeichnung mit Beispielen aus Grosseto, Florenz u.a. belegt *(Abb. 111)*. Ob sie das Interesse für die Farbigkeit ausgelöst oder unter-

Abb. 111) Skizzenblatt mit farbigen Intarsien, Ungewitter (Ungewitter-Skizzenbuch, Graphische Sammlung, Staatliche Museen Kassel)

stützt hat, kann nicht entschieden werden, da er in seinen Projekten nie auf italienische Inkrustationen zurückgegriffen hat.

Ungewitter entwirft somit unter Rekurs auf eine Bauweise, die für eine Region typisch ist und sich unter anderem durch farbig glasierte Ziegel auszeichnet. Streets im übrigen schlichte, gleichfalls an ländlichen Bauten orientierte Architektur hingegen bereichert gerade die traditionelle Bauweise mit der Polychromie um ein modernes, aktuelles Element. Es zeigt sich die andersartige Wandauffassung Ungewitters: Die englischen Neugotiker bevorzugen im allgemeinen glatte Wände, die Erzeugung einer planen Oberfläche. Ungewitter arbeitet mit plastischer Abstufung der Wand, etwa an den Profilen der Fenstergewände. In England scheint die Rücknahme der Ebenheit der Wand sich erst in den 60er Jahren zu entwickeln, beispielsweise an William Butterfields Keble College (ab 1867). Sowohl im High Victorian als auch bei Ungewitter steht die Suche nach einem in sich homogenen neuen Stil auf der Grundlage der mittelalterlichen Gotik im Vordergrund. Es resultieren aber offenbar Konzepte, die einander oberflächlich zu ähneln scheinen, aus verschiedenen Intentionen.

Das ‘Vernacular Revival’

Ungewitter zeichnet sich durch ein ausgeprägtes Interesse an regionalen Eigenarten der Architektur aus, für das es in England ähnlich gelagerte Bestrebungen gibt. Wir lösen uns damit von der Stilfrage im engeren Sinne.

In England besteht die im Landschaftsgarten begründete Cottage-Tradition (cottage ornée) bis in das 19. Jh. hinein fort, wobei man sich seit dem frühen 19. Jh. bereits um archäologische Treue, d.h. exakte Anwendung historischer Formen, bemühte (vgl. auch *The Builder*, s.o.). Im ‘Domestic Revival’ tauchen neue Bautypen auf, nachdem sich die bisherigen Wertungen von ‘villa’ und ‘cottage’ bereits um 1800 verschoben haben, wie das Beispiel Loudons zeigt.[76] Ein Vergleich mit einem der Ungewitterschen Gartenhäuser zeigt deutlich die typologische Kontinuität, die bei Ungewitter jedoch eine Überarbeitung im Sinne des Funktionellen und des ‘True Picturesque’ erfahren hat *(Abb. 112, vgl. Abb. 43)*. Gemeinsame Grundlage ist allerdings jeweils eine Orientierung an lokalen Baugewohnheiten.

Vorläufer für ein ‘Vernacular Revival’ gibt es zwischen Mitte der 1840er und Mitte der 1850er Jahre. Architekten aus dem Umkreis der Ecclesiologists, wiederum Neugotiker, greifen in kleinen Schulen oder kirchlichen Gebäuden einfache regionale Formen auf. Ausgehend von Pugins kleinen Bauten verwendeten Butterfield, William White und Street die verfügbaren örtlichen Materialien sowie gotische Details, aber auch sash-windows für Pfarrhäuser, die nach Maßgabe des Malerisch-Nützlich-Wahrhaften angelegt wurden.[77] Für einen Vergleich mit Ungewitter bietet sich etwa Butterfields Pfarrhaus für den Herausgeber von *The Ecclesiologist*, Sheen, Staffordshire von 1852 an, das z. B. einen ähnlich vernetzten Grund- und Aufriß, einfache Spitzbögen bzw. gerade Fensterstürze zeigt *(Abb. 113)*. In den 1850er Jahren erfolgt die Vorbereitung der Qualitäten des Einfachen und Informellen, die später dann auch in anderen Formen zum Ausdruck gebracht worden sind.

In Deutschland läßt sich ein aufkeimendes Interesse an lokalen Eigenarten in der Architektur der 1840er und 50er Jahre - etwa zeitgleich mit England - beobachten. Es besteht ein enger Zusammenhang mit der wissenschaftlichen Erforschung der eigenen Bauhistorie, zumeist des Mittelalters oder der Renaissance. In diesem Sinne studieren Eisenlohr süddeutsches Fachwerk, Joseph Egle die Holzhäuser im Harz und August Essenwein veröffentlicht 1855 Beispiele der Backsteinarchitektur Norddeutschlands oder Johann Claudius Lassaulx integriert Elemente rheinischer Romanik in seinen ‘Rundbogenstil’.[78] Ungewitter ist unter den ersten im deutschsprachigen Raum, die alten Holzbauten mehr als nur archäologisches Interesse entgegenbrachten. Sein Interesse für historische Fachwerk- und Holzarchitektur ist streng vom dekorativ aufgefaßten Schweizerstil zu trennen (Egle, Gladbach, Berliner Schinkelschule).[79] Nach Eisenlohrs einfachen Bahnhofshäuschen in Baden war Ungewitter der erste, der neue, komplexe Häuser gemäß traditionellen Typen und Formen entwarf, was in der Folgegeneration zu einer breiten Strömung aufblüht (s. Kap. V. 1).

Ende der 60er Jahre rückt zunächst das ‘Old English’ in den Blickpunkt.[80] Es ist durch rustikale, heimische Formen mit Schindelverkleidung, Auflösung der Dachlinien sowie Fachwerk gekennzeichnet (z.B. Richard Norman Shaw, Cragside, Northumberland 1869-84). Das Picturesque kehrt zurück, aber eben nicht im Sinne des Rationalismus Puginscher Prägung, sondern locker und weniger ernsthaft aufgefaßt. Damit ist eine Wiederentdeckung englischer Formen klassischer Provenienz verbunden. In England gewinnt in den 1870ern mit Richard Norman Shaw nicht nur das ‘Picturesque’ wieder an Relevanz, sondern auch ein Element der Dramatik, das bereits Ungewitters Entwürfe charakterisiert. Eine Verwendung gotischer Motive in Shaws Frühwerk läßt in ihrer Anordnung ganz entfernt an Ungewitters Entwürfe denken, etwa in dem dominanten vertikalen Akzent des Turmes, der verwobenen Anordnung der Zwerchhäuser und Giebel sowie den Fensterbändern *(Abb. 114)*. Daneben gebraucht Shaw bereits die Schleppdächer und Schindelbehänge, die so bezeichnend für sein Schaffen wurden.[81] Da es in England gerade den Typ des größeren Holzhauses im frühen 19. Jh. - offenbar auch bei Pugin - nicht gibt, geht Ungewitter hier nach bisherigem Stand der Kenntnisse sowohl über die englische Neugotik als auch die Neugotik überhaupt hinaus, indem er ausgedehntere Strukturen konzipiert, für die man sich in England erst in den 60er Jahren im Zuge des ‘Old English’ oder auch des ‘Queen Anne’ zu interessieren begann.

Ungewitter adaptiert diese Kenntnisse für seine systematische Auswertung der ihm aus eigener Anschauung bekannten, meist nach-mittelalterlichen hessischen Fachwerkbauten mit vorspringen-

Abb. 112) Cottage (Loudon, Encyclopedia, 1833)

Abb. 113) Pfarrhaus (für den Herausgeber von "The Ecclesiologist"), Sheen, Staffordshire, Butterfield, 1852

Abb. 114) Rathaus Bromley, Entwurf, Shaw, 1863

den Geschossen und abgewalmten Dächern. Damit öffnet er sich in vorsichtiger Anerkennung des 16.-18. Jahrhunderts gegen die Renaissance sowie klassische Perioden, und zwar insoweit er in ihnen ein Fortleben der gotischen Prinzipien zu erkennen vermag (s. S. 99). In Ungewitters Konzept verquicken sich somit zwei Schichten: Eine noch dem Early Victorian verpflichtete Geisteshaltung ist verbunden mit einer Distanzierung von der Stilfrage im engeren Sinne.

Die Wendung zu heimischen Bauformen der 1870er Jahre ist ein gesamteuropäisches Phänomen.[82] Damit finden sich die jeweils unterschiedlichen Vorstufen in Deutschland und England zu einer weitausgreifenden Bewegung zusammen. In Deutschland richten sich die Architekten der Neugotik sowie der sog. 'deutschen Renaissance' besonders auf den Hausbau aus, wo sie 'volkstümliche' und 'nationale' (gemeint sind regionale[83]) Elemente in Dekoration, Material und Konstruktion umsetzen zu können glauben. Etwa zwischen 1888 und 1897 ist ein starker Einfluß aus England ('Aesthetes', 'Queen Anne', 'Shingle Style') spürbar, der sich ab 1893/95 mit dem 'Arts & Crafts Movement', das sich vor allem auf die Wanddekoration und Ausstattung erstreckt, überlagert.[84]

In Deutschland erwächst die Wendung zu regionaler Architektur damit vielleicht stärker als bisher gesehen aus der gotischen Bewegung der Jahrhundertmitte, speziell der Ungewitterschen Schule in Kassel. Ungewitter entwickelte die Vielfalt der Formen seiner Wohnhaus-Entwürfe anhand der Qualitäten der jeweiligen Materialien, wie er sie sich in verschiedenen Regionen während seines Wirkens angeeignet hatte. In England steht das 'Vernacular Revival' im Zeichen einer Abwendung von der Gotik hin zu klassischen Epochen. Dem wäre beispielsweise die Renaissancerezeption durch Ungewitters Schüler Karl Schäfer zuzuordnen. In beiden Ländern liegen die Ursprünge jedoch im Gothic Movement selbst, da es auch in England Schüler Streets waren, die sich dem 'Old English' geöffnet haben.

1 Auswahl an allgemeiner Literatur (zu den Architekten bzw. zu einzelnen Aspekten s. dort): Charles L. Eastlake, A History of the Gothic Revival, 1872. Neu hgg. mit einer Einleitung von J. M. Crook. New York 1970; Nikolaus Pevsner, High Victorian Design. A study of the exhibits of 1851. London 1951; Ders., Ruskin and Viollet-le-Duc, Englishness and Frenchness in the Appreciation of Gothic Architecture. (Walter Neurath Memorial Lecture 1) London 1969; Ders., Pioneers of Modern Design. From William Morris to Walter Gropius. Reprint der revidierten Ausgabe von 1960 London 1991; Henry-Russell Hitchcock, Early Victorian Architecture in Britain. 2 Bde. Yale 1954; Ders., Architecture: Nineteenth and Twentieth Centuries. (Pelican History of Art) Harmondsworth 1982 (zuerst 1958); John Summerson, Victorian Architecture. Four Studies in Evaluation. New York/London 1970; Ders., The Architecture of Victorian London. Charlottesville 1976; H. S. Goodhart-Rendel, English Architecture Since the Regency: An Interpretation. London 1953; Ders., Rogue Architects of the Victorian Era. In: *Journal of the Royal Institute of British Architects* 56 (1949), S. 251-59; James Macauly, The Gothic Revival 1745-1845. London 1975; Roger Dixon/Stefan Muthesius, Victorian Architecture. London 1985; J. Mordaunt Crook, The Dilemma of Style. Architectural Ideals from the Picturesque to the Post-Modern. London 1987; James Stevens Curl, Victorian Architecture. London 1990; Stefan

Muthesius, Das englische Reihenhaus. Die Entwicklung einer modernen Wohnform. Königstein 1990 (zuerst engl. 1982).
2 vgl. Reinhard Wegner, Die Reise K. F. Schinkel nach Frankreich und England im Jahre 1826. Berlin 1990.
3 Dixon/Muthesius, 1985, S. 15.
4 C. Cunningham, Alfred Waterhouse. Oxford 1992.
5 Grundlegend: Stefan Muthesius, Das englische Vorbild. Eine Studie zu den deutschen Reformbewegungen in Architektur, Wohnbau und Kunstgewerbe im späten 19. Jahrhundert. München 1974, hier S. 7-20; vgl. auch J. Mordaunt Crook, Coventry Patmore and the Aesthetics of Architecture. In: *Proceedings of the British Academy* 76, S. 171-201.
6 Matthew Holbeche Bloxam, The Principles of Gothic Ecclesiastical Architecture, with an explanation of Technical Terms. London 1849[9]. Das Werk ist mit einer deutschen Einleitung in Leipzig erschienen (M. H. Bloxham, Die mittelalterliche Kirchen-Baukunst in England. Leipzig 1847; vgl. *The Builder* 7 (1849), S. 405). Es ist entwicklungsgeschichtlich angelegt und mit einem Vorwort von Emrich Henßlmann versehen.
7 Nikolaus Pevsner, Some Architectural Writers of the Nineteenth Century. Oxford 1972 (bemerkenswert die Schrift einer englischen Autorin: Mrs. [Anna] Jameson, Sketches of German Art, Literature and Character. Frankfurt/M. 1837); vgl. auch Germann, 1974, S. 91-95.
8 vgl. Karin Osbahr, Kontinentale Gotik im Spiegel englischer Publikationen. Diss. Berlin 1991.
9 Schlegels und Chateaubriands Schriften erschienen auszugsweise in Übersetzung in englischen Zeitschriften, wobei "romantisch" als Synonym für Gotik gesetzt wurde.
10 Pevsner, 1972, S. 13, 15.
11 Muthesius, 1974, S. 15-17.
12 Germann, 1974, S. 94.
13 Lewis, 1993, S. 87-110.
14 Ludwig Pastor, August Reichensperger, 1808-1895. 2 Bde. Freiburg/ Breisgau 1899; hier Bd. 2, S. 307 (vgl. auch seine Vorliebe für Shakespeare).
15 Auf eine Anfrage bezüglich der Fenstergestaltung am Kölner Dom wurde diese gemäß englischem Rat realisiert. Reichensperger wiederum wurden in England Ehrenmitgliedschaften übertragen.
16 In *The Ecclesiologist* erscheint eine Rezension der 1857-59 erschienenen "Kirchlichen Bauwerke im gothischen Style" von Vincenz Statz, die den Herausgebern - durch Reichensperger ? - übermittelt worden waren (*The Ecclesiologist* 18 (1860), S. 119).
17 Die besondere Beachtung Englands vermerkt Schnaase im *Deutschen Kunstblatt* 9 (1858), S. 147 (vgl. Karen David-Sirocko, English - German Interconnections in the Gothic Revival. A Case Study from the Work of Georg Gottlob Ungewitter (1820-64), subm. to *Architectural History*).
18 Muthesius, 1974, S. 36.
19 Thomas Rickman, An Attempt to Discriminate the Styles in English Architecture. London 1819 (Dixon/ Muthesius, 1985, S. 21).
20 vgl. Ungewitter, Lehrbuch der gothischen Konstruktionen, S. 280.
21 J[ohn] Raphael & J[oshua] Arthur Brandon, An Analysis of Gothick Architecture. 2 Bde. London 1847 (-1852), Edinburgh 1903[2].
22 vgl. z.B. A[ugustus] Charles Pugin/E.J. Willson, Specimens of Gothic Architecture; selected from various ancient edifices in England. London 1821, 1823[2].
23 Ungewitter, Lehrbuch der gothischen Konstruktionen, S. 28; Brandon, 1852, S. 11.
24 Ein Index verzeichnet die Abb. bis 1883 (Herausgeber George Godwin): Ruth Richardson, Robert Thorne, The Builder: Illustrations Index 1843-83. London 1994. Daraus geht hervor, daß Hase, Statz und Ungewitter nicht berücksichtigt werden.
25 Die Kirche ist abgebildet bei: Neil Walker/Thomas Craddock, History of Wisbech and the Fens. London 1849.
26 Die seitliche Turmstellung gilt als Zeichen des Malerischen, das überhaupt an englischen Kirchen eine große Rolle spielt. Die gerade Wand am Chor statt des Halbkreises oder Polygons gilt ebenfalls als typisch. Die landschaftliche Auffassung vieler Dorfkirchen beschreibt nach eigenen Reiseeindrücken: August Stüler, Ueber den Bau neuer evangelischer Kirchen in England, mit besonderer Rücksicht auf den Kirchenbau unseres Landes. In: *ZfB* 8 (1857), Sp. 373-410.
27 Germann, 1974, S. 141.
28 Außerdem antizipiert Reichensperger John Ruskin, indem er eine Bemalung von Holz zur Imitation von Bronze als falsche Größe und babylonisches Durcheinander wertet (Pevsner, 1972, S. 121f.); vgl. Lewis, 1993, S. 62ff.
29 Brief 1. August 1851 (Reichensperger, 1866, S. 63-65).
30 Auswahl der wichtigsten Literatur: Phoebe B. Stanton, Augustus Welby Pugin and the Gothic Revival. London 1971 (= Diss. 1950) (zu Pugin und Deutschland - z. B. der Rezeption norddeutscher Backsteinarchitektur in St. Chad's, Birmingham - vgl. S. 31, 60, 192); Dies., The Sources of Pugin's *Contrasts*. In: John Summerson (Hg.), Concerning Architecture. Essays on architectural writers and writings presented to Nikolaus Pevsner. London 1968; Richard G. Carrot, Revivals and Archaisms. In: Helen Searing (Hg.), In Search of Modern Architecture. A Tribute to H.-R. Hitchcock. Cambridge/London 1982, S. 16-30. Neuerdings anläßlich zweier Pugin-Ausstellungen: Paul Atterbury/Clive Wainwright, Pugin - A Gothic Passion. Victoria and Albert Museum Catalogue. London 1994; Paul Atterbury (Hg.), A.W.N. Pugin - Master of the Gothic Revival. Catalogue of The Bard Graduate Center for Studies in the Decorative Arts, New York. New Haven/Londen 1995.
31 A. W. N. Pugin, Details of antient timber houses of the 15th and 16th Centuries. London 1836.
32 A. W. N. Pugin, Gothic Furniture in the style of the 15th Century. London 1835.
33 A. W. N. Pugin, The True Principles of Pointed or Christian Architecture. London 1841, S. 35. Den Beitrag der nun offen gezeigten Metallarbeiten betont gerade Pugin ebenfalls stark (vgl. A. W. N. Pugin, Iron and Brass Work. London 1836). Für die Anwendung der Puginschen Prinzipien auf seine Möbel vgl.: Kerry Anne Lewis, Pugin's True Principles and Furniture Design. Unpubl. Semesterarbeit am Centre for Victorian Art and Architecture London 1992.
34 "The constant reproduction of old patterns, without reference to the natural type for which they were composed, leads to debased forms and spiritless outline, and in the end to a mere caricature of a beautiful original" (A. W. N. Pugin, Floriated Ornament. London 1849, S. 11).
35 Kenneth Clark, The Gothic Revival. London 1928, S. 152.
36 David Watkin, The Rise of Architectural History. London 1980, S. 69ff.
37 "When he resorted for his inspiration to the anonymous, vernacular house style of the English fifteenth and sixteenth centuries, Pugin introduced a kind of domestic manner hitherto unusual in the nineteenth century". Stanton berichtet leider nicht über den Eindruck des Hauses auf Zeitgenossen. Pugins Profanbauten leitet sie u.a. vom Studium Merians ab, dessen Ansichten Reichensperger, mit Illustrationen von Statz, herausgegeben hatte (Stanton, 1971, S. 19 und 160).
38 Hitchcock, 1982, S. 151.
39 Robert Furneaux Jordan, Victorian Architecture. London 1966, S. 81.
40 Crook, 1987, S. 37.
41 Vgl. auch die Wirkung der in franzöischer Übersetzung 1850 in Brüssel erschienenen "True Principles" auf die belgische Neugotik (Clive Wainwright, Pugin and France. In: Atterbury (Hg.), 1995, S. 63-77).
42 Pugin, 1841, S. 17.
43 John [Claudius] Loudon, A Treatise on Forming, Improving, and Managing Country Residences; and on the

Choice of Situations Appropriate to Every Class of Purchasers [...], 2 (durchpaginierte) Bde. London 1806; Faksimile-Nachdruck Farnborough 1971 (der Absatz folgt Germann, 1974, S. 61).
44 Crook, 1987, S. 51.
45 Crook, 1987, S. 45f.
46 Stanton, 1971, S. 11. Ungewitter beabsichtigt vergleichbar keine Neuerfindungen, sondern einen Anschluß an vorhandene Motive (Ungewitter, Entwürfe für Stadt- und Landhäuser, Vorwort).
47 Crook, 1987, S. 32.
48 Germann, 1974, S. 56f.
49 A. W. N. Pugin, An Apology for the Revival of Christian Architecture in England. London 1843, S. 39.
50 Ungewitter, Vorlegeblätter für Ziegel- und Steinarbeiten, 1849, S. 4.
51 "All ornament should consist of enrichment of the essential construction of the building. In pure architecture the smallest details should have a meaning or serve a purpose. Construction should vary with the material employed." Und "The external and internal appearance of an edifice should be illustrative of, and in accordance with, the purpose for which it is destined. No features were introduced in the antient pointed edifices which were not essential either for convenience or propriety" (Pugin, 1841, S. 1 und 42).
52 Pugin geht davon aus, daß Klima und Gesellschaft im wesentlichen konsistent sind, bzw. gleichen Regeln wie im Mittelalter folgen, woraus er die Forderung nach einer Rückkehr zur Ära von 1440 ableitet (Crook, 1987, S. 48f.). In diesem Punkt ist sein Konzept allerdings angreifbar.
53 Crook, 1987, S. 53.
54 Germann, 1974, S. 144.
54 The Gothic Model-Book: a Collection of Gothic Types and Models, drawn from existing Monuments in Germany. In: *The Builder* 16 (1858), S. 594; The Gothic Model-Book. The Architecture of the Middle Ages, with its associated Arts, illustrated by Examples drawn form existing Authorities in the Churches and Public Buildings of Germany. In: *The Building News* 4 (1858), S. 604.
55 Norbert Aleweld, Arnold Güldenpfennig (1830-1908). In: *Westfälische Lebensbilder* 15 (1990), S. 221-43. Vgl. auch: Klaus Hohmann, Bauten des Historismus in Paderborn 1800-1930. (Studien und Quellen zur westfälischen Geschichte Bd. 28) Paderborn 1990, S. 43ff. Güldenpfennig errichtete in den späten 1860ern ländliche Gutshäuser in Nachahmung des Fachwerkstils des 16. und 17. Jh. in Paderborn, die Brewer 1870 kennenlernt (Muthesius, 1974, S. 86). In einer Restaurierung von 1878-81 an der Nikolaikapelle Obermarsberg greift er auf Ungewitters Turmlösung der ev. Kirche Neustadt zurück (Die Bau- und Kunstdenkmäler von Westfalen. Bd. 45: Kreis Brilon. Münster 1952, S. 374f. mit Abb). Bauten von Güldenpfennig erscheinen mit kurzem Text in *The Builder* 1870 (S. 386f.), 1872 (S. 546, 806f.), 1873 (326f., 386).
56 E.W. Pugin hatte, im Gegensatz zu seinem Vater, viele Schüler und Mitarbeiter, baute wie sein Vater hauptsächlich Kirchen (vgl. Roderick O'Donnell, Later Pugins. In: Atterbury/Wainwright, 1994, S. 259-71).
57 Unter den Schülern Scotts ist er nicht aufgelistet, wie eine Durchsicht der Archivalien im RIBA, der publizierten Quellen und Sekundärliteratur ergab. Scott leitete ein großes Büro, das mit bezahlten Assistenten und Angestellten 27 Personen umfaßt: "The heads of different rooms were capable men with a good knowledge of construction." (Basil H. Jackson, Recollections of Thomas Graham Jackson 1835-1924. London 1950, S. 59).
58 Street zeigte die typische Neugier eines High Victorian Architekten für ausländische Architektur, bereiste 1850 Frankreich, 1851 Deutschland und Belgien, danach ist er fast jedes Jahr einige Wochen auf dem Kontinent. Diese Erfahrungen veröffentlicht er in seinen Schriften über mittelalterliche Architektur in Italien, Frankreich, Spanien und Deutschland in den späten 1850er und 60er Jahren (David B. Brownlee, The Law Courts: the architecture of George Edmund Street. New York/Cambridge Mass. 1984, S. 19f.).
59 Crook, 1987, S. 85.
60 Curl, 1990, S. 60.
61 J. Mordaunt Crook, William Burges and the High Victorian Dream. London 1981; Ders. (Hg.), The Strange Genius of William Burges 'Art-Architect', 1827-1881. Catalogue of the National Museum of Wales, Cardiff, and the Victoria & Albert Museum, London 1981. Cardiff 1981.
62 vgl auch: A[lfred] Waterhouse, Hinderton, Cheshire. In: *The Builder* 17 (1859), S. 42f. (mit Abb.).
63 nach: Muthesius, 1974, S. 20f.
64 Van Zanten, der sich ausführlich mit der Frage befaßt hat, geht davon aus, daß im High Victorian die Farbigkeit verwendet wurde, ohne daß es Verbindungen zur Architekturfarbigkeit der 1830er Jahre gab (David van Zanten, The Architectural Polychromy of the 1830s. New York/ London 1977, S. XXf.). Zu Klenzes Verständnis der Polychromie, die er weitgehend als frei verfügbares Gestaltungsmittel nutzte, sowie die Rezeption durch Ch. R. Cockerell vgl. Adrian von Buttlar, Klenzes Beitrag zur Polychromie-Frage. In: Ein griechischer Traum - Leo von Klenze - Der Archäologe. Katalog der Ausstellung in der Glyptothek. München 1985, S. 213-25. Nach Brönner gibt es drei Phasen in der Architekturfarbigkeit des Historismus: "die Bunte" (vor 1850), "Naturfarbigkeit" (bis 1890er Jahre), "historisch richtige Farben" (ab 1890-1914) (Wolfgang Brönner, Farbige Architektur und Architekturdekoration des Historismus. In: *Deutsche Kunst und Denkmalpflege* 36 (1978), S. 57-68). Diese Klassifizierung ist leider zu schematisch.
65 "On Tiles"!. In: *The Ecclesiologist* 9 (1849), S. 81-5.
66 John Ruskin, The Seven Lamps of Architecture. London 1849.
67 John Ruskin, The Stones of Venice. London 1849.
68 *OfcK* 5 (1855), S. 112-114; 6 (1856), S. 200f.
69 *ABZ* 17 (1852), S. 194f.
70 Begriff: Ruskin, The Seven Lamps, 1849, oder *The Ecclesiologist* 10 (1850), S. 193-99.
71 Glasierte Ziegellagen als Durchschuß auf einem roten Baukörper (und als Rahmen auf den Pilastern) hat schon Schinkel 1832-36 an der Bauakademie Berlin verwendet. Es sollte jedoch diese Art der Polychromie von der vielfarbigen und mit einer Kombination verschiedener Materialien arbeitenden Bauweise etwa des Lassaulx unterschieden werden.
72 Germann, 1974, S. 107 und 141.
73 Gottfried Semper, Der Stil in den technischen und tektonischen Künsten. 2 Bde. Frankfurt/ M. 1860 und München 1863; München 1878-79²; hier Bd. 1, S. 213-16 (zit. n. Germann, 1974, S. 107); vgl. Adrian von Buttlar, Gottfried Semper als Theoretiker. Parma 1977.
74 *The Ecclesiologist* 20 (1859), S. 418 (zit. n. Germann, 1974, S. 113).
75 Die von Muthesius behauptete Flächigkeit der Fassade ist gerade bei Ungewitter nicht festzustellen (Muthesius, 1974, S. 85). Zur Rezeption des Ziegelbaus in England vgl. Osbahr, 1991, S. 150-52, 282f. Sie erkennt allerdings keine Signifikanz in der Beschäftigung mit diesem Material.
76 vgl. J[ohn] C[laudius] Loudon, An Encyclopaedia of Cottage, Farm and Villa Architecture and Furniture. London 1833, 1842².
77 Dixon/ Muthesius, 1974, S. 49f. und 234-38.
78 J[osef] Egle, Die Holzhäuser in den Harzgegenden mit besonderer Berücksichtigung auf die Halberstädter Beispiele. In: *ABZ* 10 (1845), S. 379-84, Tf. 691-94; Friedrich Eisenlohr, Holzbauten des Schwarzwaldes. Karlsruhe 1853; August Essenwein, Norddeutscher Backsteinbau im Mittelalter. Karlsruhe 1855; vgl. auch das *Architektonische Skizzenbuch* in den 1850er Jahren.
79 zu dieser Thematik ausführlich: Imhof, 1996, S. 243ff.
80 vgl. Imhof, 1996, S. 63-166.
81 Andrew Saint, Richard Norman Shaw, New Haven/ London 1976.
82 Germann, 1974, S. 111.
83 Muthesius, 1974, S. 86.
84 vgl. Muthesius, 1974, S. 94-98.

Die Hannoversche Schule war es, welche das Vermächtniss des grossen Meisters Ungewitter übernommen hatte.[1]

V. Die Wirkung der Kasseler Schule

1. Ungewitter als Schlüsselfigur der Neugotik

Ungewitters Bauten, Entwürfe und Theorien werden durch Schüler und Nachfolger in der zweiten Hälfte des 19. Jahrhunderts vielschichtig aufgegriffen. In der vorliegenden Skizze kann seine Wirkung lediglich in ihrer Vielfalt angedeutet werden. Es sind nicht nur "echte" Schüler des Kasselers, sondern auch Architekten aus dem Hannoveraner Umkreis, die sich zu einer Gruppe von Nachfolgern zusammenfassen lassen. Über die Neugotik hinaus rücken bei ihnen weitere Stile (Neo-Romanik und Neo-Renaissance) ins Bewußtsein, während der Neo-Barock offenbar keine Rolle spielt.

Die im folgenden beschriebenen Verbindungen beschränken sich auf Kirchen und Wohngebäude, während Ausstattung, Möbel und Grabmäler unberücksichtigt bleiben müssen. Der letzte Punkt, die Lehre Ungewitters, kann anhand einiger ausgewählter Ideen sowie der Lehrtätigkeit seiner Schüler in ihrer Tragweite nur angedeutet werden. Aus diesem Abschnitt wird in Umrissen ersichtlich, wie außergewöhnlich komplex der architektonische "Historismus" des mittleren Drittels mit demjenigen des ausgehenden 19. Jahrhunderts verwoben ist.

a. Der Sakralbau in Kurhessen und in Deutschland 1870-1900 sowie Abhandlungen über den Kirchenbau

Der Sakralbau in Kurhessen

Ungewitters Wirkung schlägt sich in seinem unmittelbaren Tätigkeitsbereich, dem 1866/67 als nördlicher Teil in der preußischen Provinz Hessen-Nassau aufgehenden vormaligen Kurhessen, in einer Vielzahl neugotischer Kirchen bis nach 1900 nieder, die mehrere Generationen seiner Schüler oder Nachfolger errichtet haben. Im nassauischen Teil des Landes spielt sein Werk keine nennenswerte Rolle. Seit den 1830er Jahren kommt es aufgrund des verstärkt formulierten Anspruchs der Kirche auf die bedeutende Rolle der Religion im modernen Leben zu einer beachtlichen Anzahl neuer Kirchenbauten. Bis in die frühen 50er Jahre hinein entstehen in Nordhessen vorwiegend schlichte Saalkirchen im Rundbogenstil spätklassizistischen Charakters, die noch den im 18. Jh. begründeten Einraumcharakter wahren; exemplarisch dafür seien die ev. Pfarrkirche Lischeid 1855-57 von Landbaumeister Selig aus Ziegenhain[2] oder die ev. Pfarrkirche in Volkmarsen genannt. Erst durch Ungewitter findet nach 1856 ein Stilwandel statt. Die Zäsur für eine Abgrenzung zwischen seinem eigenen Werk und demjenigen seiner Nachfolger in das Jahr 1870 zu setzen, ist darin begründet, daß erst zu diesem Zeitpunkt alle durch ihn entworfenen Kirchen vollendet sind und somit als Vorbilder zur Verfügung stehen. Ab den 1870er Jahren weichen regionale Traditionen zudem - nicht zuletzt durch Veröffentlichungen wie die "Entwürfe für Land- und Stadtkirchen" - vielfach auf. Wie sich die Situation im ehemaligen Kurhessen darstellt, zeigen folgende Beispiele.

Peter Zindel (1841-1902) (vgl. Kurzbiographie), der als sein Amtsnachfolger auch für einige Vollendungen Ungewitterscher Kirchen nach dessen Tod zuständig gewesen ist, bleibt in seiner 1866-69 errichteten ev. Filialkirche Seigertshausen dicht an den Formen seines Lehrers *(Abb. 115)*.[3] Der mit eng anliegenden Gauben besetzte oktogonale Steinhelm der vierjochigen Saalkirche mit Querhaus wiederholt denjenigen in Frankfurt-Bockenheim leicht vereinfacht und das Ostfenster im Rechteckchor, den ein sechsteiliges (!) Kreuzrippengewölbe überdeckt, gleicht dem in Neustadt, nur daß das Plattenmaßwerk dort drei-, hier zweibahnig mit liegendem Dreipaß ausgeführt ist. Aus Neustadt hat Zindel auch die Idee eines quadratischen Korbes für die auf einer Säule ruhende Steinkanzel übernommen. Die umlaufende verspringende Traufleiste, die an der Quer-

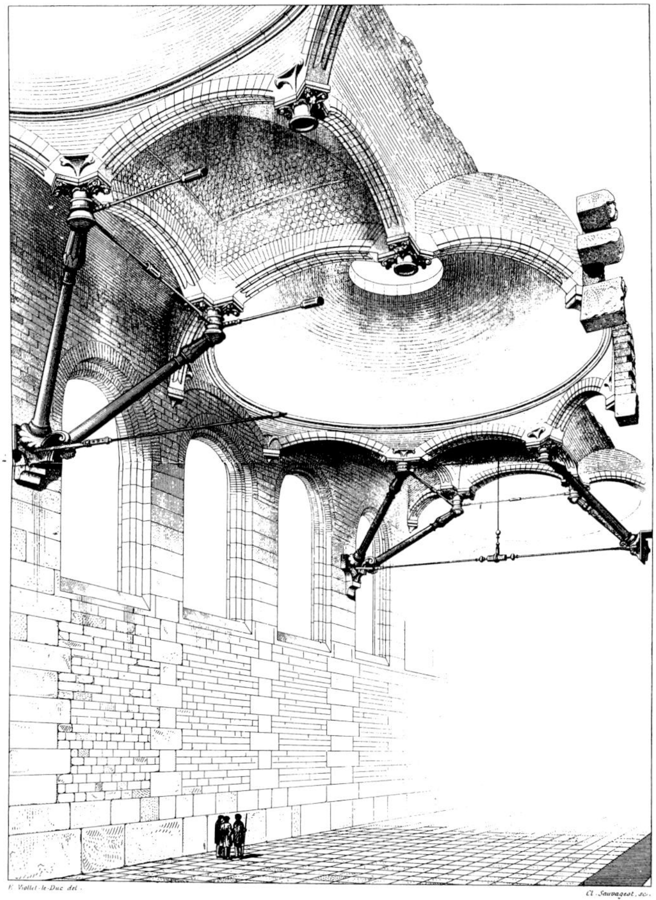

Abb. 115) ev. Filialkirche Seigertshausen, Zindel, 1866-69

Abb. 116) Deckenkonstruktion, Innenraum einer großen Halle (Viollet-le-Duc, Entretiens, Bd. 2)

hausstirn den flachen Wimperg über dem Portal einbindet, ist abermals ein Kennzeichen Ungewitters (vgl. Amöneburg). In der Anlage eines Querschiffes sowie der symmetrischen Anordnung zweier Anbauten zwischen Querschiff und Chor entspricht der Grundriß dem üblichen neugotischen Schema, abweichend von seinem Lehrer. Neu erscheint die Anordnung von der Wand abstehender Streben, die die sich kreuzende Holztonne - wie sie etwa aus Hundelshausen geläufig ist - abfangen, die einer im zweiten Band von Viollet-le-Ducs "Entretiens" abgebildeten, von Eisenstützen auf Konsolen getragenen Decke (Steinwölbung) gleicht *(Abb. 116)*. Die Anwendung dieser Stützen belegt die auf ein konstruktives Verständnis ausgerichtete Auswertung der Schriften Viollet-le-Ducs durch Ungewitter. Typisch für Zindel ist die Reduzierung in der Detaildurcharbeitung, so daß die Bauten noch 'archaischer' erscheinen als die Ungewitters. Die Tendenz deutet sich zwar schon in dessen spätem Werk an (vgl. Kap. II.3), wird von Zindel aber zu einer eigenen Stilauffassung weitergeführt, was im Einklang mit Viollet-le-Duc steht, den er 1869/70 in Paris aufsucht.

Ein anderer Schüler wie Hermann Rüppel (1845-1900) wiederum (vgl. Kurzbiographie), der nach dem Studium bei Ungewitter in den hessischen Staatsdienst eintrat, bleibt gerade in den Details dichter an seinem Lehrer orientiert. Er bevorzugt für die 1884-87 in Ungewitters Geburtsort Wanfried errichtete ev. Pfarrkirche eine Anordnung, die an einer lichten, zentralisierenden Erscheinung orientiert ist *(Abb. 117)*.[4] Für seine dreischiffige Halle mit Querhaus und 5/8 Chorschluß ver-

Abb. 117 a) ev. Pfarrkirche Wanfried, Rüppel, 1884-87

wendet er frühgotische Formen reichhaltig am Äußeren wie im Inneren, die allerdings bei genauem Hinsehen etwas manieriert erscheinen (Überkreuzungen der Spitzen im Vierpaß der Chorfenster, doppelte Wirtelung der Säulen, durchbrochene Blenden im Seitenschiff). Das entspricht nicht mehr Ungewitters klarer Formauffassung, wenngleich viele Elemente durchaus auf ihn zurückgehen: die Eckgestaltung mit zwei Strebepfeilern, zwischen denen die Kante sichtbar ist, an den Querarmen (vgl. Bockenheim), Zusammenbindung durch verspringende Traufleisten bzw. Kaffgesims, die Orgelempore (vgl. Wasenberg) sowie das Altarretabel (vgl. Nieste). Der Kreis der stilistischen Vorlagen hat sich erweitert und ist abermals einer Umformung durch den jeweiligen Architekten unterworfen. Für Rüppels Bauform und manifestierte Formauffassung darf auf die

Entdeckung der Spätgotik im Kirchenbau des ausgehenden 19. Jahrhunderts in Deutschland verwiesen werden (z.B. Max Meckel).

Architekten, die in Hannover ausgebildet sind und später ein Amt in Hessen übernehmen, orientieren sich ebenfalls an Ungewitters Schaffen. Werner Narten (1832-89), der 1870 Nachfolger Schäfers an der höheren Gewerbeschule wurde, baut - zumeist im Auftrag des Konsistoriums - eine Reihe Kirchen, z. B. die ev. Filialkirche Ostheim 1889/90.[5] Die strikte Trennung von Turm, Langhaus und 5/8 Chor sowie die auf einem umlaufenden Gesims aufsitzenden Spitzbogenfenster mit zwei Lanzetten und Okulus, die durch kräftige gestufte Strebepfeiler jochweise rhythmisiert werden, schließen an Ungewitter an. Insbesondere die Setzung von Wandpfeilern, die Narten oft verwendet, stellt einen gewichtigen Unterschied zu Ungewitter dar, entspricht aber der Entwicklung in den 1870er und 80er Jahren. Nartens Wirkungsfeld begrenzt sich auf den Kasseler Kreis, was für einen in Hannover ausgebildeten Architekten, der nun ausschließlich in Bruch- und Werkstein baut, nahelegt, sich an die Formen des dort stilprägenden Neugotikers, dessen Entwürfe der ebenfalls in Hannover tätige Hillebrand zuvor herausgegeben hat, zu halten.

Gustav Schönermark (1854-1910), vom Konsistorium 1892/93 gebeten, Ludwig Angermanns Bauten weiterzuführen, wird später Konsistorialbaumeister und er ist für die

oben und rechts: Abb. 117 b) ev. Pfarrkirche Wanfried, Rüppel, 1884-87

Abb. 118) ev. Kirche Thurnhosbach, Schönermark, 1900/01

Wiederherstellung einer Vielzahl hessischer Kirchen zuständig.[6] In dem 1900/1901 abgeschlossenen Wiederaufbau des Schiffes der ev. Kirche Thurnhosbach greift er mit der Innenausstattung durch eine Holzdecke zwar auf Ungewitter zurück, ebenso mit der hölzernen Westempore, daß aber selbst der Chor eine Holzdecke erhält, widerspricht der Auffassung des älteren Neugotikers, daß es je nach Bedeutung des Bauabschnitts hierarchische Abstufungen geben müsse *(Abb. 118)*. Weitere Formen lassen nicht auf eine ausschließliche Orientierung an dem Kasseler Neugotiker schließen, vielmehr ist beispielsweise die Kanzel an Hases Vorlagen angelehnt.[7] In Schönermarks Formensprache fließen außer der seines Lehrers Hase gemäß seinem späteren Tätigkeitsfeld wiederum die des Kasseler Meisters ein, spielen aber eine geringere Rolle als bei Narten.

In Kurhessen entsteht mit Ungewitters Wirken zuerst einmal ein konfessionsübergreifender Konsens insofern, als daß die Neugotik für den evangelischen und katholischen Kirchenbau vorherrschend wird, und es durch das Wirken seiner Schüler auch bleibt. Insbesondere Zindel tritt gemäß Ungewitters Lehre innerhalb der Grenzen des Stils durchaus für differenzierte und ablesbare Funktionsabschnitte ein, wobei er in der Formensprache zu originellen Lösungen kommt.[8] Anderen Schülern sowie aus dem Hannoverschen Kreis hinzukommenden Baumeistern entgehen teilweise die Feinabstimmungen.

Die gotische Stilauffassung wird bis in das beginnende 20. Jh. hinein in Nordhessen in drei Richtungen weitergeführt:

a) Vereinfachung der Formensprache (Frühgotik)
b) Ausarbeitung der Formensprache (Spätgotik)
c) Vermischung mit anderen Bauformen ('Regionalstil', 'Heimatschutz')

Den letztgenannten Punkt illustriert die von einem unbekannten Baumeister errichtete ev. Filialkirche Nausis von 1905, deren Saalbau mit eingezogenem Rechteckchor von einem Krüppelwalmdach überdeckt wird. Der südöstlich eingestellte Turm mit verschiefertem Spitzhelm oder die auf seitlichen Knaggen ruhende Holztonne erinnern ebenso wie das frühgotische Plattenmaßwerk oder das Westportal an Hundelshausen. Die asymmetrische Anlage als Putzbau mit Eckquaderung sowie die Dachform des Schiffes sind Elemente des sog. ‘Regionalstils’. Die Verschiebungen der Gestaltung entsprechen nicht nur der allgemeinen Entwicklung in Deutschland, sondern es sind darunter einige Konstanten zu beobachten (Holztonne, Rechteckchor, Saalbau, Plattenmaßwerk), für deren Einführung in Kurhessen in den 1850er Jahren Ungewitter verantwortlich gewesen ist.

Der Sakralbau in Deutschland 1870-1900 (neue Lösungen für Kreuzkirchen und gruppierte Kirchen)

Die Neugotik konnte sich in der zweiten Jahrhunderthälfte in Deutschland hauptsächlich im Sakralbau Eingang verschaffen. Über die große Gruppe seiner Schüler und Nachfolger wirkt Ungewitter auch überregional formprägend im Kirchenbau des späten Historismus (vgl. Kurzbiographien). Auf eine übergreifende, aktuelle Analyse des Kirchenbaus der zweiten Hälfte des 19. Jahrhunderts als Gesamtphänomen kann leider nicht zurückgegriffen werden.[9] Anhand der bestehenden Kenntnisse wird versucht, die Ungewitter-Schüler als eigene Gruppe[10] zu beschreiben. Es läßt sich anhand der gewählten Beispiele erkennen, wie sie in die Entwicklung einzuordnen sind.

Während im katholischen Kirchenbau Änderungen weniger offensichtlich sind, setzt der Hase-Schüler Johannes Otzen für den evangelischen Kirchenbau mit den zu schmalen Gängen reduzierten Seitenschiffen sowie Emporen auf kurzen, mit Flachbögen verbundenen Pfeilern in den Jahren 1868/69 mit seinem Entwurf zur St. Johannis-Kirche in Altona einen neuen Standard *(Abb. 119)*. Hinzuweisen ist auch auf die zentralisierende Raumanordnung durch eine Ausweitung der Vierung. Seine symmetrische Backsteinkirche zeigt einen basilikalen Langhausaufriß mit erweiterter Choranlage (vgl. Hases Christuskirche) und flachen Anbauten (Treppentürme und Vorhalle) an der

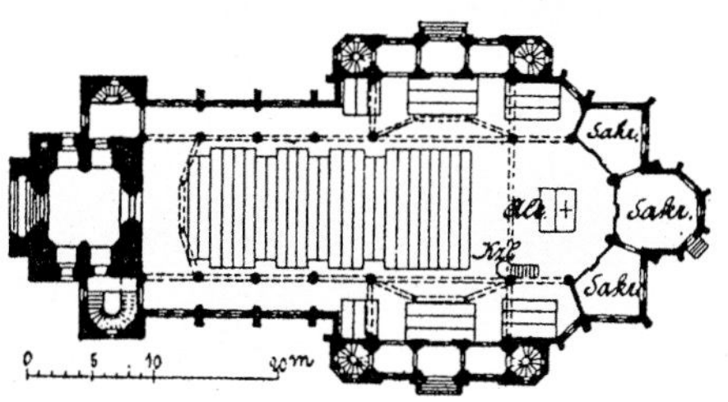

Abb. 119) St. Johannis-Kirche Altona, Otzen, 1868-72

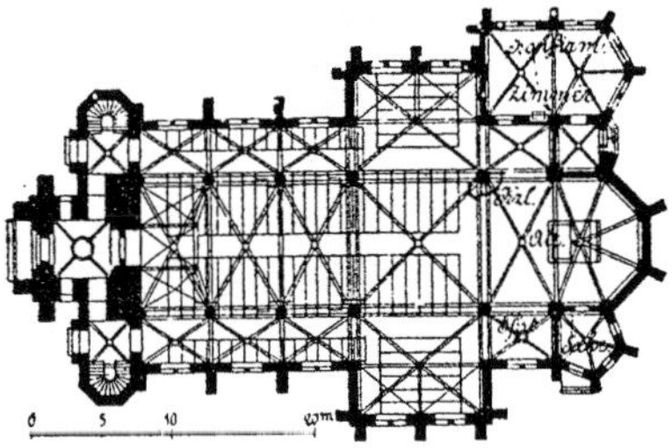

Abb. 120) St. Paulus-Kirche Bielefeld, Hillebrand, 1880-83

Querhausstirn. Otzen will ausdrücklich frühgotisch bauen[11] und wählt folglich einfaches Fenstermaßwerk oder Rundpfeiler.

Zwei Kirchen des Herausgebers der Ungewitterschen Sakralbauten, Eberhard Hillebrand, zeigen, wie der in Otzens Kirche dargelegte Ansatz verarbeitet wird. Die St. Pauluskirche in Bielefeld (1880-83) ist eine dreischiffige Kreuzkirche mit Westturm und 5/8 Chor, der von unregelmäßig geformten Annexen begleitet wird *(Abb. 120)*. Das Mittelschiff ist gegenüber den Seitenschiffen mehr als doppelt so breit, alle Schiffe sind kreuzrippengewölbt. Der Aufriß mit einer Reihe Walmdächer über den Seitenschiffen, die im oberen Teil durch zweibahnige Lanzettfenster unter einem Okulus belichtet werden, entspricht dem Schema des Hallenbaus nach Vorbild der Marburger Elisabethkirche. Die Rose des Querhauses ist an Laon orientiert; eben dieses Vorbild verwendete Ungewitter (Friedhofskapelle Kassel), wie auch weitere Einzelformen (verspringende Traufleisten, Strebepfeiler, Kleebogengenster) auf den Lehrer zurückgehen.

Die etwa fünf Jahre später begonnene Gartenkirche in Hannover (1887-90) zeigt denselben Typus, wobei mit vier statt drei Langhausjochen die Längsrichtung klarer betont wird *(Abb. 121)*. Die Asymmetrie der Bauten im nordöstlichen Zwickel zwischen Querschiff und Chor wird gesteigert, die Materialkombination von Backstein und Sandstein hebt wiederum das Moment der Vielfalt und des Malerischen hervor. Die Seitenschiffe sind nicht mehr überwölbt und den Strebepfeilern des Außenbaus entsprechen durchbrochene Wandpfeiler im Inneren. Die quergestellte Giebelreihe ruft abermals den Hallen- oder Stufenhallenbau in Erinnerung, während sich der Innenraum mit Weitung sowie der Anbringung von Emporen 'moderner' gibt.

Abb. 121) Gartenkirche Hannover, Hillebrand, 1887-90

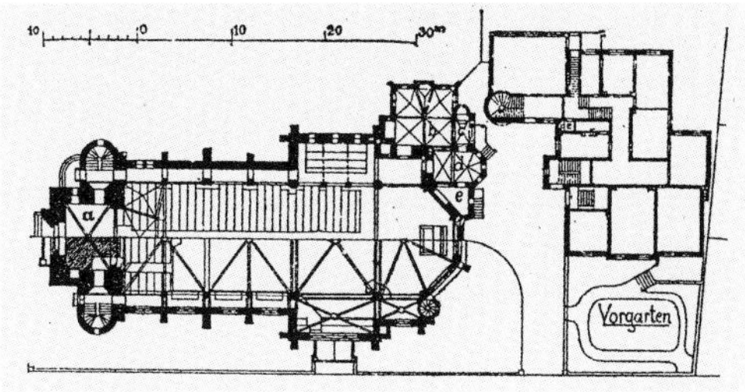

Neuerungen im Grundriß und Innenraum evangelischer Kirchen werden insofern nur zögerlich aufgegriffen.[12] Ungewitters dreischiffige Kirchen waren sämtlich katholisch mit Seitenschiffen von höchstens doppelter Mittelschiffsbreite (Neustadt, Frankfurt, Amöneburg) und stimmen darin mit den katholischen Kirchen etwa von Statz (Rheinbrol) überein. Die Langhäuser Hillebrands führen den Hallentypus als angemessen für die Bauaufgabe einer mittelgroßen Kirche fort, ohne der Faszination des basilikalen Schemas (vgl. Otzen) zu erliegen, wie auch übermäßig schlanke Türme und Proportionen vermieden werden. So konservativ die Grundrißgestaltung der hessischen Schüler mit ihrer Beibehaltung des mehrschiffigen Longitudinalbaus erscheint, so sehr trifft die in Kassel gelehrte Frühgotik auf überregionale Resonanz. Diese neuen Stilformen vermögen Ungewitters Schüler aufgrund ihrer Übung schon frühzeitig sicher zu handhaben.

Ein weiterer Aspekt der Wirkung Ungewitters ist die intensive Auseinandersetzung mit dem Malerischen. Dieses Kriterium drücken sowohl zweischiffige als auch als Gruppenbau angelegte Kirchen des letzten Drittels des 19. Jahrhunderts aus.

Das asymmetrische Kompositionsprinzip bestimmt einen Kirchenentwurf von Christoph Hehl, den dieser noch während seiner Studienzeit an der höheren Gewerbeschule 1866 angefertigt hat *(Abb. 122)*. Der vor das Seitenschiff der symmetrisch-zweischiffigen Anlage gerückte Westturm findet eine Entsprechung in Ungewitters kath. Kirche Neustadt, vor allem jedoch in Pugins und anderen englischen Kirchen der Neugotik. Hehl war zwischenzeitlich in England bei mehreren Architekten tätig (vgl. Kurzbiographie).[13] Der Entwurf ist dennoch im Ornament aufwendiger und mit der Erhöhung des Obergadens 'basilikaler' im Aufriß als es Ungewitter möglicherweise zugelassen hätte.

Abb. 122) Studie zu einer Kirche, Hehl, 1866 (Kunstbibliothek Berlin)

Der zweischiffige neugotische Kirchenbau, wie ihn Ungewitter in Momberg projektiert, veranschaulicht den malerischen Aspekt in der Innenraumgestaltung. Gustav Ludolf Martens, der Sozius aus der Hamburger Zeit, der später in Schleswig-Holstein gewirkt hat, entwirft in der Konkurrenz 1867 eine weitere symmetrische, zweischiffige Johannes-Kirche für Altona, die sich eng an Ungewitters publizierten Entwurf für Momberg anlehnt *(Abb. 123)*. Für kleine Kirchen werden zweischiffige Anlagen in den späten 1880er und frühen 90er Jahren eingeführt. Im Jahr 1893 arbeitet Otzen als meist beschäftigter Kirchenarchitekt allein an sechs solcher Kirchen.[14] Sie sind aber meist unsymmetrisch, d.h. besitzen ein breites Mittelschiff mit einem schmalen Seitenschiff. Dafür gibt es mittelalterliche Vorläufer. Statz hatte dagegen ganz selten solche zweischiffigen Kirchen konzipiert, die auch nirgends erschienen sind. Durch ihn hat diese Kirchenform keine belegbare Wirkung entfaltet, im Gegensatz zum veröffentlichten Ungewitterschen Entwurf.

Wiethase, der meist katholische Kirchen aufgeführt hat, beschäftigt sich mit der Idee der wachsenden Kirche, um dem verbreiteten Übelstand entgegenzuwirken, daß infolge mangelnder Finanzierung kleine Kirchen jahrelang im Rohbau liegenbleiben mußten.[15] Sein Entwurf für eine Basilika wäre in sechs Etappen auszuführen, deren erste (das Querhaus) bereits eine funktionsfähige Einheit ergeben hätte. Eine ungewöhlich komponierte Kirche baut er 1889/90 in Derschlag bei Gummersbach *(Abb. 124)*. Aufgrund der Lage mit dem Giebel an einem Hang ist die asymmetrisch zweischiffige holzgedeckte Emporenkirche mit Kastenchor und oktogonaler Sakristei im Nordosten durch den Turm von Nordwesten aus zu begehen. Man könnte vergleichend an den ersten, so ungewöhnlichen Ungewitter-Entwurf für Neustadt erinnern, in dem sich die Anlage ebenfalls als Antwort auf ein topographisches Gefälle erklären ließe.

Nur am Rande, im Sinne eines Fundstücks, sei auf den Entwurf eines Frankfurter Baumeisters Aage von Kauffmann (geb. 1852) zur St. Martinskirche in Darmstadt von 1885[16] verwiesen *(Abb. 125)*, in dem die an der Eingangsseite vorspringende Kapelle zugleich als Vorhalle dient. Die Westansicht der ev. Kirche Neustadt von Ungewitter mit ihren Schultermauern und den beiden Mauerzungen des Turmes auf der Westwand wird von Kauffmann in eine höchst originelle Komposition aus Stein- und Fachwerkbauweise umgesetzt.

Abb. 123) St. Johannes-Kirche Altona, Entwurf Martens, 1867

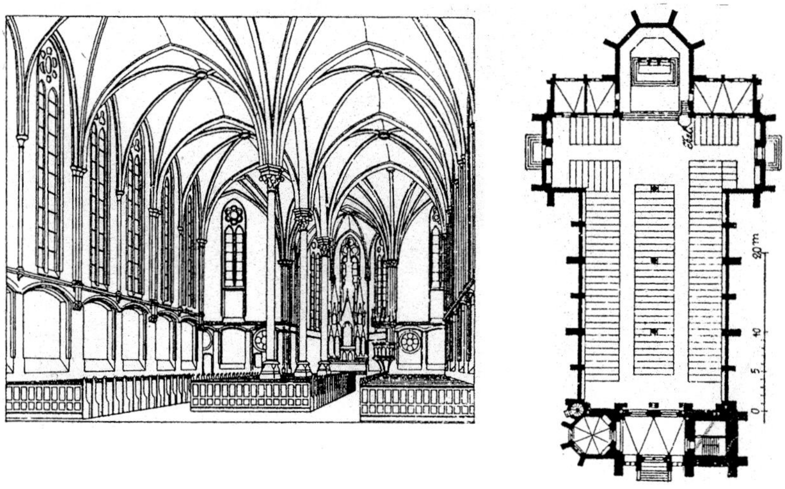

Abb. 124) Kirche Derschlag, Wiethase, 1889/90

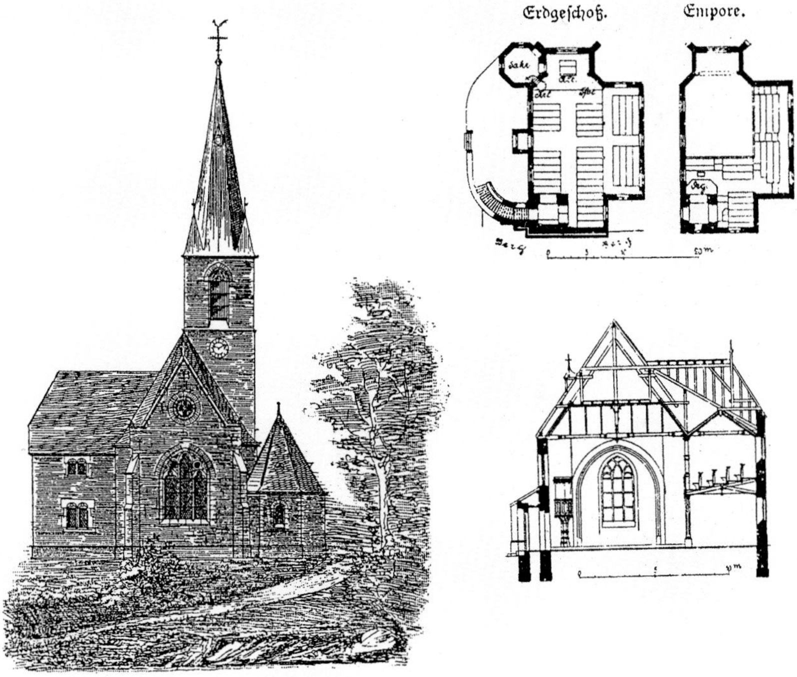

Ungewitter-Schüler vollziehen um 1890 den Schritt zum Gruppenbau für neugotische Kirchen, dessen Hauptvertreter später Otto March[17] wird (z.B. ref. Kirche Osnabrück 1892 in romanisch-gotischen Formen mit Pfarrer- und Küsterwohnung).[18] In der zweiten Jahrhunderthälfte entfaltet der protestantische Kirchenbau eine Tendenz zur Raumverschleifung und Vereinheitlichung der Funktionsabschnitte. Dies hängt damit zusammen, daß die Kirchen jetzt soziale und kommunikative Funktionen miteinbeziehen (als Mittelpunkt des Gemeindelebens) und auch außerkirchliche Gedanken tragen, indem sie allgemein Räume für Zusammenkunft und Gespräch zur Verfügung stellen.[19] Aus dem meist schematisierten Wohnbau der Vorstädte ragen Kirchen in Gruppenbauweise heraus; sie erhalten eine ästhetische Funktion innerhalb des Stadtbildes. Ungewitters Generation hat zunächst die strikte Trennung der Funktionsbereiche formuliert, die die entscheidende Voraussetzung für deren neuartige Gruppierung darstellt.

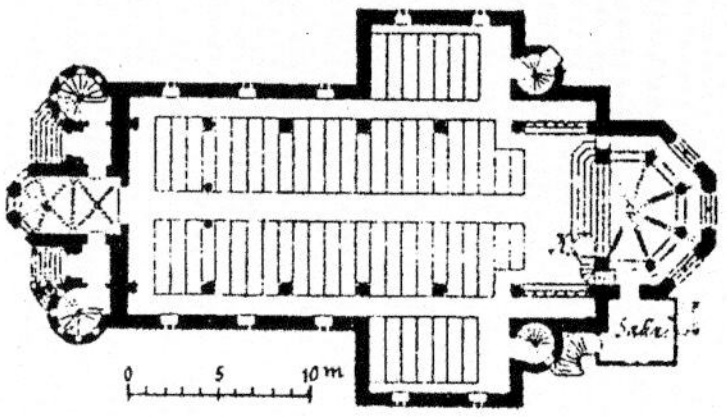

Abb. 125) St. Martinskirche Darmstadt, Ansicht und Grundriß, Kauffmann, 1885

In den 1890er Jahren wird der Ausdruck des 'Wesens' endgültig von der Stilfrage abgekoppelt:

Die Baustile als solche haben weder eine Religion noch eine Moral: der Geist des Künstlers ist es, der ihnen Leben einhaucht.[20]

Damit beschränkt sich die Auswirkung Ungewitters in der Jahrhundertmitte nicht nur auf einen bestimmten stilistischen Bereich. Es werden - neben einer Reihe konservativer Grundrisse - genauso die in der zweiten Hälfte des Säkulums diskutierten architektonischen Lösungen in Form und vor allem in der Idee vorbereitet. Daß dabei, wie Fritsch behauptet, die Vertreter des mittelalterlichen Bauens, deren Vorgänger nur dreischiffige Kathedralen zu errichten vermocht haben, auf einmal völlig unvermittelt die Führung in selbständiger Suche nach dem 'Charakter' der evangelischen Kirche übernommen haben[21], erscheint angesichts des Wirkens der Neugotiker in der Jahrhundertmitte zweifelhaft. Vielmehr vermögen sie gotische Formen und Ideen wie Asymmetrie oder Materialbewußtsein, wobei letztere insbesondere Ungewitter in den 1850er und frühen 60er Jahren entwickelt hat, durchzusetzen.

Rezeption in Abhandlungen über den Kirchenbau

Immer wieder haben sich Theologen mit der Definition der kultischen Erfordernisse und der Frage nach dem "Wesen" für den evangelischen Kirchenbau in zahllosen Schriften befaßt. Der Theologe Preuß fordert erstmals 1837 in Berlin, den dem evangelischen Kultus eigenen Charakter auch baulich auszudrücken.[22] Diese allgemeine Formulierung greifen Architekten und theologische Schriftsteller immer wieder auf, um ihre jeweilige Stilwahl zu begründen (vgl. Carl Josias Bunsen 1842).

Die "Liturgie" wird als Bauherrin beschworen. Es werden Unterschiede zwischen katholischen und evangelischen, selbst zwischen lutherischen und reformierten Kirchen verfochten. Noch zu Beginn des 20. Jahrhunderts wird gefordert, daß sich die Theologen um eine von Architekten erlernbare Auffassung des Gottesdienstes bemühen sollen.[23] Um die Liturgie durch die Kunst unterstützen zu können, hätte eine Transparenz zwischen beiden Zweigen Theologie - Architektur bestehen müssen, die de facto nicht zu existieren scheint, wie eine Äußerung Ungewitters belegt:

Während der letzten Zeit habe ich den 'christlichen Kirchenbau' von Kreuser studiert und mich in mehrfacher Hinsicht recht daran erbaut, obgleich dem Manne die eigentliche Kunstkenntnis abzugehen scheint.[24]

Die Schrift des Kölner Gymnasialprofessors Johann Peter Kreuser (1795-1870) schildert in einem großen Wurf die historische Entwicklung seit der Bildung der ersten Gemeinde zu Lebzeiten Christi. Ein eigenes Kapitel widmet er der christlichen Baukunst unter Bezug auf entsprechende Werke deutscher, englischer und französischer Verfasser. Er vermischt dabei Theologie, Begriffsgeschichte, historische Entwicklung der Bauformen, bei der er den Schwerpunkt auf theologische Herleitungen und Geschichte des Kultus legt.[25] Er war ein Freund Zwirners und entwickelt sich zum Theoretiker der historisierenden Gotik.[26]

Derartige Abhandlungen sind Ungewitter allenfalls für seine Vorlesungen der Baugeschichte hilfreich. Das heißt, daß der von den Theologen formulierte Anspruch nach liturgisch funktionaler Anlage nur als Grundbedingung von den Architekten akzeptiert wird, die vornehmlich an einer Umsetzung ihrer Projekte interessiert sind. Wir sehen eine fortgeschrittene Differenzierung, denn es ziehen keineswegs alle Beteiligten an einem Strang.

Mit der Veröffentlichung seiner Entwürfe, die von ihm zwar begonnen, aber zum größten Teil erst posthum durch Hillebrand realisiert worden ist, leistet Ungewitter einen wichtigen Beitrag zu der Funktion von Musterbüchern. Er trägt mit ihnen dazu bei, neugotische Formen des Kirchenbaus überregional in Umlauf zu bringen.[27] Vor den "Entwürfen zu Land- und Stadtkirchen" sind offenbar nur die "Kirchlichen Bauwerke" von Statz 1857/59 mit kleinen und mittelgroßen ausschließlich neugotischen Projekten erschienen.[28] Es folgen u.a. Conradi 1871, Möckel 1880, Klasen 1889. In der Edition kleiner, individuell gestalteter Kirchen, die im ausgehenden 19. Jh. eine Schlüsselrolle übernehmen[29], liegt eine zukunftsweisende Besonderheit Ungewitters.

In den vielen Schriften zum Kirchenbau von Theologen und Architekten, deren Zahl besonders im letzten Drittel des 19. Jahrhunderts explosionsartig ansteigt, greifen zumeist die der Gotik nahestehenden Architekten auf Ungewitter zurück.[30] Karl Aenmilius Jaehn stellt sich 1877 direkt in die Reihe der Nachfolger der Gotiker Hase und Ungewitter. In den abgebildeten eigenen Entwürfen folgt er diesen Meistern ebenso wie in der Betonung von z.B. Zweckmäßigkeit (Liturgie als Richtschnur) und Konstruktion. Er bemerkt auch die Art der Illustrationen Ungewitters, die ihm als malerisch und ländlich-friedlich gelten.[31] Ferner verweist er auf einige Kirchen Ungewitters und bildet sie als Muster ab, so die ev. Kirche Neustadt.

Karl Emil Otto Fritsch zeigt im Jahr 1893 eine kritische Einstellung. Ungewitters Kirchen liegen ihm so nahe am Katholizismus, daß eine Wiedergabe ihm nicht sinnvoll erscheint. Der Stil sei eben das Hauptinteresse, hinter dem die Frage nach der Gesamtanlage verschwindet. Er erwähnt die Kirchen in Bockenheim (die er fälschlich für evangelisch hält!) und Neustadt.[32]

Baurat Oscar Mothes aus Leipzig befaßt sich ebenfalls eingehend mit Ungewitter und seinen Schülern, deren Zuweisung er recht großzügig bemißt. Ungewitter gilt ihm als Architekt des Backsteinbaus (obwohl er gar keine Backsteinkirchen entworfen hat) und der Frühgotik, mit gewissenhafter Rücksicht auf die Zweckmäßigkeit und die Konstruktion. Der ausgeprägte Sinn für das Malerische sei mit der Häufung von Zinnen oder Giebelstaffeln den Zweckerfordernissen gelegentlich abträglich und verleihe den Formen etwas 'Rauhes'.[33] Er verweist auf Besonderheiten sowie originelle Formschöpfungen Ungewitters, wobei er sein Urteil auf die Abbildungen der "Entwürfe zu Land-und Stadtkirchen" gründet, wo die Kirche in Momberg zweischiffig wiedergegeben ist, während sie als Saal ausgeführt wurde.[34]

Gurlitt nennt Ungewitter zwar 1906 noch im Literaturverzeichnis, greift aber im übrigen nur kritisch auf das "Lehrbuch" zurück, wo hinsichtlich der Argumentation gegen Emporen nur die struktive und formale Seite der Baukunst erwogen worden sei, die nur knappe finanzielle Mittel als Grund für die Anlage von Emporen zulasse.[35] Das ist für einen Verfechter des Neo-Barock natürlich nicht hinreichend. Seine Schrift zeigt an, wie die Neugotik im frühen 20. Jh. auch im Kirchenbau versiegt und neuen Bauweisen Raum gibt.

b. Grundlagen für den historistischen Fachwerkbau und für Wohnhäuser der 'Hannoverschen Schule'

In den "Entwürfen für Stadt- und Landhäuser" wird die Vielfalt einer an dem jeweiligen Material entwickelten Formensprache im neugotischen Stil vorgeführt, wobei den Bauten eine funktionale, asymmetrische Disposition kombinierfähiger 'Versatz-Elemente' zugrundeliegt (vgl. Kap. III. 2). Damit steht Ungewitter zur Mitte des Jahrhunderts in Deutschland offenbar einzigartig da (vgl. Kap. IV. 1). Im folgenden werden aus der außerordentlich vielschichtigen und regional weit gefächerten Rezeption dieser Gebäude, z.B. auch durch Anhänger der Neo-Renaissance lediglich zwei Aspekte berührt: der historistische Holzbau und die Wohnbauten der 'Hannoverschen Schule'.[36] In späteren Auflagen der Ungewitterschen Wohnhaus-Entwürfe und anderen Veröffentlichungen werden ihm Projekte zugeschrieben, die zu seinen Lebzeiten nirgends vorliegen. Aufgrund stilistischer Abweichungen ist vielmehr eine Ergänzung durch andere Hand zu vermuten, vielleicht durch Zindel (vgl. Kap. III. 1 und Schriftenverzeichnis).[37] Außerdem sind nur wenige der sog. 'Villenbauten' bis in die 1870er Jahre hinein überhaupt in den Architekturzeitschriften veröffentlicht worden.[38]

Der historistische Fachwerkbau

Aufgrund neuester Forschungen kann auf eine Darstellung des Entwicklungsganges in der Rezeption des Fachwerks vom 'Schweizer Stil' über das 'technische Fachwerk' zum 'historistischen Holzbau' weitgehend verzichtet werden.[39] Anfänge stellen die Häuser des sog. 'Schweizer Stils' im späten 18. und im 19. Jh. dar. Das zunehmende Interesse schlägt sich im Erscheinen mehrerer Schriften in den 1840er und 50er Jahren nieder, von denen nur die Gladbachs mit ihrer Dokumentation historischer Häuser aus dem Jahr 1868 erwähnt sei.[40] Ungewitter nennt Carl Böttichers von 1835-42 erschienenes Werk "Die Holzarchitektur des Mittelalters". In einer der Tafeln, die fast ausschließlich Details zeigen, ist unter anderem ein Holzpfeiler aus Wanfried aufgenommen worden (Tf. 23).

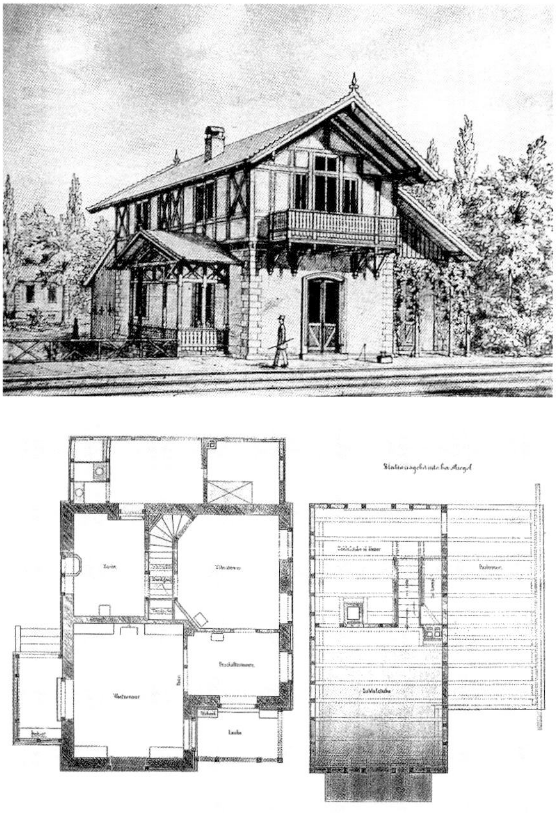

Abb. 126) Stationsgebäude bei Riegel (Eisenlohr, Ausgeführte Bauten, 1851-59)

Die den 'Schweizer Stil' auszeichnenden weiten Dachüberstände und laubsägeartigen Verzierungen an den Balkonen, Traufen usw. finden sich auch noch zeitgleich neben einem nüchternen, aus der Wandfläche hervortretenden, sog. 'technischen' Fachwerk an Eisenlohrs Eisenbahngebäuden *(Abb. 126)*.[41] Seine Erfahrungen mit 'historischen' Fachwerkformen greift Eisenlohr bei Bahnhofsbauten und Landhäusern auf, die als 'malerisch' apostrophiert werden.[42] Friedrich Eisenlohr (1805-54) spielt für Ungewitter nach dessen Aussage eine wichtige Rolle und geht mit seinen Ansätzen denjenigen des Kasselers unmittelbar voraus. Vor allem in dem Bezug zwischen Landschaft und Material mit der entsprechenden Bauwei-

Abb. 127) Landhaus Wechtern (von der Decken), Deckenhausen, Oppler, 1863/64

se, die besonders an historischen Holzbauten gesehen wird, sowie in dem umfassenden Begriff, den beide von dem Tätigkeitsfeld des Architekten haben, bestehen Übereinstimmungen.[43] Die Formen weichen voneinander ab, da Ungewitter gerade die Laubsägearchitektur ablehnt und sein an historischen Vorlagen entwickeltes Fachwerk bündig in der Wandfläche liegt.[44]

Die Anregungen, die ihrerseits von Ungewitters Fachwerkhäusern ausgehen, sind außerordentlich vielfältig und erfahren überregionale Verbreitung:

> *Obwohl kaum einer seiner Fachwerkentwürfe realisiert wurde, ging von ihnen eine Fülle von Anregungen aus. Ungewitters Lehrtätigkeit in Kassel und seine Veröffentlichungen waren maßgeblich an der Entstehung eines spezifischen Fachwerkhistorismus in der zweiten Hälfte des 19. Jahrhunderts in Deutschland beteiligt.*[45]

Daß die Ungewitter Schüler unter dem Begriff der 'Hannoverschen Schule' subsumiert werden, ist allerdings nicht unproblematisch, wie im folgenden gezeigt wird.

Abb. 128) Landhaus Caron, Heisterberg bei Königswinter, Oppler, 1870-72

Im 'Alten Land' an der Elbe entstand nach einem Entwurf Edwin Opplers von 1863/64 das Haus von der Decken *(Abb. 127)*. Es besteht im Kern aus einem winkligen Zweiflügelbau, dem als markantes Zeichen an der linken Seite der Gartenansicht ein mit einem gewaltig aufragenden Dach versehener Turmabschnitt angelagert ist. Opplers Entwurf zu dem Landhaus Caron in Heisterberg bei Königswinter (1870-72) zeigt Ungewittersche Motive (Laube, Loggia, Schwebegiebel) und den

Abb. 129) Landhaus Caron, Heisterberg bei Königswinter, Oppler, 1870-72

von diesem vorgeführten konstruktiven Wagemut in der Stützung des Erkers im rechten Aufriß *(Abb. 128, 129)*. Oppler verwendet gitterartige Raster aus Ständern, Schwellen, Riegeln und Rähm mit einigen Eckstreben, die zusammen mit der Hebung des Hauses auf einen hohen Steinsockel im Vergleich zu Ungewitter eine monumentalere Wirkung erzeugen. Ein Sommerhaus für Franz Weyermann zu Hagerhof bei Honnef am Rhein aus dem Jahr 1865 zeigt Opplers Verarbeitung der Gartenhaus-Typen Ungewitters *(Abb. 130, vgl. Abb. 43)*. Das Gebäude dient dem Genuß der Aussicht auf das Rheinpanorama, mithin der Muße und Bequemlichkeit. In Form und Funktion ist es in den Gartenhäusern Ungewitters mit den außen angelegten Treppen sowie dem spitzbogigen Altan vorgebildet. Durch die Böschung des hohen Sockels und die bereits beobachtete Vereinfachung des Fachwerks sowie der übrigen Ornamentik wird bei Oppler abermals auf einen geschlossenen und verstärkt monumentalen Charakter abgezielt.

Die von Ungewitter anhand des Studiums von Fachwerkhäusern aus dem späten Mittelalter und der Renaissance entwickelten Ideen werden in Komposition und Form durch seine Schüler weitergetragen. Karl Schäfer wiederum sammelt eine eigene Gruppe von Schülern um sich und erlangt mit seinen Forschungen zum Fachwerk eine große Bedeutung.[46] Die Sockelzonen werden oft weit in die Höhe gezogen, so daß die aufgebrochene Oberfläche die private Sphäre der oberen Geschosse ausdrückt. Die Auflockerung der Dachflächen durch Einschnitte und Verschleifungen wird reduziert. Das spezifisch 'Regionale' als Qualität, das die Verwendung von Fachwerk in den tradi-

Abb. 130) Sommerhaus zu Hagerhof für Franz Weyermann, Oppler, 1865

tionellen Fachwerkgebieten bzw. entsprechend die Verwendung des Backsteins in Norddeutschland impliziert, kann dieser sich homogen ausprägende Stil allerdings nicht mehr glaubwürdig vermitteln. Die Regionalität im Sinne landschaftsgebundenen Bauens scheint somit einerseits hinter dem Oberbegriff 'deutsche Architektur', andererseits aber auch hinter dem neuen Wohnlichkeitsideal, das in England entwickelt worden ist, zurückzutreten. Folglich verwenden die Kasseler Schüler Motive ihres Lehrers auch für Bauten im Stil der Neu-Renaissance, wo dieselben Grundsätze der Materialwahrheit und funktionellen Komposition vertreten werden. Ungewitters Wirken sowie seine Entwurfssammlung stellen insofern die entscheidende Vorstufe für die Ausbreitung des historistischen Fachwerkbaus in Deutschland dar.

Die 'Hannoversche Schule'

Sowohl in Hannover als auch in Kassel entfalten sich kurz nach 1850 Schulen der Neugotik, in denen versucht wird, diesen Stil für aktuelle Bauaufgaben im norddeutschen Raum fruchtbar zu machen. Das Verhältnis der beiden Hauptexponenten Conrad Wilhelm Hase und Ungewitter ist allerdings nicht immer ungetrübt. Ungewitter zeigt sich einerseits kritisch gegen Hases spätgotische Formen, andererseits begrüßt er dessen Kontaktaufnahme zu Reichensperger im Jahr 1860; Hase wiederum erkennt Ungewitter respektvoll als Meister an, verhindert jedoch schließlich dessen Anstellung am Hannoverschen Polytechnikum durch seine Stimmenthaltung.[47] Als stattdessen der 'Renaissancist' Heinrich Koehler die Stelle erhielt, mußte Hase jedenfalls keine Konkurrenz fürchten.

Hase wird 1849 an das Polytechnikum in Hannover berufen, nachdem er in München unter Gärtner studiert hat, allerdings nach Ungewitter. Seine Bauten lehnen sich an den dort entwickelten 'Rundbogenstil' an, womit er den in Hannover tätigen Architekten Andreae, Droste, Ebeling und Hunäus folgt. Sein Werdegang ist eng an Restaurierungsvorhaben gebunden, mit denen er im Jahr 1849 sein bauliches Schaffen am Klosters Loccum beginnt. Als Hase sich 1852 der Gotik zuwendet[48], waren Ungewitters "Vorlegeblätter" zu Ziegel- und Steinarbeiten sowie zu Holzarbeiten, aber auch die "Entwürfe" zu Grabsteinen bzw. zu Möbeln bereits vollständig oder zumindest teilweise geliefert. Viele andere neugotische Vorlagenwerke gab es vor 1852 noch nicht, so daß wesentliche Anregungen aus Kassel zumindest vermutet werden dürfen.[49] In Hannover löst die Neugotik seit um 1855 ebenfalls den 'Rundbogenstil' der Münchner Schule ab, der sich noch bis etwa 1860 in letzten Ausläufern gehalten hat. In seinem Unterricht wirkt Hase nicht in Form- und Konstruktionslehre, sondern in der Ausarbeitung von Schriften wie denen Kuglers, Schnaases oder Lübkes.[50]

Ungewitter wirkt über Schüler und Nachfolger breiträumig in die Hannoversche Schule hinein. Es zeigt sich ein vielschichtiges Netz an Verquickungen, indem Schüler aus Kassel zu Hase oder dessen Schülern übertreten, aber auch der stete Wechsel der Arbeitsstellen bewirkt eine rege Fluktuation an Ideen und Formen. Beide Architekten hatten nach Aussage Hillebrands von 1923 etwa gleichviele Schüler *(vgl. dazu auch S. 399)*. Fast die Hälfte der Hase-Schüler bewegen sich kaum über Niedersachsens Landesgrenzen hinaus (z.B. Götze, Lüer, Börgemann, Wendebourg, Eichwede, Bollweg). Mobiler erweisen sich Narten (Kassel), Otzen und Vollmer (Berlin) sowie Möckel (Mecklenburg und Sachsen).

Die Wege der Ungewitter-Schüler, von denen die allermeisten mehrfach den Ort wechselten, verlaufen sehr unterschiedlich (vgl. die Kurzbiographien). In Köln treten sechs der 22 bei Hillebrand genannten, in Berlin acht, in Hessen zehn, in Hannover fünfzehn auf. Der Hauptfluß strömt damit nach Hannover sowie nach Hessen zurück. In die Kölner Dombauhütte treten vor allem die älteren, bis 1843 geborenen Studenten für eine gewisse Zeit ein (Heinrich Wiethase, Ernst Bösser, Hugo Schneider, Hermann Steindorff, Ferdinand Schönhals, Julius Flügge). Berlin gewinnt ab den 1870er Jahren als Hauptstadt an Attraktivität, dorthin wenden sich 1843 und später geborene Schüler (Schönhals, L. Büchling, Carl Schäfer, Christoph Hehl, Julius Till, Ernst August Roßteuscher). Vorher war lediglich Wiethase dort ganz kurz gewesen, hatte allerdings sogleich den Schinkelpreis gewonnen. Bösser legt in Berlin sein Baumeister-Examen ab, bevor er im Staatsdienst nach Hanau bzw. Ziegenhain zurückkehrt. Dieser Befund zeigt erneut, daß Ungewitter mehr als ein Ableger des

Kölner Kreises ist, da Architekten, die in Kassel studiert haben, überall in Deutschland, z. B. in Schleswig, Breslau, Aachen und Stuttgart auftauchen oder auch in Österreich den Weg in Schmidts Büro finden (Hugo Schneider).

In Hannover selbst durchlaufen zehn Kasseler während der 1860er Jahre Opplers Atelier, lediglich vier das Hasesche, nur Raht war bei beiden beschäftigt, bevor er 1867 in die USA emigrierte. Das deutet auf eine Spaltung innerhalb Hannovers hin, da Oppler und Hase seit 1856 - anläßlich der Projekte für die Marienburg - im Zwist lagen. Edwin Oppler (1831-80) gründet nach Reisen (u.a. nach Paris zu Viollet-le-Duc) 1859/60 ein Büro in Hannover. Oppler zeichnet sich durch ausgeprägte Geschäftstüchtigkeit aus.[51] Ab 1863 wendet er sich der Frühgotik zu, ab 1869/70 mit Aufnahme seines späteren Teilhabers Schorbach auch der Renaissance. Der frühgotische Stil, der an Pariser Geschäftshäuser anknüpft, steht nach Eilitz nicht im Zusammenhang mit Ungewitter, was jedoch bezweifelt werden darf. Vor allem das sich stark ausdehnende Opplersche Büro bildet nämlich ein Sammelbecken für Absolventen der Kasseler höheren Gewerbeschule, woraus formale Berührungspunkte auch zwischen Opplers und Ungewitters Häusern verständlich werden.[52] Die hessischen Studenten werden vor allem wegen ihrer zeichnerischen Fähigkeiten und präzisen Detailausarbeitung geschätzt.[53] Hase seinerseits nimmt mit wachsender Arbeitsbelastung mehr Mitarbeiter auf, von denen nur einige aus Kassel kommen (Hillebrand, Zindel, Schönhals, C. Schäfer). Die 'Hannoversche Schule' erweist sich damit weniger einheitlich, als bisher angenommen worden ist.

Aus der geschilderten personellen Konstellation erwächst ein Einfluß Ungewitterscher Formen in der Hannoverschen Schule, insbesondere im Opplerschen Zweig. Exemplarisch wird dies anhand des Wohnbaus belegt. In Hannover entfalten, wie schon ein Blick in Schönermarks "Architektur der Hannoverschen Schule"[54] zeigt, darüber hinaus auch die Möbel Ungewitters eine Wirkung. Ihre Derbheit - im Gegensatz zur Biedermeier- und Louis-Seize-Eleganz - wird nicht durch farbige Intarsien wie im High Victorian und den meisten deutschen Möbeln des 19. Jahrhunderts gemildert. Gleichwohl spielt die Farbe eine wichtige Rolle: In den Erläuterungen zu den Tafeln werden Farbvorschläge sehr differenziert behandelt. Immer aber ist das Material einheitlich; aufgetragene Farben sollen belebend auf das Betrachterauge wirken. Beispielhaft seien Entwürfe Opplers genannt[55], die uns hier leider nicht beschäftigen können.

In Hannover selbst treten Wohnhäuser in Backstein oder Mischbauweise (Ziegel, Sandstein) auf, die zu einem großen Teil an Ungewitter anschließen und zumeist von seinen oder Hases Schülern errichtet worden sind.[56] Für einen Überblick werden einige freistehende bzw. städtische Häuser benannt, die eine direkte oder indirekte Beeinflussung durch Ungewitter zeigen.

Gotthilf Ludwig Möckel (1838-1915) errichtete für sich eine Villa in Dresden (1877/78). Er ist, entgegen vielerorts zu findenden Angaben, kein Ungewitter-, sondern ein Hase-Schüler.[57] Von 1860-62 arbeitet er in Opplers Büro, wo er intensiv die Formen Ungewitters kennenlernen konnte. Über asymmetrischem Grundriß erhebt sich sein mit einem Walmdach überdecktes Wohnhaus, das an den glatten Flächen mit gelben Ziegeln und weißen Sandsteinteilen verkleidet ist *(Abb. 131)*. Im Innenraum gibt es eine von einer Galerie umzogene Halle.[58] An den Ecken der Eingangsseite sind Statuen der Frau und des Mannes des Hauses (mit Attributen!) als eine Besonderheit angebracht. Die dargestellte Ansicht wird durch einen Mittelrisalit mit Erker und Lukarne zusammengehalten, obwohl die Ecken durch einen quergestellten Erker mit Balkon und Loggia oder als Überleitung zur Eingangsseite mit einem spitzdachigen Anbau aufgelockert werden. Die Komposition einer vielfältigen Silhouette unter Verwendung kleiner Annexe,

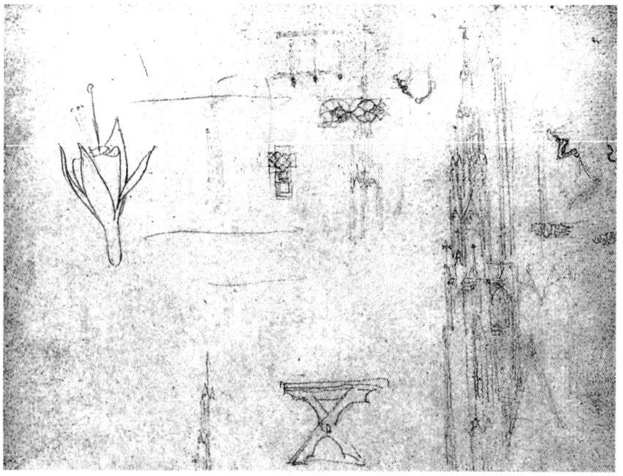

Abb. 131) Villa Möckel, Dresden, Möckel, 1877/78

Abb. 132) Villa Wedekind, Kassel, Lüer, 1869

Abb. 133) Heilanstalt Dr. Brehmer, Görbersdorf, Südansicht des neuen Kurhauses ("Logierhaus"), Oppler, 1876-78

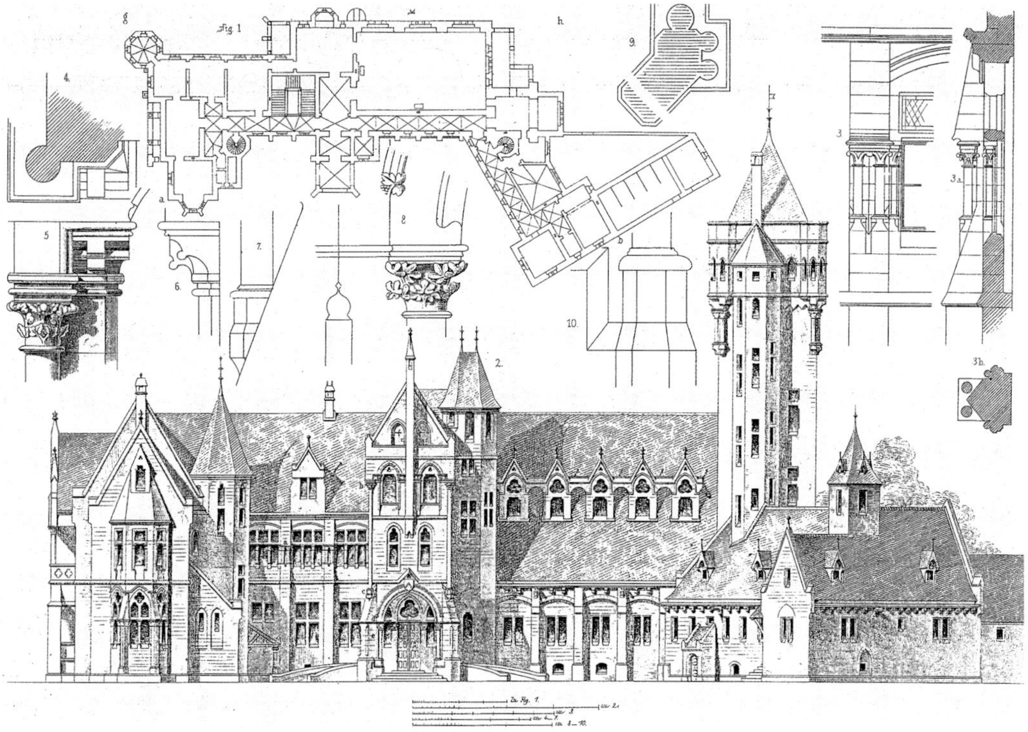

Abb. 134) Landschloß (Ungewitter, Stadt- und Landhäuser, Bd. II, Tf. 35f.)

die Aufgliederung der Wand durch Blenden, wie Ungewitter sie meisterhaft vorgebildet hat, und das Motiv des mittleren dreiseitigen Erkers (vgl. Tf. I, 14) sind Elemente des mittleren 19. Jahrhunderts. Die Verwendung des Ziegels als Verblender stellt einen markanten Unterschied dar.

Bei Kassel errichtet Hases Assistent C. W. Lüer im Jahr 1869 die Villa Wedekind (sog. Glitzerburg) als polychromen Backsteinbau *(Abb. 132)*. Den Entwurf soll allerdings Röbbelen, ein Ungewitter-Schüler konzipiert haben (vgl. Kurzbiographie). Die locker gruppierte Anlage läßt ein wenig die Balance zwischen Turm, Flügelbau mit angelegter Loggia und überdachter Vorfahrt vermissen, die für Ungewitter charakteristisch gewesen ist (vgl. Tf. I, 14). Die Durchbrechung der Giebelstaffeln ist von dem Entwurf auf Tf. II, 21 angeregt. Die Wand gewinnt jedoch bei Lüer an Glätte, gegen die die aufwendige Detailgestaltung sich abhebt.

Abb. 135) Wohn- und Geschäftshaus Vogelstein, Marktstraße 55/ Ecke Grupenstraße, Hannover, Hehl, 1881-83

Durch die bei Edwin Oppler tätigen Kasseler Schüler lassen sich viele seiner Bauformen erklären, während seine Entwürfe nur wenig Einwirkung von seiten Hases erkennen lassen. Die Lungenheilanstalt des Dr. Brehmer in Görbersdorf (Planungsbeginn 1861, die abgebildete Südansicht des neuen Kurhauses, des sog. Logierhauses 1876-78) zeigt die Umsetzung des einzigen von Ungewitter entworfenen Landschlosses in Backstein *(Abb. 133, 134)*. Die Hinweise auf das auffälligste Motiv, die durch Schwibbögen zu einer durchlaufenden Reihe verbundenen Lukarnen, die Ungewitter einerseits als Gauben zur Durchbrechung der großen Dachfläche verwendet hat, die aber andererseits analog zu Oppler ebenfalls über dem Hauptgesims aufsteigen, sowie die Anlage eines offenen Umganges mögen genügen. Bauführer war Ungewitters Schüler Albert Grau. Kompositionsweise und Formen aus Kassel schlagen sich demnach im Kreis der Hannoverschen Architekten nieder. Daß es sich, trotz der Weiterentwicklung durch diese Architekten, um eine ursprünglich in Kassel entwickelte Bauweise handelt, sollte im Auge behalten werden. Spannend erscheint die Figur Opplers, dem im Hinblick auf seine intensive Ungewitter-Rezeption eine besonders interessante Rolle zufällt, was noch weiter verfolgt werden konnte.

In der Auseinandersetzung mit dem beginnenden großmaßstäblichen Städtewachstum in mehrgeschossiger Bebauung der Straßenzüge sowie Verlagerung des Wohnens in ländliche Gebiete, bezieht Ungewitter Position zu einer wichtigen Kernfrage im mittleren 19. Jh. (vgl. die Diskussion in Wien, Berlin, München, Hamburg und anderen Städten). Mit mehrgeschossigen Turmerkern, besonders an den Ecken der urbanen Gebäude, Lukarnen und Zwerchhäusern in den Satteldächern, Risaliten und flachen Erkern zur plastischen Belebung der Fassade, wird das Prinzip der Abwechslung und Vielfalt zur Bewältigung der zunehmenden Breite und Höhe der Bebauung durchgeführt. In der Verwendung sichtbar verschiedener Baustoffe formuliert Ungewitter - im Anschluß an sein Frühwerk in Hamburg - einen Gegenentwurf zur 'Monotonie' der verputzten Reihen- und Mietshäuser, die sich vor allem in der oberflächlichen Stilwahl unterscheiden.

Abb. 136) Hotel Roland, Frankfurt/M., Oppler, Entwurf, 1875

Im Jahr nach der Gründung seines eigenen Büros in Hannover entstand von Christoph Hehl 1872/73 die neugotische Wohnhausgruppe Poppe.[59] Hehl errichtet außerdem 1881-83 in der Marktstraße 55 an der Ecke zur Grupenstraße ein Wohn- und Geschäftshaus in Ziegel mit Hausteindetails für Salomon Vogelstein *(Abb. 135)*. Wie vielfach üblich, schrägt er die Ecke ab und besetzt sie mit einem ab dem ersten Obergeschoß aufsteigenden Polygonerker. Die Rosenfenster in den beidseits des Erkers plazierten Giebeln sind einem Landhaus (Tf. II, 3f.) entnommen, während trotz der Auflockerung im Dachbereich keine so spannungsvolle Komposition entsteht, wie etwa in Ungewitters Tf. I, 40, da die gleichmäßige Durchfensterung der Langseiten gegen die Ecke und die ihr nächst anliegenden Achsen mit ihren Erkern und Dächern zurücksteht. Opplers Entwurf zu dem Hotel Roland in Frankfurt/M. von 1875 zeigt an der Gartenfassade den dreiseitigen Erker auf freistehenden Stützen aus Tf. I, 43 *(Abb. 136)*. Oppler nimmt im Stadtbau die ausgeprägte Asymmetrie zurück; und zwar stärker als Hehl in den abgebildeten Beispielen.

Diese Motive geben wieder Hinweise auf den prinzipiellen Einfluß aus Kassel, können eine Einzelanalyse aber keinesfalls ersetzen. Die Zahl der Beobachtungen ließe sich leicht vermehren. Außer den frühgotischen Formen, die es zumal in ihrer im Hausteinbau bzw. Mischbau Ungewitterscher Entwürfe entwickelten Formulierung bei Hase nicht gibt, stoßen die Erker, Gauben und Türme auf Resonanz, die dem in Hannover erst zum Durchbruch gelangenden neugotischen Wohnbau in Norddeutschland maßgebliche Gestalt verleihen.

Eine Anmerkung sei zum Begriff der "Zukunftsgotik" gestattet. Im Gegensatz zu Kokkelink, der Ungewitters "Zukunftsgotik" als Freiheit des Zugriffs und Eigenschöpfung auffaßt, scheint uns der

Begriff weniger positiv besetzt zu sein, meint vielmehr die unangemessene Siegesgewißheit selbstbewußter Zeitgenossen. Ungewitter kritisiert gerade "gar verfrühete Hindeutungen auf den Styl der Zukunft", wie er sie in *The Builder* gelesen habe, selbst G. G. Scott habe sich in seiner Schrift "On the Rational of Gothic Architecture" nicht davon befreien können.

> *Dem Publikum gegenüber halte ich dieses Prognostiziren einer auf gothischem Fundamente beruhenden, weiter entwickelten Architektur für ganz ersprießlich, schon um dem Schrekkensworte 'Reaktion' etwas von seiner Kraft zu benehmen; unsere deutschen Architekten sind aber ohnedies von ihrem Vermögen, 'frei die Form zu beherrschen' bereits übermäßig durchdrungen und so wenig mit der gothischen Basis vertraut, daß sie auf solche Aeußerungen hin leicht zu der Meinung kommen können, jener Zukunftsstyl sey unter ihren Händen bereits im schönsten Erblühen begriffen.*[60]

Darin liegt sehr viel Skepsis, sogar gegen führende Neugotiker wie Scott. Diese Auffassung der Neugotik in Deutschland findet ihrerseits wieder in englischen Zeitschriften ein negatives Echo, indem der Glaube an die sog. Zukunftsgotik heftig kritisiert wird.[61] Es gilt umsomehr, dieses Mißverständnis auszuräumen, als daß sich dadurch bis heute ein so doch nicht zutreffendes Bild vom eigenen Schaffensbewußtsein Ungewitters und seiner Generation ergibt.[62]

Im folgenden wird abschließend zu benennen sein, worin Ungewitters Beitrag zu der Hannoveraner Backsteinneugotik liegt.[63] Die Idee, die gotische Backsteinbauweise Norddeutschlands in großem Umfang für den neugotischen Wohnbau sich anzueignen, geht vor Hase im wesentlichen auf Ungewitter zurück. Der Backstein steht in den Augen beider Architekten für die Werte architektonischer Aufrichtigkeit, Lokalbezug und Modernität, zu der eben über die Dekoration die 'Tradition' als Zitat hinzutritt. Die Idee wird durch und mit Hases Wohnhaus sowie in unzähligen Folgebauten in Architektur umgesetzt, wobei erhebliche qualitative Unterschiede entstehen können. Hase ist es möglich, die Ideen zu festigen, und es entsteht die sog. 'Hannoversche Schule'.[64] Darin geht weiterhin die Tätigkeit des Büros Oppler ein, das als eigenständiger Zweig innerhalb der 'Hannoverschen Schule' betrachtet werden muß und aus diesem Blickwinkel einer neuen Analyse bedürfte.

Aufgrund dieser Voraussetzungen wird die Neugotik in Hannover sowohl im Wohnbau als auch im Kirchenbau in unzähligen Varianten anwendbar. Der gotische Stil zeigt sich in Hannover eher als eine Bauweise denn als geistiger Ableger der katholischen Zentrumspartei. Ungewitter wirkt regional und in seiner Mittelstellung zwischen Köln und Hannover als Zwischenpuffer. In seiner Lehre schwächt er die politische Ausrichtung der Kölner ab, ohne aber die theoretische Basis aufzugeben und nur noch zu bauen, wie es teilweise als Tendenz in Hannover zu beobachten ist (sog. 'Hasik'). Insofern ist Ungewitter vielleicht die am vielschichtigsten wirksame Persönlichkeit der Neugotik um die Mitte des 19. Jahrhunderts in Deutschland.

c. Ungewitters Lehre und seine Schüler als Dozenten an Technischen Hochschulen des norddeutschen Raumes (Kassel, Hannover, Berlin)

Die große Zahl seiner Nachfolger und Schüler deutet bereits auf Ungewitters überzeugende Wirkung als Lehrer. Sein Amt an der Höheren Gewerbeschule hat er mit dem Ziel angetreten, das üblicherweise vernachlässigte Studium des Mittelalters in den Blickpunkt der architektonischen Ausbildung zu rücken.[65] Daß er damit Gefahr läuft, die Einengung auf klassische Lehrinhalte durch seine gotischen auszutauschen, geben schon Kritiker in der Diskussion um die Kasseler Stellenbesetzung zu bedenken (entsprechend die anfänglich ablehnende Reaktion der Studenten auf unerwartete Lehrinhalte).

Wesentliches und herausragendes Kennzeichen der Ungewitterschen Lehrmethode ist es, nicht mehr mit dem Kopieren von Zeichnungen antiker Monumente den Unterricht zu beginnen, sondern mit Konstruktionsübungen.[66] Da gerade die gotische Kunst für besonders dicht am konstruktiven Gesichtspunkt orientiert verfochten wird, ergibt sich der Zusammenhang mit diesem Stil automatisch und braucht nicht weiter reflektiert zu werden. Von Anbeginn ihrer Ausbildung werden die Kasseler Schüler zur Eigenständigkeit angehalten. Es wird nicht versucht, über Kopieren bestimmte Ideale und Formen zu vermitteln, sondern es wird gleich mit der Lösung einer einfachen

Konstruktionsaufgabe begonnen. In gesonderten Lehrveranstaltungen werden Theorie sowie Geschichte gleichsam nachgeschoben. Außerdem führt die konstruktive Problematik unmittelbar in die Auseinandersetzung mit der dritten Dimension - dem Raum. Die zeichnerische Studie erfaßt dagegen Räumlichkeit zunächst über linear-flächige Hilfsmittel der Darstellung (Perspektive). Die neue Methode räumt in der Ausbildung eine Fähigkeit zum Erfahren, Erkennen und selbständigen Gestalten räumlicher, auch plastischer Zusammenhänge breitesten Platz ein. Die große persönliche Überzeugungskraft Ungewitters verlagert sich denn zu einem großen Teil in das eigene Atelier, Ungewitter doziert nicht nur, sondern lebt seine Überzeugungen vor. Nur so, von innen heraus, ist eine so beachtliche Wirkung in einem Klima frostiger Ablehnung seitens der meisten staatlichen Baumeister in Kurhessen überhaupt zu denken und zu erklären.[67]

Gegen die akademische Tradition setzt Ungewitter eine praktische Ausbildung. Er versucht nie, an eine Akademie zu gelangen, bewirbt sich ausschließlich an polytechnische Institute (Karlsruhe, Hannover). Damit bezieht Ungewitter in der Diskussion um eine für die modernen Erfordernisse angemessene Architektenausbildung eine eindeutige Position, die sich zwischen dem sich aufspaltenden Feld von Architekt bzw. Ingenieur ansiedelt und beide Pole zu umfassen versucht.

Indem sich seit 1824 der Unterschied zwischen "hoher Baukunst" und "niederer Bautechnik" manifestiert, wird durch die Auslagerung der Architekturausbildung aus dem Bereich der Kunstakademie, die in ganz Deutschland eintritt, die Architektur als Kunst problematisch.[68] Naturwissenschaftlich-technische Themen gewinnen Dominanz in den neu gegründeten polytechnischen Schulen Karlsruhe, München und Stuttgart. Zuerst hat der preußische Gewerbepolitiker Peter Christian Beuth im Jahr 1821 ein Gewerbeinstitut eingerichtet. Darauf aufbauend, legt Schinkel in der Bauakademie Wert auf materialgerechte Verarbeitung heimischer Werkstoffe, aber auch die Verbesserung der technischen Produktion. Der praktische Verwertungszusammenhang der Architektur im sog. 'Nutzbau' löst auf der anderen Seite eine forcierte Aufwertung der Architektur als Kunst aus, so daß Kugler 1847 behaupten kann, die Gewerbeinstitute "haben nicht unmittelbar mit der Kunst zu tun".[69]

Dagegen muß sich ein Lehrer an solch einer Anstalt, wie es Ungewitter gewesen ist, zur Wehr setzen. Die Anhänger der gotischen Bewegung stellen die mittelalterliche Bauhütte der frühen Industriegesellschaft gegenüber. In ihrem Konzept liegt eine Idealisierung der Aufgabe des Architekten im Sinne des 'alten Meisters', die eine Nachwirkung der Romantik darstellt.[70] Im Vorwurf eines Mangels an handwerklichen Fähigkeiten in der Gegenwart scheint auch bei Ungewitter originär romantisches Gedankengut durch: Die schöpferische Einheit von Kunstprodukt und Handwerker, als Gegenbild zu der einsetzenden Entfremdung des industriellen Arbeiters von seinem Erzeugnis, gilt es wiederherzustellen. Gleichzeitig weist der Aspekt auf die Zusammenführung von Kunst und Handwerk voraus, die dann später im "Arts and Crafts Movement" zum zentralen Gedankengut wird.

Es ist offenbar nur ein einziger Versuch unternommen worden, Ungewitters literarischem Fleiß ein neues Werk entgegenzusetzen. Im Jahr 1881, dann 1888 in zweiter Auflage, erscheint ein Opus des Architekten, Restaurators und Fachschriftstellers Rudolf Redtenbacher (1840-85), das sich als eine Art 'süddeutsches Gotik-Lehrbuch' bezeichnen läßt.[71] Wie die Angaben in seinen Fußnoten zeigen, lehnt er sich außer an Viollet-le-Duc eng an Ungewitter an, die er beide vielfach zitiert. In seiner Danksagung tauchen darüber hinaus mit Wiethase, Otte und Lotz ebenfalls geläufige Namen auf. Selbst der Aufbau des Werkes ab dem zweiten Abschnitt folgt in etwa Ungewitter (in der Anordnung der ersten und zweiten Auflage; er zitiert die zweite Auflage), indem nacheinander die Hauptelemente der gotischen Kirche (Gewölbebau, Stützen, Strebepfeiler, Grundriß, Innenraum, Außenansicht) behandelt werden. In seinem Schlußwort wiederholt Redtenbacher bekannte Gedanken: In der mittelalterlichen Baukunst sei "die äussere Erscheinung stets aus constructiven Gründen motivirt". Doch in der Feststellung, daß die Konstruktionen selbst mangelhaft sein können, öffnet sich ein neuer Horizont: Die mittelalterliche Baukunst ist, mit allen Einzelanalysen, ausschließlich unter pädagogischen Gesichtspunkten von Wert und Bedeutung.

Nach Ungewitters Tod übernehmen zuerst Zindel (1864-69), dann Schäfer (1868-70) die Lehrtätigkeit an der höheren Gewerbeschule Kassel, bevor sie zu einer Provinzialgewerbeschule abgewertet wird. Schäfer wechselt deswegen als Universitätsbaumeister nach Marburg, woraufhin die

Lehrtätigkeit in Kassel Werner Narten aus Hannover übertragen wird. Nach 1868 erhält Schneider eine Anstellung an der Kunstakademie Kassel. Von 1870-1908 wirkt Steindorff in Süddeutschland (1870-77 TH Stuttgart, danach Kunstgewerbeschule Nürnberg). Lotz lehrt zwischen 1871 und 1879 Architektur und Kunstgeschichte an der Kunstakademie in Düsseldorf. In Hannover, wo Hase lange dominiert, wird Geb 1882-1908 auf einen Lehrstuhl berufen. Schäfers Laufbahn führt ihn zunächst 1878 nach Berlin-Charlottenburg, dann 1894 an die TH Karlsruhe. Seine Stelle an der TH Berlin übernimmt 1894 in direkter Nachfolge Christoph Hehl.

Der Schwerpunkt der in der Regel als Lehrer für mittelalterliche Architektur oder Kunstgeschichte tätigen Schüler Ungewitters liegt im norddeutschen Raum. Da sie sicherlich alle ihren Vorlesungen das "Lehrbuch" Ungewitters zugrundegelegt haben, sind die Neuauflagen bis 1903 erforderlich gewesen. Da die Hälfte aller Mittelalter-Lehrstühle um 1880 insgesamt von in Hannover oder Kassel ausgebildeten Architekten besetzt gewesen sind, läßt sich die Tatsache nachvollziehen, daß es ein Hase-Schüler ist, der das Ungewittersche Lehrbuch ab der dritten Auflage umgearbeitet und in einigen Punkten auf den aktuellen Stand der Kenntnisse gebracht hat. Hillebrand kritisiert, daß man keinen direkt in Kassel ausgebildeten Bearbeiter gewählt hat.[72] Die Kasseler Schüler bestehen, wie auch andere Fälle belegen können, auf der Differenzierung, bemühen sich um ungeschmälerte Erhaltung des Ansehens ihres Lehrers. Eine Aufweichung fand aber doch in dem Maße statt, in dem die 'Hannoversche Schule' als Schlagwort in den Blickpunkt geraten ist.[73]

Schäfer legt dar, worin die besonderen Qualitäten der Kasseler Schule liegen.[74] In ihrem fünfjährigen (in Hannover nur dreijährigen) Kurs besteht seit Beginn des Ungewitterschen Wirkens eine Kontinuität der Lehre bis 1869. Die Anzahl der Wochenstunden für die Lehrfächer des Hochbauwesens stellt er auf 51 in Hannover und 73 in Kassel fest und erreicht in der Hochrechnung auf die jeweilige Studiendauer den großen Unterschied von 1785 zu 2920 Stunden. Besonders im freien Zeichnen besteht von 6 zu 20 Stunden pro Woche ein erheblicher Abstand. In die Aufstellung über die durchschnittlich je Schüler in seiner Studienzeit angefertigten Zeichnungen, zumal diese eben eigene Entwürfe statt der andernorts üblichen Kopien sind, bezieht er zusätzlich Berlin ein (17 in Berlin, 61 in Hannover, 156 in Kassel). Die Wege der bis 1869 in Kassel ausgebildeten 40 Studenten (von denen er 15 nennt) nachzuzeichnen, kann ebenso wenig Aufgabe dieser Studie sein, wie eine Überprüfung der Schäferschen Aufstellung. Es illustriert dies jedoch sehr anschaulich das Selbstbewußtsein der Kasseler Absolventen; für die Qualiät ihrer Ausbildung spricht unmittelbar der große Wirkungskreis im Inland und teilweise auch im Ausland.

1 *DBZ* 26 (1892), 562.

2 vgl. Kulturdenkmäler in Hessen: Schwalm-Eder-Kreis I. (Denkmaltopographie Bundesrepublik Deutschland) Braunschweig/Wiesbaden 1985 , S. 135.

3 Schwalm-Eder-Kreis I, 1985, S. 219f.

4 Kulturdenkmäler in Hessen: Werra-Meißner-Kreis I. Altkreis Eschwege. (Denkmaltopographie Bundesrepublik Deutschland) Braunschweig/Wiesbaden 1991, S. 537-39.

5 vgl. Kulturdenkmäler in Hessen: Kreis Kassel Teil 1. (Denkmaltopographie Bundesrepublik Deutschland) Braunschweig/Wiesbaden 1988, S. 454.

6 Doris Böker, Neugotik auf dem Lande. Das Werk des Kasseler Konsistorialbaumeisters Gustav Schönermark (1854-1910). (Schriften des Instituts für Bau- und Kunstgeschichte Hannover Bd. 6) Hannover 1985.

7 Ähnliche Beobachtungen lassen sich an der ev. Pfarrkirche Allendorf 1899 treffen, deren Turmhelm und Innenausstattung bedingt noch an Ungewitter gemahnen.

8 Daß die kirchliche Neugotik "steril" bleibt, wie Beenken behauptet, da sie sich nur im Kleinen, nie aber im Großen räumlich entfalte, trifft eben nicht pauschal zu (Beenken, 1952, S. 95f.).

9 Es sei nur verwiesen auf: Fritsch, 1893 (der immer noch als Standardwerk für ev. Kirchen gilt); Gerhard Langmaack, Evangelischer Kirchenbau im 19. und 20. Jahrhundert. Kassel 1971.

10 Daß sie eine eigene Gruppe bilden, sehen Trier/ Weyres, Bd. 1, 1980, S. 83.

11 Jörg Bahns, Johannes Otzen 1839-1911. Beiträge zur Baugeschichte des 19. Jahrhunderts. (Materialien zur Kunst des neunzehnten Jahrhunderts Bd. 2) München 1971, hier S. 65; vgl. auch Fritsch, 1893, S. 264.

12 Nach Fritsch haben sich Ungewitter-Schüler regelrecht dagegen gesträubt (Fritsch, 1893, S. 348).

13 Hehl nimmt später auch Anregungen Hases auf (ev. Dreifaltigkeitskirche Hannover 1880-83) oder baut in neoromanischem Stil (Garnisonkirche Hannover). In seinen Backsteinkirchen verwendet er das Klosterformat und eine wie Handstrich erscheinende Oberfläche im Gegensatz etwa zu Otzen (Hans Reuther, Die Sakralbauten von Christoph Hehl. In: *Niederdeutsche Beiträge zur Kunstgeschichte* 8 (1969), S. 211-263; hier S. 246). Damit stehen wieder Authentizität und handwerkliche Qualität der Materialverwendung im Mittelpunkt.

14 vgl. Fritsch, 1893, S. 319ff.

15 Heinrich Wiethase, Kirchen für Erweiterungen. In: *Zeitschrift für christliche Kunst* 2 (1889), S. 373ff. (vgl. Walter Marquaß, Heinrich Johann Wiethase (1833-1893). Privatbaumeister in Köln. Diss. TH Aachen 1980).

16 *Architektonische Rundschau* 1885.

17 Otto March, Unsere Kirchen und gruppirter Bau bei Kirchen. Berlin 1896; Ders., Der Gedanke des evangeli-

schen Kirchenbaus. Festvortrag zum Schinkelfest. In: *DBZ* 1904, S. 142-44 (vgl. zu March: Weiß, 1983, S. 140ff.).
18 vgl. Karl Doflein (St. Pauluskirche Dortmund 1892-93) oder Johannes Vollmer (ev. Kirche Gießen 1890-91), die dreischiffige Vorhallen, frühgotischen Stil und seitlich abgestellte Westtürme aufweisen (zu Vollmer: Dieter Krampf, Johannes Vollmer (1845-1920). Ein Architekt des deutschen protestantischen Kirchenbaues im 19. und frühen 20. Jahrhundert. Diss. Bonn 1990).
19 Hammerschmidt, 1985, S. 244.
20 Fritsch, 1893, S. 551.
21 Ebd., S. 295.
22 Preuß, Über evangelischen Kirchenbau. Breslau 1837.
23 Gurlitt, 1906, S. 37. Umgekehrt fordert ein ehemaliger Architekt, daß für Kirchen ein bestimmter Baustil nötig sei, wofür allerdings die bekannten Stile hinreichend seien (Georg Heckner, Praktisches Handbuch der kirchlichen Baukunst einschließlich der Malerei und Plastik. Zweite, erg. Aufl. Freiburg/Breisgau 1891).
24 Brief 16. Dezember 1851 (Reichensperger, 1866, S. 75).
25 Johann Kreuser, Der christliche Kirchenbau. Bonn 1851. Selbst das Kapitel über die Symbolik der Bauformen enthält wenig Relevantes für das Bauwesen (S. 619ff.).
26 Willy Weyres/ Albrecht Mann, Handbuch zur rheinischen Baukunst des 19. Jahrhunderts. Köln 1968, S. 15; zu Ungewitter und seinen Schülern S. 16ff.
27 Musterbücher für Kirchen mit zeitgenössischen Entwürfen als Entscheidungshilfe für Neubauten gibt es seit Carl Friedrich von Wiebekings "Theoretisch-practische Bürgerliche Baukunst durch Geschichte und Beschreibung der merkwürdigsten Baudenkmahle und ihre genauen Abbildungen bereichert", 4 Bde. München 1826. Für Kirchen erscheinen sie im ganzen 19. Jh. (Statz, Ungewitter, Möckel). Ob es nur die persönliche Ansicht des Autors ist, welchen Stil er bevorzugt, wie Weiß vermutet, sei bezweifelt (Weiß, 1983, S. 71).
28 V[incenz] Statz, Kirchliche Bauwerke im gothischen Style. Lüttich/Leipzig 1857-59.
29 Immer noch sind Pfarrkirchen Thema: z.B. A. Reichensperger, Den Bau von Pfarrkirchen betreffend. In: *Zeitschrift für christliche Kunst* 8 (1888), S. 235-40; Joseph Prill, Wie sollen wir unsere Pfarrkirchen bauen? In: *Zeitschrift für christliche Kunst* 8 (1888), S. 171-180. Beide verfechten mehrschiffige (gotische) Anlagen statt der Forderung eines anderen Autors nach einschiffigen Hallenkirchen zu folgen.
30 Ausnahmen sind etwa: Theodor Appelius, Die Aufgabe der kirchlichen Baukunst in Deutschland. Leipzig 1867; Wilhelm Engelbert Giefers, Praktische Erfahrungen und Rathschläge, die Erbauung neuer Kirchen sowie die Erhaltung und Wiederherstellung, die Ausschmückung und Ausstattung der Kirchen betreffend, nebst einer kurzen Uebersicht der Entwicklung der christlichen Baukunst. Paderborn 1869[4] (Er empfiehlt Güldenpfennig und verweist auf Statz' Kirchenedition, gehört somit dem streng katholischen Kreis an); Hugo Altendorff, Ueber die kirchliche Baukunst des 19. Jahrhunderts. Leipzig 1872. In einer Studie zum Kirchenbau unseres Jahrhunderts werden Hase und Ungewitter als die für den evangelischen Kirchenbau bedeutsamen Neugotiker genannt (Hugo Schnell, der Kirchenbau des 20. Jahrhunderts in Deutschland. München/ Zürich 1973, S. 7).
31 Karl Aenmilius Jaehn, Das Evangelische Kirchengebäude. Leipzig [1877], hier S. III und 31, vgl. auch S. 69, 71f., 83-85, 124, 128, 136, 138, 151f., 226; vgl. ebenfalls: Jahrbuch über die Leistungen und Fortschritte auf dem Gebiet der practischen Baugewerbe. Herausgegeben unter Mitwirkung von Baumstr. Gottschaldt, Baumstr. & Civilingenieur Huck, Arch. Jähn, Arch. Klette, Dr. H. Zwick. 1. Jg. Leipzig 1870, S. 348-404; hier S. 356). Der Verf. (Jaehn?) stellt u.a. fest, daß Ungewitters Schule von der rheinländischen differiert. Eine Wiederholung vieler Forderungen des Regulativs: Emil Jähn, Bemerkungen über die Anlage der kleinen evangelischen Kirchen. In: *Christliches Kunstblatt* 12 (1869), S. 167-87. Sein Entwurf Fig. 4 auf S. 181 hat Ungewitters ev. Kirche Neustadt zum Vorbild.
32 Jaehn sieht demnach, "im Sinne der älteren Romantiker", den Unterschied zwischen den Konfessionen in der Einrichtung, nicht der Anordnung (Fritsch, 1893, S. 290).
33 Oscar Mothes, Handbuch des evangelisch-christlichen Kirchenbaues. Leipzig 1898, S. 267.
34 Mothes, 1898, S. 267f. Er bildet Teile Ungewitterscher Kirchen ab und erkennt in den Restaurierungen eine Beherrschung der verschiedenen Stilphasen. Viel Raum widmet Mothes seinem eigenen Werk (S. 274ff.).
35 Cornelius Gurlitt, Kirchen. In: Handbuch der Architektur, 4. Teil, 8. Halbbd., 1. Heft. Stuttgart 1906, S. 281 und 386. Er verwendet die von Mohrmann veränderte 4. Auflage des "Lehrbuches" von 1901-3.
36 Anlehnungen an die Vorlagen Ungewitters beobachtet etwa: Reinhard Dauber, Aachener Villenarchitektur. Die Villa als Bauaufgabe des 19. und frühen 20. Jahrhunderts. Recklinghausen 1985 (= Habil.schr. TH Aachen), vgl. S. 186, 199, 201f., 216, 221.
37 Es ist allenfalls denkbar, daß vereinzelt Vorstudien Ungewitters aus seinen letzten Lebensjahren den Entwürfen zugrundegelegen haben können. Hingewiesen sei lediglich auf zwei Entwürfe, die in ihrer äußerst reduzierten Formensprache - etwa den tief eingeschnittenen hochrechteckigen Fensteröffnungen - nicht dem entsprechen, was mit Sicherheit Ungewitter zuzurechnen ist (Die deutsche Villa. Berlin um 1875, Tf. 41-44).
38 Darunter ist z.B. die Villa Wedekind (vgl. S. 207) (Dauber, 1985, S. 201).
39 Michael Imhof, Historistisches Fachwerk. Zur Architekturgeschichte im 19. Jahrhundert in Deutschland, Großbritannien (Old English Style), Frankreich, Österreich, der Schweiz und den USA. Bamberg 1996 (Diss. Bamberg), hier S. 179ff. Viel auch bei Brönner, 1987. Zu den Begriffen 'historistisches' und 'technisches Fachwerk 'vgl.: Die Stadt Marburg. Gesamtdokumentation II. Bürgerhäuser der Altstadt. Katalog. Studien zur baulichen Entwicklung Marburgs im 19. Jahrhundert. Marburger Arbeitsgruppe für Dokumentation. Marburg 1981, S. 41ff. Zu Schäfer, der mehrere Schriften zum Thema Fachwerk herausgegeben hat vgl. Schuchard, 1979, S. 43ff.
40 Ernst Gladbach, Der Schweizer Holzstil mit seinen cantonalen und constructiven Verschiedenheiten, vergleichend dargestellt mit Holzbauten Deutschlands. Darmstadt 1868, Zürich 1883[2].
41 Sie werden gezeigt z.B. im *Architektonischen Skizzenbuch*, wo auch viele Häuser im Schweizer Stil zu finden sind, oder auch bei: Gustav Borstell, Ansichten und Detailzeichnungen von Bahnhofgebäuden im Großherzogtum Baden, gesammelt auf einer Reise am Rhein. In: *ZfB* 1851, S. 278-80, Bl. 41f. (Freiburg/ Br., Karlsruhe, Baden-Baden, Dinglingen). Vgl. F. Eisenlohr, Ausgeführte Bauten. Karlsruhe 1851-59.
42 s. ebd.; F. Eisenlohr, Holzbauten des Schwarzwaldes. Karsruhe 1853 (vorspringende Dächer, offene Galerien, gekuppelte Fensterreihen); vgl. Imhof, 1996.
43 vgl. Eisenlohr, Holzbauten, 1853, Vorwort. Er entwarf alle Größen von Bahnhöfen nebst Schuppen usw. bis hin zu Tafeln für die Stationsnamen (Hans Joachim Clewing, Friedrich Eisenlohr, der Zeichner und Baumeister. In: *Badische Heimat* 36 (1956), S. 23-32, hier 24).
44 vgl. Imhof, 1996, S. 255.
45 Imhof, 1996, S. 269, 271; zu Oppler, Hehl und Schorbach vgl. S. 291-324.
46 Wie schon Hillebrand im Jahr 1923 bemerkt, daß Schäfer die Kasseler Schule besonders hoch schätzte, be-

stätigen neueste Forschungen: Imhof, 1996, S. 339-366, 367-90 zu Schäfers Schülern Hartung, Ostendorf, Dihm und Dauber. Zur Adaption der Ungewitterschen Methode (von Reichensperger angeregt), alte Bilder als Vorlagen für Holzbauformen auszuwerten vgl. auch: Michael Imhof, Carl Schäfer und das sogenannte Schäfersche Haus. Die Bedeutung des "Schäferschen Hauses" für die Forschungsgeschichte zum Fachwerkbau. In: Neue Untersuchungen zu städtischen und ländlichen Bauten *(Berichte zur Haus- und Bauforschung* Bd. 3), S. 259-76, hier 264.

47 Für Ungewitter sprachen sich Reichensperger, Graf von der Decken u.a. aus, doch schloß sich Ungewitter später der Meinung Opplers an, daß es Hase mit einer Berufung Ungewitters nicht ganz ernst gewesen sei, aus Furcht selbst in den Hintergrund zu geraten; Ungewitter verlor angeblich das Interesse, sobald klar wurde, daß es sich um eine nur sekundäre Stelle handelte (Hillebrand, 1923).

48 Kokkelink, 1968; Ders., Conrad Wilhlem Hase. Architekt und Lehrer der Baukunst. In: Universität Hannover 1831-1981. Festschrift zum 150jährigen Bestehen der Universität Hannover. Bd. 1 Hannover 1981, S. 180-92.

49 Hase übernimmt (in der Marienburg) von Ungewitter die funktionale Asymmetrie, während spätgotische Sandsteinornamente außer auf den Kasseler auch auf Heideloff zurückverweisen (vgl. Kokkelink, 1968, S. 33-35).

50 Hillebrand, 1923.

51 J. H. Kastenholz, Dem Andenken des Königl. Hannoverschen Baurats Edwin Oppler. Unveröff. Manuskript von 1929; zit.n. Peter Eilitz, Leben und Werk des Königl. hannoverschen Baurats Edwin Oppler. In: *Hannoversche Geschichtsblätter* NF Bd. 25. Hannover 1972, S. 127-301; hier 133-35. Zum Verhältnis Oppler-Ungewitter vgl. S. 140f.

52 Ferdinand Schorbach, Architektonische Entwürfe von Edwin Oppler. Profan- und Kultbauten, innere Einrichtungen, Dekorationen, Möbel, kunstgewerbliche Gegenstände, Denkmäler etc. etc. Halle a.S. 1884-89; zur Wirkung im Detail vgl.: Wolfgang Brönner, Die Villa Cahn. Ein 'deutsches Haus' am Rhein. Köln 1991. Interessant auch die Einschätzung Hillebrands: "Oppler hatte in richtiger Erkenntnis seines Vorteils bereits von Beginn der sechziger Jahre an immerfort Schüler von Ungewitter in seinem Atelier beschäftigt und zweifellos diesen Hilfsarbeitern einen großen Teil seiner Erfolge zu verdanken." (Hillebrand, 1923). Dies zeigt, wie bewußt die Trennung zwischen den einzelnen Architekten gezogen wurde.

53 Hillebrand, 1923.

54 Gustav Schönermark, Die Architektur der Hannoverschen Schule. Moderne Werke der Baukunst und des Kunstgewerbes im mittelalterlichen Stil. Herausgegeben im Auftrag der Bauhütte zum Weissen Blatt. Hannover Bd. 1 (1889) - 7 (1895); zur Bauhütte: Geschichte und Architektur der Bauhütte Hannover. Jubiläumsschrift zum einhundertjährigen Bestehen. Herausgegeben von der Bauhütte zum Weissen Blatt. Hannover 1980.

55 vgl. z.B. Abb. in Kreisel/ Himmelheber Bd. 3, 1973, Nr. 821-26 (Marienburg).

56 vgl. bes. Theodor Unger, Hannover, Führer durch die Stadt und ihre Bauten. Festschrift zur fünften General-Versammlung des Verbandes Deutscher Architekten- und Ingenieur-Vereine. Hannover 1888 (Reprint 1991); auch: Félix Narjoux, Notes de voyage d'un architecte dans le Nord-Ouest de l'Europe. Croquis et descriptions. Paris 1876, S. 160-251.

57 Hillebrand, 1923; Karl-Heinz Barth, Gotthilf Ludwig Möckel. Leben und Werk. Ein Beitrag zur Geschichte der deutschen Architektur der zweiten Hälfte des 19. Jahrhunderts. Diss. Halle 1983 (von den sechs Bänden waren die drei mit den Abbildungen nicht erreichbar). Demnach stimmen die Zuweisungen an Ungewitter, die Unger 1880, Fritsch 1893, der Nekrolog in der *DBZ* 1915 und infolgedessen auch Mai und Magirius vorgenommen haben, nicht (vgl. Bd. 1, S. 17 und 46).

58 Ludwig Klasen (Hg.), Grundriss-Vorbilder von Gebäuden aller Art, Abt. 1: Wohn- und Geschäftshäuser, Leipzig 1884, S. 30.

59 vgl. Helmut Behrens, Die Profanbauten von Christoph Hehl. Eine Studie zur Architektur der Hannoverschen Schule. Diss. Berlin 1978, S. 19f.

60 Brief 2. Juli 1860 (Reichensperger, 1866, S. 194f.).

61 vgl. auch die kritische Position eines unbekannten Verfassers aus Wien: [o.Verf.], Die Zukunfts-Architektur für die Zukunfts-Religion. In: *OfcK* 16 (1866), S. 7f.

62 vgl. Krampf, 1990 (der noch Kokkelink, 1968 referiert).

63 Für den Kontext vgl.: Dieter Dolgner, Zur Bewertung des Backsteinrohbaues in architekturtheoretischen Äußerungen des 19. Jahrhunderts. In: *Wissenschaftliche Zeitschrift der Ernst-Moritz-Arndt-Universität Greifswald. Gesellschafts- und sprachwissenschaftliche Reihe* Jg. 29 (1980), S. 125-28; Abwertung als "öder Akademismus" bei: Friedrich Ahlers-Hestermann. Stilwende. Berlin 1941, S. 19; kritisch gegen Hase schon: Hermann, Bd. 1, 1932, S. 41ff.

64 vgl. Cornelius Gurlitt, Die deutsche Kunst des neunzehnten Jahrhunderts. Ihre Ziele und Taten. Berlin 1907[3], S. 428f.; Hans Josef Böker, Die mittelalterliche Backsteinarchitektur Norddeutschlands. Darmstadt 1988, S. 282.

65 In Frankreich wird die Praxis des gotischen Bauens ab 1777 Unterrichtsthema an der bisher nur auf die klassische Bauweise ausgerichteten Académie d'Architecture in Paris (Kamphausen, 1952, S. 15).

66 Eindrucksvoll die Schilderung durch Schäfer, der sich gegen die beabsichtigte Umwandlung der höheren Gewerbeschule in Kassel in eine bloße Provinzialgewerbeschule sträubt: Briefe 28. und 29. Mai 1869 (Best. 150, Nr. 1137; SAM).

67 Sog. 'Gotiker' als Lehrer gibt es um 1850 nur wenige: Heideloff in Nürnberg, Eisenlohr in Karlsruhe, Ungewitter in Kassel, Hase in Hannover. In Bayern wurde Hoffstadts "Gothisches ABC" zum Lehrbuch an Polytechniken bestimmt (Andreas Ley, Die Villa als Burg. Ein Beitrag zur Architektur des Historismus im südlichen Bayern 1842-1968. München 1981, Anm. 93, S. 199). Den polytechnischen Zweig beherrschten Vertreter des 'Rundbogenstils'. Bauliche Inkunabel ist das von Hübsch 1836 errichtete siebenachsige Polytechnikum in Karlsruhe (Joachim Hotz, Kleine Geschichte der Universität Fridericianum Karlsruhe (Technische Hochschule). Karlsruhe 1975, S. 27).

68 Eckhard Bolenz, Vom Baubeamten zum freiberuflichen Architekten. Technische Berufe im Bauwesen (Preußen/Deutschland), 1799-1931. (Europäische Hochschulschriften Reihe III, Bd. 488) Frankfurt/ M., Bern, New York, Paris 1991, S. 114ff. In einer Aufstellung vergleicht er die Schulen miteinander, wobei auffällt, daß explizit als "Freihandzeichnen" bezeichneter Unterricht nur in München (seit 1827) und Kassel aufgelistet ist.

69 vgl. Brix/Steinhauser, 1979, S. 200-08.

70 zur Bauhütte vgl. Germann, 1974, S. 82-87; Benevolo, Bd.1, S. 102.

71 Rudolf Redtenbacher, Leitfaden zum Studium der mittelalterlichen Baukunst. Formenlehre der deutschen und französischen Baukunst des romanischen und gothischen Stiles auf der Grundlage ihrer historischen Entwicklung. Leipzig 1881, hier verwendet 1888[2]. Er hat noch eine Reihe weiterer Schriften ähnlicher Thematik verfaßt.

72 Hillebrand, 1923.

73 Auch heutige Forscher verweisen als Referenz auf Ungewitters Werk (z. B. Norbert Nußbaum, Deutsche Kirchenbaukunst der Gotik. Entwicklung und Bauformen. Köln 1985, S. 12 und Anm. 13).

74 Schäfer, Brief 29. Mai 1869 (vgl. Anm. 66).

2. Ausbreitung Ungewitterscher Formen in den USA

Die folgenden knappen Hinweise auf eine Auffächerung der um Ungewitter gebildeten Kasseler Schule liegen weit entfernt vom ursprünglichen Ansatz dieser Studie und werden daher nur sporadisch verfolgt. Eine vertiefte Bearbeitung erscheint durchaus spannend. Die Beispiele sind aufgenommen worden, da sie einmal mehr das Bild der 'dogmatischen' Neugotik und des architektonischen 'Historismus' erweitern, indem eine Vielfalt an Ausdrucksformen in der Weite ihrer Ausbreitung in der zweiten Hälfte des 19. Jahrhunderts ursprünglich einmal vom Wirken einer Persönlichkeit der Jahrhundertmitte den Anstoß erhalten hat.

a. Wiederauflage von Schriften Ungewitters

Die beiden ersten Schriften Ungewitters sowie einige Entwürfe erscheinen noch einmal in den 1890er Jahren in englischer Ausgabe bei Bruno Hessling, dessen Berliner Verlagshaus in New York und zeitweise auch noch in Paris Zweigniederlassungen besessen hat (vgl. Schriftenverzeichnis).

In der Regel erhalten diese Bücher lediglich eine englische Titelseite, die Tafeln bleiben dieselben; meist stammen sie aus der lithographischen Anstalt Steinmetz (& Bornemann) in Meissen. Oft werden weder die Vorworte noch die Erklärungen zu den Tafeln übersetzt. Mögliche Gründe könnten ein nur geringes Interesse am Text wegen der unmittelbaren Signifikanz der Lithographien oder Zeitmangel, der eine schnelle Anpassung an eine bestimmte Modeströmung verlangt, sein. Vor allem jedoch sind viele in der ersten oder zweiten Generation Eingewanderte mit der Muttersprache noch vertraut. Der Hessling-Verlag gibt darüber hinaus weitere Vorlagebücher in diesem Feld des Wohnbaus und besonders der Ausstattung sowie Detailstudien heraus.[1]

Auch in ihren deutschen Original-Ausgaben finden sich immer noch die Schriften Ungewitters in Universitäts-Bibliotheken (z.B. Columbia University New York, Brown University Providence, MIT Boston). Dorthin sind sie in vielen Fällen aus dem Besitz von Vereinen oder Architektur-Büros gelangt.[2]

b. Carl Pfeiffer

Es gibt eine ganze Reihe deutscher Architekten, die seit den 1830er Jahren, nach 1848 und in der zweiten Jahrhunderthälfte in die USA ausgewandert sind.[3] Unter ihnen waren etwa zehn Hase-Schüler. Ihre Auftraggeber sind zuerst oftmals ebenfalls Deutsche, dann etablieren sich die Architekten für eine breitere Klientel.

Im Zusammenhang mit Ungewitter stellt Carl Pfeiffer (1838-1888)[4] ein signifikantes Beispiel dar, dessen architektonischer Lehrer nicht bekannt ist: Aus Braunschweig stammend, sowohl als Ingenieur als auch als Architekt in Deutschland ausgebildet, emigriert er im Jahr 1863, eröffnet ein Büro in New York City - nach kurzem Aufenthalt im Westen - und erwirbt sich rasch einen angesehenen Namen. Seine Büros befanden sich an wechselnden, aber immer zentral gelegenen Adressen im Stadtteil Manhattan-Bronx:[5] 1864-71: 4 Broadway, 1872-77: 113-115 Broadway, 1878-84: 71 Broadway, 1884-86: 54-56 Exchange place, 1886-87: 44 Broadway, 1887-88: 17 Broadway. Er ist Mitglied des American Institute of Architects 1869-78, der National Academy sowie des Union League Club. Als frühes Mitglied des American Institute of Architects übernimmt er die Geschäftsführung von 1871-73. Er stirbt am 25. April 1888 in New York.

Sein Werk umfaßt eine Reihe bemerkenswerter Kirchen (z.B. in der Park Avenue/34th Street oder in der Fifth Avenue, s.u.), die New Jersey State Headquarters auf der Philadelphia Centennial Exposition von 1876, das Roosevelt Hospital and Asylum for Colored Children in New York, viele Wohnhäuser in der Region Washington Heights und als letztes Unternehmen einen Komplex der Yorkshire Apartments. Seine Bauten, die er mit großer Gewissenhaftigkeit ausführt, zeugen von seinem Einfallsreichtum sowie einem guten Gespür für die Komposition, die Konstruktion und die Details.[6]

Mit den Veröffentlichungen zahlreicher Werke, die vor allem Wohnhäuser wiedergeben,[7] leistet er einen wichtigen Beitrag zur Formulierung einer amerikanischen Variante des von Europa inspirierten Bautyps des Landhauses, für den es einen großen Bedarf gegeben hat.

Abb. 137)
Fifth Avenue Presbyterian Church, New York, Pfeiffer, Entwurf, 1875

Noch heute fällt die Presbyterianische Kirche in der Fifth Avenue an der nordöstlichen Ecke der 55th Street (bekannt als "Doctor Hall's Church") in ihrem roten Sandstein auf *(Abb. 137)*.[8] Die im Jahr 1875 entworfene Emporenkirche hebt sich von den neugotischen Kirchen angelsächsischer Tradition ab. Nur die asymmetrische Anlage mit dem seitlich abgestellten Turm ist englisch. Das Seitenportal wird in den Turm eingebunden (Turm - Uhr, Fortsetzung in die Höhe), die Formen wirken durchweg sehr kräftig (bis auf den filigranen Turmhelm), im Innenraum ist das Holz lasiert, auf farbige Effekte durch Intarsien wird verzichtet. An Momberg erinnert die Turmuhr mit Giebel und Kreuzblume, ebenso wie das Portal oder der Turmhelm an Hundelshausen. Carl Pfeiffer übernimmt formale Elemente und die malerische Erscheinung Ungewitterscher Kirchen, was eben nicht nur die plastische Formensprache meint, sondern vor allem das Vermögen einer geschickten Plazierung von Volumina, indem z.B. auf das Portal als Vermittlungszone zwischen Straßenraum und sakralem Erlebnis besonderer Wert gelegt wird.

Abb. 138) New York State Homoeopathic Asylum for Insane, Middletown, N.Y., Pfeiffer, 1875 (Plansammlung der Avery Fine Arts Library, Columbia University New York)

Das "New York State Homœpathic Asylum For Insane" von 1875 verdeutlicht formale und typologische Referenzen Pfeiffers.[9] Ungewitters Restaurierung des ehemaligen Klosters in Haina, das seit der Reformation eine Anstalt für Geisteskranke gewesen und in dem "Gothischen Musterbuch" illustriert ist (vgl. Kat. 27), könnte Pfeiffer als Vorbild für seine Anlage in Dispostion und Formenwahl gedient haben *(Abb. 138)*. Pfeiffers dreistöckiges Gebäude besteht aus einem administrativen Hauptbau und vier Pavillons, die über Korridore verbunden sind. Die Verwendung von Backstein und Fachwerk tragen in ihrer asymmetrischen Komposition dazu bei, den gefängnisartigen Eindruck vieler derartiger Gebäude zu vermeiden. Wenngleich mit dem Pavillonsystem eine neuartige Komponente auftritt, verweisen die Erker, Türme und Schwebegiebel der vorkragenden Fachwerkkonstruktion in den oberen Geschossen auf Ungewitter.

1876 entwarf Pfeiffer für die Centennial International Exhibition in Philadelphia ein Gebäude der New Jersey Headquarters als ein verschindeltes, sich aus einem rechteckigen Grundriß in fünf in der Ansicht erkennbaren Abschnitten entwickelndes Holzhaus *(Abb. 139)*. Bemerkenswertes Kennzeichen ist neben dem Freigespärre des Zwerchhauses der Treppenturm, dessen Helm auf Ständern mit einzelnen Streben ruht und wie ein Fachwerkbau ohne Ausfüllung der Gefache anmutet.

Das Turmmotiv des ein Jahr später erschienenen Hauses in Long Branch, N.J., einer Region, in der es viele solcher historistischen Gebäude gab, mit der quer zur Hauptrichtung des Satteldaches gesetzten kleinen Gaube, deren Giebel jeweils mit einer Kreuzblume bzw. Wetterfahne bekrönt sind, ist die Umformung des von Ungewitter in Tf. II, 47f. gezeigten Landhauses *(Abb. 140, 141)*.[10]

Auch Pfeiffers Schrift "American Mansions and Cottages", die um 1889 in Boston erschienen ist (mit 102 Tafeln in einem Band, ohne Text), dürften hinsichtlich der Präsentation Ungewitters "Entwürfe zu Stadt- und Landhäusern" zugrunde gelegen haben: Die Häuser werden in Aufrissen, Grundrissen und Details zur unmittelbaren Nachahmung angeboten, wobei perspektivische Ansichten gelegentlich eingestreut sind, um den Betrachter visuell in den Bann zu ziehen. Ein Blick auf das Titelblatt zeigt, daß nicht nur die Gebäude als 'Endprodukte', sondern auch ihre Herstellungsweise für Pfeiffer ein Teil des architektonischen Schaffensprozesses sind.

In Pfeiffers Œuvre läßt sich eine Entwicklung feststellen: Er beginnt mit deutlichem Rekurs auf Ungewittersche Stilelemente. Dazu gehören außer der Formensprache die ausgeprägte Vertikal-

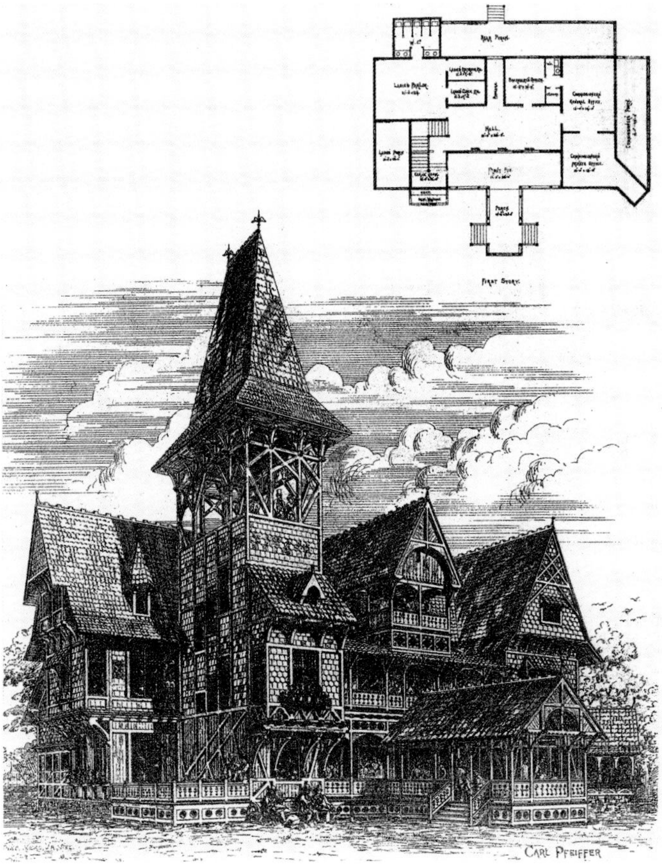

Abb. 139) New Jersey Headquarters, Centennial International Exhibition, Philadelphia, Pfeiffer, 1876

unten:
Abb. 140) Proposed Cottage at Long Branch, New Jersey, Pfeiffer, 1877

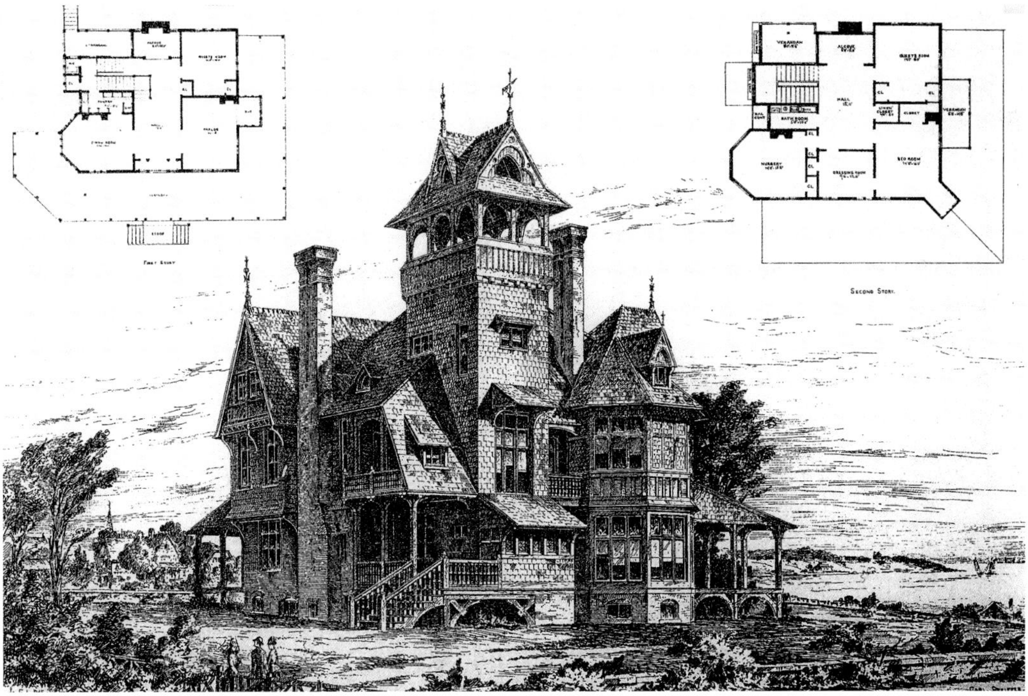

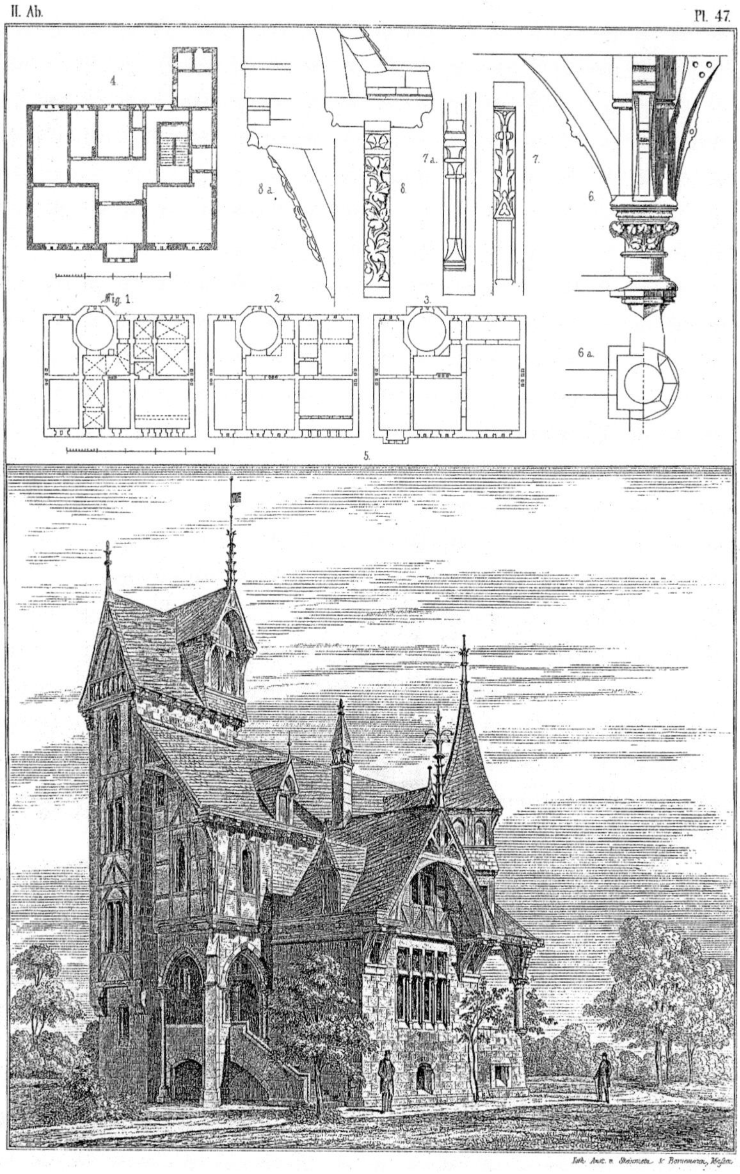

Abb. 141 a) Landhaus (Ungewitter, Entwürfe zu Stadt- und Landhäusern, Bd. II, Tf. 47)

tendenz der Turmmotivik sowie das Bemühen, einen Zusammenhang herzustellen und die Details zu einem Gesamtorganismus zusammenzubinden. Im Laufe seines Schaffens nimmt er immer stärker die aktuellen amerikanischen Formen auf, indem er sich etwa in der Verschindelung mit Holz dem "shingle style" annähert oder seine Wohnhäuser mit umlaufenden Veranden umgibt. Er entwickelt sich allmählich zu einem Vertreter des amerikanischen 'Historismus' des späten 19. Jahrhunderts.

Die Anregung durch Formen Ungewitters zieht sich bis in kleine Details hindurch: Die typischen Fenster mit feststehenden (buntfarbigen) Oberlichten über gerade geschlossenen Flügeln werden in den unteren, zu öffnenden Teilen im Verlauf des Pfeifferschen Schaffens umgearbeitet zu 'sash-windows', wobei die feststehenden oberen Formen beibehalten werden. Kontinuierlich wird auf Ungewitters Formen und Kompositionsideen zurückgegriffen, hingewiesen sei auf die Knopf-Fialen auf den Giebeln, die Variabilität der Lukarnen und Zwerchhäuser, die eingezogenen Loggien. Ungewitters Formen erscheinen in diesem Fall noch so aktuell und variabel, daß sie durch einen Nachfolger wie Pfeiffer, von dem nicht belegbar ist, daß er überhaupt direkt bei Ungewitter studiert hat, an eine ganz andere Umgebung sowie einen anderen kulturellen Hintergrund angepaßt werden konnten.

Für Pfeiffers Wohnarchitektur erweisen sich hauptsächlich die Holz-Entwürfe Ungewitters als attraktiv, die leicht umzuformen oder von ihrem 'gotischen' Vokabular in das des 'Vernacular' zu übersetzen waren. Die in den USA entstandene Holzbauweise hat sich im übrigen primär an angel-

Abb. 141 b) Landhaus (Ungewitter, Entwürfe zu Stadt- und Landhäusern, Bd. II, Tf. 48)

Abb. 142) Wohnhaus in Drexel Boulevard, Chicago, Burnham & Root, 1876

sächsischen Vorlagen orientiert. Daß im Einzelfall Ungewitters Entwürfe eine weitere Komponente hinzufügen, illustriert das Beispiel Carl Pfeiffers.

c. Burnham & Root

Die "Entwürfe zu Stadt- und Landhäusern" befanden sich auch in der Bibliothek der Sozietät Daniel Hudson Burnham & John Wellborn Root, die später mit Hochhäusern in Chicago berühmt geworden sind.[11] Den Beginn ihrer Karriere stellen allerdings private Häuser dar, unter denen zwei Beispiele Merkmale zeigen, die auf Ungewitter hinweisen.

Die Residenz für J.B. Sherman von 1876[12] ist der erste Auftrag für Burnham & Root (ersterer heiratete später Shermans Tochter). Es handelt sich hier um ein Steinhaus. Der quadratische Grundriß mit rechteckigem Annex ist typisch für Stadthäuser, für die Ungewitter viele Beispiele geliefert hatte. Knapp sei auf die Eckgestaltung mit Turm und Erker, die Aushöhlung der Ecke verwiesen: Die Säule, die die darüberliegende Kante zu tragen scheint, stellt zugleich die Basis für den Erker im Obergeschoß dar, eine Formvernetzung, die außer Ungewitter kaum ein Architekt so radikal betrieben hat. Burnham & Root beginnen ihr Œuvre mit Wohnarchitektur, die neben anderen Einflüssen (z.B. französische in der schlichten Einfügung der Fenster in die Wand sowie einem mächtigen Konsolgesims) auch Ungewittersche aufweist.

Der Entwurf zu einem freistehendem Wohnhaus im Drexel Boulevard, Chicago, aus dem Jahr 1876[13] zeigt noch einmal ein Steinhaus, dessen Loggia, Erker, Portal und Turmobergeschoß in Holzkonstruktion errichtet sind *(Abb. 142)*. Der Grundriß ist rechteckig mit vortretenden Räumen und axial angelegt. An die symmetrisch gestaltete Eingangsseite schließt sich in der Mittelachse die Halle an. Die Anlage folgt somit einem Schema Ungewitters (vgl. Kap. III.2). Die meisten Räume sind rechteckig, ihre Anzahl sprengt mit neun Zimmern pro Geschoß die Ungewitterschen Dimensionen. Im Aufriß entsprechen einander Zimmer und vortretende Abschnitte der Fassade. Einen vertikalen Akzent setzt ein quadratischer Turm mit Krüppelwalmdach, auf dessen Ständer und Schwebegiebel abermals hinzuweisen ist. Motive Ungewitterscher Provenienz sind die Fenster (festverglastes Oberlicht mit geraden Flügeln) unter einem Entlastungsbogen, auch die ausgehöhlte Ecke mit einer Säule an der Kante. Verschränkungen der Eck-Erker oder Lukarnen mit dem Dach, bzw. mit einem Balkon, der unter das Hauptgesims des vorkragenden Daches gehängt zu sein scheint, sind in der komplexen Fügung ebenfalls außergewöhnlich. Daneben finden sich englische Anklänge (vgl. die Kaminschlote). Burnham & Root bleiben aber wieder im Gebiet des Wohnbaus, wo Variabilität und malerische Silhouette der Ungewitterschen Häuser aufgrund ihrer Individualität zu überzeugen vermögen.

Abb. 143) Equitable Life Assurance Building, Sydney, Raht, 1891-96

Die Beobachtungen an diesen beiden Häusern zeigen wiederum die Suche nach adäquaten Ausdrucksformen für den Wohnbau im Schaffen junger Architekten, die dann erst im Laufe der Zeit zu ihrer eigenen Formsprache finden. Ähnlich zu bewerten ist die Beobachtung Ungewitterscher Reminiszenzen bei Kilburn, z. B. im Jahr 1875, der sich darüber hinaus meist an anderen Stilrichtungen orientiert hat.

d. Eduard Raht

Es gibt zwar einen Hinweis, daß der Ungewitter-Schüler Eduard Raht die ersten Hochhäuser in New York erbaut habe[14], dies nachzuweisen, ist jedoch schwierig, da der Architekt in den Nachschlagewerken nicht aufgenommen ist. Unter anderem hat er das Equitable Life Assurance Building in Sydney 1891-96 errichtet *(Abb. 143)*.[15] Die genannte Versicherung mit Sitz in New York hatte Raht in den 1880er und 90er Jahren als eigenen Architekten unter Vertrag.[16] Er war zunächst für Europa zuständig (später auch Spanien) und errichtete bis 1888 Gebäude für die Versicherung in Berlin und Wien in Renaissanceformen. In Australien baut er außerdem - zeitweise unter persönlicher Aufsicht - in Melbourne (1891-96) für "The Equitable" ein Agenturgebäude in sog. 'Americanized Renaissance' (es ist nicht erhalten). Im Stil seines gleichzeitig entstandenen Gebäudes in Sydney lehnt sich Raht an das sog. 'Richardsonian Romanesque' an, das in Amerika in den 1880er und 90er Jahren eine große Popularität besaß (vgl. Henry Hobson Richardson, Trinity Church, Boston). Im Stil hat sich der Ungewitterschüler damit hier von kontinentalen Vorbildern gelöst und sich seinem neuen Umfeld angepaßt.

1 Egon Hessling (Hg.), Louis XV Möbel des Musée des Arts Décoratifs in Paris. Gesammelte Dokumente. 36 Drucke und Text. Verlag Bruno Hessling Berlin/Paris/New York 1910.

2 Es hat auch einen gezielten Ankauf Ungewitterscher Schriften gegeben; und zwar durch den Architekten Henry Austen in den 1850er/60er Jahren (frdl. mdl. Mitt. Michael J. Lewis 1993).

3 Mit dem Thema beschäftigt sich eine Gruppe amerikanischer Forscher, vgl. z.B.: Richard Pommer, Barry Bergdoll, Bericht über die Tagung "American Architecture and the German Connection. International Conference April 7-8 1989 at Columbia University, New York City". In: *Kunstchronik* Oktober 1989, S. 570-74.

4 Henry F. Withey and Elsie Rathburn Withey, Dictionnary of American Architects. Los Angeles 1956, S. 470. Ferner wird genannt: Philipp Pfeiffer (1860-1925), Cincinnati, Ohio, der ebenfalls in Deutschland geboren und ausgebildet ist und sich 1885 in Cincinnati niederläßt. Während der Jahre seiner praktischen Tätigkeit errichtet er eine Reihe der größeren Kirchen in der Stadt, Wohnhäuser und auch einige Industriegebäude (Obituary, New York Times July 6, 1925).

5 Dennis Steadman Francis, Architects in Practice in New York City 1840-1900.

6 Obituary in *American Architect and Building News* (im folgenden *AABN*). Es gibt auch eine Angabe, daß Pfeiffer im Harz geboren, mit 15 in die USA gelangt und in Washington gestorben sei (Obituary, New York Times, April, 29 1888); kurzer Nachruf in: *Building Magazine* 8, no. 18, May 5 1888.

7 Parsonage at Bronxville, Westchester County, N.Y. In: *The Builder and Woodworker* Bd. 16, no. 10, October 1880, S. 202f., Tf. 73; no. 11 November 1880, S. 224f., Tf. 81; A modern apartment House. In: *Carpentry and Building* Bd. 3 (1881), S. 165; House for W.D. Black, near Milford, Conneticut. In: *AABN* 12 (1882), S. 98., Tf. 348; Residence of the Misses Dayton, Washington, D.C. In: *AABN* 13 (1883), S. 235, Tf. 386; The "Berkshire", New York, N.Y. In: *AABN* 14 (1883), S. 58, Tf. 397; The "Plaza" apartment house, New York, N.Y. In: *AABN* 16 (1884), S. 6, Tf. 445; House for M. Van Reusselaer, Washington Heights, N.Y. In: *Building* 3 (1884), Tf. 34; The old and the new - Houses of J. Shepard, jr., the late Warren Russell architect and E.P. Mason, the late Carl Pfeiffer, architect Charles Field street, Providence, R.I. In: *AABN* 35 (1892), S. 14, Tf. 836.

8 Fifth Avenue Presbyterian Church. In: *The New York Sketch Book of Architecture* , vol. 2, No. 6, June 1875 (ohne Text).

9 The New York State Homœpathic Asylum For Insane, Middletown, N.Y. In: *The New York Sketch Book of Architecture*, Bd. 2, Nr. 3, März 1875, Tf. IX.

10 Design for a seaside cottage at Long Branch, N.J. In: *AANB* 2 (1877), S. 109.

11 Das Exemplar befindet sich heute im Centre Canadienne d'Architecture, Montréal.

12 Residence for J. B. Sherman. In: *AABN* Sept. 30, 1876.

13 House in Drexel Boulevard, Chicago. In: *AABN* Oct. 7, 1876.

14 Hillebrand, 1923.

15 Myra Dickman Orth, The Influence of the "American Romanesque" in Australia. In.: *Journal of the Society of Architectural Historians* Bd. 34 Nr. 1 März (1975), S. 3-18; Clive Turubull, The Old C.M.L. Building, Melbourne. Melbourne 1960.

16 Archiv der Equitabe Life Assurance Society of the United States, New York. Ich danke Herrn Archivdirektor Jonathan Coss für das zur Verfügung gestellte Material.

VI. Ergebnisse und Ausblick

Die Neugotik-Forschung zur Mitte des vorigen Jahrhunderts hat sich im wesentlichen um zwei Schwerpunkte herum gruppiert: Köln und Hannover. Die Neugotik ist vielerorts im Hinblick auf ihre 'innovativen' Gehalte etwa der Materialverwendung, Funktion und Konstruktion sowie der Organisation in Bauhütten beleuchtet worden. Ungewitter gilt bisher als Vertreter der 'strengen Neugotik'. Sein Frühwerk in Hamburg, an dem meist Martens als Sozius beteiligt ist, zeigt allerdings die Formensprache der Münchner Schule, und damit beginnt er sein Schaffen mit der Wiedergabe dessen, was er in seiner Studienzeit erlernt und in München im Büro Bürkleins auch bereits praktisch erprobt hat. Zwischen 1846 und 1847 findet eine Wende in seiner Auffassung durch das Aufgreifen des 'Ziegelrohbaus' sowie mittelalterlicher Formen statt. Er bezieht in einem Anschluß an Bülau eine konservative Position, die sich rasch als Außenseiterrolle herausstellt. Ungewitter entflieht 1848 der Revolution und studiert stattdessen die mittelalterliche Architektur in Lübeck.

Da zwei Versuche, eine Anstellung in Kurhessen zu erhalten, vorerst scheitern, übersiedelt er ausweichend nach Leipzig und macht sich dort selbständig. In Ermangelung von Aufträgen erscheinen die ersten beiden Schriften, denen für sein weiteres Werk eine expositorische Funktion zukommt. Konsequent wertet Ungewitter in den ab 1849 erscheinenden "Vorlegeblättern" nicht nur den Backstein, sondern auch den Holzbau auf, weist die Formmöglichkeiten je nach Material nach und erklärt sie der Monumentalität, d.h. der Erhebung zur Kunst, für fähig. Neu ist weiterhin die Entwurf und Theorie verknüpfende Darlegungsweise für den Typus des Musterbuches. Seine Überzeugungen erfahren eine Festigung und Verstärkung im Sinne des Kölner Kreises durch den Kontakt zu Reichensperger ab 1850. Reichensperger verdankt er auch seine Anstellung an der höheren Gewerbeschule Kassel im Jahr 1851. Die Entscheidung für Ungewitter hat wiederum auch einen politischen Charakter, da sich mit seiner Einstellung die konservativen und orthodox-lutherischen Vertreter durchzusetzen vermögen. Mit der Reorganisation der Schule, die Ungewitter in seinem Sinne mitgestalten kann, festigt er seine Position, indem er in der Lehre eine Schlüsselposition übernimmt. In der als dreijährigem Kurs aufgebauten Ausbildung vermittelt Ungewitter sowohl Zeichen- als auch Konstruktionslehre und zusammenhängend die Baugeschichte (mit Schwerpunkt auf der Gotik). Die Förderung durch den Direktor Hehl reicht allerdings nicht aus, um den geplanten Neubau der Schule durch Ungewitter zur Ausführung bringen zu lassen.

Aufträge setzen ab 1856 seitens der evangelischen und mit einem Neubau erst ab 1862 seitens der katholischen Kirche ein. Zugleich mit seinem ersten Bauauftrag beginnt Ungewitter Restaurierungen mittelalterlicher Kapellen und Kirchen. In seinen Neubauten führt er die Neugotik im Sakralbau in Kurhessen ab den 1850er Jahren ein. Die Wandlungen seiner Formensprache sind zum Teil an die anhand der Restaurierungen hinzugewonnenen Kenntnisse gekoppelt. Er kann mit zunehmender Sicherheit eine als 'früh' aufgefaßte Stilstufe der Gotik wählen, mit der er sich von den Zeitgenossen abhebt, die vorwiegend einem 'mittleren' Ideal anhängen. Die Formen seiner archaisierenden Bauweise entlehnt er französischen und hessischen Vorbildern. Keineswegs jedoch geht es um eine möglichst originalgetreue Wiedergabe mittelalterlicher Formen, sondern um Neuschöpfungen. Die Restaurierungen zeigen die gesamte Spannbreite zwischen einer programmatischen Rekonstruktion sowie einer Schonung unter Einbeziehung der vorhandenen Substanz und Befunde. Herausragend ist die Beschreibung und Klassifizierung mittelalterlicher Faßmalerei-Befunde, die in Deutschland offenbar Ungewitter erstmals unternimmt. Er kann teilweise auf Studien und Restaurierungen Viollet-le-Ducs aus den 1840er Jahren zurückgreifen, der auch für die Theoriebildung Ungewitters von Bedeutung ist. Aus Frankreich bezieht Ungewitter nicht nur Formvorlagen, wie seine Kirchen und teilweise auch die Wohnbau-Entwürfe belegen, sondern insbesondere setzt er sich mit Viollet-le-Ducs Schriften auseinander. Von ihm übernimmt er die geometrische Erklärung der gotischen Formen und Konstruktionen in rationaler Ableitung.

Es erscheinen weitere Schriften, die zunächst Entwürfe beinhalten, deren Schwerpunkt auf der Wohnraumgestaltung liegt. In einer beachtlichen Vielfalt von Material und Formen sowie einem neuartigen Kompositionsverfahren wendet Ungewitter sich damit einer Aufgabe zu, die bei anderen Architekten der 'gotischen Bewegung' eine weniger gewichtige Rolle spielt. Mit zunehmender Zahl der Bauaufträge beginnt Ungewitter in den frühen 1860er Jahren mit umfangreichen, systematisch angelegten Schriften, die er bis zu seinem Tod nicht alle vollenden konnte. Praxis und

Theorie bedingen sich in seinem Schaffen unmittelbar, womit er als letzter Neugotiker gelten darf, in dessen Werk diese beiden Anliegen gleichberechtigt nebeneinander stehen.

Fast zwanzig Jahre nach Pugins Erstveröffentlichung der "Contrasts" führt Ungewitter nicht nur dessen Geisteshaltung, sondern vor allem die entsprechende Bauweise in Deutschland ein. Er verfährt nach einem selektiven Rezeptionsprinzip, indem nur bestimmte Kriterien Pugins aufgegriffen werden ('True Picturesque'). Durch Ungewitters Kasseler Schule finden diese Ideen in Deutschland ab 1865/70 weite Ausbreitung. Zugleich hat sich eine unabhängige Genese auf den ersten Blick ähnlich erscheinender Merkmale herausgestellt. Die Bezeichnung 'dogmatische Neugotik' für den Zeitraum 1840-60 müßte neu überdacht werden, da auf mehreren Ebenen bereits die Lösung von der Stilfrage als zentrales Kriterium der Architektur im Ansatz enthalten ist. Aufgrund dessen erscheint die Vorbereitung der Villenarchitektur der zweiten Hälfte des 19. Jahrhunderts, zu der Ungewitter einen wesentlichen Beitrag leistete, besonders spannend, indem die bisherige einsträngige Ableitung deutscher Landhausarchitektur des späten Historismus von englischen Anregungen des 'Vernacular Revival' relativiert bzw. ergänzt werden sollte.

Letztlich bereitet Ungewitter in seinem Schaffen und Denken viele Formelemente und Ansätze des späten Historismus vor. Dies betrifft z.B. die Anwendung gotischer Formen im Wohnbau, Entwicklung von 'Vernacular' Formen in handwerklicher Tradition. Außerdem wird die Volumengestaltung wesentlicher Träger des architektonischen Ausdrucks und bezeichnet ein Gebäude in seiner Funktion. Die Konstruktion wird vom technischen Begriff in eine ästhetische Kategorie um- und damit aufgewertet. Ungewitters Wirkung umfaßt damit sehr verschiedene Bereiche. Der streitbare Lehrer und Architekt Ungewitter zog unterschiedliche Charaktere in seinen Bann; von der Fortsetzung des Werkes ihres Meisters bis zur Abwendung von ihm ergaben sich verschiedene Reaktionsmöglichkeiten. Der freundliche, pragmatische Hase wirkte über lange Zeit durch eine 'Einschwörung' auf bestimmte Formen, die Diskussion um Ideen tritt dahinter zurück. Da Ungewitters Schüler, was bisher nicht gesehen worden ist, offenbar weitgehend eigenständig Entwürfe zu Gebäuden geliefert haben, die heute beispielsweise unter den Namen Güldenpfennig, Hase und Lüer gefaßt werden, ist der Eintrag an Formen und Ideen aus Kassel ohne weitere Studien noch nicht in vollem Umfang abzusehen. Sicher ist jedoch, daß der Kreis der Architekten der 'Hannoverschen Schule' differenzierter untersucht werden sollte, besonders im Hinblick auf Edwin Oppler und sein Büro.

Schon die Heterogenität der 'gotischen Bewegung' innerhalb der deutschen Neugotik vermag anzudeuten, wie differenziert der architektonische 'Historismus' aufzufassen ist. Die Trennung der verschiedenen Ebenen der Architektur, ihrer Theorie, ihrer Verquickung mit ethisch-weltanschaulichen Konzepten zeigt, wie außerordentlich komplex neue Ansätze und Beibehaltung bzw. Rückgewinnung als 'historisch' angesehener Systeme ineinandergreifen; sie blieben letztlich unlösbar im Denken und Schaffen der jeweiligen Persönlichkeit verbunden. Am Beispiel Ungewitters wird deutlich, wie schwer es zudem ist, die stilistischen Kategorien zu durchbrechen, da er sich intensiv mit der Gotik als System befaßt und dies eine entsprechende Resonanz in seinem Formenschatz findet. Indem Ungewitter vor allem über die Materialwahl, die nach seiner Auffassung ihrerseits wiederum bestimmte Formen und Konstruktionsweisen bedingt, die Region als ästhetische Determinante einbezieht, liegt sein 'historistisches' Konzept scheinbar nahe bei dem von Architekten der Wende zum 20. Jahrhundert (z.B. Hermann Muthesius oder Hans Poelzig, die u.a. bei Ungewitters Schülern Schäfer bzw. Hehl an der Technischen Hochschule Berlin-Charlottenburg studierten). Doch unterscheidet sich die dem Material-Begriff jeweils unterlegte Bedeutung: Ungewitter drückt über Backstein und Holz in Stilstrukturen des Mittelalters bzw. der Renaissance eine regionale Zugehörigkeit aus; er legt sich auf ein überschaubares Gebiet und zugleich auf eine begrenzte Zeitspanne fest. Architekten der Jahrhundertwende hingegen beziehen Materialien und Formzitate aller Bauepochen verfremdet in ihre Einwürfe ein, insofern sie als charakteristisch für einen bestimmten Landstrich gelten, d.h. ohne Festlegung auf eine stimmte historische Epoche. Der in ihren Entwürfen zu beobachtende Spielraum zwischen Übernahme und Neuschöpfung von Formen besteht jedoch - gerade bei Ungewitter - bereits zur Mitte des vorigen Jahrhunderts, so daß auch diese 'Verfremdung' der Form nicht ausreicht, eine Trennung zwischen 'historistischer' und 'moderner' Architektur zu definieren. Ein auf die Jahrhundertwende vorausweisendes Element liegt gerade in der konsequenten und schöpferischen Gestaltung eines Zusammenhangs zwischen Material, Konstruktion, Form und Region durch Ungewitter.

Katalog

Katalogverzeichnis

Kat.-Nr.	Bauzeit	Ort	Neubau	Restaurierung	Entwurf	Adresse	Bauwerk
1	1841-48	Lübeck	X		X	Breite Str. 10	Wohnhaus
2*	1843-44	Hamburg	X			Gr. Burstah 8	Wohn- und Geschäftshaus (mit Martens)
3*	1843-44	Hamburg	X			Gr. Burstah 12-16	Wohn- und Geschäftshaus (mit Martens)
4*	1843-44	Hamburg	X		X	Hermannstr. 1-3	Wohn- und Geschäftshaus (mit Martens?)
5*	1843-44	Hamburg	X			Hermannstr. 24-26	Wohn- und Geschäftshaus (mit Martens)
6*	1843	Hamburg	X			Hopfenmarkt 15-17	Wohn- und Geschäftshaus (mit Martens)
7*	1844-45	Hamburg	X			Gr. Johannisstr.2-4	Wohn- und Geschäftshaus (mit Martens)
8*	1843-44	Hamburg	X			Rathausstr. 31	Wohn- und Geschäftshaus (mit Martens)
9*	1844-45	Hamburg	X			Alter Wall 63	Wohn- und Geschäftshaus
10*	1844-45	Hamburg	X			Neuer Wall 21/23	Wohn- und Geschäftshaus Meißner
11	1844	Hamburg			X		'Patriotische Gesellschaft' (mit Martens)
12	1844	Hamburg			X		Nikolaikirche (mit G.L. Martens)
13	1846-48	Steinkirchen	X			(Kr. Stade)	Gut Bergfried (mit G.L. Martens)
14	1849	Hamburg			X		Gärtnerwohnung vor dem Lübecker Tor
15	1849	(unbekannt)			X		Weinberghaus
16	1850	Leipzig	X				Wohnhaus und Pergamentfabrik Schlenk
17	1850	Leipzig			X		Denkmal Weiße/Leibniz
18	1851	(unbekannt)			X		Gemeinde- und Spritzenhaus
19	1851	Leipzig	?		X		Dekoration am Giebel der kath. Kirche
20	1851	Kassel			X		Höhere Gewerbeschule
21	1852	Leipzig			X		Fleischhalle
22	1852	Leipzig					Auftrag für ein Grabmonument
23	1854/55	Wien			X		Votivkirche
24	1856-61	Neustadt	X			(Kr. Marburg)	ev. Pfarrkirche, E bis 1858, A 1859-61
25	1856	Fritzlar					Dom St. Peter, Marienkapelle
26	1856/57	Fritzlar		X			Kirche des Ursulinenklosters
27	1856/59	Volkmarsen		X		(Kr. Wolfhagen)	kath. Pfarrkirche St. Maria
28	1857-62	Haina	X	X		(Kr. Frankenberg)	Kirche und Hospital (ehem. Kloster)
29	1859-66	Nieste	X			(Kr. Kassel)	ev. Pfarrkirche, RE 1859, A 1863-66
30	1859-64	Wetter		X		(Kr. Marburg)	ehem. Stiftskirche
31	1859-68	Frankenberg		X		(Kr. Frankenberg)	ev. Stadtpfarrkirche
32	1860-62	Wasenberg	X			(Kr. Ziegenhain)	ev. Kirche, Weiterbau nach neuen Plänen
33	um 1860	Neustadt		X	X	(Kr. Marburg)	kath. Pfarrkirche St. Trinitatis
34	1860-66	Wolfhagen		X			ev. Pfarrkirche St. Anna (Stadtkirche)
35	1861-64	Malsfeld	X			(Kr. Melsungen)	ev. Pfarrkirche
36	1861/62	Eschwege	X				Katharinenkirche, Westturm
37	1862	Innsbruck			X		Rathaus
38	1862-70	Momberg	X		X	(Kr. Marburg)	kath. Pfarrkirche, RE 1862, A 1867-70
39	1862-71	Amöneburg	X			(Kr. Marburg)	kath. Pfarrkirche, E 1862, A 1866-71
40	1862-70	Bockenheim	X			Frankfurt/M.	kath. Kirche St. Elisabeth
41	1862	Frankfurt/M.	X				Dom, Kanzel
42	1862/63	Kassel	X			Bahnhofstr. 22	Haus Scholl
43	1862	Hamburg			X		Kunsthalle
44	1863-67	Hundelshausen	X			(Kr. Witzenhausen)	ev. Pfarrkirche

Undatierte oder ungesicherte Projekte

45	1864	Gelnhausen		?	X		Marienkirche
46	1864/65	Schlierbach		X		(Kr. Gelnhausen)	Schiff der ev. Kirche
47	?	Kassel			X		Friedhofskapelle
48	?	Kassel			X		Hinterhaus
49	?	Kassel		?			Brüderkirche

** Häuser in Hamburg alphabetisch geordnet*
E = Entwurf
A = Ausführung
RE = Restaurierungsentwurf

1) LÜBECK, Wohnhaus Breite Straße Nr. 10, Entwurf 1841, Bau 1847-48

Während der Zeit von Anfang 1841 bis Ende 1848 war Ungewitter mit dem Projekt eines Hauses in Lübeck im Auftrag von Andreas Meyer befaßt.[1] Der erst 1848 in der *Zeitschrift für praktische Baukunst* veröffentlichte Entwurf ist laut Inschrifttafel über dem Portal "AD 1841 ward dies Haus gebaut" zu datieren[2], womit der Beginn dieser Planung ein Jahr früher als die Hamburger Aufträge läge[3]. Das Grundstück wurde jedoch erst 1847/48 neu bebaut (s.u.).

Es handelt sich bei diesem frühesten bekannten Entwurf Ungewitters um ein dreiachsiges, flachgedecktes Wohnhaus mit drei Geschossen sowie einem Mezzanin, das mit der Hauptgesimszone verschränkt ist *(Abb. 1.1)*. Die vertikale Gliederung der Fassade besteht aus vier von Taustäben begleiteten Lisenen, die die beiden Wohngeschosse zusammenbinden. Darauf ruht die obere Zone, die mit rundbogigem Konsolgesims - darin rhythmisch einfügt die Mezzaninfenster - und einer Backsteinmaßwerk-Attika sehr mächtig und aufwendig erscheint. Die Belétage erhält in der Mittelachse einen Balkon zur Kennzeichnung ihrer repräsentativen Funktion, denn das Wohnzimmer liegt hinter der mittleren und rechten Fensterachse.

In der Belétage ist ein starker Akzent auf die Fenstergestaltung gesetzt. In die Gewände sind zu beiden Seiten rahmende Colonetten eingestellt, die eine Taustabarchivolte sowie den mit Hausteinelementen durchsetzten Entlastungsbogen tragen. Das Oberlicht ist in fünfbahniges Maßwerk aufgelöst. Die Fensterflügel, deren Teilung durch eine kleine Holzsäule betont wird, sind durch einen waagerechten Sturz von dem Oberlicht mit feststehenden Scheiben getrennt. Dieser Fenstertyp gewinnt im Hinblick auf seine häufige Verwendung in Ungewitters späteren Wohnhausentwürfen eine vorausweisende Signifikanz.[4]

Unter stilistischen Gesichtspunkten erscheint das Haus als ein Konglomerat frühgotischer (Knospenkapitelle mit Schaftringen im Innenraum), hochgotischer (Blattkapitelle, Kreuzstockfenster mit Überstabung im II. Obergeschoß) und spätgotischer Formen (Taustäbe[5]) *(Abb. 1.1)*. Die Mischbauweise mit dekorativem Einsatz des Sandsteins läßt an niederländische Bauten der Renaissance denken, wie sie auch im norddeutschen Raum, etwa in der Weserrenaissance, geläufig sind. Es werden einerseits materialtypische Formen der Backsteingotik aufgegriffen (Maßwerk aus Formziegeln, Deutsches Band), andererseits erscheint das Haus modern: Mit dem kubischen Vorderhaus verzichtet der Architekt auf den das Lübecker Stadtbild prägenden Giebel. Die Säulchen der Fenstergewände, die schmalen Lisenen oder der vorkragende Rundbogenfries entsprechen vielmehr romanischem Formempfinden.

Im Gegensatz dazu integriert Ungewitter die Rückseite mit dem Satteldach und Dreiecksgiebel am kleinen Hinterhaus sowie segmentbogigen Fenstern in unregelmäßiger Verteilung am Vorderhaus behutsam in die historisch gewachsene Umgebung *(Abb. 1.2)*. Für die Darstellung des zur Hofseite aufgelösten Baukörpers mit umgebendem kleinen Garten - im Hintergrund die Jacobikirche - wählt Ungewitter die perspektivische Illustration, für die Straßenansicht hingegen die rein sachliche Aufrißzeichnung. Daß die Gestaltung dieser Rückfront dem Architekten vielleicht sogar am reizvollsten erschien, ist durchaus denkbar.

Einer kritischen Beurteilung der architektonischen Konzeption halten einige Punkte an der Straßenseite nicht stand. Zu nennen wäre das Hauptgesims: Aufgrund seiner beachtlichen Höhe und mehrfach gestufter Vorkragungen erscheint die Fassadenwirkung kopflastig, da schon der kleebogige Maßwerkfries oberhalb des II. Obergeschosses dorthin überleitet und es also fast ein Viertel der Höhe einnimmt. Des weiteren ist die Stilmixtur stellenweise wenig überzeugend, etwa in der Dekoration der klassischen Attika mit Formen gotischer Provenienz. Dann eignet der weitgehend symmetrischen Fassade in der gleichmäßigen Anordnung, z.B. der Blendokuli, eine gewisse Trockenheit anstelle rhythmischer Ausgewogenheit. Eine Motivwiederholung im Detail soll die Wandfläche sinnvoll homogen strukturieren: Es erscheinen kleine Rundbogenblenden neben dem Balkon, und Rundbögen schließen auch die Erdgeschoßfenster ab, werden im Konsolgesims abermals wiederholt und treten als kleines Motiv an beiden oberen Gebäudeecken noch einmal auf. Diese Bezüge zeugen mehr von theoretischer Überlegung, als daß ein nachvollziehbarer Zusammenhang geschaffen wird. Eigenartig wirkt auch die 'Aufsockelung' der Fenster im I. Obergeschoß, indem die dahinterliegende Wandschicht ein Stück weit tiefer heruntergezogen wird. Eine derartig auf die Organisation der Fassadenoberfläche konzentrierte Anbringung der Gliederungsmotive, die aus verschiedenen Stilen entlehnt sind, zeugt von einer gewissen konzeptuellen Unsicherheit, der jedoch der Anfängerstatus des Architekten zugute gehalten werden muß. Ungewitters Originalität und sein Bemühen um vielschichtige Vernetzung der Gliederungen spricht sich jedoch bereits deutlich aus.

Der Bauherr Andreas Meyer hatte das Grundstück mit dem zugehörigen Haus des 15. Jahrhunderts erst 1846 erworben, nachdem es - seit 1829 von Peter Sievers vergeblich zum Kauf angeboten - Miethaus geworden war *(vgl. Abb. 1.8)*.[6] Die Struktur des typischen Stadthauses, bestehend aus Vorderhaus mit niedrigem Flügelannex, blieb nach dem Abbruch des Altbaus erhalten. Da das Kellergeschoß, die Giebelmauern bis unter die erste Balkenlage und die Ring-

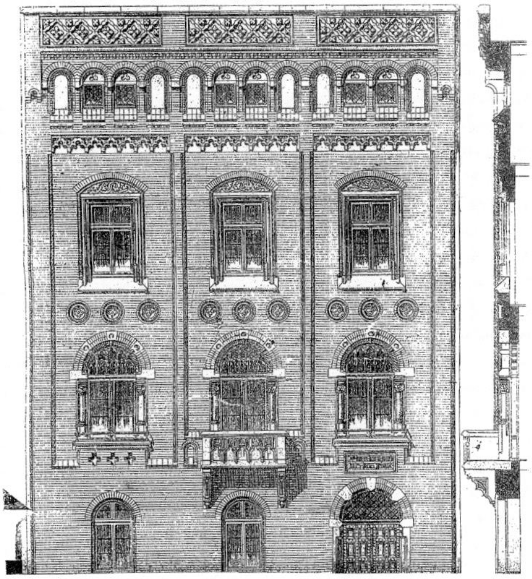

Abb. 1.1) LÜBECK, Wohnhaus Breite Straße Nr. 10, Entwurf 1841, Aufriß der Straßenseite

mauern des hinteren Flügels wiederverwendet werden mußten, waren die Gestaltungsmöglichkeiten eingeschränkt *(Abb. 1.3)*.[7] Die Irregularität der Fenstersetzung schließt an eher private Erscheinungsformen der Hinterhäuser an. Es ist bemerkenswert, daß gerade auch die Rückseite in der Bauzeitschrift abgebildet wird; es handelt sich in Ungewitters Entwurf nicht um bloße Fassadendekoration. Ebenso orientierte sich die Nutzung als Haus für den gehobenen Wohnkomfort einer Familie gemäß dem Wunsch des Bauherrn an der lübeckischen Tradition, indem die Diele mit dem Treppenhaus Hauptträume

Abb. 1.2) LÜBECK, Wohnhaus Breite Straße Nr. 10, Entwurf 1841, Ansicht der Gartenseite

des Erdgeschosses blieben, wobei der Zugang aus der mittigen Position des Vorgängerbaus an die rechte Gebäudeseite rückte. Im ersten Obergeschoß waren repräsentative Räume (Wohn- und Speisezimmer) angesiedelt.[8] Der Flügel diente im Erdgeschoß

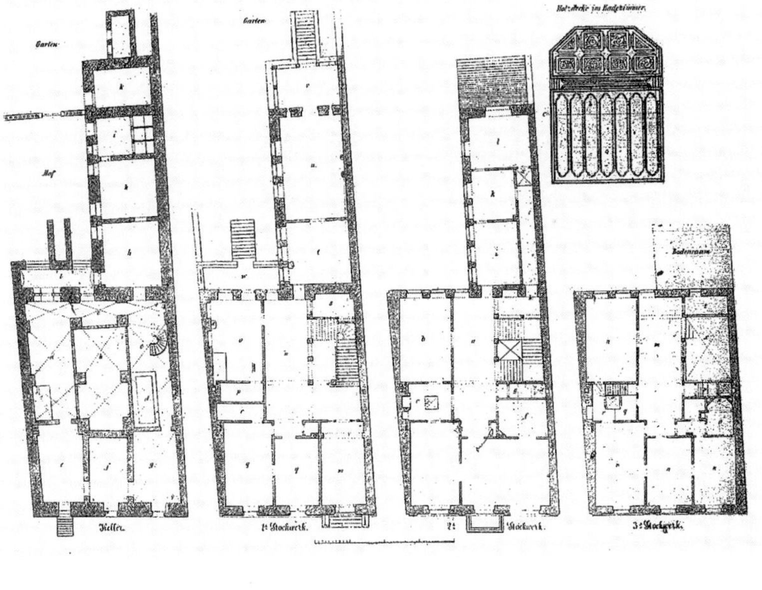

Abb. 1.3) LÜBECK, Wohnhaus Breite Straße Nr. 10, Entwurf 1841, Grundriß

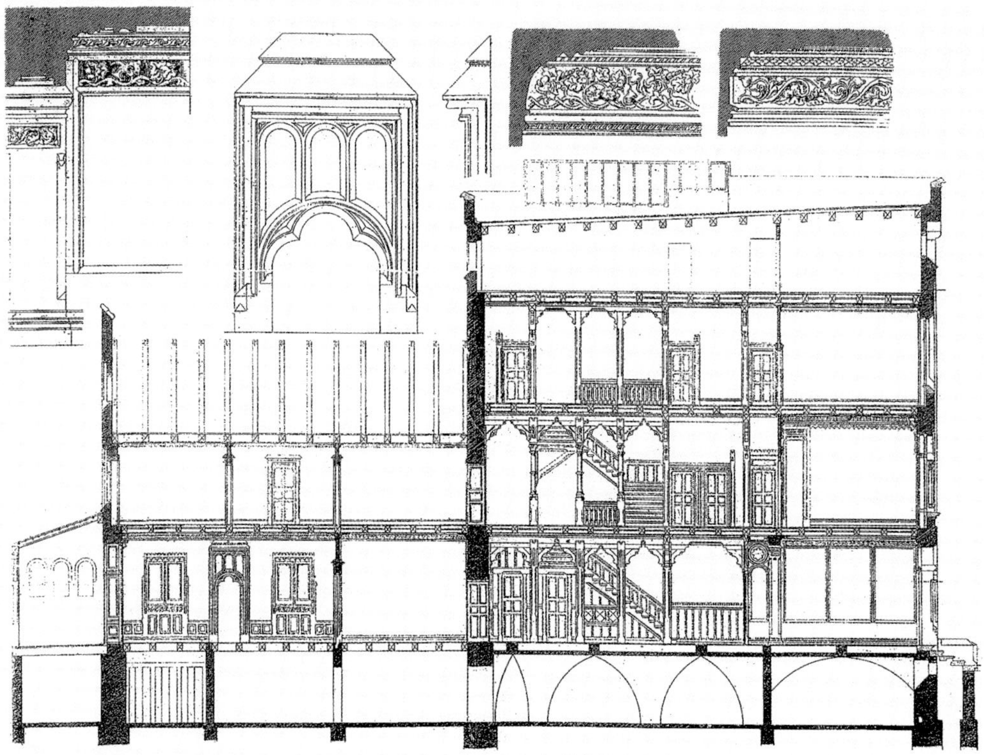

Abb. 1.4) LÜBECK, Wohnhaus Breite Straße Nr. 10, Entwurf 1841, Längsschnitt

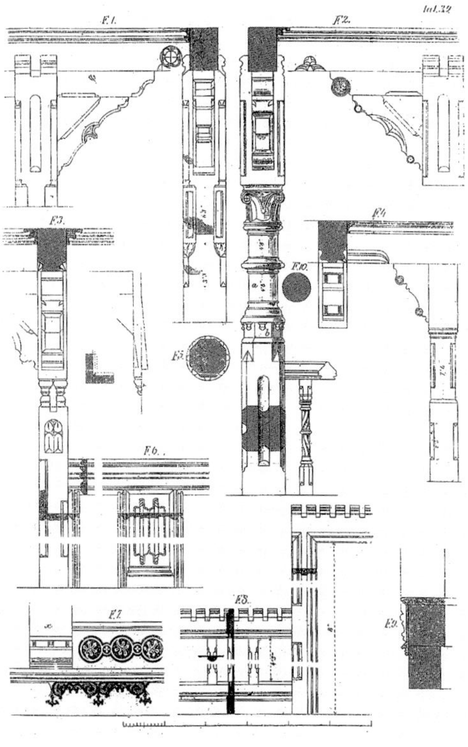

als Gartensaal sowie im oberen Geschoß für Schlafräume.

Der Längsschnitt zeigt eine Konzentration feingliedriger gotisierender Holzausstattung im Treppenbereich, im übrigen schlichte Zimmergestaltung mit stuckierten Gesimsen und einfacher Felderung der Wandflächen *(Abb. 1.4)*. Die reich geschmückten Holzständer mit ihren Kopfbändern bildet Ungewitter als Detailzeichnung ab *(Abb. 1.5)*. Die Decken waren vergipst, teilweise kassettiert und polychrom gefaßt. Entgegen eigenen Vorstellungen konnte Ungewitter den Bauherrn nur selten von seinem "Tapetengeschmack" abbringen und einen Anstrich der Wände mit Lackfarbe durchsetzen.

Eindeutig ist nunmehr die Frage einer Datierung der Bauausführung zu beantworten. Eine Schrifttafel im heutigen Haus nennt zwar die Jahre 1846/47 für den Neubau, verläßlicher scheinen jedoch Angaben aus den Unterlagen des Stadtarchivs, die 1847/48 belegen.[9] Das Haus erbte 1805 der promovierte Jurist Jacob Sievers, der es bis 1812 bewohnte. Es wohnten von 1812-1829 vier Parteien zur Miete. Nach dem Tod Sievers' am 26. März 1828 erbte es sein Bruder,

Abb. 1.5) LÜBECK, Wohnhaus Breite Straße Nr. 10, Entwurf 1841, Details der Holzkonstruktion

Abb. 1.6) LÜBECK, Wohnhaus Breite Straße Nr. 10, Ansicht (vor 1945)

Peter Heinrich Sievers zu Klein Kranckow. Am 23. Oktober 1829 zog Hermann Conrad Böhl zur Miete ein, nachdem das Objekt am 26. Juni des Jahres im Schütting vergebens öffentlich zum Verkauf angeboten worden war. Es folgte eine Nutzung als Kontor durch den Arzt Johann August Hermann Heyland, die von 1833-37 andauerte. 1838 zog bis zum Juli 1840 Johannes Harmsen aus St. Petersburg ein, gefolgt von einem Weinhändler namens Carl Wilhelm Guinand. Ab 1845 bewohnte es ein Seidenkrämer Julius Hintze, bevor schließlich Andreas Meyer das Haus im August 1846 für 25.000 Mark kaufte, es abreißen und 1847 bis 1848 ein neues Haus errichten ließ. Weiteren Eigentümerwechseln folgte um 1893 eine bauliche Veränderung und schließlich die Zerstörung im Zweiten Weltkrieg.[10]

Die Fassade war dem veröffentlichten Entwurf nach in Mischbauweise aus Backstein mit Sandstein konzipiert, erhielt - angeblich auf den Wunsch Meyers -, nachdem der Bau bereits angefangen war, einen Putzüberzug, der nach Ansicht des Architekten einen Verlust an "Dauerhaftigkeit und Interesse" bedeutete *(Abb. 1.6)*. So stellte es Ungewitter in der Veröffentlichung seines Entwurfes im Jahr der Fertigstellung dar.[11] Er äußert sich aber nicht über seinen eigenen Geschmackswandel, der gerade um 1846/47 liegt.

Der Überzug mit Putz führte zunächst zu einer Vereinfachung im Detail: runde Profile statt Taustäben, Klötzchen-Konsolen statt des Backsteinmaßwerkfrieses. Das kleinteilige gotisierende Ornament zieht sich auf klar begrenzte Felder unterhalb der Fenster sowie im Mezzanin und in der Attika zurück, die Fenster der oberen Etagen erhalten Zinkblechverkleidungen. Die Ornamentik der einzelnen Felder scheint jeweils identisch zu sein, d.h. es dürfte sich um seriell vorgefertigte Versatzstücke handeln, zugespitzt formuliert: Industrieprodukt statt Handarbeit.

Den Kontrast des Neubaus zu nebenstehenden Backsteingiebelhäusern zeigt eine Zeichnung *(Abb. 1.7)*. Ungewitter knüpft an den Vorgängerbau in keiner Weise an, weder im Entwurf noch im ausgeführten Projekt. Das rundbogige Hauptportal und die Blendokuli reichen nicht aus, eine Analogie zu diesem speziellen Haus zu behaupten, was etwa in dem Motiv des Vorhangbogens gegeben gewesen wäre. Auch der Treppengiebel entfällt *(Abb. 1.8)*.

Der Wunsch des Bauherrn nach einem Putzüberzug ist im Kontext der Entdeckung Lübecks während der Romantik zu verstehen, die sich nicht nur auf die Malerei, sondern auch auf das zeitgenössische Baugeschehen auswirkte.[12] Als frühes Beispiel für Stadtbildpflege gilt der Umbau des Katharineums (Gelehrtenschule) 1837/38 durch Stadtbaumeister Johann Anton David Spetzler im Sinne romantischer Neugotik: Flächigkeit der Fassaden, dominierendes Lineament im Verputz.[13] Fast in unmittelbarer Nachbarschaft, in der Breiten Straße 6, errichtete der Hamburger Architekt Peter Kollmann anstelle eines 1581 umgebauten, im Kern noch älteren Hauses, im Jahr 1838 einen neugotischen Bau *(vgl. Abb. 14 im Haupttext)*. Da dies Gebäude eines der repräsentativsten Lübecker Häuser war, geschah der Neubau unter Berücksichtigung denkmalpflegerischer Aspekte.[14] Die Fassade in klassizistischen Formen - durchsetzt mit gotischen Reminiszenzen - vermittelt denn auch nur in generellem Sinn einen historischen Erinnerungswert, der aber als bewußte Traditionsanknüpfung gemeint war. Das Bauprogramm sah eine gleichmäßige Ausnutzung aller drei Geschosse vor, die in der mittelalterlichen Lübecker Architektur auftretenden Giebelblenden werden bis auf die Haupt-

Abb. 1.7) LÜBECK, Wohnhaus Breite Straße Nr. 8 und 10, Zeichnung, L. Thiene

geschosse ausgedehnt, ein großzügig gestaffelter Giebel verweist ebenfalls auf mittelalterliche Formen. Ungewitter bezieht hingegen im Attikaabschluß eine eindeutige Position, womit er das Haus Breite Straße 10 in einen Straßenzug integriert, der bis auf das Gebäude der Schiffergesellschaft primär horizontale Dachlinien im klassizistischen Stil zeigt. Dies blieb am Lübecker Kaufmannshaus noch bis in die 1870er Jahre hinein üblich, in Anknüpfung an die horizontalen Fassadengliederungen des späten 18. Jahrhunderts.[15] Das Haus Nr. 6 wurde erst 1862, vermutlich von Zimmermeister Burmester aufgeführt, es fügt sich in den Rahmen der bis etwa 1850 entstandenen neugotischen Putzfassaden ein, die sich über Hamburg bis auf englische Vorbilder zurückbeziehen lassen (z.B. Umbau Königstraße 23 im Jahr 1855 mit Tudorbögen).[16]

Eine Bedeutung für Ungewitters weiteres Schaffen liegt in der Formulierung des Wahrheits- bzw. Echtheits-Gedankens, der bereits hier dem Bauherrn schwer zu vermitteln war, da er nicht zur zeitgenössischen Auffassung der klassizistischen, flächigen Neugotik paßte, wie sie sonst in Lübeck auftrat.[17] Eine Materialwirkung konnte sich - unter ganz anderen Vorzeichen - erst im späten Lübecker Historismus mit dem Höhepunkt im Schaffen des Stadtbaudirektors Carl Georg Adolf Schwiening in den 1880er und 90er Jahren etablieren (z.B. technische Perfektion der Ziegeloberfläche, exakte Formwiederholung aufgrund genauer Kenntnis des Mittelalters). Mit dem Gedanken des Ziegelrohbaus war Ungewitter jedoch schon in Hamburg in Berührung gekommen (s. Kap. II.1).

Einen Teilerfolg konnte der Architekt immerhin bei der Ausführung der Holzarbeiten erzielen, die durch Öl, Firniß sowie die Bemalung in reinen Farben (Kobalt, Inkarnat-Zinnober, tiefes Grün, Schwarz) bzw. Vergoldung der Rundstäbe den Charakter des Materials nicht verleugneten. Entsprechend gelangten alle Holzarbeiten zur Ausführung, einschließlich der Türen, Schränke, Spiegel usw. Allerdings mußte er unvermeidlich Asphalt und Gußeisen anwenden, weil es der Bauherr forderte.

Nach Auffassung Ungewitters führen Zweckmäßigkeit und Materialgerechtigkeit bereits per se zum Mittelalter:

Wenn das Anstreben nach der Vollendung alter Holzarchitectur ersichtlich ist, so rührt es zunächst daher, daß man bei gänzlicher Abstraction von der Annahme irgend eines Styles, bei dem festen Vorsatz aber, Alles möglichst zweckmäßig und der Natur des Materials angemessen zu machen, den Weg zum Mittelalter schon betreten hat. [18]

Damit erweist er sich nicht als rein dogmatischer Gotiker, sondern begründet die Stilwahl rational aus der architekturimmanenten Problematik und der ihr unterlegten Ethik heraus.

Aus dem Gesagten geht hervor, daß es bei der ganzen Ausführung ernstestes Streben war, das, was man in der hochgebildeten Terminologie der heutigen Architectur: motiviren, auflösen, maskiren etc. nennt, kurz alle Lügen oft vielleicht auf Unkosten dessen, was Viele unter Zartheit, Eleganz, noblem Wesen verstehen, zu vermeiden und sich, so weit es die lange schlechte Gewohnheit und der oft damit alliirte moderne Geschmack des Bauherrn erlaubte, der Wahrheit der alten Zeit wieder anzuschließen.[19]

Der prinzipiell stilistisch undogmatischen Haltung Ungewitters stehen gleichfalls von Beginn an eine gewisse Härte und Kompromißlosigkeit im Umgang mit dem Auftraggeber gegenüber, wodurch sich letztlich viele seiner Entwürfe und Ideen schwer durchsetzen ließen.

Abb. 1.8) LÜBECK, Wohnhaus Breite Straße Nr. 10, Zeichnung des Vorgängerbaus aus dem 15. Jahrhundert, 1846

1 Ungewitters Bewerbung an die höhere Gewerbeschule Kassel vom 12. 11. 1850 (Best. 16/ Rep. VI/ Kl. 28/ Nr. 47; Hessisches Staatsarchiv Marburg (im folgenden SAM)).
2 G. Ungewitter, Wohnhaus in Lübeck. In: *ZfpB* 8 (1848), Sp. 417-420, Tf. 36-40.
3 Unter der Annahme, daß diese Aussage Ungewitters zutreffend ist, liegt ein erster Kontakt nach Lübeck zeitlich vor dem Hamburger Brand. Leider sind die Umstände aber mangels entsprechender Quellen nicht rekonstruierbar.
4 Dieser Fenstertyp geht ursprünglich auf das ausgehende 15. Jh. zurück, wo die oberen Bogenfelder mit dem kostbaren Glas, die eigentlichen Flächen hingegen mit den üblichen Stoffen (Pergament etc.) versehen wurden.
5 Der Taustab gelangt um 1480 aus Lüneburg nach Lübeck (vgl. Paul Suhr, Der Backsteingiebel des norddeutschen Bürgerhauses im Mittelalter. (Kunstwissenschaftliche Studien Bd. 18) Berlin 1935).
6 Nach der Schrifttafel im heutigen Haus. 1937 zog die Handwerkskammer ein, der Zerstörung 1942 folgte 1950 ein Neubau, der die Grundstücke Breite Straße Nr. 10 und 12 zusammenfaßte.
7 Ein übliches Verfahren, da Arbeitszeit und -kräfte im Vergleich zum Material billiger waren.
8 Dies entsprach dem Ansatz Ungewitters, der über die Nützlichkeit der modernen Wohnorganisation wie z.B. in Hamburg seine Zweifel hegte, da dort Treppe, Vorplatz und Gänge rücksichtslos behandelt würden zugunsten der Gewinnung zusätzlicher 'unbrauchbarer' Zimmer.
9 "Dies Haus soll das größte in Lübeck sein, und gehört dazu der in der Engelsgrube Nr. 521 belegene Thorweg, jetzt Sievers Thorweg benannt. Der vor diesem Haus stehende steinerne Laternenpfahl ist 1839, 14. September dahin gesetzt worden." (St. Jacobi-Quartier. Handschrift 901 a, Findbuch Nr. 78, 2, p. 427 (Breitenstr.-Westseite Nr. 802.-691.-58; Stadtarchiv Lübeck)). All dies erklärt jedoch nicht den Beginn der Planung 1841 - zu einem Zeitpunkt, an dem der Bauherr noch nicht einmal Eigentümer des Grundstückes gewesen ist.
10 Besitzerfolge: 10.7.1862 Witwe Stannan, 1872 Alexander Rastedt, St. Petersburg; 20.4. 1877 Senator Joh. Daniel Eschenburg; 13.1. 1888 Umschreibung auf Consul Hermann Wilh. Fehling. 1893 am 16.10 in Folge baulicher Veränderung Erhöhung des Versicherungswertes; 8.1.1921 Gewerbekammer Lübeck; 19.10.1937 Handwerkskammer (Best. 31. Brandassekuranzkasse, Häuserregister IV, Maria Magdalenen Quartier. Bl. 1796-1938, S. 691; Stadtarchiv Lübeck).
11 "Manche Theile des Projectes mußten bei der Ausführung geopfert werden, was mit großem Leidwesen und nicht zum Vortheil des Baues geschah." (Ungewitter, 1848, Sp. 417).
12 Michael Brix, Nürnberg und Lübeck im 19. Jahrhundert. Denkmalpflege - Stadtbildpflege - Stadtumbau. (Studien zur Kunst des neunzehnten Jahrhunderts Bd. 44) München 1981, S. 220f.
13 Julius Milde zog diese Neugotik fünfzehn Jahre später als Exempel für das mangelnde Verständnis der Architekten von Gotik heran (Lübeckische Blätter 1853, Nr. 47).
14 So wurde etwa die Wandvertäfelung des Festsaals geborgen.
15 Gabriele Legant-Karan/ Michael Scheffel, Das Lübecker Kaufmannshaus. In: Gerhard Gerkens/ Antjekathrin Graßmann, Der Lübecker Kaufmann, Aspekte seiner Lebens- und Arbeitswelt vom Mittelalter bis zum 19. Jahrhundert. Ausstellung Burgkloster Lübeck vom 27. Juni bis zum 31. Oktober 1993. Lübeck 1993, S. 53-61, hier 60f.
16 Diese flächig aufgefaßte Neugotik in ihrer graphischen Präzision erscheint in zeitgenössischen Stahlstichen: Kallenbach 1844-46 (Brix, 1981, Abb. 265).
17 "Wie nun hinsichtlich des Grundrisses das Alte möglichst gewahrt wurde, so war es bei der ganzen Ausführung des Baues durchgehendes Streben, sich an die Wahrheit und Aechtheit der älteren Werke, so viel thunlich, anzuschließen." (Ungewitter,1848, Sp. 417).
18 Ungewitter, 1848, Sp. 417.
19 Ungewitter, 1848, Sp. 418.

2) HAMBURG, Wohn- und Geschäftshaus Großer Burstah Nr. 8, Bau 1843-44 (mit G. L. Martens)

Auf einem schmalen, tiefen Grundstück, zwischen Straße und Fleet gelegen, erhebt sich das Wohn- und Geschäftshaus in viereinhalb Geschossen *(Abb. 2.1)*. Eine derart weitgehende Ausnutzung des Grundstücks, wie sie der Grundriß von 1910 zeigt, ist für Ungewitters Haus noch nicht anzunehmen *(Abb. 2.2)*. Ein Lichthof, der bis in das Nachbarhaus hineingreift, sorgt wenigstens für ein Minimum an Tageslicht und Belüftung. Schnitte zeigen die Enge der Bebauung, in der das Haus des 19. Jahrhunderts inzwischen aufgegangen ist.

Wie im Alten Wall Nr. 63 wählten Ungewitter & Martens für das schmale Grundstück den beliebten Typ eines "Dreifensterhauses" *(vgl. Abb. 2.1)*. Entsprechend der Nutzung für gewerbliche Zwecke (Laden mit Kämmen links, bzw. mit Stoffen rechts) erhalten die äußeren Achsen des Erdgeschosses große rundbogige Schaufenster. Dazwischen liegt das niedrigere Portal, dessen Traufleiste mit denen der beiden Fenster eine geschwungene Linie bildet.

Die darüberliegenden Wohngeschosse werden in ihrer Größe nach oben hin reduziert: von hohen Rundbogenfenstern im I. Obergeschoß bis zu Zweiergruppen kleiner hochrechteckiger Fenster mit geradem Sturz im Mezzanin. Die Verringerung der Fensterflächen bewirkt eine mindere Wohnqualität der oberen Etagen, wobei die Bewohnbarkeit selbst des Mezzaningeschosses, wie sie die Gardinen anzeigen, eher ungewöhnlich erscheint.

Die Wandfläche ist von einem Netz unterschiedlich gezeichneter Putzquader überzogen, somit wird die Sandsteinbauweise in ein rein lineares System übersetzt, indem etwa die Rundbogen-Fensterstürze in ihrem Lineament Radialsteine andeuten.

Die Architekten schließen sich mit dieser Fassadengestaltung an den 'Rundbogenstil' an, den Gärtner an der Münchner Akademie lehrte. Die Putzquaderung mit ihren in Sockel und Wand unterschiedlichen Texturen ist ebenfalls eindeutig dem Münchner Kreis zuzuordnen.

Deutlich ersichtlich ist der Anschluß an den Mietshausbau Friedrich Bürkleins: rhythmisch ausgewogene lineare Gliederung der Wandfläche und die ausgesprochene Eleganz des Putzfugenschnitts stammen - wie auch die formalen Motive - von Ungewitters langjährigem Lehrherrn (vgl. Kap. II. 1).

Ihre eigentliche Aussagekraft gewinnt die Fassadenkonzeption aus feinen Abstufungen der symmetrischen Durchfensterung. Die Fenster werden in Höhe und Form des Sturzes vom I. bis III. Obergeschoß variiert, stellen aber im Prinzip den gleichen Typ dar. Erst im obersten Geschoß erfolgt eine Auf-

Abb. 2.1) HAMBURG, Wohn- und Geschäftshaus Großer Burstah Nr. 8, Straßenansicht (das zweite Haus von rechts) (aus: Fuchs, Hamburgs Neubauten, 1847, Tf. 9)

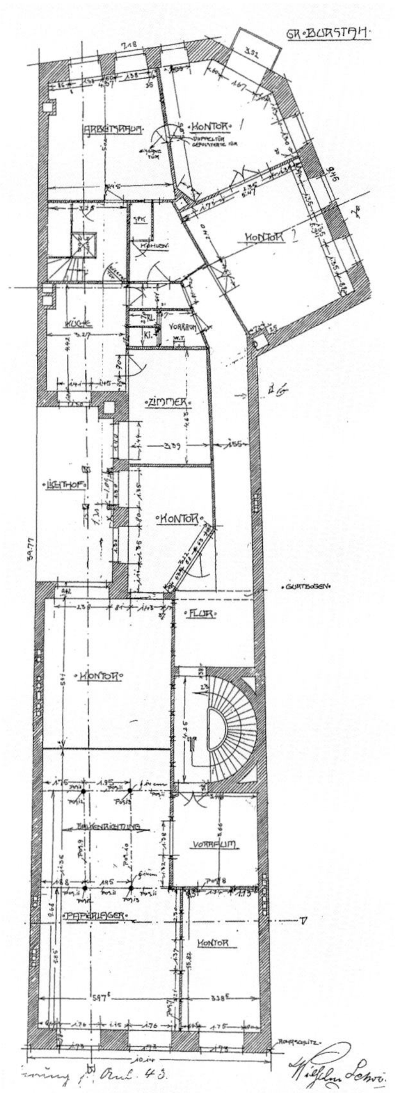

Abb. 2.2) HAMBURG, Wohn- und Geschäftshaus Großer Burstah Nr. 8, Grundriß, Wilhelm Schröder, 1910

spaltung in drei Zweiergruppen aus dicht zusammengerückten Öffnungen, deren Breite allerdings durch den Sturz der darunterliegenden Reihe definiert wird und also nicht willkürlich gewählt ist. Ein Gegenbeispiel ist das Eckhaus Nr. 4-6 rechts daneben auf der Fuchsschen Tafel.

Mit subtilen Mitteln charakterisieren die Architekten also jedes Geschoß besonders. Es werden ausschließlich architekturimmanente Sachverhalte und deren Logik veranschaulicht, indem tektonische Prinzipien des Steinbaus wie auch in der Hermannstraße 1-3 für ein flächiges Lineament des verputzten Baukörpers modifiziert werden.

Wie andere Beispiele, ist dies Werk eine Produktion der Sozietät Ungewitter & Martens.[1] Nach einer Anekdote drohte am 15. August 1843 der Einsturz eines der großen Rundbogenfenster im Erdgeschoß, wo sich Martens "mit samt seinem typischen Mackintosh und Schlapphut unter den Trümmern begraben lassen wollte", man konnte ihn aber glücklicherweise herausholen und die Bogenstellung noch rechtzeitig verstärken.[2]

Nach dem Bau des Hauses, der also im ersten Halbjahr 1843 begonnen worden sein dürfte, genehmigte man dem Besitzer J.M. Reuther am 30. 11. 1844 die Anlage einer Kasematte vor dem Haus[3], das demnach zu diesem Zeitpunkt vollendet war. Im Jahr 1845 bewohnte es nur der Eigentümer, 1846 fünf Partien nebst zweier Firmen und 1848 sogar 10 Partien.[4] Es siedelten sich Spandau & Stoeltzner sowie Friedenthal & Co. als Firmen an. 1848 gehörte das Gebäude Johann Rehlender, bevor es ab 1853 in den Besitz der Familie Heß überging.[5]

Mit dem neuen Aufbau des Daches, der 1892 im Auftrag des Eigentümers, der Rauchwarenhandlung Heß, durchgeführt wurde, sind erste Veränderungen greifbar, bevor nach einer Bestandsaufnahme von 1910 schließlich acht Jahre später endlich der Fassadenumbau durch den Architekten Wilhelm Schröder vorgenommen werden konnte.[6] Entgegen dem Bau von 1843/44 bestimmten 1910 primär gewerbliche Zwecke die Nutzung[7], indem die Kontore sich bis in das I. Obergeschoß ausdehnten, das durch Säulen durchaus repräsentativ ausgestattet war. Als Material fanden jetzt Klinker und Zementmauerwerk Verwendung. Dies ist typisch für die in den 1880er Jahren einsetzende Citybildung, wo die Wohnarchitektur durch sog. Kontorhäuser verdrängt worden ist.

1930 und 1932 wurden zur Erweiterung der Schaufensteranlage weitere Umbauten nötig, wodurch man dies Haus abermals überformt hat.

1 Faulwasser schreibt, daß Ungewitter das Haus mit Martens als Sozius erbaut habe (Faulwasser, 1892, S. 111f.).

2 ebd.

3 Kirchspiel-Protokoll St. Nikolai B 3a, S. 139. Am 26. 6. 1848 erfolgt die Genehmigung zweier Kessel im gewölbten Keller und des Dachumbaus für Räucherzwecke (Best. 324-1 Baupolizei. Kirchspielprotokolle St. Nikolai 1742-1865, Bd. IX, S. 267; Staatsarchiv Hamburg (im folgenden SAH)).

4 Adreßbücher der Freien und Hansestadt Hamburg.

5 Kirchspielprotokoll St. Nikolai, a.a.O.

6 Akten der Baupolizei K 3420 (SAH). 1893 wurde eine Heizungsanlage installiert (Akte Hamburger Feuerkasse III d A 18340; SAH).

7 II. OG: 8 Kontore und Zimmer, III. OG v.a. 19 Zimmer, 2 Küchen. IV. OG Zimmer zur Straße, Küche, Gesellen- und Räucherkammer, Lager.

3) HAMBURG, Wohn- und Geschäftshaus Großer Burstah Nr. 12-16, Bau 1843-44 (mit G. L. Martens)

Dies ist das zweite Haus, das Ungewitter mit Martens im Großen Burstah errichtet hat, das sich allerdings durch andere Stilformen auszeichnet. Das sich über eine beachtliche Grundstücksfläche erstreckende Gebäude hat die gleiche Tiefe wie Nr. 8, über die Einteilung des Grundrisses um 1843/44 ist allerdings leider nichts bekannt.

Gegliedert haben die Architekten ihr Gebäude, das in seiner Anlage mehrere Hausnummern in einer einzigen Fassade zusammenfaßt, in sieben Achsen, deren mittlere hervorgehoben wird und dem Bau einen axialen Bezugspunkt gibt *(Abb. 3.1)*. Darüber ist ein flach geneigtes Dach angegeben, das im Neubau nach dem Brand eher selten war.

Horizontal gliedert sich das Wohnhaus in drei Abschnitte: eine Sockelzone mit Rundbogenarkatur im Erdgeschoß, das wieder durch die gewerbliche Nutzung (Schaufenster, Durchfahrt, seitliche Zugänge in den äußeren Achsen) bestimmt ist, das I. und II. Obergeschoß für gehobene Wohnverhältnisse, III. Obergeschoß für etwas bescheidenere Wohnungen und ein Mezzanin als Dachraum (evtl. Lagerräume) genutzt. Diese drei Zonen sind durch Gesimsbänder getrennt.

Das Sockelgeschoß sowie die obere Zone werden nochmals untergliedert, z.B. wird im Mezzanin ein Gesimsband zwischen den Lisenen eingeschoben. Die Rundbögen des Erdgeschosses wiederum fassen die Architekten durch einen ornamentierten Kämpferfries einheitlich zusammen. Die freie Wandfläche in den Zwickeln des Erdgeschosses ist mit einem großrasterigen Quadernetz überzogen, das den Sockelcharakter betont.

Die Fenster der drei Wohnetagen erscheinen gleichmäßig auf der Wandfläche verteilt, nur im Mezzanin findet wiederum eine Aufspaltung in Gruppen von drei bzw. vier schmalen hochrechteckigen Öffnungen statt. Lisenen, die eine angedeutete Kapitell- bzw. Sockelzone besitzen, scheiden die Fensterachsen der oberen eineinhalb Geschosse voneinander und sind durch Akroterien bekrönt. Das Hauptgesims selbst ist relativ schmal, ornamentierte Felder sowie ein Zackenband über den Mezzaninfenstern tragen jedoch in einer Verdichtung horizontaler Linien zum klaren Abschluß der Fassade bei. Die Lisenengliederung wird nicht vorbereitet, wie dies etwa im Nebenhaus Nr. 10 der Fall ist, dem durch Ecklisenen ein begrenzender Rahmen vorgegeben wird. Die Verdachung der Stichbogenfenster durch eine breite Traufleiste mit Palmettenornament im Scheitel tritt am Nebenhaus gleichfalls auf. Es handelt sich also um ein in Hamburg verbreitetes Motiv.

Die Fassadengestaltung besteht in einer Kombination von Stilelementen unterschiedlichster Provenienz. An dem Balkongitter im III. Obergeschoß werden gotische Motive - allerdings in dem modernen Material Gußeisen - verwendet, auch die Fensterbrü-

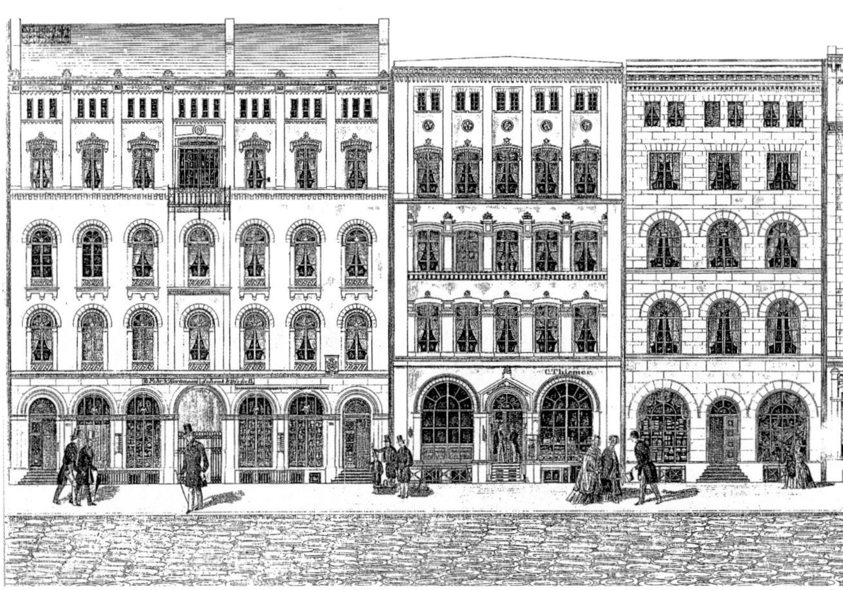

Abb. 3.1) HAMBURG, Wohn- und Geschäftshaus Großer Burstah Nr. 12-16, Ansicht der Straßenseite (linkes Haus) (aus: Fuchs, Hamburgs Neubauten, 1847, Tf. 9)

stungen der mittleren Etagen gehören in diesen Vorlagen-Bereich. Die Arkatur im Erdgeschoß mit mehrfach profilierter Archivolte sowie durchgängiger Kämpferzone weist im Prinzip noch auf die italienische Renaissance zurück, in der häufigen Verwendung verlieren die Formen allerdings bereits viel von ihrer Bedeutung. Die Fenster der beiden Hauptwohn-Etagen werden durch Pilaster gerahmt und es erscheinen über deren Archivolte zusätzlich in den Putz gezeichnete Radialsteine. Nicht der Fenstertyp, wohl aber die völlig isolierte Setzung auf der glatten Wand des II. Obergeschosses ist ein wenig außergewöhnlich. Im Gegensatz zu Haus Nr. 8, aber ähnlich dem der Hermannstraße 1-3 wird auf die Schaffung eines Flächenzusammenhaltes verzichtet zugunsten einer Steigerung des Anteils rein dekorativer Versatzstücke, wozu in diesem Fall auch eigentlich tektonische Elemente wie die Fensterrahmungen gezählt werden müssen.

Vor allem die florale Ornamentik war es vermutlich, die ein zeitgenössisches Tageblatt zu folgender Klassifikation der Architektur veranlaßte:

[...] sie schmecke förmlich nach dem modernen Rokoko [...] [1]

Eindeutige Rokokoformen gibt es nämlich nicht, es ist eher die ornamentale Auffassung der Fassadengliederung gemeint. Damit zeigt sich, wie diffizil eine begriffliche Fassung dieser Art von durchschnittlicher Stadt-Architektur schon damals gewesen ist. Es liegen zwar bekannte Motive zugrunde, durch die Übersetzung in Flächigkeit sowie ornamentale Variation greifen die üblichen Begriffsschemata jedoch oft nicht. Rokokoesk mögen allenfalls die Auflösung der Fenstertraufleisten und Pilaster der beiden oberen Geschosse ins Ornamentale zu bewerten sein, letztlich ist der Begriff aber keine Stilzuordnung und kaum aussagekräftig.

Die Architekten versuchen, diesem größeren Haus einen repräsentativeren Anstrich durch erhöhten formalen Aufwand zu verleihen. Zudem erscheinen die für das Büro signifikanten an das Mittelalter anknüpfenden Formen im Sinne des für das frühe 19. Jh. typischen Historismus. Die Konzentration auf die Mittelachse oder auch der Balkon stellen gängige Strukturen vornehmer Architektur dar. Sie liegen lediglich frei umgeformt[2] noch zugrunde, die Architekten versuchen, diese Muster ins Flächige zu übertragen, was auf eine durchaus konsequente Auseinandersetzung mit speziellen Problemen der Gestaltung von Putzfassaden hindeutet.

Bemerkenswert erscheint gerade ein anderer Aspekt: das Bemühen um möglichst einheitliche Gestaltung ganzer Straßenzüge, ohne die Idee individueller Gestaltung der Einzelhäuser aufzugeben. Das Problem der Einfügung der Einzelwohnung in das städtische Bezugsnetz, das sich in Hamburg verstärkt mit der Neuordnung nach dem Brand stellte, wird hier noch in den weitgehend bereits vertrauten Maßstäben des beginnenden Mietshausbaus im frühen 19. Jh. in Hamburg zu lösen versucht.

Nachdem 1836 die Witwe Hinrich Georg Meyer noch Eigentümerin des Hauses Nr. 12 war, werden 1862 die Gebrüder Müller als Besitzer von Nr. 12-14 genannt.[3] Nr. 16 gehörte 1840 H.C. Baumann, ging aber 1843 an J. M. Reuther[4] über und 1861 gleichfalls an die bereits genannten Gebrüder Müller.

Da das Gebäude 1845 bezugsfertig war, ist die Bauausführung auf den Zeitraum 1843-44 zu datieren.[5] Die Firmennamen der Fuchsschen Illustration decken sich mit den Angaben der Adreßbücher[6], außerdem bewohnten noch diverse Partien das Haus, beispielsweise vier bis fünf allein das Haus Nr. 12.

In das Jahr 1896 fällt die Überschreibung der Grundstücke Nr. 12/14 von Gustav Adolph Hinrich Runge an Oscar Tietz.[7] Infolgedessen plant der neue Besitzer den Abbruch des Baus von Ungewitter & Martens, so daß 1896/97 der Architekt Bahre ein Warenhaus errichten konnte *(Abb. 3.2)*.[8] Nicht lange später erfolgte im Jahre 1912 erneut ein Umbau, diesmal durch Leopold Strelow. Dies zeigt einmal mehr die rasante Entwicklung der Städte, die rücksichtslos über die nur wenige Jahrzehnte alte Bausubstanz hinwegging.

1 Dies wird als eine 'sonderbare' Äußerung bewertet (Faulwasser, 1892, S. 112; ohne Angabe der Quelle).

2 Im Hinblick auf die florale Dekoration könnte man Parallelitäten zum Innenraum der Synagoge in der Poolstraße von Klees-Wülbern feststellen (Irmgard Stein, Jüdische Baudenkmäler in Hamburg. Hamburg 1984, Abb. 21).

3 Die Angaben der Besitzverhältnisse aus: Kirchspielprotokoll St. Nikolai 1742-1865 (SAH).

4 Dieser wiederum beklagte sich über die Überschreitung der Grundstücksgrenze seitens seiner Nachbarn (Kirchspielprotokoll, a.a.O.).

5 Baupolizei K 3419 Gr. Burstah Nr. 12/14 (SAH).

6 Die Nummerierung bei Fuchs ist noch diejenige vor der Neuordnung im Zuge des Wiederaufbaus.

7 Hamburger Feuerkasse III d A 18341 für Nr. 10/12 nur Unterlagen der Zeit um 1920 (SAH).

8 Zeichnungen dazu existieren, wenngleich in schlechtem Erhaltungszustand (Baupolizei, a.a.O.).

Abb. 3.2) HAMBURG, Warenhaus Tietz, Großer Burstah Nr. 12-16, Postkarte 1897

4) HAMBURG, Wohn- und Geschäftshaus Hermannstraße Nr. 1-3, Bau 1843-44 (mit G. L. Martens ?)

Dies ist das einzige erhaltene der von Ungewitter 1843/44 in Hamburg errichteten Häuser *(Abb. 4.1)*.[1] Ab 1845 sind Bewohner verzeichnet, deren Zahl von zwei Partien im Jahr 1845 auf insgesamt acht in beiden Häusern im Jahr 1848 ansteigt.[2] Eine Aufstockung des Dachgeschosses sowie der Einbau eines Ladens in den Jahren 1892-93 veränderten das Erscheinungsbild *(Abb. 4.2)*.[3] Die Formen des III. Obergeschosses wurden einfach wiederholt. Außerdem siedelte sich in den 70er Jahren unseres Jahrhunderts eine Bank im Erdgeschoß an, woraus weitere Umwandlungen folgten, wobei auch das oberste Geschoß erneuten Veränderungen unterlag *(vgl. Abb. 4.1)*. Aufgrund einer unterschiedlichen Fassung des Hauses in Ausführung und publiziertem Entwurf erscheint dies Projekt besonders spannend.[4]

Das im ursprünglichen Zustand viergeschossige Gebäude ist auf einem Eckgrundstück gelegen, worauf die quergestellte Achse an der Ecke Bezug nimmt - ein weit verbreiteter Typus *(vgl. Abb. 4.1)*.[5] Von der Eckachse aus betrachtet, erstreckt sich das Gebäude um weitere drei Achsen (in den Wohngeschossen vier) nach links am Alstertor sowie fünf nach rechts an der Hermannstraße.

Der großzügigen Arkatur des Erdgeschosses wird eine Gliederung vorgelegt, deren Lisenen in eigenen kleinen Verdachungen auslaufen und die vor der unteren Zone, aber hinter dem oberen Teil des Gesimses liegen, also gleichsam durch dieses hindurchgesteckt zu sein scheinen; ein originelles Motiv, zumal die Aufsätze keinen Kontakt zur Gliederung des I. Obergeschosses herstellen. Nach demselben Prinzip ist allerdings auch der obere Abschluß an Schinkels Bauakademie gestaltet: Hinter dem Gesims scheint sich das Lisenenraster in den Postamenten der Attika fortzusetzen.[6] Es wird allerdings in Hamburg ein Motiv der Verzierung von Dachgesimsen in das Erdgeschoß verlagert.

Abb. 4.1) HAMBURG, Wohn- und Geschäftshaus Hermannstr Nr. 1-3, Ansicht 1992

Die Fenster der oberen Geschosse erscheinen gleichmäßig, teilweise zu Zweiergruppen gekuppelt, locker auf der Wandfläche verteilt. Mit den Sohlbänken sind sie in profilierten bzw. mit Klötzchen besetzten Simsbändern verankert; ausgenommen die mittleren drei Fenster des II. Obergeschosses der Hermannstraße, denen schmale Blumenkästen vorgelagert sind. Damit tritt das Motiv des vorkragenden Balkons an der Eckachse in reduzierter Form wieder auf, der ebenfalls auf Konsolen ruht und mit einem der typischen filigranen Eisengitter geschmückt ist. Ornamentfriese unterhalb des einstigen Traufgesimses in einem Teil der Hermannstraße bzw. unter den Sohlbänken der Fenster im III. Obergeschoß an einigen Achsen auf beiden Straßenseiten schaffen in ihrer in der Höhe abgestuften Verwendung weitere Flächen für feingliedrigen floralen Dekor.

Die Fenster des II. und III. Obergeschosses werden an der Alstertorfassade, der Eckachse sowie beiden Außenachsen der Hermannstraße durch eine Lisenengliederung gerahmt, an welcher Basis und Kapitellzone ebenso knapp angedeutet sind wie an dem Haus Großer Burstah 12-16. Dadurch wird ein vertikales Gegengewicht zur Breitenerstreckung formuliert, das beide Etagen miteinander verklammert.

In diesem Haus erscheint der 'Rundbogenstil', wie er sich in Hamburg zwischen 1840 und 1850 hatte durchsetzen können. Im Zusammenspiel großer und kleiner Ordnungen entstehen strukturell zusammenhängende Teilflächen. Auffällig sind die tropfenförmig unter den Gesimsen hängenden Konsolen im II. Obergeschoß am Alstertor. Die Rundbögen werden in ihren an das Mittelalter angelehnten Details mehrfach variiert, z.B Zahnschnitt im I. Obergeschoß sowie Diamantquaderung in den Archivolten der drei mittleren Fenster im II. Obergeschoß der Hermannstraße.

An diesem Fassadendekor ist zwar die Genese einzelner Motive aus Romanik, Gotik, selbst noch italienischer Renaissance relativ klar festzustellen, die Originalität liegt jedoch abermals in einer Variation der Motivik. Immer wieder durchbrechen die Architekten ihr Schema in der Suche nach Auflockerung.

Abb. 4.2) HAMBURG, Wohn- und Geschäftshaus Hermannstr Nr. 1-3 (Anlage zum Hamburger Correspondent 1904)

Die Formen werden ins Flächige übertragen, womit ihre Stilzugehörigkeit 'normännisch' (d. h. romanisch) äußerlich noch erkennbar bleibt, aber auf den Umriß reduziert wird. Daraus resultiert eine Feinheit und Eleganz, der die klassizistische Bautradition in Hamburg als Ausgangspunkt zugrundeliegt.

Die Fenster des III. Obergeschosses werden in der Eck- sowie den jeweils äußeren Achsen der beiden Straßenseiten durch eine übergreifende Ordnung betont. Die stilisierten Pilaster tragen ein Gesims, das mit Zahnschnitt an das als Gurtgesims ausgeformte Motiv zwischen dem II. und III. Obergeschoß (auf Höhe der Sohlbänke der Fenster des III. Obergeschosses) anschließt. Die Eckakroterien sowie Kartuschen in der Mitte bereiten insofern auf die Dachzone vor, als daß sie stärker raumgreifend wirken als die unteren Geschosse und außerdem aus dem Kontext 'Dach' stammen. Wiederum verlagert sich die Akzentsetzung in Licht- und Schattenwirkung auf Details der Bauornamentik. Um in die große Baumasse und Wandfläche Spannung zu bringen, werden die Fenster der beiden mittleren Achsen am Alstertor sowie die drei mittleren der Hermannstraße im III. Obergeschoß zu Zweiergruppen gebündelt. Als zusammenhaltender Mittelpunkt der beiden im Detail unterschiedlichen Fassadenabschnitte fungiert die Eckachse.

Erstaunlicherweise erschien jedoch im Jahr 1847 ein ganz anderes Haus, das für dasselbe Grundstück vorgesehen war, in der *Zeitschrift für praktische Baukunst (Abb. 4.3)*.[7] Das publizierte Projekt sah vier Mietwohnungen pro Etage in einem dreigeschossigen Backsteinrohbau - ebenfalls mit abgestumpfter Ecke - vor.[8]

Durch Wagenremisen und Pferdeställe im Erdgeschoß rücken die Wohnungen, die über zwei Treppen begehbar sind, in die oberen Geschosse *(Abb. 4.4)*. Es liegt nur eine Wohnung zum Hof, dafür liegen drei zur Straße hin. Jede Wohnung erhält in mehreren heizbaren Zimmern mit Küche sowie Toilette die damals moderne Ausstattung für den gehobenen Wohnbedarf. Zudem waren den Treppen relativ große Vorplätze zugeordnet, ein von Architekten üblicherweise vernachlässigter Aspekt, der im Mietshausbau generell bemängelt wurde.

In Abweichung von der ausgeführten Architektur wird hier der Ziegelbau nicht nur theoretisch verfochten, sondern die Konzeption erscheint erstaunlich schlüssig tektonisch motiviert. Gleichmäßige Durchfensterung, Giebelbildung, Wahrung des geschlossenen Charakters der Sockelzone, geschoßübergreifende Lisenen mit klarem Abschluß - sie lassen zwischen sich Wandfelder frei, auf denen das Material seine Wirkung entfalten kann - zeugen von einer Durcharbeitung, die dem Prinzip der Konstruktion folgt. Die Giebelmotivik wird jeweils variiert und trägt zur Belebung des Straßenzuges bei ('Mannigfaltigkeit' auch für das Mietshaus).

Die Formensprache lehnt sich ausschließlich an das Mittelalter - norddeutsche Backsteingotik - an. Hingewiesen sei lediglich auf Ornamentfriese aus Formziegeln, gestaffelte Blendgliederungen der Giebel, Rundbogenblende mit Vierpaß im Tympanon des obersten Fensters des Eckgiebels sowie den durchbrochenen, gezinnelten Backsteinkranz. Mit dem Lübecker Haus (vgl. Kat. 1) bestehen bis auf wenige Detailformen sowie die Verwendung von Sichtbackstein keine Gemeinsamkeiten, was auf eine Fortentwicklung der Ungewitterschen Formensprache hindeutet (vgl. Gut Bergfried, Gärtnerwohnung vor dem Lübecker Tor).

Entsprechend kommentierte der Herausgeber der *Zeitschrift für praktische Baukunst,* Andreas Romberg, den Entwurf:

Ein Blick auf die Façade wird darthun, daß die talentvollen Erbauer eine eigenthümliche Richtung in der Baukunst befolgen. Wir werden uns erlauben, dieselbe näher zu beleuchten in dem von uns schon angeführten allgemeinen Artikel über die Neubauten Hamburgs, welchen wir freilich so lange verschieben müssen, bis es uns gelungen ist, von den verschiedensten Architekten Zeichnungen zu Gebäuden Hamburgs zu erhalten.[9]

Entsprechend dem Interesse dieser Zeitschrift am Mittelalter - entgegen den meisten anderen, z.B. in Berlin erscheinenden Organen - würdigt Romberg sowohl Talent der Entwerfenden als auch Ungewöhnlichkeit dieser vielfach stark bekämpften Bauweise.[10]

In der Veröffentlichung von Bülaus Entwurf für ein Wohnhaus am Glockengießerwall im selben Jahrgang der Zeitschrift wurde darauf hingewiesen, daß Bülaus Gebäude fast die einzigen seien, die das neue Hamburg mit dem alten noch in Einklang zu bringen vermöchten, indem sie in jedem individuellen Fall das Kaufmannshaus charakterisierten (vgl. Kap. II. 1).[11]

Die Kernfrage, ob es sich bei dem publizierten Entwurf um ein unmittelbar zur Realisierung anstehendes Projekt oder eine nachträgliche Idealisierung gemäß inzwischen gewandelten Architekturidealen handelt, läßt sich aufgrund der stilistischen Entwicklung zugunsten einer nachträglichen Umarbeitung entscheiden, so daß der Entwurf etwa 1846 entstanden sein dürfte (vgl. Kap. II. 1). Ein gewisser Analogieschluß wäre möglich in Referenz auf die Gärtnerwohnung vor dem Lübecker Tor oder auf das Lübecker Wohnhaus, wo Ungewitter erbost über die vom Projekt abweichende Ausführung berichtet. Es mag ein ähnlicher Fall vorgelegen haben, aber gesichert ist dies keineswegs.

Die Forschung zur Hamburger Nachbrandarchitektur klassifiziert den ausgeführten Bau denn auch als typisch, er sei eines der wenigen Zeugnisse der Neubebauung nach 1842, die noch existierten. Das Gebäude Hermannstraße Nr. 1-3 sei ein besonders reich gestaltetes Exemplar der Gattung Eckhaus.[12] Zuletzt bescheinigt Hipp dem Gebäude eine für die Nachbrandzeit moderne, historische Gliederungs- und Ornamentsysteme integrierende Putzfassade.[13] Ungewitter wird folglich als einer der Hauptvertreter des 'romantischen Historismus' bewertet (neben Jean David Jolasse, der ebenfalls ein Schüler Gärtners war).[14]

Eine Anmerkung, die auf die originellen Ideen der Architekten hinweist, wird ferner bereits im 19. Jh. zu der seltsamen Balkonausbildung gemacht, bei der die Tragekonsolen zugleich die Türbekrönung bildeten.[15] Damit ist allerdings über den Gesamteindruck der Architektur nichts gesagt.

In einem Gutachten Hermann Hipps von 1977 findet neben einer generellen Würdigung Ungewitters gerade dies Gebäude als einziges erhaltenes 'romantisch-historistisches' Exemplar eines Architekten Anerkennung, der sich später dem sog. 'dogmatischen Historismus' verpflichtete. Es gewinnt für die Hansestadt Hamburg in ihrer heutigen Gestalt den Charakter einer "Inkunabel, ohne deren Fortexistenz wichtige architekturgeschichtliche Einsichten nicht mehr nachvollziehbar wären".[16] Insbesondere im Vergleich mit dem Entwurf sowie mit dem ausgeführten Lübecker Wohngebäude wird die Schlüsselstellung dieses Hauses eben auch für das gesamte Schaffen Ungewitters evident, indem hier neue Form- und Kompositionsmerkmale auftreten, die seine künftigen Entwürfe maßgeblich bestimmen (z.B. Asymmetrie auch im städtischen Mietshaus). Es ist jedenfalls das einzige erhaltene Haus aus seinem Frühwerk.

Abb. 4.3) HAMBURG, Wohn- und Geschäftshaus Hermannstr Nr. 1-3, Entwurf um 1846

1 Die Zuschreibung nur an Ungewitter bei: Faulwasser, 1892, S. 106.

2 Adreßbücher (Hamburger Feuerkasse III d A 3183 keine Angaben).

3 Georg Dehio, Handbuch der Deutschen Kunstdenkmale. Hamburg, Schleswig-Holstein. Berlin/München 1971, S. 37; Ingrid Hansen, Hamburger Bau- und Kulturdenkmale. Innenstadt und Hafenrand. Hamburg 1989, S. 38f. Sie nennt ebenfalls - im Anschluß an Faulwasser - ausschließlich Ungewitter als Architekten.

4 Märtens/Ungewitter, Wohnhaus in Hamburg. In: *ZfpB* 7 (1847), Sp. 343f., Tf. 32f.

5 Deswegen wird das IV. Obergeschoß als späterer Zusatz ausgeklammert.

6 Abb. z.B. bei: Jonas Geist, Karl Friedrich Schinkel. Die Bauakademie - Eine Vergegenwärtigung. Frankfurt/M. 1993.

7 Märtens/Ungewitter, 1847, Sp. 343f., Tf. 32f.

8 Hingewiesen sei bereits auf die für das vorige Jh. typische Architekturdarstellung: In perspektivischen Ansichten wird immer eine klare räumliche Vorstellung vermittelt und mit Staffagefiguren (Maßstab!) belebt; außer den technischen Riß- und Schnittzeichnungen.

9 Märtens/Ungewitter, 1847, Sp. 343. Romberg verweist auf seinen Artikel über Bülaus Haus am Glockengießerwall, das ebenfalls in Sp. 343 besprochen wird und kündigt einen größeren Artikel mit Vergleich der verschiedenen Richtungen des Bauens im "neuen Hamburg" an, der aber offenbar nie erschienen ist.

10 Zur Bedeutung der Person Rombergs für Ungewitter vgl. Kap. II. 2.

11 Theodor Bülau, Wohnhaus am Glockengießer-Wall. In: *ZfpB* 7 (1847), Sp. 343f., Tf. 28-31.

12 Hansen, 1989, S. 39.

13 Hipp, 1990, S. 173.

14 Der Kontext einer Auseinandersetzung mit dem Bau war offenbar die Klage des Eigentümers über den schlechten baulichen Zustand des Hauses, Zweifel am Denkmalwert und eigene Sanierungsvorstellungen (Denkmalbehörde Hamburg: Gutachten von Hermann Hipp vom 7. 2. 1977).

15 Faulwasser, 1892, S. 106.

16 Gutachten Hipp, a.a.O. Von den sog. "Nachbrandhäusern" waren damals noch etwa 37 erhalten, davon wurden sechzehn als denkmalwürdig eingestuft. Dies Haus im "aufwendigen Rundbogenstil" ist demzufolge als Werk Ungewitters, der "zu den wichtigsten Architekten in Deutschland" gehört, von großer Bedeutung und auf jeden Fall zu erhalten.

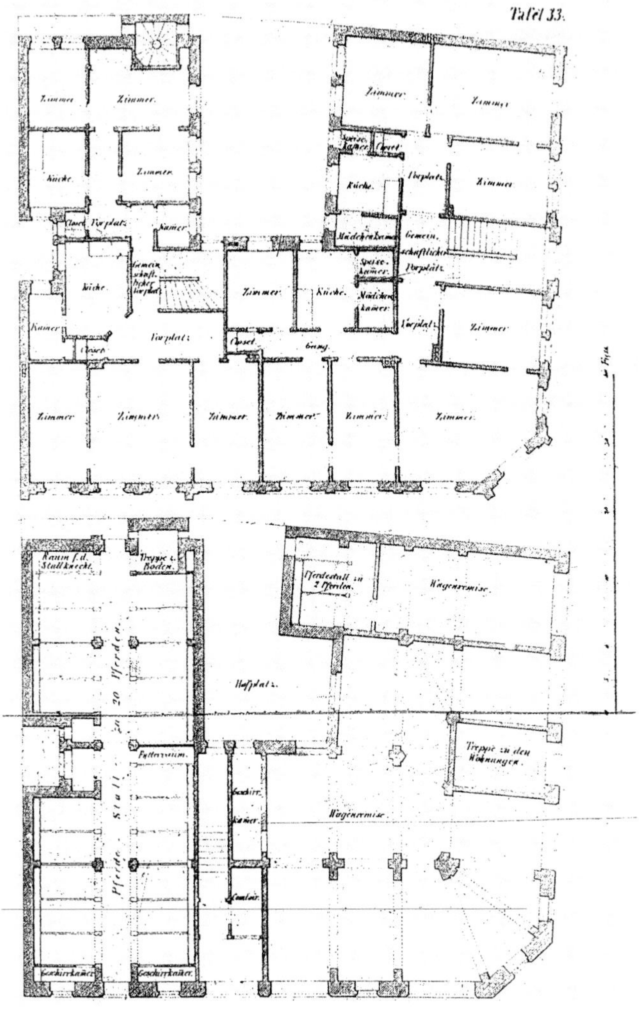

Abb. 4.4) HAMBURG, Wohn- und Geschäftshaus Hermannstr Nr. 1-3, Entwurf um 1846, Grundriß

5) HAMBURG, Wohn- und Geschäftshaus Hermannstraße Nr. 22-24, Bau 1843-44 (mit G. L. Martens)

Die Bezeichnung des Grundstückes als Nr. 24-26 kann nicht zutreffen, vielmehr handelt es sich um Nr. 22-24.[1] 1892 enthielt es den sog. Syderhelmschen Laden (evtl. gemeint Syllm, da Syderhelm als Name weder in den Akten noch Adreßbüchern auftaucht).[2] Mit nachweislicher Belegung der Nr. 24 im Jahr 1845 grenzt sich auch hier die Bauzeit auf den Zeitraum von 1843-44 ein.[3] Ein Grundriß existiert in der Versicherungstaxe 1877, als das E. F. Rachals gehörende Haus für 130.000 M versichert war, was bis 1907 unverändert blieb.[4]

Das stattliche Eckhaus hat mit seinen vier Geschossen etwa dieselbe Höhe wie die übrigen, um ein Halbgeschoß reicheren Nachbarhäuser. Wie diese zeigt es klassizistische Formen, die Fenster der Beletage werden mit Ädikulen sowie Balustern vor den Sohlbänken geschmückt. An der Eckachse treten zwei Balkons als weitere repräsentative Elemente hinzu.

Der Sockel trägt eine einfache Streifenrustika, in die Pilaster eingearbeitet sind, die in Stücke zerlegt sind, die sich mit einer anderen Rustika-Oberfläche abheben. Die Originalität der Architektursprache beider Baumeister gilt insofern auch für klassisches Vokabular. Die oberen Geschosse werden an den Kanten durch eine Quaderrustika eingefaßt. Die horizontale Lagerung des Baukörpers erscheint deutlich ausformuliert: Ein breites verkröpftes Gesims trennt Erdgeschoß und Beletage, die Fenster des III. Obergeschosses ruhen auf einem schmalen Ornamentfries und das abschließende Gebälk wird mit einem Klötzchenfries sowie einem Streifen laufenden Ornaments verziert und durch eine Balustrade bekrönt. Analog ist die nicht abgebildete Seite zu denken.

Im Vergleich zu den nebenstehenden Häusern bemühen sich Ungewitter & Martens auch innerhalb des klassischen Vokabulars um Vielfalt, etwa in der Wahl unterschiedlicher Fensterrahmungen. Auf die Vorliebe für komplexe Detailbildung ist anhand des Sockelgeschosses bereits hingewiesen worden. Sie lösen sich auch von der durchgängigen horizontalen Einbindung der Fenster, die an den Nachbarhäusern wie Perlen auf den Gesimsen aufgereiht werden. Trotz einer stimmigen Gesamterscheinung des Straßenzuges sind im einzelnen unterschiedliche Formauffassungen der ausführenden Architekten zu erkennen.

1 Es gibt entweder ein Grundstück Hermannstraße 22/24 oder 26/30. Da für Nr. 26 im Adreßbuch 1849 schon das Hôtel de l'Europe genannt wird, ist dieses Grundstück auszuschließen.

2 Faulwasser, 1892, S. 105.

3 Best. 324-1 Baupolizei. Kirchspielprotokoll St. Petri 1742-1865 A, Bd. 8, S. 52 und 112; Kirchspielprotokoll St. Petri ab 1842, A 5c, S. 115 (SAH). Hieraus geht lediglich hervor, daß der Besitzer von Nr. 24, H. J. Rachals, im Oktober 1845 wegen des Einbaus einer Luftheizung in Verhandlung mit der Baubehörde tritt sowie 1849 wegen einer geplanten Verlegung der Haupttreppe.

4 Hamburger Feuerkasse III d A, Nr. 3198: Hermannstr. 22/24 (SAH).

Abb. 5.1) HAMBURG, Wohn- und Geschäftshaus Hermannstraße Nr. 22-24, Ansicht (linkes Haus) (aus: Fuchs, Hamburgs Neubauten, 1847, Tf. 5)

6) HAMBURG, Wohn- und Geschäftshaus Hopfenmarkt Nr. 15-17, Bau 1843 (mit G. L. Martens)

Der fünfgeschossige, mit einer Balustrade bekrönte Bauköper erhebt sich über einem weit in die Tiefe reichenden rechteckigen Grundriß. Das Parterre enthält ein Fleischer- und ein Haushaltswaren-Geschäft, die über ein schmales hohes Portal in der Mitte zu betreten sind *(Abb. 6.1)*. Schlußsteine der Stichbögen sowie zwei breite volutenartig aufgerollte Konsolen markieren nur optisch eine stützende Funktion für die daraufsitzende vorkragende Sockelzone des I. Obergeschosses. Der Schlußstein greift nur durch den oberen Teil des Stichbogens. Die in den beiden obersten Geschossen abnehmende Fensterhöhe entspricht - ebenso wie der Verzicht auf eine eigentliche Belétage - den nebenstehenden Häusern.

Auffälligstes Kennzeichen der Fassadenkonzeption sind die dicht gesetzten Fensterreihen der Wohngeschosse, deren hochrechteckige, mit Segmentbögen geschlossene Öffnungen sich in sechs Achsen zusammendrängen. Lediglich zur seitlichen Begrenzung bleibt ein breiterer Mauerstreifen frei. Indem alle Fenster (bis auf die des IV. Obergeschosses) mit von Konsolen gestützten Architraven überdeckt werden, entsteht eine fast durchgängige horizontale Linie, die in Unterstützung der Gesimsbänder die Wandfläche in gleichmäßige Streifen gliedert.

Stilistisch läßt sich das Gebäude dem Klassizismus zurechnen: Fensterformen, Isolierung der Gliederungen in der Wandfläche, Verzicht auf eine übergreifende rahmende Ordnung. Durch ihre seitliche Rahmung mit Lisenen und durch die Architrave entsteht der Eindruck dichter Reihung, so daß die Fenster bereits ihren eigenständigen Charakter verlieren, es entsteht ein - wenn auch loser - Zusammenhang, die Wand tritt weitgehend in den Hintergrund. Mit den aufgerollten Konsolen des Hauptgesimses wird ein dominantes Element des Erdgeschosses aufgenommen und ein plastischer Akzent gesetzt. Durch die Anbringung von Balustraden, die die Fenster des I. und der beiden mittleren Achsen des II. Obergeschosses hervorheben, wird weiterhin versucht, einen Zusammenhang mit der Hauptgesimszone herzustellen. Dies ist zwar, wie in Lübeck, theoretisch richtig ausgedacht, funktioniert aber nicht in der großmaßstäblichen Wirkung. In dies Konzept fügen sich auch die im Vergleich zu den Nachbarhäusern betont vorkragenden geschoßteilenden Gesimse ein. Das Gebäude repräsentiert somit insgesamt den noch immer in Hamburg dominierenden Geschmack, indem es den Spätklassizismus in reicher und eben zunehmend plastischer Ausformulierung präsentiert.

Die die übrigen Privathäuser von Ungewitter kennzeichnende feinsinnige Gestaltung der Fassade ist hier kaum, allenfalls in der Hervorhebung der beiden Mittelachsen des I. und II. Obergeschosses in zaghaften Ansätzen spürbar. Sie werden durch eine zusätzliche Schicht der Verkröpfung bzw. Ausdehnung des Balustraden-Motivs auf das II. Obergeschoß komplizierter ausgeformt. Die Architekten be-

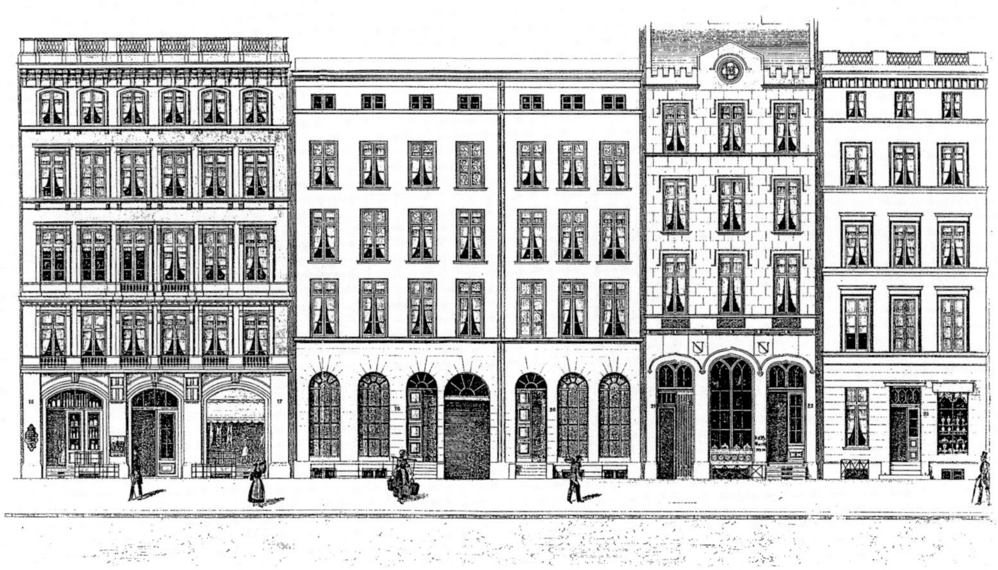

Abb. 6.1) HAMBURG, Wohn- und Geschäftshaus Hopfenmarkt Nr. 15-17, Straßenansicht (linkes Haus) (aus: Fuchs, Hamburgs Neubauten, 1847, Tf. 24)

mühten sich also - mit ganz konventionellen Mitteln - um eine Anpassung an den Hamburger Zeitgeschmack.

Den Zeitgenossen galt das Gebäude als "stattliches Haus"[1] und es fiel in der Klassifizierung unter "besseren Putzbau"[2], wodurch der recht beachtliche Formenreichtum Anerkennung fand, der selbst auf einer schematisierenden zeichnerischen Wiedergabe noch deutlich hervortritt *(Abb. 6.2)*. Vom heutigen Standpunkt aus wäre vielleicht kritischer zu urteilen: Mangels einer zusammenfassenden Großordnung herrscht aufgrund der Anhäufung dekorativer Formen eine Tendenz zum Zerfall in individuelle Kleinteiligkeit, da auch die Wandfläche keine eigene stabilisierende Qualität als Hintergrundfolie zu entfalten vermag. Die dichte Textur horizontaler bzw. vertikaler Richtungsachsen erzeugt einen unruhigen Eindruck, das Bemühen um komplexe Verschränkung wirkt gesucht und gewollt. Insgesamt läßt dies auf Unsicherheiten im Umgang mit Dekoration und Komposition schließen.

Die Zuschreibung an die Sozietät gründet sich auch hier auf die Annahme korrekter Angaben bei Faulwasser.[3] Die Genehmigung zum Neubau liegt mit dem 24. September 1842 ziemlich früh. Sie wurde mit den üblichen Auflagen, indem etwa Balkone maximal drei Fuß vortreten durften, für das gesamte Grundstück Nr. 15-17 erteilt.[4] Im Zuge der Bauausführung kam es zu einigen Unregelmäßigkeiten (auswärts schlagende Fenster und in den Fleet mündendes Abflußsiel), infolgedessen der Besitzer Reichardt zur Beseitigung unter Verpflichtung zur Zahlung einer Strafe von 400 Mark aufgefordert wurde.

1844 bewohnte bereits eine Partie das Gebäude Nr. 17, was die Bauzeit auf das Vorjahr eingrenzt, evtl. wurde noch Ende 1842 begonnen. Bis 1846 hatten sich dann drei Partien angesiedelt. Aufgrund der frühen Bauzeit könnte es sich möglicherweise um das erste eigenständige architektonische Projekt Ungewitters in der Sozietät mit Martens in Hamburg handeln, was auch die gestalterischen Unsicherheiten erklären würde. Der Hopfenmarkt war 1845 mit zwei Reihen Buden für Fleisch-, Fisch- und Gemüseverkäufer bebaut *(vgl. Abb. 6.2)*.[5] Das in Rede stehende Haus nahm in der Belegungsdichte bis auf sechs Partien im Jahr 1848 zu.

Die Nutzung bestand bis nach 1900 fort, da 1901 noch im Erdgeschoß der Metzger, im I. Obergeschoß Kontor und Wohnung, darüber Wohnungen lokalisiert waren. Wie der übrige Hopfenmarkt mit der Nikolaikirche fiel aber auch dies Haus dem Zweiten Weltkrieg zum Opfer.

1 Faulwasser, 1892, S. 112.
2 Hamburger Feuerkasse III d A 3542 (SAH). Nach einer Schätzung der Feuerkasse vom 19. August 1901 reicht das Grundstück Nr. 15-17 nunmehr bis an den Fleet heran. Ob es sich bei dem fünf Stock hohen Haus mit Asphaltdach noch um das Gebäude von 1843 handelt, ist mangels weiterer Angaben nicht eindeutig zu klären.
3 Faulwasser, ebd.
4 Best. 3241 Baupolizei. Kirchspielprotokoll der Rats- und Bürgerdeputation St. Nikolai B 3a 1842-59, S. 30 f. Nr. 16, 17; S. 89 f. Nr. 15 (SAH).
5 Gaedechens, 1880, S. 247.

Abb. 6.2) Ansicht des Hopfenmarktes. Lithographie J. Cray

7) HAMBURG, Wohn- und Geschäftshaus Große Johannisstraße Nr. 2-4, Bau 1844-45 (mit G. L. Martens)

Das in der Großen Johannisstraße Nr. 2-4 an der Ecke zum Rathausmarkt gelegene stattliche Doppelhaus ist ausnahmsweise ein frei stehender Gebäudeblock *(Abb. 7.1)*. Der viergeschossige Wandaufriß zeigt nur im mittleren Abschnitt ein Mezzanin, das den dahinterliegenden Dachboden beleuchtet. Im Sockel liegen auch hier seitlich der Portalachse, die die Symmetrieachse darstellt, Schaufenster mit separaten Zugängen zu den Geschäften an den Gebäudeecken. Von den sieben Fensterachsen der Wohngeschosse fassen die Architekten jeweils die beiden äußersten Achsen zusammen, so daß ein seitlicher Abschluß markiert wird. Nach oben begrenzt ein tief auf die Mezzaninfenster heruntergezogenes, kräftig vorspringendes Kranzgesims mit Dachbalustrade in klarer Horizontale den Bau. Die Mezzanin-Fenster durchschneiden die untere doppelte Profilleiste; die Verzahnung mit der Dachzone erscheint dadurch sehr eng.

Leicht vortretende mehrgeschossige Flacherker der äußeren und mittleren Achsen zeigen wieder eine Akzentuierung des plastischen Elementes. Sie ruhen auf dem leicht vorkragenden Sims, das den in großzügiger Streifung rustizierten Sockel von den Hauptgeschossen trennt. In der Mittelachse wölbt sich der auf Konsolen sitzende Türsturz des Erdgeschosses vor, so daß er dem Erker als Stütze dienen kann. Eine analoge Gestaltung findet sich in der Hermannstr. 1-3 (vgl. Kat. 4). Der Fassadenkonzeption liegt insofern tektonisches Denken zugrunde, was auch die Einspannung der seitlichen Erker mit ihren beiden oberen Geschossen in das eingeritzte Fugennetz verdeutlicht.

Im Detail werden eben die Erker besonders reich gestaltet. Es treten im I. Obergeschoß stilisierte Pilaster auf, die eine Gebälkzone tragen, auf der wiederum die beiden oberen Geschosse sitzen. Diese werden durch Ecklisenen zusammengefaßt und durch Akroterien mit den schon bekannten stilisierten Palmetten an den Ecken und in der Mitte bekrönt. Ornamentik belebt die Fensterbrüstungen: Kartuschenfelder bzw. Friese mit Blattwerk (nebst Masken) im II. und III. Obergeschoß. Gedrehte Stäbe an den Fenstergewänden oder Pilasterkanten führen die sorgfältige Detailgestaltung bis in Einzelheiten fort.

Als zentraler Knotenpunkt erweist sich die mittlere Öffnung im II. Obergeschoß, vor der ein Balkon auskragt. Zwei Colonetten rahmen die Öffung, deren gerader Sturz abermals vorspringt. Ähnlich gestalten Ungewitter und Martens die Mittelachse der Seiten-

Abb. 7.1) HAMBURG, Wohn- und Geschäftshaus Große Johannisstraße Nr. 2-4, Aufrisse der Front- und der Seitenansicht (aus: Fuchs, Hamburgs Neubauten, 1847, Tf. 9)

ansicht, wo der Schwerpunkt in das I. Obergeschoß verschoben wird. Hinter einem breiten Balkon befindet sich eine Pilastergliederung, die im II. Obergeschoß in stärker dekorativer Auflösung wiederholt wird. Zur Zierlichkeit der Wirkung leistet die Verwendung filigranen Gußeisens am Balkongitter sowie an den Schaufenstern einen weiteren Beitrag. Der Ausdruck des Gebäudes beruht auf einer Ausgewogenheit horizontaler und vertikaler Tendenzen sowie spannungsvollem Wechselspiel von kubischer Massenwirkung und gliedernden Akzenten.

In derselben Abbildung stellt Fuchs ausnahmsweise die Seitenansicht mit dar. Sie zeigt Unterschiede lediglich in der Feinabstimmung, insbesondere durch Modifikation der den gestalterischen Höhepunkt bildenden Mittelachse, in der im Erdgeschoß ein breiter Rahmen vorkragt, der die Anlage eines verbreiterten Balkons im I. Obergeschoß erlaubt. Zeitgenossen lobten die "vortreffliche Massenverteilung".[1]

In diesem Gebäude können Einflüsse außer aus München auch aus Berlin vermutet werden: die kastige, straffe, streng in das Fugennetz eingespannte Gliederung. Dies wäre entweder ein Niederschlag der Ungewitterschen Berlin-Reise, um derentwillen er ja immerhin seinerzeit den hessischen Staatsdienst quittiert hatte, oder ein Einfluß in Berlin ausgebildeter Hamburger Architekten. Mehrgeschossige Fenstereinfassungen gab es natürlich auch in München (vor allem bei Bürklein), der ebenfalls Fenstergruppen klar aus der Wandfläche herausarbeitet, allerdings gerade unter Verzicht auf jegliche rahmenden Gliederungselemente. Da sich in Hamburg nach 1842 Architekten aus verschiedenen Schulen niedergelassen haben, zeigt dies Haus die Vermischung und Überlagerung der jeweils in den unterschiedlichen Städten erlernten Formen (vgl. Kap. II.1).

Abb. 7.2) HAMBURG, Wohn- und Geschäftshaus Große Johannisstraße Nr. 2-4 (links neben der Börse), Blick von den Alsterarkaden auf den Rathausplatz und die Börse (Foto um 1875)

Mit ihrer Formensprache kombinieren die Architekten wiederum gängige Schemata des 19. Jahrhunderts sowohl aus der italienischen Renaissance oder den mittelalterlichen Stilen Romanik und Gotik in München als auch der 'hellenischen' Renaissance der Berliner Schule. Damit kommt die Suche nach eigenen, bürgerlichen Wohnbauformen zum Ausdruck, die in Hamburg nach 1842 thematisiert worden ist. Mit ihrem ansehnlichen Gebäude, das in seiner Qualität eine gute Werbung für das Büro ist (zumal das Grundstück sich zunächst in Martens' Besitz befand), leisten Ungewitter & Martens einen weiteren Beitrag zu den variablen Ausdrucksformen der Nachbrandarchitektur.

Wie in allen anderen Fällen, ist auch hier die Baugeschichte nur in wenigen Eckdaten zu rekonstruieren. Mit dem Verkauf des Grundstückes am 24. Dezember 1844 läßt sich der terminus post quem fixieren.[2] Da das Grundstück an Gustav Ludolf Martens verkauft wurde, handelt es sich in diesem Fall offenkundig um einen spekulativ orientierten Bau vermietbarer, bzw. nach der Bebauung wieder veräußerter Häuser durch das Büro Ungewitter & Martens. Martens mußte sich an die üblichen Verkaufsbedingungen halten: maximal 60 Fuß Höhe waren erlaubt (inklusive Gesims!), höchstens drei Zoll Sockel und die Balkone durften nicht mehr als drei Fuß ausladen.[3] Ihre Tätigkeit in der Hansestadt unterscheidet sich zunächst also überhaupt nicht von dem Gros ihrer Kollegen, wiewohl beide Architekten im weiteren Verlauf ihres Schaffens eine Außenseiterposition bezogen haben, sei es in Schleswig-Holstein oder in Kurhessen.

Das Haus war definitiv ab 1846 bewohnt - auch die in der Fuchsschen Lithographie angegebenen Firmen hatten sich bereits angesiedelt[4] -, so daß die Bauzeit höchstens bis Ende des Jahres 1845 gedauert haben kann.

Um 1875 war das Gebäude noch erhalten *(Abb. 7.2)*, es mußte dann aber dem zunehmenden Ausbau der Börse weichen, die sich nach mehrfachen Erweiterungen bis auf dieses Grundstück ausgedehnt hat.

1 Faulwasser, 1892, S. 110.

2 Anwesend beim Verkauf waren die Herren Commissarien Burmeister und Wüppermann (Kirchspielprotokoll St. Petri ab 1842, Bd. A 5 c, S. 115: Ecke Große Johannisstraße und Rathausmarkt, Verkaufsnr. 218/219, nun Nr. 2 und 4; SAH).

3 Die Anlage sog. 'Casematten' bleibt vorbehalten (d. h. Ausbau des Souterrains zu Wohnräumen), bewilligte Sperrmaße sind drei Fuß incl. Sockel, Treppen drei Fuß vom Sockel der Ecke entfernt, zur Bauplanke fünf Fuß (incl. Gerüstbäume) (Kirchspielprotokoll, a.a.O.).

4 Nr. 2 war demnach ausschließlich geschäftlich genutzt, in Nr. 4 waren außer den Firmen noch drei bis vier Partien wohnhaft (vgl. Adreßbücher der Freien und Hansestadt Hamburg).

8) HAMBURG, Wohn- und Geschäftshaus Rathausstraße Nr. 31, Bau um 1843-44 (mit G. L. Martens)

Anhand seiner Lage kann das Wohn- und Geschäftsgebäude in der Rathausstraße Nr. 31 (heute Nr. 2) auf einem historischen Foto identifiziert werden *(Abb. 8.1)*. Es liegt genau auf dem Eckgrundstück zur Kleinen Johannisstraße und ist mit einem flach geneigten Dach versehen.[1] Das viereinhalbgeschossige verputzte Eckhaus erhebt sich über einem L-förmigen Grundriß, da es mit seiner ersten Fensterachse entlang der Kleinen Johannisstraße als ein kleiner Flügelbau vorgezogen wird.

Das Erdgeschoß war wiederum kommerziellen Zwecken vorbehalten; eine breite Markise überspannt das Schaufenster des Flügelbaus. Drei Wohngeschossen ist ein Mezzanin aufgesetzt, dessen hochliegende Lukenfenster an den unteren Rand des Abschlußgesimses anstoßen (vgl. Große Johannisstraße Nr. 2-4). Es treten die bekannten Gliederungsschemata mit flachen Erkern und rhythmisch gruppierten Fensterachsen auf. Nur werden jetzt das II. und III. Obergeschoß zu einem Feld zusammengefaßt, wodurch der Schwerpunkt des vierzonigen Wandaufrisses weiter nach oben rückt als z.B. im Haus Meißner im Neuen Wall, das im übrigen ähnliche Gliederungsformen und Fensterung aufweist (vgl. Kat. 10). Die Fenster lassen sich denen der Großen Johannisstraße Nr. 2-4 vergleichen, die Verschränkung von horizontaler und vertikaler Gliederung an Mezzanin und Hauptgesims entspricht abermals der Großen Johannisstraße Nr. 2-4 sowie dem ausgeführten Bau der Hermannstraße Nr. 1-3 (vgl. Kat. 4, 7). Damit sind keine Neuerungen festzustellen, sondern das bekannte Vokabular wird lediglich wieder einmal anders kombiniert.

Das Mezzaningeschoß rahmen vierkantige Vorlagen auf Konsolen, die als Eckpunkte einer schmalen Balustrade auf dem breiten Hauptgesims auslaufen (vgl. Großer Burstah Nr. 12-16). Stilistisch wurde das Gebäude unter der von Zeitgenossen als 'normännisch-gotisch' (romanische und gotische Formen) bezeichneten Stilrichtung subsumiert, und die Maßverhältnisse erregten allgemeine Aufmerksamkeit.[2] Dies könnte sich auf die im Verhältnis zu den Proportionen des Grundstückes beachtliche Höhe beziehen, die durch die hoch angesetzten, aus der Wandfläche kantig vorspringenden Gliederungselemente noch stärker zutage tritt. Das Haus von Ungewitter und Martens weicht unter stilistischen Gesichtspunkten wieder von den im Wiederaufbau dominierenden klassizistischen Gestaltungsmustern ab.

Die Bauzeit des Wohn- und Geschäftshauses liegt mit 1843-44 in der Kernzeit der Aufbauphase nach dem Brand. 1845 bewohnten bereits mehrere Partien das Gebäude, auch ein Kontor hatte sich angesiedelt.[3] Aktenkundlich erscheinen nur wenige für die Baugeschichte nützliche Angaben. Im Jahr 1876 befanden sich inzwischen in dem massiven Gebäude selbst im Souterrain Wohnräume, wie überhaupt eine Vielzahl vermietbarer Zimmer vorhanden war.[4]

Nachdem der Putzbau 1892 nochmals erwähnt wurde, entstand im Zeitraum vor 1908 ein Neubau mit Granitsockel und Sandsteinverblendung[5], der im letzten Weltkrieg starken Schaden erlitt.

1 Als Abschluß ist auf der rechten Seite ein Giebelansatz zu erkennen. Entweder hat es sich um ein freistehendes Haus gehandelt hat, oder - was wahrscheinlicher ist (vgl. Stadtpläne) -, dürfte es sich um eine Brandmauer als Abgrenzung gegen das Nachbarhaus handeln.

2 Faulwasser, 1892, S. 110.

3 Adreßbücher der Freien und Hansestadt Hamburg.

4 Hamburger Feuerkasse III d A 27969. Rathausstr. 29/ Ecke Kl. Johannisstr. 1 (s.. Konkordanz 1943-64: Nr. 31 wird zu Nr. 29) (SAH).

5 Hamburger Feuerkasse, a.a.O.

Abb. 8.1) HAMBURG, Rathausplatz mit angrenzenden Straßenzügen, Rathausstraße Nr. 31 = Eckhaus in der Bildmitte, historisches Foto

9) HAMBURG, Wohn- und Geschäftshaus Alter Wall Nr. 63, Bau 1844/45

Dies Haus gehört gleichfalls in die Gruppe des Ungewitterschen Frühwerks in Hamburg. Es sind aber keinerlei Abbildungen nachzuweisen.[1] Das Gebäude existiert aufgrund weitgehender Belegung des Areals zwischen Alter Wall und Alsterfleet mit Kontorhäusern oder Banken seit der letzten Jahrhundertwende auch schon lange nicht mehr. Heute nimmt ein ausgedehntes Postgebäude aus den 1960er Jahren einen erheblichen Abschnitt des Straßenzuges ein.

Es darf aber als zuverlässig gelten, wenn Faulwasser schreibt, daß es sich mit dem Alten Wall Nr. 63 um ein romanisches Dreifensterhaus gehandelt hat.[2] Hieraus wird ersichtlich, daß es drei Fensterachsen gab, wobei auch von einer Putzfassade auszugehen ist, so daß es vielleicht den im 'Rundbogenstil' errichteten Gebäuden Großer Burstah Nr. 8 oder Hermannstraße Nr. 1-3 ähnelte. Das Grundstück besaß den üblichen rechteckigen Zuschnitt, ist aber ausnahmsweise nicht allzu tief, da es dicht an der Ecke zum Mönkedamm lag.

Es ist anzunehmen, daß dies Gebäude relativ spät erbaut worden ist, da es nicht vor dem Jahr 1849 als bewohnt vermerkt ist.[3]

1 weder in SAH, Museum für Hamburgische Geschichte, Museum für Kunst und Gewerbe, Denkmalbehörde, noch in der Landesbildstelle.

2 Gegenüber lag das sog. Haus Oppenheim von Klees-Wülbern (Faulwasser, 1892, S. 104).

3 Für das Jahr 1849 werden Hinrichsen und die Firma Goldschmidt & Co. als Mieter genannt (Adreßbuch der Freien und Hansestadt Hamburg aus dem Jahre 1849).

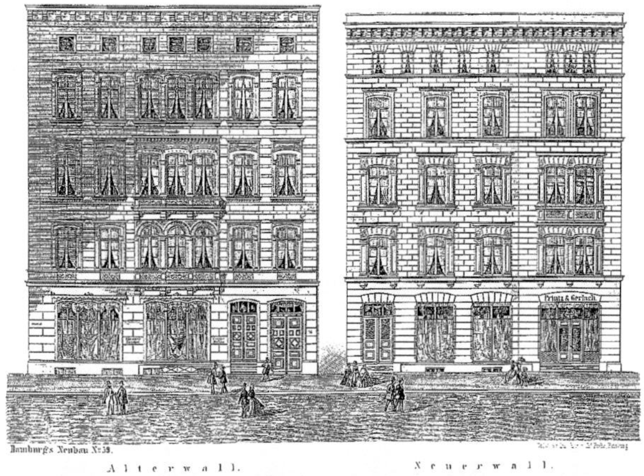

Abb. 10.1) HAMBURG, Wohn- und Geschäftshaus Neuer Wall Nr. 21/23, Straßenansicht (rechtes Haus) (aus: Fuchs, Hamburgs Neubauten, 1847, Tf. 59)

Abb. 10.2) HAMBURG, Wohn- und Geschäftshaus Neuer Wall Nr. 21/23, Stahlstich J. F. Richter

10) HAMBURG, Wohn- und Geschäftshaus Neuer Wall Nr. 21/23, Bau um 1845

Das Grundstück Neuer Wall Nr. 21/23 liegt an der Ecke zur Schleusenbrücke. Der kubische Eckbau zeigt den bekannten viereinhalbgeschossigen Wandaufriß *(Abb. 10.1, 10.2)*. Die Abbildung bei Fuchs läßt die Einzelheiten besser erkennen, wobei allerding noch eine andere Firma (Printz & Gerlach) statt Meissner & Sohn für Nr. 23 eingetragen ist.

Das Erdgeschoß mit großen, schlicht eingeschnittenen hochrechteckigen Ladenfenstern ist von einer Streifenrustika hinterlegt. Ein breites Gesimsband mit dem Schriftzug der Firma des Eigentümers schafft eine klare Trennung zu den oberen Geschossen, die mit einer Quaderrustika versehen sind *(vgl. Abb. 10.2)*.

Die Fenster im I. und II. Obergeschoß zeigen die gleichen Rahmungen mit Pilastern, Sturz und Gebälk. Außerdem sitzen sie auf einer Sohlbank. Sie werden ganz regelmäßig verteilt, nur die beiden Achsen in Nr. 23 sind zu Zweiergruppen gekuppelt und mit einem ornamentierten Brüstungsfeld verbunden. So kann man ablesen, daß das neue Gebäude zwei Grundstücke übergreift, was auch die Trennlinie andeutet. Ob die Nr. 23 gar als schmaler Risalit vorgezogen gewesen ist, läßt sich anhand des verfügbaren Abbildungsmateriales nicht eindeutig feststellen. In den beiden oberen Etagen sitzen die Fenster wieder auf dem Profilgesims auf. Die Rahmenmotivik wird im III. Obergeschoß bereits vereinfacht, im Mezzanin dann auf eine Nachzeichnung des Sturzes reduziert. Dafür wird die Anzahl der Öffnungen im Mezzanin vermehrt, indem zwischen die durchlaufenden Achsen noch Fenster eingeschoben werden. Wie schon oft gesehen, bildet ein kräftiges Kranzgesims mit Konsolen den Abschluß.

Die Faulwassersche Klassifizierung als "normannisch-gotisierend" mag heute vielleicht verwundern.[1] Dies könnte als gutes Beispiel für veränderte Sehgewohnheiten gelten, da eigentlich weder gotische noch "normannische" (romanische) Motive auftreten. Mit der Klassifikation sind vor allem die elaborierten Fensterumrahmungen des I. und II. Obergeschosses und die Colonetten gemeint, die nicht mehr in das gewohnte klassische Erscheinungsbild passen. Derartige Formen wußten Ungewitter und Martens demnach sehr gewandt zu behandeln. Damit kristallisiert sich dieser Stil als weitere charakteristische Variante für das Büro heraus, da etwa in dem Haus Großer Johannisstraße Nr. 2-4 verwandte Stilelemente auftreten.

Gespräche oder Verhandlungen A. H. Lauensteins wegen eines Neubaus gab es bereits Ende August 1842.[2] Da erst ab 1847 ein Bewohner, Goldschmidt, in Nr. 21 verzeichnet ist[3], dürfte auch dies Gebäude relativ spät errichtet worden sein oder es hat Gründe für eine lange Bauzeit gegeben, die sich unserer Kenntnis entziehen. Der Besitzer ist nicht zu ermitteln, es hat aber vielleicht Schwierigkeiten gegeben, wie der rasche Firmenwechsel andeutet. Generell war die Neubauphase nach dem Brand bis 1845 im wesentlichen abgeschlossen.

Ungewitter - als alleiniger Architekt des Hauses genannt - wird im Urteil Faulwassers aus dem Jahr 1892, wo er es als 'Meißnersches Haus' bezeichnet, als "hochbegabt" eingeschätzt.[4] Auch ist dies Haus in einem historischen Foto dokumentiert, das sehr schön die Einfügung in das Erscheinungsbild des Straßenzuges zeigt *(Abb. 10.3)*.

Da das Areal Neuer Wall, Poststraße, Große Bleichen zwischen 1900 und dem Ersten Weltkrieg fast völlig von der Citybildung erfaßt wurde, kam es bereits wieder zur Neubebauung.[5]

1 Faulwasser, 1892, S. 100.
2 Kirchspiel Protokoll St. Nikolai B 3a, S. 30 (SAH). Nach der Konkordanz 1943-64 wird Neuer Wall Nr. 21/23 nunmehr Nr. 28.
3 Adreßbücher der Freien und Hansestadt Hamburg 1847-49.
4 Faulwasser, ebd.
5 vgl. Hipp, 1990, S. 186.

Abb. 10.3) HAMBURG, Blick über die Schleusenbrücke, historisches Foto

11) HAMBURG, Haus der 'Patriotischen Gesellschaft', Entwurf 1844 (mit G. L. Martens)

Da der Verbleib des Ungewitter & Martens-Entwurfes unbekannt ist, kann über einen möglichen Stilwandel nichts Eindeutiges gesagt werden.[1] Die Konkurrenz für einen Neubau des Hauses der Patriotischen Gesellschaft wurde fast vier Monate vor derjenigen zur Nikolaikirche eröffnet, zu der Ungewitter und Martens einen Entwurf im 'Rundbogenstil' eingereicht haben (vgl. Kat. 12). Das läßt vermuten, daß auch hier noch kein gotisierendes Projekt geliefert worden ist. Gemäß Ausschreibung müßte es sich allerdings um backsteinsichtige Architektur gehandelt haben (s.u.). Spätestens ab 1847 erlangte Bülaus Gebäude jedoch eine Bedeutung für Ungewitter (vgl. Hermannstraße 1-3) und das Treppenhaus nahm er 1849 in seiner ersten Schrift auf und verteidigte es gegen Kritik. Da die Konkurrenz zum Haus für die Patriotische Gesellschaft in der Entwicklung des Backsteinbaus erhebliches Gewicht hat, wird knapp die Baugeschichte skizziert.

Die am 10. Oktober 1765 ins Leben gerufene "Gesellschaft zur Beförderung der Künste und nützlichen Gewerbe" unterhielt zunächst ein Haus in der Großen Johannisstraße Nr. 16 in Hamburg, das 1842 mit seiner umfangreichen Bibliothek und Modellsammlung den Flammen zum Opfer fiel.[2] Das Grundstück stand für einen Neubau aufgrund der Expropriation nicht zur Verfügung, so daß unter Berufung auf die gemeinnützigen Zwecke der Gesellschaft, die z.B. die technische Schule, die erst 1876 als städtische Gewerbeschule einen eigenen Bau bezog, aufnahm, die Bitte an den Senat herangetragen wurde, über den Platz des ehemaligen Rathauses verfügen zu dürfen. Diesem Wunsch gab die Bürgerschaft mit Beschluß vom 13. Dezember 1843 statt, wobei der Staat sogar noch die Kosten der schwierigen Fundamentierungen bestritt.

Für den Entwurf eines Neubaus wählte man den Weg eines beschränkten Wettbewerbs, zu dem nur Hamburger Architekten zugelassen wurden. Perspektiven durften - im Gegensatz zur Nikolaikirche - nicht beigefügt werden, um eine nur optische Gefälligkeit auszuschließen. Ein bedenklich stimmendes Kuriosum ergab sich aus der Identität von Bewerbern und Preisgericht, da innerhalb des auf ortansässige Architekten begrenzten Wettbewerbs niemand durch Tätigkeit im Preisgericht von der Einreichung eines Entwurfes abgehalten werden sollte. Neunzehn Projekte gingen ein und als Preisgericht traten Bülau, Burmester, de Chateauneuf, Heydmann & Hall, Heylmann, Kollmann, Reichardt, Rittmeister, Friedrich Stamman, Ungewitter & Martens, Wentzel, Willweber und Windmüller zusammen. Das waren immerhin gut zwei Drittel der Bewerber! Den ersten, mit 950 Mark dotierten Preis erhielt Bülau, den zweiten mit 570 Mark Friedrich Christian Heylmann, den dritten mit 380 Mark Theodor Willweber. Infolge der geschilderten Konstellation gehörten alle Preisträger auch dem Schiedsgericht an.

Einen Markstein in der Entwicklung des Hamburger Backsteinbaus im 19. Jh. bedeutet die Hinwendung zum Rohbau, die bereits aus dem Gutachten über die prämierten Projekte hervorgeht:

> (...) *daß man es als einen bedeutenden Fortschritt ansehen müsse, daß die Zahl derer, welche das Bauen mit Putz als eine krankhafte Verirrung ansehen, im Zunehmen begriffen ist und daß es nicht zu bezweifeln sei, daß die Nachkommen es anerkennen würden, wenn die Gesellschaft dieser falschen Richtung nicht huldige.*[3]

Mit einigen Modifikationen, vor allem Streichung des Mittelhofes zugunsten der Haupttreppe, gelangte denn Bülaus Entwurf in Backstein zur Ausführung. 1844 wurden die Fundamente gelegt, der Grundstein am 20. Oktober 1845, das Richtfest fand am 28. Dezember 1846 statt und die Einweihung schließlich am 1. Dezember des Folgejahres. Das hohe Ziegeldach sowie der Turm entfielen in der Ausführung. Die Portalinschrift zitiert das Motto der Gesellschaft "Emolumento Publico" (Geweiht dem Gemeinwohl). Mit der Fertigstellung eröffnete in den Räumen zugleich die Gewerbeschule.

Da Bülau sich dezidiert zum Mittelalter bekannte, hinderten nicht nur technische Schwierigkeiten in der Fundamentierung oder Unzulänglichkeiten der Fertigkeiten der Handwerker. Ein Steinquader, den der Steinmetz fünf Zentimeter zu lang behauen hatte, blieb nämlich zu dessen Verdruß stehen. In seinem Buch über den Bau äußert sich Bülau ausführlicher zu diesen Ärgernissen (vgl. Kap. II. 1).[4]

Mit der Kritik an industriell gefertigten Nägeln, an den Ausschreibungen an Handwerker nach Mindestsummen im Akkord zeigt sich Bülaus ablehnende Haltung gegenüber dem zeitgenössischen Bauwesen. Seine Orientierung an historischen Formen begründet er folgendermaßen:

> *Alles Menschenwerk aber ist unvollkommen und der Verbesserung fähig, also auch unsere Baukunst; doch um es besser machen zu wollen, als unsere alten Baumeister, mußte man es wenigstens erst eben so gut wie sie können, und davon sind wir alle noch weit entfernt.*

Es bestehen unübersehbare Parallelen zu Ungewitters Formulierungen und Überzeugungen, wie sie ab 1849 greifbar sind, so daß ein Einfluß Bülaus als sicher gelten kann. Nur der Zeitpunkt des Umschwungs in Ungewitters Auffassung bleibt unklar, er läßt sich nur grob eingrenzen zwischen Ende 1845 (noch 'Rundbogenstil') und Anfang 1847 (zwei veröffentlichte Entwürfe, beide strikt Backstein und vor allem 'mittelalterlich'). Ob eventuell die Auseinandersetzung im Wettbewerb zu diesem Projekt für Ungewitter einen Anstoß zu seiner architektonischen Wendung gegeben hat, da er sich hier zumindest intensiv mit dem Ziegelrohbau befassen mußte, ist nicht zu belegen.

1 Der Entwurf gelangte vermutlich gemäß dem üblichen Wege an die Architekten zurück. Er ist allerdings auch in Martens' Nachlaß nicht vorhanden.

2 Faulwasser, 1892, S. 112-18; Hugo Groothoff, Das Patriotische Gebäude, sein Erbauer Theodor Bülau und der diesjährige Umbau des Hauses. Vortrag gehalten im Architekten- und Ingenieur-Verein zu Hamburg am 4. 11. 1898. Hamburg 1898; Denkschrift des Architekten- und Ingenieurvereins zu Hamburg. Hamburg 1909.

3 zit. n. Faulwasser, 1892, S. 115.

4 Kritiker bemängelten, daß die Fenster zu schmal, die Holzdecken zu düster und die Gewölbe drückend seien (Faulwasser, 1892, S. 118).

Abb. 12.1) HAMBURG, Nikolaikirche, G.G. Scott, Bau 1847-83

12) HAMBURG, Nikolaikirche, Entwurf 1844 (mit G. L. Martens)

Nach Zerstörung der gotischen Pfarrkirche St. Nikolai in Hamburg durch den Großen Brand im Mai 1842 wurde zwei Jahre später eine Konkurrenz zum Wiederaufbau an einem anderen Platz - auf dem Hopfenmarkt - ausgeschrieben.[1] An diesem am 28. Mai 1844 durch die St. Nikolai-Kirchenbau-Kommission eröffneten Wettbewerb beteiligte sich - unter insgesamt neun Einsendern aus Hamburg - auch Ungewitter gemeinsam mit Gustav Ludolf Martens.[2] Leider sind diese Entwürfe nicht mehr aufzufinden.

Immerhin 38 von 44 Entwürfen gingen termingerecht bis ultimo November 1844 ein, wobei George Gilbert Scotts Entwurf (Nr. 39) im Dezember noch zugelassen wurde, Gottfried Sempers gotisierende Variante im Januar 1845 hingegen nicht mehr. Insgesamt lagen etwa 298 Blatt vor (zuzüglich einiger nachgereichter Risse, Erläuterungen oder Kostenanschläge). Vierzehn Architekten nutzten die Möglichkeit zur Veranschaulichung der Entwürfe durch Schaubilder, darunter die späteren Preisträger Semper, Heinrich Strack, Ludwig Lange, Scott, dem nicht zuletzt die Mitarbeit Streets an den Schaubildern zum Erfolg verhalf.[3]

Aufgrund einer wöchentlichen Schillingsammlung mit guter Resonanz war eine solide finanzielle Basis gegeben. Für die Konkurrenz galten folgende Vorgaben: Sitzplätze für 1200-1400 Personen, bei einem Gesamt-Fassungsvermögen von 3000 Personen. Des weiteren wurden benötigt: eine Sakristei von 600 Quadratfuß, ein zweiter Saal gleicher Größe, drei Kabinette à 100 Quadratfuß zur Privatbeichte, große Orgel- und Musik-Empore. Die Kosten durften höchstens eine Million Mark Banco (entsprechend 500 000 Reichstaler preußisch Courant) betragen. Die Plazierung des Taufsteins war nicht für eine bestimmte Stelle vorgeschrieben. Auch der Baustil wurde nicht vorgegeben, wohl aber, daß der geforderte Westturm[4] keine hölzerne Spitze erhalten durfte. Die Pläne mußten über Grundrisse, Fassaden und Querschnitte das Projekt vollständig veranschaulichen, wobei es erlaubt war, perspektivische Ansichten zu liefern. Ein Situationsplan sei käuflich zu erwerben. Alle Entwürfe sollten unter ein Motto gestellt werden.[5]

Zur Beurteilung der vom 19. Dezember 1844 bis 18. Januar 1845 im Bottomleyschen Haus am Hopfenmarkt öffentlich ausgestellten Entwürfe setzte die Kirchenbaukommission unter Leitung von Senator Binder eine Jury ein, der Averdiek, Bülau, Forsmann, Maak, Meuron, Schlösser und Wimmer (dieser verstarb während des Verfahrens) angehörten. Ein einstimmiger Entschluß sah Sempers zweiten Entwurf, einen Zentralbau im Rundbogenstil sowie die Projekte von Strack und Scott als Preisträger vor. Die Kirchenbaukommission berief jedoch den Kölner Dombaumeister Ernst Friedrich Zwirner sowie Sulpiz Boisserée für ein weiteres Gutachten, wobei letzterer seines schriftlich einsandte. Infolgedessen bestimmte man den neugotischen Entwurf Scotts schließlich zur Ausführung. Der Grundstein wurde am 24. September 1847 gelegt, die Weihe im Jahr 1863 markiert einen vorläufigen Bauabschluß. Die letzten Arbeiten zogen sich noch bis 1883 hin *(Abb. 12.1)*.[6]

Ungewitter und Martens reichten ihr Projekt in mindestens sieben Blättern zu einem vorauskalkulierten Kostenumfang von 960.000 Mark mit dem gezeichneten Motto eines Davidsterns in einem Kreis ein.[7]

Einer Besprechung der Entwürfe im *Hamburger Correspondent* und in den *Wöchentlichen gemeinnützigen Nachrichten* aus dem Jahre 1845 sind die bislang einzigen Hinweise auf die Gestalt des Projektes zu entnehmen.[8] Demnach war der rechteckige Grundriß mit einer Altarnische im Osten sowie einem Turm im Westen versehen. Offenbar hat es sich um einen Entwurf im 'Rundbogenstil' gehandelt, da sowohl Pfeiler in zwei Reihen mit Rundbögen, die Gewölbe stützen, als auch für den Bau insgesamt der Rundbogen dominierte. Burmester spricht konkreter von Renaissancestil in bezug auf die Dekoration.

Kritikpunkte Burmesters betreffen folgende Aspekte: Statt eines Vor- und Rückspringens der Massen bestünde eine Regelmäßigkeit der Bauformen, die "jeden poetischen Gedanken, jede Ahnung über das Innere verschwinden läßt".[9] Auch das Malerische, als eigentümlicher Reiz der Architektur, wird angesichts der nur wenig vortretenden Fensterrahmen und Profile vermißt. Dies Kriterium spielt also bereits eine Rolle für den Kirchenbau, gemeint ist hiermit offenbar die Vermeidung völlig glatter, großvolumiger Baukörper.

Somit verliere sich der Entwurf ins Zeichnerische, Lineare, Ornamentale, während der Betrachter an einem Bau primär gerade die Massenverteilung wahrnehme, weniger aber die Dekoration. Die Zeichnungen klassifiziert Burmester daher als unwahr, ein Vorwurf, der Ungewitter in seinem späteren Bemühen um Wahrheit in der Architektur sicher hart getroffen haben würde.

Kritik erfährt weiterhin die in Aufriß und Perspektive - eine später von Ungewitter heftig attakkierte Darstellungsweise - nicht übereinstimmende Turmfassade. Dies sei Zeichen dafür, daß die Architekten sich über ihre Vorstellungen nicht eindeutig klar seien, ein solches Schwanken sei gerade für einen Baumeister fatal.

Im Innenraum waren beidseitig Emporen auf elliptischen Bögen vorgesehen, was im Gegensatz zu den sonst herrschenden runden Bögen steht. Mit dieser

Inkonsequenz zeigten die Entwerfenden, daß sie weder Stoff noch Form gänzlich beherrschten und Harmonie und Stilreinheit nicht durchgängig zu gewährleisten vermöchten, was aber erst den Meister der Baukunst auszeichne.

Lobend äußert sich Burmester über die kunstgeübte Hand, die sich besonders in der Ornamentik ausspreche, aber in der Beschränkung auf die Dekoration unzureichend bleibe. Verhältnisse der Flächen sowie Effekt der Massen seien nicht berücksichtigt, "wodurch alles Malerische und Poetische der Architektur vernichtet wird".[10] Der Renaissance wären sowieso entweder das klassische Altertum oder das Mittelalter stilistisch vorzuziehen gewesen.

In Ermangelung der Zeichnungen kann bezüglich Stil und Qualität des Entwurfes keine Entscheidung getroffen werden. Fest steht aber, und dies ist ein wichtiger Punkt, daß es sich keinesfalls um einen gotischen Entwurf gehandelt hat, der hier bis spätestens Ende November 1844 eingereicht wurde. Ungewitters Engagement verdeutlicht die Beschäftigung mit Kernaufgaben der Zeit im Austausch mit kompetenten Persönlichkeiten.

Der in der abschließenden Entscheidung übergangene Semper wehrte sich gegen das Verfahren, indem er Emporen als unzulässig für die Gotik erachtete und den mittelalterlichen Baustil als nicht den einzigen nationalen bezeichnete.

Es ist falsch, wenn der mittelalterliche Baustyl des 12ten, 13ten und 14ten Jahrhunderts als der ausschließlich nationale bezeichnet wird. Vielmehr ist der Rundbogen dem Boden Deutschlands ebenso vertraut, wie ein anderer. Auch hierin [Emporenmotiv] wurde der altgermanische (vorgothische) Kirchenbaustyl durch das neu hinzutretende Element des Spitzbogens und des hohenstaufischen Pfeiler- und Strebenbaues in seiner weiteren Ausbildung gestört. Denn dieser spätere Spitzbogenstyl (den man mit Unrecht den ausschließlich germanischen nennt), war seinem innersten Wesen nach dem Emporkirchenelement feindlich.[11]

Scotts Entwürfe gefielen dem Publikum angeblich am besten.[12] Außerdem lieferte Scott aber einen von nur zwei querhauslosen Entwürfen. Da diese Bauform später für Ungewitter wichtig wird, liegt möglicherweise eine Anregung durch Scott zugrunde (vgl. Kap. II. 3). Die Gotik wird als höchste Blüte des christlichen Stils unter Berufung auf Goethes Schrift und Kuglers "Handbuch der Kunstgeschichte" bewertet, wobei man konzediert, daß nur wenige zeitgenössische Baumeister auch wirkliche Kenner der Gotik seien.[13] Die Abkehr von Sempers Entwurf, der im Kontext der seit Beginn des 19. Jahrhunderts einsetzenden Bemühungen um einen eigenen Grundrißtyp für die liturgischen Bedürfnisse des Protestantismus zu sehen ist, verdeutlicht eine Dominanz der Stilfrage mit klarer Bevorzugung der Gotik.[14] Es waren ja bereits trotz des Verzichts auf eine stilistische Festlegung in der Konkurrenz über die Hälfte gotische Entwürfe eingegangen.[15] Die in der Auslobung bewußt offen gelassene Stilfrage wird der Hauptstreitpunkt.[16]

Die Nikolaikirche leitete folglich einen Siegeszug der Neugotik für evangelische Kirchenneubauten der folgenden Jahrzehnte ein.[17]

Im Rekurs auf die Gotik der zweiten Hälfte des 13. Jahrhunderts (Triforien, entwickelte Maßwerkfenster) in unspezifisch kontinentalen Stilformen zeigt die Nikolaikirche Motive, die im 19. Jahrhundert in der europäischen Neugotik kanonisch wurden *(vgl. Abb. 12.1)*. Jedoch sind die hochgotischen Formen aus England und Frankreich noch eher fremd, wie auch der gelbe Backstein nicht dem lokalen Kolorit der Hansestadt entspricht.[18]

1 Grundlegend ist folgendes Werk: Bernd Franck, Die Nikolaikirche nach dem Hamburger Großen Brand. Gottfried Semper und die Entwurfsgeschichte für den Hopfenmarkt mit dem Kirchenbau 1842-45. (Arbeiten zur Kirchengeschichte Hamburgs Bd. 17) Hamburg 1989. Danach: Lewis, 1993, S. 99-108; Harry Francis Mallgrave, Gottfried Semper, Architect of the Nineteenth Century. New Haven/London 1996, S. 137-49. Vgl. auch: Julius Faulwasser, Die St. Nikolaikirche in Hamburg. Hamburg 1926, S. 60; Hermann Hipp, Einen Dom müßt ihr begründen ... Protestantischer Kirchenbau des 19. Jahrhunderts in Hamburg. In: Orientierung. Berichte und Analysen aus der Arbeit der Evangelischen Akademie Nordelbingen Heft 2. Hamburg 1980, S. 41-64. Zahlreiche kurze Beiträge finden sich in den Bauzeitschriften, meist die prämierten Entwürfe betreffend, vgl.: Joseph Egle, Notizen über die Konkurrenz zur Lieferung eines Bauplanes für die St. Nikolai-Kirche in Hamburg. In: *ABZ* 13 (1848), S. 123-127, Bl. 171-179; *OfcK* 9 (1859), S. 55ff.; *Jahrbuch der Baukunst und Bauwissenschaft in Deutschland* 4 (1847), S. 89f.

2 Schuchard irrt in der Annahme, daß an dem Projekt von Ungewitter und Martens Carl Alexander Heideloff beteiligt gewesen sei (Schuchard, 1979, S. 35). Heideloff ist Einsender des Entwurfes Nr. 41. In der Erklärung zu seinem Entwurf weist er der Symbolik besondere Bedeutung zu (Akte I, B-99, 13; Germanisches Nationalmuseum Nürnberg).

3 Bülau kritisierte im *Wandsbeker Intelligenzblatt* Nr. 8 (1845), daß durch die Zulassung zentralperspektivischer Ansichten routinierte Aquarellmaler bevorzugt würden.

4 In der Diskussion um das Bauprogramm versuchte der Senat, auch Projekte ohne Türme zuzulassen, was die Baukommission jedoch eigenständig anders entschied (Best. 512.1. St. Nikolaikirche. IX 6 B 1: Bau-Commission 1845; SAH).

5 F. Stöter, Ergänzungen zur Geschichte und Beschreibung des St. Nikolai-Kirchenbaues in Hamburg. Hamburg 1884, S. 217-19.

6 Zu der erst nach Ungewitters Tod realisierten Innenausstattung lieferte sein Schüler Christoph Hehl den Orgelentwurf (vgl. Faulwasser, 1926, S. 68).

7 Verzeichniss der in Folge ausgeschriebener Concurrenz für den Wiederaufbau der St. Nicolaikirche von hiesigen und auswärtigen Architecten eingegangenen Baupläne. Hamburg December 1844, S. 7f. (Entwurf Nr. 9) (Best. 512-3 St. Nikolaikirche. IX 6 B 2 Kirchenbaukommission 1845, fasc. 45/1096; SAH). Die Zuordnung ist möglich aufgrund des Ersuchens um Rückgabe der Entwürfe von Ungewitter und Martens am 1. Juli 1845 (Notiz in: Ebd., fasc. 1845/110).

8 H. W. Burmester, Beurtheilung der Baupläne für den St. Nicolai Kirchenbau. In: *Hamburger Correspondent* vom 14. März 1845; [W. Droc], Kritische Beleuchtung der besseren und besten Baurisse zur Nicolai-Kirche in Hamburg. In: *Wöchentliche gemeinnützige Nachrichten*, Hamburg 1845 (ebd., fasc. 1845/ Anl. 111).

9 Ebd.

10 Ebd.

11 Gottfried Semper, Über den Bau evangelischer Kirchen. Mit besonderer Beziehung auf die gegenwärtige Frage über die Art des Neubaues der Nikolaikirche in Hamburg und ein dafür entworfenes Projekt. Leipzig 1845, S. 12 und 25. Semper argumentiert, wie andere auch, mit der These, daß der 'Rundbogenstil' eine Vorstufe der Gotik sei, die sich - im Gegensatz zu dieser - nicht überlebt habe und somit noch entwicklungsfähig sei (vgl. Heinrich Hübsch u.a.).

12 Bericht des Kirchenbauvereins von 1843 (1. Bericht 1843, S. 9) (Best. 512-3. IX 7 1. bis 4. Bericht des Kirchenbauvereins; SAH).

13 2. Bericht 1844 und 1845, S. 22ff. (ebd.).

14 Gegenläufig entwickelt sich die Bewertung von Faulwasser im Jahr 1926 bis zu Franck im Jahr 1986 und 1989, indem Sempers nicht ausgeführter Entwurf in das Zentrum forschender Studien rückt.

15 Davon zeigten allerdings die wenigsten schon ein echtes Verständnis der Gotik (Stöter, 1883, S. 20). Generell diskutierte man auch in Hamburg anläßlich dieses Projektes die Stilfrage heftig (s. Best. IX 6 B 2 mit entsprechenden Zeitungsartikeln; SAH).

16 Bernd Franck, Studien zu der Entwurfsgeschichte des Hopfenmarktes und der Hauptkirche St. Nikolai. Diss. Hamburg 1986, S. 144ff.

17 Richard Bürkner, Grundriss des deutsch-evangelischen Kirchenbaues. Göttingen 1899; Historisch-topographische Mitteilungen, 1868, S. 107-10.

18 Speckter, 1952; vgl auch die Schrift des Theologen Hans-Otto Wölber, St. Nikolaikirche: Wegzeichen Hamburgs. Hamburg 1989, S. 58.

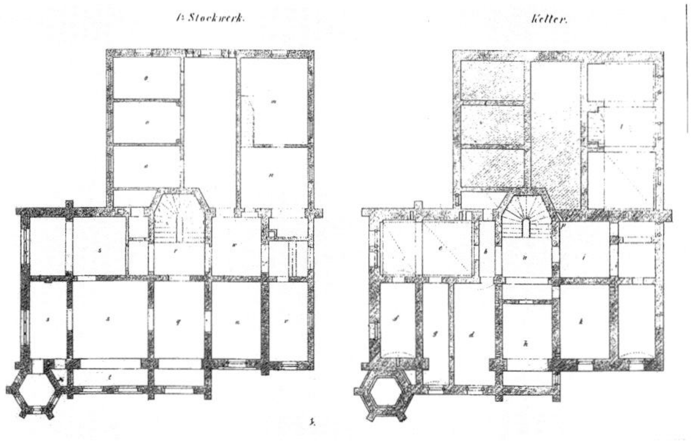

Abb. 13.1) GUT BERGFRIED, Steinkirchen (Kr. Stade), Entwurf 1846 (mit G. L. Martens), perspektivische Ansicht (aus: Zeitschrift für praktische Baukunst 7 (1847))

Abb. 13.2) GUT BERGFRIED, Steinkirchen (Kr. Stade), Entwurf 1846 (mit G. L. Martens), Grundrisse (aus: ebenda)

13) GUT BERGFRIED, Steinkirchen (Kr. Stade), Entwurf und Ausführung 1846-48 (mit G. L. Martens)

Das in der Veröffentlichung als Schloß bezeichnete Gebäude errichteten Ungewitter und Martens in den Jahren von 1846-48 *(Abb. 13.1)*.[1] Das neue Gutshaus gliedert sich in einen Wohn- und einen Wirtschaftstrakt, die rechtwinklig miteinander verzahnt werden, indem der eingeschossige Wirtschaftskomplex direkt an den Hauptbau mit seinen beiden Stockwerken - teilweise ist ein drittes ausgebaut - anschließt *(Abb. 13.2)*. Im Grundriß ist diese Zweiteiligkeit abzulesen, wobei die Treppe, funktional gedacht, an die Schnittstelle zwischen beiden Kompartimenten rückt. Der Wirtschaftstrakt besitzt einen recht unscheinbaren Zugang, zusätzlich gibt es einen an der Längsseite, der einen Hintereingang zum Wohnhaus darstellt. Das Hauptportal wird aufwendiger durchgeformt, indem sich hieran eine repräsentative Achse mit Vorhalle sowie Treppenhaus anschließt.

Nach Maßgabe der Anforderungen von Wohnen und Wirtschaft folgt die Entwicklung des Aufrisses: große Rundbogenfenster der Hauptfassade im Erdgeschoß, im übrigen fast ausschließlich gerade Stürze mit Segmentbögen, die im Wirtschaftstrakt bis auf kleine Fenster bzw. Dachgauben zurückgenommen werden *(Abb. 13.3)*. Dem Kernbau wird auf der Eingangsseite ein dreiachsiger Riegel vorgelagert, um Raum für einen Balkon sowie eine schmale Eingangshalle zu schaffen. Die dreigeschossige Höhenentwicklung des Eingangsrisalites, die durch die beiden Strebepfeiler an den Ecken unterstrichen wird, gibt ein Widerlager zum Turm.

Form und Größe der Fenster deuten jeweils unmittelbar auf die Nutzung der dahinterliegenden Räume, z.B. vermitteln die Rundbogenfenster im Erdgeschoß einen öffentlichen, repräsentativen Charakter, im Gegensatz zu schlichteren Einfassungen des darüberliegenden Privatbereichs. Die Seiten- und Rückansichten fassen die Architekten noch zurückhaltender *(Abb. 13.4)*. Die Beschränkung gleicher Fensterformen auf ein bestimmtes Geschoß sowie ihre axiale Setzung geben einen klaren Eindruck trotz aller formalen Abwechslung. Auch wenn die axiale Anordnung gelegentlich durchbrochen wird, gibt es doch immer einen Rhythmus *(Abb. 13.3 unten)*. Von den drei Fensterachsen im Haupthaus erscheint die mittlere in anderen Formen als die beiden äußeren. Durch die kleine Blende im Erdgeschoß sowie die zwei übereinandergesetzten Öffnungen im II. Obergeschoß, zusammengefaßt in einer Stichbogenblende, unterstützt diese Komposition die Linienführung des Staffelgiebels.

Formal entsteht mit Staffelgiebeln, Strebepfeilern, Rund- und Segementbögen ein allgemein 'mittelalterlich' im Sinne der Backsteingotik wirkender Eindruck. Turm und Balkon weisen auf künftige Wohnhausideen Ungewitters voraus, wie er sie zehn Jahre später in den "Entwürfen zu Stadt- und Landhäusern" niederlegte. Das Stichwort 'Mannigfaltigkeit' fällt folglich schon in der Beschreibung des Entwurfes.[2]

Das Schloß erhält einen landschaftlich wirksamen Akzent durch den oktogonalen, hoch aufragenden Belvedereturm *(vgl. Abb. 13.1)*. Wie schon in Lübeck, steht das Bemühen um den Backsteinrohbau im Vordergrund, hier jedoch insofern weiterentwickelt, als daß auf Hausteindetails verzichtet wird. Statt dessen gilt das Bestreben der Ausprägung materialtypischer Formen wie etwa Nischen oder Blendfelder. Dabei wiederholen die Architekten zahlreiche Formen, die schon im Entwurf für das Wohnhaus in der Hermannstraße 1-3 auftauchen, z.B. die in Blenden gruppierten Fenster und Okuli im Giebel (vgl. Kat. 4).

Die Architekten lösen die Fassade in der Gruppierung verschiedener Baukörper, Vor- und Rücksprüngen sowie schließlich einer abwechslungsreichen Silhouette im Sinne des Malerischen auf, ein Aspekt der deutlich in der perspektivischen Darstellung angelegt ist. Verglichen mit späteren Landhausentwürfen Ungewitters treten grundlegende Prinzipien im Gut Bergfried bereits zutage, indem zwar eine dezidierte Aufnahme gotischer Formen stattfindet, aber ohne Anspruch ihrer ausschließlichen Gültigkeit. Plastizität, haptische Werte sowie eine gewisse Gedrungenheit der Formen als Charakteristika Ungewitterschen Bauens zeichnen bereits dies frühe Werk aus.

Die Aufgabe einer Integration der Anforderungen von Familienhaus und Wirtschaftstrakt löst Ungewitter durch ein komplexes Raumgefüge, dem der regional traditionelle Funktionstyp des Gutshauses zugrundeliegt.[3] Motive standesbewußter Repräsentation (Wappen über dem Hauptportal, der Turm als Herrschaftszeichen) erscheinen im Gewand der (bürgerlichen) 'Villa'.

Angaben zur Baugeschichte lassen sich wegen des weitgehend verlorenen Aktenmaterials nur indirekt erschließen. Das ehemalige Rittergut Bergfried liegt im damaligen Herzogtum Bremen nahe des Elbufers und befand sich von 1335 bis 1861 im Besitz der Familie von Zesterfleth.[4]

Der Vorgängerbau lag noch auf einer von einem Burggraben umgebenen Insel.[5] Die Burg wurde im Laufe der Zeit verkleinert, ein anderes Wohngebäude im 16. Jh. neben den früheren Wirtschaftsgebäuden unterhalb der Burg aufgeführt.

Die ältesten Nachrichten über das Gut Bergfried stammen aus der Zeit vor 1256. 1335 kaufte ein Ritter Marquard von Zesterfleth das Gut nebst Freigericht von dem Kloster Harsefeld.[6] Die Familie zog vor 1400 auf das Gut, das dann mehrere Jahrhunderte in ununterbrochener Folge vererbt wurde. Erst mit dem Konkurs des Drosten Carl Ludwig von Zesterfleth (gest. 1825) im Jahre 1826, der 1838 wieder aufgehoben wurde, begannen die Schwierigkeiten. Der Bruder Oberhauptmann Heinrich Christian Arnold übernahm das Anwesen, 1846 brannten Wohnhaus und eine Scheune nieder.

Einige Nebengebäude richtete man noch im Herbst 1846 wieder auf, der Neubau des Schlosses begann im Frühsommer des Folgejahres. Es gibt über diesen Vorgang bedauerlicherweise keine Unterlagen mehr.[7] Von Zesterfleth reiste allerdings 1847 des öfteren nach Hamburg zur Beschaffung von Dachziegeln, Dachrinnen sowie anderer Baumaterialien. Nach Angaben der Architekten erhöhte man während der Ausführung den Belvedereturm sogar noch um zwölf Fuß.[8]

Mangels finanzieller Mittel blieb der Bau unvollendet. Nach dem Tod des Bauherrn am 17. April 1848 kam das Gut in den Besitz des Schwiegersohns Eduard Graf von Kielmannsegge, der 1849 einen Teil des Landes, im Mai 1861 den Rest verkaufte (für insgesamt 47.985 Reichstaler).[9] Das Gebäude von Ungewitter und Martens gehört zu den im 19. Jh. entstandenen Gutshäusern, die den veränderten Ansprüchen und Gewohnheiten Rechnung tragen. Bergfried steht am Anfang dieser Entwicklung, die sich im ausgehenden 19. Jh. entfaltet (z.B. Rutenstein 1880, Stellenfleth III 1881, Altenwisch 1881). Einige dieser anderen Häuser haben sich noch erhalten.

1 Martens/Ungewitter, Entwurf zu einem Schlosse. In: *ZfpB* 7 (1847), Sp. 385f., Tf. 38-41.

2 Martens/Ungewitter, 1847, Sp. 385.

3 Eine Auseinandersetzung mit den lokalen Baugewohnheiten spiegelt eine Bemerkung im "Lehrbuch" wieder, wo im Kapitel über Ausmalungen die Bauernhäuser im 'Alten Land' erwähnt werden (Lehrbuch, 3. Aufl., S. 631).

4 Die Kunstdenkmale des Landes Niedersachsen, hgg. von Oskar Karpa, Die Kunstdenkmale des Landkreises Stade (Bd. 33 des Gesamtwerkes). München 1965, S. 579. An der Stelle des Ungewitterschen Hauses liegt heute ein Altersheim, ohne jede Spur von erhaltener Substanz des Gebäudes aus dem 19. Jahrhundert.

5 Den Graben nutzten die Architekten des 19. Jahrhunderts als Abfluß.

6 Die folgenden Angaben nach: A. von Düring, Ehemalige und jetzige Adelssitze im Herzogtum Bremen. Stade 1938, S. 55f.

7 Das bis in die 1860er Jahre reichende Aktenarchiv ging 1943 mit dem Brand des Staatsarchivs Hannover unter, es gibt kein Nachlaßinventar von 1848 (Todesjahr des Bauherrn). Die Akte Rep. 74 Jork Nr. 103 betrifft die staatliche Bauaufsicht bzw. spätere Ablösung des Patrimonialgerichts Bergfried (Niedersächsisches Staatsarchiv Stade).

8 Martens/Ungewitter, 1847, Sp. 385.

9 Verkauf an den Armenverband Steinkirchen, Mittelkirchen, Neukirchen. Der Bau eines Armenhauses auf der Wohnfläche folgte (Hans Peter Siemens, Das Alte Land. Geschichte einer niederländischen Marsch. Stade 1951, S. 281f.).

Abb. 13.3) und 13.4) GUT BERGFRIED, Entwurf 1846 (mit G. L. Martens), Aufrisse (aus: Zeitschrift für praktische Baukunst 7 (1847))

14) HAMBURG, Gärtnerwohnung vor dem Lübecker Tor, Entwurf 1847

Vorgesehen war ein pittoreskes ländliches Wohnhaus, das Ungewitter im Jahr 1847 entworfen hatte.[1] Mit diesem Entwurf gewinnen wir weitere Anhaltspunkte für den Umschwung in Ungewitters Schaffen, der sich offenbar besonders markant in der Auseinandersetzung mit ländlichen Bauten vollzog.

Innerhalb eines annähernd quadratischen Grundrisses befinden sich wiederum verschiedene Funktionsbereiche (Wohnung und Gärtnerei), die mittels Höhenabstufungen einzeln entwickelt werden *(Abb. 14.1)*. Auf ein einfaches Schema reduziert, treffen zwei Flügel rechtwinklig aufeinander und werden ineinander verschoben um eine zentrale Treppenhalle gruppiert. Axial angeordnet liegen Vorraum, Treppe und Korridor, allerdings im rechten Winkel abknickend vom Aufgang durch die Pergola. Damit ist das bereits für das Gut Bergfried erkennbare Schema der Disposition erneut zur Anwendung gelangt.

Die sehr unterschiedlichen Wandaufrisse zeigen eine Vielfalt mittelalterlicher Motive, die weitgehend gelöst von axialen Schemata nach dem räumlichen Bedarf gesetzt werden *(Abb. 14.1-14.3)*. Entlastungsbögen - seien sie halbrund oder stichbogig -, Blendgliederungen, die einfache rechteckige Fenster rahmen und sie so strukturierend zusammenbinden oder gestaffelte Mauern zeigen die Hinwendung des Architekten zum Mittelalter.

Pergolen, Veranden, Blumenschalen auf der Abschlußbalustrade, der Belvedereturm in Holz liegen allerdings dicht am italienischen Villenstil der Berliner oder auch Münchner Schule. Dem 'Schweizer Stil' angelehnt sind die zierlichen laubsägeartigen Motive an den Sparren des weit überstehenden Daches und am Belvedereturm.

Schon der Grundriß zeigt eine konsequente Verfolgung des Prinzips, anhand der Disposition einen Aufriß zu entwickeln. Die Fenster sitzen in diesem kleinen Haus weniger axial als es im Gut Bergfried zu sehen war. Wegweisend für seine weiteren Architekturideen ist Ungewitters Verwendung von Holz im Außenbau, auch wenn diese noch im Sinne des 'Schweizer Stils' stattfindet. Der hier auftretende Balkon verschwindet künftig.[2] Weiterhin weist das

Abb. 14.1) HAMBURG, Gärtnerwohnung vor dem Lübecker Tor, Entwurf 1847, Aufriß und Grundrisse (aus: Zeitschrift für praktische Baukunst 9 (1849))

Abb. 14.2) HAMBURG, Gärtnerwohnung vor dem Lübecker Tor, Entwurf 1847, Aufrisse (aus: Zeitschrift für praktische Baukunst 9 (1849))

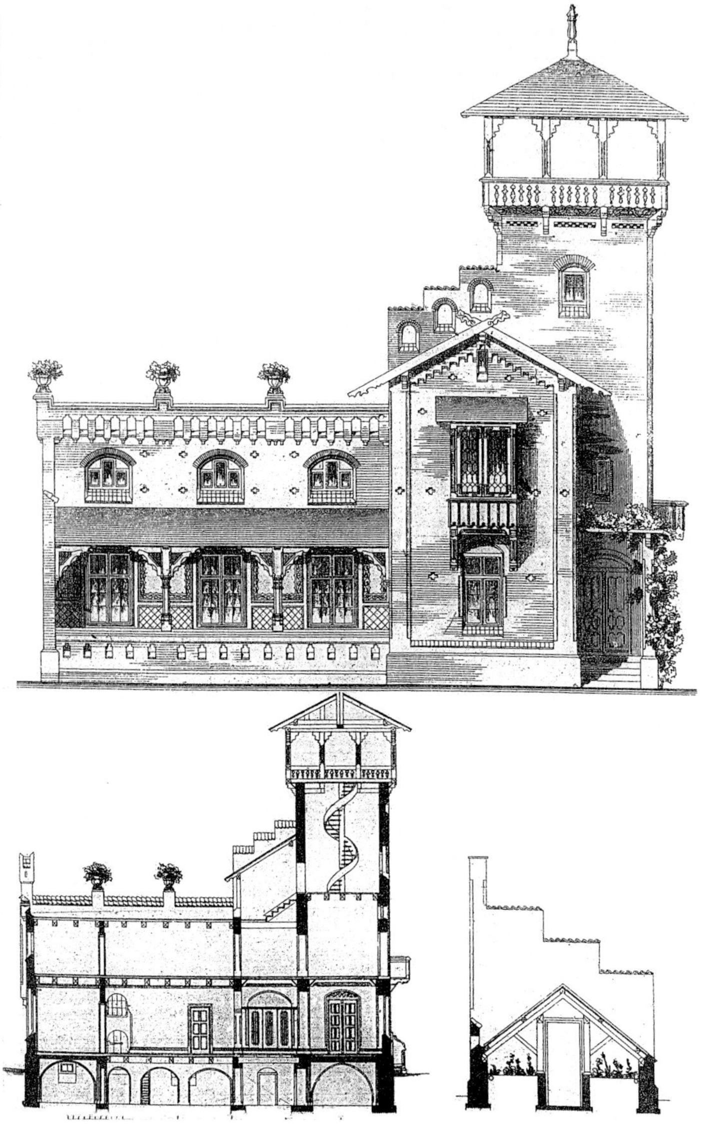

Abb. 14.3) HAMBURG, Gärtnerwohnung vor dem Lübecker Tor, Entwurf 1847, Aufriß und Schnitt (aus: Zeitschrift für praktische Baukunst 9 (1849))

Erkermotiv auf das reife Werk voraus, an dessen Grenze der Architekt an diesem Punkt offenkundig unmittelbar steht *(Abb. 14.4)*.

Stilistisch gesehen, liegt der Versuch vor, den italienischen Villenstil, der haupsächlich in Berlin verbreitet gewesen ist, mit seiner lockeren Komposition verschiedenster Teile in mittelalterliche Formen zu übertragen. Allerdings wird jeglicher Zerfall ins additiv Verspielte zugunsten funktionaler Dichte vermieden, die sich im Kernpunkt des Turmmotivs ausspricht.

Über Höhenstaffelung und ausgreifende eingeschossige Bauabschnitte *(vgl. Abb. 14.2)*, die wegen der Nutzung als Gärtnerei nötig waren, sucht Ungewitter engen Anschluß an die Umgebung. Dazu tragen Einbeziehung von Rankengewächsen an der Pergola oder Blumentöpfe am Haus bei, die auch aus dem Werk anderer Architekten bekannt sind (vgl. Gärtner, Bürklein). Die gelungene Integration von Architektur und Natur macht den besonderen Charme dieses kleinen Gebäudes aus.

Exemplarisch gibt ein Vergleich mit einem der Projekte aus den "Entwürfe zu Stadt- und Landhäusern" einen Hinweis auf die Ideenbildung Ungewitters (Bd. I, Tf. 35). Gemeint ist die Lage des Korridors, der mittig durch das gesamte Gebäude verläuft und an das Treppenhaus anknüpft *(vgl. Abb. 14.1)*. Dies ist deswegen erwähnenswert, da gerade Ungewitter immer mit möglichst kurzen Korridoren arbeitet. Der nächste Aspekt betrifft die Gestaltung des

Abb. 14.4) HAMBURG, Gärtnerwohnung vor dem Lübecker Tor, Entwurf 1847, perspektivische Ansicht (aus: Zeitschrift für praktische Baukunst 9 (1849))

Flures mit Lichtführung sowie der Integration des floralen Elements (Ornamentik der Wände, echte Pflanzen) in das fast als Gesamtkunstwerk zu bezeichnende neugotische Haus (Bd. I, Tf. 36, Fig. 5).[3]

Über die für ein Hamburger Landhaus unerläßliche Veranda betrat man durch eine Vorhalle den Gang, woran sich diverse Wohnräume und ein Saal anschlossen. Im Obergeschoß lag nochmals eine kleine Wohnung mit Erkerzimmer.

Als Material dienten roter Backstein sowie Holz, das in seiner natürlichen Farbe belassen und nur mit den schon bekannten 'reinen' Farben bemalt werden sollte. Nur die weiß geputzten Blenden lockerten die Farbigkeit auf. Formziegel für die Fensterprofile waren ebenfalls noch eine Besonderheit.

Nach Ungewitters Aussage war das Häuschen zur Ausführung vor dem Lübecker Tor in Hamburg bestimmt.[4] Auftraggeber Harmsen bediente sich jedoch der Zeichnungen teilweise, nachdem die Märztage 1848 zu einer Planungsunterbrechung geführt hatten, um eine "kleine Baracke" zu errichten, die mit der ursprünglichen Konzeption nichts mehr gemeinsam hatte. Ausgeführt wurden nur die Gewächshäuser von 55 Fuß Länge *(vgl. Abb. 14.2)*. Wie so oft, wurde die Qualität Ungewitterschen Bauens (noch) nicht gewürdigt.

1 G.G. Ungewitter, Gärtnerwohnung vor dem Lübecker Thor in Hamburg. In: *ZfpB* 9 (1849), Sp. 109-112, Tf. 6-9.
2 Daß das Projekt noch nicht ganz ausgereift ist, deuten kleine Unterschiede im Giebeldreieck an (vgl. Tf. 8 und 9). Ungewöhnlich erscheint der offene getreppte Giebel, der als Blende für die Silhouettenwirkung bedeutsam ist. Dies Motiv wird in den "Entwürfen zu Stadt- und Landhäusern" wieder aufgegriffen (vgl. Kap. III. 2).
3 vgl. auch von Chateuneuf das Landhaus Frau v. Hess, das er nach 1842 baute.
4 Ungewitter, 1849, Sp. 109-112.

15) Weinbergshaus, Entwurf 1849

Das für ein nicht näher bezeichnetes Grundstück in Hanglage entworfene Weinbergshaus kam ebenfalls wegen 'widriger Zeitläufte' nicht zur Ausführung *(Abb. 15.1, 15.2)*.[1] Es sollte einer Familie zum ganzjährigen Aufenthalt dienen. In der Materialwahl hat Ungewitter die Gegebenheiten seines neuen Wirkungskreises in Sachsen berücksichtigt. Das aus Bruchstein errichtete Häuschen sollte einen mit dem Haustein der Gewände, Sohlbänke und Simse fluchtenden Verputz erhalten, der ausdrücklich als die übliche Bauweise im mittleren Deutschland während der älteren Zeiten erkannt worden war. Das Dach hätte mit Ochsenzungen gedeckt werden sollen und der oberste, vorkragende Stock des in Fachwerk angelegten Treppenturmes sollte der Aufnahme eines Umgangs im Inneren dienen.

Im Grundriß werden zwei rechtwinklig gesetzte Flügel, ein großer mit Satteldach und zwei Giebelseiten sowie ein kleinerer mit Walmdach, durch den Treppenturm in der Mitte miteinander verzahnt *(vgl. Abb. 15.1)*. An den Flügeln lagern sich weitere kleine Baukompartimente an.

Der mit Tonnen- bzw. Kreuzgratgewölben versehene Keller enthält außer Küche-, Speise- und Magdkammer vor allem den Weinkeller nebst einer Trinkstube. Im Erdgeschoß befinden sich Arbeits-, Schlaf-, Bedienten- sowie zwei noch nicht näher disponierte Zimmer. Die geräumige Halle in vier Jochen sowie die Vorhalle tragen ein Kreuzrippengewölbe. Die Halle übernimmt damit erstmals so deutlich eine zentrale Funktion im Wohnhaus und weist abermals auf die "Entwürfe zu Stadt- und Landhäusern" voraus.

Abb. 15.1) Weinbergshaus, Entwurf 1849, Grundrisse und Aufriß (aus: Zeitschrift für praktische Baukunst 9 (1849))

Die Verschachtelung einzelner Bauabschnitte nimmt immer weiter zu, indem etwa dem großen Dreiecksgiebel ein kleiner für die Vorhalle mit der linken Giebelkante genau eingepaßt wird. Im Vergleich zu den Hamburger Projekten ist eine weitere Steigerung in der Lebhaftigkeit der Dachlandschaft abzulesen. Die Stilformen sind nunmehr ausschließlich gotisch, auch mit spätgotischen Motiven versetzt (vgl. das Oberlicht des großen Fensters mit Kielbögen, Fischblasen in den Zwickeln der Blendgliederung am Giebel).

Die Komposition durch ein Vor- und Zurückschieben klarer Großformen wird kontinuierlich weitergeführt, ebenso die Ausarbeitung der Lauben, Türme und Zimmer zu eigenen Nutzungseinheiten in Grundriß bzw. Aufriß. Sowohl Material als auch Formensprache haben sich gemäß dem neuen Umfeld sowie der inzwischen eingetretenen definitiven Wendung zur Gotik weiterentwickelt.

Hingewiesen sei abschließend auf die jetzt konsequent durchgeführte gestalterische Zusammenführung von Treppe im Innenraum und Turm im Äußeren als eigene Funktionseinheit. In Gut Bergfried besaß der Turm ausschließlich Zeichencharakter, im Hamburger Gärtnerhaus nahm er in den oberen Geschossen eine Treppe auf, aber erst hier ist die runde Wendeltreppe durch alle Geschosse hindurch in den Turm verlagert. Ungewitters Formsprache setzt insofern bei der Zeichenhaftigkeit und Bedeutung an, die strikte Zuordnung zu einer Funktion entwickelt er sukzessive im Verlauf seines frühen Werkes. Das Weinbergshaus steht hier an einem Schnittpunkt.

1 G.G. Ungewitter, Weinbergshaus. In: *ZfpB* 9 (1849), Sp. 457f., Tf. 41f.

Abb. 15.2) Weinbergshaus, Entwurf 1849, Aufriß (aus: Zeitschrift für praktische Baukunst 9 (1849))

16) LEIPZIG, Wohnhaus und Fabrikgebäude Schlenk, Am Floßplatz 1, Ausführung 1850

Das am Floßplatz in Leipzig außerhalb der damaligen Stadtgrenze für den Pergamentfabrikanten Gustav Robert Schlenk für 10.000 Taler erbaute Haus vereint im Erdgeschoß bzw. im I. und II. Obergeschoß Wohn- und Geschäftsräume. Das Dachgeschoß dient als Lagerraum, der für die Pergamentherstellung und Lagerung besonders groß sein mußte *(Abb. 16.1)*.[1] Es handelt sich hier um einen einfachen Baukörper über querrechteckigem Grundriß mit drei Hauptgeschossen, der ein hohes, geräumiges Satteldach mit zwei Reihen Gauben trägt. Bereits im Grundriß erweist sich das Haus als äußerst schlicht, an seiner Funktion orientiert *(Abb. 16.2)*. Die Zimmer liegen beidseitig entlang des mittigen Korridors, lediglich unterbrochen von dem Treppenhaus auf der Rückseite. Die von der Familie genutzten Räumlichkeiten liegen an der Vorderseite, Wirtschaftsräume sowie Kontor und Warenlager, durch das geräumige Treppenhaus getrennt, auf der Rückseite.

Den Aufriß des mächtigen Baukörpers bestimmt die Verteilung einer Vielzahl von Fenstern mit geradem Sturz auf der Wandfläche *(Abb. 16.3)*. Mit axia-

Abb. 16.1) LEIPZIG, Wohnhaus und Fabrikgebäude Schlenk, Am Floßplatz 1, 1850 perspektivische Ansicht (aus: Zeitschrift für praktische Baukunst 10 (1850))

ler Setzung, die durch Gruppierungen oder Verschiebungen aufgelockert wird, ist das Kompositionsschema dem Gut Bergfried vergleichbar. Durch die unregelmäßige Anordnung wird der Eindruck eines älteren, gewachsenen Hauses erzeugt, die überlegte Anordnung, die beispielsweise die Treppe oder die Kammern in dem rückwärtigen Aufriß nachzeichnet, gibt den Neubau zu erkennen. Die Schmalseiten zeigen Treppengiebel, einen malerischen Akzent setzt ein am östlichen Giebel aufsteigender hölzerner Dachreiter, der aufgrund der beachtlichen Dachhöhe - gemäß dem Wunsch des Bauherrn - einen Ausblick in die Umgebung gewährt *(Abb. 16.4)*.

Das Haus wird durch den Zugang an der Südseite in seiner Wohnfunktion gekennzeichnet, während der Ausleger (Kranbalken) im östlichen Giebel mit einer Reihe spitzbogiger Fenster darunter auf die geschäftliche Nutzung verweist, somit der Typ des kaufmännischen Wohn- und Geschäftshauses bezeichnet werden soll *(Abb. 16.4)*.

Nunmehr finden verschiedenste Materialien Anwendung: Bruchsteine im Sockel, Sandstein für Fenstergewände, Türgewände, Sohlbänke. Das aufgehende Mauerwerk wird oberhalb des Bruchsteinsockels in Backstein fortgesetzt, der mit Spritzbewurf geputzt wird, was nach Ungewitter wie im Weinbergshaus eine Anlehnung an ältere Bauten der Region bedeutet.[2]

Die Mischbauweise diskutiert Ungewitter explizit, da sie ihm generell problematisch erschien. Nach seiner Ansicht sähen Sandsteingewände an einem Ziegelrohbau nur dann gut aus, wenn der Sandstein einen erheblichen Anteil ausmache, indem einzelne Lagen Quader durch die ganzen Baukörper hindurchliefen.[3]

Im Sinne der Ungewitterschen Materialethik, wie sie schon für das Lübecker Haus 1848 formuliert worden war, wird "jedwede Gypsverzierung vermieden", das Holz auch hier nur geölt, eventuell gefirnißt und im Inneren an vielen Teilen in reinen Farben bemalt. Außerdem ersetzen vorspringende Aufschieblinge das Hauptgesims, Rinnen und Rohre werden ebenfalls offen gezeigt.

Schon aufgrund der sehr beschränkten Mittel[4] konnten nur wenige Verzierungen angebracht werden, so daß ein schlichter Eindruck entsteht. Außer einigen Spitzbogenblenden kommen mit der Auskehlung der Fenstereinfassungen gotische Motive zum Tragen, allerdings nur in ganz simpler, elementarer Form.[5] Über Variationen im Detail wirkt er der Monotonie entgegen, etwa in den verschiedenen Kehlungen und Durchsteckungen der Fenstergewände. Gerade die Reduktion der Formensprache, wenngleich aus Kostengründen, führt im Konnex mit einer ausgeprägt entwickelten Höhentendenz des Turmes zu einer ausgesprochen monumentalen Wirkung, die weiterhin ein wichtiges Merkmal Ungewitterscher Architektur bleibt.

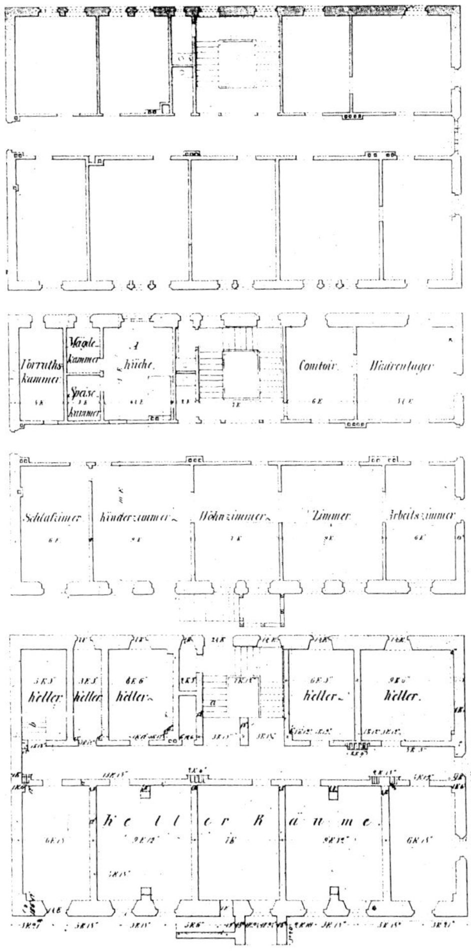

Abb. 16.2) LEIPZIG, Wohnhaus und Fabrikgebäude Schlenk, Am Floßplatz 1, 1850, Grundrisse (aus: Zeitschrift für praktische Baukunst 10 (1850))

Darüber hinaus wurde ein Kerngedanke des Wohnbaus dieses Architekten erstmals explizit formuliert:

In dieser Weise entwickelte sich die ganze äußere Gestaltung durch den Bedarf und die innere Anordnung.[6]

Dies ist das Prinzip des Bauens von innen nach außen, das weitreichende Akzeptanz im Wohnbau des Historismus der zweiten Jahrhunderthälfte fand (vgl. Kap. III. 2).[7]

Eine verstärkte theoretische Hinwendung zur sog. 'dogmatischen' Neugotik unter dem Einfluß Reichenspergers wird an diesem konkreten Beispiel ebenfalls evident:

Und wenn man die Sache auch nur vom materiellen Standpunkte aus betrachtet, so kann man durch eine jede Bauausführung inne werden, wie gerade für alle die Mängel und Lächerlichkeiten des heutigen Bauens allein im altdeutschen Style Abhülfe zu suchen ist, wie eine jede aus rein materiellen Gründen an irgend einem Gebäudetheile vorgenommene Verbesserung ein direkter Schritt zu der gotischen Architektur ist.[8]

Im Anschluß an Reichenspergers "Die christlich-germanische Baukunst" wird von der Wetterfahne bis zum Hausschlüssel alles aus einer Hand konzipiert, also noch der Versuch unternommen, den aufgabenteiligen Tendenzen des Architektenberufs entgegenzuwirken.

Diese Auffassung war, wie schon in Lübeck, so auch in Leipzig dem Bauherrn schwer zu vermitteln, dem sein Haus zwar gefiel, er jedoch lieber eines im noblen modernen Stil mit etwas Gips wie seine Bekannten gehabt hätte, trotz geringerer Haltbarkeit. Das veranlaßt den Architekten zu einem Stoßseufzer:

Man hat schon viel zu leiden beim Bau eines gothischen Wohnhauses.[9]

Während der Bauausführung bemühte Ungewitter sich bereits um eine bessere Ausbildung der Handwerker, indem die Gesellen nach anfänglicher Ablehnung die Ausführung nicht schablonenmäßiger Arbeiten schätzen lernten. Ungewitter äußerte die Absicht, im Winter Gesellen im Zeichnen zu unterrichten, um sie an die fachgerechte Arbeitsweise heranzuführen.[10] Auch dies ist also ein Resultat des Schlenk-Baus, daß Ungewitter erste Erfahrungen im Umgang mit Schülern und Bauhandwerkern sammelte, die er in seinem Sinne zu beeinflussen vermochte.[11]

Abb. 16.3) LEIPZIG, Wohnhaus und Fabrikgebäude Schlenk, Am Floßplatz 1, 1850, Aufrisse (aus: Zeitschrift für praktische Baukunst 10 (1850))

Abb. 16.4) LEIPZIG, Wohnhaus und Fabrikgebäude Schlenk, Am Floßplatz 1, 1850, Aufriß und Schnitt (aus: Zeitschrift für praktische Baukunst 10 (1850))

Zur Baugeschichte gibt es wenige Anhaltspunkte. Der Pergamentmacher Gustav Robert Schlen(c)k[12], dessen Vater den gleichen Beruf ausgeübt hatte, war bis 1850 in Naundörfchen 19 wohnhaft, danach am Floßplatz.[13] Demnach fand der Umzug in den Neubau Ende 1850 oder Anfang 1851 statt. Da der Betrieb alle Sorten Schreib-, Druck-, Maler-, Vergolde- etc. Arbeiten anfertigte, mußte sich ein Lager im Haus befinden. Weil es nur wenige Anbieter ähnlicher Produkte gab[14], handelt es sich offenbar um eine stark ausgeprägte Familientradition, deren Festhalten an gewohnten Bau- und Lebensweisen sich insofern in dem Ungewitterschen Bau ausdrückt.

Der Typ Wohn- und Geschäftshaus stammt aus der ersten Hälfte des 19. Jahrhunderts in Leipzig, wo Wohn- und Industriegebäude noch in einem Areal vorkamen, bevor im Zuge rascherer Ausdehnung die großen Industrieanlagen an die Peripherie rückten.[15] Bemerkenswert an Ungewitters Entwurf ist der Verzicht auf jegliche repräsentativen Formen zugunsten einer unmittelbar an den lokalen Bautraditionen orientierten Materialverwendung.

1 G.G. Ungewitter, Wohnhaus und Pergamentfabrik des Herrn Schlenk in Leipzig. In: *ZfpB* 10 (1850), Sp. 101f., Tf. 15-18.

2 Ungewitter, 1850, Sp. 101. Die Setzung des Erdgeschosses mit Findlingen gab es tatsächlich schon seit alters her, während die Holzbauweise in Leipzig erst seit dem 30jährigen Krieg unter holländischem Einfluß um 1670 ausbildet worden war (Beschreibende Darstellung der älteren Bau- und Kunstdenkmäler des Königreiches Sachsen. Hgg. von dem Königlich-Sächsischen Alterthumsverein, 18. Heft: Stadt Leipzig, Teil 2. Dresden 1896, S. 443f., 460 und 469).

3 Ungewitter, 1850, Sp. 102. Das wäre eben eine Anknüpfung an niederländische Formen (Specklaken).

4 Brief 10. Oktober 1850 (Reichensperger, 1866, S. 25).

5 Aber immer wieder über Variationen, seien sie noch so unscheinbar, der Monotonie entgegenwirkend: vgl. die Fensterkehlen, die teilweise in der Ecke überschnitten sind, zum Teil aber auch nicht *(Abb. 16.3)*.

6 Ähnlich im Schlußsatz: "Maßgebend war also für die ganze Gestaltung des Baues das Bestreben, die Erfüllung der durch die Bedürfnisse gestellten Anforderungen in einer möglichst bequemen Weise, bei einer nach den heutigen Begriffen soliden Ausfürung, wobei sogar mancherlei sonst als Luxus betrachtete Anordnungen angewandt wurden, für den geringen Betrag von 10.000 Thlr. zu ermöglichen." (Ungewitter, 1850, Sp. 102).

7 Es ging um die Erfüllung der Bedürfnisse und eine solide Ausführung, wobei es im Innenraum teilweise eine "luxuriöse" Ausstattung gab (Ungewitter, 1850, Sp. 102).

8 Brief 30. August 1850 (Reichensperger, 1866, S. 17). Selbstkritisch gestand Ungewitter ein, daß er aber damals selbst "noch lange in modernem Sinne fortpudelte" (Brief 10. Oktober 1850; Reichensperger, 1866, S. 26).

9 Ebd., S. 18.

10 Ebd., S. 25.

11 Die Wirkung des Schlenk-Gebäudes auf Karl Schäfer beschreibt Schuchard (Schuchard, 1979, S. 295 und 274).

12 Die Schreibung wechselt ständig (Polizei-Meldebücher; Stadtarchiv Leipzig). Zu der Planung zur Neubebauung des Grundstücks: Bauordnungsamt Süd, Leipzig.

13 vgl. die Adreßbücher der Stadt Leipzig (ab 1852 mit Hausnummer 1b).

14 Laut Aufschlüsselung nach Berufen in den Adreßbüchern gab es keine oder kaum weitere Anbieter für diese Produkte.

15 Georg Dehio, Handbuch der deutschen Kunstdenkmäler, Bezirk Dresden, Karl-Marx-Stadt, Leipzig. München/ Berlin 1965, S. 225.

17) LEIPZIG, Denkmal Christian Felix Weiße bzw. Gottfried Wilhelm Leibniz, Auftrag 1850

Die verwickelte Geschichte dieses unausgeführt gebliebenen Projektes erlaubt Rückschlüsse auf die Schwierigkeiten, auf die Ungewitter mit seiner Auffassung der Neugotik innerhalb des gesellschaftspolitischen Umfelds seiner Zeit stieß. Mit der Gründung eines Leipziger Kunstvereins im Jahr 1837, unter dessen Gründungsmitgliedern sich auch der Bürgerschuldirektor Vogel befand, den Ungewitter später von seinem gotischen Entwurf überzeugte (s.u.) und dem Bau eines Städtischen Museums der bildenden Künste durch Ludwig Lange aus München 1858, waren eigentlich gute Voraussetzungen für künstlerisches Schaffen gegeben.[1]

Es sollte ein Monument für Christian Felix Weiße (1726-1804) errichtet werden, der als Gelehrter und Schriftsteller das Wochenblatt *Der Kinderfreund* herausgegeben hatte.[2] Planungsbeginn war der Oktober 1850.[3] Anfang 1851 galten die Aussichten auf eine Ausführung als nicht ungünstig, wenn auch bis dahin noch mindestens ein Jahr vergehen würde[4], im März galt die Verwirklichung sogar als ziemlich gesichert, trotz der Verzögerung, die aus der Einzahlung eines Teils der Beträge vor Beginn resultieren würde.[5] Im August 1851 war zwar eine Leipzig-Reise Ungewitters zur Förderung der Angelegenheit geplant, er räumte dem jedoch kaum noch eine Aussicht ein.[6]

Ungewitter trat mit dem Bildhauer Hermann Knaur, der ebenfalls als Verfechter der mittelalterlichen Kunst galt, in Kontakt und fertigte einen Entwurf an. Imanuel August Hermann Knaur (1811-91)[7] stammt aus Leipzig, wohin er nach der Arbeit im Atelier Ernst Rietschels in Dresden sowie seiner Tätigkeit für Ernst Julius Hähnel 1843 endgültig zurückkehrt. Als erste Arbeit fertigt er noch in Dresden eine Allegorie der Entstehung des Spitzbogenstils in der Architektur - Erwin von Steinbach und ein Engel, der mit einem Zirkel eine Rose ausmißt - an. Zusammen mit Ungewitter entsteht der Entwurf für ein etwa drei Meter (zehn Fuß) hohes Leibnizdenkmal (ein Abguß existierte im städtischen Museum), zu dem Ungewitter die gotische Architektur beigesteuert hat. Es handelte sich dabei um einen Brunnen mit vier Bassins. Außerdem geht das annähernd lebensgroße Kruzifix am Hochaltar des Ursulinenklosters Fritzlar auf Knaur zurück (vgl. Kat. 26).

Vor der Fertigstellung des Modells fand am 29. Juli 1850 die Enthüllung eines Albrecht-Thär-Monumentes von Ernst Rietschel statt[8], der bei dieser Gelegenheit von dem Weiße-Projekt erfuhr ("und der *divin maestro* sprach sich, dem Vernehmen nach, dann entschieden gegen jede Ueberbauung der Figur, welche dem Ueberblick nachtheilig sey, so wie gegen den gothischen Styl überhaupt aus"[9]).

Im Januar 1851 konnte Ungewitter es als Erfolg verbuchen, den Bürgerschuldirektor Vogel, der der Kommission zur Beurteilung des Monument-Entwurfes angehörte, für die 'mittelalterliche Stylisierung' gewonnen zu haben.

In dem Satz

Ein Gothiker darf zur Zeit nie mit sich zufrieden, nie fertig seyn. [10]

spricht sich eine Wandlungsfähigkeit der Ungewitterschen Neugotik aus, für die stetes Hinzulernen und eigene Kreativität unabdingbar sind.

Am 24. Juni 1851 beklagte sich Ungewitter über erneute Opposition gegen 'den Weiße'. Der gotischen Kunst werfe man vor, das Volk zu verdummen.

Erst im Frühjahr des Jahres 1852 kam es zu einer Wiederaufnahme, nur sollte jetzt plötzlich statt des Weiße-Brunnens ein Leibniz-Monument errichtet werden.[11] Die Risse sind bereits erneut in Umarbeitung für ein von Knaur anzufertigendes Modell, Hoffnung gibt eine Reise Knaurs nach Leipzig. Sein Modell konnte erst etwa Ende September 1852 fertiggestellt werden (s.o.).

Außerdem herrschte wieder einmal ein großes Durcheinander in der Planung, da zeitweise ein gleiches Monument für Luther ganz symmetrisch gegenüber erwogen wurde, neuerdings doch wieder Leibniz den Vorzug erhielt. Zur Genugtuung Ungewitters hat sich der Bürgermeister gegen einen langjährigen Vertrauensmann aus Dresden gestellt, der eine Verbesserung des Entwurfes im "berliner ästhetischen Tone" gefordert habe, indem bis oberhalb der Laube der Stil des Cinquecento angewendet werden sollte, darüber der Helm nach Ungewitters Entwurf zu setzen wäre.[12]

Hier entzündete sich Ungewitters Kritik an Stilmixturen: Wiebekings Kirchen (außen antik, innen gotisch)

oder auch die kompilatorischen Bestrebungen von Hübsch, der die Style aller Zeiten zusammenkochen und quintessenziren will, und der Architektur zumuthet, der heutigen Malerei und Skulptur sich anzubequemen.[13]

Schwierigkeiten bereitete die politische Konstellation in Leipzig, da eine rigorose Abweisung durch Bürgermeister Koch sowie andere 'gothaische Leipziger' zu erwarten sei, falls es sich herumspräche, daß Ungewitter als ein Anhänger Hassenpflugs gelte.[14]

Wie beabsichtigt, beeindruckte die Vorstellung des Modells die Leipziger, da das Modell "ganz gut geraten sei", zumal die Kostüme frei von "moderner Nüchternheit" wären.[15]

Doch es traten neue Hindernisse auf, die die Frage der Kosten betrafen.[16] Anfang 1854 tritt eine erneute Stockung ein, zumal nach den kürzlich erfolgten Stadtverordnetenwahlen an eine Ausführung wohl nicht mehr zu denken sei.[17] Das Projekt wird denn im Briefwechsel mit Reichensperger auch nie mehr erwähnt.

Über den Bauplatz ist lediglich bekannt, daß dort eine Pumpe stand, die in die architektonische Komposition integriert werden mußte. Außer über die Lokalisierung ist ebenso über das Aussehen des Projektes aus den Schriften wenig Konkretes greifbar. Jedenfalls sah schon diese erste Version offenbar eine architektonische Rahmung der Figur vor. Mit dem Brief vom 3. Dezember 1850 erhält Reichensperger eine Skizze des Monumentes, zur Ausführung wären jedoch noch Modifikationen nötig. An dieser Stelle äußert sich Ungewitter sehr verzagt hinsichtlich seiner Entwürfe; er klagt über den Mangel an Beispielen aus der 'guten Zeit' für solche kleinen Monumente.

Diskussion erfordert auch die Anbringung von Löwen an dem Denkmal, die Quellwasser hervorsprudeln lassen, und eben gotischen Wasserspeiern vorgezogen werden, deren Wirkung in Augenhöhe angezweifelt wird; insbesondere angesichts der mangelhaften Ausführung, die zur Zeit nur zu erwarten sei. Da Löwen im Mittelalter als Trägerfiguren für Tabernakel, Taufsteine oder Kanzeln aufträten, erscheinen sie Ungewitter passend (als Sütze für das Bassin?). Die Figuren unterliegen einer ständigen Überarbeitung in Richtung auf mittelalterliche Vorlagen, sie erscheinen Ungewitter 1851 noch immer zu naturalistisch.

Spärliche Hinweise bietet die Abänderung des Entwurfes aufgrund des Erhalts einer Skizze von Statz. Ungewitter gibt zu, viele Motive daraus entlehnt zu haben, während Manches, etwa ein über der Galerie aufgesetztes Achtort unter dem Helm, schon früher durch ihn selbst gezeichnet worden sei. Die von Statz vorgeschlagene schlankere Gestaltung des Ganzen mit einem umlaufenden Bassin ist hinfällig geworden, da nunmehr fünf Figuren zur Aufstellung kommen sollen sowie die Pumpe an der Rückwand und die Reliefs an den drei übrigen Seiten berücksichtigt werden müßten.[18]

Für den Entwurf von Anfang 1851 ließen sich im Falle der Ausführung noch in den Ecken zwischen den Strebepfeilern stehende Bildsäulchen und Baldachine einfügen, die auf der Abdachung der kleinen Löwen-Gehäuse stehen könnten.

Bemerkenswert erscheint Ungewitters methodisches Vorgehen, sich auf dem Sektor der Profanarchitektur vom 15. Jh. aus, wo noch ein relativ großer Baubestand existiert (Rathäuser, Wohnbauten etc.), in den Stil des 14. oder 13. Jahrhunderts hineinzuarbeiten, praktisch rückwärts zu schreiten. Für das zu konzipierende Denkmal sei man "zunächst auf diese Stylgattung angewiesen"[19], wozu das Bestreben tritt, dem Ganzen einen möglichst weltlichen Charakter zu verleihen.

Ungewitter stand der massenhaften Errichtung von Monumenten sowieso kritisch gegenüber, er meinte:

Es ist diese Wut, Monumente zu setzen, gewiß lächerlich; da man sie aber nun einmal hat, so könnte man doch dafür sorgen, daß solche Monumente den Städten zur wirklichen Zierde gereichten, was durch die Errichtung eines kunstgerechten Gehäuses sicher geschehen würde, während bei der jetzigen 'klassischen' Methode jede Wirkung unmöglich ist, was sich dann durch die Theilnamslosigkeit zu erkennen gibt, womit das Volk diese Kunstwerke aufnimmt.[20]

Hier wird also ein Zusammenhang Volk-Gotik postuliert. Dieser Standpunkt kann zunächst Boden gewinnen, indem sogar ausgesprochene Gotik-Feinde Zugeständnisse machen. Die Frage eines Schulmannes, ob nicht der maurische Stil passender sei, läßt allerdings den geringen Kenntnisstand bzw. die weite Definition der Gotik durchblicken.[21]

Dies Projekt, obgleich nicht ausgeführt, gewinnt einen gewissen Stellenwert, indem zu beobachten ist, nicht nur, wie sich die Ungewittersche Formensprache stetig wandelt, er diese neu überdenkt, sondern eben auch, in welche politische 'Ecke' er sich begibt, was ihm das ganze weitere Schaffen hindurch hinderlich gewesen ist.

1 vgl. Julius Vogel, Kunst und Künstler in Leipzig im 19. Jahrhundert. In: Aus dem Sachsenlande 1905, S. 249-63 (Er behandelt bildende Künste ohne Architektur).

2 zu Weiße vgl. Emil Kneschke, Leipzig seit 100 Jahren, Leipzig 1867, S. 189f.

3 Brief 10. Oktober 1850 (Reichensperger, 1866, S. 23).

4 Brief 21. Januar 1851 (Reichensperger, 1866, S. 41f.).

5 Brief 8. März 1851 (Reichensperger, 1866, S.46).

6 Brief 1. August 1851 (Reichensperger, 1866, S. 59).

7 Modell für ein Leibniz-Denkmal mit Ungewitter, davon ein Gipsabguß früher im Leipziger Museum; noch 1904 befinden sich 300 Bildhauerwerke bzw. Gipsabgüsse im Museum (Vogel, 1905, S. 256). Selbst das Modell ist heute leider nicht mehr nachweisbar (vgl. G[ottlieb] W[ilhelm] Geyser, Leipziger Künstler-Album. Heft 1 (mehr n. ersch.). Leipzig 1858, S. 16f.; Gustav Wustmann, Aus Leipzigs Vergangenheit. Leipzig 1885, S. 173ff. Letzterer bezieht sich auf Geyser); zu Knaur auch: Matthias Gretzschel, Kirchenraum und Ausstattung im 19. Jahrhundert. Untersuchungen zur bildkünstlerischen Ausstattung evangelisch-lutherischer Kirchenbauten des 19. und frühen 20. Jahrhunderts in Sachsen. Frankfurt/M. 1989 (Diss. Leipzig 1988) S. 157.

8 Das Werk des Universitätsprofessors qualifizierte Ungewitter als "eine gewöhnliche Bronzefigur" ab (Brief 10. Oktober 1850; Reichensperger, 1866, S. 23).

9 Ebd.

10 Brief 21. Januar 1851 (Reichensperger, 1866, S. 42).

11 Die Diskussion um dies Projekt dauerte ebenfalls bereits länger: Schon im Jahr 1846 hatte man anläßlich des 200jährigen Geburtstages von Leibniz einen Denkmal-Fonds gegründet. Der Fonds gab nach seiner Gründung jährlich den Kapitalbestand im *Leipziger Tageblatt* an. Erst 1883 wurde das Denkmal von Hähnel am südlichen Teil des Thomaskirchhofs enthüllt - in neoromanischem Stil (Best. 26 A Nr. 7 u. Karte Nr. 2064; Kap. 26 A Denkmäler Nr. 7-9; Stadtarchiv Leipzig).

12 Brief 9. August 1852 (Reichensperger, 1866, S. 90).

13 Ebd.

14 Brief 7. Mai 1852 (Reichensperger, 1866, S. 85).

15 Daß die Kommission Perücke und Kostüm Leibniz' als gut zur Architektur passend empfände, wäre nach Unge-

witter eine bittere Kritik für die Architektur, es möge lieber den Anschein haben, daß Leibniz sich maskiert habe (Brief 4. Oktober 1852; Reichensperger, 1866, S. 93f.).
16 Ungewitter beklagt sich, daß es nichts Gutes zu berichten gäbe: Der Stadtrat hätte den Rechenmeister sowie den Stadtbaumeister ersucht, die für den Brunnen erforderlichen Wasserleitungen zu berechnen (Brief 12. Dezember 1852; Reichensperger, 1866, S. 96).
17 Brief 21. Januar 1854 (Reichensperger, 1866, S. 108). Es gibt ein weiteres Ritardando: "es regt sich wieder mit dem Monument" (Brief 14. März 1854; Reichensperger, 1866, S. 114).
18 Brief 21. Januar 1851 (Reichensperger, 1866, S. 41).
19 Brief 23. Dezember 1850 (Reichensperger, 1866, S. 36).
20 Brief 10. Oktober 1850 (Reichensperger, 1866, S. 24).
21 Brief 13. März 1850 (Reichensperger, 1866, S. 31).

Abb. 18.1) Gemeinde- und Spritzenhaus für eine kleine Stadt, Entwurf 1851, Ansicht der Eingangsseite (aus: Zeitschrift für praktische Baukunst 11 (1851))

Abb. 18.2) Gemeinde- und Spritzenhaus für eine kleine Stadt, Entwurf 1851, Seitenansicht (aus: Zeitschrift für praktische Baukunst 11 (1851))

18) Gemeinde- und Spritzenhaus für eine kleine Stadt, Entwurf 1851

Der Entwurf entstand, wenn man der Datierung in der Inschrift auf Tf. 4 Glauben schenken darf, im Jahr 1851. Die Anregung ging von einem Bürgermeister aus, mit dem Ungewitter befeundet war. In seiner knappen Erläuterung thematisiert Ungewitter die Frage von Dachrinnen und Fallrohren, die er als "Vermächtnis des bürokratischen Fortschritts" verwendet, obwohl er eigentlich Wasserspeier bevorzugt hätte.[1] Mehr ist über das Projekt leider nicht zu erfahren.

Die Ausführung in Bruchstein mit Haustein, während die Flächen den Tafeln nach augenscheinlich mit einer Rauhputzschicht versehen sind, ist aus den beiden anderen Entwürfen aus der Leipziger Zeit bereits bekannt (Haus Schlenk und Weinbergshaus) *(Abb. 18.1-18.3)*.

Er trennt die vorgesehene Nutzung sowohl als Spritzen- als auch als Gemeindehaus geschoßweise. Im Erdgeschoß liegen die Räume für Spritzen und Löschgerätschaften, Wirtsstube, Küche, Speisekammer sowie ein Zimmer für den Stadtwachtmeister, der ebenso wie der Wirt im Boden eine Wohnung erhält. Das Obergeschoß enthält den großen Saal (zweigeschossig mit Galerie und flacher Balkendecke) *(vgl. Abb. 18.3)*. Dazu kommen Vor- und Nebensäle, die Rezeptur und der Bürgergewahrsam.

Das Gebäude wird über streng quadratischem Grundriß im Aufriß geschoßweise immer stärker aufgelöst und steigt bis zu einem Turm in die Höhe, dessen oberer Teil in Fachwerk konstruiert ist. Der dichte Grundriß ist schon in den Bauten der Hamburger Zeit angelegt (vgl. Gut Bergfried). Materialkombination, spätgotische Motive an Fenstern, Erker und Giebel der Eingangsseite neben einfachen Spitzbogenöffnungen gemahnen an das Weinbergshaus *(vgl. Abb. 18.1)*. Der hohe Turm dient dem Aufhängen der Löschschläuche. Der Erker ist allerdings dem Nebensaal vorgelegt, so daß eine Übereinstimmung in Form und Funktion nicht ganz glaubwürdig erscheint. Indem auch im Spritzenhaus die verputzte Bruchsteinwand mit wenigen, klaren Linien der Hausteinteile gegliedert wird, entwickelt Ungewitter seine Formensprache weiter. Bei der Lösung vom axialsymmetrischen Denken vermag er nunmehr eindeutig einen Zusammenhang durch Übergreifen von Erkern und Fenstergruppen bzw. -bändern zu schaffen, was wenig später in den "Entwürfen zu Stadt- und Landhäusern" wesentlich bestimmend wird. Hingewiesen sei auf die axiale Anlage des dreibahnigen Fensters und Erkers zu einem kleinen darunterliegenden Fenster. Dies Gebäude zeigt als erstes in Ungewitters Werk einen Kastenerker, der unmittelbar an mittelalterlichen Vorläufern orientiert ist.

In der Vereinigung zweier Funktionsbereiche in einem asymmetrischen Gebäude wendet Ungewitter die theoretisch formulierten Prinzipien konsequent an, indem er sich Aufgaben des öffentlichen Lebens zuwendet. Sein Gebäude, das allenfalls mit der Uhr einen öffentlichen oder Rathaus-Charakter zitiert, aber auch Elemente des Wohnbaus (Erker) enthält, ist außerordentlich ungewöhnlich und sowohl als architektonische Idee als auch in der Durchformung von hoher Qualität.

1 G. G. Ungewitter, Gemeinde- und Spritzenhaus für eine kleine Stadt. In: *ZfpB* 12 (1852), Sp. 11-14, Tf. 2-4.

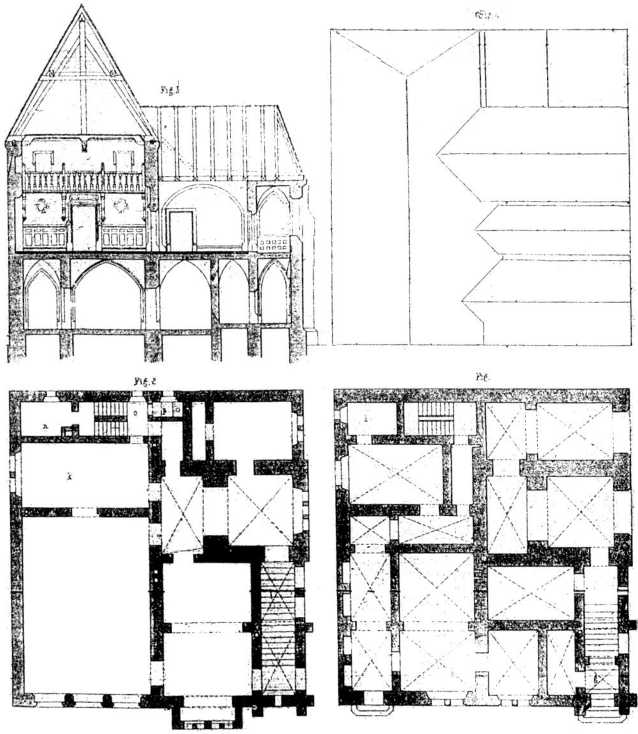

Abb. 18.3) Gemeinde- und Spritzenhaus für eine kleine Stadt, Entwurf 1851, Grundrisse und Schnitt (aus: Zeitschrift für praktische Baukunst 11 (1851))

19) LEIPZIG, Dekoration des Giebels der katholischen Kirche St. Trinitatis, Auftrag 1851

1851 erwähnt Ungewitter in einem Brief an Reichensperger einen erst kürzlich aus Leipzig erhaltenen Auftrag zu einer Dekoration für den Giebel einer gerade in Leipzig errichteten Kirche. Es kann sich hierbei eigentlich nur um die 1845-47 von Heideloff errichtete katholische Kirche St. Trinitatis handeln *(Abb. 19.1)*.[1] Dem zukünftigen Entwurf mißt er wegen der Umstände wenig Chancen auf eine Verwirklichung zu, doch zeigt sich die Ungewittersche Charaktereigenschaft einer ausgesprochenen Rührigkeit und Zähigkeit in der Absicht, über Verhandlungen trotzdem etwas zu erreichen.[2] Über einen Fortgang wird denn auch fürderhin nicht berichtet, so daß die Angelegenheit tatsächlich - wie befürchtet - im Sande verlaufen sein dürfte.

1 Inventar des Königreiches Sachsen, bearbeitet von C. Gurlitt. Leipzig 1895, S. 192ff.
2 Brief 24. Juni 1851 (Reichensperger, 1866, S. 57).

Abb. 19.1) LEIPZIG, Katholische Kirche St. Trinitatis, Heideloff, 1845-47, Ansicht

20) KASSEL, Höhere Gewerbeschule, Entwurf 1851

Der Auftrag an Ungewitter zu einem Neubauentwurf für die Kasseler höhere Gewerbeschule erging im Sommer 1851 im Zusammenhang mit den bereits im Vorjahr wieder aufgegriffenen Plänen eines eigenen Gebäudes für die Schule. Als Alternative zu allen anderen bekannten Entwürfen, die vorwiegend im 'Rundbogenstil' gefaßt waren[1], konzipierte Ungewitter eine gotische Variante.

Leider hat sich das Projekt nicht erhalten, allenfalls ein Grundriß könnte von Ungewitter stammen*(Abb. 20.1)*.[2] Der Grundriß zeigt einen längsrechteckigen Bau, dessen mittlere Zugangsachse sowie der mittig angeordneten Korridor im Erdgeschoß von Kreuzrippen überfangen sind. Die Verteilung der Fenster richtet sich nach den dahinterliegenden Räumen, sie durchgliedern nicht gleichmäßig, wohl aber - zumindest in den beiden Obergeschossen - axialsymmetrisch die Fassade, ein ausgesprochen Ungewittersches Gestaltungselement.

Ein Vergleich mit den erhaltenen Blättern zum Neubau der Schule verdeutlicht die Ungewöhnlichkeit eines gotischen Entwurfes. In das Jahr 1850 sind ein Aufriß aus der Oberbaukommision sowie ein Grundriß von Oberbaudirektor Bromeis datiert *(Abb. 20.2, 20.3)*. Der Fassadenriß lehnt sich an die Auffassung der florentinischen Palastrenaissance an, wie sie von Gärtner in München vertreten wurde (vgl. dessen Bibliothek), ist aber ungleich konventioneller, schematischer.

Ein anderer undatierter Plan von Bromeis und zwei unbezeichnete Blätter zeigen weitere Varianten. Bromeis differenziert Seiten- und Mittelrisalit seines Dreiflügelbaus zumindest in der Fenstergestaltung und begrenzt die Risalite durch Ecklisenen mit Ornamentik, wiederum in der oben geschilderten Variante des 'Rundbogenstils' *(Abb. 20.4, 20.5)*.

Ein unbezeichneter, offenbar ziegelsichtiger Entwurf bindet die gleichmäßig verteilten Rundbogenfenster durch alle drei Geschosse mit Blenden zusammen und integriert mit Rundbogenfries und Dreipaß mittelalterliche Formen *(Abb. 20.6, 20.7)*, während ein anderer Entwurf mit übereck gesetztem Rückflügel als einziger klassische Formen in Attika und Fensterädikulen gibt *(Abb. 20.8)*.[3]

Der räumliche Engpaß bestand zwar bereits seit Eröffnung der polytechnischen Schule am 12. November 1832, doch die infolge eines Erlasses des Innenministeriums vom 7. August 1832 in dem fraglichen sowie dem darauffolgenden Jahr gelieferten Entwürfe der Oberbaudirektion wurden von dem Ministerium mit der Begründung zu hoher Kosten abgelehnt. Die Schule erhielt stattdessen das ehemalige Gouvernementsgebäude am Martinsplatz, wo eine von Hillebrand gestiftete Sandsteintafel an Ungewitters Wirken an dieser Institution erinnert.[4] Nur auf dem Papier blieben auch die Pläne des Oberbaumeisters Daniel Engelhard vom 5. August 1837, Johann Conrad Bromeis' (1788-1855) und des Oberbaurats Adolph Otto Carl G. Schuchard(t), die am 12. September des Jahres eingereicht worden

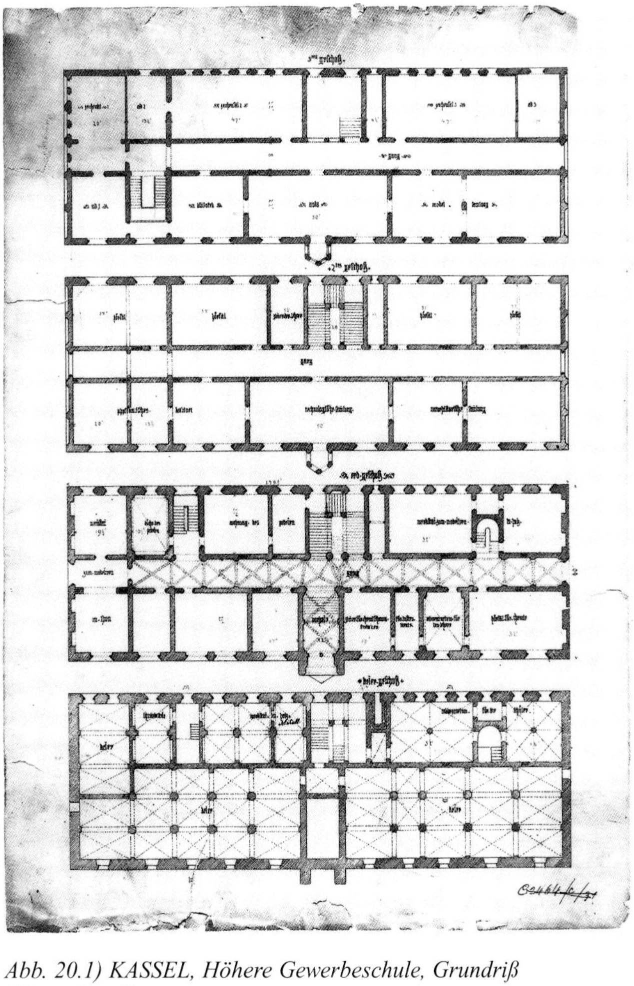

Abb. 20.1) KASSEL, Höhere Gewerbeschule, Grundriß (Ungewitter?)

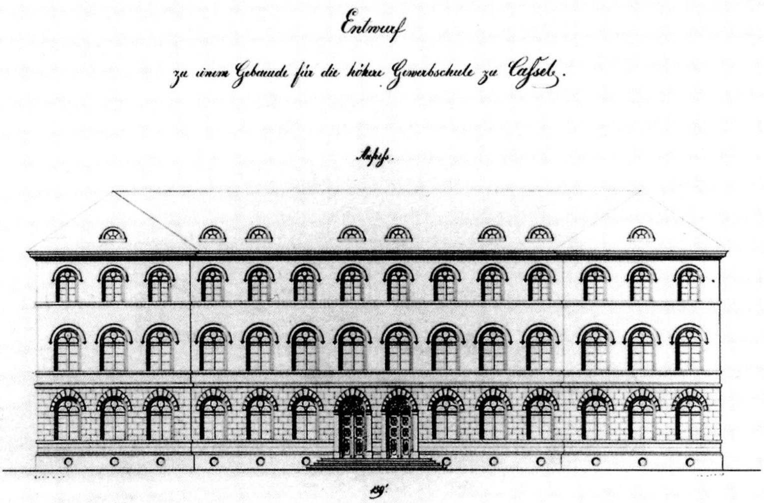

Abb. 20.2) KASSEL, Höhere Gewerbeschule, Oberbaukommission, 1850, Aufriß

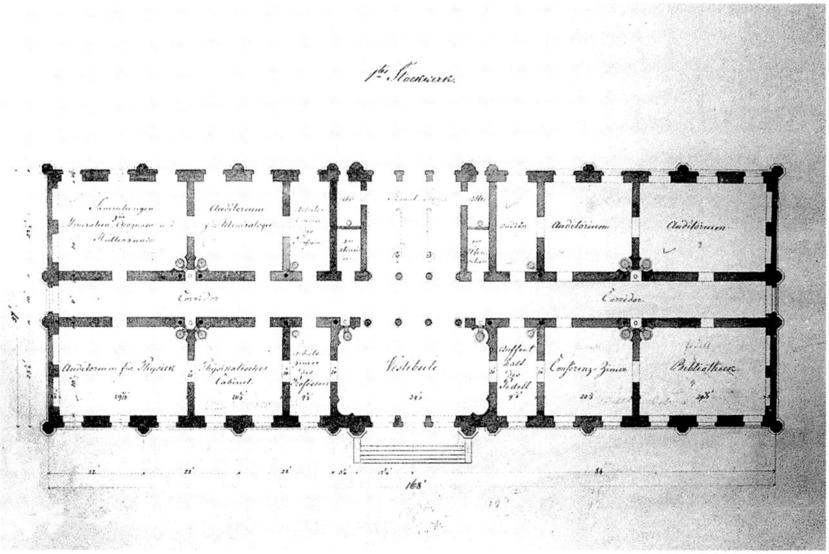

Abb. 20.3) KASSEL, Höhere Gewerbeschule, Bromeis, 1850, Grundriß

waren. Eine neuerliche Petition für einen Bau mit dem Projekt Johann Heinrich Wolffs (1792-1869) vom 7. Juli 1842 hielt das Ministerium wiederum für zu kostspielig.[5] Ungewitters Auseinandersetzung mit einem Neubauprojekt fällt somit in die dritte Phase der Versuche, einen Ausweg aus der beengten räumlichen Situation zu finden. Dafür engagierte sich der seit dem 6. Februar neu im Amt befindliche Direktor Johannes Hehl abermals.

Über den Auftrag zu einem Neubauentwurf äußert sich Ungewitter in einem Brief an Reichensperger vom 1. August 1851. Hier wird bereits die Grundkonstellation klar: Für eine Ausführung müßte die Oberbaudirektion umgangen werden, "die einem gothischen Bau gewiß nicht hold ist". Ungewitter arbeitet zusammen mit Johannes Hehl, dem Direktor der höheren Gewerbeschule, schon intensiv an einem Projekt, wie eben dieser "schon im Geiste in den gewölbten Gängen umherwandelt, Ziegeleien anlegt, worin Alles nach alten Mustern gemacht wird, überhaupt vom regsten Eifer für die Sache beseelt ist"[6]. Im Grundriß mußte Ungewitter jedoch an Hehl Konzessionen machen, indem - entsprechend der Regelmäßigkeit des Bauplatzes - ein rechteckiger Bau angenommen werden sollte. Ungewitter hätte eine unregelmäßige, malerische Anlage bevorzugt. Damit

Abb. 20.4) KASSEL, Höhere Gewerbeschule, Bromeis, Aufriß

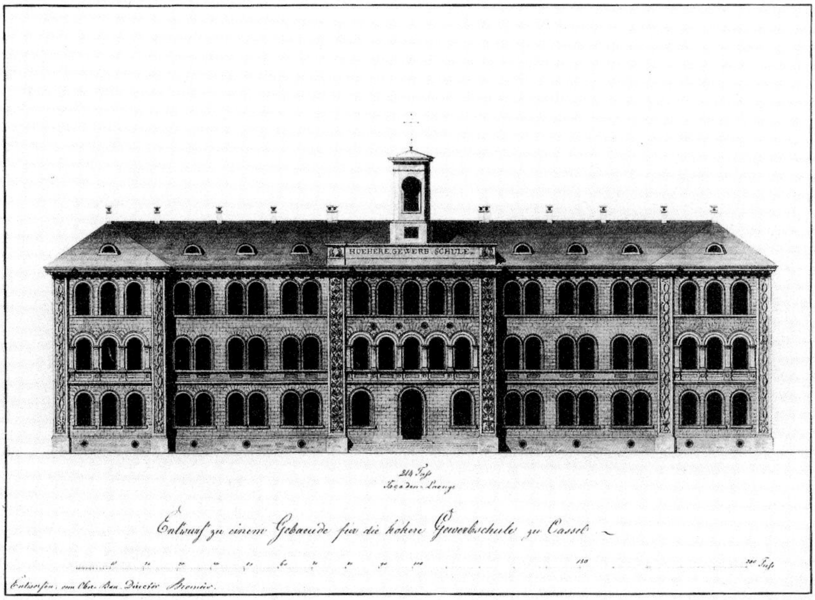

Abb. 20.5) KASSEL, Höhere Gewerbeschule, Bromeis Grundriß (zu Abb. 20.4)

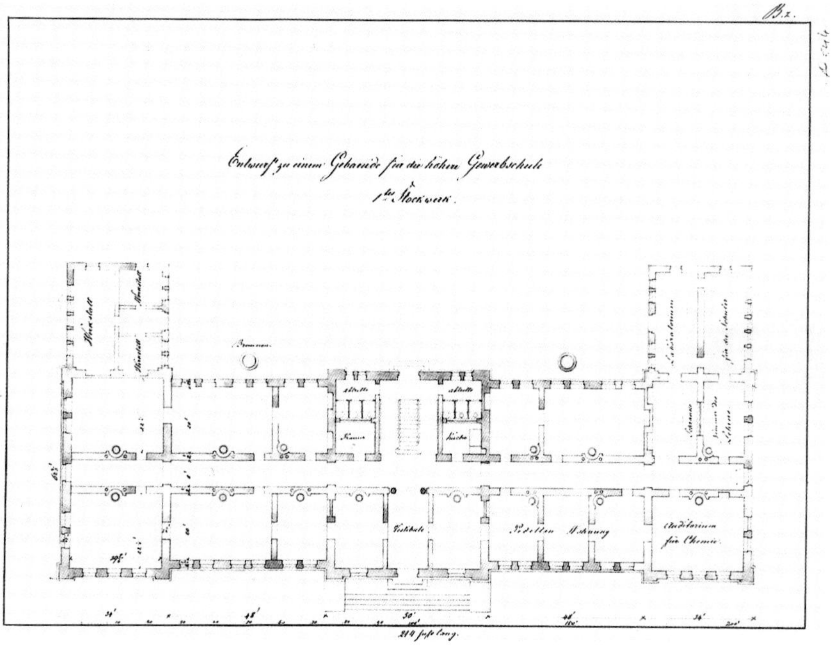

greift er auf seine Konzeption des Gemeinde- und Spritzenhauses zurück. Für eine polytechnische Schule, die, wie gesehen, in der Nachfolge von Heinrich Hübschs Karlsruher Gebäude zumeist den ‘Rundbogenstil’ in verschiedenen Varianten zeigten, wäre dieser Bau einmalig gewesen.

Am 1. August gingen diese Skizzen an das Ministerium ab, wobei der Direktor deren baldige Genehmigung erwartete und Ungewitter eine weitere Durcharbeitung des Projektes für die Ferien ankündigte. Die Bitte an Reichensperger, eine Figur für die Fassade vorzuschlagen, deutet auf die vergleichsweise untergeordnete Rolle eines Figurenprogramms hin.[7]

Ende September 1851 stand noch kein definitiver Bauplatz fest. Die Kosten könnten nach Ungewitters überschlägigen Berechnungen kaum unter 60.000 Taler zu drücken sein. Angesichts dieser Unsicherheitsfaktoren erklärte er sich zwar bereit, ein möglichst vollständiges Entwurfs-Provisorium zu erstel-

Abb. 20.6) KASSEL, Höhere Gewerbeschule, Aufriß

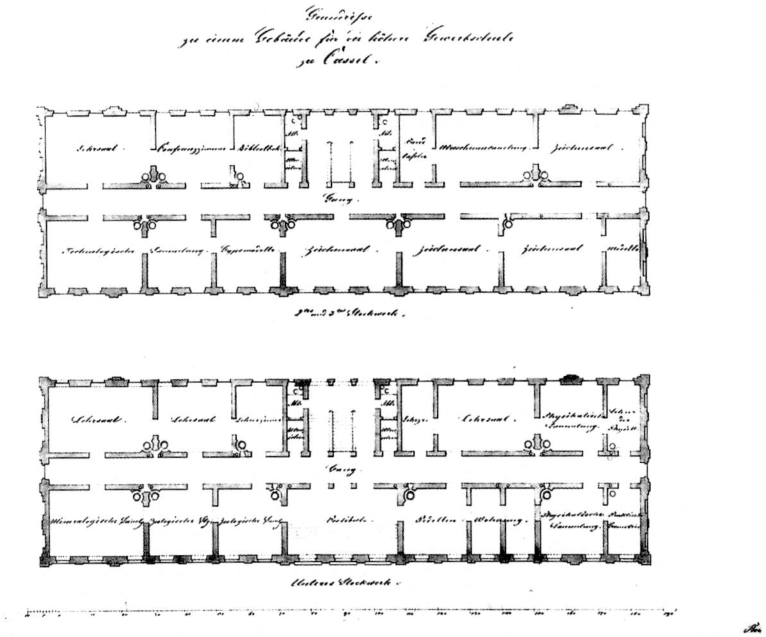

Abb. 20.7) KASSEL, Höhere Gewerbeschule, Grundriß

len, eine umfassende Durchführung hätte allerdings zuviel Aufwand erfordert. Die Skizzen beurteilte Hehl wohlwollend als zweckentsprechend, die Schönheit des Ganzen resultiere aus harmonischer Durchdringung der Teile.[8]

Die Hoffnung auf eine Baubewilligung, da die Angelegenheit vermeintlich zu Vilmars Referat gehörte, erwies sich als Irrtum. Der entsprechende Referent veranlaßte statt dessen die Bezirksdirektion zu einem Bericht, die wiederum die Oberbaukommission konsultierte ("eine von uns für gestorben gehaltene Behörde").[9] Entsprechend bissig reagierte Ungewitter auf die innerhalb von vier Wochen verfaßte Abhandlung der Oberbaukommission, die diesen Bericht voller Bedenken wieder Ungewitter und Hehl zuleitete:

So etwas ist wohl kaum noch dagewesen wie dieser Bericht des betreffenden Oberbaurathes, der dadurch seine auf den diversen Registraturen, Probaturen, Kanzleien u.s.w. genossene architek-

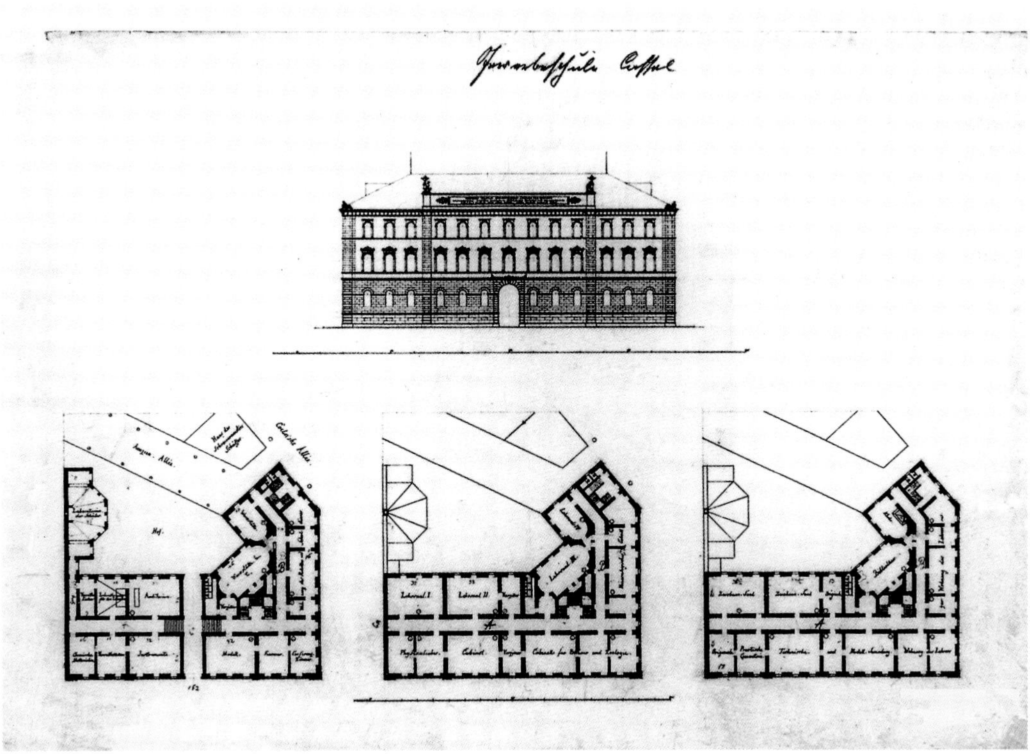

Abb. 20.8) KASSEL, Höhere Gewerbeschule, Grundrisse und Aufriß

tonische Bildung aufs Glänzendste dokumentirte. Beispielsweise führe ich an, wie er besonderen Nachdruck darauf legte, daß bei dem Baue zum großen Theil auswärtige Gesellen beschäftigt werden würden. In unserem Berichte hatten wir gerade hervorgehoben, dass diese zugestandene Nothwendigkeit einen Beweis dafür liefere, daß bei der bis dahin in Kassel üblich gewesenen Art des Bauens die Leute unbrauchbar und untüchtig zu allem Rechten geworden seien. Kurz, es ist kaum möglich, sich einen Begriff von der Nichtigkeit der erhobenen Einwände zu machen.[10]

Unterstützung erhoffte sich Ungewitter mit Hassenpflug und Vilmar von der konservativen bzw. reaktionären Seite. Ungewitter forderte strikt die generelle Abschaffung der Oberbaukommission. Die Zwistigkeiten reichten so weit, daß angeblich sogar versucht wurde, Schüler zu einem Boykott der höheren Gewerbeschule zu bewegen.[11] Zwischen Akademie und Polytechnikum entsteht eine Distanz, die nicht zuletzt durch den Streit um das gotische Projekt, das sich von den übrigen im 'Rundbogenstil' heraushebt, verursacht ist.

Mit dem Entwurf verbinden sich weiterreichende Absichten Ungewitters, indem jeder beteiligte Bauhandwerksmeister einen Schüler als Lehrling anzunehmen verpflichtet wäre, um den bisherigen Widerstand dieser Meister gegen eine Einschreibung der Lehrlinge in die Zunft zu brechen.[12] Dies zeigt erneut Ungewitters Engagement für eine gründliche handwerkliche Ausbildung seiner Schüler.

Die Situation veränderte sich bis Dezember 1851 nicht, was Ungewitter erneut zu einem erbitterten Vorwurf veranlaßte: "Für Geld würden gewisse Herren barbiren, frisiren, so gut es eben ginge."[13]

Anfang des Jahres 1852 tauchte vorübergehend die Überlegung auf, in die höhere Gewerbeschule zusätzlich eine Handwerksschule zu integrieren. So war Ungewitter im Februar mit den erforderlichen Ausarbeitungen beschäftigt, in die für ein befriedigendes Resultat jedoch noch umfangreichere Informationen eingehen müßten.[14] Im Mai befaßte sich Ungewitter mit dem Aufriß, wobei er den regelmäßigen Grundriß nur durch eine Auflösung in der Höhe bewältigen zu können glaubte. Bis zum frühestmöglichen Baubeginn 1853 bliebe noch immer Zeit zur Durcharbeitung.[15] Das gesamte Jahr 1852 verging im Glauben an eine Verbesserung der Aussichten: Im August wurde über die Aufnahme eines Antrages zur Geldbewilligung in das Budget und die Zufriedenheit 'höheren Ortes' mit der Ungewitterschen Architektur-Richtung berichtet[16], noch im Dezember gab Vilmars Einforderung der bis dato angefertigten Zeichnungen[17] Hoffnung.

Danach ist aus der Korrespondenz mit Reichensperger erst wieder 1863, also zehn Jahre später, etwas über dies Thema zu vernehmen. Nachdem Ungewitter bereits durch das Ministerium ermächtigt worden war, Verhandlungen um einen Bauplatz zu führen, hatte ein plötzlicher Stopp aller Maßnahmen abrupt jede Aussicht auf eine Ausführung zunichte gemacht.[18] Dieser Abschnitt leitet erneute Bemühungen um einen Neubau in den 1860er Jahren ein, die endlich zu der Errichtung eines Gebäudes am damaligen Friedrich-Wilhelm-Platz (heute Scheidemannplatz) in den Jahren 1870-73 nach Entwürfen Hindorfs führten, mit einer Innenausstattung durch Werner Narten.[19] Ungewitters Schüler Carl Schäfer, der seit dem 19. Oktober 1868 Lehrer an der höheren Gewerbeschule war, wurde in den Planungen übergangen, die Aversion gegen die Gotik hielt sich hartnäckig. Die Institution hatte allerdings nach dem 21. März 1870 durch die Herabstufung zur Provinzialgewerbeschule an Bedeutung erheblich verloren.[20] Vergeblich hatte sich Carl Schäfer im Wettbewerb zwischen Aachen und Kassel um die Einrichtung einer Technischen Hochschule bemüht. Nachdem die Aachen-Münchner Feuerversicherungs-Gesellschaft auch noch 400.000 Taler zur Verfügung stellte, fiel die Entscheidung zugunsten Aachens, woraufhin Schäfer sein Lehramt in Kassel niederlegte. Im Jahr 1888 wurde die Provinzialgewerbeschule mit der der gewerblichen Zeichen- und Kunstgewerbeschule vereinigt.

Die fortwährende Auseinandersetzung mit den gotik-feindlichen Beamten der Oberbaukommission lassen hinter den spitzen Bemerkungen Ungewitters eine tiefe Enttäuschung über die ewige Hinhaltung erkennen. Insbesondere mit diesem Projekt wäre er in der Lage gewesen, das theoretisch formulierte Programm in die Praxis umzusetzen. Gerade weil sich Ungewitter der Tragfähigkeit dessen bewußt war, da ja auch konkrete Veränderungen auf dem Feld des Bauhandwerks stattgefunden hätten, erscheint das Scheitern dieses Projektes tragisch, weil wegweisend und symptomatisch für Ungewitters Schaffen überhaupt.

An dem gotischen Entwurf Ungewitters für den Neubau der höheren Gewerbeschule spaltet sich anhand der Diskussion um den Stil diese Institution von der Akademie ab, mit der sie bis dahin durch Fluktuation der Schüler sowie häufige Personalunion des Lehrkörpers eng verbunden gewesen war. In den 1830er Jahren hatte es auch in der Akademie Ansätze zu einem Neubau gegeben, wobei unter Leitung Wolffs die Schüler der Bau-Klasse Entwürfe liefern sollten, an deren Ausführung sie dann hätten beteiligt werden sollen. Dies ist ein ähnlich praxisorientiertes Vorhaben wie sich später Ungewitter um eine Anbindung seiner Schüler an das Handwerk bemühte. An der Akademie lehrten mit J. E. Ruhl, der den architektonischen 'Historismus' in Kassel einführte (1836/37 Ständehaus in Neorenaissance)[21] und J. C. Bromeis als Nachfolger Jussows in der Leitung der Architektur-Abteilung an der Akademie strikte Gegner der Neugotik.

1 Best. 16, Rep. VI, Kl. 28, Nr. 2 und Nr. 4 und Nr. 33 und Nr. 39 (SAM). Dazu existieren insgesamt 33 Pläne.
2 Allenfalls wäre Schäfer als Entwerfer noch denkbar, m. E. dürfte er nach dem Eindruck von Zeichnung und Beschriftung aber ausscheiden, zumal er eigentlich auch bei den Neuplanungen übergangen wurde (s.u.).
3 Der Entwurf ist möglicherweise für ein anderes Grundstück, in unregelmäßiger Ecklage, vorgesehen und deckt insgesamt offenbar einen größeren Raumbedarf.
4 Die Bau- und Kunstdenkmäler im Regierungsbezirk Cassel, Bd. 6, S. 705-7.
5 Für die Baugeschichte der höheren Gewerbeschule, die uns in Ermangelung des Ungewitter-Entwurfs nicht im Detail zu beschäftigen braucht, sei verwiesen auf Schuchard, 1979, S. 191f.
6 Brief 1. August 1851 (Reichensperger, 1866, S. 61).
7 Ebd., S. 63 und 65.
8 Brief Hehls vom 29. September 1851 (Best. 16, Rep. VI, Kl. 28, Nr. 2; SAM).
9 Brief 18. Oktober 1851 (Reichensperger, 1866, S. 66f.).
10 Ebd., S. 67.
11 Schon vor 1840 war Kritik an der damaligen Oberbaudirektion laut geworden, woran auch die Umwandlung in eine Oberbaukommission (d.h. nur technische Behörde) 1848 nichts zu ändern vermochte (Ebd., S. 68f.).
12 Brief 18. Oktober 1851 (Reichensperger, 1866, S. 70).
13 Brief 16. Dezember 1851 (Reichensperger, 1866, S. 72).
14 Brief 5. Februar 1852 (Reichensperger, 1866, S. 77).
15 Brief 7. Mai 1852 (Reichensperger, 1866, S. 85).
16 Brief 9. August 1852 (Reichensperger, 1866, S. 91f.).
17 Brief 12. Dezember 1852 (Reichensperger, 1866, S. 99).
18 Brief 12. November 1863 (Reichensperger, 1866, S. 228)
19 dazu Schuchard, 1979, S. 191f.
20 C[arl] Weber, Carl Schäfer. Seine Bauten in Zeichnungen und Aufnahmen. Katalog der Sonderausstellung, veranstaltet in den vorderen Ausstellungsräumen des Kgl. Kunstgewerbemuseums zu Berlin vom 30. März bis 28. April 1912. Berlin 1912 (Nr. 6 höhere Gewerbeschule).
21 175 Jahre Kasseler Akademie. Jubiläums-Ausstellung im Landesmuseum Kassel, veranstaltet von der Staatlichen Werkakademie und den Staatlichen Kunstsammlungen Kassel vom 19. Oktober bis 30. November 1952. Kassel 1952, S. 18f.

21) LEIPZIG, Fleischhalle, Auftrag 1852

1852 ergeht im Herbst der Auftrag von Bürgermeister Kal an Ungewitter, einen Entwurf für eine große Fleischhalle in Leipzig anzufertigen.[1] Die Bedingungen hat man Ungewitter zu der Zeit noch nicht bekanntgegeben, es zeichnen sich schon jetzt Probleme mit dem Auftraggeber ab, der beispielsweise gußeiserne Säulen unter den Gewölben wünsche. Wegen der Unwahrscheinlichkeit eines konkreten Resultates bleibt dem Architekten nach eigener Aussage lediglich übrig, sich über das in ihn gesetzte Vertrauen zu freuen.

Im Dezember berichtet er denn auch über die Trübung der Verwirklichungsaussichten, da die Erklärung des Bürgermeisters gegenüber dem Bauamt, daß Ungewitter neben zwei Leipziger Architekten der einzige Konkurrent sei, eine Opposition im "sehr liberalen Stadtrath" gegen die Zulassung eines "Ausländers" hervorgerufen habe.[2]

1854 war der Leipziger Stadtbaumeister in der Angelegenheit der Fleischbänke sogar nach Paris geschickt worden. Dort gab es diese aber nicht, ergo wollten die Leipziger auch keine mehr haben.[3]

Zu dem Projekt gibt es kaum weitere Angaben. Es wurden 1857 neue Fleischhallen errichtet, nachdem im Jahr zuvor ein Grundstück angekauft worden war.[4] Ob zwei Grundrisse aus dem Jahr 1857 für einen rechteckigen Baukörper mit Kreuzgratgewölbe mit Ungewitters Entwürfen zusammenhängen, ist nicht zu klären *(Abb. 21.1, 21.2)*. Der Neugotiker versucht in diesem Objekt abermals vergeblich, im Bereich städtischer Nutzbauten Fuß zu fassen.

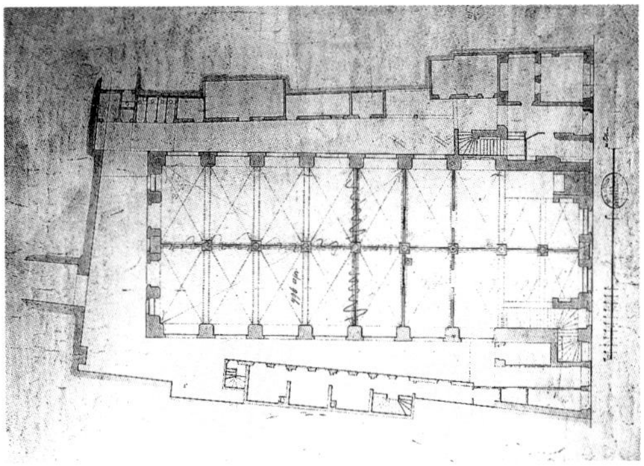

Abb. 21.1) LEIPZIG, Fleischhalle, Grundriß 1857

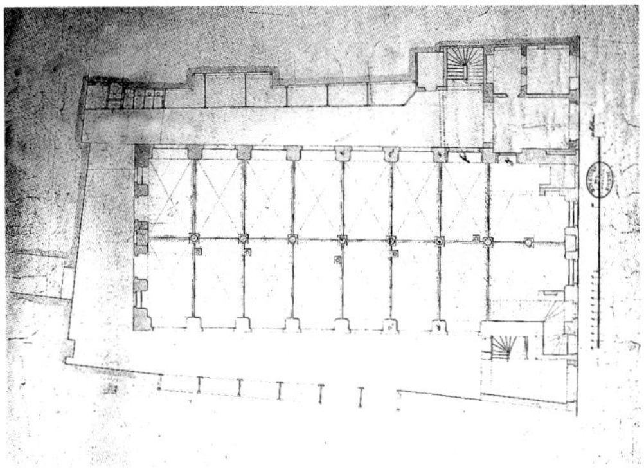

Abb. 21.2) LEIPZIG, Fleischhalle, Grundriß 1857

1 Brief 4. Oktober 1852 (Reichensperger, 1866, S. 94).
2 Brief 12. Dezember 1852 (Reichensperger, 1866, S. 96f.). Ungewitters Berichterstatter kann noch nicht abschätzen, ob sich diese Meinung durchsetzen würde, ob sie in "engherzigem Spießerthum" oder dezidierter Ablehnung der Person Ungewitters wurzelt, er nimmt jedoch an, daß der Bürgermeister die Courage besitze, ihn trotzdem mit einem Auftrag zu betrauen.
3 Brief 14. März 1854 (Reichensperger, 1866, S. 114). Die Bausumme war denn auch teilweise schon für Besoldungen, Honorare und Diäten ausgegeben worden, da z.B. der Stadtbaumeister sich während seiner zweijährigen Amtszeit so gut wie ausschließlich mit dieser Bauaufgabe befaßt hatte.
4 vgl. Kap. 57, Nr. 7, Vol. II; Kap. 57, Nr. 17-19; Kap. 57a, Nr. 22 (Stadtarchiv Leipzig). Die Straßenbezeichung differiert: Str. "Brühl", Goethestr. 8, Ritterstr. 28 (vgl. Ernst Müller, Die Häusernamen von Alt-Leipzig und geschichtliche Erläuterungen. Reprint der Ausgabe von 1931. Leipzig o. J., S. 12, 25, 67, 73).

22) LEIPZIG, Grabmonument, Auftrag 1852

Im Dezember 1852 erteilte eine nicht mit Namen benannte Witwe Ungewitter den Auftrag für ein Grabmonument für ihren verstorbenen Mann, das sogar etwas teurer als gewöhnlich hätte ausgeführt werden sollen.[1]

Auf dem Leipziger Friedhof besaß jede wohlhabendere Familie einen Platz nahe der Mauer von 20 Quadratfuß Größe. Das Monument sollte deswegen an der Rückwand stehen, die übrigen drei Seiten mit einem eisernen Gitter, das aus Schmiedeeisen und nicht dem beliebteren Gußeisen herzustellen sei, geschlossen werden. Das Monument selbst dürfte nicht allzu tief sein und es werden Sitzplätze verlangt. Die Sitze liegen beidseitig der Mittelpartie. Nach der Beschreibung Ungewitters handelt es sich im Typus um ein Wandgrab unter Baldachinen mit Kreuzgewölben, wie er sie in seinen "Entwürfen zu Grabsteinen" mehrfach dargestellt hat. In der Mitte sollte eine Kreuzigung dargestellt werden.

Ungewitter vermißt alte Werke als Vorlagen, was ein Merkmal des reformierten Landes sei. Er beneidet Statz, der inmitten einer Fülle guter Beispiele sitze.[2]

Gut ein Jahr später hat er die Hoffnung auf eine Ausführung aufgegeben. Es hat aber offenbar auch Unstimmigkeiten mit der Auftraggeberin gegeben, die als bildliche Darstellungen 'antike geflügelte Genien oder sonstiges Federvieh' gewünscht habe.[3] Zum Eigenstudium wollte Ungewitter das Projekt nochmals durcharbeiten, unter Verzicht auf Wasserspeier, die schon an dem Modell zu dem Weiße-Monument Unwillen auf sich gezogen hätten.

1 Brief 12. Dezember 1850 (Reichensperger, 1866, S. 97-99). An Reichensperger geht eine von der Frau Ungewitters angefertigte Durchzeichnung des Projektes.

2 Ebd., S. 99.

3 Brief 1. Januar 1854 (Reichensperger, 1866, S. 108f.).

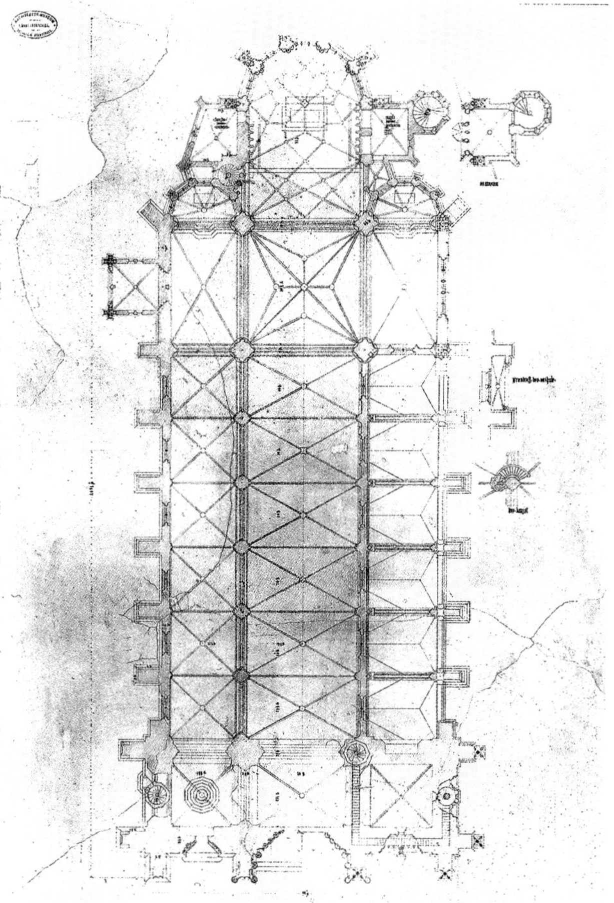

Abb. 23.1)
WIEN, Votivkirche,
Wettbewerbsentwurf,
1854/55, Grundriß

23) WIEN, Votivkirche, Wettbewerbsentwurf 1854/55

Von Kassel aus, wo er noch keinen einzigen Bauauftrag erhalten hatte, beteiligte sich Ungewitter an dem 1854 ausgeschriebenen Wettbewerb zur Wiener Votivkirche, die eine monumentale Aufgabe von hochrangiger Bedeutung darstellt. Im Grundriß des Ungewitterschen Entwurfes dominiert die longitudinale Streckung der dreischiffigen, mit 5/10 Langchor versehenen Basilika *(Abb. 23.1)*. An den östlichen Wänden des Querhauses, das mit seiner Breite in der Fluchtlinie der Seitenschiffsmauern bleibt[1], sitzen polygonale Apsiden, die die beiden in der Ausschreibung geforderten Seitenaltäre aufnehmen. Die den

Abb. 23.2) WIEN, Votivkirche, Wettbewerbsentwurf, 1854/55, perspektivische Ansicht

Abb. 23.3)
WIEN, Votivkirche,
Wettbewerbsentwurf, 1854/55,
Westfassade

unten:
Abb. 23.4)
WIEN, Votivkirche,
Wettbewerbsentwurf, 1854/55,
Aufriß der Nordseite

Chor flankierenden Anbauten sowie eine Vorhalle am nördlichen Querschiffsportal brechen mit dem symmetrischen Schema. Ungewöhnlich ist die Gestaltung der Zone zwischen Apsiden und Chor, wo ein kleiner Übergangsraum bzw. ein Treppenturm etwas mühsam eine Verbindung zu dem jeweiligen Chorannex herstellen, da sie z.B. die Belichtung der Apsiden behindern oder sie zu einem Durchgangsraum degradieren, wie die südliche *(vgl. Abb. 23.6)*.

Die doppeltürmige Westfassade - ebenfalls vorgegeben - erscheint klar gegliedert in der Anlage dreier Portale in der Sockelzone sowie eines großen spitzbogigen wimpergbekrönten Fensters oberhalb des Hauptportales *(Abb. 23.2, 23.3)*. Die Türme, die ihren gestalterischen Höhepunkt in den abwechslungsreich durchbrochenen Maßwerkhelmen erreichen, schieben sich in den äußeren Achsen zwischen kräftigen Strebepfeilern heraus. Die Wand der Fassade wird sukzessive von unten nach oben aufgelöst. Hinzuweisen ist hier auf die Blendgliederung auf Höhe des Spitzbogenfensters, wo die Strebebögen des Hochschiffes am Langhaus als Gliederungselement aufgeblendet werden (vgl. Dom Meißen, auch Reims, St. Nicaise). Damit spiegelt die Fassade die basilikale Raumstruktur des Kirchenschiffes. Die Turmhelme, der Wimperg des Fensters sowie das Hauptportal greifen Formen des Kölner Doms auf.[2]

Abb. 23.6) WIEN, Votivkirche, Wettbewerbsentwurf, 1854/55, Querschnitt östliche Querhauswand

Übergreifende Wimperge schaffen ebenso wie die Abtreppungen der Strebepfeiler Übergänge zwischen den drei durch Gesimsbänder mit Ornamentstreifen getrennten Wandzonen von Sockel, Zwischengeschoß, Freigeschossen und betonen zugleich die Höhenstreckung. Es gibt keine Figurengalerien, Skulptur wird in durchbrochenen Tabernakeln, die in spitzen Steinhelmen auslaufen, vereinzelt gesetzt: Auf der ersten Abtreppung der Strebepfeiler befindet sich oberhalb einer Büsten-Nische ein dreiseitig freistehender Baldachin mit Standfigur.[3] Typisch für eine neugotische Kirche ist die Isolierung der Figuren, aber auch der Seitenportale in der Fläche.

Die gestaffelten Strebepfeiler, die die Kanten des Turmmassivs begleiten, vermitteln den Eindruck konstruktiver Festigkeit, bevor die Oktogone der Freigeschosse und Steinhel-

Abb. 23.5) WIEN, Votivkirche, Wettbewerbsentwurf, 1854/55, Querschnitt

me sich ins filigran Dekorative auflösen. Wie schon im späten Mittelalter in Deutschland erhalten die Türme das Hauptgewicht in der Komposition.

Die architektonische Qualität zeigt die sorgfältig abgewogene Verteilung und Wirkung der Mauermassen in Sockel und Strebepfeilern gegenüber der Entfaltung der Dekoration an entsprechenden Stellen (vgl. Schleiermaßwerk am Mittelportal), die die Silhouette feinteilig auflösen (Turmgeschosse mit Fialen, Wimpergen, die oft mit Krabben besetzt sind und eine Kreuzblume tragen).

Im Aufriß der nördlichen Längsseite werden Langhaus und Querhaus durch eine umlaufende Sockelzone mit Kaffgesims sowie die abschließende Maßwerkbalustrade verbunden (letztere mit verschiedenen Gitterfüllungen) *(Abb. 23.4)*. Im sechsjochigen Langhaus stehen jeweils zweibahnige Lanzettfenster übereinander, die im Obergaden bei gleicher Breite etwas höher hinaufgeführt sind und anstelle des stehenden Vierpasses einen liegenden Fünfpaß tragen. Getrennt werden die Joche durch ein ausgebildetes Strebesystem mit Bögen und Pfeilern, zwischen dem sich die abgewalmten Dächer der Seitenschiffe befinden. Diese Dächer sind außer an Langchören (vgl. Amiens) vor allem an Hallenkirchen bekannt (Marburg, St. Elisabeth), wobei unklar bleibt, warum auf die einfachere Lösung mit Pultdächern verzichtet wurde.

Die Querhausstirn vereint als Zwischenzone Elemente von Langhaus (Weiterführung der Gesimsbänder bis einschließlich des Traufgesimses der Seitenschiffsdächer) und Chor (vierbahniges Fenster). Das von einem Wimperg überfangene Portal ist einer quadratischen Vorhalle vorgelegt. Im oberen Giebeldreieck findet außer einem kleinen Rosenfenster wie schon am Hauptportal figürlicher Schmuck Platz.[4]

Am Chor entfalten die vierbahnigen hohen Spitzbogenfenster, die die gesamte Jochbreite einnehmen, ihre lichte Wirkung. Im unteren Drittel der Strebepfeiler am Chorpolygon sah der Architekt Pfeiler-Skulpturen unter Baldachinen vor. Damit leiten sowohl die dekorative Ausgestaltung als auch die Lichtführung auf den Chor hin.

Einige Anhaltspunkte für den Innenraum ergeben sich aus den Querschnittszeichnungen. Das Langhaus besaß die dreizonige Wand der Hochgotik *(Abb. 23.5)*. Die Arkaden ruhen auf kantonierten Pfeilern (vgl. den Grundriß), denen in den Ecken zusätzlich Dienste für die Diagonalrippen eingestellt sind. Unklar bleibt die genaue Gestalt des Triforiums. Das Westfenster zeigt in den beiden äußeren Bahnen andere Maßwerke als im Westaufriß *(vgl. Abb. 23.3)*, es sind aber dieselben wie in der perspektivischen Ansicht *(vgl. Abb. 23.2)*.

Der Schnitt auf Höhe der östlichen Querschiffswand zeigt die gesteigerte Vertikalrichtung der Vierung und des Chores in der hochgerückten Kämpferzone sowie der Vielzahl der an den Vierungspfeilern aufsteigenden Dienste *(Abb. 23.6)*. Im Vergleich zu den unterschiedlich gestalteten Ostwänden des Querhauses steigert Ungewitter den dekorativen Reichtum im Chor deutlich (vgl. die Skulptur an den Diensten des Chorgewölbes), wie auch der aufwendig gegliederte Hochaltar einen ausgezeichneten Rang einnimmt.

Zu den wenigen direkt übernommenen Motiven gehört die Paßform in den Strebebögen, die der am Straßburger Münster entlehnt ist.[5] Die eigenwillige Materialkombination von Haustein im Westen und Mischbauweise am übrigen Bau läßt z.B. an die Kirche in Uppsala denken (außen Backstein, innen Haustein).

Bemerkenswert sind die tief zwischen die Strebepfeiler eingezogenen Portale im Westen *(vgl. Abb. 23.2)*. Dies steht konträr zu den Vorhallen oder der mindestens gleichen Fluchtlinie von Portal und Strebepfeilern in der mittelalterlichen Gotik (Amiens). Letztlich kommt hier bereits Ungewitters Raumdenken zum Vorschein, indem die Trichterform der Portale den Besucher in die Kirche hineinzieht.

Die gezielte Steigerung auf den Chor hin verbindet Ungewitters Entwurf mit Kirchen seiner Zeitgenossen, nicht aber die Verwendung des hochgotischen Kreuzrippengewölbes im Langhaus sowie des spätgotischen Netzgewölbes im Chor. Vielmehr impliziert dies, daß der Eindruck des 'Gewachsenen' mit diesem Neubau erzeugt werden sollte. Der Gedanke, den Bauprozeß als wesentliches Gestaltmerkmal aufzufassen, greift weit voraus bis auf das Ende des 19. Jahrhunderts.

Die Konkurrenz

Obwohl Ungewitter sich keine Hoffnungen auf einen Erfolg seines unter dem Motto *In treu fest* eingereichten Projektes machte[6], erhielt er - ebenso wie Friedrich v. Schmidt und Vincenz Statz - einen zweiten Preis.[7] Den ersten Preis gewann der bis dato unbekannte Heinrich Ferstel, der seinen Entwurf unter erheblichen Modifikationen zur Ausführung bringen konnte.[8]

Anlaß der Kirchenbauplanung war das gescheiterte Attentat auf den Kaiser Franz Joseph im Jahr 1853, demzufolge das 'Concursprogramm für die in Folge des Aufrufes Seiner kaiserlichen Hoheit des Durchlauchtigsten Herrn Erzherzog Ferdinand Max in Wien zu erbauende Votivkirche' erschien.[9] An der Konkurrenz durften Architekten des In- und Auslandes teilnehmen, wogegen einige national eingestellte Österreicher protestierten, da die Kirche zugleich Denkmal des Patriotismus sein sollte.

Die Lage war zunächst mit einem Platz gegenüber dem Oberen Belvedere (1714-24 von Hildebrandt) angegeben, also an einem der höchsten Plätze Wiens, wurde dann aber an das Glacis vor dem Schottentor verlegt. Die Kirche sollte 4-5000 Personen fassen, im gotischen Stil gehalten sein[10] und zwei Türme erhalten. Zudem waren zwei Altäre außer dem

Hauptaltar und auch Platz für weitere vorzusehen. Emporen waren unerwünscht, aber zwei Oratorien (Kapellen) im Chor anzulegen. Insgesamt durften die reinen Baukosten (d.h. ohne Ausstattung) 1,5 Mio Gulden betragen, der erste Preis war mit 1000 Golddukaten dotiert, je 1000 Gulden waren für andere gelungene Arbeiten vorgesehen. Die Abgabefrist verlängerte man bald vom 1. November 1854 auf den 31. Januar 1855.

Der Konstitution eines 'Kunstcomités' im März 1853 folgte die Ausschreibung am 2. April 1854. Außer den drei genannten Schützlingen Reichenspergers prämierte die Jury von 75 eingesandten Entwürfen weiterhin diejenigen von Wilhelm Doderer aus Klosterbruck bei Znaim, Jacob Schmitt-Friedrich aus Bamberg, Ferdinand Kirschner, Karl Rösner (beide Wien), Alois Langer aus Breslau.

Die übrigen Entwürfe der ersten und zweiten Preise wurden in der in Wien erscheinenden *Allgemeinen Bauzeitung* veröffentlicht, derjenige Ungewitters allerdings nicht. Damit ist ihm zwar die Anerkennung eines Fachgremiums sicher, aber es kommt keine breite Wirkung zustande. Unter den weiteren Teilnehmern befanden sich auch Wilhelm Stier[11] sowie der Prager Bau- und Steinmetzmeister Josef Kranner (1801-71), der später das Amt des Bauleiters der Votivkirche innehatte.[12] Nach dessen Tod übernahm sein erster Bauzeichner Riewel dies Amt. Außer Hermann Riewel, der schon in Ungewitters Atelier an den Zeichnungen zur Votivkirche mitgearbeitet hatte und dann in Ferstels Büro eintrat, widmete sich mit dem aus Kassel gebürtigen Steinmetzen Albert Grau ab 1866 ein weiterer Ungewitter-Schüler der Wiener Kirche. Dessen Geschick in der Behandlung des Ornamentes hatten ihm eine Position als Zeichner und Modellierer bei Ferstel verschafft.[13]

Abb. 23.7) WIEN, Votivkirche, Wettbewerbsentwurf von Ferstel,1855, Ansicht

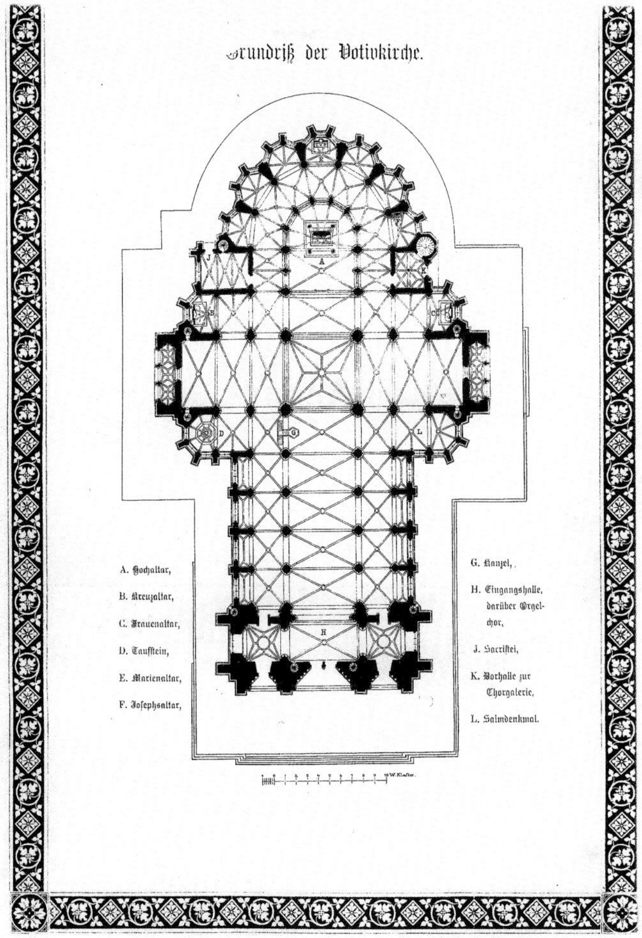

Abb. 23.8)
WIEN, Votivkirche, Wettbewerbsentwurf von Ferstel, 1855, Grundriß

Stilistisch wählt der Architekt Formen der nachklassischen Gotik verschiedener Provenienz, da dem Kunstwollen der Zeit der Rationalismus dieser Stilstufe mehr entsprochen zu haben scheint.[16] Ferstel, der sonst im sakralen Bereich nur noch Aufträge zu Pfarrkirchen erhielt, vertrat mit der Votivkirche offenbar ein über die Grenzen hinaus gültiges neugotisches Stilideal.

Die Votivkirche ist nicht zuletzt Symbol der römisch-katholischen Restauration in Österreich, wo seit 1848 die Kirche wieder eine der Stützen der Monarchie wurde.[17] Gegen den von Metternich vertretenen Klassizismus opponierte der böhmische Adel mit neugotischen Bauten. Ferstel, der aus Böhmen stammt, erhielt den Auftrag auch wegen seiner praktischen Erfahrungen mit der Gotik. Mit der Forderung nach einer gotischen Kirche versuchte das Kaiserhaus, eine Liberalisierung der Künste als Programm darzustellen.

Ferstels Votivkirche

Von der Grundsteinlegung 1856, der Einrichtung einer Bauhütte, bis zur Vollendung 1866 bzw. 1872 mit der Einwölbung aller Schiffe verging nochmals eine geraume Zeit, bevor 1879 die Weihe stattfand.

Ferstels Bau - in Achse und in symmetrischem Bezug zum Stephansdom -, der sich stark an Chartres anlehnt, gilt als Gesamtkunstwerk im Sinne des 'romantischen Historismus' *(Abb. 23.7, 23.8, 23.9)*[14], wobei der Architekt maßgebend für Bildhauer und Kunstgewerbler fungiert.

Im Programm schloß sich Ferstel eng an den kirchlichen Gehalt an, wobei sich auch die Denkmalbedeutung auf Programme in Malerei und Plastik verlagert. Allerdings gab es Klagen über die geringe Kenntnis von stilgerechten gotischen Innenräumen, auch Ferstel hatte dazu zuerst keine genauen Ideen.[15] Die didaktische Aufgabe erhält den Vorrang in der Programmatik, woraus eine radikale Gegenständlichkeit resultiert. In der polychromen Innenfassung orientiert sich Ferstel an italienischer Gotik, Farbe und Malerei wirken als integrierende Bestandteile.

Bedeutung der Ungewitterschen Entwürfe

Zwei Blätter der Pläne Ungewitters wurden auf der X. Jubiläumsausstellung der bildenden Künste in Berlin im Jahr 1886 gezeigt, danach in der historischen Abteilung nochmals als Ausdruck hoher künstlerischer Veranlagung und technische Meisterstücke bewertet: Ungewitter besitze eine Formkenntnis wie kein anderer. Die Unterlegenheit gegenüber Ferstel sei verantwortlich dafür, daß sich eine Wirkung Ungewitters auf das theoretische Gebiet verlagert habe.[18]

Im Frühjahr 1854 trug Ungewitter sich vorübergehend mit dem Gedanken einer Bewerbung auf eine der vakanten Professuren in verschiedenen österreichischen Städten, um zu mehr Praxis zu gelangen.[19] Derartige Hoffnungen machte Reichensperger allerdings zunichte, da der Direktor der Wiener Akademie, Ruben, der nach Auskunft von Ungewitters Wiener Bekannten maßgeblich für die Aufforderung an Ungewitter gewesen ist, "noch weniger als Hübsch für die Gotik eingenommen sei".[20]

Abb. 23.9) WIEN, Votivkirche, Wettbewerbsentwurf von Ferstel, 1855, Westfassade

Wegen des unerwarteten Erfolges war die Freude Ungewitters zunächst groß, wenn ihn auch störte, daß - wiederum nach Angaben seiner Wiener Bekannten - Ferstels Entwurf nicht zuletzt aufgrund der Darstellungsweise in 'Aquarellmalerei' gewonnen habe. Als Anhänger der schlichten, technisch korrekten und aussagefähigen Zeichnung mußte ihn dies ärgern, zumal für diese Malerei noch fremde Kräfte hinzugezogen worden seien, die dem Verfahren einen "industriellen Beigeschmack" verliehen hätten.[21]

Konkrete Hoffnungen auf eine "neue Pflanzstätte der Gotik" knüpfte Reichensperger an den Wettbewerb, indem Bauhütten zur Erneuerung des Handwerks beitragen sollten, und zwar unabhängig von Hochschulen und Industrie. Beispielhaft stand die Kölner Dombauhütte, die bereits erste Ableger (z.B. in Hamburg) aufweisen konnte.[22]

Fritz Schumacher würdigte die Bedeutung des konstruktiven Gerüstes, das Schönheit und Wahrheit verband, außer bei Viollet-le-Duc, gerade auch bei Ungewitter.[23] Das Besondere an diesem Entwurf, die Integration verschiedener Zeitstufen, die eine lange Bauzeit mit einer Fortentwicklung der gotischen Formen suggeriert, scheint in dieser Zeit einmalig zu sein[24] und stellt daher einen spannenden Aspekt dar.

1 vgl. z.B. Dom Regensburg (abgebildet auf Fig. 776 in der dritten Auflage des "Lehrbuches"). Auch der Entwurf Scotts (nicht das ausgeführte Projekt!) zur Nikolaikirche ist querhauslos, allerdings fünfschiffig, gewesen.

2 Dieser Typ von Turmhelmen tritt außerdem auch in Statz', Schmidts und Ferstels Votivkirchenplänen auf.

3 Verteilung vgl. Amiens, bes. Südturm der Westfassade: Plazierung an denselben Stellen der Pfeiler, nämlich am Gesimsansatz des Seitenschiffes und auf Höhe der Maßwerkbalustrade.

4 Das Querhaus im Norden läßt sich entfernt mit St. Maria am Gestade vergleichen.

5 Eine Abbildung findet sich auch in der dritten Auflage des "Lehrbuches" in Fig. 893.

6 Er geht von einem "bevorstehenden Fiasko" aus (Brief 23. Februar 1855; Reichensperger, 1866, S. 132).

7 Nachricht über die Preiszuerkennung mit Nennung der Motti sowie der Namen der Preisträger auch in: *OfcK* 5 (1855), S. 150.

8 Aus der Vielzahl der Veröffentlichungen zu der Konkurrenz vgl. hier: Renate Wagner-Rieger (Hg.), Die Wiener Ringstraße-Bild einer Epoche, Bd. VIII: Die Bauten und ihre Architekten, Teil 3: Heinrich von Ferstel, von Norbert Wibiral und Renata Mikula. Wiesbaden 1974, S. 3-38 (zu Ungewitter S. 7, 20); Rudolf v. Eitelberger, Gesammelte kunsthistorische Schriften. Wien 1879, S. 290 und 335f.; Hugo Steffen, Drei Baumeister der mittelalterlichen Baukunst des 19. Jahrhunderts. In: *Die Christliche Kunst* 8 (1911 und 1912), S. 184-99; Moriz Thausing, Die Votivkirche in Wien. Denkschrift des Baucomités, veröffentlicht zur Feier der Einweihung am 24. April 1879. Wien 1879 (Anhang IV für die Preiszuerkennung und Zuordnung der Motti).

9 Programm ebenfalls abgedruckt in: *Wiener Zeitung* 1854, S. 885 und *ABZ* , Literatur- und Anzeigenblatt 5 (1854), S. 24.

10 Diesen Stil forderte schon der Erzherzog Ferdinand Max in seinem Aufruf vom 27. 2. 1853 (Wagner-Rieger, 1974, S. 4).

11 TUB Plslg. Inv. Nr. 17017, 17017B, 7232-39.

12 Kranner organisierte die Bauhütte nach seiner Maßgabe, denn da es in Wien seit über 100 Jahren keinen Steinbau mehr gegeben hatte, lag das Steinmetzgewerbe am Boden. Die Votivkirche wurde ein Muster für neu gewonnene technische Fertigkeiten im Steinschnitt (Thausing, 1879, S. 62-66).

13 Thausing, 1879, S. 66.

14 vgl.: Thausing, 1879, S. 74ff. Wibiral/Mikula leiten die Formen auch von deutscher Gotik des 13. und 14. Jahrhunderts ab (Wagner-Rieger, 1974, S. 26).

15 Die Polychromie-Frage blieb bis nach 1879 noch strittig, die Errungenschaften von Semper, Hittorf und Viollet-le-Duc waren noch jung (Thausing, 1879, 78f.).

16 zum 'strengen Historismus' in Wien 1850-80 vgl.: Renate Wagner-Rieger, Wiener Architektur im 19. Jahrhundert. München 1970, S. 147-60.

17 Das folgende nach: Wagner-Rieger, 1974, S. 5.

18 C. Schäfer, Die Jubiläumsausstellung der bildenden Künste in Berlin X (Wettbewerb für die Votivkirche Wien; Ungewitter, Ferstel). In: *Zentralblatt der Bauverwaltung* 6 (1886), S. 389.

19 Brief 15. Mai 1854 (Reichensperger, 1866, S. 118).

20 Brief 1. Juni 1854 (Reichensperger, 1866, S. 119).

21 Brief 21. Juni 1855 (Reichensperger, 1866, S. 137f.). Abwartend äußert er sich an dieser Stelle zudem, ob Ferstel "ein gothisches Genie werden wird".

22 Germann, 1974, S. 137.

23 Fritz Schumacher, Der Geist der Baukunst. Stuttgart/Berlin 1938, S. 156ff.

24 Später ist ein Beispiel von Viollet-le-Duc bekannt, der an seiner Schloßkapelle in Pierrefonds sie unter stilgeschichtlichen Gesichtspunkten von unten nach oben immer älter werden läßt (vom späten 13./frühen 14. Jh. bis zum 16. Jh.) (vgl. Peter Kurmann, Viollet-le-Duc und die ironisierte Kunstgeschichte. In: Geschichte der Restaurierung in Europa. Histoire de la Restauration en Europe. Akten des internationalen Kongresses 'Restaurierungsgeschichte'. Actes du Congrès international. 'Histoire de la Restauration'. Basel/Bâle 1991, Bd. II Worms 1993, S. 53-62). Im Jahr 1884 zeigt auch John L. Pearson einen vergleichbaren Fall des 'gelehrten Historismus', indem er - wie er es noch mehrfach tat - ein Querschiff mit den maßwerklosen, schlanken Lanzettfenstern versah und das andere mit Fenstern, die sich im Maßwerk an Reims oder Westminster Abbey anlehnen. So täuschte auch er eine Bautätigkeit vom frühen bis ins spätere 13. Jh. vor (Nikolaus Pevsner, Möglichkeiten und Aspekte des Historismus. In: Ludwig Grote (Hg.), Historismus und bildende Kunst. Vorträge und Diskussion im Oktober 1963 in München und Schloß Anif. (Studien zur Kunst des neunzehnten Jahrhunderts Bd. 1) München 1965, S. 20, Anm. 18).

24) NEUSTADT, Evangelische Pfarrkirche, Entwürfe ab 1856, Ausführung 1859-61

Die Neustädter Pfarrkirche eröffnet Ungewitters Reihe kleiner und mittelgroßer Kirchen im nördlichen Hessen *(Abb. 24.1)*.[1] Dem Typus Pfarrkirche entsprechend, besteht der Grundriß in einem zweijochigen Saal mit rechteckigem Altarraum im Osten sowie einer Vorhalle im Westturm *(Abb. 24.2)*. Diese klare Gliederung einzelner Bauabschnitte spiegelt die Außenansicht, deren Silhouette vom kräftigen Akzent des Turmes über zwei Satteldächer nach Osten hin in der Höhe abgestuft wird *(vgl. Abb. 24.1)*.

Mit abgetreppten Strebepfeilern, Spitzbogenfenstern im Langhaus, über deren zwei Lanzetten ein Okulus sitzt, die eine Steigerung im dreibahnigen Maßwerkfenster mit Dreipaß im Chor erfahren, formuliert Ungewitter seine gotische Formensprache. Im Gegensatz zu den meisten hessischen Pfarrkirchen der Zeit hebt die überlegte Detailverwendung, die die Komposition des Baukörpers unterstreicht, indem z.B. Langhaus und Chor unterschiedlich durchfenstert sind, den ersten ausgeführten Sakralbau Ungewitters weit über den Durchschnitt hinaus.

Der Turm wächst, begleitet von zwei seitlichen Schultermauern (mit Öffnung und eigener Verdachung zugleich ein individuell durchgeformtes Element), aus dem Sockelmassiv heraus, spitzt sich über ein Oktogon bis zum steinernen Helm zu *(Abb. 24.3)*. Dies signifikante Motiv hat Ungewitter zuvor in einer Zeichnung skizziert *(Abb. 24.4)*. Das kompakte Langhaus stützen massive Strebepfeiler, die am Chor zurückgenommen werden, entsprechend dem geringeren Schub der Wand. Das Portal ist von einer Traufleiste überfangen und zeigt im Gewände eingestellte Säulen sowie Rundstabarchivolten mit einem Kleebogen, der im Tympanon ein Kreuz überspannt *(Abb. 24.5)*. In den Knospenkapitellen spricht sich der frühgotische Charakter des Portals noch einmal klar aus.

Charakteristisch für Ungewitter ist die kühne Erscheinung der Pfarrkirche in rotem Sandstein, die in der direkten Anschauung noch deutlicher erfahrbar ist, als die Perspektive der Zeichnung vermuten läßt; bestechend auch schon hier die sorgfältige handwerkliche Ausführung *(Abb. 24.6)*.

Im Innenraumerlebnis fehlt heute die originale Ausstattung *(Abb. 24.7)*. Für eine Rekonstruktion kann man sich an Ungewitters Angaben halten: Die Westwand mit Orgelempore ist steinsichtig, das Kreuzrippengewölbe ruht auf schlichten Konsolen *(vgl. Abb. 24.2)*. Die Rippen sind polygonal, ein Kennzeichen der Neugotik im Gegensatz zu den gespitzten Formen des Mittelalters. Die Holz-Ausstattung erhält lediglich sparsame farbige Dekoration, z.B. einen schmalen Streifen an der Empore.

An der Ostwand wird mit den eingezogenen Gewölbestützen sowie zwei Rundbogennischen in der unteren Wandzone des Chores eine zweischalige Wand entwickelt (Galerie)[2], wodurch der an sich sehr kleine Raum eine Tiefenwirkung entfaltet und somit erweitert wird *(Abb. 24.8)*. Erstmals ist hier Ungewitters ausgeprägtes Raumempfinden konkret zu erfassen.

Der vor dem Mittelpfeiler befindliche Altar - eine einfache Mensa - verstellt den Blick teilweise. Interessant erscheint die viereckige Kanzel in der Ecke zwischen Triumphbogenwand und Langhaus, deren Korb nur aus zwei Außenseiten besteht, die an der Ecke von einer Polygonstütze getragen werden *(Abb. 24.9)*. Die Kanzel ist durch eine Wandöffnung vom Chor aus zu betreten. Die Aufnahme, die etwa in das erste Drittel unseres Jahrhunderts zu datieren ist, zeigt eine reiche Innenausmalung, die nicht mit Ungewitters veröffentlichten Entwürfen übereinstimmt, wo z. B. die Gewölberippen nur im Scheitel Ornamente tragen *(vgl. Abb. 24.2)*. Die Ausmalung dürfte aufgrund ihres Reichtums und der sehr dekorativ aufgefaßten Behandlung der Architekturglieder eher in das späte 19. Jh. gehören.

Der Ausführung gingen drei Planungsphasen voran:

I. Schon vor dem April 1856 muß es eine Planstufe gegeben haben, die bislang aber weder schriftlich noch zeichnerisch zu greifen ist.

Abb. 24.1) NEUSTADT, Evangelische Pfarrkirche, Ansicht (aus „Land- und Stadtkirchen")

Abb. 24.2) NEUSTADT, Evangelische Pfarrkirche, Grundriß und Schnitt (aus „Land- und Stadtkirchen“)

II. Am 12. April 1856 übersandte Ungewitter Risse und Kostenanschlag für ein umgearbeitetes Projekt, das den Grundriß nunmehr mit dem Anbau einer Schule, geringerer Schiffsbreite etc. vorsah.[3] Diese Pläne in sieben Blatt Zeichnungen wurden am 15. April dem Konsistorium von Ungewitter überreicht. Am 29. April erhielt auch der Pfarrer das neue Projekt (Modifikation der Chorseite durch den Anbau des Schulhauses und eine Ansicht).

Die Verhandlungen mit langwierigen Berichten an Regierung und Ministerium nahmen ihren Lauf (Ende September noch immer ohne Erfolg), wobei sich Ungewitter mehrfach über die vom Baurat geforderte Ausrichtung der Kirche auf den 1849/50 entstandenen Bahnhof zynisch äußerte.[4]

Nachdem im November das Grundstück für den Kirchenbau bestimmt worden war, erging am 22. Januar des Folgejahres ein Spendenaufruf an die Be-

Abb. 24.3) NEUSTADT, Evangelische Pfarrkirche, Westansicht, Querschnitt und Details (aus „Land- und Stadtkirchen“)

völkerung, dem eine Abbildung des Projektes beigefügt war *(Abb. 24.10)*. Bei gleicher Grundform der Kirche konzipierte Ungewitter diesen Entwurf stark auf malerische Asymmetrie hin, ein Element, das in der Ausführung völlig entfiel. Verschiedene Annexbauten, wie ein Turm und eine Sakristei mit hochaufragendem Kaminschlot im Norden, lösen die Monumentalität auf, wobei die Vertikale klar herausgearbeitet wird. Der sakrale Ausdruck tritt zurück.

III. Das Jahr 1858 brachte im April eine neuerliche Modifikation, indem die Kirche nur noch 150 statt der bisher veranschlagten 200 Personen aufnehmen sollte.[5] Da angeblich Ungewitters zweites Projekt noch für 200 Personen bestimmt gewesen sei, erfuhr dieser Vorstoß eine Ablehnung.

IV. Daraufhin konnte der Pfarrer am 12. Juli wiederum eine abgewandelte Version Ungewitters einreichen.

Abb. 24.4) NEUSTADT, Evangelische Pfarrkirche, Skizze (Ungewitter-Skizzenbuch, Graphische Sammlung, Staatl. Museen Kassel)

Abb. 24.5) NEUSTADT, Evangelische Pfarrkirche, Portal

Nachdem das Konsistorium am 14. Juli 1858 beim Innenministerium um die Genehmigung des Ungewitterschen Risses nachgesucht hatte, befand die Oberbaukommission in einem Ablehnungs-Schreiben vom 4. September das Projekt für zu klein, da es nun nur noch 110 statt der geforderten 150 Personen fassen würde.[6] Aufgrund des gewölbten Stils, der angeblich höhere Kosten verursache, sowie der knappen Kalkulation der Baukosten überhaupt wurde in zwei Blättern ein alternativer Entwurf beigefügt. Der Vorschlag Ruhls besteht in dem sog. 'Rundbogenstil' mit Lisenen und Rundbogenfriesen.[7]

Gegen diese offensichtlichen Schikanen zog Ungewitter nicht nur mit beharrlichen Überarbeitungen sowie der Gegenargumentation, daß die Gotik aufgrund ihrer ökonomischen Konstruktion nicht teurer sei, sondern auch mit bissigem Spott am Alternativprojekt zu Felde: Man solle

> *[...] den proponierten Stil noch eine Weile sich selbst überlassen, daß er in seinem Gährungs- und Läuterungsprozesse nicht gestört werde, ihn aber vorläufig um so weniger in Anwendung zu bringen, als die damit an der Kirche zu Volkmarsen angestellten Versuche sich keineswegs als glücklich erwiesen haben.*[8]

Das Konsistorium in Marburg als zuständige kirchliche Behörde hielt an Ungewitters Projekt fest, schließlich kam Ende 1858 die Genehmigung. Ab Januar 1859 berichtete der Pfarrer über die Verakkordierung der Arbeiten, die am 28. März begannen, so daß der Grundstein am 30. Juni gelegt werden konnte.[9] Die Einweihung der auf 7.500 Taler veranschlagten Kirche fand am 1. August 1861 statt. Zur Ausführung erhielt Maurermeister Peter Schmitt aus Momberg die Leitung, die technische Leitung übernahm der Landbaumeister des Kreises Kirchhain, Julius Koppen. Die zeitweise geplante Schule ist nicht gebaut worden, sie blieb bis 1928/30 in einem Neustädter Fachwerkbau.[10] Anbauten an die Kirche kamen 1954 sowie in den späten 1960er Jahren hinzu.

Auf die Pfarrkirche in der Nähe der westlichen Stadtmauer von 1462/1502 griff Ungewitter nicht zurück, er setzte in seinem am Ortsrand liegenden Bau ganz neu an. Der Bahnhof der Main-Weser-Bahn als ein frühes Beispiel dieses Typs zeigt den Kontext 'Moderne' an, in dem sich auch Ungewitters Bau bewegt.

In der Pfarrchronik wird die Geschichte der Neugründung einer evangelischen Gemeinde in Neustadt in den wichtigsten Zügen erläutert.[11] Demnach hat es schon früher einmal kurzzeitig eine evangelische Gemeinde gegeben. Am 15. Juni 1854 genehmigt der Kurfürst die Bildung einer eigenen evangelischen Gemeinde in Neustadt, zugleich die Sammlung einer Landeskollekte als Hauskollekte in den evangelischen Teilen Kurhessens als Gehalt für den neuen Pfarrer. Der Beschluß vom 20. Juli 1854 bestellte einen Vikar für die neue Gemeinde und beauftragte ihn mit der Konstitution eines Presbyteriums. Dieses wurde am 24. Juli von der Gemeinde gewählt. Raum fand die Gemeinde in einem nicht näher bezeichneten Haus, das im September 1854 bezogen werden konnte. Dies mußte 1857 verlassen werden, so daß die Raumfrage akut drängte, nachdem schon durch den Kauf eines Grundstückes 1856 ein erster Schritt getan worden war. An den Baukosten versprach der Verein der Gustav-Adolf-Stiftung sich zu beteiligen, auch die Regierung und Privatleute trugen bei. Dienstleistungen wie etwa Steinfuhren, absolvierten Bewohner der Umgegend, auch katholische Mitbürger, was ausdrücklich vermerkt wird.

Abb. 24.6) NEUSTADT, Evangelische Pfarrkirche, Ansicht von Südost

Ein interessanter Aspekt der Bedeutung dieser Kirche liegt in ihrer Veröffentlichung und Aufnahme an verschiedenen Orten.[12] In Jaehns Schrift über den Kirchenbau taucht Neustadt als Beispiel zur Bedeutung des Daches für einen Kirchenbau auf.[13] Mit der Begründung steiler Dächer gerade für Kirchen wegen Dauerhaftigkeit, technischer sowie klimatischer Erfordernisse, die auch im Äußeren ausgedrückt werden sollen, greift Jaehn deutlich auf Ungewitters Argumentation zurück, wie er auch die Anlage des Umganges im Chor entsprechend als zweckmäßig und schön beschreibt.

1 Nach dieser Lithographie die Figur 78 bei Jaehn [1877].

2 vgl. frz. Frühgotik, passage rémois: Chor Reims 1211-41 von Jean d'Orbais. Ungewitter erwähnt die Umgänge zwischen nach innen gezogenen Strebepfeilern wegen ihrer Bauökonomie ("Lehrbuch", 3. Aufl., S. 353, Fig. 853f.).

3 Zur Planungsgeschichte: Best. 315f Neustadt III, 1 und Best. 16/ Rep. XII/ Kl. 12/Nr. 21 (SAM).

4 Diesen "großen Orient" hat er offenbar abwenden können (Brief 24. September 1856; Reichensperger, 1866, S. 153f.).

5 Brief 15. April 1858 (Best. 315f, a.a.O.).

6 Folgendes nach: Best. 16, a.a.O.

7 vgl. Gegenvorschlag für den geplanten Neubau einer ev. Kirche in Neustadt/Marburg.

8 Brief Ungewitters 27.9.1858 (Best. 315f, a.a.O.). Ruhl hatte schon in seinem Vorentwurf für eine ev. Kirche in Volkmarsen 1844 den Grundriß mit eingezogenem Turm, Einraum, Rechteckchor in ähnlichen Stilformen verwendet.

9 Best. 315f, a.a.O. und Pfarrchronik. Ungewitter erwähnte die Kirche in einer Auflistung seiner Bauarbeiten (Brief 11. Mai 1859; Reichensperger, 1866, S. 179).

10 Frdl. mdl. Mitt. Pfarrer Osenbrügge im September 1991.

11 Chronik der ev. Kirche Neustadt. Niederschrift der Grundsteinurkunde, S. 1-6 (Pfarrarchiv). Die Schilderung deckt sich mit den Akten 1852-59 (vgl. Best. 16, a.a.O.).

12 Ungewitter selbst bildet den Querschnitt ab in einer Erläuterung über die Funktion der Übermauerung des Schildbogens im Bezug auf die Verteilung des Dachschubes. Bei der Anlage eines Umgangs, wie im Chor, ergibt sich eine kräftige Verstrebung der Wand unterhalb der Fenster ganz von selbst ("Lehrbuch", 3. Aufl., S. 338 zu Fig. 837). Der Turmhelm wird von C. Hehl in der Dreifaltigkeitskirche Hannover 1880-82 als Motiv aufgenommen.

13 nach: Jaehn, [1877], S.136; vgl. auch: *Jahrbuch der Baugewerbe* 1 (1870), S. 356f.

Abb. 24.7) NEUSTADT, Evangelische Pfarrkirche, Innenraum nach West

Abb. 24.8) NEUSTADT, Evangelische Pfarrkirche, Umgang im Chor

Abb. 24.9) NEUSTADT, Evangelische Pfarrkirche, Innen nach Ost (historisches Foto)

Abb. 24.10) NEUSTADT, Evangelische Pfarrkirche, Vorentwurf

25) FRITZLAR, Stiftskirche St. Peter (sog. Dom), Restaurierung der Marienkapelle 1856

Mit der Restaurierung der Marienkapelle an der Stiftskirche St. Peter in Fritzlar, dem sog. Dom, erhielt Ungewitter 1856 den ersten Restaurierungsauftrag. Im 19. und frühen 20. Jh. wurde sie als Bonifatiuskapelle bezeichnet (so auch bei Ungewitter), da sie jedoch als Marienkapelle gestiftet wurde, erscheint diese Bezeichnung sinnvoller. Die bis 1369 vollendete Kapelle liegt an der Nordseite der Kirche auf Höhe der westlichen Vierungspfeiler *(Abb. 25.1, 25.2)*. Sie wurde vor die nördliche Außenwand des Nordquerhauses gesetzt, dessen Wand sie ebenso wie den Zwickel zum Querhausarm teilweise verdeckt.[1]

Eine Ansicht des vorigen Jahrhunderts dokumentiert die Erscheinung der Kapelle im letzten Jahrhundertdrittel im Gesamtgefüge des Domkomplexes *(Abb. 25.3)*. Der zweijochige, mit dreifach gestuften Strebepfeilern gestützte Bau wird in dem aus fünf Seiten des Achtecks gebildeten Chor durch drei Spitzbogenfenster erhellt, da die Kapelle eben mit einer Wand an andere Bauteile des Doms anstößt. Die Westseite enthält den durch einen Trumeaupfeiler geteilten Eingang, der mit einem darüberliegenden dreibahnigen Spitzbogenfenster mit Maßwerk im Couronnement eine große Durchbrechung darstellt *(Abb. 25.4)*. Wie die Kapelle im mittleren 19. Jh. aussah, zeigen Aufnahmen Hofmanns und Dehn-Rotfelsers, die zum Teil datiert sind, und zwar in das Jahr 1858.[2] An Chor und Langhaus hat sich demnach so gut wie gar nichts verändert *(Abb. 25.5)*. Die fast bis auf Höhe des Türsturzes zugeschüttete Westseite wurde freigelegt *(Abb. 25.6, 25.7)*. Die abgebrochenen Kreuzblumen der Strebepfeiler wurden entfernt, diejenige auf der Giebelspitze im Westen erneuert *(vgl. Abb. 25.3)*. Da diese kleinen Modifikationen nach Ungewitters Maßnahmen stattfanden, können wir über den Umfang seiner Arbeiten nichts ableiten. Viel erlaubte aber sicher das abermals sehr beschränkte Budget nicht.

Um so bemerkenswerter ist die Durchsetzung einer Ausmalung des Innenraumes *(Abb. 25.8)*.[3] Den

Abb. 25.1) FRITZLAR, Stiftskirche St. Peter (sog. Dom), Ansicht der Marienkapelle

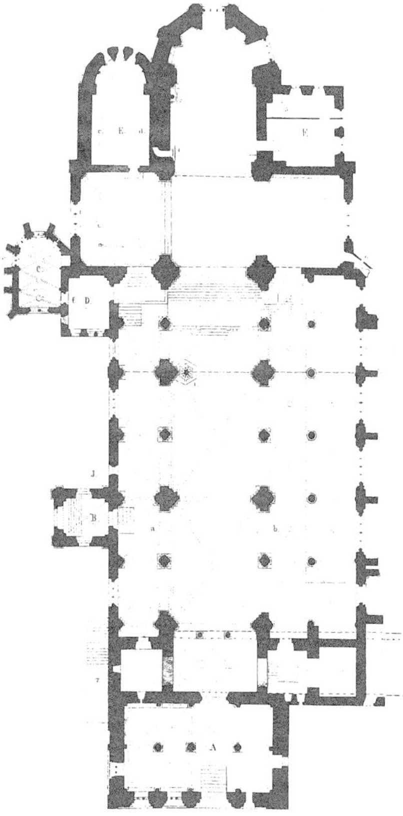

Abb. 25.2) FRITZLAR, Stiftskirche St. Peter (sog. Dom), Grundriß

Abb. 25.3) FRITZLAR, Stiftskirche St. Peter (sog. Dom), Ansicht

kurzen, hohen Raum läßt Ungewitter mit weißem Quader- bzw. Backsteinfugennetz auf dunklem (rotem) Grund als Imitat von Sandstein bzw. Backstein ausmalen. Die Gliederungen werden gleichmäßig gefaßt, bzw. an den Rippen mit alternierendem Rhythmus. Die monochrom dunklen Halbsäulen, die der Wand vorgelegt sind, tragen hochgotische Kapitelle, deren Laubwerk und Abakus hell, evtl. sogar goldfarbig leuchtend zu denken, hervortritt. Die Rippen, mit Birnstab und doppelter Hohlkehle ebenfalls hochgotisch, werden anders gefaßt als die Gurtbögen, indem die Birnstäbe einfarbig hell erscheinen, sonst nur die äußersten Grate. Dadurch, daß der Akzent auf einer verschiedenfarbigen Gestaltung der Gewölberippen, Schild- und Gurtbögen liegt, wird der Betrachter besonders auf diese als strukturell gedeuteten Teile der gotischen Konstruktion aufmerksam gemacht. Die spitzbogige, mit Krabben und Kreuzblume besetzte Piscina sowie ein Wandschrank mit alten Beschlägen bleiben erhalten.

Ungewitter erwähnte den Auftrag zur Restauration im Jahr 1856, im September konnte mit der Ausführung begonnen werden.[4] Seine Datierung auf das späte 14. Jh. trifft zu, da der Altar nachweislich 1369 vollendet und geweiht war.[5] Ungewitter befaßte sich im Zuge seiner Arbeiten auch mit der Stiftskirche, auf deren Abbildungen im "Musterbuch" sowie im "Lehrbuch" verwiesen wird.[6] Ungewitters Maßnahmen bestanden mit dem Einsetzen farbiger Fenster sowie der Bemalung nach alten Befunden, die auch eine teilweise Vergoldung der Rippen, Schlußsteine und Kapitelle beinhaltete, in der Umsetzung einer in den 1850er Jahren durchaus neuartigen Auffassung von der Gestalt gotischer Innenräume.

Die Baugeschichte des Domes, der in wesentlichen Teilen aus der Romanik stammt (zwei große Bauphasen nach 1079 bis in das 13. Jh.), ist sehr verwickelt und braucht uns nicht zu beschäftigen.

Seitdem die Kapelle nach der Aufhebung des Stiftes im Zuge der Säkularisation 1803 ihre Funktion verloren hatte, verwahrloste sie, so daß in den 1840er Jahren ein Abbruch erwogen wurde. Da ihre Wiederherstellung unangemessen teuer wäre, sie zudem die Kirche teilweise verdeckte, wurde ihr Abriß in der Finanzplanung für 1846-48 fest vorgesehen. Die auf 300 Taler veranschlagte Restaurierung sollte

Abb. 25.4)
FRITZLAR,
Stiftskirche St. Peter (sog. Dom), Marienkapelle, Ansicht der Eingangsseite

unterbleiben, sowohl die Geistlichkeit als auch Oberbaudirektor Bromeis nebst Oberbaurat Schuchard stimmten einer Abtragung zu.[7] Ungewitter erwähnte die vor allem durch den Landbaumeister betriebenen Abbruchpläne im Zusammenhang mit der Kostenfrage, da die staatliche Baubehörde nicht nur jeden Zuschuß zur Restauration verweigerte, sondern auch die zum Abbruch bewilligten 20 Tlr. wieder zurückzog.[8] Damit hatte der Dechant dann aber freie Hand in der Gestaltung der Wiederherstellung und Ungewitter konnte seine Pläne durchsetzen. Die Stiftskirche in Fritzlar blieb auch nach der Säkularisierung der Mittelpunkt eines katholischen Landeskapitels. Die Einwohner bekennen sich in der Mitte des 19. Jahrhunderts wieder zum größten Teil zum katholischen Glauben. Aus dieser Zeit stammt die Bezeichnung der Stiftskirche als Dom.[9] Ungewitters Maßnahmen rücken insofern dicht mit einer Wiederbelebung des katholischen Kultus in einigen Landesteilen Kurhessens zusammen. Diese Bestrebungen finden an der Marienkapelle des Fritzlarer Doms ihren Ausdruck, insbesondere in Ungewitters neuartiger Farbgestaltung des Innenraums.

1 zur Baugeschichte vgl.: Die Bau- und Kunstdenkmäler im Regierungsbezirk Kassel, Bd. 2: Kreis Fritzlar, bearb. v. C. A. V. Drach. Marburg 1909, S. 55f.; Großmann/Hoppe, 1991, S. 252-54.
2 Die Stiftskirche St. Petri zu Fritzlar. Nach Aufnahmen von Friedrich Hoffmann (Baukommissar zu Fritzlar), bearb. von H. von Dehn-Rotfelser. Hgg. von dem Verein für hessische Geschichte und Landeskunde. Kassel 1864 (= Mittel-

Abb. 25.5) FRITZLAR, Stiftskirche St. Peter (sog. Dom), Aufriß der Langseite (Ausschnitt)

Abb. 25.6) FRITZLAR, Stiftskirche St. Peter (sog. Dom), Aufriß der Westseite (Ausschnitt)

Abb. 25.7) FRITZLAR, Stiftskirche St. Peter (sog. Dom), Marienkapelle, Querschnitt und Details

alterliche Baudenkmäler in Kurhessen 2. und 3. Lieferung). Diese gründliche Aufnahme setzt sich mit zeitgenössischen Forschern wie Schnaase, Gladbach und Moller auseinander.

Abb. 25.8) FRITZLAR, Stiftskirche St. Peter (sog. Dom), Marienkapelle, Innen nach Ost mit historistischer Ausmalung

3 Ungewitter hat demnach die Kapelle vor dem Verfall gerettet, gründlich restauriert und sie ausmalen lassen (Dehn-Rotfelser, 1864, S. 30).

4 Brief 24. September 1856 (Reichensperger, 1866, S. 156f.). Im Inventar wird Ungewitters Restaurierung schon in das Jahr 1854 datiert (Inventar, 1909, S. 56). Die Dendrochronologie mehrerer Balken belegt Fälldaten für Winter 1853 sowie Frühjahr 1854. Damit sind Vorplanungen schon zu dieser Zeit denkbar. Daß die Balken jedoch erst nach Ablagerung verwendet werden konnten, spricht für die spätere Datierung von Ungewitters Baumaßnahmen, wie er sie selbst auch angibt (vgl. Restaurierungsdokumentation "Dom Fritzlar, Marienkapelle, Dachwerk, Objektkatalog 1990-91; Landesamt für Denkmalpflege, Außenstelle Marburg. Zur Praxis der Holzentnahme vgl.: Carl Bernhard Nikolaus Falckenheimer, Geschichte hessischer Städte und Stifter, Bd. I, Kassel 1841, S. 334. Diese Hinweise verdanke ich Herrn Rainer Humbach, Freiburg i. Br., der über die Stiftskirche arbeitet).

5 Ebd., S. 55.

6 vgl. z.B. zur Vorhalle, die in das frühe 13. Jh. datiert wird und die romanische und frühgotische Elemente in "reizender" Kombination enthalte ("Lehrbuch", 3. Aufl., S. 558).

7 Bericht an Kurf. Regierung in Kassel vom 2. Februar 1845 (Inventar, 1909, S. 55).

8 Brief 24. September 1856 (Reichensperger, 1866, S. 156f.).

9 Dehn-Rotfelser, 1864, S. 6.

Abb. 26.1) FRITZLAR, Ursulinenkloster, Orgelempore im Westen

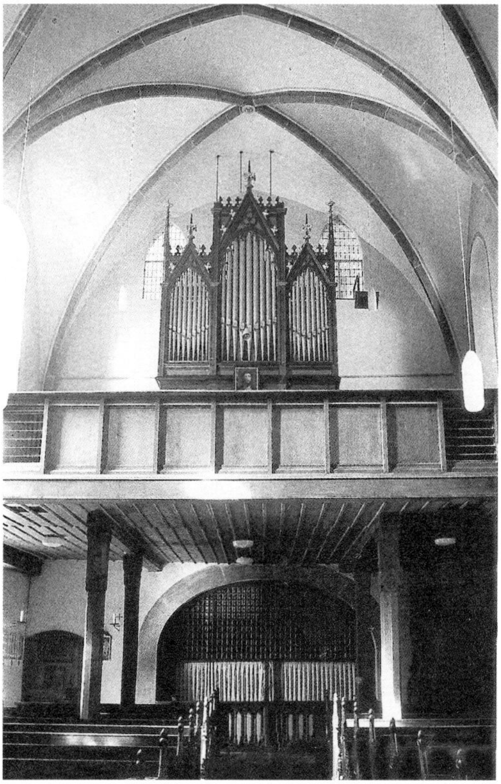

Abb. 26.2) FRITZLAR, Ursulinenkloster, Blick in den Chor

26) FRITZLAR, Ursulinenkloster, Umgestaltung 1856/57

Aufgrund eines Auftrages aus dem Herbst 1856 brachte Ungewitter die schlichte Klosterkirche der Ursulinen aus dem 14. Jh., die im Barock wesentlich verändert worden war, in einen "stilgemäßen Zustand"[1] *(Abb. 26.3)*. In die Katharinenkirche ließ Ungewitter in den drei mit einem 5/8 Chor abgeschlossenen Langhausjochen ein Kreuzrippengewölbe einziehen, hinter dem die darüberliegende barocke Decke verschwindet *(Abb. 26.2)*. Dazu war eine Herabsetzung der Fensterhöhe notwendig, bzw. werden die Fenster angeschnitten, wie ein Blick nach Westen zeigt *(Abb. 26.1)*. Im Süden des ersten Langhausjochs gibt es einen Sakristeianbau, der in seinen kräftigen neugotischen Formen Ungewitter zugerechnet werden kann.

In einem Foto vor 1909 ist die damals offenbar weitgehend erhaltene Ungewittersche Renovierung dokumentiert *(Abb. 26.4)*. Das Gewölbe mit Kreuzrippen im Langhaus, die sich im Chor in Strahlen auffächern, wird von polygonalen Konsolen abgefangen. Die Rippen scheinen im Profil unregelmäßig vieleckig abgefast zu sein, evtl. mit einer leicht angedeuteten Hohlkehle. Das Profil zeigt jedenfalls eine Zuspitzung auf einen Grat hin. Dies wäre eine Lösung, die zwischen der mittelalterlichen - etwa eines gespitzten Stabes - und der typisch neugotischen gleichmäßigen, polygonalen Abfasung angesiedelt ist. Polychrome Malerei mit Ranken sowie geometrischen Ornamenten an Rippenanfängen bzw. Konsolen begleitet die Gewölbeschuhe und unteren Kappenzwickel oder die rahmenden Laibungen der tief eingeschnittenen Spitzbogenfenster. Die übrige Wandfläche, die im unteren Drittel vertäfelt und mit floral stilisierter Ornamentik versehen ist, gliedert ein dunkles Fugennetz auf hellem Grund. Damit konzentriert sich die Ornamentik auf bestimmte Raumabschnitte. Die drei östlichen Kappen des Chorpolygons zieren zusätzlich figürliche Darstellungen (Hl. Katharina mit Schwert und Kreuz, zwei Engel). Mit rotem Fugennetz auf weißer Quaderung greift Ungewitter auf eines der mittelalterlichen hessischen Schemen zurück.

Die Kanzel - ein oktogonaler Korb auf einem Fuß mit stämmiger Säule -, der massiv wirkende gerade Treppenaufgang, der nur durch Dreipässe durchbrochen wird, entspricht der plastischen, simplen Formensprache Ungewitters *(Abb. 26.5)*. Der Korb trägt drei Figuren (die Apostel Petrus und Paulus, mittig eine Madonna mit Kind), die leicht in die glatten Flächen eingenischt sind. Die Statuen erhalten durch Konsolen bzw. Baldachine eine architektonische Rahmung, die sie zugleich an die Kanzel bindet, entwickeln sich im übrigen aber völlig frei. Im Stil sind sie sehr naturalistisch gehalten und lehnen sich daher an die Spätgotik an, was im Gegensatz zu der gewählten Stilstufe für Architektur und Kanzel steht. Eingestellte Säulen nehmen den Kanten ein wenig von ihrer kompromißlosen Schärfe. Dies entfiel in der Ausführung, auch das Treppengeländer wurde vereinfacht *(vgl. Abb. 26.4)*. Die Skulpturen hat man ebenfalls leicht abgewandelt: Die Madonna trägt das Kind nun auf dem rechten Arm, die Linke greift in das Gewand. Die danebenstehenden Apostel Petrus und Paulus sind mit ihren Attributen ebenfalls modifiziert. Auffällig erscheint die eher schlank-lineare Proportion gerade der Marienfigur im publizierten Entwurf, die in der Ausführung reichere plastische Gewandbehandlung erfuhr. Sie verkörpert einen im Mittelalter weit verbreiteten Typus, den Ungewitter selbst an einem Tabernakel in der Lübecker Marienkirche im "Musterbuch" wiedergegeben hat.

Dies gilt auch für den Altar, der als Hochaltar mit Retabel und Gesprenge einen gängigen gotischen Typus darstellt[2], aber in plastisch-architektonischer Durchformung unter Reduktion figürlicher Programmatik ebenfalls als charakteristisch für diesen

Abb. 26.3) FRITZLAR, Ursulinenkloster, Kirche und Schulgebäude

Abb. 26.4) FRITZLAR, Ursulinenkloster, Innen nach Ost (um 1909)

Architekten gelten darf. Mit dem Gesprenge geht auch hier ein spätgotisches Element ein, das eigentlich nicht zum Ideal der Stileinheit paßt. Das Kruzifix geht auf einen Entwurf Hermann Knauers zurück, mit dem Ungewitter am Weiße-Denkmal zuerst zusammen gearbeitet hatte (vgl. Kat. 17).

1712 gründeten die Ursulinerinnen in den Räumlichkeiten eines Hospitals aus dem Jahr 1147 - des späteren Augustinerklosters - ihren Konvent in der Fritzlarer Neustadt südlich des Doms. Dazu gehörte die gotische Katharinenkirche aus dem 14. Jh.[3] Das Klostergebäude errichtete der Fuldaer Baumeister Meinwolf 1713-1719. Noch heute nutzen Kloster und Ursulinenschule diese Räumlichkeiten. Die Holzempore mit kleiner Orgel aus dem frühen 20. Jh. stützen zwei Paare unterschiedlich gestalteter Ständer, vorher scheint die Empore folglich schmaler gewesen zu sein *(vgl. Abb. 26.1)*. Im frühen 20. Jh. kam es zu stilkongruenten Ergänzungen: Orgel und Gestühl (gestiftet von den Eltern der Schwestern). In den 1930er Jahren ließ man die Vertäfelung wieder entfernen. Mit der neugotischen Ausstattung ging man wenig respektvoll um: Der Altar wurde zerlegt, der Sockel trägt heute das ewige Licht, während sich Geländer neben Resten des Altars im Garten befinden und die Figuren überhaupt verschwunden sind.[4]

Im Sommer 1856 erging der Auftrag an Ungewitter, im Kloster Wiederherstellungsarbeiten vorzunehmen. Die Stifterin und erste Superiorin des Klosters, Charlotte Gräfin von Aspermont (gest. 1734), hatte im frühen 18. Jh. Gewölbe sowie Ausstattungselemente herausschlagen lassen.[5] Ungefähr ein halbes Jahrhundert später sollten Wölbung, Fenster, Altäre und Kanzel in mittelalterlichen Formen wieder neu hergestellt werden.

Ende August hatte man mit den Arbeiten bereits begonnen, um das Gewölbe noch im Herbst schließen zu können. Die Ausführung lag in den Händen des Baukommissars F. Hoffmann. In diesem Projekt konnte Ungewitter endlich einmal unabhängig von staatlichen Baubeamten wirken, da das Kloster autark war. Nur mußten deswegen auch die Kosten aus den klösterlichen Ersparnissen bestritten werden, so daß wieder unbedingte Sparsamkeit als Maßgabe galt. Das Gewölbe war im Mai 1857 fertig, Kanzel und Altar standen, Türen nebst Fenster hatte Ungewitter ebenfalls erneuert. Die Beendigung der Arbeiten wurde zum August des Jahres anvisiert.[6] Diese Restaurierung wird im *Organ für christliche Kunst* als "durchgreifend" bezeichnet und Ungewitter als "bekannter Architekt und Reallehrer" genannt.[7] Damit kennen wir den Umfang der Arbeiten Ungewitters in diesem Fall recht genau.

Den Wunsch einer Restitution der mittelalterlichen Erscheinungsform erfüllte Ungewitter - angeblich unter möglichster Reduktion eigenen Einflusses:

Da die Kragsteine zum Theil stehen geblieben und die Rippenanfänge nur abgehauen sind, so bieten sich mir Anhaltspunkte genug und habe ich mir denn auch nicht die geringste Willkür gestattet.[8]

Das steht im Widerspruch zum Befund (vgl. Rippenprofile), zur Kombination hoch- und spätgotischer Formen an den Prinzipalstücken Altar und Kanzel, auch zur Beibehaltung der barocken Decke, wenngleich diese vielleicht aus Kostengründen geschah. Dennoch darf man, trotz der Widersprüche, die eigene Sichtweise Ungewitters ernstnehmen. Er fühlt sich demnach dem Bestand stark verpflichtet. Andererseits ist seine Vorstellung von der Gotik stark zeitgebunden, wie eben die Wahl einfacher Formen zeigt.

1 Die Bau- und Kunstdenkmäler im Regierungsbezirk Cassel. Bd. II: Kreis Fritzlar, bearb. von C. Alhard von Drach. Marburg 1909, S. 121-23 und Tf. 154f.; Christian Rauch, Fritzlar. Ein kunstgeschichtlicher Führer. Marburg 1926, S. 106.
2 J. Braun, Der christliche Altar. 2 Bde. 1924; Beutler, Die Entstehung des Altaraufsatzes. 1979.
3 Großmann/Hoppe, 1991, S. 254; Inventar, 1909, S. 121-23.
4 Auskunft bei Ortsbesichtigung 1991. Es gibt demnach auch keine Materialien über Ungewitters Baumaßnahmen mehr.
5 Brief 24. September 1856 (Reichensperger, 1866, S. 155f.).
6 Brief 24. Mai 1857 (Reichensperger, 1866, S. 163).
7 *OfcK* 7 (1857), S. 23.
8 Brief 24. September 1856 (Reichensperger, 1866, S. 156).

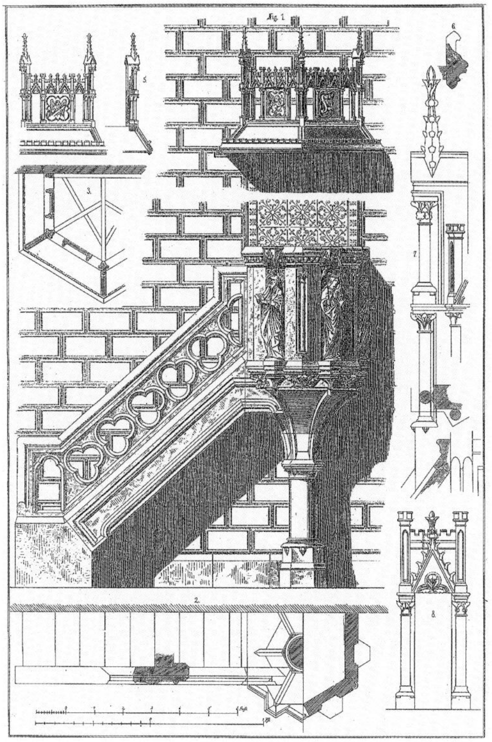

Abb. 26.5) FRITZLAR, Ursulinenkloster, Kanzel (aus „Land- und Stadtkirchen")

27) VOLKMARSEN, Katholische Pfarrkirche St. Maria, Restaurierung, Auftrag 1856, Ausführung 1857/59

Diese Pfarrkirche stammt im wesentlichen aus der zweiten Hälfte des 13. Jahrhunderts, ihre Vollendung durch Warburger Steinmetzen der Pardan-Werkstatt fällt in das frühe 14. Jh.[1] Das Südportal um 1280 wird Johann Pardan aus Warburg wegen der reichen Wimperg- und Fialenrahmung zugeschrieben. In Volkmarsen befindet sich ein interessanter Hinweis auf die mittelalterliche Bautechnik in einer Ritzzeichnung an einem Strebepfeiler. Ab etwa 1270 ging man zum Heben der Quader mit einer neuen Krantechnik vor, wobei in die Steine beiderseits mittig Löcher geschlagen wurden, in die die Zange des Hebekrans eingreift. Es sind viele weitere Werkzeuge abgebildet, die den Stolz der Handwerker auf ihre Arbeit ausdrücken.

1504 kam der Anbau nördlich am Turm als Beinhaus und Kapelle hinzu. Nach Zerstörung der Ausstattung 1632 erhielt die Kirche 1669-71 einen barocken Hochaltar von Heinrich Papen aus Giershagen, den Ungewitter gar nicht schätzte. 1903-5 führte Lambert v. Fiesenne[2] aus Gelsenkirchen eine Restaurierung durch, der eine Erneuerung im Jahr 1939 folgte, bevor man 1962/65 den ganzen Raum mit neuem Verputz versah.

Ungewitters umfassende Restaurierungen der Jahre 1857/59[3] betrafen vor allem das Innere. Die Volkmarsener Pfarrkirche ist als dreischiffige Hallenkirche mit quadratischem Chor und einer Sakristei konzipiert, die ein ebenfalls quadratischer Westturm abschließt *(Abb. 27.1, 27.2)*.[4] Sie ist mit einem einzigen großen Satteldach über dem Schiff überdeckt. In den unverzierten Wandflächen sitzen hohe, schmale, zweibahnige Lanzettfenster mit einem Vierpaß darüber.

Das Innere ist durch gedrückte Raumproportionen gekennzeichnet, das Kreuzrippengewölbe ruht auf kantonierten Rundpfeilern *(Abb. 27.3)*. Die Kapitelle zeigen naturalistisches frühgotisches Blattwerk, vereinzelt romanische verflochtene Ornamentbänder. Einige Dienste im Chor zeigen noch attische Basen. Dreiviertel-Runddienste auf Konsolen bereiten die Gewölberippen vor.

Die Ausmalung auf Aufnahmen des späten 19. Jahrhunderts ist noch die Ungewitters *(Abb. 27.4, vgl. auch 27.3)*. Die Pfeilerkerne sind als rote Quader mit weißen Fugen angegeben, an den Gewölbekappen wird Backstein imitiert. Die Runddienste der kantonierten Pfeiler sind einfarbig hell gefaßt, die einzelnen Kapitelle dunkel abgesetzt.

Die Gewölbegliederung zeigt sich komplexer. Den Gurt- und Schildbögen sowie den Rippen unterliegt eine breite, flache Schicht, auf der sich die Vorlagen differenziert entwickeln. Auf den Gurten erscheint ein kräftiger gebänderter Runddienst, auf der Vorlage seitlich mit einem getreppten Muster versehen. Die Unterfläche besteht aus einer Folge heller und dunkler ornamentierter Rechteckfelder. Die Scheid-

Abb. 27.1) VOLKMARSEN, Katholische Pfarrkirche St. Maria, Ansicht

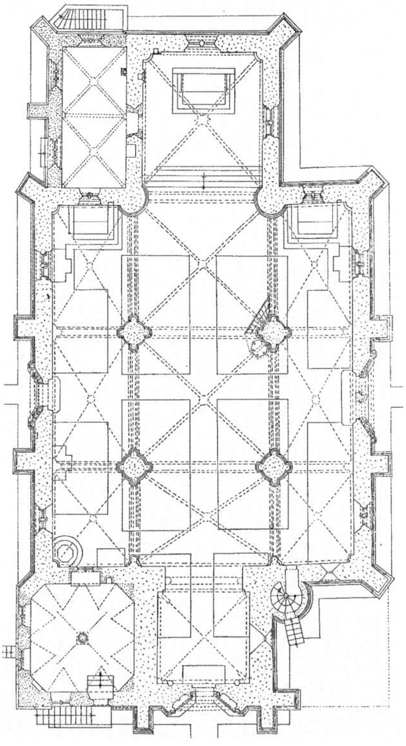

Abb. 27.2) VOLKMARSEN, Katholische Pfarrkirche St. Maria, Grundriß

Abb. 27.3) VOLKMARSEN, Katholische Pfarrkirche St. Maria, Innen nach Ost (historisches Foto)

bogen tragen Polygonalvorlagen. Auf den zuunterst liegenden eckigen Vorlagen erscheinen stilisierte Blattreihen dunkel auf hellem Grund bzw. umgekehrt. Die drei Flächen der polygonen Abschnitte bestehen aus zwei seitlichen schmalen, mit dichtem stilisierten Floraldekor geschmückten Zonen, die Ovalreihungen mit Binnenmusterung in der Mitte rahmen. Die Kreuzrippen bereiten auf Konsolen sitzende Säulchen vor, die in die Kämpferzone eingebunden werden. Vor der Rechteckvorlage erscheint ein angeschnittener Birnstab, der eine Bänderornamentik an der Spitze trägt. An den Kapitellen werden alle gleichartigen Teile mit denselben Farben versehen: Blattvorderseiten, -rückseiten, -dicken und Stengel *(Abb. 27.5)*.[5]

Zu sehen ist inzwischen auch wieder der Hauptaltar von Peter Zindel, hier noch in einem historischen Foto *(Abb. 27.6)*. Auf der Mensa ruht ein querrechteckiges Retabel, das mittig erhöht eine Madonna mit Kind in einer offenen Tabernakel-Architektur trägt. Seitlich der Retabelwand sind die Apostel Petrus und Paulus angebracht *(Abb. 27.7)*. Die obere Reihe der Figuren (die vier Evangelisten) ist in eine Wandnische mit Wimperg darüber eingestellt, die untere Figurenanordnung zeigt Vierpässe mit Reliefs. Es findet somit eine Entfaltung vom Flächigen, Bildhaften zum Räumlichen, Architektonischen in der Richtung von unten nach oben statt.[6] Die farbige Fassung ist in Spuren noch an einer Kapitellgruppe zu erkennen *(Abb. 27.8)*. Zindel kombiniert zwei unterschiedliche Altartypen: den Schrein- und den Tischaltar.

Reparaturbedarf an der Volkmarsener Kirche wurde schon 1850 angemeldet.[7] Pfarrer Hoffmann konnte am 24. Februar 1853 das Projekt für zwei Emporen von Landbaumeister Schirmer vorlegen, das indes offenbar nicht realisiert wurde. Am 7. Januar 1856 stellte das Bischöfliche Domkapitel Fulda Reparaturen für das Folgejahr in Aussicht, die Finanzfrage rückte in den Vordergrund. Es bildeten sich zwei Lager: Pfarrer, Ungewitter, städtische Behörde kontra Landbaumeister, Regierungsdirektor, Landrat, staatliche Baubehörde mit Referent Baurat Ritz, die der Pfarrer letztlich doch wieder zu einem Kompromiß führen mußte.

Die Restaurierung sollte außer den Innenraum das Sakramentshäuschen, die Kommunion-Bank, die drei Portale sowie das Gestühl einschließen.[8] Der Streit um eine Heranziehung Ungewitters konnte beigelegt werden - er erhielt 1856 den Auftrag.[9] Zeitweise war ein angeblich im 'alten Stil' bewanderter Landbaumeister Hermann im Gespräch. Der Auftrag

Abb. 27.4) VOLKMARSEN, Katholische Pfarrkirche St. Maria, Innen nach West (historisches Foto)

kam zustande, nachdem der Fuldaer Bischof Ungewitter persönlich kennengelernt und ihm einen baldigen Auftrag versprochen hatte. Die Zeichnungen waren vom Domkapitel bereits genehmigt, doch Landbaumeister und Landrat versuchten mit allen Mitteln, die Verdingung der Arbeiten nach Ungewitters Vorstellungen zu verhindern. Der dem Domkapitel von der Regierung zugewiesene Beitrag von 200 Talern ermutigte auch den Ministerialreferenten, den Architekten bestimmen zu wollen. Das Berichterstatten mußte fortgesetzt werden, wobei der Bischof Ungewitter seine Unnachgiebigkeit versicherte.[10]

In die Diskussion um Ungewitters Plan und die Frage der Bauleitung griff Mitte 1856 der Kaplan Kreisler ein.[11] Nachdem auf Betreiben des Bischofs Ungewitter einen Entwurf zur stilgerechten Restaurierung geliefert hatte, ging es nun darum, den Landbaumeister möglichst herauszudrängen. Ungewitters Kompetenz hingegen galt als beachtlich, der Gewinn des zweiten Preises im Votivkirchen-Wettbewerb hatte ihm einigen Ruhm eingetragen.

Abb. 27.5) VOLKMARSEN, Katholische Pfarrkirche St. Maria, Wandkonsole mit Dienst am Seitenschiff (historisches Foto)

Abb. 27.6) VOLKMARSEN, Katholische Pfarrkirche St. Maria, Altar von Zindel

Abb. 27.7) VOLKMARSEN, Katholische Pfarrkirche St. Maria, Madonna und Apostel Petrus

Der Pfarrer Hoffmann versuchte mit allem Eifer, die kunstgerechte Wiederherstellung seines Gotteshauses zu erreichen. Erste Ergebnisse einer Bauforschung gingen in die Argumentation ein, indem die Kirche als bedeutendes Beispiel der sog. "Übergangsperiode" zwischen Romanik und Gotik (1175-1225) galt und mit der Stiftskirche Fritzlar verglichen wurde.

Anlaß für die Zwistigkeiten war, wie kaum anders zu erwarten, die Frage einer Aufteilung der Kosten zwischen Kirche, Gemeinde und Staat. Zunächst sollten die Arbeiten nach Plan und Kostenannahme des inzwischen versetzten Landbaumeisters Schmidt (bzw. seines Vorgängers Schirmer) vergeben werden, und zwar an das preisgünstigste Unternehmen "im Accord" mit Fertigstellungstermin für den 30. Juni 1856. Ungewitter traf auf Veranlassung Hoffmanns bereits acht Tage vor der endgültigen Vergabe ein und fertigte gründliche Zeichnungen sowie einen Plan zur Restaurierung - trotz der Zeitknappheit - an. Das Treffen führte zum Eklat, denn Landrat und Landbaumeister Hermann wollten sich vom Pfarrer nicht beeinträchtigen lassen. Man einigte sich darauf, daß für den Fall, daß einer Leitung Ungewitters von Regierung und geistlicher Behörde stattgegeben würde, der Landbaumeister sich dem nicht mehr widersetzen würde.

In kontrastiver Gegenüberstellung beider Projekte betonte auch der Kaplan noch einmal, daß die Maßnahmen von staatlicher Seite ein "Martyrium unter den unbarmherzigen Händen des Landbaumeisters" bedeuteten, die die Kirche mit dem sprichwörtlichen "weißen Leichentuch" bedecken würden.

Ungewitter schlug folgende Maßnahmen vor: eine geschmackvolle, reiche, stilgemäße Innendekoration, die stilgerechte Restauration des Sakramentshäuschens, eine Anhängevorrichtung für die ewige Lampe (gotisch verziert), gotische Umkleidung des Schalldeckels, neue gotische Kommunionbank, Plattung des Chores mit farbigen Ziegeln, die nach seiner Auffassung wärmer und haltbarer als Sandstein seien, neue Flügeltüren am Westportal, neue Beichtstühle, Ausbesserung des Mauerwerks an den drei übrigen Portalen, besonders am südlichen mit einer Statue der Maria mit den Aposteln Petrus und Paulus. Das alles wäre angeblich nur einige 100 Taler teurer als die Maßnahmen des Landbaumeisters. Außerdem führte der Kaplan Ungewitters instruktive Tätigkeit für Schreiner, Schlosser, Dekorateure an, die aufgrund ihrer Geübtheit besser und wohlfeiler arbeiteten.[12]

Die von den üblichen Regeln abweichende Verakkordierung bedurfte natürlich einer Sonder-Genehmigung. Den Vorgang verschleppten die Unterbehörden ein ganzes Jahr lang.[13] Die durch den für den Innenraum vorgesehenen farbigen Anstrich von Decken, Wänden, Säulen usw. verursachten Mehrkosten sollte die Stadt Volkmarsen tragen. Das nächste Hindernis legte die Ober-Bau-Direktion damit in den Weg, daß auf die Bestimmung hingewiesen wurde, nach der ein nicht weißer Anstrich einer Sondergenehmigung bedürfe (vgl. Kap. II. 4). Nach Einsendung der farbigen Zeichnungen Ungewitters an das Domkapitel am 9. Oktober 1856 fand die Baubehörde in den nur teils kolorierten Plänen den gesuchten Kritikpunkt. Erst Anfang 1857 stellte sich heraus, daß die Angelegenheit als katholische Kirchensache dem Kurfürsten nicht vorgelegt zu werden brauchte.

Am 9. März 1857 wurden wieder fünf Blätter erwähnt. Endlich signalisierte die Regierung Niederhessen am 15. Mai 1857 ihr Einverständnis, worauf am 25. Mai ein Gutachten über die Verdingung sowie Abnahme der Arbeiten angefordert wurde. Am 4. Juni waren die am 28. August 1856 angeordnete Herstellung des Fußbodens mit geschliffenen Sandsteinplatten und die Bänke fast vollendet, so daß die restlichen Arbeiten vergeben werden konnten.

Das Vorschieben der Chorstufen in das Chorinnere, so daß die nebenstehenden Pfeiler als Eingang wirkten, setzte Ungewitter am 24. August 1857 durch. Darin drückt sich sein Bestreben nach klarer Trennung der einzelnen Kompartimente eines Sakralraumes aus. Ein an der südlichen Seite befindliches Wandtabernakel erhielt neue Türen, was eine Diskussion um die Übernahme der Kosten noch im November zur Folge hatte.

Ungewitter lieferte für neue Seitenaltäre Entwürfe, die als Ersatz für die alten, wurmstichigen dem Stil der Kirche angepaßt werden sollten, das heißt, im frühgotischen Stil erscheinen *(Abb. 27.9)*. Auf einem Quadersockel stehen rechteckige Retabel mit Dreiecksgiebeln und je drei durch Säulen gerahmten Relieffeldern, die durch den Schrein der Marburger Elisabethkirche inspiriert sind. Sie wurden - mit kleinen Modifikationen - nach der Genehmigung vom 15. März 1858 ausgeführt.[14] Einschließlich der Bilder und Vergoldung waren die Kosten auf 125 Taler pro Stück veranschlagt. Nur die Platten, die bemalt werden sollten, mußten in Kassel hergestellt werden, alles Übrige wäre vor Ort auszuführen. Vorgeschlagen wurden zur konkreten Ausführung meist Vereinfachungen, z.B. ersetzte eine Nische für ein Kruzifix die geplanten Tabernakel oder Heiligenschreine.

Die polychrome Fassung des Kircheninneren neigte sich Anfang Juni 1858 ihrer Vollendung entgegen. Sie stellte nach damaliger Auffassung ein getreues Bild des mittelalterlichen Schmuckes dar, das mit den Teilen, die noch nicht restauriert waren, kontrastierte. Der anschließend von der Kirchenprovision beantragten Restaurierung der Sakristei des 15. Jahrhunderts wurde unter der Bedingung einer Kostenübernahme durch die städtischen Behörden stattgegeben.

Die Aufstellung eines neugotischen Hochaltars fand erst am 29. Dezember 1866 statt. Die Vorgeschichte reicht aber bis in die Jahre 1857/59 zurück. Schon am 26. Januar 1856 nahm die Kirche eine Spende von 50 Rthl. für einen Hochaltar durch das Ehepaar Thiel an. Erst am 14. Januar 1867 aber berichtete das Fuldaer Domkapitel über die Genehmigung eines neuen Altars gemäß anliegenden Zeichnungen und Kostenanschlag.[15] Andere Unterlagen berichten über die Fertigstellung des Altarprojektes im Oktober 1868, nachdem Johannes Heinrich Bieding aus Volkmarsen eine reichliche Spende gegeben hatte.[16] Demnach fertigte Peter Zindel den Entwurf an. Reichensperger und Statz lobten das Werk sehr. Für die Ausführung der Steinarbeiten war der Bildhauer Franz Dahme aus Warburg zuständig.

Abb. 27.8) VOLKMARSEN, Katholische Pfarrkirche St. Maria, Kapitellgruppe

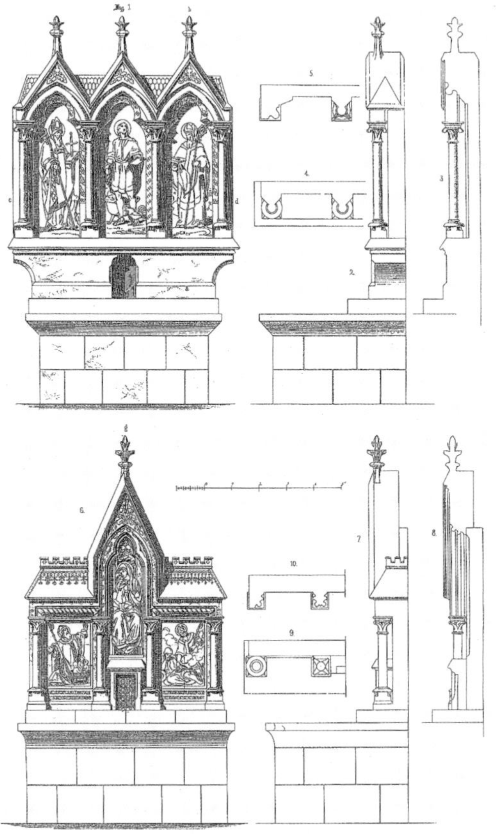

Abb. 27.9) VOLKMARSEN, Katholische Pfarrkirche St. Maria, Seitenaltäre (aus „Land- und Stadtkirchen")

Geweiht wurde der Altar der Maria, dem Apostel bzw. Märtyrer Bonifatius und Abt Sturmius. Die Vollendung datiert vom 23. Oktober 1868, wobei unter anderen Zindel unterzeichnete.[17]

Volkmarsen ist ein Beispiel, wie schwer es in den mittleren 1850er Jahren in Kurhessen war, eine als stilgemäß empfundene Restaurierung einer frühgotischen Kirche mit spätromanischen Teilen durchzusetzen. Wieder einmal bleiben harte Kämpfe mit Baubehörden, die Gegenprojekte anzubringen versuchen, nicht aus. Ungewitter bemüht sich durchaus um eine stilistisch einheitliche Erscheinung, wie seine Altarentwürfe belegen. Für seine Maßnahmen, insbesondere die Ausmalung des Kirchenraumes, beruft er sich auf historische Authentizität, indem er eine gründliche Befundaufnahme zur Grundlage seiner Planungen macht.

1 Großmann/Hoppe, 1991, S. 42; Die Bau- und Kunstdenkmäler im Regierungsbezirk Kassel. Neue Folge Bd. I. Kassel 1937, S. 170-82, Tf. 43, 53f., 57, 62f., 65.
2 Fiesenne übergeht Ungewitters Restauration, nur in einer Fußnote verweist er auf das "Musterbuch" (Lambert v. Fiesenne, Die Marienkirche in Volkmarsen, nebst Beiträgen zur Geschichte der Stadt und benachbarten Orte. In: *Zeitschrift für christliche Kunst* 1 (1903), S. 1-20).
3 Bau- u. Kunstdenkmäler, 1937, S. 172. Die Maßnahmen Ungewitters werden sehr gepriesen von H. v. Dehn-Rotfelser, der wieder auf Abbildungen der Kirche in Ungewitters Schriften hinweist (vgl. Inventar, 1870, S. 292f.).
4 vgl. Wolfhagen, Warburg-Altstadt, St. Nikolai Obermarsberg.
5 "Lehrbuch", Fig. 917, S. 616.
6 Material: Sandsteinderivat und Gips, Farbe in mehreren Schichten.
7 Die Restaurierungsgeschichte nach: Akte Volkmarsen, Kirche, Bauten und Reparatur. 1 Fasz. 1 (Archiv des Bischöflichen Generalvikariates Fulda).
8 Hoffmann 6. Juni 1856 (Akte Volkmarsen, a.a.O.).
9 Der Beginn war für das Frühjahr 1857 angesetzt (Brief 9. September 1856; Reichensperger, 1866, S. 148f.).
10 Brief 24. September 1856 (Reichensperger, 1866, S. 154f.).
11 Brief Kreisler 2. Juni 1856 (Akte Volkmarsen, a.a.O.).
12 So verlangte ein Maler in Kassel für die Herstellung des Hochaltars nur 70 Taler.
13 Brief 24. Mai.1857 (Reichensperger, 1866, S. 163).
14 Kirchenprovision Volkmarsen 5. März 1858 (Akte Volkmarsen, a.a.O.).
15 Vom selben Jahr datiert die Genehmigung zum Abbruch des alten Altars, der am 23. Juni 1869 verkauft wurde.
16 Dieser war nun in Kassel wohnhaft (Aufzeichnung von Pfarrer Julius Günst vom 16. März. 1875, der seit 1872 Nachfolger Kreislers war).
17 Als Schöpfer des Altars wird nochmals Zindel genannt (Dokument vom 23. Oktober 1868).

Abb. 28.1) HAINA, Kloster und Kirche

28) HAINA, Restaurierung von Kirche und ehemaligem Kloster 1857-62

Übersicht über die Baugeschichte bis zur Mitte des 19. Jahrhunderts

Das ehemalige Zisterzienserkloster Haina - gegründet 1188 als Filiation Altenbergs - besteht aus der um 1216 begonnenen und bis 1328 vollendeten Kirche sowie den Klosterbauten, die im wesentlichen aus dem ausgehenden 13. bzw. der ersten Hälfte des 14. Jahrhunderts stammen *(Abb. 28.1)*. Der Auflösung aller hessischen Klöster nach der Synode von Homberg im Jahr 1527 folgte am 26. August 1533 die Umwandlung in ein Hospital für geistig Behinderte durch eine Stiftung von Landgraf Philipp dem Großmütigen.[1]

Es gibt vier Bauphasen an der Kirche: 1. 1216-1224 (Spätromanik): Chor, Querschiff im unteren Teil, Portal zum ersten Langhausjoch, 2. spätestens um 1240/50 (Frühgotik): Oberbau des Chores und des Querschiffes, erstes Langhausjoch, Übergang zur Halle (französischer Einfluß), 3. ab um 1260-70: Langhaus bis zum fünften Joch, 4. Ende 13. Jh. bis 1328: die vier westlichen Langhausjoche sowie die

Abb. 28.2) HAINA, Klosterkirche, Innen nach Ost

Westfassade. Haina ist eine der wichtigsten erhaltenen Zisterzienserkirchen und einer der bedeutendsten frühgotischen Bauten in Deutschland.[2] Die für Zisterzienser wenig gebräuchliche Hallenform entsteht gleichzeitig bzw. sogar kurz vor der Elisabethkirche *(Abb. 28.2)*. Außer der 1937-38 freigelegten frühgotischen Ausmalung ist die Fensterverglasung aus der zweiten Hälfte des 13. bis zum ersten Viertel des 14. Jahrhunderts noch umfangreich erhalten, wenngleich sie im 19. Jh. Ergänzungen erfahren hat *(Abb. 28.3)*. Bemerkenswert ist darüber hinaus die gotische Chorschranke, zu der auch Ungewitter einen Rekonstruktionsversuch geliefert hat.[3]

Die Restaurierung der Klosterkirche durch Friedrich Lange ab 1849

Bis zur Mitte des 19. Jahrhunderts blieb die Kirche weitgehend dem Verfall preisgegeben, bevor sie in der Romantik als "nationales Baudenkmal" gewürdigt wurde.[4] Der Verein für hessische Geschichte und Landeskunde bemühte sich um eine Bestandsicherung der Buntglasfenster, auf die Pfarrer Bang, der mit den Brüdern Grimm und bedeutenden Marburger Romantikern befreundet war, aufmerksam wurde. Noch 1790 hatte sich der Biograph des gebürtigen Hainaers Johann Heinrich Tischbein d.Ä.[5], Josef Friedrich Engelschall, nicht vorstellen können, daß die gotische Architektur Hainas irgend eine künstlerische Anregung zu bieten vermocht hätte.

Abb. 28.3) HAINA, Kloster und Kirche, Fensterverglasung, Entwurf Ungewitters (aus "Gothisches Musterbuch")

1849 sprach sich der Gymnasiallehrer Friedrich Lange, den man aufgrund seiner Forschungen zu mittelalterlicher Architektur herangezogen hatte, in seinem Gutachten genau gegenteilig aus, indem er dem Altargemälde Tischbeins von 1788 nur einen geringen Kunstwert zugestand, während er die Architektur ausführlich würdigte.[6] Einen ersten Anstoß zu einer solchen Umwertung gab zuvor Johann Konrad Bromeis im Jahr 1843. Aufgrund seiner Schilderung des schlechten Erhaltungszustandes der Klosterkirche begann man mit den dringendsten Wiederherstellungsarbeiten, wie etwa Sicherung der Fenster und Trockenlegung der Fundamente. Mit dem Erhalt des Auftrages 1849 übersiedelte Lange für zwei Jahre als Hospitalbaumeister nach Haina. Seine Baumaßnahmen erstrecken sich auch auf den östlichen Kreuzflügel, vor allem aber auf die Kirche, die er im Innenraum mit einer farbigen Fassung[7] versehen ließ. Die Ausmalung wird gelegentlich irrtümlich Ungewitter zugeschrieben.[8]

Die Maßnahmen Ungewitters[9]

Schon im Jahr 1854 erstellte der Leiter des Hospitals, Obervorsteher Schenk, einen Katalog notwendiger Baumaßnahmen.[10] Für die medizinische Betreuung war 1832-60 Dr. Heinrich Amelung zuständig, der spezielle Bedürfnisse für die Unterbringung der Kranken formulierte. Ein Jahr darauf erging die Aufforderung der Kasseler Oberbaukommission an Schenk, einen theoretisch und praktisch gebildeten Architekten zur Erstellung eines umfassenden Entwurfs zu benennen.[11] Zuvor waren an der Kompetenz des Friedrich Lange aus Marburg für eine solch große Aufgabe Zweifel aufgetreten.

Im Januar 1857 teilte der für Hospitalsachen zuständige Ministerialreferent Ungewitter mit, daß eine umfassende Restaurierung der Klostergebäude in Haina anstünde.[12] Da im Zuge dessen auch eine dampfgetriebene Koch- und Waschanlage installiert werden sollte, verpflichtete man Ungewitter, nach Berlin und Illerau (Baden) zu reisen, um sich mit den neuesten technischen Errungenschaften auf diesem Gebiet vertraut zu machen. Kurz vor Ostern traf schließlich die Ermächtigung zu der Reise ein.

Am 7. April 1857 erhielt Ungewitter den Auftrag zum Entwurf eines umfassenden Bauplans. Infolgedessen maß er mit einem Gehilfen die Klosterbauten auf. Das Wirken Langes beurteilte Ungewitter positiv, zumal dieser die Dächer gut erhalten habe.[13]

Zügig setzte Ungewitter seine Ideen in ein konkretes Sanierungskonzept um, so daß er dem Obervorsteher am 18. Mai einen Grundriß mit der Bitte um kritische Anmerkungen schicken konnte. Er erachtete es für sehr wichtig, die Intentionen der Auftraggeber genauestens kennenzulernen. So wurde z.B. unter Hinweis auf das Heilig Geist Spital Lübeck[14] und das Hospital zu Beaune eine Verlegung des Eingangs an die Stelle der ehem. Klosterpforte an der

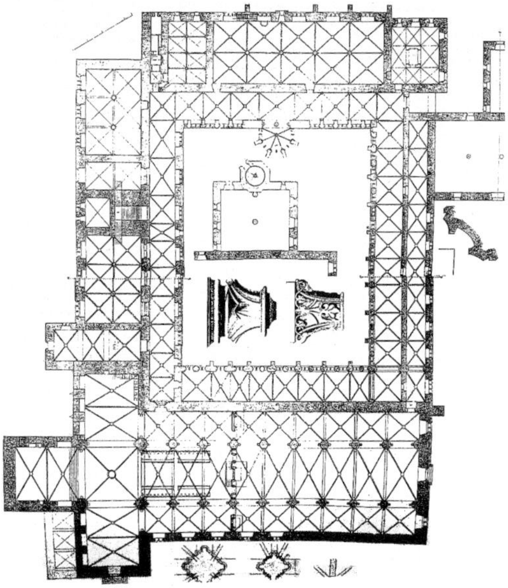

Abb. 28.4) HAINA, Kloster und Kirche, Grundriß (aus „Gotisches Musterbuch“)

Abb. 28.5) HAINA, Kloster und Kirche, nördlicher Kreuzgang

Südseite der Kirche gefordert, der zuvor anstelle der ehemaligen Klosterpforte zwischen Westwand der Kirche und südlich dort anschließendem Kreuzgang lag. Nach der Bemerkung Schenks vom 19. Mai auf demselben Blatt erschien der Plan in jeder Hinsicht zweckmäßig.

Am 1. Juli 1857 berichtete Ungewitter ausführlich an die kurfürstliche Regierung der Provinz Oberhessen in Marburg unter Einreichung von zwölf Rissen sowie sechs Kostenvoranschlägen über Renovierung und Ausbau der Klostergebäude für Hospitalzwecke.[15] Dies betraf sechs Komplexe, die im folgenden in einer Zusammenfassung der Aktenlage vorgestellt werden *(Abb. 28.4)*. Nicht alle Maßnahmen wurden realisiert.

1. NEUBAU AN DER SÜDSEITE DER KIRCHE (NÖRDLICHER KREUZGANG)

Durch eine einzige neue Längsmauer, da die Südwand der Kirche die zweite bildet, will der Architekt zwei geräumige ebenerdige Schlafsäle kostengünstig gewinnen (Kostenanschlag I über 3.300 Taler). Die Abdeckung der mit schlechter Tünche versehenen unteren ungegliederten südlichen Kirchenwand bedeutet nach seiner Auffassung zugleich einen ästhetischen Gewinn. Der neue Flügel sollte unter Verwendung der durch Ungewitter aufgefundenen Fundamente eines seiner Ansicht nach ehemals existenten Kreuzgangs[16] im Aufriß mit den übrigen drei Seiten des Kreuzganges korrespondieren. Ungewitter intendierte zwar die Wiederherstellung eines mittelalterlichen Zustandes, allerdings mangels Befunden an aufgehendem Mauerwerk in seinen eigenen Formen *(Abb. 28.5)*.

Exemplarisch für die spitzfindige Argumentation des Neugotikers gegenüber kritischen Behörden möge die Begründung für die Anlage von Dachrinnen aus Sandstein stehen. Sie ersparten ein Gesims mit entsprechenden Kosten. Technischen Einwänden gegen die unübliche Konstruktion sei Folgendes zu erwidern: Indem die Fugen der einzelnen Rinnensegmente auf die Mitte von Tragsteinen (Konsolen) zu stehen kämen, die wieder mit einer kleinen Abflußrinne versehen seien, könne im Falle schadhafter Fugen das Wasser nicht ins Mauerwerk dringen, sondern würde nach außen abgeleitet *(Abb. 28.6)*.

Ungewitter hat offensichtlich ein Motiv von der Südseite der Kirche aufgegriffen, wo es Reste von kleinen, auf Konsolen sitzenden Säulen gibt *(Abb. 28.7)*. In der Übertragung des Wasserspeier-Prinzips auf solch eine eigentlich ornamentale Form wird ein direkter Zweck unterlegt. Dies verweist auf Ungewitters freien, aber doch nutzungsorientierten Umgang mit dem mittelalterlichen Vokabular.

Mit diesem Bauabschnitt wäre nach Ansicht Ungewitters zu beginnen, um den derzeit noch an der Restauration der Kirche arbeitenden Steinmetz Hein auch über Winter halten zu können. Dadurch ließe sich eine Beschleunigung der Arbeiten wegen des Vorfertigens vieler Teile erreichen, außerdem dürfte es schwierig sein, einen so qualifizierten Meister wiederzufinden.[17] Zugleich könnten durch Baumaßnahmen obdachlos werdende Hospitaliten hier vorübergehend eine Bleibe erhalten.

2. EINRICHTUNG EINER KOCH- UND WASCHANLAGE (SÜDWESTLICHE ECKE)

Die Gesamtkosten für die verschiedenen Maßnahmen in dem südwestlichen Winkel des Klosters nimmt Ungewitter auf 8.270 Taler an (Kostenanschlag II) *(vgl. Abb. 28.4)*.

a. Das neue Kesselhaus ist für den Winkel zwischen Küche und Südflügel in einem derzeit als

Keller genutzten Raum projektiert. Im darüberliegenden Geschoß soll die Trockenanlage eingerichtet werden.

b. Die Küche beläßt Ungewitter in dem quadratischen Vorbau mit Wendelstein. Durch die Schließung der Baulücke in dem Winkel zwischen Konversenbau, Klosterspende mit Treppenturm und Küche können nunmehr die Speisen unter Dach ins Innere des Hospitals gebracht werden. Außerdem ist eine Modernisierung der Küche durch diverse Apparate vorgesehen. Die Eichenbalken sollen "durch steinerne Bögen ersetzt werden" (gemeint ist ein Kreuzrippengewölbe), auf deren durchbrochenem Schlußstein ein Dunstrohr bzw. Schornstein aufsetzt; eine ungewöhnliche Idee zur Ableitung der Dämpfe.

c. Im Waschhaus, das in den Anbau des Südflügels verlegt werden soll, erscheint wegen der Dämpfe eine Überwölbung sinnvoll, stützende Pfeiler wären ohnehin zur Sicherung der oberen Wände erforderlich. In die darüber gelegene Trockenstube läßt sich die Wäsche durch eine Öffnung im Gewölbe direkt von der Waschmaschine aufziehen. Nebenan kommt die Mangelkammer zu liegen. Ein neues Treppenhaus wird der Erschließung am Schnittpunkt von Kreuzgang, Südflügel und Küche dienen. Speisesaal und Kellerräume im Erdgeschoß bleiben bestehen. Zudem ist an den Abbruch der beiden oberen Stockwerke zugunsten nur eines neuen gedacht.

d. Die beiden oberen Böden des Küchenbaus, die zuvor der Vorratshaltung dienten, sollen zu neuen Honoratiorenwohnungen ausgebaut werden *(Abb. 28.8)*.[18] Deren kümmerliche Unterkünfte könnten so einen angemessenen Ersatz finden. Die Wohnungen sollen mit Hängewerken versehen werden, deren Säulen durch beide obere Geschosse reichen, während die Räume des Erdgeschosses (Küche) stützenfrei bleiben. Das Hängewerk soll die durchgebogenen Tragbalken der Küche entlasten. Im Obergeschoß mit den Honoratiorenwohnungen stehen die Hängesäulen an den Wänden, im II. Obergeschoß reichen sie durch die Mitte der Räume. Das klingt umständlich, doch hielt Ungewitter die bloße Einziehung von Unterzügen statisch für unzureichend. Der Konversenbau wird damit erheblich besser ausgenutzt, indem zwei Obergeschosse den Hospitaliten zur Verfügung stehen und auch an den Ausbau des Dachgeschosses, des sog. Haferbodens, gedacht wird.

Die Arbeiten könnten gleichzeitig oder unmittelbar nach dem neuen "Kreuzgang" begonnen werden, durch den ja schon neue Quartiere verfügbar wären.

Abb. 28.6) HAINA, Kloster und Kirche, Eingang des nördlichen Kreuzganges

Abb. 28.7) HAINA, Kirche und Kloster von Süden aus gesehen (aus „Gotisches Musterbuch")

Abb. 28.8) HAINA, Kloster und Kirche, ehemalige Küche

Abb. 28.9) HAINA, Kloster und Kirche, westlicher Kreuzgang

Abb. 28.10) HAINA, Kloster und Kirche, Südwestecke (Hofseite)

Abb. 28.11) HAINA, Südostecke (mit ehem. Dormitorium), Hofseite

3. WIEDERHERSTELLUNG DES WESTLICHEN KREUZGANGS, NEUES STOCKWERK ÜBER DEM KREUZGANG VOR DEM KONVERSENBAU

Der im Westflügel gelegene jetzige Honoratiorenbau erscheint schadhaft, in der Anlage zu niedriger Stockwerke 'mißraten' und 'entstellt' Kirche bzw. Kreuzgang in so hohem Maße, daß er 'zum Abbruch reif' ist. Das untere Geschoß könnte nach einer Sanierung beibehalten werden *(Abb. 28.9)*. Die hier lebenden Hospitaliten sind künftig im Küchenbau unterzubringen.

Der verwahrloste Kreuzgang selbst bedarf einer dringenden Restaurierung. Es wird von einer unpassend gelegenen Treppe, Vermauerung der großen Fenster, zerschlagenen Pfosten, Gewänden und Maßwerk sowie der völlig rohen Anlage von Abtritten am Kreuzgarten berichtet. Entscheidenden Gewinn bringt nach Ungewitter ein hoher luftiger Kreuzgang, der zur Kommunikation der daranliegenden Räume notwendig ist. Er schlägt wie für den neuen nördlichen Flügel eine Überwölbung vor. Dem zu erwartenden Einwand gegen die Kosten einer Wölbung hält er eine vermeintliche Einsparung von Balkenlagen und Decken entgegen. Die Frontmauer zum Kirchplatz bliebe im Erdgeschoß stehen, die dahinterliegenden Räume erhielten eine ansehnliche Höhe und könnten durch Oberlichte über den jetzigen Fenstern nicht nur mehr Licht erhalten, sondern diese gäben zudem "ein stylgemäßeres Aussehen", womit wieder Funktion und ästhetische Erscheinung vereint werden.

Der derzeit unbenutzbare, an die Kirche anschließende Raum könnte durch Ausbesserung des großen Fensters einen geräumigen Schlafsaal ergeben, als Ersatz für den durch Verlegung des Eingangs in die Mitte entfallenden Raum. Im südlichen Abschnitt wäre ein zweites Geschoß aufzuführen, das die Wärterwohnung aufnimmt. Drei Sprengwerke dienen zur Unterstützung der Wände in der Wärterwohnung und im Kreuzgang.

Die Kosten der Maßnahmen sind auf 5.632 Taler veranschlagt, sie würden im Anschluß an die bisher genannten erfolgen.

4. NEUES STOCKWERK AUF DEM SOG. GEBET IM SÜDFLÜGEL (EHEMALIGES REFEKTORIUM)

Nach Abbruch des schadhaften Daches könnte durch neue zwei Frontmauern aus Sandstein (eine auf den Außenmauern des Südfügels und eine auf dem Kreuzgang), zwei Binnen-Mauern aus Ziegeln (auf der Rückwand des Gangs bzw. dem Gurtbogen im Gebet), ein neues Dach und durch den inneren Ausbau der Räume weitere Kapazität geschaffen werden *(Abb. 28.10)*. Die 6.600 Taler umfassende Maßnahme dient lediglich der Raumerweiterung und kann folglich zuletzt ausgeführt werden.

5. UMBAU DES SOG. SCHLAFHAUSES (DORMITORIUM)

Dies betrifft das im Ostflügel über dem Kapitelsaal gelegene Schlafhaus, das schon zu Klosterzeiten Dormitorium war, einschließlich der südlich anschließenden Nachtwächterwohnung *(Abb. 28.11)*. Eine Teilrestauration - erforderlich nicht zuletzt durch unvernünftige Anlage von Trennwänden, die bereits mehrere Kragsteine im Kreuzgang, die die Balkenlage tragen, haben zerspringen lassen - schafft der optischen Beeinträchtigung des Kreuzgangs Abhilfe und gibt wieder den Blick auf den Südquerhausgiebel der Kirche frei. Ungewitters Vorschlag lautet auf Einwölbung, um die akute Einsturzgefahr zu bannen, und Verglasung der Kreuzgangfenster.

Eine Unterstützung der Trennwände über dem Kreuzgang ist auch hier durch Sprengwerke gedacht. Mit der selben Konstruktion versehen, eignet sich der große Dachraum für die Vorratshaltung. Die Kosten würden sich auf 7000 Taler belaufen.

6. DER SOG. NEUBAU IM OSTEN IM HOSPITALSGARTEN

Ein Neubau im Osten stuft Ungewitter als unausweichlich ein; er würde 2.300 Taler kosten.[19] Die Einteilung der Innenräume müßte zugunsten weniger großer Zimmer vereinfacht werden, falls im Erdgeschoß jedoch "Blödsinnige" einziehen sollen, würde die Anlage kleiner Zellen die Kosten erhöhen. Auch das Obergeschoß könnte von Hospitaliten genutzt werden. Es handelt sich bei dem Neubau mit Satteldach und Dreiecksgiebel um das sog. Beamtenwohnhaus *(Abb. 28.12)*.

Insgesamt belaufen sich die Kosten nach Ungewitters Kalkulation voraussichtlich auf 31.912 Taler, wobei die Abbruchkosten nicht eingehen, da diese durch den Ertrag des zu verkaufenden Materials aufgefangen werden. Details der Zeichnungen bedürfen evtl. einer Korrektur, da die Anlage so verwinkelt ist, daß kleine Fehler möglich sind, wie auch die Umständlichkeit der Arbeiten insgesamt in Betracht gezogen werden muß.[20]

Die Restauration der Kirche schritt im Mai 1857 gut voran, durch die Aufmaßarbeiten lernte Ungewitter darüber hinaus die Architektur der Kreuzgänge in ihrer Einfachheit schätzen.[21] Der hoffnungsvolle Anfang blieb dann allerdings ein ganzes Jahr im sog. "Staatsmaschinen-Wesen" stecken, durch das in immer neuen Konferenzen von Regierungs-, Hospital-, Medizinal-Referenten, landesherrlichen Kommissarien, Obervorstehern usw. die Angelegenheit verschleppt worden sei.[22]

So bestand vor allem der Regierungs-Medizinal-Referent auf einer Klärung der Art der Beheizung. Unter Zuziehung der aktuellen, über Bauzeitschriften verfügbaren Literatur legte Ungewitter die Vor- und Nachteile der jeweiligen Systeme dar. Prinzipielle Präferenz erhielt die konventionelle Ofenheizung, die Frage sei aber offenzuhalten.[23]

Noch Ende November stand eine Entscheidung über die Genehmigung aus. Am 15. Dezember 1857 erging die Anordnung, mit der Ausführung zu beginnen. Dem folgte eine Gegenorder, nachdem bereits die Arbeiten an die Handwerker übertragen und die ersten Steine angefahren worden waren. Gestattet wurde ausschließlich eine Fortsetzung der Kirchenrestauration durch besagten Maurermeister.[24]

Aufgrund des bedenklichen Zustandes der Balkendecken im östlichen Kreuzflügel, in dem nach Zerbrechen weiterer Kragsteine akute Einsturzgefahr bestand, schlug Ungewitter vor, zuerst diesen Abschnitt in Angriff zu nehmen.[25]

Endlich erhielt der Bauplan am 6. April 1858 seine generelle Genehmigung.[26] Außer den schon im voraus stattgegebenen Sicherungsmaßnahmen im Ostflügel wurde die weitere Reihenfolge abweichend von Ungewitters Vorschlag festgesetzt: Ausbau des sog. Haferbodens im Küchenbau, Einrichtung der Waschanlage, damit Raum für die Hospitaliten aus dem dringend der Restauration bedürftigen Schlafhaus gewonnen wird. Über die übrigen Maßnahmen gab es noch keine Verfügung.

Technische Einzelheiten wie Heizung, genaue Bestimmung bzw. entsprechende Ausstattung der Räume (z.B. Polsterung von Wänden und Decken im Epileptiker-Raum, Lichtzufuhr für die Räume der 'Tobsüchtigen') stellen den wesentlichen Teil der Korrespondenz dar. So waren allein eine Reihe Berichte nötig, bis endlich das erforderliche Bauholz vollständig angeliefert werden konnte.[27] Im November fällt die endgültige Entscheidung zugunsten der

Abb. 28.12) HAINA, Neubau am Südende des östlichen Flügels (sog. 'Beamtenwohnhaus')

Ofenheizung nach erneuter Konsultation der verfügbaren Informationen. Außerdem wurde der Bau eines Brunnens am südlichen Flügel auf den Fundamenten des alten projektiert.[28]

Die Epileptiker sollten nach einer Entscheidung vom Mai 1859 im östlichen der beiden Säle im neu zu bauenden Kreuzgang Platz finden. Im August waren Haferboden-Umbau, Waschanlage, Schlafhaus vollendet, und man erörterte die Reihenfolge weiterer Ausführungen. Ungewitter äußerte sich dazu nochmals detailliert am 7. September, wobei er schließlich beantragte, im Laufe des nächsten Jahres mit dem Umbau des damaligen Honoratiorenbaus fortzufahren und anschließend den Neubau an der Südseite der Kirche zu errichten. Der Antrag erhielt am 3. Oktober 1859 die Genehmigung der Regierung. Bis zum Beginn des Folgejahres waren die Maßnahmen einschließlich des Einbaus der Öfen abgeschlossen, es folgte im Februar Ungewitters Abrechnung mit Mauerermeister Kuhaupt.

Ganz kurz darauf kam es zu einer Wiederaufnahme der Arbeiten, über die sich Ungewitter am 28. März 1860 äußerte. Die zweite Phase betrifft vor allem den Ausbau des Bodenraums über dem Gebet mit Dachgauben, der für das folgende Jahr projektiert wurde. Die Beleuchtung des Mittelganges sichern hölzerne Dachfenster. Beispiel für eine typische Raumausstattung stellt die vorgeschlagene Verschalung der Wand mit Brettern und Tünchen der Wände dar. Unter Beibehaltung des Daches könnten eine tiefe Enfilade nach Süden und eine weniger tiefe nach Norden ohne größeren Aufwand gewonnen werden. Entgegen dem bisherigen Plan erfolgte am 23. April 1860 die Entscheidung seitens des Innenministeriums zur Beibehaltung des Dachstuhles über dem Südflügel des Kreuzgangs und damit der ursprünglichen Traufhöhe.

Am 23. März reichte Ungewitter nach Vollendung der Maßnahmen eine Aufstellung über die Gesamtkosten ein, die sich auf 31.912 Taler beliefen. Dafür konnte für 481 Hospitaliten Platz geschaffen werden (bei einem damaligen Stand von 402 Kranken). Einen Teil der noch vorgesehenen Veränderungen setzte das Innenministerium angesichts der schon entstandenen Kosten vorläufig aus. Dazu gehört der Ausbau des Dachgeschosses über der Sommerkirche, dem sog. Gebet. Zügig realisiert wurde hingegen bis zum 1. Mai 1862 die Ausführung eines Neubaus ('Beamtenwohnhaus').

Am Schluß steht die Endabrechnung mit der Diskussion über die Kostenüberschreitung. Insgesamt sind nach Berechnung des Bauleiters Engelhard statt der bewilligten 34.397 Taler immerhin 42.014

Abb. 28.13) HAINA, Kloster und Kirche, Vogelperspektive (aus „Gotisches Musterbuch")

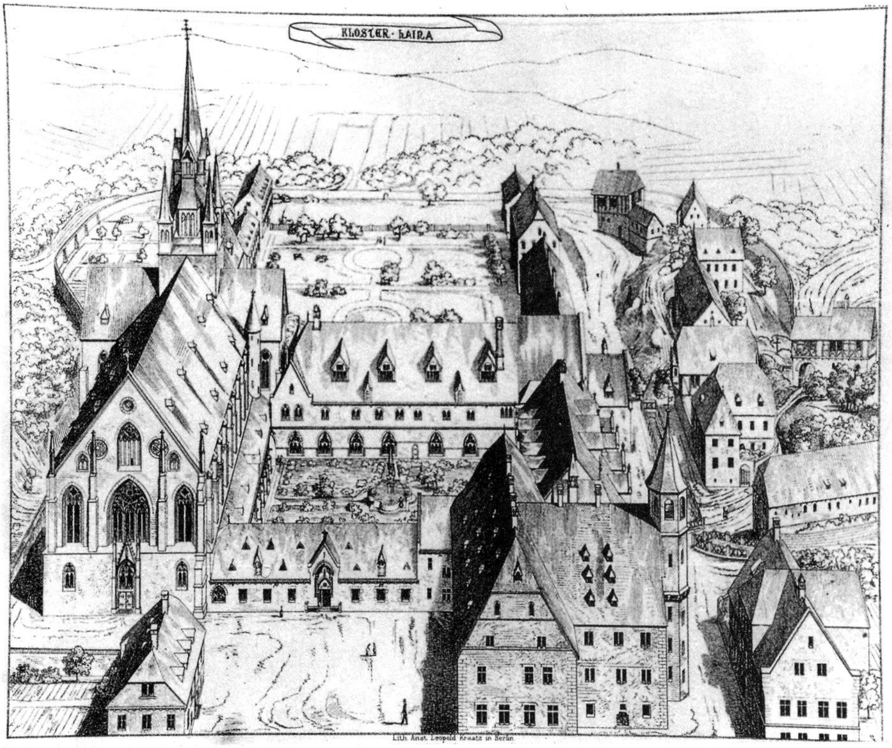

Taler ausgegeben worden. Vertreter der Regierung rechneten sogar eine Übertretung um 16.576 Taler aus. Ungewitter rechtfertigte sich ausführlich am 23. Februar 1863, wobei er versuchte, das Maß der Überschreitung einzudämmen. Angesichts der Schwierigkeiten mit etwa den hohen Forderungen der Zimmerleute sowie der Unübersichtlichkeit und teilweisen Unbegehbarkeit des Terrains zu Anfang, glaubte er sich der Anerkennung sachverständiger Fachleute sicher, womit er die Zahlungsforderung des restlichen Honorars von 250 Talern verknüpfte. Allerdings mußte im Rechnungsjahr 1863 die stattliche Summe von mehr als 16.000 Talern nachbewilligt werden. Die Überschreitung um immerhin die Hälfte der Gesamtkosten zeigt die Schwierigkeiten der Vorausberechnung eines so komplexen Projektes, aber auch, daß Ungewitter noch relativ unerfahren war.

Wesentliche Veränderungen bis in das 20. Jahrhundert

Die Maßnahmen Ungewitters erfahren schon im späten Historismus des Jahres 1886 eine kritisch-distanzierte Bewertung. Nach Wiederherstellung und Ausbau der vier Klosterflügel mit entsprechender Verteuerung dachte niemand an weitere z.T. schon genehmigte Baumaßnahmen. Die Senkung im Erdgeschoß des Küchenbaus konnte Ungewitters Hängewerk nicht verhindern. Das Dachwerk des Hauses mußte 1870 schon wieder erneuert werden, am liebsten hätte man es ganz abgerissen.[29] 1892-96 wurden auch die restlichen Abschnitte der Kreuzgänge eingewölbt. Von 1877 bis 1910 entstanden mehrere historistische Klinikgebäude westlich des Klosters *(vgl. Abb. 28.1)*.[29a]

Den Vierungsturm der Kirche errichtete Schäfer 1886 nach Ungewitters Entwurf *(Abb. 28.13)*.[30] Er ersetzte eine barocke welsche Haube. Der große Turm ist angesichts des 'Turmverbots' der Zisterzienser umstritten, doch haben sich weder die Zisterzienser selbst strikt an ihre Vorschrift gehalten, noch ist die Turmfrage im 19. Jh. überhaupt mit dem Wissen um diese mittelalterliche Bauvorschrift in Verbindung gebracht worden.

Einordnung in das Schaffen Ungewitters

Die Bedeutung eines so umfangreichen und bedeutenden Restaurierungs- und Umbauprojektes läßt sich durch eine Einordnung in das Schaffen des Architekten bereits an dieser Stelle ermessen.

Ein ikonographisches Problem

Unter dem Siegel der Verschwiegenheit berichtete Ungewitter Reichensperger über einen Streit um die für die Orgel vorgesehene bildnerische Ausstattung.[31] Unter Bezug auf ein Orgelprojekt für die Konkurrenz zur Liller Kathedrale, das in den *Annales archéologiques* veröffentlicht worden war[32], hatte

Abb. 28.14) HAINA, Details der Kirche (aus „Gotisches Musterbuch")

Ungewitter den Vorschlag gemacht, an der Hainaer Orgel Darstellungen von Jubalkain, David, Cecilia und Gregor Maximus anzubringen, die Zeichnungen waren genehmigt und die fertigen Bilder nach Haina geschafft worden. Der Pastor der als evangelische Pfarrkirche genutzten Klosterkirche leistete gegen die als katholisierend empfundene Programmatik heftigen Widerstand und verlangte in einer Eingabe an das Marburger Konsistorium deren Beseitigung.

Das Programm stellt zunächst einmal einen Bezug zur Kirchenmusik dar. Die Figur Jubalkain stellt eine Zusammenziehung der Brüder Tubalkain und Jubal dar, die beide Söhne Kains waren. Beide können als Väter der Musik gelten und werden an Orgelprospekten dargestellt (z.B. St. Anna, Augsburg). Papst Gregor der Große, der in der zweiten Hälfte des 6. Jahrhunderts lebte, verfaßte zahlreiche Kirchengesänge. Cäcilia ist eine Märtyrerin, die bei ihrer Verheiratung mit dem heidnischen Jüngling Valerius die Musik der Spielleute so hörte, als ob die Instrumente zerbrochen wären.

Das Konsistorium erklärte sich im Prinzip mit Ungewitters Figuren einverstanden, es kam trotzdem das Gerücht auf, der Architekt Ungewitter sei zum Katholizismus übergetreten. Nach Ansicht des Pastors sei Luther oder noch besser der oströmische Kaiser Konstantin Kopronymos[33] darzustellen, der im 8. Jh. die erste Orgel nach Europa brachte. Ungewitter listete Beispiele lutherischer Kirchen auf, in denen Darstellungen von Päpsten und Bischöfen belassen worden seien, gegen den Luther argumentierte er von der bildkünstlerischen Warte, daß dessen schwarzer Talar sich vom dunkelblauen Grund nicht genügend abhebe. Zudem seien in Haina mit zwei Teufelsbildern schon Motive vorhanden, die einem protestantischen Bewußtsein noch mehr zuwiderlaufen dürften als die Papst-Figur. Ungewitters Gegenvorschlag bestand in der Anbringung des Bischofs Ambrosius von Mailand. Ambrosius (um 339-397) gehört zu den vier großen lateinischen Kirchenvätern und ist durch den "Ambrosianischen Lobgesang" sowie die Einführung des Kirchengesanges bekannt geworden. Aufgrund einer Eingabe des Konsistoriums an das Ministerium sollte auch der Nimbus der Cäcilia entfernt werden, obwohl die durch Herrn Schenk veranlaßten Nachforschungen des Polizei-Wachtmeisters im Ort Haina keinerlei Aufregung um die Figuren vermelden konnten, bis auf den ohnehin "malkontenten Schulmeister". Das endgültige ministerielle Dekret lautete auf Entfernung des Heiligenscheins der Cäcilia sowie Umwandlung des Gregor in Ambrosius. Dies bewerkstelligte Ungewitter durch Umformung der päpstlichen Tiara in eine Insul, das Verbergen der Taube in der Krümmung des Bischofsstabes und statt "ite missa est" erschien der Spruch "te Deum laudamus".[34] In der Übernahme der Liller Ikonographie orientierte sich Ungewitter am Themenkreis Musik für seinen Orgelprospekt, wobei er den Papst Gregor durch eine andere, dem Pastor und dem Konsistorium gleichermaßen zusagende Figur des Ambrosius ersetzen mußte. Ob er seine Programmatik unbedarft gewählt hat oder eine Provokation des lutherischen Pastors bewußt in Kauf nahm, läßt sich ohne Belege nicht entscheiden. Dennoch ist die Beobachtung wichtig, daß Ungewitter sich wiederum auf die orthodoxe Seite der lutherischen Kirche schlägt, bzw. sogar eine Annäherung (besonders in der Papstfigur) an den Katholizismus nicht auszuschließen ist.

Kloster Haina in Ungewitters Schriften

Da die Anlage in ihrer hauptsächlichen Entstehungszeit den Übergang von der Früh- zur Hochgotik verdeutlicht, nimmt sie in der Herausarbeitung eines stilistischen Ideals bei Ungewitter zeitig die Rolle eines Prototyps ein. Im "Gotischen Musterbuch" dokumentiert Ungewitter Kirche und Kloster Haina ausführlich, wovon nur zwei Beispiele abgebildet seien *(Abb. 28.13, 28.14)*.[35] Ungewitter liefert nicht nur Bestandsaufnahmen, etwa von der Kirche, sondern auch eigene Rekonstruktionsversuche, die besonders die Klosterflügel betreffen. Diese Tafeln werden in der zweiten Auflage des "Musterbuches" herausgenommen.

Im "Lehrbuch" ordnet er die Formen aufgrund einer genauen Bauanalyse gleich den jeweiligen Bauphasen der frühen, mittleren und späten Gotik zu.[36] Die Abbildungen werden alle in der dritten Auflage beibehalten.[37]

Umgang mit der Klosterbausubstanz

Ungewitter sicherte nicht nur die mittelalterlichen Baureste, sondern unternahm eigene gestaltende Eingriffe. Die in den östlichen Kreuzgang mit den breiten Fenstern aus dem späten 13. Jh. in das Dach eingefügten Gauben und Fenster im oberen Geschoß schließen an die mittelaterlichen Formen (Kleeblatt, übergreifender Spitzbogen) an, die Maßwerke erscheinen in Plattenform *(vgl. Abb. 28.11)*. Die unteren Flügel seiner größeren, mehrbahnigen Fenster werden oft gerade geschlossen, was ebenso wie das Motiv der Gauben auf eine profane Funktion verweist. Mittelalterliche Motive werden aufgegriffen, die Formen erfahren jedoch in ihrer kräftigen Simplizität eine gewisse Monumentalisierung und unterscheiden sich somit klar von sakraler Festlichkeit.

Das von Ungewitter im Süden neu aufgesetzte Obergeschoß besteht in gleichmäßig verteilten Dachgauben. Ungewitter schließt jedenfalls deutlich an den frühgotischen Charakter dieses Gebäudeteils an.

Wie schon im Süden tritt im Westen gotisches Maßwerk der ersten Hälfte des 14. Jahrhunderts in den zweiteiligen Fenstern auf *(vgl. Abb. 28.10)*. Ungewitters Erweiterungen, die besonders in der Südwest-Ecke sehr unregelmäßig in das Dach eingefügt sind, heben den Eindruck des Gewachsenen hervor. Die Formen lehnen sich an die Hochgotik an, bzw. in der Vierbahnigkeit des großen Fensters in der Südwestecke des Kreuzgangs wird eine Verbindung zur Klosterkirche (Nordquergiebel, Ostfenster) hergestellt.

Am aufschlußreichsten ist der von Ungewitter entworfene Nordflügel des Kreuzgangs, in dem Unterschiede zwischen dem publizierten Aufriß und der Ausführung auftreten *(vgl. Abb. 28.5, 28.7)*. Errichtet wurden acht durch Strebepfeiler getrennte Joche von unterschiedlicher Breite im westlichen und östlichen Abschnitt. Die Kleebogenlanzettfenster mit dreistrahligem Oberlicht aus seiner Veröffentlichung ersetzt der Architekt in der Ausführung durch dreibahnige Kleeblattfenster unter Spitzbogen. Die Umsetzung in Plattenmaßwerk greift auf die Frühgotik zurück, die nach Ungewitters Auffassung die bedeutendste Bauphase des Klosterkomplexes gewesen ist.

Die originelle Durchfensterung des Nordtrakts erlaubt Einsicht in die Forminvention Ungewitters *(vgl. Abb. 28.6)*. Das von einem Spitzbogen überfangene Portal zeigt im Oberlicht das Prinzip des Plattenmaßwerks, indem Spitzbogenlanzetten in die Steinplatten eingestanzt werden, um eine simple, plastisch wirkende Form zu gewinnen. In diesen sitzen fein gearbeitete Einschnitte, die eine Kleeblattform bilden. Streng genommen ist eine Belegung mit dem Begriff Plattenmaßwerk kaum zulässig, da die Platten im Oberlicht eher einen Hintergrund abgeben, als daß sie eine in sich geschlossene Dekorationsform bilden. Der Neugotiker erfindet eine eigene Form, die allerdings in ihrem Charakter stimmig zum Gesamtbild bleibt. Dies ist Beispiel für eine Umsetzung des geforderten freien Verhältnisses des modernen Künstlers zu seinen Vorlagen.[38] Zugleich läßt sich seine Vorliebe für komplizierte Verschränkungen beobachten. Zwei Strebepfeiler rahmen das Portal, auf denen kräftige Wandstreifen mit Viertelkreiseinschnitt aufsitzen, die ihrerseits - balanciert auf einem horizontalen Trennbalken - das Oberlicht tragen. Damit werden in der Detailgestaltung Hinweise auf den stufenweisen Aufbau der Konstruktion - in gotischen Motiven wie Strebepfeiler - gegeben, worin sich nach Ungewitters Auffassung zugleich ein Gesamtprinzip der Gotik ausdrückt, das gerade in der Anwendung auf ein Detail sowohl in seiner Komplexität als auch konstruktiven Durchsichtigkeit verständlich wird. Die Entwicklung eines Teils aus einem anderen, das wiederum innerhalb des Gesamtzusammenhanges eine genau definierte Rolle spielt, kann als kompositionelles Credo des neugotischen Architekten gelten.[39]

Ungewitter orientiert sich an den frühen Formen der ersten Hälfte des 13. Jahrhunderts, kennzeichnet sie dabei nicht nur als neue Schöpfungen, sondern auch ihre Nutzung zu profanen Zwecken.

Die Baumaßnahmen in Haina finden im Korsett engster Vorgaben bzw. Gegenbestrebungen von Arzt und Behörden statt, die zu Unstimmigkeiten führen. Ungewitter bemüht sich also zunächst, seiner Aufgabe als Bautechniker gerecht zu werden (Heizungen etc.). Mit dem Abbruch störender Aus- und Anbauten sowie stilistisch kongruenter Herstellung und Erneuerung verliert er jedoch sein Ziel nie aus den Augen, das in einer weitest möglichen Wiederherstellung des ursprünglichen Charakters der Anlage in ihrer Gesamtheit besteht. Als Gotik-Spezialist war gerade Ungewitter für diese Aufgabe prädestiniert.

1 Heinrich v. Dehn-Rotfelser/Wilhelm Lotz, Die Baudenkmäler im Regierungsbezirk Cassel. Kassel 1870, S. 86-90 (mit Auflistung der Abbildungen bei Ungewitter); Georg Dehio, Handbuch der deutschen Kunstdenkmäler. Hessen. Berlin/München 1966, S. 354-58; Arnd Friedrich, Kloster Haina. (Die Blauen Bücher) Königstein 1987; Ders., Die Hohen Samthospitäler in Hessen vom Tode Landgraf Philipps des Großmütigen im Jahre 1567 bis zum Beginn des 19. Jahrhunderts. In: Heinemeyer/Pünder, S. 135-160 (besonders für die Geschichte von Organisation und Verwaltung des Klosters). Es gibt eine Vielzahl weiterer Artikel, die für die Baugeschichte des 19. Jahrhunderts keine wesentlichen Informationen bringen.

2 Auf Ungewitters Hainaer Zeichnungen greift jüngst noch Binding für seine Maßwerkanalyse zurück (Binding, 1989, Abb. 229 und 325).

3 "Lehrbuch", 3. Aufl., Fig. 822, S. 324, vgl.: Erika Doberer, Die gotische Schranke der Klosterkirche zu Haina. In: *Deutsche Kunst und Denkmalpflege* 1964, S. 32-36.

4 Dieser Abschnitt nach Friedrich, 1987, S. 56-59. Spannende Ergebnisse zu den Restaurierungen sind von einer noch laufenden Dissertation zu erwarten: Andrea Pufke, Die Klosterkirche in Haina. Renovierung, Restaurierung und Umbauten im 19. und frühen 20. Jahrhundert.

5 W. Brandt, 450 Jahre Psychatrie. Auf die Hainaer Tischbein-Familie gehen außer gleichnamigen Malern auch der Architekt Strack sowie der Kunsthistoriker Pinder zurück (Willi Brandt, Die Hainaer Künstlerfamilie Tischbein. In: Walter Heinemeyer/Tilman Pünder (Hg.), 450 Jahre Psychatrie in Hessen. Festschrift zum Jubiläum der Hohen Hospitäler in Hessen, Marburg 1983, S. 297-307).

6 F. Lange, Gutachtlicher Bericht über die Klosterkirche zu Haina und deren angemessene Wiederherstellung. 1849.

7 Schnaase erwähnt u.a. die Ausmalung des Innenraums nach Spuren der ursprünglichen Färbung. Von der

Einrichtung seien Lektorium, Ambon, Hochaltar und Reste des Chorgestühls wiederhergestellt worden, die Erneuerung von Fußboden und beschädigten Gesimsen im Äußeren sei gerade erst begonnen worden (Carl Schnaase, Die Wiederherstellung der Klosterkirche zu Haina. In: *Deutsches Kunstblatt* 6 (1855), S. 342f.).

8 Friedrich Bleibaum, Die Klosterkirche von Haina, Raum und Farbe. In: *Hessische Heimat. N. F. 11*, Heft 5 (1961), S. 13-19.

9 Hauptsächlich nach: Akte B 3 (Hospital Archiv).

10 Brief Schenk vom 5. Juli 1854 (Ebd.).

11 Beschluß des Innenministeriums vom 6.06.1855, ein umfassendes Renovierungsprojekt erstellen zu lassen.

12 Brief 24. Mai 1857 (Reichensperger, 1866, S. 161-63).

13 Ungewitter berichtet anekdotisch über den von einem früheren Landbaumeister nach Augenschein bestellten Dampfkessel aus Koblenz, den man aufgrund seiner überdimensionierten Größe von den Hospitaliten zerschlagen lassen mußte (Ebd).

14 Das um 1286 vollendete Lübecker Hospital betrat man durch die Kirche, in deren Achse sich das "lange Haus" (Halle der Hospitaliten) anschloß (Die Bau- und Kunstdenkmäler der Freien und Hansestadt Lübeck, Bd. 2. Lübeck 1906, S. 449-498).

15 Leider sind die immer wieder erwähnten Pläne nicht mehr nachzuweisen.

16 Heute ist man gar nicht sicher, ob jemals mehr als die Fundamente gelegt worden sind.

17 Noch in einem Brief vom 20. November 1857 insistiert Ungewitter auf der Weiterbeschäftigung des Steinmetzen.

18 Brief Ungewitters vom 18. Mai 1857 (Akte B 3, a.a.O.).

19 Anschlag VII hierzu. Es fehlt Anschlag VI, bzw. ist mit dem Anschlag zum Umbau des Dachraums über dem sog. 'Gebet' über 4.000 Taler vom 26. März 1860 identisch.

20 Nicht veranschlagt sind Öfen und die Bleispitzen usw. auf den Giebeln der Dachfenster. Aufgrund der Annahme Kasseler Preise für Zimmerarbeiten erwartet Ungewitter auch hier noch eine Reduktion.

21 Brief 24. Mai 1857 (Reichensperger, 1866, S. 163).

22 Vgl. z. B. die Einbestellung des Regierungs-Medizinal-Referenten, Ungewitters, allen Personals für den 10. August 1857 (Akte B 3, a.a.O.). Umständlich wurden die Zahl der untergebrachten Pfleglinge und die voraussichtliche Kapazitätserweiterung durch die neuen Räume im August und September festgestellt.

23 Luft- und Wasserheizung wurden verworfen, die Erfahrungen mit der ganz neuen Dampfheizung wären noch abzuwarten (Brief Ungewitters vom 20. November 1857; Akte B 3, a.a.O.).

24 Auszug aus dem Protokoll der Kurf. Regierung der Provinz Oberhessen 5. Januar 1858.

25 Die Hospitaliten wären zwischenzeitlich auf den Küchenböden unterzubringen.

26 Maßgeblich unterstützt auch durch Schenk (Brief 27. April 1858; Reichensperger, 1866, S. 166).

27 Ende Mai/ Anfang Juni wurde mit dem Fällen begonnen, sechs Wochen später sollte das Holz am Platz sein. Vom 11. August liegt ein weiteres Verzeichnis über die noch zu fällenden Hölzer vor.

28 Es bedürfte dann nur noch der Aufstellung eines von Pfeilern getragenene Daches, um ein Brunnengehäuse zu erhalten (Brief Ungewitters vom 12. November 1858).

29 Obervorsteher Quentin in einem Bericht vom 24. März 1886 (Akte B 3, a.a.O.).

29a Friedrich, 1987, S. 78.

30 vgl. Arnd Friedrich, Kreuz oder Giebel - Charles du Rys Kirchturmprojekt in Haina (1739-1743). In: *Zeitschrift des Vereins für hessische Geschichte und Landeskunde* 90 (1984/85), S. 169-81; Otto Kahm, Ein Werk von G. G. Ungewitter. Der Kirchturm in Haina. In: *Frankenberger Allgemeine* vom 2. 6. 1984, Nr. 128.

31 Brief 27. April 1858 (Reichensperger, 1866, S. 166-69).

32 Die ausgeführte Orgel in Lille erinnert nur entfernt an die von Burges als Sieger der Konkurrenz entworfene (vgl. Muthesius, 1974, S. 208).

33 K[arl A[enmilius] Jaehn, Das evangelische Kirchengebäude. Leipzig [1877], S. 239.

34 Brief 27. April 1858 (Reichensperger, 1866, S. 169).

35 Ungewitter, Gotisches Musterbuch, Tf. 81, 83-85, 90, 93, 116f., 120, 144f., 154, 156-171.

36 Die meisten Beispiele beziehen sich auf die nach Auffassung Ungewitters frühgotische Zeit, mit der er sich am gründlichsten befaßt hat (vgl. Ungewitter, Lehrbuch der gothischen Konstruktionen, 1. Aufl., S. 3, 70; Fig. 108a, 119, 199a).

37 vgl. z.B.: Fig. 231, 287, 287a, 421, 427, 505, 526, 532, 566, 633f., 642, 654f., 822, 1241, 1264f., 1267 (Ungewitter, Lehrbuch der gothischen Konstruktionen, 3. Aufl.). Die jeweiligen Details wie Pfeilergrundrisse, Kapitelle, Maßwerk oder Schlußsteine werden zeitlich eingeordnet und spiegeln Ungewitters Denkmuster vom Entwicklungsverlauf der Gotik.

38 Ungewitter, Lehrbuch der gothischen Konstruktionen, 1. Aufl., Schluß.

39 vgl. Ebd., S. X.

Abb. 29.1) NIESTE, Evangelische Pfarrkirche, Ansicht

29) NIESTE, Evangelische Pfarrkirche, Entwürfe zur Restauration ab 1858, zum Neubau 1863, Ausführung 1864-66

Der Neubau der ev. Pfarrkirche in Nieste gehört, obwohl Ungewitter schon seit 1858 mit dem Objekt befaßt war, mit dem Entwurfsjahr 1863 in sein spätes Werk. Die kleine Saalkirche mit Kastenchor und Westturm wirkt aufgrund z. B. neuer Dachdeckung, Erneuerung des Turmhelms grober und plumper als im ursprünglichen Entwurf *(Abb. 29.1, 29.2)*.[1]

Ungewitters Niester Kirche, die wiederum in den "Entwürfen zu Land- und Stadtkirchen" erschien, verweist im Grundriß auf den Typus des Vorgängerbaus, der noch bis 1858 benutzt wurde: eine Saalkirche mit rechteckigem Chor, wie sie auch in Neustadt und Hundelshausen vorkommt *(Abb. 29.3)*. Der Chor des Neubaus ist deutlich flacher, das Schiff gewinnt an Breite, so daß dort der Schwerpunkt liegt, entsprechend der Forderung nach einem Raum zur Versammlung der Gemeinde im protestantischen Kirchenbau *(vgl. Abb. 29.10)*. Der Grundmodul mit drei Langhausfenstern wird ebenfalls beibehalten.

Unter einem Dach, das wie schon im Vorgängerbau Chor und Langhaus zusammenfaßt, wird das Kirchenschiff durch Strebepfeiler in vier Joche gegliedert, wobei das westliche schmaler ist und eine zusätzliche Mauerverstärkung mit Pultdach im unteren Wandabschnitt erhält *(Abb. 29.4)*. Im Westen schiebt sich mittig ein Turm vor, dessen oberer Teil mit Schalluken, Gauben und Spitzhelm eine verschindelte Holzkonstruktion zeigt. Der Klarheit der räumlichen Organisation der jeweiligen Funktionsbereiche entspricht die sorgfältig durchdachte Verwendung von Einzelmotiven, genannt sei die eigene Verdachung der Strebepfeiler, die heute leider ebenfalls verändert ist *(vgl. Abb. 29.2)*. Als wichtige konstruktive Elemente werden sie einerseits eigenständig behandelt, andererseits zeichnen sie in der rechtwinkligen Verzahnung mit der Dachfläche ihre Aufgabe, die Schubwirkung abzufangen, nach.

Die Westansicht entwickelt mit tief eingenischtem Portal *(Abb. 29.5)* sowie einem einfachen Rosenfenster (Plattenmaßwerk wie in Neustadt) nicht nur die bereits bekannte Plastizität, sondern läßt noch die Westwand des Schiffes als Schicht durchscheinen. Vor- und Rückstufungen der Fensterzone binden diese hintere Wandschicht mit der vorderen des Turmsockels zusammen *(vgl. Abb. 29.2)*. Gleichzeitig werden Motive früherer Ungewitter-Kirchen wiederholt, vgl. das Westfenster in Amöneburg. Neben den schon bekannten gotischen Elementen tritt mit dem Rosenfenster ein anspruchsvolles Motiv für eine Dorfkirche hinzu, das zudem in keiner Weise in dem Vorgängerbau angelegt war *(vgl. Abb. 29.10)*. Auch der Turm löst sich erst im Helmansatz durch eine zweistufige Vorkragung aus dem Massiv, er befindet sich ebenfalls in einem Vexierspiel gebundener und freier Formen.

Den Innenraum gliedert Ungewitter wie in den übrigen seiner evangelischen Pfarrkirchen durch Kreuzrippengewölbe im Chor sowie eine offene Holzkonstruktion im Schiff *(vgl. Abb. 29.3)*. Im übrigen bleiben das Bruchsteinmauerwerk und die Fenstereinfassungen in Haustein sichtbar.

In Nieste wird eine Holzempore schließlich an der Nordseite eingezogen, wie es sie im Vorgängerbau gegeben hatte *(Abb. 29.6)*. Im Innenraum haben sich Orgelempore, Gestühl sowie Altar - mit Veränderungen - erhalten, z.B. in anderen Farbfassungen (Kanzel in restauro) *(Abb. 29.7)*. Ein gutes Beispiel für die schlichte, monumentale Ungewittersche Formensprache stellt der Sandstein-Altar dar, dessen Mensa auf zwei Säulen vor einer Rückwand steht (Retabel),

Abb. 29.2) NIESTE, Evangelische Pfarrkirche, Ansicht (aus „Land- und Stadtkirchen")

Abb. 29.3) NIESTE, Evangelische Pfarrkirche, Grundriß und Schnitte (aus „Land- und Stadtkirchen“)

die mit vier Kleebogen-Nischen durchbrochen ist und in der Mittelachse einen vortretenden, hochaufragenden Aufsatz mit Dreiecksgiebel und Firstkreuz trägt *(Abb. 29.8)*. In der tiefen Nische steht heute ein Kruzifix. An den Säulen sind noch Spuren älterer Farbschichten zu erkennen *(Abb. 29.9)*.

Anstelle der Ungewitterschen Pfarrkirche in Nieste bestand zuvor ein älteres Gebäude, das am 6. Mai 1858 wegen Baufälligkeit geschlossen werden mußte.[2] Ungewitter lieferte am 20. Juli einen Bericht über den Zustand dieses Baues an das Konsistorium[3], wobei er - im Gegensatz zum Gutachten des Baureferenten vom 15. September - eine Wiederherstellung für möglich hielt.[4] Die Schäden, die Ungewitter auflistet, gefährden demnach den Bestand nicht grundsätzlich (z.B. Mauerrisse an den Gebäudeecken). Es sei eine “stylgemäße Herstellung” erforderlich, wobei der monumentale und kirchliche Charakter durch etwa den Abbruch der Emporen gehoben werden könne, wie auch die Betonung des Chores durch seine Wölbung bereits ausgedrückt sei. Der Aspekt der malerischen Erscheinung wird für das Äußere mit den umziehenden Friedhofsmauern genannt, er ist mithin auch für den Sakralbau Ungewitters relevant. Das Innenministerium beauftragte mit Beschluß vom 17. November 1858 Ungewitter mit der Restauration - in der Annahme, diese sei billiger.

In der Aufnahme von Röhner, die das Kasseler Konsistorium in die Wege geleitet hatte, ist die baufällige Kirche dokumentiert *(Abb. 29.10)*. Unter ei-

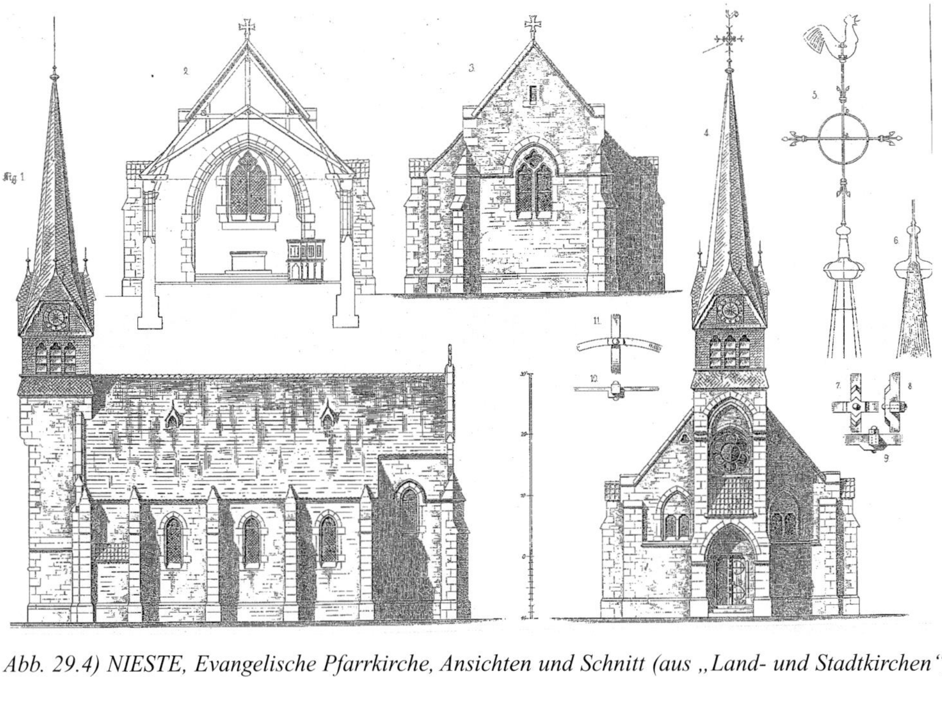

Abb. 29.4) NIESTE, Evangelische Pfarrkirche, Ansichten und Schnitt (aus „Land- und Stadtkirchen“)

Abb. 29.5) NIESTE, Evangelische Pfarrkirche, Portal

Abb. 29.6) NIESTE, Evangelische Pfarrkirche, Balkendecke der Nordempore

nem hohen Dach, das einen Dachreiter sowie eine weitere Glocken-Öffnung trägt, sitzen die spitzbogigen Öffnungen unregelmäßig in der niedrigen Wandfläche aus Bruchstein mit Haustein an den Ecken verteilt. Das flach gedeckte Langhaus mit dreiseitiger Empore sowie der gewölbte Chor unterscheiden sich kaum in der Breite. Im Westen gab es keinen Zugang und das kleine hochrechteckige Ostfenster zeigt noch einmal, wie bescheiden die Kirche sich bis 1858 präsentierte, deren Bau vom romanischen Rundbogenfenster bis zu spätgotischen Fenstergewänden alle Zeitstufen umfaßte.

Am 20. Juli 1859 legte Ungewitter seinen Plan vor, der eine Beseitigung der Mängel an den Mauern, Abriß des Daches zugunsten eines neuen über Chor und Schiff, Anbau im Westen, Überdeckung des Schiffes mit einer Holztonne, Abbruch der Emporen sowie Einrichtung einer neuen Orgelbühne vorsah. Das Konsistorium äußerte Bedenken, woraufhin Ungewitter in einem Brief vom 6. September unter Ansatz von 3600 Talern Kosten drei Zeichnungen beifügte.

Die Grundform der Kirche blieb also erhalten *(Abb. 29.11)*. Ungewitter sah im Westen eine Verlängerung vor, die eine neue Gestaltung des Westgiebels mit abgeknickter Traufleiste sowie einer Dreiergruppe spitzbogiger Maßwerkfenster (spätgotische Fischblasen) rechtfertigte, während im Osten lediglich eine spitzbogige Öffnung im oberen Teil des Giebeldreiecks hinzugefügt wurde *(Abb. 29.12)*. Die Erneuerung des Daches gestattete es, den Dachreiter durch ein offenes hölzernes Glockentürmchen zu ersetzen, das an derselben Stelle - über der Triumphwand - aufsteigt. Der Längsschnitt zeigt den Ausbau des Dachraumes durch eine offene Holz-

Abb. 29.7) NIESTE, Evangelische Pfarrkirche, Innen nach Südwest

Abb. 29.8) NIESTE, Evangelische Pfarrkirche, Altar

Abb. 29.9) NIESTE, Evangelische Pfarrkirche, Altar, linke Stütze

tonne, das Chorgewölbe bleibt erhalten. Ungewitter geht also sehr schonend mit dem Bestand um, Materialverwendung, Zugänge und Fenster bleiben weitgehend unverändert. Der Entwurf zeigt sich im Außenbau asymmetrisch durch einen überdachten Zugang auf der Nordseite, also wieder malerisch, wobei die vertikale Streckung ein neuer Akzent Ungewitters ist.

Die Jahre 1858 und 1859 standen somit noch ganz im Zeichen des Ungewitterschen Bemühens um eine Erhaltung der ursprünglichen Substanz.[5] Ungewitter bemühte sich ausdrücklich um eine weitgehende Beibehaltung des bisherigen Charakters der Kirche, für eine Fernwirkung war das Glockenhaus gedacht. Mit dem Argument, die Raumdeckung zeigen zu wollen, anstatt ein Gewölbe zu imitieren, scheint ein Gedanke durch, der auch für andere Neugotiker seiner Zeit wichtig war (vgl. Kap. IV. 1). Für seine Idee, das Holz in der ihm eigenen Farbigkeit zu belassen, gibt er flandrische und 'normännische' Werke an.[6]

Nachdem das Konsistorium sich schon Ende 1858 in Verhandlungen mit dem Innenministerium gegen eine Wiederherstellung nach Maßgabe Ungewitters gesträubt hatte, verwies die kirchliche Behörde am 1. März 1861 auf ein bereits erstelltes Neubau-Projekt, das sich erhalten hat.[7]

Dieser Entwurf des Landbaumeisters Sallmann zeigt schon im Grundriß eine völlig ebenmäßige Einraum-Kirche mit Polygonalschluß *(Abb. 29.13)*. Die Kanzel steht hinter dem Altar an der Ostwand, eine in engagierten Kirchenkreisen äußerst ungeliebte Lösung[8]. Entsprechend einfallslos wird folglich auch der Aufriß mit gleichmäßigen, hohen Spitzbogenfenstern - unschön durch die Emporen zerschnitten-, die von einer Lisenengliederung mit Rundbogenfries umgeben sind, gehandhabt. Die schematisch symmetrisch und unproportioniert aufgeteilte Westwand vermag nicht, den monotonen Eindruck zu verwischen, der ein trauriges Licht auf die Fähigkeiten eines durchschnittlichen Landbaumeisters in Kurhessen um die Mitte des vorigen Jahrhunderts wirft.[9] Der Vergleich mit dem Landbaumeister-Projekt läßt die besondere individuelle und plastische Qualität der Ungewitterschen Architekturformen im Kontrast klar hervortreten.

Damit setzte sich in diesem Fall die Oberbau-Kommission für Ungewitter ein, während das Konsistorium gegen seine Pläne votierte. Bis 1863 wurden offenbar Maßnahmen der dringendsten Substanzerhaltung getroffen, da Ungewitter eine Rechnung für seine diesbezüglichen Arbeiten ausfertigte.[10]

Am 30. Juli 1863 erst erhielt er den expliziten Auftrag, einen Plan nach den "Prinzipien des ächten Kirchenbaustyls" anzufertigen.[11] Diesen reichte er am 4. Oktober des Jahres an das Konsistorium ein. Das Gebäude sei nach dem Bedarf einer evangelischen Kirche konzipiert, ausdrücklich bezog sich der Architekt auf das 1861 verabschiedete Eisenacher Regulativ. Er habe die Prinzipien der "echten Kirchenbaukunst" beachtet, um "dem Geist des mir ertheilten Auftrages am besten entsprechen zu können". Deswegen sollen beispielsweise Strebepfeiler das Äußere beleben, die gebrochene Dachkonstruktion sei einer flachen Deckung vorzuziehen.[12]

Infolge einer Berechnung vom 11. September 1864 erfolgte am 22. September die Verfügung der Anlage der Empore nach diesem Ungewitterschen Kostenanschlag.[13] Noch bis zum Jahresanfang hatte sich der Architekt gegen die Empore gewehrt, die

Abb. 29.10) NIESTE, Evangelische Pfarrkirche, Aufnahme des Vorgängerbaus von Röhner

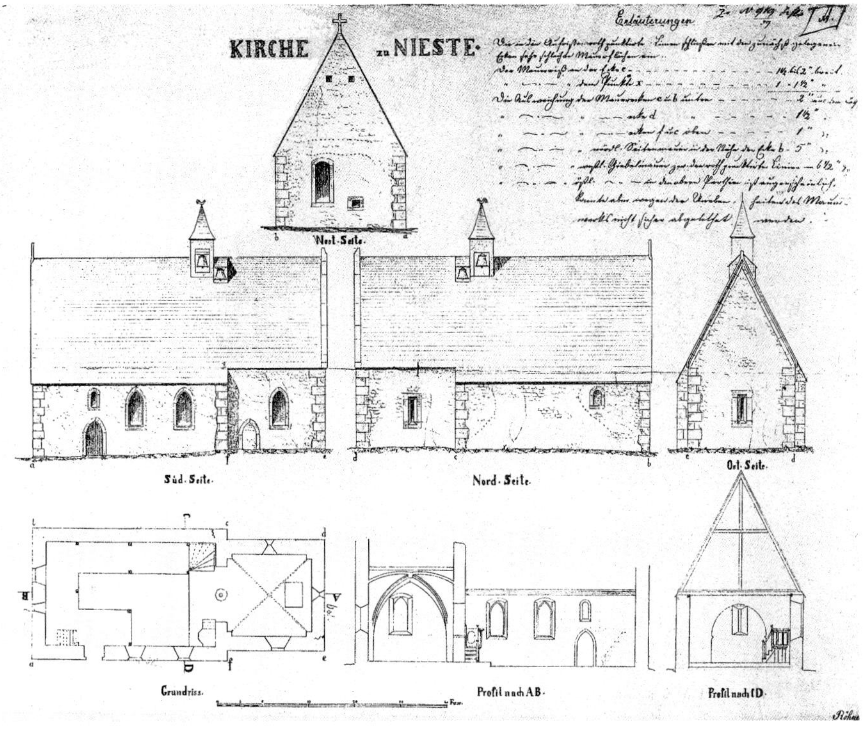

aber auf Einwände von Pfarrer, Gemeinderat und Bürgermeister bezüglich der Größe der Kirche (270-280 Personen) gebaut werden mußte. Nach Ungewitters Tod führte Zindel die Baumaßnahmen bis 1866 zu Ende.

Ungewitter selbst bezieht sich im "Lehrbuch" auf die Frage des Grundrißtyps, den er in größerem Maßstab auf Zisterzienserbauten zurückführt, aber auch in englischen Werken bemerkt hat.[14] Im kleineren Ausmaß fiel ihm die Saalkirche mit rechteckigem Altarhaus gerade auch in westfälischen Gegenden sowie an Dorfkirchen auf (Schwarzenborn u.a.). Eine Annäherung an diesen Typ sei den Zeitgenossen geboten, das "Studium grade solcher armen Werke nicht ohne Wichtigkeit".[15] Dies erklärt die Beibehaltung des mittelalterlichen Grundrißtyps in Nieste. Insofern zeigt sich eine Berücksichtigung der Bauhistorie der Kirche und Suche nach der Kontinuität von Grundformen.

Gegen eine Restaurierung, die Ungewitter vorgezogen hätte, sträubten sich sowohl die staatlichen als auch die kirchlichen Behörden. Die Ernsthaftigkeit seines Bemühens um die Erhaltung der mittelalterlichen Substanz würdigen die Zeitgenossen noch nicht.

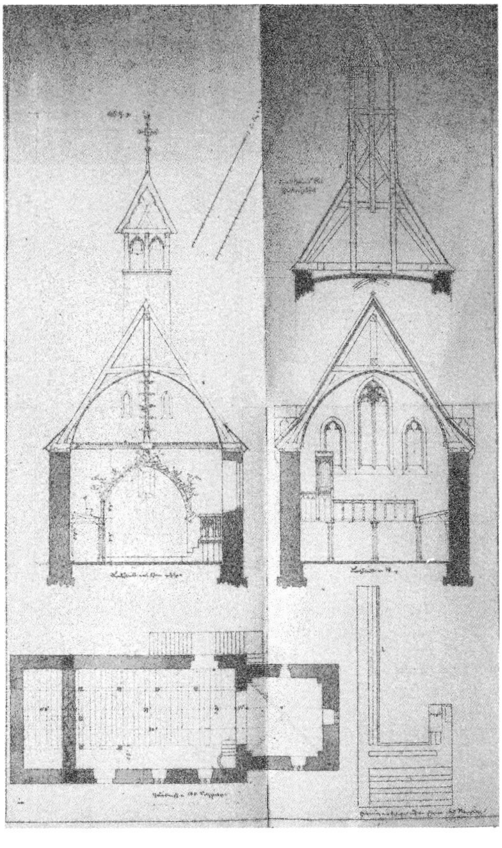

Abb. 29.11) NIESTE, Evangelische Pfarrkirche, Restaurierungsentwurf Ungewitters, Grundriß und Schnitte

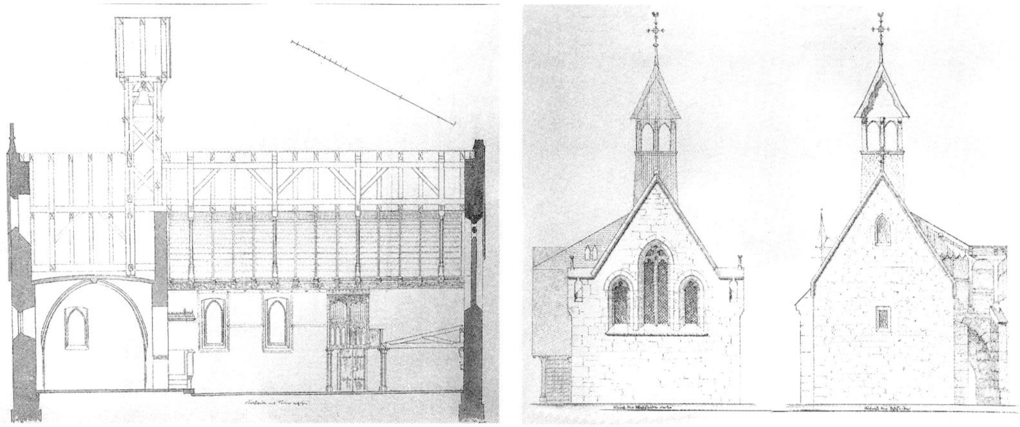

Abb. 29.12) NIESTE, Evangelische Pfarrkirche, Restaurierungsentwurf Ungewitters, Längsschnitt und Ansichten

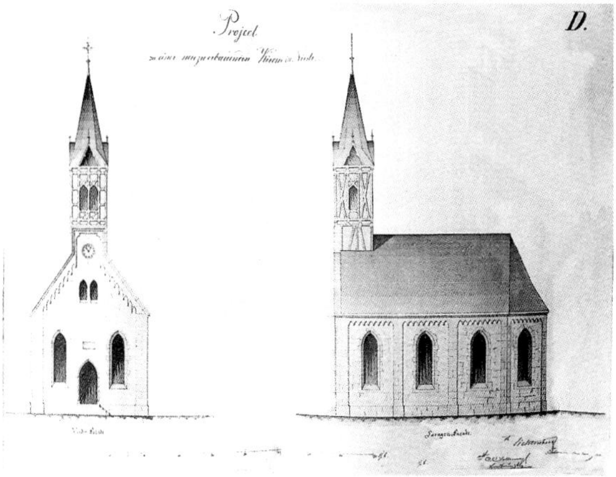

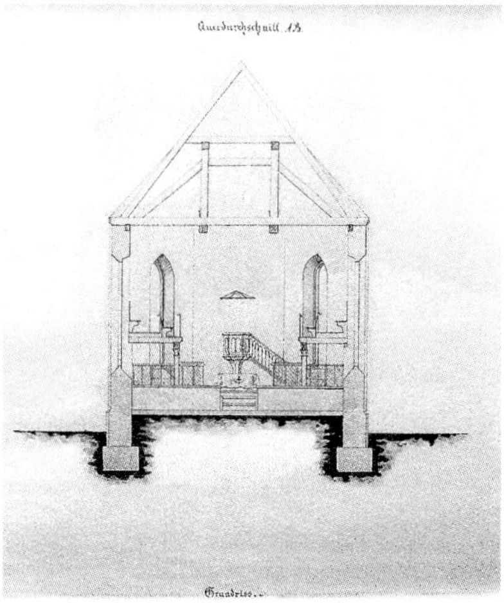

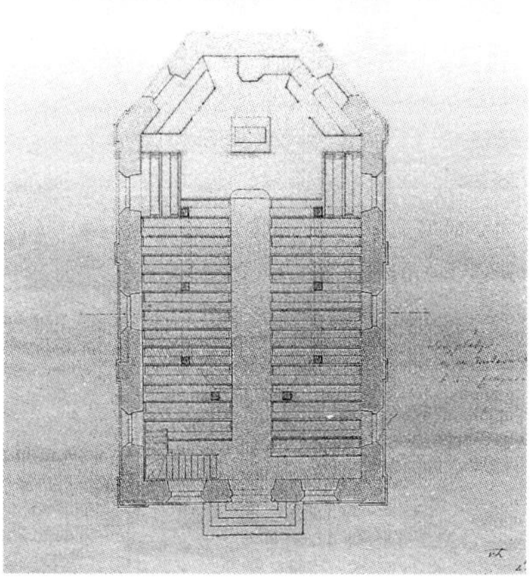

oben und rechts:
Abb. 29.13) NIESTE, Evangelische Pfarrkirche, Entwurf Sallmann 1851, Aufrisse, Grundriß und Schnitt

1 Entgegen den Abbildungen in den "Land- und Stadtkirchen" befinden sich die Kirchen meist durchaus in einem dörflichen Bauzusammenhang, der zugunsten einer landschaftlich orientierten Darstellung weggelassen wird.
2 Best. 315 e III, 1 Nieste (SAM).
3 Es gab Baureste aus romanischer Zeit (Rundbogenfenster), ein hohes gotisches Dach mit Dachreiter und teilweise spätgotische Fenstergewände.
4 Best. 315, a.a.O.; vgl. auch: Die Bau- und Kunstdenkmäler im Regierungsbezirk Cassel, 4. Bd., Kreis Cassel-Land, bearb. v. A. Holtmeyer. Marburg 1910, S. 112f. und Tf. 66 im Tafelband.
5 Die Erweiterung unter Schonung des Bestandes registrierte Holtmeyer wohlwollend (Inventar, 1910, S. 112).
6 Brief vom 6. September 1859 an das Konsistorium (Best. 315, a.a.O.).
7 Best. 16/ Rep. XII/ Kl. 11/ Nr. 44 (SAM).
8 Dies wird im Eisenacher Regulativ von 1861 als die schlechteste denkbare Lösung eingestuft (vgl. Kap. IV. 1).
9 Er fand keine Genehmigung seitens des hessischen Ministeriums: Die Abmessungen überschreiten demnach den Bedarf und die Spitzbögen über Türen und Fenstern passen nicht zu den übrigen Formen (Inventar, 1910, S. 112).
10 Best. 16, a.a.O.
11 Best. 315, a.a.O.
12 Ebd.
13 Best. 16, a.a.O.
14 Abb. des alten Baus: Ungewitter, Lehrbuch der gothischen Konstruktionen, 1. Aufl., Fig 733, S. 260. Danach: Dehn-Rotfelser/Lotz, 1870, S. 474.
15 Ungewitter, Lehrbuch, 3. Auflage, S. 280.

30) WETTER, Ehemalige Stiftskirche St. Maria, heute ev. Pfarrkirche, Restaurierung 1859-64

Die ehemalige Stiftskirche Wetter, heute evangelische Pfarrkirche, wurde als dreischiffige Hallenkirche mit 5/10 Chor ab der Mitte des 13. Jahrhunderts errichtet *(Abb. 30.1, 30.2)*.[1] Ein Vorgängerbau konnte mit einer ergrabenen romanischen Krypta unter dem Chor sowie Resten aufgehenden Mauerwerks belegt werden. Seit 1015 Stiftskirche, wurde St. Marien 1223 Pfarrkirche des nun zur Stadt erhobenen Ortes Wetter. Im Zuge der Reformation ging die Kirche 1528 in städtisches Eigentum über.

Der durch Ungewitter restaurierte Kirchenbau war bald nach 1250 am Chor (Fenstermaßwerk) begonnen worden, um 1280 war das Langhaus fertig (kantonierte Rundstützen mit Wirteln der Dienste in Vierung und Chor), worauf die Ausmalung folgte.[2] Bemerkenswert ist die fein gearbeitete Bauplastik. Erst 1506 trat laut Bauinschrift der Turm im Westen hinzu, der mit seinem Spitzhelm der höchste hessische Kirchturm war, bevor er 1869-71 nach mehrfachen Verkürzungen aus Gründen der Baufälligkeit heruntergenommen werden mußte. 1870/71 setzte Schäfer einen neuen Dachreiter mit vier Ecktürmchen auf[3], der jedoch 1957-58 wiederum ersetzt wurde. In den Jahren 1961-64 rekonstruierte man die

30.1) WETTER, Ehemalige Stiftskirche St. Maria, Ansicht (historisches Foto)

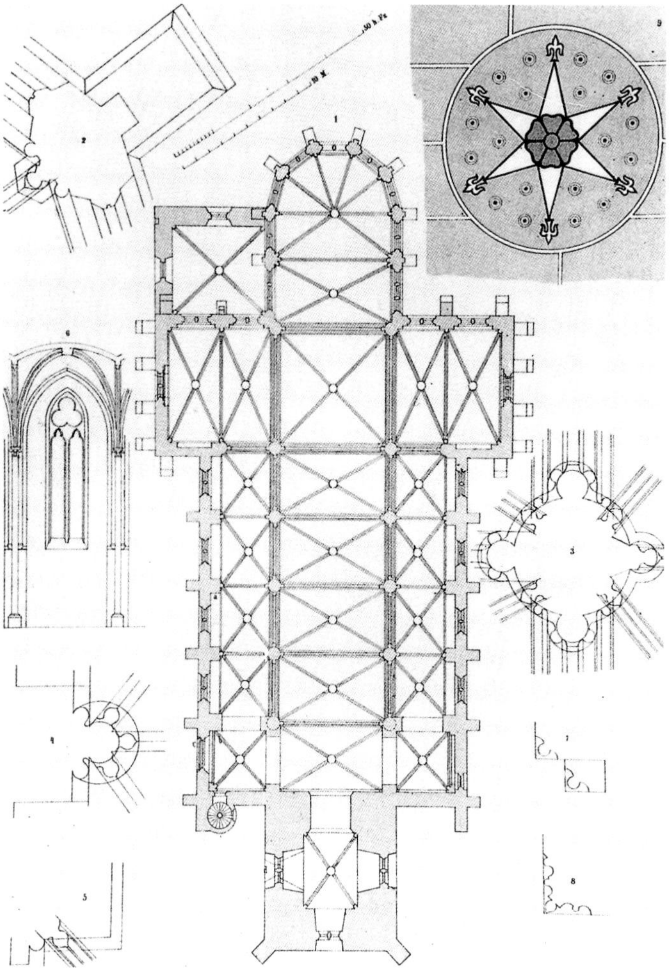

30.2) WETTER, Ehemalige Stiftskirche St. Maria, Grundriß (aus „Gotisches Musterbuch")

am Hauptchor ausgebessert. Die Leitung lag in den Händen des Maurermeisters Kuhaupt. Der aufsichtführende Baueleve Besser aus Ziegenhain ließ bis in den Oktober hinein arbeiten, weswegen im Winter großflächig der Mörtel wieder herabfiel, woraufhin "eine Art Baukrawall" entstand. Besser wurde aufgrund seiner schlechten Arbeit durch den aber auch nur als wenig befähigt geltenden Eleven Schuchard abgelöst, der nur einmal pro Woche zur Besichtigung erschien.[9] Ein weiterer Baueleve namens Heinrich Kimpel aus Haina fertigte demnach die feineren Arbeiten an Kanzel, Taufstein und Tabernakel an.

Am 11. März 1860 richtete Pfarrer Döpping ein Gesuch um finanzielle Mittel zur Restauration an das Ministerium des Innern.[10] Im selben Jahr verfaßte er eine Schrift über die Geschichte der Kirche, die deren Bedrohung durch den Verfall schildert sowie in einem historischen Abriß ihren Erhaltungswert hervorhebt.[11] Auch wenn Döpping sich mit der Datierung zwischen 1150 und 1220 um mehrere Jahrzehnte irrt, ist die Zuordnung Wetters zu den ältesten gotischen Kirchen nicht ganz unzutreffend. Am 16. Mai erstattete das Konsistorium Marburg Bericht über eine Eingabe wegen der Mittel zur Vollendung der Wiederherstellung der Kirche. Die laufenden Reparaturkosten erhöhten sich wegen gestiegener Kosten für die Mauerwerks-Ausbesserung, ein Mehraufwand, den Ungewitter auf etwa 350 Taler schätzt. Dazu kommen aufgrund des in der Gemeinde erwachten Interesses für ein Wandbild mit der Marienkrönung Kosten von 250 Taler für eine innere Ausmalung. Die Gesamtkosten beliefen sich damit auf 8000 bis 9000 Taler.

Innenausmalung aus dem letzten Viertel des 13. Jahrhunderts *(Abb. 30.3)*. Sie zeigt eine flächendeckende Bemalung - sogar das Fenstermaßwerk ist übermalt - sowie farbige Fassung von Diensten, Rippen und Kapitellen (die ersteren einfarbig grau bzw. ocker). Momentan finden erneut Renovierungsmaßnahmen in der Kirche statt.

Die von Ungewitter 1859-64[4] ausgeführten Maßnahmen sind genau bestimmbar.[5] Im Jahr 1859 erhielt er den Zuschlag für eine Restaurierung der Kirche Wetter.[6] Die Vorgeschichte reicht jedoch bis 1857 zurück, als ihm bereits Aussicht auf diese Arbeit eröffnet wurde. Sorge bereitete die Person des Superintendenten, der als Reformierter Ungewitter wenig geneigt gewesen sein dürfte.[7] Selbst das Ministerium hatte schon eine Einwilligung signalisiert.[8]

1859 wurden ab Herbst die Strebepfeiler an den beiden Kreuzarmen neu aufgeführt sowie diejenigen

Im Jahr 1860 waren die Giebelmauern der Kreuzflügel um mehere Zoll ausgewichen, die Gewölbe teilweise geborsten, so daß ganze Stücke herausfielen. Ungewitter ließ die Balkenlagen über den Gewölben verankern, neue Kappen einwölben. Zusätzlich stützte er die Querhausstirnen mit Strebepfeilern ab, obgleich diese nun das gotische Portal überschneiden *(Abb. 30.4)*.[12] Die Sicherungsmaßnahmen Ungewitters geschahen gemäß seiner Auffassung der Gotik: Indem Strebepfeiler als Widerlager dienen, fällt ihnen in erster Linie eine statische Funktion zu. Der mittige spitze Dreiecksgiebel zeigt ein beliebtes

Motiv derArchitekten, das vor allem ästhetisch wirksam ist.

In der Kirche wurden die Emporen nebst der sog. Stiftsbühne (hinter der Kanzel) entfernt, das Orgelgewölbe erneuert, der Fußboden etwas erhöht und neu geplattet. Die 1766 zugesetzten Fenster ließ man wieder öffnen und durch den Glaser Schulz aus Marburg neu verglasen. Von der neuen Kanzel wurde erstmals am 7. Oktober 1860 gepredigt. 1861 wurden neben kleineren Maßnahmen das Altarretabel durch Maler Merkel, einen Schwager Ungewitters, für 40 Taler restauriert sowie das von dem bereits genannten Bildhauer Knaur aus Leipzig angefertigte Kruzifix aufgerichtet (vgl. Kat. 17, 26). Im übrigen ruhten die Arbeiten, da Ungewitters Vorschläge zur Ausmalung des Inneren vom Konsistorium zunächst einfach liegengelassen wurden.

Der Restauration der alten Ausmalung, wie sie Ungewitter beabsichtigte, ermangelte es in den Augen des Konsistoriums "des Reizes der Neuheit".[13] Ungewitter hatte vorausschauend zwei Projekte angefertigt. Am 3. Juli 1861 berichtete das Konsistorium an das Innenministerium über die fast vollendete Restaurierung des Kirchenäußeren, so daß man sich nun der Frage der inneren Gestaltung zuwenden konnte. Ungewitter befürwortete von seinen Vorschlägen A und B den Ersteren, der eine Wiederherstellung der früheren Bemalung vorsah. Die Kirchenbehörde hingegen hielt mit Projekt B (bläuliche einfarbige Fassung) eine "einfache und weniger aufregende Färbung" der protestantischen Kirche für angemessen. Die Gemeinde als drittes Entscheidungsgremium wiederum wünschte einen farbigen Anstrich.

Den Kampf um das Marienbild im ersten Joch der nördlichen Chorwand konnte Ungewitter gegen das Konsistorium für sich entscheiden, es befindet sich noch heute dort *(Abb. 30.5)*. Das um die Wende vom 15. zum 16. Jh. entstandene Wandbild mit den Stifterinnen Almudis und Digmudis in Gewändern der Benediktinerinnen zeigt die Krönung Mariens mit einem sehr plastischen spätgotischen Baldachin über ihrem Haupt.[14] Die übergeordnete kirchliche Institution äußerte zwar keine konfessionellen Bedenken gegen die Beibehaltung einer solchen Darstellung, da oft in protestantischen Gotteshäusern derartige Kunstwerke belassen worden seien, aber dies sei schon sehr verblaßt. Eine Erneuerung galt als unangemessen für eine protestantische Kirche.[15] Noch 1862 war der Konflikt zwischen Konsistorium und Ungewitter bzw. Gemeinde, vertreten durch den Bürgermeister, nicht beigelegt.[16] Da das Bild nach dem Willen der Gemeinde als historisches Denkmal beibehalten werden sollte, erging ein entsprechender Antrag an die Regierung, der schließlich genehmigt wurde. Daß dies Bild erhalten blieb, ist ausschließlich Ungewitters Verdienst. Unabhängig von der Frage spezifisch protestantischer Traditionen

30.3) WETTER, Ehemalige Stiftskirche St. Maria, Innen nach Ost (um 1970)

30.4) WETTER, Ehemalige Stiftskirche St. Maria, nördliches Querhaus (historisches Foto)

30.5) WETTER, Ehemalige Stiftskirche St. Maria, Marienkrönung (Zeichnung Ungewitters)

30.6) WETTER, Ehemalige Stiftskirche St. Maria, Kanzel

vermochte er die Gemeinde von dem Altertums- und ästhetischen Wert des Kunstwerkes zu überzeugen.

Von der Innenausmalung Ungewitters, die bis 1862 abgeschlossen war, hat sich nichts erhalten, lediglich die polygonale, von einer gedrungenen Stütze mit Knospenkapitell getragene Kanzel verweist auf seine Baumaßnahmen *(Abb. 30.6)*. Die Entscheidung fiel zugunsten der an den ursprünglichen Befund angelehnten rotbraunen Fassung, die durch den Weißbinder Bockmann aus Gundesberg aufgetragen worden ist. 1863 schloß man die Erneuerung der Sakristei an.

Den eigenen Projekten muß auch in diesem Fall eine genaue Bauaufnahme vorausgegangen sein, da Ungewitter im "Lehrbuch" eine Reihe von Details wiedergibt.[17] Außerdem verwendet er den Begriff "Plattenmaßwerk", wie wir ihn auch heute noch verstehen.[18] Diesen terminus technicus übernimmt Schäfer in seinen "Mustergiltigen Kirchen".[19]

Aufgrund seiner Auswertung der originalen Farbspuren entsteht Ungewitters Neuausmalung *(Abb. 30.7)*. Wände und Pfeilerkerne tragen ein weißes Fugennetz auf rotem Grund, die Dienste hingegen sind monochrom gefaßt[20], die Wirtel wiederum zweifarbig. Die Kämpferzone arbeitet mit Hell-Dunkel-Kontrasten der Details wie Astragal, Blattkranz, Abakus. Die Gewölbeprofile folgen ebenfalls diesem Schema, während einzelne Rippen mit Ornamentstreifen hervorgehoben sind. An den Kapitellen hat die Farbe die Funktion, eine im Ornament nicht angedeutete Verschiedenartigkeit zu erzeugen.[21] Die heutige hellgraue Fassung der Gewölbedienste entspricht offenbar nicht dem Befund, Ungewitter hatte sie nämlich aufgrund seiner Beobachtungen ocker fassen lassen.[22]

Ungewitter unterscheidet bereits frühere und spätere Ausmalungen. So nennt er z.B. kammartige Ornamentstreifen, die die Rippen auf den Kappen begleiten, die er in das frühe 16. Jh. datiert.[23]

1 Vorbilder waren Marburg und Haina. Die mittelalterliche Kirche steht im Kontext der hessischen Bauschule der Hallenkirche vom Typ Trikonchos und ihrer Rezeption nordfranzösischer Kathedralgotik. Wetter gehört zu den frühesten und engsten Nachfolgebauten der Marburger Elisabethkirche. Vgl. zu Ungewitter: Kiesow, 1988, S. 19, 41; Inventar, 1870, S. 303. Bedeutendstes Aussattungsstück ist das auf 1260/70 datierte Altarretabel, das als ältestes in Hessen gilt (Gisela Krampe, Das Altarretabel der ehem. Stiftskirche zu Wetter. In: *Kunst in Hessen und am Mittelrhein* 20 (1980), S. 9-19).

2 Diese Datierung nach Kiesow, 1988, S. 252.

3 Für die kontinuierliche gründliche Auseinandersetzung nach Ungewitterscher Methode, übernommen durch dessen Schüler, sei auf eine Detailbeobachtung Jutta Schuchards hingewiesen. So markierte Schäfer später nicht nur die innere Raumstruktur des Kirchenschiffs mit gestuften Strebepfeilern im Äußeren, sondern setzte lisenenartige Elemente darauf, die außer an mittelalterlichen Kirchen wie Wetter auch wieder bei Ungewitter Verwendung gefunden hatten (Amöneburg, vgl. Kat. 39). Schäfer benutzte das

30.7) WETTER, Ehemalige Stiftskirche St. Maria, Innen nach Ost (historisches Foto)

Motiv später am Botanisch-Pharmakognostischen Institut der Universität Marburg noch einmal (Schuchard, 1979, S. 14, 86).

4 Die Datierung auf 1859-60 erfaßt wohl nicht alle Maßnahmen (Inventar, 1870, S. 303).

5 Die Ausmalung behandelt: Jürgen Michler, Die Elisabethkirche zu Marburg in ihrer ursprünglichen Farbigkeit. Marburg 1984 (= Quellen und Studien zur Geschichte des Deutschen Ordens 19), vgl. S. 54, 73, 319, 357, 359f., 362f. Demnach hat Ungewitter - trotz einiger kleiner Irrtümer - weitgehend richtig beobachtet, auch in seiner Unterscheidung der ursprünglichen Farbfassung von einer darüberliegenden spätgotischen. Eine Broschüre der Kirche ist dagegen wenig ergiebig (Die Stiftskirche zu Wetter, hg. vom Ev. Pfarramt Wetter, Text Pfarrer Karl Wenckebach, o.O. 1964, S. 6). Nach Auskunft des Pfarramtes von 1991 gibt es dort keine Unterlagen zu Ungewitters Maßnahmen.

6 Brief 11. Mai 1859 (Reichensperger, 1866, S. 179).

7 Mit den Lutherischen kam Ungewitter allgemein besser zurecht (Brief 24. Mai 1857; Reichensperger, 1866, S. 163f.).

8 An dieser Stelle kritisiert Ungewitter Schnaases und Lübkes Untersuchungen gotischer Kirchen, besonders die 'frühgotischen' in Hessen würden falsch eingeordnet (z.B. eben Wetter und Haina) (Brief 27. April 1858; Reichensperger, 1866, S. 169f.).

9 Bericht des Pfarradjunktes A. Heldmann vom 8. September 1864 (im Kirchenbuch Wetter 1765-1816).

10 Best. 16/ Rep. XII/ Kl. 12/ Nr. 23 (für die Jahre 1860-62) (SAM).

11 F. Döpping, Die Kirche zu Wetter in Oberhessen und deren Zusammenhang mit dem Stifte und der Adelsschule daselbst. Marburg 1860 (Best. 16, a.a.O.)

12 Dies wird kritisch bewertet: Den Querhausfronten wurden "Strebepfeiler mit Giebelschluß aufgenötigt" (Reclams Kunstführer, Baudenkmäler Bd. 4. Stuttgart 1960, S. 137). Schon im 19. Jh. hatte eine nicht namentlich benannte Person die Maßnahmen kritisiert, war aber zur Konfrontation vor Ort nicht erschienen (Brief 2. Juli 1860; Reichensperger, 1866, S. 192f.).

13 Brief 13. Juni 1860 (Best. 16, a.a.O.).

14 Kirchenbroschüre, 1964, S. 7f. Dort findet sich, nachdem durch den Anbau einer Sakristei im Spätmittelalter ein Abschnitt Wandfläche frei wurde, eine Mariendarstellung, wo die Madonna in Anlehnung an Offbg. 12 vor der flammenden Sonnenscheibe auf einer Mondsichel dargestellt ist.

15 Brief 3. Juli 1861 (Best. 16, a.a.O.).

16 Brief des Konstistoriums vom 11. Juli 1862 (Best. 16, a.a.O.).

17 vgl. z.B. Ungewitter, Lehrbuch der gothischen Konstruktionen, Fig. 271, 271a, 292, 510, 510a, 623, 664, 781 und 781b, 1062, 116. Darin werden unter anderem die Rippenanfänge im Chor, die Kapitelle der Schiffspfeiler, Bogenanfänge, das Pfeilersystem, Fenstermaßwerk oder eine Innenansicht des Chores abgebildet.

18 Ungewitter, Lehrbuch der gothischen Konstruktionen, 1. Aufl., S. 56.

19 Schuchard, 1979 S. 87.

20 vgl. Ungewitter, Lehrbuch der gothischen Konstruktionen, 1. Aufl., Fig. 903.

21 Ebd., 1. Aufl., S. 616, Fig. 915.

22 vgl. Michler, 1984, S. 360.

23 Ungewitter, Lehrbuch der gothischen Konstruktionen, 1. Aufl., Fig. 910.

31) FRANKENBERG, Evangelische Stadtpfarrkirche, Auftrag zur Restaurierung 1859 (Ausführung durch Zindel 1864-68/70)

Der von gelb nach rot changierende Sandstein stellt eine Besonderheit der aus dem späten 13. und frühen 14. Jh. stammenden ev. Pfarrkirche Frankenberg dar *(Abb. 31.1)*.[1] Die dreischiffige Hallenkirche, die wieder den hessischen Typ mit schmalen Seitenschiffen entlang eines breiten Mittelschiffes zeigt, besitzt an Chor und Querhausarmen einen 5/8 Schluß (Trikonchos) *(Abb. 31.2)*. Ihr Bau wurde 1286 begonnen.[2] Um 1300 war der Chor vollendet, das Langhaus um 1337, das mit seiner jochweise gereihten Strebepfeilergliederung sowie schlanken zweibahnigen Lanzettfenstern mit Vierpaß das Äußere bestimmt.[3] Nur der im Zuge der Erneuerung von Ungewitter und C. Schäfer 1864-71 aufgesetzte Westturm ist einfarbig rot.

Im 14. Jh. fand bereits eine Erhöhung und Verlängerung des Chores statt, der 1353 geweiht wurde. 1359 waren auch die Westjoche der Seitenschiffe sowie der Turm vollendet. Um 1370-80 baute Tyle von Frankenberg am südlichen Querarm eine Marienkapelle an.[4]

Der Innenraum der Kirche ist, ähnlich wie in Wetter, durch kantonierte Rundpfeiler, die das Kreuzrippengewölbe tragen, gegliedert *(Abb. 31.3)*. Heute ist

Abb. 31.1) FRANKENBERG, Evangelische Stadtpfarrkirche, Ansicht von Südwest (historisches Foto)

allerdings die rekonstruierte Farbfassung des 14. Jahrhunderts zu sehen: rote Pfeiler mit schlichter Quaderbemalung, weiße Dienste. Auch Abschnitte der spätgotischen Gewölbemalerei mit Rankenwerk und Handwerkerzeichen hat man freigelegt. Infolge des Frankenberger Stadtbrandes im Jahr 1476 war 1478 die Erneuerung der Gewölbe notwendig geworden.

Da sowohl in den späten 1920er Jahren als auch 1961-62 erneute Innenrenovierungen stattfanden, ist überhaupt nichts mehr von Ungewitters Restaurierung erhalten. Selbst die Kanzel wurde nach endgültigem Abschluß der Restaurierung im Februar 1964 vernichtet, um die von 1554 wieder aufstellen zu können.[5]

Bis zur Mitte des 19. Jahrhunderts hatte sich der bauliche Zustand der Kirche sehr verschlechtert. Die Chorgewölbe waren nach Teileinsturz mit einer Bretterdecke versehen worden und erst in den 1830er Jahren überdachte man die Marienkapelle überhaupt wieder und nahm wenigstens notdürftige Herstellungen an der Kirche vor.[6]

Der Auftrag des Ministeriums zur Restauration der Frankenberger Kirche fällt wiederum in das Jahr 1859, das geradezu einen Auftragsboom für Ungewitter brachte.[7] Die Ausführung erfolgte jedoch erst ab 1864, sie wurde noch gerade vor Ungewitters Tod begonnen und durch Zindel bis 1868 bzw. 1870 vollendet.[8] Die Gewölbe des Hochchores konnten 1866 geschlossen werden *(Abb. 31.4)*. Auch Schäfer legte ein eigenes Restaurationsprojekt im April 1870 vor[9] sowie im Jahr 1872 ein Gutachten, aber es ist nicht bekannt, ob davon etwas umgesetzt worden ist. In der zweiten Hälfte des 19. Jahrhunderts plattete man den Fußboden, verlegte die Orgel von Ost nach West, wie dies Ungewitter geplant hatte, baute die Emporen aus und stellte das Chorgewölbe wieder her.

Die Datierung des Turmhelmes ist ganz unterschiedlich: ab 1871[10], 1896[11] bzw. 1897[12]. Der Entwurf stammt jedenfalls von Ungewitter. Er wurde genau danach ausgeführt und leicht vereinfacht von Dehn-Rotfelser abgebildet (z.B. fehlende Gauben) *(Abb. 31.5, 31.6)*. Ein Foto von 1880 zeigt das Mittelschiff sowie die 1811 aus dem Kloster Grafschaft angekaufte Barockorgel.

Den raschen Wandel der Auffassung der Farbigkeit zeigt der Vergleich des Zustandes um 1880 zu dem um 1927/28 *(Abb. 31.7, 31.8)*. Das aufgemalte Fugennetz von 1880 verweist mit großer Quaderung und Sperrfugen an den kantonierten Pfeilern sowie kleiner Rasterung der Kappenflächen auf die Verwendung verschiedener Materialien für die jeweiligen Abschnitte der Raumhülle. Indem die Pfeilerdienste einfarbig hell, Gurte, Schildbögen und Rippen vorwiegend dunkel gefaßt sind, findet eine deutliche Trennung der Pfeiler- von der Gewölbezone statt.

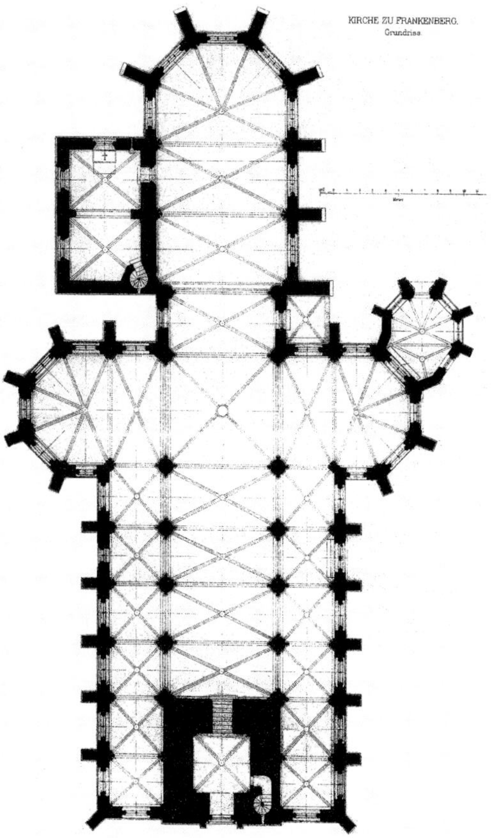

Abb. 31.2) FRANKENBERG, Evangelische Stadtpfarrkirche, Grundriß

Die auffällige Quaderzeichnung mit ornamentaler Behandlung der Übergangszonen an den Kapitellen mit ihrem abwechselnd hellen und dunklen Laubwerk oder den Schnittstellen im Gewölbescheitel bzw. den Kreuzungspunkten, hebt die Malerei über die bloße Nachzeichnung tektonischer Sachverhalte hinaus. In der Abbildung der Konstruktion sowie ihrer dekorativen Behandlung erst liegt eine die Materialwirkung überhöhende Deutung räumlicher Konzepte.

Kanzel und Altar waren im Jahr 1928 noch vorhanden *(vgl Abb. 31.3)*. Mit einem polygonalen Kanzelkorb auf einer kräftigen Säule greift der Neugotiker auf eine konventionelle Form zurück, die er öfter verwandt hat (Nieste, Wetter). Eine Reihe Kleebogenöffnungen, auf die eine mit geradem Wulst abgeschlossene Pfeilergliederung gelegt wird, schafft Nischen, deren Wandfelder bemalt zu denken sind.[13] In dem Kleebogen greift Ungewitter Formen der rings um die Kanzel sichtbaren Fensterlanzetten auf. Mit dem Altar begegnet dem Betrachter eine weitere Variante Ungewitterscher Formen; die Parallele zu einem der Seitenältare in Volkmarsen ist nicht zu verkennen (vgl. Kat. 29).

Abb. 31.3) FRANKENBERG, Evangelische Stadtpfarrkirche, Innen nach Ost um 1927/28

Die Ausmalung folgt in erheblichem Maße anderen Vorstellungen. Die Pfeiler tragen nur noch ein einfaches Fugennetz, das auch die Gewölberippen überzieht, während die Kappen geweißt sind. Nur die Kämpfer erscheinen noch immer mit einem Hell-Dunkel-Kontrast der jeweils benachbarten Blätter. Die Außenwand des Kirchenschiffes trägt auf hellem Grund ein dunkles Fugengitter mit Sperrfuge.

Es fallen einige Widersprüche zwischen Ungewitters eigenen Angaben und der Fassung, wie sie sich um 1880 darstellt, auf. Im "Lehrbuch" beschreibt er seine Fassung, die die Wand- und Pfeilerflächen, Kapitelle und Rippen in ihrer ursprünglichen dunklen Steinfarbe belassen will, während die Kappen geweißt, die Schlußsteine bemalt und vergoldet zu denken sind.[14] Er unterstreicht ausdrücklich die ästhetische Wirkung, die durch den Kontrast zu den weißen Kappen entsteht, da so die Farbe von den Schlußsteinen gleichsam über die Rippen auf die Kapitelle und Pfeiler getragen würde. Die Schlußsteine und andere besonders hervorzuhebende Elemente tragen nach seiner Beobachtung reine Farben, während für große Flächen und Teile gedämpftere Mischtöne vorgezogen worden sind. Die Verschiedenheit der Kappengestaltung läßt sich nur so erklären, daß im Zuge der Ausführung, die in Zindels Händen lag, eine Veränderung stattfand, die dem entsprach, wie Ungewitter selbst in den allermeisten

Abb. 31.4) FRANKENBERG, Evangelische Stadtpfarrkirche, Aufriß der Südseite (aus: Die Pfarrkirche und die Marienkapelle zu Frankenberg, 1866)

Fällen restauriert hatte. Die Differenzierung, die Ungewitter aufgrund der individuellen Studie seines Objektes aufgefallen war, entfällt zugunsten der Prägung einer Innenraumgestaltung mit konstanten und typischen Kennzeichen.

1 Das Äußere ist im Mittelalter mit einem Farbanstrich zu denken (Großmann/Hoppe, 1991, S. 69).
2 Kiesow, 1988, S. 42 und 197f.; Inventar, 1870, S. 42-44; Ungewitters Befundbeschreibungen und Abbildungen im "Musterbuch" und im "Lehrbuch". Sowohl mit mittelalterlichen Kirchen wie Frankenberg als auch mit solchen des 19. Jahrhunderts befaßt sich Aur, der erstaunlicherweise Ungewitters Kirchen nicht erwähnt (Reinhard Lambert Aur, Landesherrliche Architektur. Die Rezeption der Elisabethkirche in den hessischen Pfarrkirchen. In: 700 Jahre Elisabethkirche in Marburg 1283-1983. Bd. 1: Die Elisabethkirchen-Architektur in der Geschichte. Marburg 1983, S. 103-23).
3 Frankenberg reiht sich somit in die Gruppe der Nachfolger der Marburger Elisabethkirche ein (schmale Seitenschiffe, kurze Jochfolge).
4 Die dafür geschaffenen Skulpturen fielen dem Bildersturm unter Landgraf Moritz 1606/07 zum Opfer, doch gilt die Kapelle noch immer als ein bedeutendes Beispiel spätgotischer Kirchenbaukunst.
5 Mitteilung von 1992.
6 Heinrich v. Dehn-Rotfelser/Fritz Koeberlein, Die Pfarrkirche und die Marien-Kapelle zu Frankenberg. (Mittelalterliche Baudenkmäler im Regierungsbezirk Cassel, hgg. von dem Verein für hessische Geschichte und Landeskunde, 1. Lieferung) Kassel 1866, S. 4. Die Maßnahmen Ungewitters werden wegen ihrer Stilgerechtigkeit und der Ausmalung nach originalen Resten gelobt, wobei wieder auf die Abbildungen und Beschreibungen im "Gotischen Musterbuch" verwiesen wird.
7 Brief 11. Mai 1859 (Reichensperger, 1866, S. 179); das Folgende nach: Best. 315 f, Frankenberg III, 4 (SAM).
8 Entgegen der Annahme Dehios war es eben nicht Schäfer, der die Maßnahmen fortführte (Schuchard, 1979, S. 14 und 73). Ein Grundriß des Ungewitterschen Projektes, wie er der Kgl. Regierung am 31. Oktober 1872 vorgelegen hatte in: Mappe Frankenberg (Landesamt für Denkmalpflege, Außenstelle Marburg). Vgl. auch: Instandsetzung der Liebfrauenkirche im 19. Jahrhundert In: *Frankenberger Zeitung* vom 20. Aug. 1963
9 Schuchard, 1979, S. 14 und 73.
10 Dehio, 1966, S. 211.
11 Festschrift 700 Jahre Liebfrauenkirche Frankenberg (Eder) 1286-1986, hgg. vom Kirchenvorstand der Evangelischen Kirchengemeinde Frankenberg (Eder). Frankenberg 1986, S. 33. Die Festschrift erwähnt keinen der restaurierenden Architekten des 19. Jahrhunderts und der Name Ungewitters ist in den Akten der Kirche nicht zu finden (Mitteilung von 1991). Es gibt nur einige Registerbände und Rechnungen bei der Kirche, die unseren Zusammenhang nicht betreffen .
12 Hans Feldtkeller, Kunstwanderungen in Hessen. Darmstadt 1962, S. 268.
13 Die abgeschrägte Sockelzone hätte keine Skulpturen zugelassen.
14 Ungewitter, Lehrbuch der gothischen Konstruktionen, 3. Aufl., S. 630.

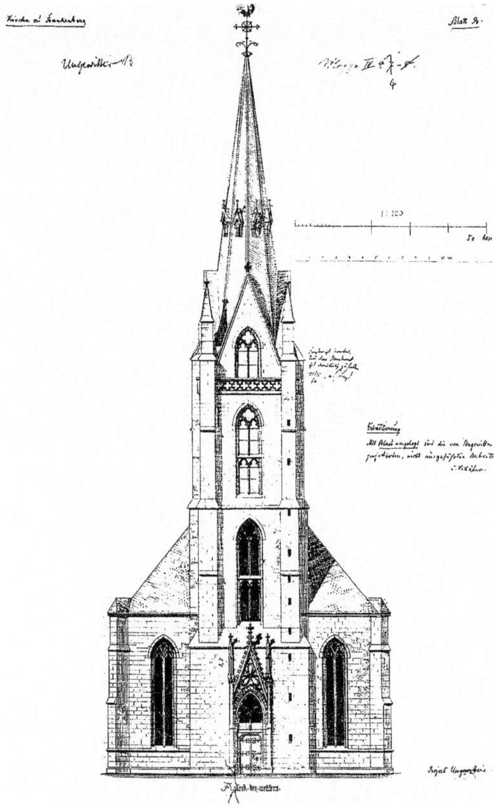

Abb. 31.5) FRANKENBERG, Evangelische Stadtpfarrkirche, Westfassade, Projekt Ungewitters

Abb. 31.6) FRANKENBERG, Evangelische Stadtpfarrkirche, Aufriß der Westseite (aus: Die Pfarrkirche und die Marienkapelle zu Frankenberg, 1866)

links: Abb. 31.7) FRANKENBERG, Evangelische Stadtpfarrkirche, Innen nach West 1880

Abb. 31.8) FRANKENBERG, Evangelische Stadtpfarrkirche, Innen nach West 1927/28

32) WASENBERG (Kr. Ziegenhain), Evangelische Pfarrkirche, Vollendung nach neuen Plänen 1860-62

In Wasenberg war seit 1856 eine neue Kirche nach Plänen von Landbaumeister Selig im Bau begriffen, an der aber schon bald Risse im Mauerwerk auftraten, so daß Ungewitter ab 1860 mit einem eigenen Projekt den Bau fortsetzte und 1862 vollendete.

Die dreischiffige Hallenkirche ist mit dem Chor nach Westen gerichtet.[1] Langhaus und Chor erscheinen sehr inhomogen *(Abb. 32.1, 32.2)*. Im Langhaus, für das Selig verantwortlich ist, werden über einem Sockel mit Kaffgesims drei hohe Spitzbogenfenster eingeschnitten. Über drei schlanken Lanzetten setzen nochmal zwei Spitzbögen an, deren Fußpunkt sich auf den Spitzen der darunterliegenden Lanzetten befindet. Durch einfache Abfasung wirkt das Maßwerk sehr scharfkantig.

Ungewitters Wiedergabe der Kirche läßt diesen Abschnitt wohlweislich hinter einem Baum verschwinden, der sich allerdings tatsächlich an dieser Stelle befindet *(Abb. 32.3)*. Um so besser kann er den von ihm gewählten Charakter der Kirche ausdrücken, deren Besonderheit die isoliert stehenden Strebepfeiler, die mit Strebebögen die Langhausmauern stützen, sind.

Abb. 32.1) WASENBERG (Kr. Ziegenhain), Evangelische Pfarrkirche, Choransicht (Westen)

Abb. 32.2) WASENBERG (Kr. Ziegenhain), Evangelische Pfarrkirche, Langhaus

Abb. 32.3) WASENBERG (Kr. Ziegenhain), Evangelische Pfarrkirche, Choransicht (aus „Land- und Stadtkirchen")

Mit einem in den unteren Ecken abgeknickten Dreiecksgiebel, übereck gesetzten, mehrfach gestuften Strebepfeilern sowie dem Wasserschlaggesims bewegt sich Ungewitter in der ihm eigenen Formensprache. Deutlich läßt sich die konstruktiv-systematische Gotik-Auffassung in der Verschachtelung überfangender und eingestellter Gliederungen des Chorfensters ablesen, die zugleich eine plastische Wirkung hervorrufen. Dreipässe, ein Sechspaß im Couronnement, Spitz- und Kleebögen sowie aus dem Rundstab entwickeltes Maßwerk mit Kapitellen und Basen, gehören dem hochgotischen Formenschatz an.[2] Typisch für Ungewitter sind die knopfartigen Kreuzblumen, die motivisch die Strebepfeiler mit der Giebelwand des Chores verbinden.

Ungewitters Kastenchor hebt sich in der Materialwahl ebenfalls von Langhaus und Ostfront ab, da er roten und gelblichen Sandstein mit großem Anteil an hellem Stein zeigt, am übrigen Bau herrscht der

Abb. 32.4) WASENBERG (Kr. Ziegenhain), Evangelische Pfarrkirche, Eingangsseite (Osten)

rote Ziegenhainer Stein vor *(Abb. 32.4, vgl. Abb. 32.1)*. Es gibt zwar keine Hinweise auf Gründe, doch darf auf das unmittelbar vorangehende Restaurierungs-Projekt für die Liebfrauenkirche Frankenberg verwiesen werden, die ebenfalls verschiedene Steinfarben zeigt und Ungewitter inspiriert haben könnte (vgl. Kat. 31).

Die östliche Eingangsseite verdeutlicht die Schwierigkeiten eines Kompromisses zwischen den beiden Projekten, indem besonders im unteren Bereich Formen des Landbaumeisters durchscheinen *(vgl. Abb. 32.4)*. Die symmetrisch beigegebenen Treppentürme mit schmalen Schlitzen sind in die Ecke zwischen Turm und Treppengiebel der östlichen Langhauswand eingefügt. Über dem Portal mit Spitzbogenblende liegt ein Fenster, das die Form derjenigen am Langhaus wiederholt, allerdings auf zwei Lanzetten reduziert. Statt des bei Ungewitter angegebenen schlanken Spitzhelms gibt es heute einen verschindelten Polygonzylinder, der mit einem flach geneigten Spitzdach abschließt. Das bewirkt eine plumpere Proportionierung, die nicht in der Intention Ungewitters gelegen hat.

Im Innenraum deuten die Hallenform mit schmalen Seitenschiffen, die beachtliche lichte Höhe sowie kämpferlose Oktogonalpfeiler auf den Entwurf des

Abb. 32.5) WASENBERG (Kr. Ziegenhain), Evangelische Pfarrkirche, Innen nach Ost

Landbaumeisters, der sich an spätgotische Formen anlehnt *(Abb. 32.5)*. Das von Ungewitter neu eingezogene Gewölbe ruht auf kleinen Knaufkonsolen im Mittelschiff, die Rippen strahlen von einem einzigen Stamm aus, was eine leichte Anlehnung an die vorgegebene Stilphase bedeutet, wodurch grobe Unstimmigkeiten der Innenraumerscheinung vermieden werden *(Abb. 32.6)*.

Im Innenraum herrscht eine lichte Wirkung, nur das Chorfenster ist mit farbig ornamentiertem Glas versehen. Die heute vorhandene Steinkanzel entspricht nicht dem von Ungewitter veröffentlichten Entwurf, der eine Einheit von Predigerstuhl, Treppe und Kanzel als Holzkonstruktion zeigt. Nur die Stütze des Kanzelkorbes war aus Stein vorgesehen *(Abb. 32.7, 32.8)*.[3] Da nicht bekannt ist, daß jemand außer Ungewitter an der Ausstattung gearbeitet hat, könnte die jetzige Kanzel durchaus nach seinen Vorstellungen entstanden sein.

Im Zuge der ersten Erwähnung des Ortes Wasenberg ist 1307 bereits ein Pfarrer Dietmar urkundlich nachzuweisen.[4] Von der ältesten Kirche wissen wir nur, daß sie kleiner als die heutige und nach dem 30jährigen Krieg schon ziemlich baufällig war. Trotz wiederholter Ausbesserungen im 17. und 18. Jh. konnte man den Bau um 1830 kaum noch gefahrlos betreten. Am 24. Mai 1856 kam es zum Abbruch der

Abb. 32.6) WASENBERG (Kr. Ziegenhain), Evangelische Pfarrkirche, Konsole mit Rippenstrahlen

Kirche, einschließlich Verkauf des Materiales.[5] Schon am 11. Juli erfuhr der Neubauentwurf des Landbaumeisters Selig eine Genehmigung.[6]

Das Wirken Ungewitters an der Wasenberger Pfarrkirche ist aus den Quellen gut zu rekonstruieren. Nach Plänen Seligs aus dem Jahr 1856 legte man 1857 den Grundstein, wie eine Inschrift in der nordöstlichen Ecke des Seitenschiffes belegt. Als Material kam der rötliche Sandstein des Kirchhainer Landes zur Verwendung.[7] Während des Bauens entstand plötzlich ein Riß im Mauerwerk der Westseite, woraufhin zwecks Änderung der Pläne die Arbeiten eingestellt werden mußten. Das Konsistorium berichtete - nachdem schon im Mai Schäden bemerkt worden waren[8] - am 28. September 1859 ausführlich an das Ministerium des Innern über bis ins Fundament reichende Risse, wobei Umfassungsmauern, Gewölbe, Bogen und Setzmauern schon fast fertig gewesen waren.[9]

Ein Gutachten Ungewitters vom 18. Juni 1860[10], nachdem er auf Anraten des Wasenberger Bürgermeisters Knoch im Mai hinzugezogen worden war, wies darauf hin, daß die Bodenbeschaffenheit zusätzliche, künstliche Sicherung für einen Bau dieses Umfangs erfordere. Zwei Verbesserungsvorschläge -

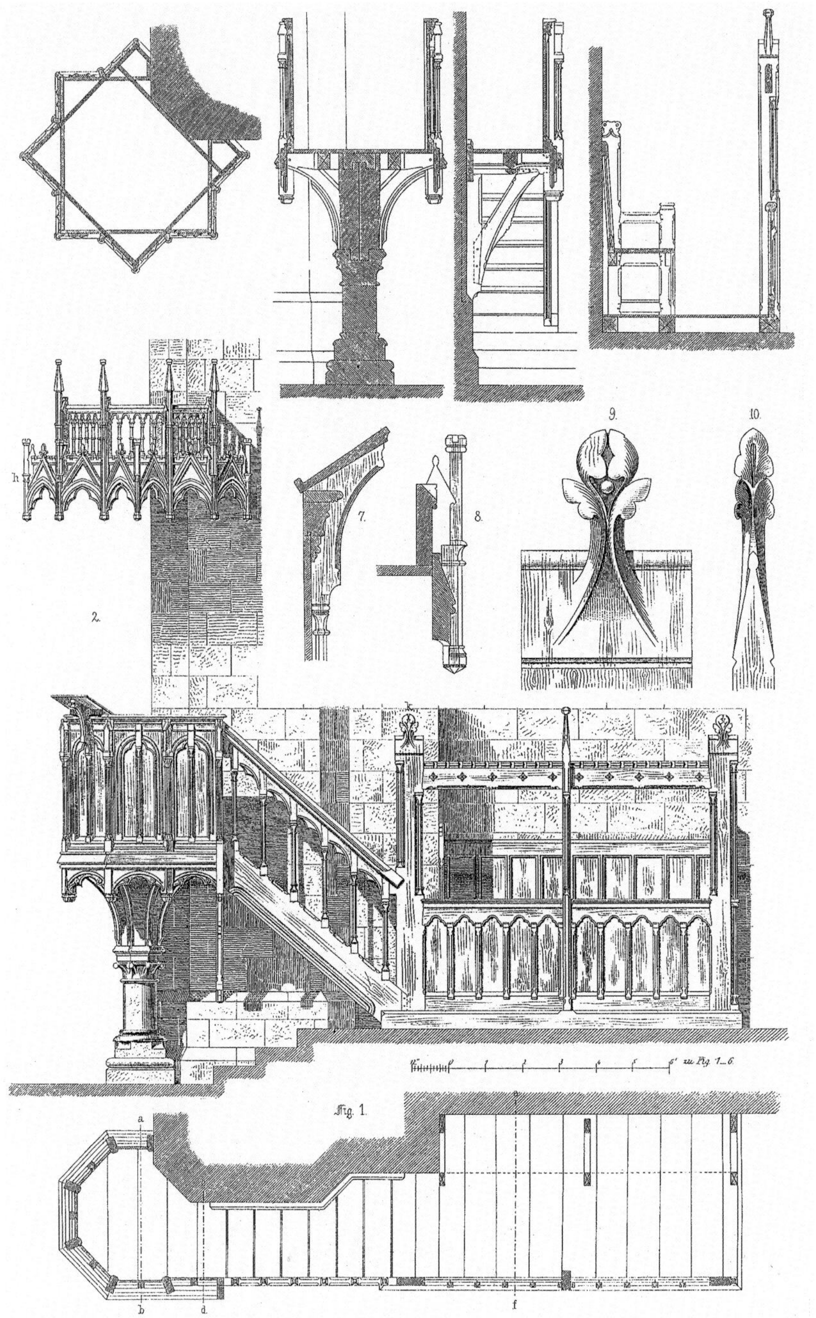

Abb. 32.7) WASENBERG (Kr. Ziegenhain), Evangelische Pfarrkirche, Kanzel und Predigergestühl (aus „Land- und Stadtkirchen“)

in zwei Skizzen mit Eintragung der Schubwirkung veranschaulicht - forderten eine Pfahlgründung außerhalb der bestehenden Fundamente und isolierte Strebepfeiler zur Aufnahme des Mauerschubes. Außerdem müßte die Chorgröße reduziert werden. Die hohen Setzmauern seien bis auf die Pfeiler zur Stütze der Durchzugsbalken abzutragen, so daß die Gewölbe tiefer zu liegen kämen.[11] Ungewitter erhielt infolgedessen am 18. Juni 1860 den Auftrag zu einem Verbesserungsprojekt, das er zunächst auf 1.600 Taler veranschlagte. Er hob die Bedeutung der Materialwahl sowie sorgfältiger Behandlung des Steinschnittes hervor.[12] Zugleich sollten die Westteile durch richtig konstruierte Strebepfeiler auch an ästhetischem Wert gewinnen.

Am 29. August 1860 erstattete Ungewitter dem Konsistorium Bericht über den Beginn der Arbeiten gemäß seinen Zeichnungen nebst Kostenanschlag vom 6. Juli 1860, der sich für den Choranbau und sonstige Herstellungsmaßnahmen nunmehr auf insgesamt 1.800 Taler belief.[13] Darin inbegriffen waren Erd-, Mauer-, Steinhauer-, Zimmer-, Schreiner- und Glaserarbeiten. Über die Kanzel sowie das Chorfenster bestand noch Unklarheit. Immer wieder bemühte sich Ungewitter um eine Verbesserung Seligscher Entwürfe, die oft "keine glückliche Wirkung machen".[14]

Im Dezember 1861 beschloß das Konsistorium nach Ungewitters Angaben über den Stand des inneren Ausbaus der Kirche, die Bänke, Fenster und Türen nach dessen Zeichnungen ausführen zu lassen. An dem Entwurf der Fenster war auf Betreiben Ungewitters der Glaser Schulz aus Marburg beteiligt. An den Architekten wurde, unbenommen seiner weiteren Leitung der Ausführung, die Forderung einer Integration des erfolglosen Landbaumeisters, der offensichtlich nicht einfach übergangen werden konnte, herangetragen.[15]

Im Februar 1862 neigte sich die Innengestaltung gleichfalls der Fertigstellung entgegen, Ungewitter lieferte Zeichnungen für Orgel, Orgelempore und Kanzel, wobei er zur Detailabstimmung bezüglich der Orgel ein Treffen mit dem Orgelbauer August Röth für nötig hielt *(Abb. 32.9)*.[16] Ein solcher Einbezug qualifizierter Fachleute des außerarchitektonischen Bereiches veranschaulicht Ungewitters Engagement für eine enge Zusammenarbeit mit verschiedenen Handwerkern in der Bauausführung.

Im Frühjahr 1862 wurden die zuvor eingereichten Farbenskizzen zu einer Ausmalung genehmigt[17]; von dieser Fassung hat sich leider nichts erhalten. Sie ging während einer purifizierenden Restaurierung 1926 und 1959 verloren, als auch die Orgelempore vergrößert worden ist.[18] Gemäß der Vorgabe des Konsistoriums versuchte Ungewitter immer wieder, Seligs Vorschläge zu korrigieren (z.B. im September 1862). Die von Ungewitter beabsichtigte bloße Ölung der verschiedenen Holzarten zur Wahrung von deren individuellem Charakter war dem Konsistorium nicht zu vermitteln.[19]

Chor und Schiff behandelte Ungewitter identisch in einer Bemalung in der Farbe des Sandsteines, die sich bis auf Fenstergewände und Bögen erstreckte. Rippen, Pfeiler bzw. Gewölbekappen blieben, wie der übrige Raum, ohne weiteren Schmuck. Als Grundfarbe für die Wände wurde schlichte Weißung vorgeschlagen.[20]

Am 19. November 1862 konnte die neue Wasenberger Kirche feierlich eingeweiht werden, nachdem der Turm doch die umstrittene Verkleidung mit rotem Sandstein erhalten hatte.[21] Zum Gelingen des Baus, dessen Kosten sich letzlich insgesamt auf stattliche 10.000 Taler beliefen, trugen hauptsächlich Pfarrer Kempf und Ungewitter bei. Durch kostenlose Fuhren- und Gespannlieferungen zeigte aber auch die Gemeinde großes Engagement, da so auf die Landeskollekte verzichtet werden konnte.[22]

Abb. 32.8) WASENBERG (Kr. Ziegenhain), Evangelische Pfarrkirche, Kanzel

Das unscheinbar wirkende Wasenberger Projekt zeigt, daß sich Ungewitter durch seine Kirchenbautätigkeit an verschiedenen Orten im nördlichen Hessen bis 1859 einen Ruf als Kapazität für konstruktive Fragen erworben hatte. Denn hier ging es ja nicht nur um die Stilfrage, sondern in erster Linie um die Lösung eines konstruktiven Problems, das durch mangelnde Fähigkeiten eines Landbaumeisters im Umgang mit dem gotischen Stil entstanden war.

Innovativ ist auch die Beteiligung der verschiedenen Handwerke am architektonischen Entscheidungsprozeß, um möglichst die Funktion (z.B. der Orgel) angemessen zu erfüllen sowie eine Auswahl der Handwerker nach persönlicher Kenntnis und Maßgabe (z.B. Glaser Schulz aus Marburg).

Interessant für Ungewitters Werk erscheint die Vorgabe eines idealen Standpunktes in seiner Abbildung der Wasenberger Kirche *(vgl. Abb. 32.3)*. Die Selektion eines bestimmten Teiles verdeutlicht sein Ideal neugotischer Kirchenbaukunst, das sich hier auf die frühe Hochgotik stützt. Die perspektivische Zeichnung hebt die in den umgebenden Raum ausgreifenden freistehenden Strebepfeiler hervor, die aus einer zunächst sehr mißlich erscheinenden Situation heraus entwickelt wurden.[23] Den konstruktiven Aspekt der Strebesystemidee wendet Ungewitter auf ein statisches Problem an. In der Betonung des Malerischen wird jedoch die daraus abgeleitete ästheti-

Abb. 32.9) WASENBERG (Kr. Ziegenhain), Evangelische Pfarrkirche, neugotischer Orgelprospekt

sche Aufwertung als Ergebnis der Lösung des statischen Problems nach seinen Vorstellungen, nämlich im Sinne der Gotik, ganz eng daran geknüpft. Damit verbindet Ungewitter die logische Entwicklung der Form unlöslich mit seinem Stilideal.

1 Der Grund könnte in der Lage der Kirche innerhalb des Ortes liegen, wo eine Straße im Osten liegt, im Westen befindet sich heute eine Wiese, auf der noch einzelne Grabsteine auf ihre einstige Nutzung als Friedhof hinweisen.
2 Das Rundfenster mit Sechspaß wirkt nach in Schäfers Œuvre, z.B. in der 1875 vollendeten kath. Pfarrkirche St. Nicolai in Lippstadt (Schuchard, 1979, S. 184).
3 Schalldeckel der Kanzel sowie das Predigergestühl abgebildet bei Jaehn, [1877], S. 226f., 266.
4 Heinrich Credé, Hundert Jahre Kirche Wasenberg (Zeitungsausschnitt 1962, o. Ang. d. Qu.).
5 Best. 180 LA Ziegenhain Nr. 3260 (SAM).
6 Ebd. Selig habe den Bau nach Plänen des Johannes Friedrich Lange, seines Zeichens Marburger Universitätsarchitekt, ausgeführt (Denkmaltopographie Bundesrepublik Deutschland. Baudenkmale Hessen. Schwalm-Eder-Kreis I. Braunschweig/Wiesbaden 1985, S. 543).
7 Credé, a.a.O.
8 Best. 180 LA Ziegenhain Nr. 3260 (SAM).
9 Best. 16/ Rep. XII/ Kl. 12/ Nr. 22 (SAM).
10 Ebd.
11 Dies deckt sich mit dem Befund auf dem Dachboden. Es sind noch Mauerreste zu sehen, die belegen, daß der Gewölbeansatz ursprünglich etwa eineinhalb Meter höher hatte liegen sollen. Heute liegt die dritte Deckung auf dem Dach, der Dachstuhl ist erneuert und verstärkt worden (September 1991). Eine kleine Bleistiftzeichnung gibt die unterschiedliche Höhe der Gewölbe an (Best. 180 LA Ziegenhain Nr. 3260; SAM).
12 Die bisher ausgeführten Arbeiten hatten schon einer Überprüfung durch Maurermeister Bösser in Ziegenhain vom 31. Januar 1859 nicht standgehalten, der anderes Material vorschlug (Ebd.).
13 6. Juli 1860 (Best. 180 LA Ziegenhain Nr. 3260; SAM).
14 Der Hinweis auf eine Bleistiftzeichnung vom Knopf auf dem Treppenturm möge Ungewitters bis ins Kleinste reichende Bemühungen veranschaulichen.
15 Best. 180 LA Ziegenhain Nr. 3260 (SAM).
16 Bericht Ungewitters vom 7. Februar 1862 (Ebd.).
17 14. Mai 1862 Genehmigung (Ebd.).
18 vgl. auch: Bericht über am 28./ 29. September 1987 durchgeführte Untersuchungsarbeit in der Kirche zu Wasenberg von M. Lausmann, Restaurator (Landeskirchenamt Kassel). Er stellte an den Wänden eine weitere Fassung unter der jetzt sichtbaren fest. Im Chor konnte er verschiedene Quadrierungen in rot oder rot/ocker, zum Teil aufgemaltes Quaderwerk nachweisen. Er hält sie für die des 19. Jahrhunderts, kann sich ohne weitere Quellenstudien jedoch nicht genau festlegen. Die Gewölbe trugen demnach nie einen Verputz.
19 Ablehnung am 29. Oktober 1862 durch das Konsistorium (Ebd.).
20 Brief Ungewitters vom 3. Mai 1862, Genehmigung am 14. Mai (Ebd.).
21 Die Abrechnung der Kosten zog sich noch bis Februar 1864 hin (Ebd.).
22 Etwa 50 Jahre später folgte die Errichtung eines Pfarrhauses (Credé, a.a.O.).
23 Der Architekt erläutert in den “Land- und Stadtkirchen” die Hintergründe des Wasenberger Falles ganz knapp.

33) NEUSTADT, Katholische Pfarrkirche St. Trinitatis, Entwurf um 1860

Zur katholischen Pfarrkirche St. Trinitatis in Neustadt lieferte Ungewitter mehrere unterschiedliche Umbau-Entwürfe, von denen zwei in die "Land- und Stadtkirchen" aufgenommen wurden.[1] Die bestehende Substanz behielt er zu jeweils unterschiedlichen Anteilen bei.

Nur als Grundriß hat sich ein Projekt erhalten, in dem es um die Anlage einer neuen Sakristei ging *(Abb. 33.1)*. Dieser Plan zeigt eine relativ einfache Lösung, indem in Verlängerung des schmalen, einhüftigen Seitenschiffes im Osten dem zweijochigen Anbau eine polygonale Apsis hinzugefügt wird, an deren Seite sich eine rechteckige Sakristei anschließt. Die Kirche bestand ursprünglich aus fünf Langhausjochen mit einem 5/8 Chorschluß.[2]

In einer ersten in die "Land- und Stadtkirchen" aufgenommenen Entwurfsreihe ergänzt Ungewitter den Grundriß zu einer symmetrisch dreischiffigen Anlage, Nordostlösung und Sakristei erscheinen analog dem allerersten Grundriß *(Abb. 33.2)*. Im Schiff stehen sich zwei Reihen - in den mittleren vier Jochen unterschiedliche - Stützen gegenüber, die Seitenschiffsdurchfensterung ist gleichfalls verschieden. Dies ist abermals als Hinweis auf die gewachsene Bausubstanz zu werten.

Den Westturm setzt der Architekt vor das nördliche Seitenschiff, er wird an dieser Stelle ganz neu aufgeführt. Damit wählt er ein englisches Motiv und die Lösung steht nicht im Zusammenhang mit dem bestehenden Altbau *(Abb. 33.3)*. Daraus ergibt sich eine weitere Asymmetrie. Die drei Fenster zeigen mit zwei bzw. drei Spitzbogenlanzetten unter einem liegenden Dreipaß denselben Typus. Das Zusammenspiel zwischen den Fenstern und dem durchlaufenden Kaffgesims verklammert den Westgiebel mit dem Turm. Der Turmhelm erhält vier Gauben, die auf freistehenden Säulen mit Postamentstreifen ruhen. Damit greift er auf den Typus zurück, der an der Abteikirche von St. Denis auftritt.

Analog zur beachtlichen Mauerstärke der alten Kirche konzipiert Ungewitter die untere Wandzone seines neuen Langhauses *(Abb. 33.4)*. Darüber werden die Fenster tief in die Wandstärke zurückgesetzt. Ein Walmdach faßt jeweils zwei Seitenschiffsjoche

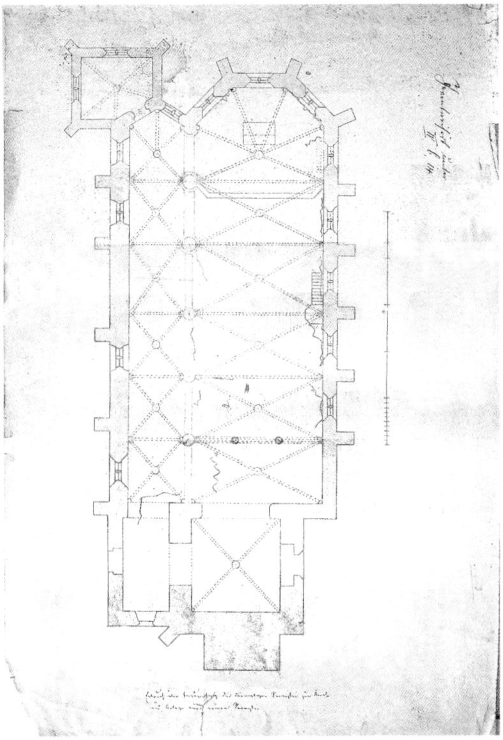

Abb. 33.1) NEUSTADT, Katholische Pfarrkirche St. Trinitatis, Grundriß

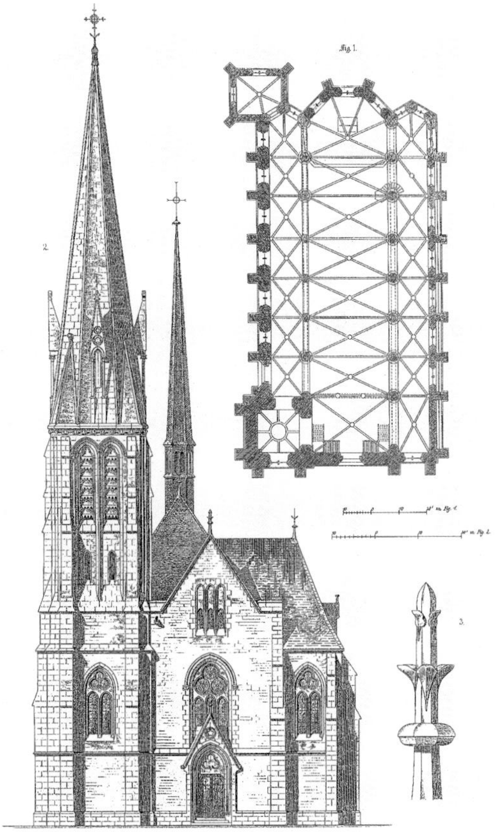

Abb. 33.2) NEUSTADT, Katholische Pfarrkirche St. Trinitatis, Grundriß und Westaufriß

Abb. 33.3) NEUSTADT, Katholische Pfarrkirche St. Trinitatis, Ansicht von Südwest (aus „Land- und Stadtkirchen“)

Abb. 33.4) NEUSTADT, Katholische Pfarrkirche St. Trinitatis, Aufriß der Südseite (aus „Land- und Stadtkirchen")

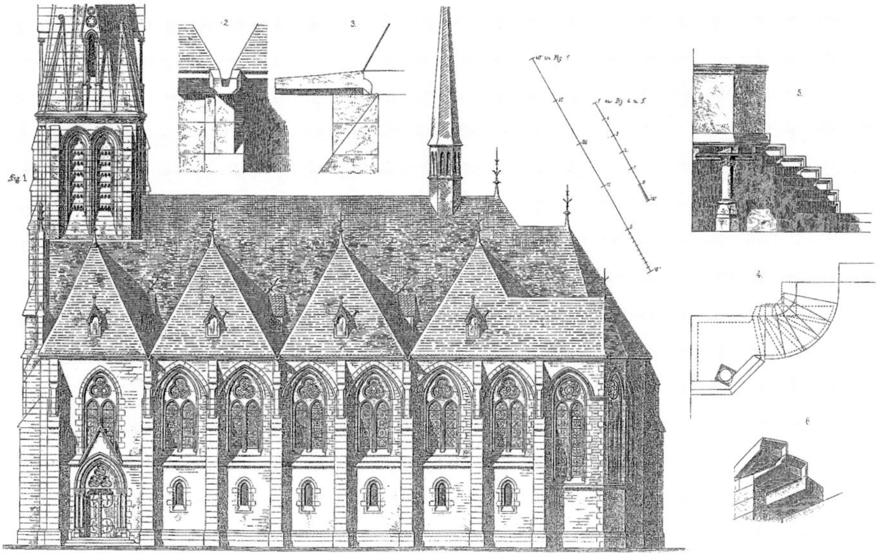

zusammen, womit er sich - ebenso wie im Fenstertypus - auf die Elisabethkirche Marburg bezieht.

Im südwestlichen Joch befindet sich ein weiterer Zugang, der wiederum aus der Mauerstärke herausgearbeitet wird, wie schon das Westportal nur wenig vortritt.

Die Empore im Seitenschiff wird ebenso beibehalten wie die Überschneidung der Kämpferzone der Stützen durch die Gewölbedienste *(Abb. 33.5)*.

Von der Ausstattung wird die Kanzel separat abgebildet *(Abb. 33.6)*. Das Geländer ist mit seinen glatt in den Stein eingeschnittenen Formen der Lösung im Ursulinenkloster Fritzlar vergleichbar (vgl. Kat. 26). Die Ausfüllung der Felder des polygonalen Korbes jedoch orientiert sich an den Kanzeln etwa in Wetter oder Frankenberg (vgl. Kat. 30, 31).

In einem weiteren Restaurationsprojekt behält er den Westabschnitt mit Turm und Nordanbau vom Altbau bei, dehnt die zweischiffige Anlage nun aber auf acht Langhausjoche aus, nebst Sakristei- und Chorannexen *(Abb. 33.7, 33.8)*. Wie die Eintragung des alten Grundrisses zeigt, gehen Teile der Langhausmauer bzw. ihrer Fundamente in den Neubau ein.

Dieser Übergang ist im Inneren durch unterschiedliche Stützen gekennzeichnet *(Abb. 33.9)*. Im westlichen Abschnitt tragen die Rundstützen keine Kämpferzone. An der Schnittstelle zwischen viertem und fünftem Joch (von Westen aus) führt Ungewitter Kapitelle ein, wobei die Gewölbekappen tiefer herunter gezogen werden. Die nunmehr auf Konsolen ruhenden Dienste überschneiden die Kämpferzone der Mittelschiffstützen. Zwischen die Scheidarkaden wird eine Empore auf Segmentbögen gespannt, für Ungewitter ein außergewöhnliches Mo-

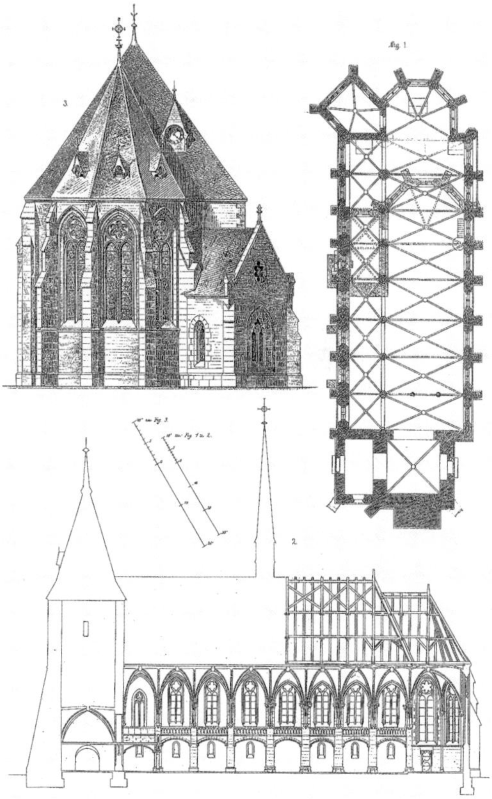

Abb. 33.5) NEUSTADT, Katholische Pfarrkirche St. Trinitatis, Grundriß, Längsschnitt und Ostaufriß (aus „Land- und Stadtkirchen")

Abb. 33.6) NEUSTADT, Katholische Pfarrkirche St. Trinitatis, Querschnitte, Aufriß der Nordseite, Kanzel (aus „Land- und Stadtkirchen")

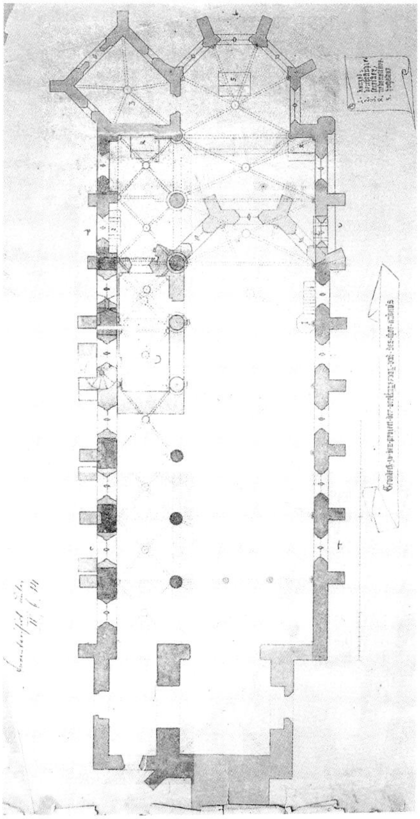

Abb. 33.7) NEUSTADT, Katholische Pfarrkirche St. Trinitatis, Grundriß mit Eintragung des Vorgängerbaus

tiv.[3] Die Empore nimmt an der Westseite die Orgel auf *(Abb. 33.10)*.

Das Äußere zeigt die bekannte Gliederung in einzelne Kompartimente, die jeweils gleichartig behandelt werden und über die Feinabstimmung der Formen einen bestimmten Platz in der Gesamtordnung zugewiesen bekommen *(Abb. 33.11, 33.12)*.[4] Das Seitenschiff bleibt schlicht in der Reihung der sieben Fensterachsen mit zweibahnigen, durch einen Vierpaß bekrönten Spitzbogenfenstern. Nur die achte, westliche Achse behält offenbar noch die alten Fenster. Der Westbau bleibt in seiner archaischen Erscheinung erhalten. Die gewünschte Sakristei fügt Ungewitter zwischen Langhaus und Chor in einem Winkel von 45 Grad an. Als Übergangszone zwischen zwei Abschnitten weist sie sowohl den Sechspaß des Chorfenstercourennements als auch den Fenstertyp des Langhauses auf *(Abb. 33.13)*. Wegen des Straßenverlaufs setzt Ungewitter eine Dachgaube mit einer Uhr im Nordosten in das Langhausdach. Insgesamt steigert sich die Formensprache zum Chor als Zentrum des sakralen Geschehens hin, aber verbleibt innerhalb der von Ungewitter zunehmend bevorzugten 'frühen' gotischen Formen.

Die Entwürfe zu der kath. Kirche in Neustadt weisen auf die Gruppe der um 1862 entworfenen Kirchen Amöneburg (Dreiergruppe mit Spitzbogenblenden, in die die Fenster eingesetzt sind, Schallluken), Bockenheim (Typus des Turmhelms) und Hundelshausen (Portal) voraus. Es ist auffällig, daß das erstgenannte Projekt in den "Land- und Stadtkirchen" einen höheren Neuanteil aufweist. Es ist damit kostenaufwendiger. Als zweites wird eine bescheidenere Lösung dargestellt, die die vorhandene Bausubstanz zu einem höheren Anteil einbezieht. Die Projekte zeigen, wie groß die Spannbreite historistischer Umbauten mittelalterlicher Kirchen gewesen ist.

Abb. 33.8) NEUSTADT, Katholische Pfarrkirche St. Trinitatis, Schnitte und Ostansicht (aus „Land- und Stadtkirchen“)

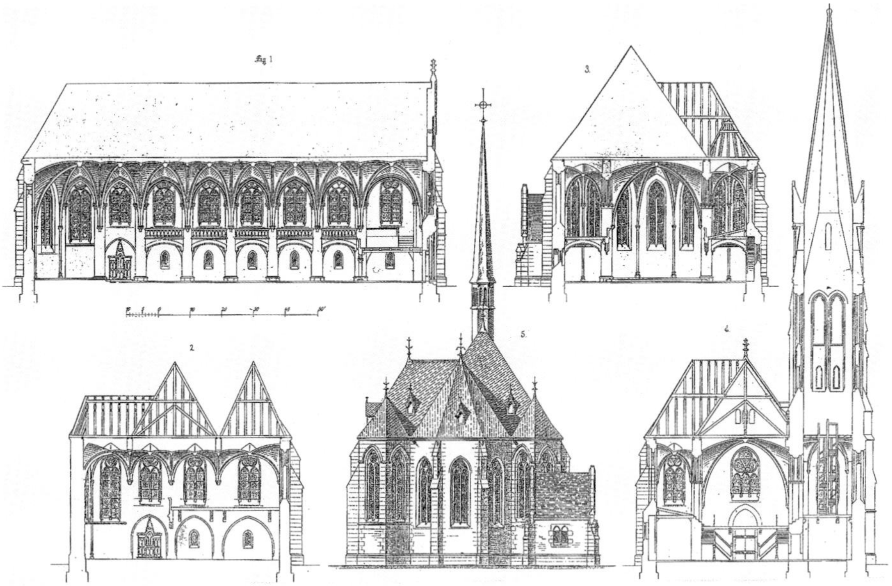

Abb. 33.9) NEUSTADT, Katholische Pfarrkirche St. Trinitatis, Längsschnitt

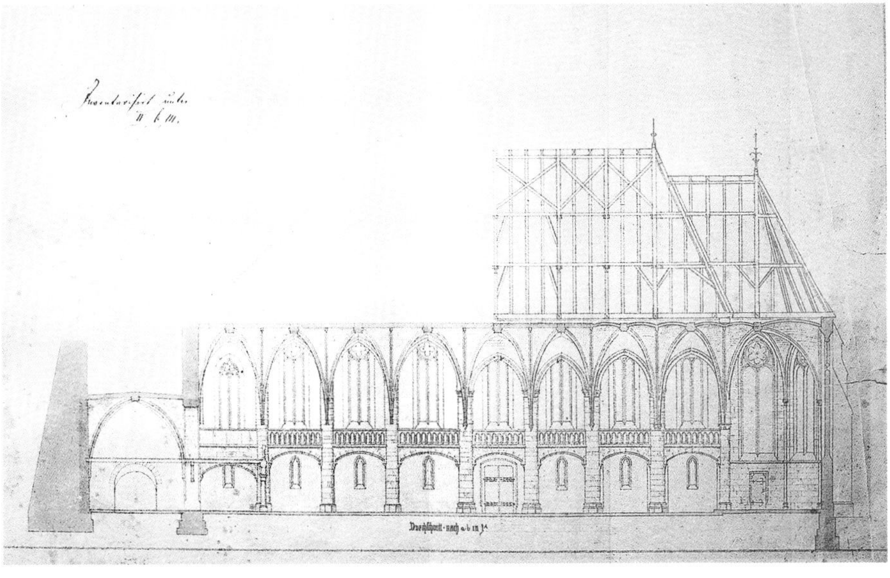

Die Entwürfe Ungewitters stammen aus dem Jahr 1860.[5] Der Bürgermeister hatte die Initiative zur Erweiterung und Restaurierung der 1502/04 als spätgotische Halle mit einem Seitenschiff im Norden sowie einem polygonen Chor neu gebauten Kirche ergriffen. Ältester Abschnitt ist der um 1270 erbaute Turm, der ursprünglich Teil einer Wehrkirche gewesen ist.

1865 trat der Ortsvorstand an das Bischöfliche Domkapitel in Fulda wegen Verlegung der Orgel sowie eines neuen Innenanstrichs heran. Stadtpfarrer Dempf schilderte in einem Brief zusätzlich die Mängel der Kirche, die für 2000 Personen zu klein, außerdem mit schlechten Bänken versehen sei. Nach Ungewitters Tod zog man Zindel heran, der zum Abriß der alten Kirche riet, damit er für etwa 20.000 Taler eine neue bauen könne, wozu er im Jahr 1869 Entwürfe lieferte. Die Gesinnung schlug jedoch um, Ortsvorsteher Weitenbörner stellte nunmehr nur noch einen Antrag auf Versetzen der Orgel sowie einen neuen Innenanstrich. Pfarrer Dempf, der ab 1870 von Pfarrer Hoffmann abgelöst wurde, konnte jedoch beim Domkapitel weder einen Neubau noch eine Restaurierung durchsetzen.

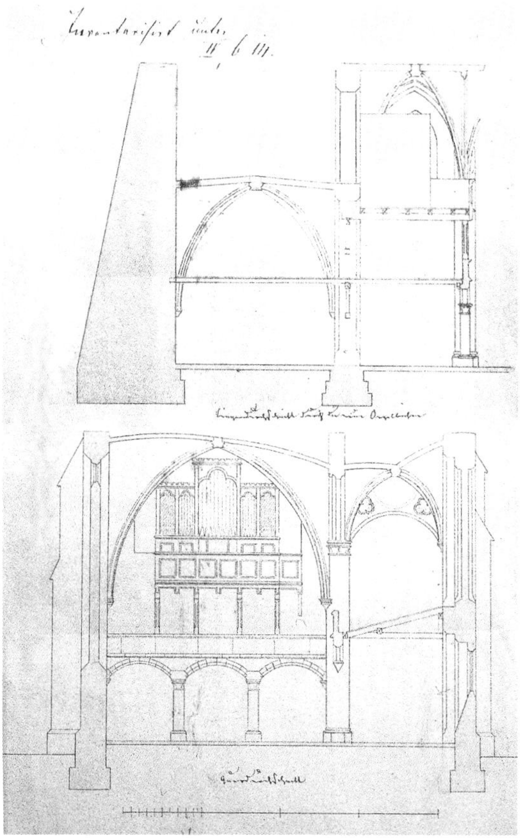

Abb. 33.10) NEUSTADT,
Katholische Pfarrkirche St. Trinitatis,
Querschnitte

unten:
Abb. 33.11) NEUSTADT,
Katholische Pfarrkirche St. Trinitatis,
Ansicht von Nordost
(aus „Land- und Stadtkirchen“)

Abb. 33.12) NEUSTADT, Katholische Pfarrkirche St. Trinitatis, Aufriß der Nordseite

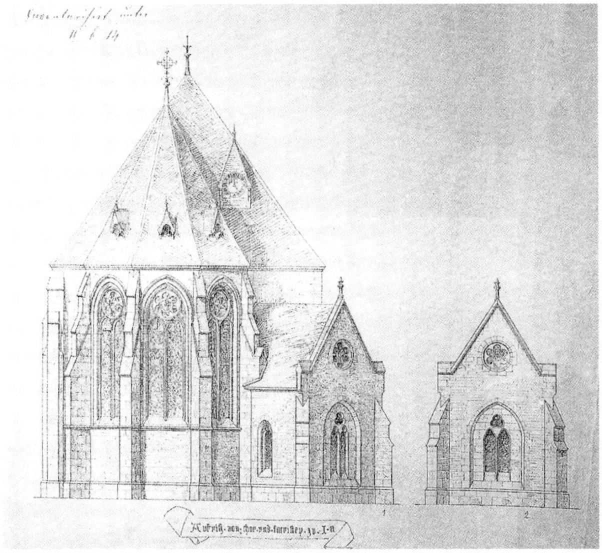

Abb. 33.13) NEUSTADT, Katholische Pfarrkirche St. Trinitatis, Aufriß von Chor und Sakristei

1 Dehio irrt in der Bezeichung als St. Johanniskirche (Dehio, Hessen, 1982, S. 656).
2 Die unsymmetrische Halle mit breitem Mittel- und nur einem nördlichen Seitenschiff entstammt mittelalterlicher Bettelordensarchitektur (z.B. ev. Brüderkirche Kassel, ehem. Karmeliterklosterkirche).
3 Das Motiv gibt es nicht nur in der deutschen Spätgotik, sondern die Form wird im evangelischen Kirchenbau des 19. Jahrhunderts ab den 1860er Jahren vielfach verwendet (vgl. Kap. V.1).
4 Im Hintergrund dieser Tafel bildet Ungewitter seine ev. Pfarrkirche in Neustadt ab.
5 Der Kirchturm. Aus der Baugeschichte der kath. Pfarrkirche zu Neustadt. In *Neustädter Heimat*.

34) WOLFHAGEN, Evangelische Pfarrkirche St. Anna (Stadtkirche), Restaurierung 1860/1866

Das Langhaus der ev. Pfarrkirche St. Anna stammt aus der zweiten Hälfte des 13. Jahrhunderts, sie besitzt außerdem einen spätgotischen Chor von 1420 *(Abb. 34.1)*.[1] Das Westportal hat Ungewitter möglicherweise für dasjenige in Nieste inspiriert *(Abb. 34.2)*. Der frühgotische Turm von 1303 erhielt sein niedriges Dach erst bei einer Wiederherstellung im Jahr 1561. Die Weihe an die hl. Anna geht auf 1501 zurück. Seit dem dritten Viertel des 14. Jahrhunderts befindet sich an der nördlichen Chorseite eine Marienkapelle.

Ungewitter ist für die Erneuerung des Kirchenraumes zuständig, die von 1860-66 dauerte und 10.000 Taler kostete, die ausschließlich die Stadt bestritt.[2] Die Kirche befand sich infolgedessen in gutem baulichen Zustand.

Abb. 34.1) WOLFHAGEN, Evangelische Pfarrkirche St. Anna (Stadtkirche), Ansicht

Abb. 34.2) WOLFHAGEN, Evangelische Pfarrkirche St. Anna (Stadtkirche), Westportal

Abb. 34.3) WOLFHAGEN, Evangelische Pfarrkirche St. Anna (Stadtkirche), Innen nach Ost (historisches Foto)

1913 fand eine neue Ausmalung und Instandsetzung statt. Die jüngste Restaurierung wurde 1957/58 vorgenommen.

Die Wolfhagener Stadtkirche ist eine Hallenkirche mit sehr geringer Höhe, drei Jochen pro Schiff, die durch mächtige Stützen geteilt werden *(Abb. 34.3)*. Im Mittelschiff erscheinen Domikalgewölbe. Bei den Stützen handelt es sich um runde Schafte mit je vier rechteckigen Vorlagen, im Detail treten vereinzelt attische Basen auf. Die Scheidbögen sind rechteckig mit schwach abgefasten Kanten, die Gurtbögen ebenfalls in mehrfachen Schichten flacher Vorlagen hervorgehoben.

Ungewitters Ausmalung, die offenbar in historischen Fotos noch zu erkennen ist, hebt hauptsächlich die gliedernden Elemente farbig hervor, die Kappen und Wandflächen bleiben weiß *(vgl. Abb. 34.3)*. Auch in den Zwickeln der Kappen treten florale Ornamente auf, so daß sich ein Zusammenhang mit dem Ursulinenkloster Fritzlar andeutet. Die Vorlagen werden wieder im Detail differenziert behandelt, indem die Spiegel der Gurt- und Schildbögen mehrfarbige Ornamentreihen tragen, während die Rippen und Dienste hell mit dunklem Fugennetz gestaltet sind. Der von Ungewitter als charakteristisch für die mittelalterliche Farbigkeit angesehene Kontrast und die Prachtentfaltung im Detail zeigen z.B. die Kämpferzone sowie das Sakramentshäuschen *(Abb. 34.4, 34.5)*. Das ausgeglichene Verhältnis von Materialbetonung und ornamentaler Auflösung der Gliederungselemente auf neutralem Hintergrund ist das Hauptkennzeichen der Ungewitterschen Gestaltung der Wolfhagener Pfarrkirche St. Anna. Keinesfalls ist dem Architekten der Vorwurf zu machen, daß er ein durchgängiges Dekorationsschema angewandt hat, denn gerade dies Beispiel erweitert sein Spektrum neugotischer Innenausmalungen abermals.

Wiederum ist Ungewitters Entwurf für die Kanzel in den "Land- und Stadtkirchen" abgebildet *(Abb. 34.6)*. Im Gegensatz zu der gerade in Neustadt beschriebenen Kanzel (vgl. Kat. 33) ruht der Korb auf einer mächtigen Säule mit einem Kapitell, das wie zusammengedrückt erscheint. Der Korb selbst stellt lediglich eine Variante bereits geläufiger Gliederungsschemata dar. Die Felder sind in zwei Lanzetten geteilt, die von einem krabbenbesetzten Wimperg überfangen werden.

1 Die Bau- und Kunstdenkmäler im Regierungsbezirk Kassel, hgg. von Friedrich Bleibaum. Neue Folge, Kassel 1937, S. 207-09 (Inneres 'durch neugotische Renovierung verunstaltet'); Inventar, 1870, S. 320f.
2 Inventar, 1870, Ebd.

Abb. 34.4) WOLFHAGEN, Evangelische Pfarrkirche St. Anna (Stadtkirche), Kämpferzone an einem Mittelschiffspfeiler (historisches Foto)

oben: Abb. 34.5) WOLFHAGEN, Evangelische Pfarrkirche St. Anna (Stadtkirche), Sakramentshäuschen (historisches Foto)

Abb. 34.6) WOLFHAGEN, Evangelische Pfarrkirche St. Anna (Stadtkirche), Kanzel (aus „Land- und Stadtkirchen")

35) MALSFELD, Evangelische Pfarrkirche, Entwurf 1861, Ausführung 1864

Die 1861 entworfene und drei Jahre später gebaute ev. Pfarrkirche in Malsfeld zeigt eine weitere Variante Ungewitters für sehr kleine Kirchenanlagen mit hoch aufragendem Westturm, Langhaus und Chor unter einer einheitlichen Dachfläche, wobei der Chor in Malsfeld aus fünf Seiten des Achtecks geschlossen ist *(Abb. 35.1, 35.2)*. Leider sind inzwischen das Dach in roten Ziegeln erneuert, Dachrinnen vor dem Hauptgesims angebracht sowie ein Anbau in dem Zwickel zwischen Langhaus und Chor im Süden angefügt worden *(Abb. 35.3)*.

Abb. 35.1) MALSFELD, Evangelische Pfarrkirche, Ansicht

Abb. 35.2) MALSFELD, Evangelische Pfarrkirche, Grundriß, Schnitte, Aufriß des Chores (aus „Land- und Stadtkirchen“)

Abb. 35.3) MALSFELD, Evangelische Pfarrkirche, Ansicht von Südost

Dem Schiff ist im Westen ein Querriegel vorgelegt, indem zwei kleine Satteldächer vorgezogen werden, deren dreiseitiger Abschluß im unteren Bereich abknickt. Sie bereiten zugleich den Westturm mit seinem Knick von einer vierseitigen Pyramide in einen sechsseitigen Spitzhelm vor, die in der durchgängigen Deckung mit grauem Schiefer eine harmonische Farbwirkung mit dem rötlichen Sandstein entfalten. Ungewitter erzielt geschickt den Eindruck eines Westwerks (romanisches Element an Klosterkirchen, z.B. Corvey aus dem späten 9. Jh.), das sich bei Betrachtung des Langhausaufrisses als westliche Schiffsmauer entpuppt *(Abb. 35.4)*. Darin werden die Aufgänge zu den Emporen angeordnet.

Die Westfassade mit kleinen Kleebogen-Öffnungen, der tief eingezogenen Portalvorhalle mit gedrücktem Spitzbogen evoziert einen geschlossenen, fast wehrhaften Charakter *(Abb. 35.5)*. Die Reduktion der Formensprache, indem auf jegliche zierliche Details verzichtet wird (<u>kein</u> Maßwerk im Fünfpaß, ganz einfache Dachgauben),[1] ist an der Malsfelder Kirche besonders weit geführt.

Diese Formstrenge setzt der Architekt am Langhaus fort, das durch drei Gruppen schmaler hochrechteckiger Blenden beleuchtet wird. Ein Segmentbogen faßt die gekuppelten Fenster zusammen, deren Mittelpfosten durch beide Stockwerke reicht *(Abb. 35.6)*. Das auf halber Höhe hinter dem Pfosten liegende Wandstück deutet auf die Empore im Innenraum hin. Der Chorraum wird durch Strebepfeiler, Spitzbogen- und Dreipaßformen der Fenster eindeutig gotisch gehalten *(vgl. Abb. 35.2)*.

Auch in Malsfeld spielt das verwendete Material eine wichtige Rolle. Die Mauer aus gelb-rötlichem, etwas weicherem Stein wird gegen die dunkelrote Farbe der Gesimse und Einfassungen der Öffnungen gesetzt *(Abb. 35.7)*. Die Steine an den Ecken tragen außerdem eine andere Scharrierung (Spitzmeißelspuren) als die des übrigen Mauerwerks, woraus die sorgfältige Bearbeitung des Baumaterials ersichtlich wird *(Abb. 35.8)*.

Der Saal des Langhauses mit leicht gespitzter Holztonne ist in Malsfeld mit dreiseitig umlaufenden Emporen versehen, wobei die Orgel wiederum im Westen angeordnet ist *(Abb. 35.9)*. Die auf Holzpfosten ruhenden Seitenemporen tragen die Decke auf drei mit Kopfbändern versehenen Rähmen *(Abb. 35.10)*. Deren jetzige Farbfassung in lindgrünen Nuancen, angeblich "nach Befund", entspricht sicher nicht Ungewitters Vorstellungen von reinen, kräfti-

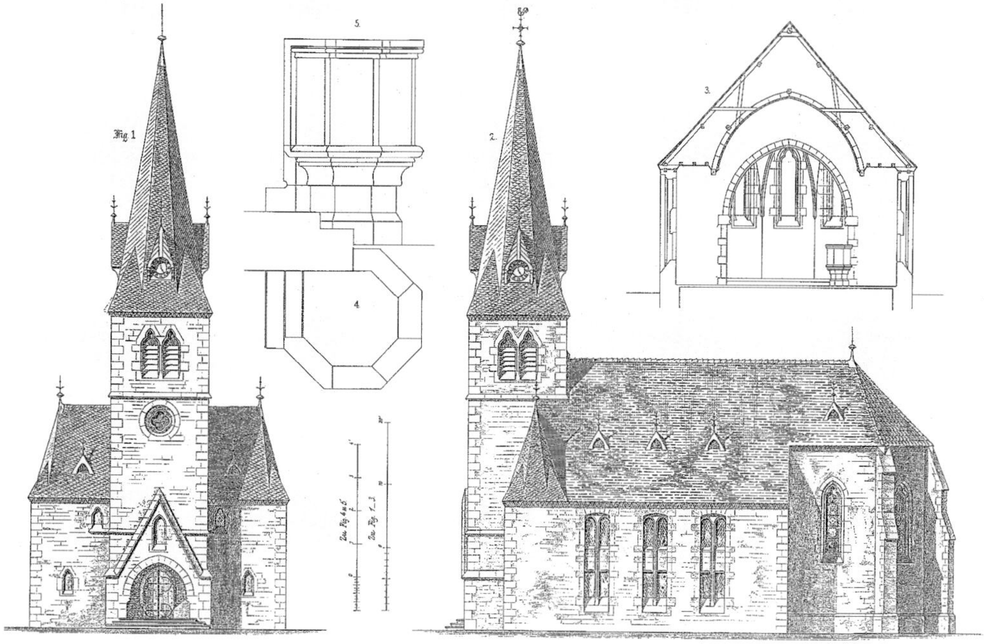

Abb. 35.4) MALSFELD, Evangelische Pfarrkirche, Ansichten, Schnitt (aus „Land- und Stadtkirchen")

gen Farben und Holzsichtigkeit. Die polygonale Steinkanzel ohne Schalldeckel befindet sich an gewohnter Stelle an der südlichen Triumphbogenwand. Die polygonen Kreuzrippen des Chores werden von Blatt- und Fruchtranken auf weißem Hintergrund der Kappen begleitet, zur gesteigerten feierlichen Wirkung tragen wiederum die Buntglasfenster bei *(Abb. 35.11)*.

In Malsfeld bezeugt eine Urkunde erstmals 1253 eine Kirche.[2] Über deren Bauzeit und Gestalt ist nichts bekannt, man riß sie nach dem letzten Gottesdienst am 27. März 1864 ab und führte am selben Platz Ungewitters Kirche auf.[3] Über einen Neubau gab es seit den 1850er Jahren nicht nur konkrete Verhandlungen, sondern auch Kollektensammlungen 1854 (schon 1832 die erste Sammlung) sowie einen Zuschuß aus der Staatskasse 1857. Diese Bemühungen fallen in die Amtszeit des Pfarrers Friedrich Böth von 1854-71. Bis auf Vorarbeiten wie die Aufstellung eines Kostenplanes rührte sich zunächst nichts. Andere Vorprojekte hat es ebenfalls gegeben, wie z.B. das eines Landbaumeisters Augener, das im Dezember 1859 erwähnt wird.[4] Im Jahr 1859 trat auch Baurat Johann Philipp Lichtenberg (1800-72) mit dem Vorschlag einer Kirche im 'Rundbogenstil' hervor.

Im Januar 1861 schlug Landrat Conrad Faber aus Melsungen die Gotik als "echt kirchliche" Bauart für einen Neubau vor, den ausdrücklich ein Fachmann

Abb. 35.5) MALSFELD, Evangelische Pfarrkirche, Westportal

Abb. 35.6) MALSFELD, Evangelische Pfarrkirche, Langhausfenster

Abb. 35.7) MALSFELD, Evangelische Pfarrkirche, Eingang im mittleren Joch der Nordseite

dieser Richtung entwerfen sollte. Zugleich stellte der Landrat die Bedeutung der Kirche als Musterbau für umliegende Gemeinden heraus, da sich das neu erwachte Leben in der ev. Kirche auch im Bedürfnis nach einem angemessenen Stil äußere.[5]

Am 31. Januar war bereits ein Projekt Ungewitters im Gespräch, zu dessen Ausführung entschied sich die Gemeindebehörde am 7. September einstimmig. In dem mit Zeichnungen illustrierten Kostenanschlag vom Anfang des Jahres 1861 hatte der Architekt die Kosten offensichtlich erheblich zu niedrig angesetzt. Die Angelegenheit ging an das Konsistorium mit der Bitte, die Kostenrechnung durch einen Baureferenten prüfen zu lassen, der statt 4.000 denn auch 5.600 Taler ermittelte.[6]

Gemäß dem Wunsch des Landrats sollte Ungewitter die Bauleitung erhalten, da es aber Opponenten gab, schleppte sich die Angelegenheit durch das Jahr 1862 hindurch, bis am 9. Januar 1863 Ungewitter tatsächlich zur Bauleitung bestimmt wurde.[7] Einen zügigen Verlauf verhinderten Brände in den Jahren 1862, 1863 und 1864, die Malsfeld in Atem hielten und auch direkt das Baugrundstück betrafen.

Weitere Probleme bereitete die aus dem üblichen Rahmen abweichende Verdingung aus der Hand; eine Genehmigung dieses Verfahrens hinsichtlich der Maurerarbeiten erging erst am 23. April 1863.[8]

Im Winter 1863/64 schließlich konnten die Steine gebrochen werden. Sie stammen fast ausschließlich aus der Malsfelder Umgebung (Beiseförther Bruch), nur das Material für die feineren Arbeiten wie Tür- und Fenstereinfassungen oder auch Gesimse mußte aus Ehringen bei Volkmarsen geliefert werden. Diese Steine befanden sich im Besitz des Mauerermeisters Kuhaupt, der sie dort gleich bearbeiten ließ. Per Bahn wurden sie nach Beiseförth transportiert. Alle Arbeiten waren im Herbst verdingt worden.[9] Auf Einsatz Ungewitters hin beauftragte man Maurermeister Kuhaupt aus Ehringen - mit dem er schon in Haina zusammengearbeitet hatte (s. Kat. 28), da dieser die erforderlichen Fertigkeiten und Erfahrungen besaß. Er traf am 5. April 1864 ein, so daß nach Fertigstellung der Bauarbeiten am 9. September die Kirche schon am 16. Dezember vollendet war und die

Abb. 35.8) MALSFELD, Evangelische Pfarrkirche, Steinquader der Südwestecke

Einweihung auf den 18. Dezember 1864 anberaumt werden konnte.[10] Die Gesamtkosten von 15.539,96 Mark bestritten je zur Hälfte politische Gemeinde sowie kirchliche Kollekten.

Nach dem Tod Ungewitters war die Bauleitung auf Peter Zindel aus Hundelshausen übergegangen.[11]

Bislang nicht exakt datierbare Wandmalereien Carl Schäfers, der im Rahmen seiner Tätigkeit im Ungewitterschen Atelier schon an den Entwürfen mitgewirkt hatte[12], sind leider heute übermalt (z.B. ein Hirsch im Chor). Der Altar wurde aus dem Altbau übernommen, ebenso die Orgel von 1723/24, die Valentin Möller aus Rotenburg 1864 restaurierte. Die 1864 neugeschaffene Kanzel konnte erst vier Jahre später bemalt werden.[13] Sie trägt heute Verse aus den vier Evangelien (Matthäus 11, 28, Markus 16, 15, Lukas 22, 32, Johannes 11, 25).

Für den Einbau einer Heizung 1934 entstand ein Anbau im Südosten, Außenrenovierungen gab es 1951-53 und 1989, solche des Innenraums 1954 und 1976 (neue Bestuhlung), wobei die Malerei des 19. Jahrhunderts inzwischen einer blaß wirkenden pastellfarbigen Version gewichen ist.[14] 1988 ließ die Gemeinde einen Taufstein aufstellen. Die drei östlichen Buntglasfenster dürften noch aus der Erbauungszeit stammen. Die Eingangssituation ließ ursprünglich auch seitliche Durchgänge vom Vorraum in das Schiff zu.

Abb. 35.9) MALSFELD, Evangelische Pfarrkirche, Innen nach West

Abb. 35.10) MALSFELD, Evangelische Pfarrkirche, Nordempore

Abb. 35.11) MALSFELD, Evangelische Pfarrkirche, Blick in den Chor

Motive der Malsfelder Kirche wirken im Œuvre der Ungewitter-Schüler weiter.[15] Genannt seien die doppelte Reihe Langhausfenster bei Schäfer in seiner ev. Kirche Friedrichsgrätz sowie die Spitzbogenfenster mit einbeschriebenen Kleeblattbögen und der geknickte Turmhelm in der kath. Pfarrkirche St. Johannes Baptista in Birkungen (errichtet 1885-90).[16]

Vom Neubau in Malsfeld, wo ausdrücklich der gotische Stil verlangt wurde, erwarteten die Auftraggeber eine anregende Wirkung für die Erneuerung evangelischer Kirchenbaukunst; ein hohes Ziel für eine kleine Kirche in Kurhessen. Dies steht im Zusammenhang mit der Diskussion um die funktional und symbolisch angemessene Bauweise für evangelische Kirchen, wie sie 1861 im Eisenacher Regulativ vorgeschlagen wurde, indem das Regulativ u. a. den 'germanischen', d.h. gotischen, Baustil empfahl (vgl. Kap. II.3, IV.1). Eine gotische Kirche wünschte man folglich auch in Malsfeld. Nicht ohne Ironie entwarf Ungewitter eine Kirche, an der typisch gotische Motive gerade nicht im Übermaß auftauchen.

Mit dem Prinzip der Massendurchdringung, das an der Westseite besonders eindringlich präsent ist, zieht sich Ungewitter auf diejenige architektonische Ausdrucksweise - zugleich seine spezielle Fähigkeit - zurück, die nur schwer nachzuahmen ist. Dekorative Formen lassen sich noch kopieren, sicheres Gespür für räumliche Wirkungen nicht. Die wohlkalkulierte Setzung der Volumina ist aus heutiger Sicht als ein in die zweite Hälfte des 19. Jahrhunderts vorausweisendes Kriterium der Ungewitterschen Kirchen zu bewerten.

1 Uhrluke und die Balkenkonstruktion des Helmes abgebildet bei Jaehn, [1877], S. 124f.
2 Festschrift zum 125jährigen Kirchenjubiläum in Malsfeld, hgg. vom Kirchenvorstand der ev. Kirchengemeinde Malsfeld. Malsfeld/ Spangenberg 1989, S. 11.
3 Pfarreichronik Malsfeld (um 1900), S. 270 (Pfarrarchiv).
4 Best. 315 e Malsfeld III, 1 (SAM).
5 Ebd.
6 Übereinstimmende Angaben in Best. 315 e Malsfeld III, 1 (SAM) und Pfarreichronik, S. 273.
7 Der Landrat empfiehlt dem Konsistorium am 22. März 1862 die Leitung durch Ungewitter (Best. 315 e Malsfeld III, 1 (SAM)).
8 Best. 315 e Malsfeld III, 1 (SAM).
9 Ebd.
10 Ebd. und Pfarrchronik, S. 274. (vgl. auch: z.B. Großmann/Hoppe, 1991, S. 227).
11 Obwohl in den Quellen die Absicht bekundet wird, dies an Flügge - ebenfalls aus Ungewitters Büro - zu vergeben (Ebd.; SAM).
12 Schuchard, 1979, S. 12f.
13 Die Kosten betragen 10 Taler und 25 Silbergroschen (Pfarreichronik, S. 275).
14 Die Maßnahme von 1976 durch einen lokalen Maler, Herrn Bauer (verstorben), ohne Beteiligung der Denkmalpflege. Eigene Beobachtungen an einem Emporen-Pfeiler rechts vom Eingang zeigen unter der heutigen Farbe mindestens zwei weitere Schichten (dunkelgrau über sandsteinfarben-rot); ungeklärt ist jedoch leider die Verteilung dieser und anderer Farben im Raum.
15 Die Westansicht zeigt Jaehn, [1877], S. 135.
16 Schuchard, 1979, S. 248 und 253.

Abb. 36.1) ESCHWEGE, Evangelische Pfarrkirche St. Katharina

36) ESCHWEGE, Evangelische Pfarrkirche St. Katharinen, Turmhelm des Westturmes 1861/62

Die dreischiffige Halle St. Katharinen ist heute evangelische Pfarrkirche der Eschweger Neustadt. Nach dem 1374 begonnenen Turm entstanden der Chor 1474-80 und das Langhaus 1484-92. Die Vollendung des Gewölbes im Innenraum dauerte bis 1520. 1537 erfolgte die Bestimmung zur evangelischen Pfarrkirche. Der Westturm erhielt später einen barocken Aufsatz mit Helm. Der neugotische Orgelprospekt befindet sich als Werk des bekannten Orgelbaumeisters Friedrich Krebaum seit 1839 in der Kirche.

Im Zuge der sich verbessernden Auftragssituation wird Ungewitter im Frühjahr 1861 die Ausführung eines Abschlusses für den Westturm der Katharinenkirche übertragen[1], ob die Baumaßnahmen tatsächlich bis 1862 andauern[2], ist nicht belegt.[3] Ungewitters Turm wurde im Jahr 1982 restauriert.

Die Anlage der Katharinenkirche folgt mit der dreischiffigen Halle dem in der Region verbreiteten Typus. An fünf schmale Joche schließt sich ein mittiger Westturm an. Auf dem quadratischen Turmschaft, den Ungewitter leicht zurückspringend, mit flachen Strebepfeilern an den Ecken sowie um die Schalluken herum vortretenden Wandfeldern noch ein Stück weiter in die Höhe führt, bildet ein hinter der Maßwerkbalustrade befindliches stark durchbrochenes Zwischenband das Auflager für den Helm *(Abb. 36.1)*.[4] Der spitze Schieferhelm wird an den vier unteren Ecken von kleinen Helmen begleitet. Die Ausführung des Turmes entspricht der von Ungewitter veröffentlichten Zeichnung bis auf die Dachgauben *(Abb. 36.3)*. Wieder verwendet der Architekt frühe gotische Formen: Maßwerk der frühen Hochgotik in den Schalluken, einen frühgotischen Spitzbogenfries, rundplastische Stützen der Wasserspeier, worüber Fialen mit Krabben und Kreuzblume sitzen. Dazu passen die geschlossene Oberfläche des Helmes, indem eben kein durchbrochener Helm aufgesetzt wird, aber auch die mit Spitzbögen durchbrochenen Ecken hinter der Balustrade, hinter der ein schmaler Umgang verläuft *(Abb. 36.2, 36.4)*.

Nachdem Ungewitter bisher primär in der Behandlung von Volumina hervorgetreten ist, sehen wir nun ein Beispiel für Feinabstufungen als Mittel zur

Abb. 36.2) ESCHWEGE, Evangelische Pfarrkirche St. Katharinen, Turmhelm

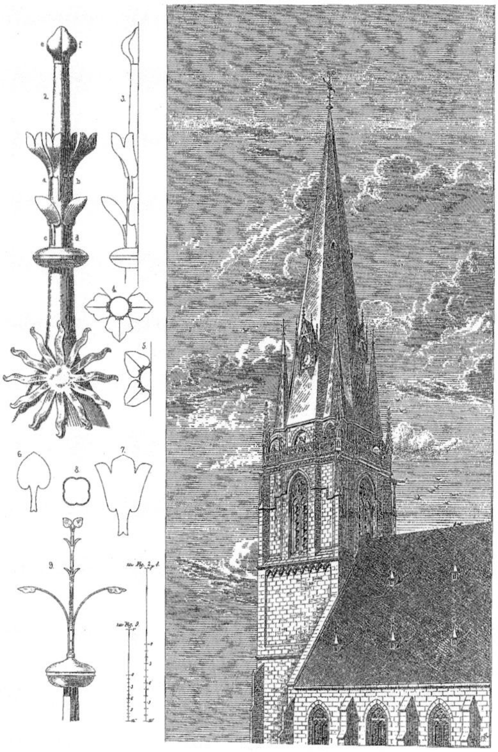

Abb. 36.3) ESCHWEGE, Evangelische Pfarrkirche St. Katharinen, Turmhelm (aus „Land- und Stadtkirchen")

Entwicklung eines Bauabschnitts aus dem anderen statt komplementär gesetzer Formblöcke. Im Übrigen berücksichtigt der Neugotiker die Zeitstufe der mittelalterlichen Kirche, das 15. Jahrhundert wenig, sondern bringt eigene Formideale zum Ausdruck, die auf die Früh- und beginnende Hochgotik zurückgreifen. Dementsprechend verändert er in der Darstellung für die Publikation Strebepfeiler und Fenstermaßwerk an der Kirche selbst, z.B. Dreipässe statt Fischblasen *(vgl. Abb. 36.1)*. Die quergestellten Walmdächer sind jedoch tatsächlich erst 1865 entstanden. Er nähert sich in seiner Stilwahl der Position Reichenspergers an, der die Gotik des 13. Jahrhunderts als Leitphase auffaßte (s. Kap. IV. 1).

Ungewitter nahm das Projekt in die "Entwürfe zu Land- und Stadtkirchen" auf, obwohl es hier um die Ergänzung eines mittelalterlichen Kirchenbaus ging, nicht um einen Neubau. Das zeigt die Bedeutung, die er selbst den kleinen Aufträgen beimaß. Im "Lehrbuch" bildet er den Sockel eines Schiffspfeilers der Kirche, die er zutreffend in die zweite Hälfte des 15. Jahrhunderts datiert, als Beispiel der "unerschöpflichen Mannigfaltigkeit" der gotischen Kunst des 15. und 16. Jahrhunderts ab, das heißt der Spätgotik, die sonst in der Mitte des 19. Jahrhunderts allgemein wenig geachtet wurde.[5]

1 Brief 22. März 1861 (Reichensperger, 1866, S. 204). Außerdem existiert eine heute in Privatbesitz befindliche Zeichnung.

2 Reclams Kunstführer. Baudenkmäler Bd. 4: Hessen. Bearb. v. H. R. Rosemann, O. Karpa, E. Herzog. Stuttgart 1960, S. 162; wohl im Rückgriff darauf Großmann/Hoppe, 1991, S. 315. Ohne genaues Datum: Die Baudenkmäler im Reg.bez. Cassel, von H. von Dehn-Rotfelser und Wilhelm Lotz. Kassel 1870, S. 36; vgl. auch: Alexander von Knorre, Turmvollendungen deutscher gotischer Kirchen im 19. Jahrhundert. Unter besonderer Berücksichtigung von Turmabschlüssen mit Maßwerkhelmen. (5. Veröffentlichung der Abteilung Architektur am Kunsthistorischen Institut der Universität Köln) Köln 1974, S. 254f.

3 Datierung auf 1863 in: Denkmaltopographie Bundesrepublik Deutschland. Kulturdenkmäler in Hessen, Werra-Meißner-Kreis II, Stadt Eschwege. Braunschweig/Wiesbaden 1992, S. 155-57.

4 Die Überleitung von quadratischem Turmschaft in den vielseitigen Maßwerkhelm durch Aufbrechen der Wandfläche ist dem Freiburger Münsterturm vergleichbar (Oktogon beg. 1280) (Nußbaum, 1985, S. 76, Abb. 46).

5 Ungewitter, Lehrbuch der gothischen Konstruktionen, Fig. 570, S. 219 mit genauer Beschreibung des Dienstsockels. Die im Inhaltsverzeichnis angegebenen Fig. 122 a und 422 , die den Grund- und Aufriß der Schiffspfeiler zeigen sollen, existieren nicht bzw. geben ein Beispiel aus Rouen, auch im Text wird Eschwege nicht erwähnt.

Abb. 36.4) ESCHWEGE, Evangelische Pfarrkirche St. Katharinen, Turmhelm (aus „Land- und Stadtkirchen")

37) INNSBRUCK, Rathaus, Entwurf 1862

Im März des Jahres 1862 erging das Angebot an Ungewitter, als Preisrichter in dem Wettbewerb für den Rathausneubau in Innsbruck tätig zu werden. Die Konkurrenz war am 8. Oktober 1861 ausgeschrieben[1], Einsendungen auf den 8. Januar 1862 terminiert worden.[2] Aufgrund des städtischen Wachstums sowie der Zunahme der Verwaltungserfordernisse benötigte die Stadt ein neues Ratsgebäude. Als Grundstück stand das des Alten Rathauses in der Herzog-Friedrich-Straße mit dem südlich angrenzenden Haus Nr. 23 zur Verfügung.[3] Das alte Rathaus nebst Haus Nr. 47 waren zum Abbruch bestimmt, der Turm sollte allerdings erhalten bleiben, wie auch dessen ehemaliger Laubengang, der eine Verbindung zu den Nachbarhäusern herstellte. Die Materialverwendung war freigestellt, sogar Eisenkonstruktionen statthaft. Sowohl Stil als auch Anzahl der Geschosse waren nicht reglementiert, doch die Fassade des Stadtturms sollte mit der des Rathauses stilistisch harmonieren. Dieser Aspekt stellt sich als besonders wichtig heraus, da er in nachträglichen Bemerkungen zum Programm nochmals betont wurde.[4] Mit 42 Teilnehmern von St. Petersburg bis Genf fand das Projekt eine gute Resonanz. Laut Programm hatten die Entwürfe unter ein Motto gestellt zu werden, so daß die Identität des Entwerfers nicht sogleich hervortrat. Vom 12. bis 26. Januar fand eine öffentliche Ausstellung der Beiträge im Ferdinandeum (Tiroler Landesmuseum) statt.

Die Kommission zog Ungewitter im März 1862[5] als einen durch seine Werke berühmten Architekten in der Funktion als Beirat zur Entscheidung über die Preisvergabe heran.[6] Ungewitter befand die Entwürfe jedoch durchweg für mittelmäßig und konnte sich infolgedessen nur zur Vergabe zweier zweiter Preise (je 300 Gulden) an die Arbeitsgemeinschaft Oskar Pichler und G. Seestern-Pauly aus Frankfurt (Erbauer des Frankfurter Irrenhauses) und den Tiroler Anton Geppert aus Innsbruck sowie eines dritten Preises (150 Gulden) an einen "zum Gußeisen stark hinneigenden Kölner" (Fr. Hayden,[7] Stadtbaumeister in Krefeld) durchringen.[8] Diese Entscheidung gab die Kommission am 15. März 1862 öffentlich bekannt.

Da nur die prämiierten Entwürfe in Innsbruck blieben, dürfte es sich bei der einzigen bislang existenten Abbildung um eines der drei ausgezeichneten handeln *(Abb. 37.1)*.[9] Nach Ergebnissen von Lewis stammt er von Oskar Pichler, dem Ungewitter einen der beiden zweiten Preise zuerkannt hatte.[10] Aus der Reihung einer Segmentbogenarkatur mit zweigeschossiger Wimpergarchitektur ragt der alte Stadtturm so stark heraus, daß dieser Vertikalrichtung fast ein wenig das Widerlager am Boden angesichts der feingliedrigen, flächigen Fassade zu fehlen scheint.

Vierzehn Tage nach Ungewitters Abreise aus Innsbruck, also Ende März/Anfang April 1862, erging überraschend der Auftrag des Stadtrates an ihn, ein neues Projekt zu erstellen.[11] Im Juni sandte er ein Foto der perspektivischen Ansicht des Entwurfes an Reichensperger mit der Bitte um dessen Kommentar.[12] Leider ist dies Projekt, von dem auch Blätter im Jahr 1869 in Kassel ausgestellt gewesen sind[13], nicht mehr nachweisbar.

Die Chancen einer tatsächlichen Ausführung setzte Ungewitter relativ gering an, da in Innsbruck die Kunstangelegenheiten fest in der Hand eines nicht namentlich benannten Bildhauers waren, der - wie auch die übrige Künstlerschaft (die nach Ungewitters Kenntnissen ausschließlich aus Malern bestand) - gegen "ausländische" Architekten Position bezog. Dieser Pessimismus hinsichtlich einer Realisierung erwies sich als berechtigt, da noch Anfang Januar 1864 die Nachricht aus Innsbruck eintraf, daß die erforderliche Anleihe zum Baubeginn derzeit nicht zustande kommen könne.[14] Es wurde denn auch nichts dergleichen ausgeführt.

1 Ausschreibung in: Beilage zu Nr. 302 der *Allgemeinen Zeitung* vom 29. Oktober 1861 für ein "der Würde der Landeshauptstadt entsprechendes" Rathaus durch den Stadtmagistrat mit Bürgermeister Carl Adam (Bauakten 1861, XII, Nr. 2842; Stadtarchiv Innsbruck).

37.1) INNSBRUCK, Rathaus, Wettbewerbsentwurf von Oskar Pichler

2 vgl. auch: Franz-Heinz Hye, Ein Neubauprojekt für das Alte Rathaus (1861/62). In: *Amtsblatt der Landeshauptstadt Innsbruck* 34. Jahrgang Februar/März 1971, Nr. 2/3, S. 20 (Er stützte sich auf o.g. Bauakte).

3 Bauakte, Ebd.

4 vgl. Ratsprotokolle 1861-62, fol. 94-101 (Stadtarchiv Innsbruck).

5 Bericht des Direktors der höheren Gewerbeschule Kassel, Hehl, über Ungewitters Reise-Gesuch vom 15. März 1862 (Best. 16/ Rep. VI/ Kl. 28/ Nr. 47; SAM).

6 Bauakte, Ebd.

7 Die Schreibweise Heyden - Hayden wechselt.

8 Brief 14. Juni 1862 (Reichensperger, 1866, S. 216f.).

9 Dieser Entwurf erfuhr noch 1971 eine vernichtende Kritik, da das Projekt demonstriere, "welche Gefahr für unsere Altstadt von seiten des damaligen 'modernen' Zeitgeistes" gedroht habe (Hye, a.a.O.).

10 Lewis, 1989, S. 315. Pichlers Entwurf lagert in der TU Plansammlung, Berlin.

11 Brief Bürgermeister 6. März 1862; (Bauakte, ebd.).

12 Brief 14. Juni 1862 (Reichensperger, 1866, S. 217). Der Bericht über ein Foto offenbart den Irrtum Steffens, daß Ungewitter aufgrund seiner Kränklichkeit nicht mehr in der Lage gewesen sei, das Projekt fertigzustellen (Steffen, 1899, S. 187).

13 Ausstellung architektonischer Entwürfe in Kassel. In: *DBZ* 3 (1869), S. 294f.

14 Brief Anfang Januar 1864 (Reichensperger, 1866, S. 227).

Abb. 38.1) MOMBERG, Katholische Pfarrkirche, Ansicht von Süden

rechte Seite:
Abb. 38.2) MOMBERG,
Katholische Pfarrkirche,
Aufrisse der West- und Ostseite,
Details
(aus „Land- und Stadtkirchen“)

38) MOMBERG, Katholische Pfarrkirche St. Johannis, Restaurierungs-Entwurf 1862, Entwurf 1863, Ausführung 1867-70

Die kath. Pfarrkirche St. Johannis in Momberg wurde 1867-70 aus gelb-rötlichen Bruchsteinen mit roten Sandsteinen für Gliederungen und Kanten nach Ungewitters Entwürfen der Jahre 1862/63 anstelle eines älteren Baus errichtet *(Abb. 38.1)*. Mit Westturm, fünfjochigem Schiff und 5/8 Chor ist das Kom-

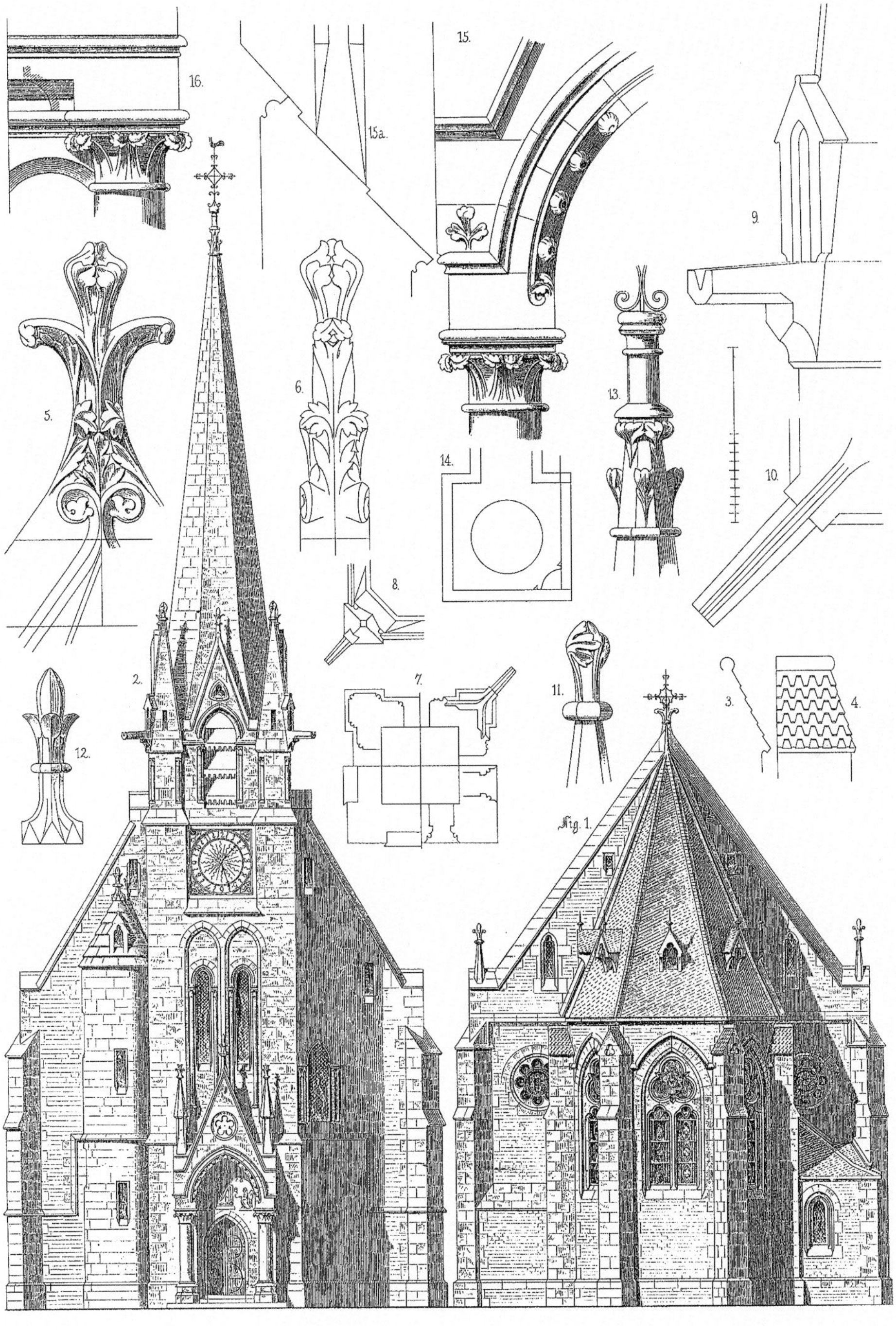

Abb. 38.3) MOMBERG, Katholische Pfarrkirche, Westportal

positionsschema bereits geläufig. Doch sind Langhaus und Chor durch eine östliche Giebelmauer des Schiffes sowie unterschiedliche Dächer deutlich getrennt, auch der angeschobene Westturm ist nicht mit dem Langhaus verzahnt, wie dies in den evangelischen Kirchen Malsfeld, Nieste, Hundelshausen der Fall ist. Die Joche des Schiffes gliedern abgetreppte Strebepfeiler mit Satteldächern, die unterhalb des Hauptgesimses endigen, sowie große zweibahnige Spitzbogenfenster mit stehendem Sechspaß, die auf dem Wasserschlaggesims des Sockels aufsitzen.

Asymmetrische Auflockerung bietet ein bis zur Fluchtlinie der Strebepfeiler vorgezogenes Seitenportal im südwestlichen Joch, das mit seiner rechten Seite an den Strebepfeiler gebunden ist, so daß das umlaufende Sockelgesims zugleich die Traufleiste des Portals als eine durchlaufende Linie bildet. Die Anlage eines Seiteneinganges ist aus der städtebaulichen Lage der Kirche verständlich, die auf einem Hügelplateau gelegen ist, so daß ihre Langseite bei der Annäherung von Süden weithin sichtbar als Blickpunkt wirkt. Außerdem lag der einzige Zugang zu der Vorgängerkirche an dieser Stelle.

Die Westfassade mit dem mittigen, vom Quadrat in einen oktogonalen Spitzhelm übergeleiteten Turm rahmen zwei schräg gestellte Strebepfeiler. Die Giebelfläche wird durch einen den großen Turm begleitenden Treppenturm in der nordöstlichen Ecke (in der Ausführung an die andere Turmseite gerückt), eine Spitzbogenöffnung mit zwei Säulchen im Gewände (nicht ausgeführt) sowie das verspringende Kaffgesims gegliedert *(Abb. 38.2)*. Das von einem

Abb. 38.4) MOMBERG, Katholische Pfarrkirche, Innen nach West

Abb. 38.5) MOMBERG, Katholische Pfarrkirche, Innen nach Nordost

Abb. 38.6) MOMBERG, Katholische Pfarrkirche, Fenster im Chor

mächtigen Wimperg bekrönte Portal rückt auf zwei freistehenden, mit Knospenkapitellen versehenen Säulen, die auf einem quadratischen Sockel stehen, weit vor *(Abb. 38.3)*. Weniger die Ornamentik der Kapitelle, die seitlich und auf dem First aufgesetzten stabartigen polygonalen Fialen mit Kreuzblumen oder die spitzbogige Traufleiste als vielmehr die gedrungenen Proportionen der Säulen, die Tiefe des Wimpergs und das durch eine Vorhalle ausgehöhlte Turmmassiv sind für die monumentale Wirkung der Architektur verantwortlich.

Den breiten Innenraum des Langhauses überspannt eine flach gewölbte Decke *(Abb. 38.4)*. Die Rippen des ungewöhnlichen Wölbschemas gliedern die Joche in je 10 Felder. Im Scheitel entsteht durch kurze Rippen der Ansatz zu einer Vernetzung, die die Jochgrenzen zu überspielen beginnt. Das ist eine in Ungewitters Werk einzigartige Form, auch weil sie sich eher der späten Gotik nähert, die sicher einen Kompromiß darstellt (s.u. Baugeschichte). Das tief heruntergezogene Gewölbe wird von Runddiensten abgefangen, die auf Konsolen ruhen. Die glatte, heute geweißte Wandfläche ist im Norden sowie an der südöstlichen Wand mit Rundbogen-Nischen zur Aufnahme einer Figur bzw. eines Altars versehen *(Abb. 38.5)*. Rippen, Fenstereinfassungen etc. setzen sich in der roten Materialfarbe als gliedernde Elemente ab, der Raum wirkt insgesamt weit und licht. Die höher liegenden Chorfenster füllen den Zwischenraum zwischen den Strebepfeilern aus. Die Ausstattung geht im wesentlichen nicht auf Ungewitter zurück. Im Chor haben sich Buntglasfenster erhalten *(Abb. 38.6)*

Dem ausgeführten Konzept war ein Restaurations-Entwurf vorausgegangen, den Ungewitter in die "Entwürfe zu Land- und Stadtkirchen" aufnahm, in dem die Zweischiffigkeit des Altbaus beibehalten wurde *(Abb. 38.7)*. Das nur vierjochige Langhaus ist dort mit dreibahnigen Kleebogenfenstern versehen *(Abb. 38.8)*. Kreuzrippen, Gurt- und Schildbogenrippen des Innenraumes laufen auf die Kämpfer dreier schlanker freistehender Säulen mit Blattkapitellen auf. Dies stellt eine interessante Lösung dar, deren steilere Raum-Proportionen ausgewogen und in harmonischer Stimmigkeit zum gewählten Stil erscheinen, im Gegensatz zu der breiten, flachen Wölbung der ausgeführten Saalkirche.

Die von Ungewitter in die Entwürfe eingetragenen Altäre werden durch das umlaufende und verspringende Sohlbankgesims in die Wandgliederung einbezogen *(vgl. Abb. 38.8)*. Perspektivische Ansicht und Querschnitt weichen leicht voneinander ab (z.B. Rosenfenster, anstelle des zweiten Nebenaltars eine Segmentbogennische). Alle drei Altäre tragen auf einer geschlossenen Mensa, die an der vorderen Wand mit einer Blendgliederung versehen ist (z.B. Spitzbogenarkatur im rechten Seitenaltar), ein Retabel. Der Hauptaltar ist gleichsam aus einer Kombination der beiden kleinen entwickelt, indem die rechteckige mit einem Relief geschmückte Rückwand in der Mitte durch ein Tabernakel überhöht wird. Die Seitenaltäre tragen eine Madonna mit Kind in einer Nische bzw. eine Standfigur auf einer Konsole. Die Altartypen orientieren somit wieder an den von Ungewitter bevorzugten 'frühen' gotischen Formen, wie sie etwa auch in der ev. Kirche Nieste verwendet wurden (vgl. Kat. 29).

Der Vorgängerbau der Momberger Pfarrkirche war mit der symmetrisch zweischiffigen Anlage ungewöhnlich für Hessen.[1] Der Typus ist vor allem aus der Spätgotik Bayerns und Österreichs als Dorfkirchen-Typus bekannt.[2] Ungewitter bewertete diese Disposition positiv, da aus der geringeren Spannweite der Gewölbe eine geringere Höhe und Mauerstärke resultierten, die zur erheblichen Kostenverminderung sowie einer malerischen Wirkung des Innern führten.[3] In der Argumentation verknüpfen sich erneut konstruktiv-technische mit ästhetischen Aspekten.

Der Auftrag zu einer Restaurierung fiel in das Jahr 1862, allerdings seit Beginn von einem Mangel finanzieller Mittel begleitet.[4] Schon im Jahr 1856 hatte man begonnen, Überschüsse an den Kirchenbaufonds zu überweisen (ca. 1000 Taler im Jahr), die u.a. aus verstärktem Holzverkauf stammten.[5] Dies reichte aber anscheinend nicht aus. Ungewitters zweischiffiger Entwurf nimmt auf den Bestand Rücksicht *(vgl. Abb. 38.8)*. Im Juni des Jahres war jedenfalls kaum ein Fünftel des Betrages gesichert, ohne Aussicht auf entscheidendes Anwachsen der Summe.

Im Jahr 1863 entwarf Ungewitter ein Neubauprojekt. Eine Abänderung des Grund- und Aufrisses wurde erforderlich, da die erste Ausmessung den

Abb. 38.7) MOMBERG, Katholische Pfarrkirche, Grundriß (aus „Land- und Stadtkirchen“)

Bauplatz zu kurz angegeben hatte. Am 14. April 1863 lag das modifizierte Projekt vor, von dessen veranschlagten Kosten von 13.400 Talern etwa 7000 aufgebracht waren.[6] Später äußerte Ungewitter sich enttäuscht über die mangelnde Unterstützung des Fuldaer Bischofs, der eben den Mombergern geraten habe, noch einige Jahre mit dem Bau einer neuen Kirche zu warten, obwohl nach Ungewitters Angaben die Kosten gedeckt waren und der Bedarf dringlich erschien.[7] Das Domkapitel erteilte auch auf einen Antrag vom 24. Mai 1865 hin keine Genehmigung, sondern schickte die Baurisse wieder zurück.

Die Begründung für eine relativ aufwendige gotische Kirche in Momberg lag in ihrer Funktion als Zeichen des wieder erstarkten Katholizismus, andernfalls hätte eine Kirche für die Hälfte der Bau-

Abb. 38.8) MOMBERG, Katholische Pfarrkirche, Innenansicht, Querschnitt, Details (aus „Land- und Stadtkirchen“)

summe genügt.[8] In einer vorwiegend protestantisch gläubigen Region versuchte die katholische Gemeinde, sich auf diese Weise selbstbewußt darzustellen und fest zu etablieren. Über die Aufbringung der Hälfte der Bausumme hinaus seien schon viele Steine angefahren worden und unter Betonung der Opferbereitschaft der Gemeinde richtete der Bürgermeister an das Domkapitel die Bitte, die Restsumme mittels einer Hauskollekte in der Diözese zu beschaffen.[9]

Die Ausführung 1867-70 lag, ebenso wie die Ausstattung des Innenraumes, in den Händen Carl

Schäfers, der im Rahmen seiner Tätigkeit in Ungewitters Atelier bereits an den Entwürfen beteiligt gewesen war.[10] Den Grundstein legte Dekan Müller aus Amöneburg am 15. September 1867. Beteiligt an der Ausführung waren weiterhin Landbaumeister Koppen, Kirchhain, die Ungewitter-Schüler Büchling und Schuster sowie aus dem Ort stammende Maurer und Zimmerer. Die Sandsteine stammen von Hof Netze, die Bruchsteine aus dem Momberger Wald. Von dort beschafften die Bürger in freiwilligen Fuhren auch das nötige Bauholz.[11]

Ungewitter bezieht in der Wiedergabe des ersten Entwurfes in den "Entwürfen zu Land- und Stadtkirchen" klar Position zugunsten des zweischiffigen Kirchenraumes. Wieder ist diese interessantere, ungewöhnlichere Lösung den Auftraggebern nicht zu vermitteln gewesen. An der Form des Turmhelmes scheint die Marburger Elisabethkirche als Vorbild durch. Das Portal löst sich erstmals als eigener Abschnitt vom Turm, anstatt einzuspringen. Wie schon in Neustadt, später in Bockenheim und Hundelshausen, entscheidet sich Ungewitter für einen Turmhelm aus Stein. Dies könnte auf eine Empfehlung Reichenspergers zurückgehen, der auf die geringeren Unterhaltungskosten und vor allem das Vorbild mittelalterlicher englischer Pfarrkirchen abhebt (bzw. auch neugotischer von Pugin und Street!) (vgl. Kap. IV.3). Der Architekt argumentiert denn auch mit Dauerhaftigkeit, monumentaler Wirkung und Feuersicherheit.[12]

1 Möglicherweise hat es sich entgegen Ungewitters Angaben um eine Saalkirche mit Holzempore und polygonalem Chor gehandelt, jedoch mangelt es an entsprechenden Abbildungen (Werner Schmitt, Momberg - ein ganzes Dorf stellt sich vor. Momberg 1995, S. 24. Für den Hinweis danke ich Frau Jacquelyn Holguin).

2 Reallexikon deutscher Kunstgeschichte, Bd. IV, S. 257. In Hessen wäre etwa an die Kapelle der Kaiserpfalz Gelnhausen vom Ende des 12. Jahrhunderts zu erinnern (Karl Simon, Die Anlage zweischiffiger Räume in Deutschland. In: *Repertorium für Kunstwissenschaft* 25 (1902), S. 41-48, hier S. 44).

3 Ungewitter, Lehrbuch der gothischen Konstruktionen, 3. Aufl., S. 307.

4 Brief 14. Juni 1862 (Reichensperger, 1866, S. 216).

5 Schmitt, 1995, S. 44.

6 Pfarrer Dempt zu Neustadt 24. Mai. 1865 (Akte Momberg; Bistumsarchiv Fulda).

7 Brief von Anfang Januar 1864 (Reichensperger, 1866, S. 228).

8 Brief Bürgermeister Stark vom 17. Februar 1866 (Akte Momberg; Bistums-Archiv Fulda).

9 Ebd.

10 Schuchard, 1979, S. 14. In der zum größten Teil auf Schäfers Planung 1882 zurückgehenden ev. Kirche Glinde nimmt Schäfer z.B. in Langhausfenstern Motive aus Momberg auf (Schuchard, 1979, S. 252).

11 Schmitt, 1995, S. 44.

12 Ungewitter, Lehrbuch der gothischen Konstruktionen, 3. Aufl., S. 571.

Abb. 39.1) AMÖNEBURG, Katholische Pfarrkirche, Ansicht von Nordwest

39) AMÖNEBURG, Katholische Pfarrkirche St. Johannis, Entwurf 1862, Ausführung 1866-71

Die im Jahre 1862 von Ungewitter entworfene kath. Pfarrkirche St. Johannis in Amöneburg wurde unter Leitung Zindels von 1866-70 in rotem Sandstein ausgeführt *(Abb. 39.1)*. Sie entfaltet aufgrund ihrer Lage auf einer Hügelkuppe inmitten einer Ebene eine Fernwirkung und schließt sich mit dem Friedhof zu einem Gesamtensemble zusammen *(Abb. 39.2)*. Die Anlage einer dreischiffigen Kreuzbasilika mit 5/8 Chor stellt einen gängigen Typus für eine mittelgroße Kirche dar (*Abb. 39.3)*. Der aus dem Vorgängerbau übernommene Turm befindet sich leicht schräg versetzt in dem nordöstlichen Zwickel zwischen Langhaus und Chor.

Die Westfassade zeichnet in den Umrissen die Linien der seitlichen Pultdächer sowie des Satteldaches über dem Mittelschiff nach *(Abb. 39.4)*. Hinter dem bis auf die Fluchtlinie der Eck-Strebepfeiler flach vorspringenden Mittelschiffs-Risalit mit vorgelagertem Hauptportal, das einen Wimperg trägt, treten die Seitenschiffswände zurück, die durch ein Spitzbogenfenster über den Portalen gegliedert sind. Eine Verbindung schafft das verspringende Überschlaggesims, das sich über die gesamte Breite der Westfassade erstreckt und an dem Giebel des Mittelportals seinen höchsten Punkt erreicht. Kleine Türmchen beidseits des Risalites nehmen die Zugänge zu einem schmalen Umgang im Westen auf Höhe der Fensternische auf *(Abb. 39.5)*.

Das Hauptportal wird der Mittelschiffswand vorgelagert, es ist relativ flach *(Abb. 39.6)*. Eingestellte Säulen im Gewände, die profilierte Archivolten stützen, sowie ein Dreipaßmotiv im Giebeldreieck schmücken den Zugang. Darüber befindet sich das auffälligste Motiv der Amöneburger Kirche: In einer schlanken, tiefen, von zwei gekoppelten Spitzbögen überfangenen Nische liegt ein Rundfenster *(vgl. Abb. 39.4)*. Vor dem Fenster steht eine Säule mit Kapitell, die die Bögen stützt und an die Rückwand mit ihrem Wirtel anschließt. Die Säule sitzt mit ihrem Sockel auf dem First des Portalgiebels auf.

Der Aufriß der Ostseite zeigt die kontinuierliche Aufrißentwicklung an Querschiff und Chor *(Abb. 39.7)*. Der ältere Turm wird über ein Gesims sowie spitzbogige Öffnungen und Strebepfeiler im Schalluken-Geschoß dem gotischen Erscheinungsbild angeglichen und eingebunden.

Die Gliederung der Langhausjoche geschieht durch einfach gestufte Strebepfeiler, die im oberen Teil in lisenenartige Streifen auslaufen *(Abb. 39.8)*. Zwischen dem zweiten und dritten Joch überspannt ein zusätzlicher Strebebogen, dessen obere Kante auf dem Pultdach erscheint, das Seitenschiff *(Abb. 39.9)*. Die Wand der Seitenschiffe wird durchgängig mit hohen schmalen Spitzbogenfenstern durchleuchtet. Der Obergaden besteht aus drei Lanzetten, deren mittlere überhöht ist, und die alle mit genasten Spitzbögen versehen sind, die von einer flachen, leicht gespitzten Traufleiste überfangen werden.

Das mit einem abgewalmten Dach versehene Querhaus setzt am Giebel in der unteren Hälfte die Langhausgliederung fort, darüber liegen zwei zweibahnige Spitzbogenfenster unter einem Okulus von einer Spitzbogenblende zusammengefaßt, über der

Abb. 39.2) AMÖNEBURG,
Friedhof an der katholischen Pfarrkirche

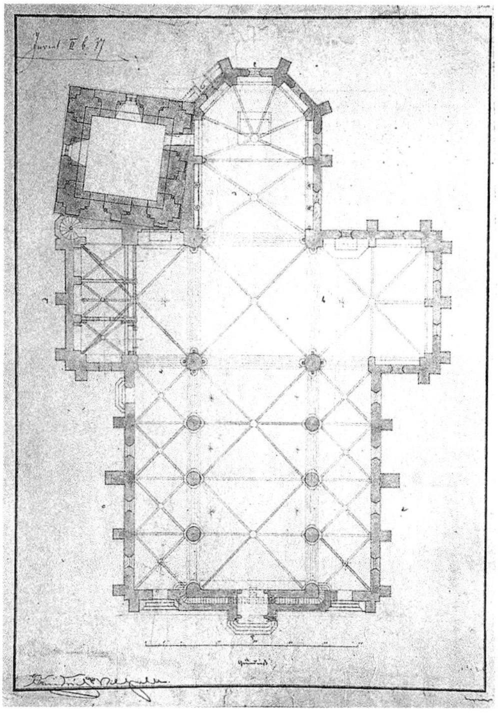

Abb. 39.3) AMÖNEBURG,
Katholische Pfarrkirche, Grundriß

Abb. 39.4) AMÖNEBURG, Katholische Pfarrkirche, Westansicht

wieder ein Überschlaggesims entlangläuft *(Abb. 39.10)*. Die Gliederung des Turms weicht von der übrigen Kirche ab, der heutige Bestand entspricht nicht dem von Ungewitter intendierten *(Abb. 39.11, vgl. Abb. 39.1)*.

Das Mittelschiff überdecken zwei Joche mit sechsteiligem Kreuzrippengewölbe - eine frühgotische Form, die der Notre Dame, Paris, entspricht. Gedrückte Proportionen der kräftigen Rundstützen, das gebundene System der Wölbung stammen gleichfalls aus der frühgotischen Baukunst *(Abb. 39.12)*. Der Wandaufriß ist dreizonig, obwohl er auf den ersten Blick nur zwei Zonen zeigt. Über den Spitzbogenarkaden, auf deren schlichten Kapitellen die Gewölbedienste aufsetzen, liegt eine Reihe glatt in die Mauer eingefügter Entlastungsbögen. Im Obergaden wird die Wand mit dreibahnigen Lanzettfenstern mit genasten Spitzbögen geöffnet, die aber so hoch ansetzen, daß sie nur wenig Licht spenden *(Abb. 39.13)*. Die Blendbogenzone ist durch einen Laufgang begehbar, wodurch im Zusammenhang mit der nochmals zurückgesetzten Wand des Obergadens im Innenraum ebenfalls die plastische Wandschichtung dominiert.

Der Querschnitt zeigt die östlichen Wände von Querschiff und Chor, in die auch Altäre und eine Kanzel eingetragen sind *(Abb. 39.14)*. Die Seitenschiffswände sind durch eine Blendarkatur bzw. Spitzbogenfenster wie im Chor gegliedert. Im Chor tritt die Wand in einer Segmentbogengliederung auf Höhe des Umgangs zurück, darüber sitzen die bunt verglasten Fenster. In der Setzung der Details wie Dienste, Arkadenpfeiler, aber auch in der Raumproportion, die relativ niedrig ist, zeigt sich Ungewitters archaisierende Auffassung der Gotik.

In Amöneburg ist abermals Ungewitters Bemühen um einen Ausdruck der Verschiedenheit der Abschnitte eines Sakralbaus im Aufriß gut ablesbar: Aus einem übersichtlichen Grundriß entwickeln sich die Teile auf gemeinsamer Basis in der Höhe je nach ihrer Funktion unterschiedlich, es gibt klare Geschoßeinteilungen (z.B. im unteren Geschoß identische Fenster, im Obergaden des Langhauses bzw. Querschiff vom Chor unterschiedliche Fenster) und eine schlüssige Einbindung aller Teile.[1] Die Traufleistenhöhe am Turm entspricht der des Wandaufrisses am Chor. Dies belegt die gewonnene kompositionelle Sicherheit Ungewitters, immer mit originellen Detailideen. Das Westfenster läßt sich mit dem gleichfalls tief zurückliegenden Rundfenster über schräger Sohlbank in Nieste vergleichen, die Orientierung an der Elisabethkirche in Marburg etwa mit den Strebepfeilern ist schon aus dem gleichzeitigen Entwurf in Momberg bekannt.

Nach Aufgabe eines im 8. Jh. gegründeten Klosters fielen Gebäude und Vermögen an das Erzbistum Mainz. 1238 wurde erstmals eine Johannes dem Täufer gewidmete Kirche erwähnt, die sich 1286 noch im Bau befand: Es handelte sich um eine dreischiffige Halle mit polygonalem Chor. Im 14. Jh. entstand der Turm, der im 18. Jh. mit einem Haubenhelm versehen worden ist.[2] 1360 wurde die Kirche zum Stift erhoben. Nach dem Dreißigjährigen Krieg mußte sie 1650 bis auf die Außenmauern und den Turmunterbau ganz neu aufgeführt werden, die Innenausstattung war erst 1720 abgeschlossen. Durch Kriegsbeschädigungen 1762 durch die Franzosen litt die bauliche Substanz der Kirche an Dach und Südseite erneut. Die Baulast übernahm nach der Säkularisation 1802/1803 das Kurfürstentum Hes-

Abb. 39.5) AMÖNEBURG, Katholische Pfarrkirche, Aufriß der Westfassade, Westwand von Innen, Details (aus „Land- und Stadtkirchen“)

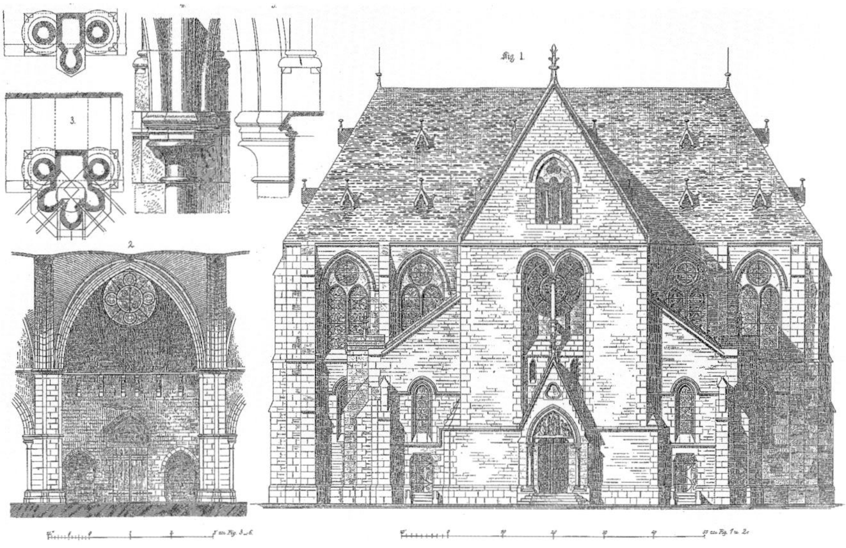

Abb. 39.6) AMÖNEBURG, Katholische Pfarrkirche, Portal

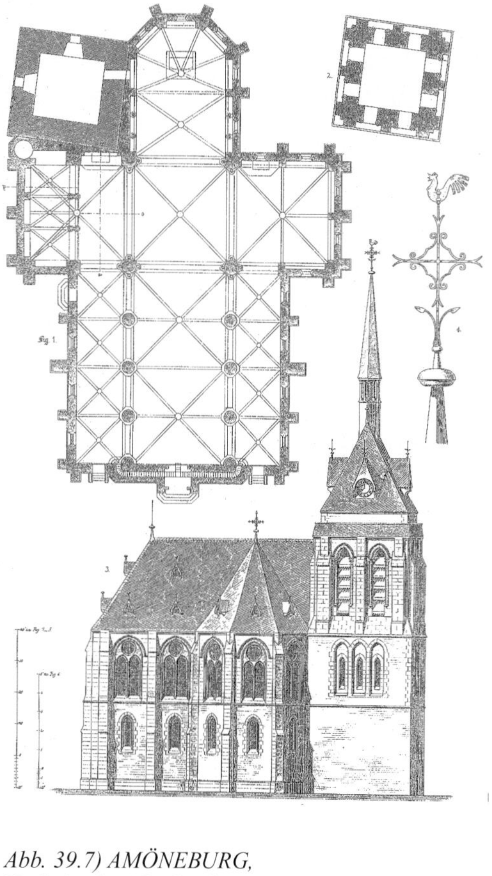

Abb. 39.7) AMÖNEBURG, Katholische Pfarrkirche, Grundriß und Aufriß der Ostseite (aus „Land- und Stadtkirchen“)

Abb. 39.8) AMÖNEBURG, Katholische Pfarrkirche, Aufriß der Nordseite

sen, zur selben Zeit wurde Amöneburg wieder zur Pfarrkirche herabgestuft. Das Gebäude mußte am 13. April 1862 geschlossen werden. Schon ein Jahr vor dem Neubaubeginn 1866 kam es zum Abriß.[3]

Am 26. Juni 1862 beauftragte das Domkapitel den Landdechanten Müller, einen Restaurationsentwurf von dem Landbaumeister im Stil der Kirche einzuziehen. Der Dechant beauftragte allerdings Ungewitter mit einem Gutachten nebst Projekt zu einer neuen gotischen Kirche. Später begründete Müller sein eigenmächtiges Handeln mit der Unfähigkeit hessischer Landbaumeister, eine gotische Kirche zu entwerfen, geschweige denn zu bauen. Ungewitter hingegen hätte sich gerade in dieser Stilrichtung bewährt.[4]

Nachdem schon im Februar und April 1862 Berichte über massive Schäden eingegangen waren, die zur Schließung des Altbaus führten, wies Ungewitter am 11. September in einem Brief an den Landdechanten Müller auf zusätzliche Risse im Mauerwerk, Ausweichungen etc. hin, die Landbaumeister Koppen in seinem Gutachten übersehen hatte.[5] Beispielsweise befanden sich mehrere Risse im Chorpolygon, die teilweise durch Fensterbögen und Brüstungen hindurch verliefen. Die Schäden wurden nicht nur genau beschrieben, sondern auch die konstruktiven Mängel dargelegt, die sie verursachten. Die Situation schien teilweise recht dramatisch zu sein, da Chor- und Schiffsgewölbe als akut einsturzgefährdet galten. Die Ausweichungen der Mauern, besonders im Westen, hatten ihre Ursache in der schlechten Steinqualität.[6]

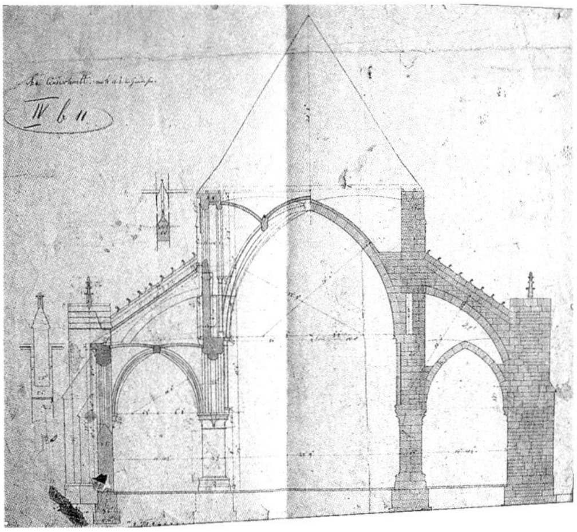

Abb. 39.9) AMÖNEBURG, Katholische Pfarrkirche, Querschnitt

Zugleich legte Ungewitter einen Entwurf in acht Blättern zu einem Neubau vor. Er erläuterte den Zusammenhang von Konstruktion und Ästhetik folgendermaßen:

Da alles, was irgend darin auf das ästhetische Moment bezüglich ist, unmittelbar aus der Construction hervorgeht welche an erster Stelle gemäß den Schwierigkeiten des Transportes auf Massenersparnis berechnet ist, so sind dadurch die wirklichen Kosten eher verringert als vergrößert, und dürfte daher wohl anzunehmen sein, daß einige unwesentliche Vereinfachungen abgerechnet eine Ihrem Raumbedürfnis genügende gewölbte Kirche erheblich billiger als die projectirte unter den dortigen Verhältnissen auszuführen sein möchte, daß aber die Annahme eines jeden anderen Styles in welchem jene Ersparniss der Massen wegfällt die Kosten sogar erhöhen würde.[7]

Entgegen den üblichen Einwänden postulierte Ungewitter wiederum einen geringeren Kostenaufwand für seine gewölbte Kirche. Am 17. September wurden Gutachten, Zeichnungen, Kostenanschlag Ungewitters zu einer Kirche für 1000 Personen nochmals erwähnt.[8] Dem folgten Vorschläge zu leichten Abwandlungen unter Hinweis auf den gut erhaltenen Turm im Oktober.[9] Am 3. Dezember erging der definitive Auftrag an Ungewitter, eine Kirche für 1000 Personen in möglichst einfachem gotischen Stil zu entwerfen.[10] Damit standen Ungewitters Formideale im Einklang mit den Vorstellungen der Auftraggeber. Die Neugotik wertete Müller als Ausdruck der Anerkennung einer Rückkehr zum 'altkatholischen Baustyl' in Amöneburg, zumal schon die ursprüngliche Kirche gotisch gewesen war.[11]

Auch das nächste Jahr verging mit der Zögerlichkeit der Regierung, da z.B. ein Regierungsbaureferent nur einen teilweisen Umbau für nötig hielt und auch den gotischen Stil ablehnte, den der Dechant

Abb. 39.10)
AMÖNEBURG,
Katholische
Pfarrkirche,
Aufriß der
Nordseite
(aus „Land- und
Stadtkirchen“)

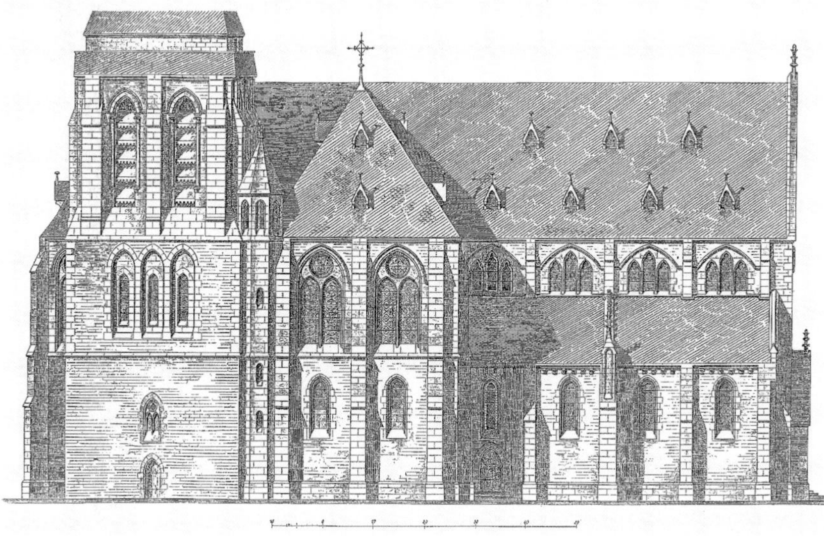

Abb. 39.11)
AMÖNEBURG,
Katholische
Pfarrkirche,
Ansicht von
Nordwest
(aus „Land- und
Stadtkirchen“)

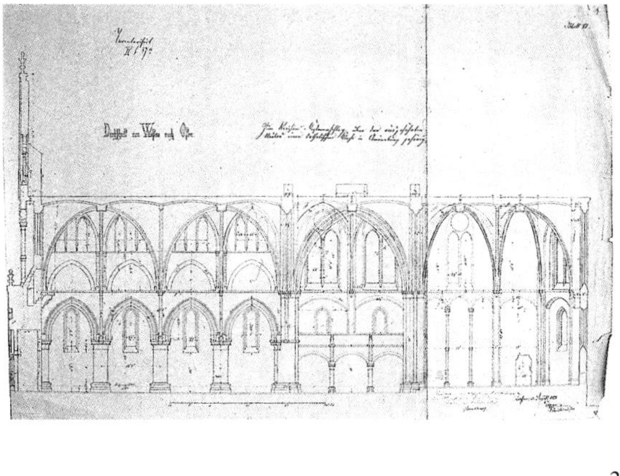

Abb. 39.12)
AMÖNEBURG,
Katholische Pfarrkirche,
Längsschnitt

Abb. 39.13) AMÖNEBURG, Katholische Pfarrkirche, Innen nach Ost

erneut mit den Argumenten der Tradition und insbesondere der Angemessenheit für die katholische Konfession rechtfertigte.[12] Wieder folgten Schadensbericht und Vorlage des Ungewitterschen Projekts, um von der Notwendigkeit eines Neubaus zu überzeugen.

Der Vorgang zirkulierte bis 1864, erst am 24. Juni wurden 30.000 Mark für einen Neubau genehmigt, im November stand ein baldiger Abbruch der alten Kirche bevor. Zunächst erhielt Zindel am 15. November die Ausführung nach den vorliegenden Rissen und Kostenanschlägen übertragen.[13]

Erst am 1. März 1866 begann die Verwirklichung von Ungewitters Projekt unter Leitung Zindels durch Fr. W. Reum und L. Büchling (vgl. Kurzbiographien der Ungewitter-Schüler). Zur Ausschmückung des Inneren standen 2.700 Mark zur Verfügung. Schäfer reichte Vorschläge ein, die auch zwei Varianten für Glasmalereien beinhalteten, von denen die im Stil des 13. Jahrhunderts der modernen vorgezogen wurde.[14]

Ab 1869 übernahm Landbaumeister Koppen die Aufsicht. Zur Ausstattung fertigte Schäfer Entwürfe[15] an, dessen Turmentwurf aus dem Jahr 1872 kam

Abb. 39.14)
AMÖNEBURG,
Katholische Pfarrkirche,
Schnitte
(aus „Land- und Stadtkirchen")

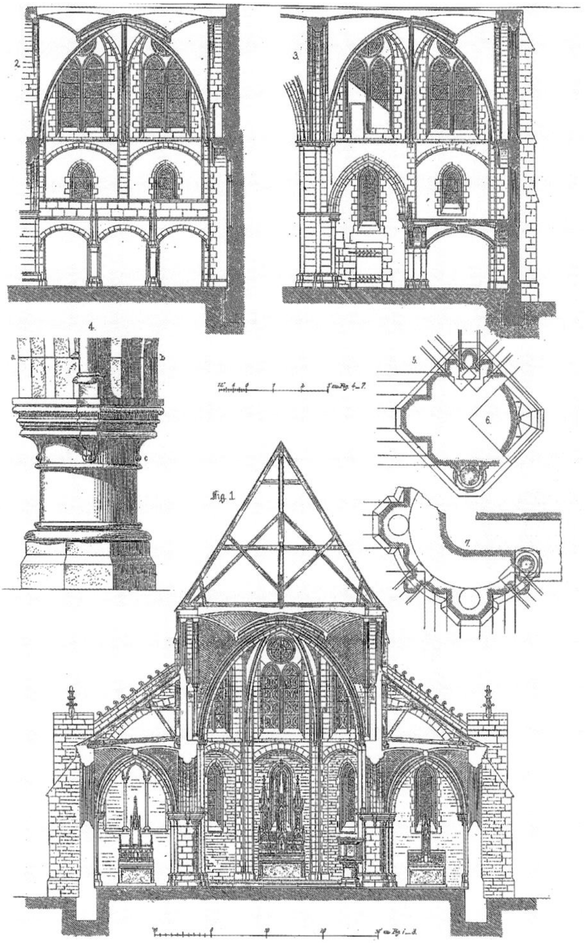

nicht zur Ausführung. Nach Vollendung des Baus Ende 1870 fand am 27. August 1871, nachdem auch die Innenausstattung vollständig ausgeführt war, die Konsekration statt.

Seitdem wurden die farbige Ausmalung übergeweißt, die Kanzel als Ambo am Choreingang umfunktioniert und Fenster im nördlichen Querschiff neu eingebrochen. Die Vierung veränderte die Einziehung einer Altarinsel wesentlich, wodurch die im 19. Jh. intendierte Ausrichtung auf den Hochaltar im Chor gänzlich verloren ging.

1 Eine Einordnung einzelner Formen - unter besonderer Berücksichtigung von Karl Schäfer - nimmt Jutta Schuchard vor (vgl. Schuchard, 1979, S. 49, 68, 178, 185, 200, 249, 252).
2 Großmann/Hoppe, 1991, S. 134f.
3 Best. 16, Rep. XII, Kl. 12, Nr. 25 (SAM) und Fasz. 1, Amöneburg (Bischöfliches Generalvikariat Fulda).
4 Müller 4. Dezember 1865 (Fasz. 1, Amöneburg).
5 Durch die Einschaltung der Regierung, die nach Ansicht des Dechanten zum Bau verpflichtet war, verzögerte sich der Vorgang erneut (Brief 14. Juni 1862; Reichensperger, 1866, S. 216). Nach Ansicht der Regierung wäre das Domkapitel für eine Restaurierung zuständig (Fasz. 1, Amöneburg).
6 Bzw. unangemessenes Material Basalt (im Fundament), in dessen Poren Mörtel nicht eindringen kann.
7 Gutachten Ungewitter 11. September 1862 (Best. 16, Rep. XII, Kl. 12, Nr. 25; SAM).
8 Best. 19g Nr. 58 (SAM).
9 Brief Müller 13. Oktober 1862 (Best. 16/ Rep. XII/ Kl. 12/ Nr. 25; SAM).
10 Brief Müller 3. Dezember 1862 (Best. 19g Nr. 58; SAM).
11 Brief Müller 13. Oktober 1862 (Best. 16/ Rep. XII/ Kl. 12/ Nr. 25; SAM).
12 Brief Müller 24. Januar 1863 (Ebd.).
13 Best. 19g Nr. 58 (SAM); vgl. auch Brief Müller vom 14. September 1865 wg. Honorarforderung durch Ungewitters Witwe (Fasz. 1, Amöneburg; Bistumsachiv Fulda).
14 Der Architekt stützte sein Urteil auf eine andere Kapazität der Neugotik: Viollet-le-Duc; ein Heft von dessem neuen Werk lag bei (Müller 26. August 1868; Fasz. 1, Amöneburg, ebd.).
15 Sizzenbuch Nr. 29, TUB/TIB Hannover (nach: Schuchard, 1979, S. 73). Die Kosten für den Turm wurden mit 20.000 Talern für zu hoch befunden (vgl. Alfred Schneider, Stadt und Amt Amöneburg. Beiträge zur Geschichte der kurmainzischen Besitzungen im Raume Oberhessen. (Hessische Heimatbücher Bd. 2) Marburg 1984, S. 215.

40) BOCKENHEIM (Frankfurt/M.), Katholische Kirche St. Elisabeth, Entwurf 1862, Ausführung 1868-70

Die 1868-70 nach einem Projekt Ungewitters von 1862 aufgeführte kath. Pfarrkirche St. Elisabeth in Bockenheim wurde nach Zerstörungen im Zweiten Weltkrieg vereinfacht wiederaufgebaut *(Abb. 40.1)*. Sie liegt auf einem längsrechteckigen Grundstück mit der westlichen Eingangsseite auf den Marktplatz gerichtet (ab 1899 Kurfürstenplatz).

Abb. 40.1) BOCKENHEIM (Frankfurt/M.), Katholische Kirche St. Elisabeth, Ansicht von Südost

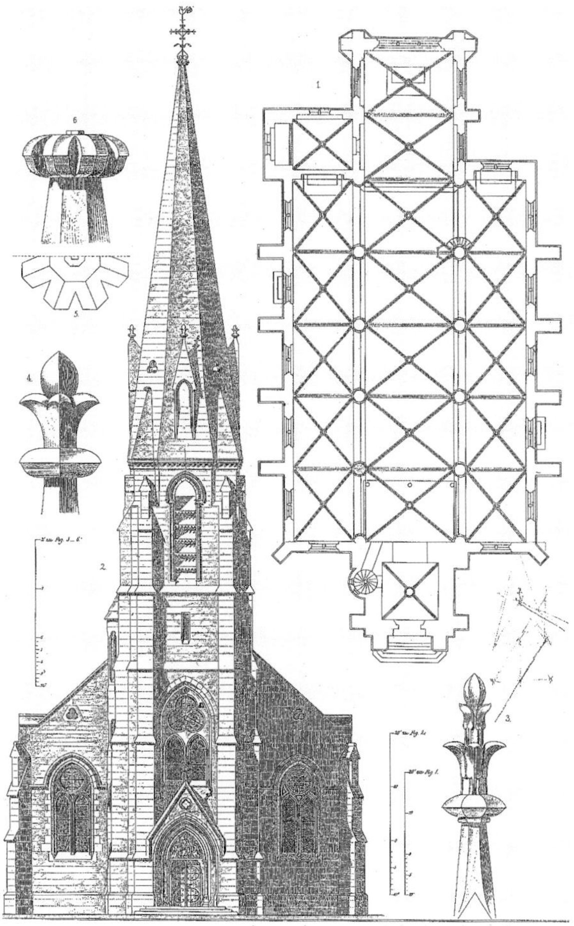

Abb. 40.2) BOCKENHEIM (Frankfurt/M.), Katholische Kirche St. Elisabeth, Grundriß und Aufriß der Westfassade (aus „Land- und Stadtkirchen")

Der Entwurf Ungewitters zeigt eine dreischiffige Anlage mit mittig vorgelagertem Turm im Westen, der separat ansetzt (vgl. Momberg) *(Abb. 40.2)*. Dem als Stutzbasilika konzipierten Schiff folgt im Osten ein zweijochiger Kastenchor, der von einer nördlichen Sakristei begleitet wird, die mit einer leicht über die Fluchtlinie greifenden Auskragung ein eigenständiges Raumkompartiment bildet. Im Unterschied zur queroblongen Kreuzrippenwölbung des Mittelschiffes ist die der Seitenschiffe leicht gelängt, was einen gegenläufigen Raumrhythmus erzeugt.

Die Bockenheimer Kirche ist in klaren, kräftigen frühgotischen Formen gehalten *(Abb. 40.3)*. Im Westen erkennt man mit seitlichem Treppenturm, der bis zur Firsthöhe des Mittelschiffs hinaufreicht, dort mit einem flachen steinernen Kegeldach endet, unschwer Ungewittersche Formeigenheiten: Durchbrechung des strikt symmetrischen Aufrisses *(vgl. Abb. 40.2)*. Die Seitenschiffe beleuchten zweibahnige Spitzbogenfenster, die einen Okulus im Oberlicht tragen. Der hohe Turm wird durch abgetreppte Strebepfeiler, zwischen denen die Kante, die ebenfalls Stufungen zeigt, sichtbar ist sowie Gesimse in mehrere zurücktretende Abschnitte untergliedert. Zum ersten Mal begegnen hier dem Betrachter im Werk Ungewitters Strebepfeiler am Westturm. Im Sockel liegt das eingezogene Spitzbogenportal mit Rundstab- und Kehl-Profilen in Gewände und Archivolten sowie dem Tympanon. Die Orgelbühne wird mit einem Doppellanzett-Fenster, das einen Dreipaß trägt und in einer leicht eingetieften Spitzbogennische sitzt, beleuchtet.

Auf einen weitgehend geschlossenen Wandabschnitt folgt ein Geschoß, das die von Gewändesäulen und Archivolten gerahmten Lanzetten der Schalluken aufnimmt. Hier enden auch die Strebepfeiler in flachen lisenenartigen Aufsätzen mit Satteldach. Der Turmschaft wird mit einem ornamentierten Gesims abgeschlossen. Ausgeführt wurde ein einfaches Gesims, um die Schalluken läuft eine verspringende Traufleiste *(Abb. 40.4)*. Eine Überleitung durch Rücknahme der Wand in dem oberen Abschnitt des Schalluken-Geschosses führt zu einer Verkröpfung des Gesimses und bereitet den achtseitigen Helm vor, ähnlich wie in Eschwege (vgl. Kat. 36). Dem Steinhelm legen sich Eckpyramiden an, ein kleines Stück höher ist der Helm von vier übergiebelten Gauben mit Kreuzblume umstellt. Die Helmform läßt sich mit diesem Motiv direkt auf frühgotische französische Kathedralen wie Laon zurückführen.

Am Langhaus verwendet Ungewitter kontinuierlich den schon von der Westseite bekannten Typ der Seitenschiffsfenster weiter *(vgl. Abb. 40.1)*. Die Öffnungen treten über einfache Schrägen der Sohlbank sowie eine Abfasung des Gewändes zurück, die Einfassungen sind nicht mit dem übrigen Mauerwerk im Verband verzahnt, es gibt sogar feine Schattierungen durch leichte Vor- und Rücksprünge *(vgl. Abb. 40.10)*. Die einzelnen Joche trennen weit vorspringende Strebepfeiler, die mit einem Satteldachaufsatz abschließen, ein Motiv, das an den Westturm anknüpft.

Nur das heute vermauerte Ostfenster trägt ein Überschlaggesims, das eine kräftige Profillinie bildet *(Abb. 40.5)*. Damit erzeugen die glatten Wandflächen, die schlichten großen Formen der Strebepfeiler und Fenster den spezifischen Charakter dieser Kirche *(vgl. Abb. 40.1)*. Dies ist eine Tendenz, die für das Werk aus den letzten beiden Lebensjahren des Architekten kennzeichnend zu sein scheint. Er lehnt sich wieder an französische Vorbilder des 13. Jahrhunderts an.[1]

Abb. 40.3) BOCKENHEIM (Frankfurt), Katholische Kirche St. Elisabeth, Ansicht von Nordwest (aus „Land- und Stadtkirchen“)

Den Innenraum überspannte ursprünglich ein Satteldach über dem Mittelschiff, an das die Pulte der Seitenschiffe anliefen *(Abb. 40.6)*. Nach der Zerstörung ist ein neues Dach asymmetrisch aufgesetzt worden, der Anschlag des alten ist am Turm noch sichtbar *(vgl. Abb. 40.1)*.

Das Kircheninnere gliedern wuchtige Rundpfeiler mit ihren mächtigen Kapitellen, von denen heute noch eine Reihe erhalten ist *(Abb. 40.7)*. Die Kapitelle zeigen drei verschiedene Formen stark stilisierter Blätter, von denen eines gezeigt wird *(Abb. 40.8)*. Es wird zwar auf frühgotische Formen zurückgegriffen, in der stark vereinfachenden Linienführung, dem flachen Relief, vor allem aber in der Vergrößerung des Maßstabs erweist sich, daß die monumentale Erscheinung der Kirche vom Außenbau bis ins Detail hinein verfolgt wird. Die Kapitelle entsprechen aber nicht den in den "Entwürfen zu Land- und Stadtkirchen" auftretenden *(vgl. Abb. 40.6)*. In ihrer Annäherung an Formen Viollet-le-Ducs dürften sie vielmehr von Zindel stammen, in dessen Werk sich diese Anlehnung an Frankreich mehrfach beobachten läßt (vgl. Kap. V. 1).

Anhand eines historischen Fotos ist die Raumgestaltung des 19. Jahrhunderts zu erkennen *(Abb. 40.9)*. Die Kreuzrippengewölbe des Mittelschiffes werden in einem einzigen Schaft eines Dreiviertel-Runddienstes (mit Kapitell und Basis) zusammengeführt. Sie ruhen auf dem vorkragenden Polygon-Abakus der Mittelschiffs-Arkaden. Die obere Wandzone ist mit unbeleuchteten Öffnungen in den Dachraum hinein gegliedert (vgl. Kap. IV. 1) *(vgl. Abb. 40.6)*. Diese Kreisöffnungen sind heute aufgrund der neuen Dachkonstruktion durchlichtet. Mit der Stufenhalle entscheidet sich Ungewitter für eine Zwischenform als Raumlösung.[2]

Das struktive Prinzip als oberstes Gesetz Ungewitterscher Architektur läßt der durchgehend motivierte Turm gut nachvollziehen: Die Wandfläche im Schalluken-Geschoß wird als Überleitung zum Oktogon im oberen Teil an beiden Seiten leicht zurückgenommen *(vgl. Abb. 40.3)*. Die von Strebepfeilern gerahmte Ecke des Turmes erhält statt einer glatten Kante ebenfalls einen gestuften Strebepfeiler, der in einem kleinen Dach, das den Helm an den vier Turmecken begleitet, ausläuft. Jede Form drückt sich insofern eigenständig aus.

Die Entwicklung eines variablen Kirchentyps mittlerer Größe führt im Jahr 1862 zu einer Gruppenbildung im Werk des Neugotikers, wozu Momberg, Amöneburg und Bockenheim gehören (vgl. Kat. 38, 39). Alle diese Bauten sind nicht nur logisch durchdacht, sondern zugleich sehr einfühlsam und originell gotisch gestaltet.

Nach der Reformation konstituierte sich erst im 19. Jh. wieder eine katholische Gemeinde in Bokkenheim. 1805 wechselte die Betreuung der dortigen Katholiken von dem Hanauer Pfarrer (das Fuldaer Bistum gehörte zu Kurhessen) zu dem Geistlichen aus Frankfurt.[3] Zur unmittelbaren Vorgeschichte des Kirchenneubaus gehört der Einsatz des Bankiers Bernhard Brentano für den katholischen Glauben. Nach dessen Erwerb des Bockenheimer Schlosses 1820 genehmigte der Fuldaer Bischof fünf Jahre später die Abhaltung von Messen in dem Garten-Schlößchen, in dem eine Kapelle eingerichtet worden war. Ab 1837 erfolgte die seelsorgerische Betreuung durch den Pfarrvikar Hungari aus Rödelheim (Hzgt. Nassau). 1841 wurde eine katholische Schule in Bockenheim gegründet.

Abb. 40.4) BOCKENHEIM (Frankfurt/M.), Katholische Kirche St. Elisabeth, Turmhelm

Abb. 40.5) BOCKENHEIM (Frankfurt/M.), Katholische Kirche St. Elisabeth, Ostfenster

Abb. 40.6) BOCKENHEIM (Frankfurt/M.), Katholische Kirche St. Elisabeth, Querschnitt und Aufriß der Ostfassade (aus „Land- und Stadtkirchen“)

Abb. 40.7) BOCKENHEIM (Frankfurt/M.), Katholische Kirche St. Elisabeth, Innen nach West

Abb. 40.8) BOCKENHEIM (Frankfurt/M.), Katholische Kirche St. Elisabeth, Kapitell

Infolge dieser stetigen Etablierung in Bockenheim trat der Wunsch nach einer eigenen Kirche auf. Zumal nach dem Tod Brentanos und Verkauf des Schlosses drängte ab 1835 die Frage, da der provisorisch im ersten Obergeschoß des Schulhauses als Gebetssaal eingerichtete Raum als völlig ungenügend empfunden wurde. Bis 1858 wuchs die katholische Gemeinde in Bockenheim nebst umliegenden Orten auf etwa 1500 Personen. So kam es 1855 zum Ankauf eines Platzes für einen Kirchenbau in der Nähe des Schulhauses.[4] 1856 folgte die Vorlage von Riß und Kostenanschlag vom Architekten und Bürgermeister Brandt, man konnte sich aber bis mindestens Juli 1861 nicht über eine eventuelle Überschreitung der früher festgelegten Baulinie einigen.

Der im Juli 1860 gegründete Kirchenbau-Verein übernahm die Koordination der Spendensammlung. Ab dem 14. Oktober 1861 erhielt die Gemeinde mit Kaplan Heinrich Fidelis Müller ihren ersten eigenen Pfarrer, der sich für den Bau engagierte. Ungewitter selbst erwähnte den Fall im Juni 1862, da wie in anderen Projekten auch, eine Stagnation eingetreten war.[5] Vom 17. Mai 1864 liegt ein Kostenanschlag Ungewitters vor, der für Erd-, Maurer-, Zimmer-, Schreiner-, Schlosser- und Glaserarbeiten 30.123 Gulden vorsieht.[6]

Infolge eines Tauschvertrages vom 12. Oktober 1866 wurden der Kirche andere Grundstücke für den Bau zugeschrieben.[7] Zindel veranschlagte am 31. Januar 1867 63.400 Taler für den Kirchenneubau. Weitere Verträge regelten spezielle Fragen der Maurer- und Steinhauer-Arbeiten. Die Flächen waren in gutem, lagerhaftem Bruchsteinmauerwerk auszuführen, sonst sind Sandbruchsteine mit unregelmäßig durchgreifenden Bändern zu verwenden, wobei auf die akkurate Ausführung des Mauerwerks Wert gelegt wird. Im Innenraum soll der Sandstein teilweise sichtbar bleiben. Zugelassen wurden in §2 nur Handwerker, deren Tüchtigkeit, Zuverlässigkeit und Haftbarkeit anerkannt und verbürgt war. Sie hatten laut §14 genau nach den Vorschriften und in gutem Material zu arbeiten.[8] Die Verträge mit den Firmen, die im April abgeschlossen wurden, umfaßten ein Bauvolumen von 40.075 Gulden.

Die Bauausführung oblag mit der Genehmigung durch das Fuldaer Domkapitel im März 1868 dem Bauunternehmer Johann David Schen(c)k aus Frankfurt, der die Kirche "nach dem Entwurfe des verstor-

Abb. 40.9) BOCKENHEIM (Frankfurt/M.), Katholische Kirche St. Elisabeth, Innen nach Ost (historisches Foto)

benen Architekten Ungewitter" zur Ausführung bringen sollte.[9] Nach Beginn der Arbeiten am 4. Mai verzögerte sich die Grundsteinlegung bis zum 16. August 1868, da das Gelände nicht den üblicherweise zu erwartenden Basaltgrund aufwies, so daß eine Pfahlrost-Gründung notwendig wurde.

Die Kirche konnte am 16. Dezember 1870 durch den Dechanten Müller aus Hanau der hl. Elisabeth von Thüringen geweiht werden. Die Baukosten schnellten aufgrund der unerwarteten Bodenprobleme sowie der Lohn- und Preissteigerung aufgrund des Krieges 1870 bis auf stattliche 95.739 Gulden in die Höhe.[10]

Mit einem interessanten Aspekt der Innenausstattung, der Gestaltung des Hochaltars im Kontext der Altarsammlung Münzenbergers, hat sich Elsbeth de Weerth in ihrer Dissertation befaßt.[11]

1871 entstand das Pfarrhaus, drei Jahre darauf das Schulhaus. In einer Kostenaufstellung für den Zeitraum vom 3. Mai 1868 bis ultimo Dezember 1875 standen einer Summe an Einnahmen von 104.222 Talern Ausgaben von 100.319 Talern für die Kirche sowie 12.647 bzw. 2.870 für Pfarrhaus und Schule gegenüber.

In der Kirche selbst wurde 1903 ein zweiter Eingang in der Sakristei angelegt, 1907 eine Heizung eingebaut. Die Rundfenster zeigt eine Zeichnung von 1907. Nach den Zerstörungen von 1945 mußte die Nordseite völlig erneuert werden.

1 Reichensperger würdigt Ungewitters Hinwendung zum 13. Jh. ausdrücklich (Reichensperger, 1866, S. 7).
2 Ungewitter, Lehrbuch der gothischen Konstruktionen, 3. Aufl., Fig. 888, S. 380.
3 Ein Sämann ging aus. Geschichte der Pfarreien St. Elisabeth und Frauenfrieden in Frankfurt/Main-Bockenheim, hgg. von den Pfarrämtern St. Elisabeth und Frauenfrieden. Frankfurt 1959, S. 9-22.
4 vgl. Best. 16, Rep. XII, Kl. 14, Nr. 21 (SAM). Ungewitter ist darin nicht erwähnt.
5 Brief. 14. Juni 1862 (Reichensperger, 1866, S. 216).
6 Bei-Akte zu Nr. 1, Nr. 1 d (Pfarrarchiv Bockenheim).
7 Akte Nr. 1, Fasz. 1 (Pfarrarchiv). Die Pläne datieren sämtlich später als die für uns relevante Periode.
8 Bei-Akte zu Nr. 1, Nr. 1 d (Pfarrarchiv).
9 Ebd.
10 vgl. Bernhard Kiesler, Festschrift zur Goldenen Jubelfeier der kath. Kirchengemeinde in Frankfurt-Bockenheim am 4. Dezember 1921, Abb. des Pfarrhauses auf S. 35.
11 Elsbeth de Weerth, Die Altarsammlung des Frankfurter Stadtpfarrers Ernst Franz August Münzenberger (1833-1890). Ein Beitrag zur kirchlichen Kunst in der zweiten Hälfte des 19. Jahrhunderts. Frankfurt/M. 1993, S. 140 und Abb. 60f.

Abb. 40.10) BOCKENHEIM (Frankfurt/M.), Katholische Kirche St. Elisabeth, Südseite (Ausschnitt)

41) FRANKFURT/M., Dom, Kanzel, Entwurf 1862

Ungewitter lieferte 1862 den Entwurf zu einer Kanzel mit Schalldeckel für den Frankfurter Dom[1], die erst nach seinem Tod, jedoch vor 1866 ausgeführt worden ist. Sie existiert heute nicht mehr.

Die Kanzel ist das am reichsten dekorierte Werk dieser Gattung, das uns aus dem Schaffen Ungewitters bekannt ist *(Abb. 41.1)*. Im Grundtypus des oktogonalen, auf einer runden Stütze ruhenden Korbes mit einem Steingeländer entspricht sie früheren Entwürfen, etwa denen im Ursulinenkloster Fritzlar oder dem Entwurf für die kath. Kirche Neustadt. Ungewitters Kanzelkörbe erhalten stets Säulen an den Außenkanten sowie Blendfelder (vgl. z.B. Wetter, Frankenberg, Hundelshausen). Diese können durch eingestellte Gliederungen mit Spitz- oder Kleeblattbögen weiter unterteilt werden. In den Nischen befinden sich in Frankfurt fast vollplastisch gearbeitete Reliefs der vier Evangelisten.

In Frankfurt ist das Treppengeländer mit genasten Spitzbögen auf Rundstützen gestaltet. Die Säulenform der Korbstütze löst sich durch aufgelegte Dienste, die bis an die Kanten strahlenförmig aufsteigen, auf. Die Ornamentik nimmt insgesamt einen großen Anteil ein (vgl. die Felder mit den Evangelisten). Immer noch wahrt die Kanzel die kräftigen Proportionen und schlichten gotischen Formen, die für Ungewitter charakteristisch sind.

1 Brief 14. Juni 1862 (Reichensperger, 1866, S. 215).

Abb. 41.1) FRANKFURT/M. Dom, Kanzel (historisches Foto)

42) KASSEL, Bahnhofstraße 22, Haus Scholl, Bau 1862/63

Das Haus Scholl ist eines der seltenen Beispiele für einen Wohnbau aus Ungewitters Kasseler Schaffensphase. Zu diesem Gebäude haben sich zwei Zeichnungen erhalten.

Der erste Entwurf präsentiert ein städtisches Wohnhaus in vier Hauptgeschossen auf leicht abschüssigem Terrain *(Abb. 42.1)*. Die Fenster werden paarweise zusammengefaßt, so daß sich mit fünf großen Achsen ein übersichtlicher Aufbau ergibt. In den Mittelachsen ermöglichen drei mit den Giebelkanten verbundene Zwerchgiebel einen Teilausbau des Dachraumes. Das Grundmaß bestimmen hochrechteckige Fenster, deren Brüstungen besonders im II. Obergeschoß mit genasten Spitzbögen gotischen Schmuck erhalten. Der Rhythmus wird in der Mittelachse beibehalten, wodurch die Zentrierung durch die Giebel wieder zurückgenommen wird. Die zweite und vierte Fensterachse mit Dreiergruppen klar zusammengefaßter Fenster, die als mehrgeschossige Flacherker auskragen, gewinnen dadurch an Profil.

In dieser Fassadenkonzeption wird Ungewitters Rückgriff auf seine eigenen "Entwürfe zu Stadt- und Landhäusern" evident (Bd. II, Tf. 38). Die Fassaden sind nahezu identisch, besonders die Zwerchgiebelzone mit den abgeknickten Giebelkanten und freiliegenden Fallrohren als unverwechselbar Ungewittersche Ideen seien genannt.

In dem zur Ausführung genehmigten Entwurf nimmt Ungewitter - auf wessen Wunsch hin bleibt offen - diese Giebelgestaltung zurück, im übrigen bleibt die Konzeption identisch *(Abb. 42.2)*. Denkbar ist ein Eingreifen der Baubehörden. Übrig bleiben lediglich zwei kleine Zwerchgiebel über den vorkragenden Erkerachsen, die schon aus ihrer Anlage heraus einen eigenen Abschluß erfordern. Mit dem ausgedehnten Konsolgesims wird der horizontale Abschluß der Fassade stärker betont, wie es konventionellen Baugewohnheiten und sicher auch dem Straßenbild eher entsprach.

In beiden Entwürfen spricht sich Ungewitters feines Gespür für die Anlage abwechslungsreicher städtischer Wohnhausfassaden aus. Die praktischen Erfahrungen des Hamburger Frühwerks wirken nach in der sicheren Gruppierung und funktionellen Verteilung der Fenster.

Indem der reduzierte Entwurf am 11. September 1862 eine Genehmigung erhielt, deutet sich an, daß Ungewitters erster, an seiner Schrift orientierter Entwurf vom zeitgenössischen Geschmack zu stark abweichend gewesen zu sein scheint. Damit gewinnen die "Entwürfe zu Stadt- und Landhäusern" einen idealisierenden Charakter, von dem Ungewitter im Zuge der Durcharbeitung zur konkreten Ausführung absehen mußte.

Über die Baugeschichte des nach einer darin befindlichen Weinhandlung als "Weinkirche" betitelten Hauses ist kaum noch etwas in Erfahrung zu bringen.[1] An den Werkzeichnungen war Wilhelm Lotz beteiligt.[2] In diesem Haus wohnte auch Ungewitter (vgl. Kap. I).

Im Oktober 1926 befand sich das Haus im Besitz von Nikolaus Gundlach, der einen Ladenumbau plante.[3] Friedrich Bleibaum bat allerdings die städtische Baupolizei zu prüfen, ob es nicht möglich sei, Ladeneinbauten in Gebäuden, die einen Denkmalwert besitzen, zu untersagen. Es ist hoch anzuerkennen, daß ein Denkmalpfleger der 1920er Jahre bereits ein neugotisches Haus zu schützen versucht hat.

1 vgl. Bau- und Kunstdenkmäler im Regierungsbezirk Kassel. Bd. 6: Kassel-Stadt. Kassel 1923, 1. Teil Text, S. 60 und 2. Teil Text, S. 645.

2 Nekrolog Lotz. In: *DBZ* 1879 (vgl. Kurzbiographie).

3 Akte Kassel-Stadt, Bürgerhäuser A-G (Landesamt für Denkmalpflege, Außenstelle Marburg). Für diesen Hinweis danke ich Frau Dr. Jutta Schuchard.

Abb. 42.1) KASSEL, Bahnhofstraße 22, Haus Scholl, Entwurf um 1862, Aufriß

Abb. 42.2) KASSEL, Bahnhofstraße 22, Haus Scholl, Ausführungsentwurf 1862, Aufriß

43) HAMBURG, Kunsthaus (Kunsthalle), Wettbewerbsentwurf, um 1863

Über Ungewitters Entwurf zu der im Dezember 1862 eröffneten Konkurrenz zum Bau eines 'Kunsthauses' in Hamburg ist nichts herauszufinden.[1] Es hat sich jedoch um ein Gebäude in Mischbauweise aus Ziegeln und Sandstein gehandelt. An welche Formen Ungewitter angeknüpft hat, ist nicht bekannt. Zur Ausführung bestimmte man den Entwurf von G. T. Schirrmacher und H. v. d. Hude (1863-68).

1 Der Entwurf wird zuerst erwähnt in: *DBZ* (3) 1869, S. 294.

Abb. 44.1) HUNDELSHAUSEN, Evangelische Pfarrkirche, Ansicht von Nordwest (aus „Land- und Stadtkirchen")

44) HUNDELSHAUSEN, Evangelische Pfarrkirche, Ausführung 1863-67

In Hundelshausen entstand auf einer kleinen Anhöhe 1863-67 eine ev. Pfarrkirche *(Abb. 44.1)*. Zeitgleich mit dem schlichten Entwurf für Nieste konzipierte Ungewitter für Hundelshausen eine reich geschmückte neugotische Kirche in frühgotischen Formen, die in ihrer Bänderung sowie dem unregelmäßigen Versatz gelblicher und roter Sandsteine auffällt *(vgl. Abb. 44.5)*.

Sie ist auf dem Grundriß eines längsrechteckigen Saales mit eingezogenem Kastenchor und westlich vorgelagertem Mittelturm, der das Hauptportal enthält, errichtet *(Abb. 44.2)*. Der Turm greift ein kleines Stück in das Langhaus hinein, Schiff und Chor erhalten je ein durch die östliche Langhauswand getrenntes Satteldach *(Abb. 44.3)*. Der Turm baut sich durch Abstufungen der Strebepfeiler sowie Gesimse viergeschossig auf. Die Glockenstube ist, im Uhrgeschoß vorbereitet, neben ihren Giebeln nochmals allseitig eingezogen (vgl. Bockenheim. Die Giebel leiten zusammen mit den schräg gesetzten Mauerzungen, die mit einem Fialriesen bekrönt sind, an den vier Ecken des Turmschaftes in den Oktogonhelm über *(Abb. 44.4)*.

Die Westfront nimmt in ihrem unteren Geschoß das übergiebelte, zwischen die Strebepfeiler eingezogene Portal auf, mit je einem Paar Gewändesäulen sowie Archivolten, die das Tympanon umziehen *(Abb. 44.5, 44.6)*. Darüber liegt ein spitzbogiges Fenster, das in zwei Lanzetten, die einen Okulus tragen, untergliedert ist. Der Typus ist aus anderen Kirchen bereits geläufig (z.B. ev. Kirche Neustadt, kath. Kirche Bockenheim).

Im Uhrgeschoß, das ein Zwillingsfenster unter einem Entlastungsbogen, auf dem die Uhr sitzt, zeigt, enden die Strebepfeiler. Es dient der Überleitung zum Turmhelm durch Rücknahme der Wand an den Ecken. An die Langhauswände lehnen sich beiderseits des Turmes mit Pultdächern versehene Mauerabschnitte an, die durch mit einer Mittelsäule versehene Doppelschlitzfenster durchbrochen sind. Sie enthalten die zur Orgelempore führenden Treppenaufgänge. Darüber sitzt eine mit einem Dreipaß gefüllte Spitzbogenöffnung mit Traufleiste. Der runde Treppenturm steht in der südwestlichen Ecke der Eingangsfront.

Die Detailgestaltung ist an manchen Stellen in Hundelshausen feingliedriger als in den übrigen Ungewitterschen Kirchen, wie ein Blick auf die schlanken, stabförmigen Säulen der Portalgewände zeigt *(Abb. 44.7)*. Quadratische, hohe Sockel und quadratische Abakusplatten, die zugleich das umlaufende Gesims darstellen, wirken als Kontrast.

Die Schiffswände werden durch drei quergestellte übergiebelte Zwerchhäuser gegliedert, die durch

Abb. 44.2) HUNDELSHAUSEN, Evangelische Pfarrkirche, Grundriß, Schnitte, Details (aus „Land- und Stadtkirchen")

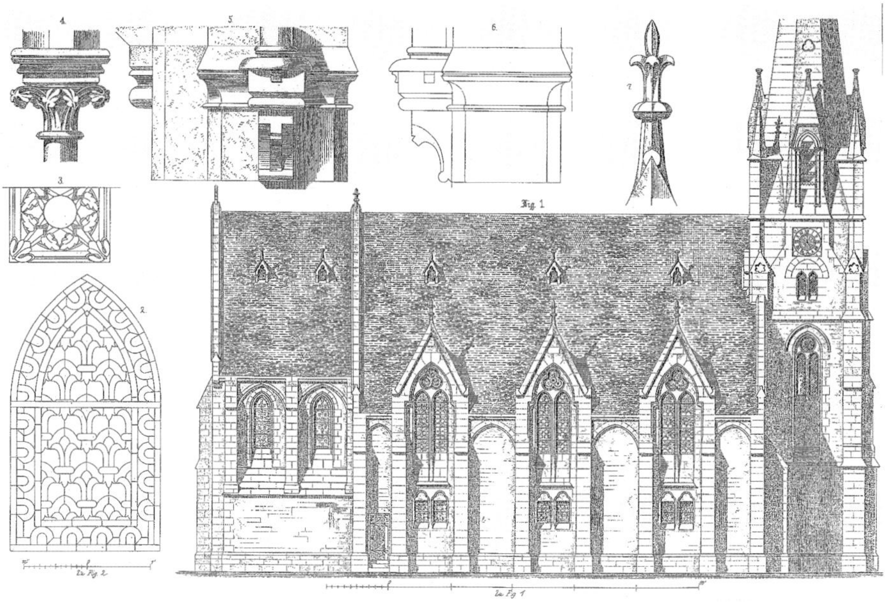

Abb. 44.3) HUNDELSHAUSEN, Evangelische Pfarrkirche, Aufriß der Nordseite, Details (aus „Land- und Stadtkirchen“)

Strebepfeiler gerahmt werden *(Abb. 44.8)*. Sie tragen spitzbogige Fenster mit einem Dreipaß über einer Doppellanzette. In die Dachfläche greifen die eine Kreuzblume tragenden Dreiecksgiebel der Fensterreihe mit ihren Satteldächern ein. Die untere Zone ist mit Doppelschlitzfenstern, die eine Dreipaßblende übergreift, durchbrochen. Obwohl der Langhausaufriß zweizonig ist, gibt es keine Empore in der Kirche. Denkbar ist jedoch, daß eine eventuell notwendige Erhöhung der Sitzplatzanzahl auf diese Weise vorausgeplant wurde.

Abb. 44.4) HUNDELSHAUSEN, Evangelische Pfarrkirche, Turmhelm (Ausschnitt)

Die durch einen abgeschrägten Wasserschlag unterteilten Giebelfelder springen hinter den Strebepfeilern in mehreren Schichten zurück. Die Wandfläche zwischen ihnen gliedern leicht gespitzte Bogenblenden unterhalb des Traufgesimses, im östlichen Joch befindet sich ein Seiteneingang. Im Wechsel geschlossener und geöffneter Wandfelder entsteht ein alternierender Rhythmus, der eine Besonderheit dieser Kirche darstellt. Nun drängt Ungewitter Formenreichtum zugleich mit plastischer Ausformulierung auf einen kleinen Maßstab zusammen. Daraus erwächst auch in diesem Falle eine monumentale Wirkung.

Die östliche Chorwand - wiederum mit Strebepfeilern besetzt - ist außer mit zwei Dreipaßblenden und zwei hochrechteckigen Öffnungen im Giebel durch das unter einem Überschlaggesims sitzende dreibahnige Spitzbogenfenster mit überhöhter Mittellanzette gegliedert, das mit buntfarbigem Glas geschmückt ist *(vgl. Abb. 44.6)*.

Das Innere der Kirche ist mit einer gebrochenen, zugespitzten Holztonne geschlossen, in die die Stichkappen der Fenster eingreifen *(Abb. 44.9)*. Farbgestaltung und Ausstattung zeigen ausnahmsweise noch den originalen Zustand. Die Holzfarbe der Decke blieb gemäß Ungewitters Überzeugung der Materialwahrheit sichtbar, die Leisten zwischen den Verschalungsbrettern, teilweise auch die Balken der Unterzüge, werden mit roter Farbe hervorgehoben, kleine Sternornamente als goldene Glanzpunkte aufgesetzt.

Dagegen setzen sich die Farbe des Steins an den Einfassungen sowie die geweißten Mauerflächen im Schiff ab. Wieweit die sorgfältige handwerkliche Arbeit zur Wirkung beiträgt, zeigt ein Detail *(Abb. 44.10)*. Eine von Ungewitter vorgesehene Bemalung der Triumphbogenwand mit den Symbolen der vier Evangelisten und einer Blattranke entlang dem Bogen wurde offenbar nicht ausgeführt *(Abb. 44.11)*. Die Kappen des sechsteiligen Chorgewölbes - wieder eine ausgesprochen frühgotische Form - sind ziegelsichtig, die Rippen in roten/gelben Steinen gestreift *(Abb. 44.12)*. Die Vielzahl der Dienste, eingestellten Säulen und Profile hebt den Chor als wichtigsten und hochrangigsten Abschnitt auch der evangelischen Kirche hervor.

Der sorgfältige, klare Steinschnitt verleiht immer wieder dem handwerklichen Engagement des Architekten Ausdruck *(Abb. 44.13)*. Anhand der Sockelgestaltung verweist das Wechselspiel der Richtungen auf den tragenden und stützenden Charakter; der Architekt erfaßt bis ins kleinste Detail hinein die Bauaufgabe gemäß seinem gotischen Stilideal.

Im Westen tritt die auf Steinsäulen gestützte Orgelbühne in der Mitte vor *(Abb. 44.14)*. Ebenso wie die Decke holzfarben, etwas farbig abgesetzt, schließt sich der Raum zu einer harmonischen Gestalt zusammen.

Das Gestühl ist mit den freistehenden Säulen an den Wangen als Werk Ungewitters gekennzeichnet *(Abb. 44.15)*. Auch die Sandstein-Kanzel, die ebenfalls in den "Entwürfen zu Land- und Stadtkirchen" erscheint, stammt von Ungewitter *(Abb. 44.16, vgl. 44.11)*. Der polygonale Korb ruht auf einer von drei Säulen umstellten mächtigen Mittelsäule. Die Felder des Korbes rahmen Strebepfeiler an den Ecken und sie tragen spitzbogige Nischen unter einer Traufleiste. Den Hintergrund der Nischen füllt eine Dreipaßgliederung in flachem Relief mit einer weiteren Schicht an Dekoration aus. Die kräftigen, architektonischen Gliederungen sind auch im Bereich der Ausstattung charakteristisch für die Ungewittersche Formgebung.

Die Pfarrkirche in Hundelshausen entstand anstelle eines mittelalterlichen und immer wieder ausgebesserten Gebäudes in den Jahren von 1863-67.[1] Sie kostete 60.000 Mark, den größten Anteil bestritt die Gemeinde selbst. Aus dem Staatsetat wurden 1500 Mark beigesteuert, eine landesweite Kollekte erbrachte 500 Mark. Die Orgel baute Wilhelmi aus Kassel ebenfalls im Jahr der Fertigstellung. Am 20. Oktober 1867 weihte Pfarrer Rüppel die neue Kirche gemeinsam mit dem Superintendenten Dr. Schüler aus Allendorf ein. Mit der Kirche demonstrierte Hundelshausen als alte Handwerkersiedlung mit vielen Maurern nicht nur seinen Glauben, sondern auch die handwerklichen Fähigkeiten.

Abb. 44.5) HUNDELSHAUSEN, Evangelische Pfarrkirche, Ansicht der Westfassade

Die Freitreppe vor dem Portal gibt es nicht mehr, die allerdings eine wichtige Dimension der Architekturerfahrung schmälert: den aus dem Alltag herausgehobenen Monumentcharakter.

Das Sandsteinkreuz des Ostgiebels ist, sechs Jahre nach den Kreuzblumen und Fialen am Turm, Ende 1994 erneuert worden, wobei man es etwas vergrößert hat.[2]

In den "Land- und Stadtkirchen" erscheint die Kirche in einer Vielzahl von Tafeln, z.B. auch die farbigen Glasfenster des Chores sowie Musterverglasungen des Schiffes *(Abb. 44.17)*. Jaehn gibt einige dieser Abbildungen in seinen Schriften wieder.[3]

Abschließend sei die Ungewittersche Formgestaltung anhand der originellen Idee für den Langhausaufriß näher verfolgt. Die kleinen Zwerchhäuser könnten zum einen eine Reduktionsform der bei dreischiffigen Kirchen wie z. B. der Elisabethkirche Marburg angesetzten Querdächer (Sattel- oder Zeltform) über den einzelnen Jochen der Seitenschiffe sein.[4] Ähnlich wie dort bilden die vorgezogenen Giebelwände einen eigenständigen räumlichen Abschnitt. Die Folge von Quersatteldächern verweist auf die einzelnen Seitenschiffsjoche an der Lang-

Abb. 44.6) HUNDELSHAUSEN, Evangelische Pfarrkirche, Aufrisse der West- und Ostseiten, Details (aus „Land- und Stadtkirchen")

Abb. 44.7) HUNDELSHAUSEN, Evangelische Pfarrkirche, Portalgewände

Abb. 44.8) HUNDELSHAUSEN, Evangelische Pfarrkirche, südliches Langhaus

Abb. 44.9) HUNDELSHAUSEN, Evangelische Pfarrkirche, Innen nach Nordost

Abb. 44.10) HUNDELSHAUSEN, Evangelische Pfarrkirche, Holzdecke (Detail)

hausfassade. Im Falle Ungewitters liegt ja nur ein einziger Raum dahinter, so daß dies Motiv nicht bis ins Letzte ausgefeilt, sondern immer wieder die schlichte Wand dazwischengeschoben wird. Seine Form nimmt eine Mittelstellung ein und wird somit Ungewitters eigener Formensprache entsprechend neu formuliert.

Wenn man das Ungewittersche Werk betrachtet, könnte es eine weitere Deutung für diese ungewöhnliche Form geben. Bereits die Malsfelder Langhauswand zeichnete sich durch die Kontrastwirkung zwischen glatter Wandfläche und tiefen zweigeschossig angelegten Fensterschlitzen aus. Dies deutlich formulierte Licht- und Schattenspiel als wichtiges gestalterisches Kennzeichen wird in Hundelshausen im Detail ausgearbeitet und in einer gesteigerten Komplexität dargeboten.

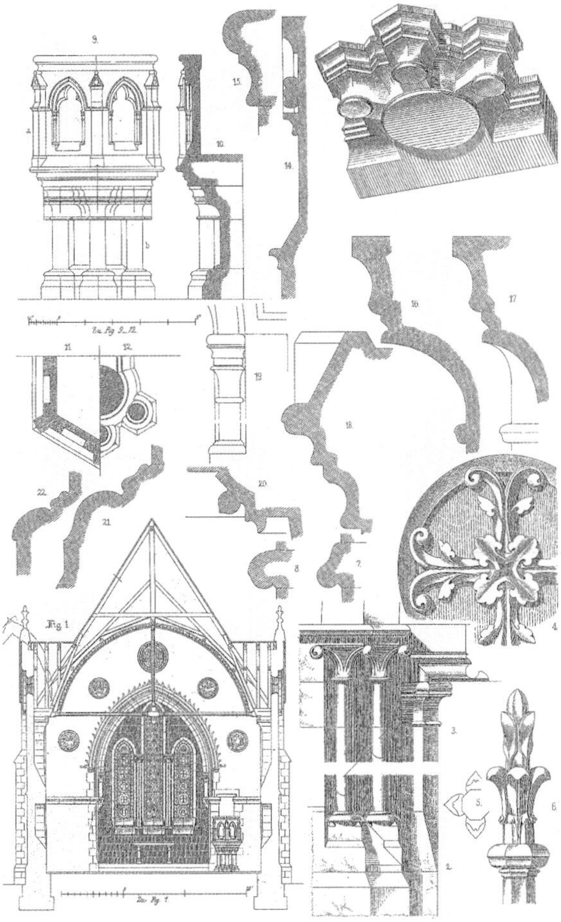

Abb. 44.11) HUNDELSHAUSEN, Evangelische Pfarrkirche, Schnitt und Details (aus „Land- und Stadtkirchen“)

Abb. 44.12) HUNDELSHAUSEN, Evangelische Pfarrkirche, Innen nach Ost

Abb. 44.13) HUNDELSHAUSEN, Evangelische Pfarrkirche, Triumphbogen (Detail)

Abb. 44.14) HUNDELSHAUSEN, Evangelische Pfarrkirche, Innen nach West

Abb. 44.15) HUNDELSHAUSEN, Evangelische Pfarrkirche, Kirchengestühl

1 Festschrift der Gemeinde Hundelshausen zur 850-Jahr-Feier 3. bis 5. Juni 1961. Kassel 1961, S. 12-14; Kirche in Hundelshausen 100 Jahre alt. In: *Hundelshausener Zeitung* vom 3. Juli 1967 (Landeskirchenamt Kassel).

2 Gemeindebrief der Gemeinden Hundelshausen und Dohrenbach, Oktober 1994, S. 4. Für die Mitteilung danke ich Herrn Pfarrer Ohlendorf, Hundelshausen.

3 Jaehn, [1877], S. 37, 78, 148, 212; vgl. auch *Jahrbuch der Baugewerbe* 1870, S. 357f.

4 vgl. z.B. Ungewitter, Lehrbuch der gothischen Konstruktionen, 3. Aufl., Fig. 886, S. 379.

Abb. 44.16)
HUNDELSHAUSEN,
Evangelische Pfarrkirche,
Kanzel

Abb. 44.17)
HUNDELSHAUSEN, Evangelische Pfarrkirche, Fensterverglasungen (aus „Land- und Stadtkirchen“)

45) GELNHAUSEN, Pfarrkirche St. Maria, Restaurierungsprojekt 1862

Es wird ein Restaurierungsentwurf Ungewitters aus dem Jahr 1962 erwähnt[1], der sich aber nicht mehr nachweisen läßt.

Die Marienkirche mit romanischem Westturm von 1170 stammt im übrigen aus der Zeit von 1230-60. Das Westportal könnte Ungewitter zu der vor eine tiefe Fensternische gestellten Säule in Amöneburg angeregt haben. In der Art einer Zwerggalerie treten an den Portalvorbauten in Gelnhausen Bogenfriese auf, die von Säulchen getragen werden und staffelförmig aufsteigend auf Kragsteinen ruhen *(Abb. 45.1)*.[2] Isoliert als Einzelmotiv würde sich die ungewöhnliche Form in Amöneburg ergeben (vgl. Kat. 39).

1 Inventar, 1870, S. 73; nicht in: Bau- und Kunstdenkmäler im Regierungsbezirk Kassel. Marburg 1901.

2 Augenscheinlich sind sie, sicher schon im letzten Jh., einer starken Restaurierung unterzogen worden.

Abb. 45.1) GELNHAUSEN, Pfarrkirche St. Maria, Westportal (historisches Foto)

46) SCHLIERBACH (Kr. Gelnhausen), Neubau des Schiffes der evangelischen Kirche 1864/65

Ungewitter hat das baufällige Schiff der ev. Kirche Schlierbach durch ein neues im gotischen Stil ersetzt.[1] Die um 1460 erbaute kleine zweijochige Kirche mit polygonalem Chor war nach einer nur notdürtigen Reparatur 1656 baufällig geworden. Im Zuge der Erneuerung erhielt sie auch einen Dachreiter *(Abb. 46.1)*.

Die Kirche trägt heute weißen Putz, nur an den Öffnungen, Blenden, Strebepfeilern und am Portal ist der Sandstein in seiner Quaderung sichtbar *(Abb. 46.2)*. Die Westfassade ist mit den kräftigen Strebepfeilern unter dem Portalwimperg sowie mit dem Motiv der zwischen zwei Spitzbogenblenden entspringenden übergiebelten Pfeilervorlage im Dreiecksgiebel als Werk Ungewitters eindeutig zu erkennen.

Der Chor zeigt in seiner weiten, niedrigen Überwölbung vermutlich noch die spätgotische Raumform, während ein Blick nach Westen auf die Empore die etwa Höhe und Breite 1:1 behandelnde Proportion zeigt *(Abb. 46.3)*. Im Detail zeigen die auf Diensten und Konsolen ruhenden Gewölberippen abermals für Ungewitter typische Gestaltmerkmale.

1 Inventar, 1870, S. 238f. (Dehn-Rotfelser nach Mitteilungen von A. Spangenberg); Die Bau- und Kunstdenkmäler im Regierungsbezirk Kassel. Marburg 1901, S. 184 (ohne genaue Datierung); danach: G. Dehio, Handbuch der Deutschen Kunstdenkmäler. Hessen. Berlin/München 1966, S. 732. Im Hessischen Staatsarchiv Marburg befindet sich lediglich eine Grundrißzeichnung eines nicht näher bekannten Melior.

Abb. 46.2) SCHLIERBACH, eangelische Kirche, Ansicht von Nordwest

Abb. 46.1) SCHLIERBACH, evangelische Kirche, Ansicht von Nordost

Abb. 46.3) SCHLIERBACH, evangelische Kirche, Innenraum nach Ost

Abb. 46.4) SCHLIERBACH, eangelische Kirche, Innenraum nach West

47) KASSEL, Friedhofskapelle, Entwurf um 1862

Dem dreijochigen mit Kreuzrippen überwölbten Raum schließen sich ein mittig gesetzter Treppenturm (begehbarer Dachboden, Zugang zur Kapelle) auf einer Seite sowie eine Loggia mit Spitzbogenarkatur auf der gegenüberliegenden Eingangsseite an *(Abb. 47.1)*. Die Wasserspeier der quergestellten Strebepfeiler werden durch eine Säule abgestützt, womit Ungewitter abermals auf eine Idee aus dem Kloster Haina zurückgreift (vgl. Kat. 28). Den dreijochigen Aufriß mit Spitzbogenfenstern, die von einer Traufleiste überfangen sind, betonen Konsolsteine am Traufgesims in der horizontalen Ausdehnung.

Bemerkenswert ist die Eingangsseite. Mit der Loggia tritt ein für die Ungewittersche Sakralarchitektur neues Motiv auf *(Abb. 47.2)*. Die Fensterrose darüber zitiert explizit die Kathedrale in Laon, indem nicht nur die Maßwerkformen, sondern zugleich die Einfassung in eine rundbogige Nische übernommen werden. Damit ist nicht nur der deutliche Rekurs auf ein französisches Beispiel auffällig, sondern es wird zugleich ein Kathedralmotiv auf eine Friedhofskapelle übertragen.

Ob die Kapelle je bestanden hat, ist nicht gesichert. Die Datierung auf die Zeit um 1862 stützt sich auf die formale Analyse, in der frühgotische Elemente sowie die französische Provenienz eines Motivs nachgewiesen worden sind. Damit läßt sich die Kapelle der Gruppe der in den Jahren 1862/63 entworfenen Kirchen wie etwa Momberg, Amöneburg, Bockenheim und Hundelshausen zuordnen.

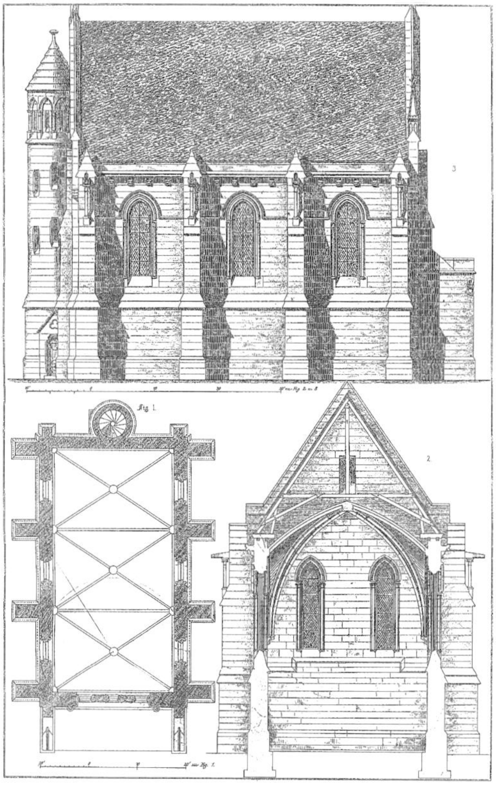

Abb. 47.1) KASSEL, Friedhofskapelle, Aufriß der Langseite, Grundriß, Querschnitt (aus „Land- und Stadtkirchen")

Abb. 47.2) KASSEL, Friedhofskapelle, Aufriß der Eingangsseite, Längsschnitt (aus „Land- und Stadtkirchen")

48) KASSEL, Entwurf zu einem Hinterhaus

Eine undatierte Handzeichnung Ungewitters, die leider auch nicht mit einer Adressenangabe versehen ist, zeigt den Entwurf für ein Hinterhaus (links) mit einer Aufnahme des alten Flügels auf demselben Blatt (rechts) *(Abb. 48.1)*.

Das urspüngliche Hinterhaus ist ein zweigeschossiger Rähmbau mit einem Zwerchhaus. Er erhebt sich über einem schmalen Steinsockel. Das Fachwerk besteht aus Ständern sowie einigen Eckstreben. Zwischen Rähm und Schwellen treten die Balkenköpfe konsolenartig vor. Es handelt sich somit um ein schlichtes Gebäude, das aus dem 18. Jh. stammen dürfte.

Ungewitters Entwurf sieht eine bedeutende Erhöhung des Baus vor, der mit einem hohen, steilen Satteldach versehen wird. Quer dazu ist ein Giebel mit einer Bretterverkleidung angeordnet. Die Treppenanlage hat Ungewitter außen dem Baukörper vorgelegt; sie wird im Erdgeschoß von einem freistehenden Ständer mit Kopfbändern abgefangen. Die Bretter des Treppengeländers zeigen in ihren laubsägeartigen Verzierungen dekorative Formen, die eigentlich noch an den 'Schweizer Stil' erinnern. Vielleicht handelt es sich somit um eines der kleineren Projekte, mit denen Ungewitter in den frühen 1850er Jahren betraut worden war (vgl. Kap. I).

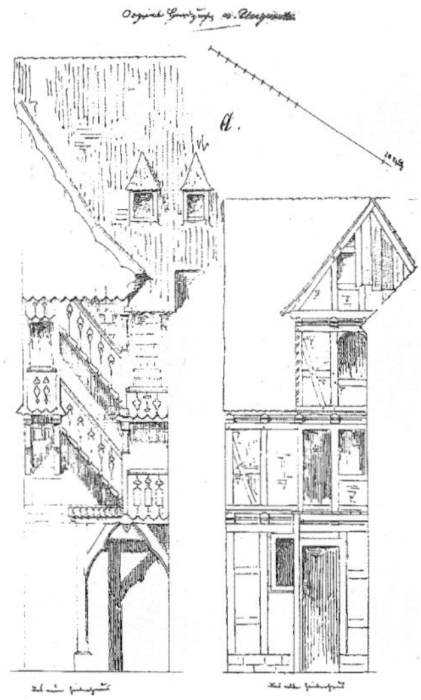

Abb. 48.1) KASSEL,
Entwurf zu einem Hinterhaus, Handzeichnung (links das neue, rechts das alte Hinterhaus)

49) KASSEL, Brüderkirche, Restaurierung des Westgiebels?

Ungewitter soll den Westgiebel der Brüderkirche Kassel (ehem. Karmeliterklosterkirche) von um 1292-1331 (Chorvollendung) in gotisierenden Formen erneuert haben.[1] Bei der Wiederherstellung 1870/71 wurden jedenfalls große Maßwerkfenster eingebrochen. Außer Ungewitter wird auch Carl Schäfer als Architekt genannt.[2] Es fehlen jedoch Zeichnungen oder definitive Hinweise auf ein solches Projekt.

1 Die Bau- und Kunstdenkmäler im Regierungsbezirk Cassel. Bd. 6. Kassel 1923, S. 147. Das Inventar von 1870 nennt solche Pläne nicht.

2 Werner Narten, Die Stadt Cassel in baulicher Hinsicht, ihre öffentlichen Gebäude und Denkmäler. Ein Führer durch Cassel und seine nächste Umgebung. Festschrift zur 51. Versammlung deutscher Naturforscher und Ärzte. Kassel 1878, S. 287; vgl. auch Schuchard, 1979, S. 315.

ANHANG

VERZEICHNIS DER VERWENDETEN ABKÜRZUNGEN

AABN = American Architect and Building News
ABZ = Allgemeine Bauzeitung
AHS = Architektur der Hannoverschen Schule
CdB = Centralblatt der Bauverwaltung
chrl. Kbl. = christliches Kunstblatt
DBZ = Deutsche Bauzeitung
OfcK = Organ für christliche Kunst
RGA = Révue Générale de l´Architecture
RIBA = Royal Institute of British Architects
SAH = Staatsarchiv Hamburg
SAK = Stadtarchiv Kassel
SAM = Hessisches Staatsarchiv Marburg
TUM = Architektursammlung Technische Universität München
ZfB = Zeitschrift für Bauwesen
ZfpB = Zeitschrift für praktische Baukunst

KURZBIOGRAPHIEN DER UNGEWITTER-SCHÜLER

ATZERT
Biographie
Schüler Ungewitters
Literatur/Quellen
Pippart, 1930

AUGENER
Biographie
Schüler Ungewitters
Kurhesse
um 1866 in Kiel
Literatur/Quellen
Reichensperger, 1866, 12

BECKER
Biographie
Ausbildung bei Ungewitter
tätig in Schleswig-Holstein
Literatur/Quellen
Reichensperger, 1866, 12

Georg Ernst BÖSSER
Biographie
stammt aus Ziegenhain
Abgang von der höheren Gewerbeschule Kassel im Schuljahr 1856/57
tätig bei Oppler in Hannover
1864 selbständig
1872 Baumeister-Examen in Berlin und anschließend im Staatsdienst nach Hanau, später in den Kreis Ziegenhain
Literatur/Quellen
Programm der höheren Gewerbeschule 1857
Brief C. Schäfer 29. 5. 1869 (SAM Best. 150/ Nr. 1137) (zus. mit Raht, L. Müller genannt, einige Werke verz.: z.B. Synagogen Hannover, Breslau, Schloß von der Decken bei Hannover)
Hillebrand, 1923

L. BÜCHLING
1843- nach 1923
Biographie
Schüler Ungewitters
1863 im Atelier Oppler, Hannover
1864 Paderborn, Arbeit bei Güldenpfennig
1865 selbständig
1867 in München eigenes Büro
1868-70 Kassel
1870-1914 Kreisbauinspektor nacheinander in Montabaur, Eschwege und Bielefeld
seit 1914 Ruhestand in Bielefeld
Literatur/Quellen
Reichensperger, 1866, 12
Schroedter, 1898, 42f.
Hillebrand, 1923

Heinrich von DEHN-ROTFELSER
6. 8. 1825 Hanau - 29. 6. 1885 Berlin
Architekt und Kunstschriftsteller
Biographie
Schüler der Kasseler Akademie
1847 Hofbaukondukteur in kurhessischen Diensten
1865 Ober-Hofbaumeister in Kassel
1867 Prof. für Architektur an der Akademie Kassel
1878 Regierungs- und Baurat in Potsdam u. Konservator der Kunstdenkmäler in Preußen
1885 Referent im Ministerium für geistliche Unterrichts- und Medizinal-Angelegenheiten in Berlin
Werk
1872-77 Galeriegebäude Kassel (Gemäldegalerie in der Bellevuestr.) als einziger größerer selbständiger Bau
Pläne für den Ausbau der Türme von St. Martin, Kassel (H. Schneider übernahm weitere Ausarbeitung der Pläne)
Denkmalpflege
1854-60 Restaurierung der Löwenburg
Schriften
Mittelalterliche Baudenkmäler in Kurhessen 1864
Dehn-R./Lotz, Die Baudenkmäler im Regierungsbezirk Kassel. Kassel 1870
Literatur/Quellen
Thieme-Becker, Bd. 8, 553f.
H. A. Müller, Biographisches Künstlerlexikon der Gegenwart, 1882
Der Kunstfreund, hgg. von H. Thode, 1885, 222
H. W. Singer, Allg. Künstlerlexikon I, 1895
Kunstchronik 17, 607 und 18, 540
Hans-Christian Dittscheid, Kassel-Wilhelmshöhe. Worms 1987, 159
Hoffmeister/ Prior, 1885, 20
Akte Kassel-Stadt, Allgemeines (Landesamt für Denkmalpflege, Außenstelle Marburg)

Franz Klemens EWERBECK
15. 4. 1839 Brake - 16. 6. 1889 Aachen
Biographie
Ungewitter-Schüler, auch am Polytechnikum Hannover bei Hase und später in Berlin
1860er Jahre Tätigkeit im Atelier Hases
1862 Herausgabe von "Architektonische Reiseskizzen aus Deutschland, Frankreich, Spanien"
1870 Prof. an der TH Aachen
Schrift: "Die Renaissance in Belgien und Holland" 1883 ff.
ab 1884 etatmäßiger Prof. TH Aachen
Entwürfe zu den Rathäusern Aachen, Dortmund, Wiesbaden und zur Westfront des Aachener Doms
Privatbauten in Aachen, Bentheim, Lemgo
Literatur/Quellen
SAM 150, Nr. 1137 (Programme der TH Aachen)
Schülerverz. der TH Hannover: Hauptstaatsarchiv Hannover 146 A Nr. 56-60 (Hess. Schüler Ungewitters)
Journal des Beaux-Arts 1883, 124
Architektonische Rundschau 1885, 1887 (-89?)
Kunstchronik Bd. 24 (1889), 602f. (Nekr.)
Thieme-Becker, Bd. 11, 117

August Eduard Gerhard Henrich FISCHER
29. 11. 1833 Schüren bei Aplerbeck - 11. 11. 1906 Barmen
Biographie
1858 halbjährige Tätigkeit im Büro von Ungewitter
viele Bauten, z.B.:
1889-1902 Leitung des Wiederaufbaus des Schlosses Burg an der Wupper
meistbeschäftigter Kirchenarchitekt im Märkischen Kreis (viele kath., aber auch ev. Kirchen), z.B.:
1858 kath. Kirche Velbert
1870 St. Vincenz Menden (Erweiterung)
1878 St. Johanneskapelle Landenholthausen
1879 St. Kilian Letmathe
1887 ev. Kirche Evingsen
bevorzugter Stil Neugotik und die Hallenform für Kirchen (nur ein neuromanisches Projekt bekannt)

Literatur/Quellen
Norbert Aleweld, Der Sakralbau im Kreis Iserlohn vom Klassizismus bis zum Ende des Historismus. (Altenaer Beiträge. Arbeiten zur Geschichte und Landeskunde der ehemaligen Grafschaft Mark und des Märkischen Kreises Bd. 18) Altena 1989, 284-86

Julius FLÜGGE
1843-1920
Biographie
Schleswig-Holsteiner
bis 1866 Ungewitter-Schüler und in Kassel ansässig
1866 Anstellung am Kölner Dombau (Nachfolge Schneiders, Zusammenarbeit mit Schönhals unter Voigtel)
Übersiedlung nach Essen, um preisgekrönten Konkurrenz-Entwurf zu einer ev. Kirche auszuführen
selbständig in Essen (mit Zindel und Nordmann)
Werk
Protestationskirche Speyer (Flügge & Nordmann)
eine ev. und eine kath. Kirche in Essen
1. Preis in der Konkurrenz zum Rathaus Dortmund
preisgekrönter Entwurf zu einem Schulgebäude in Bern
Bauten in Essen, Düsseldorf etc.
Literatur/Quellen
Reichensperger, 1866, 12
Brief C. Schäfer 29. 5. 1868 (SAM Best. 150/ Nr. 1137)
Fritsch, 1893, 667
Mothes, 1898, 268, 297
Hillebrand, 1923

GABLER
Biographie
Schüler Ungewitters
Literatur/Quellen
Reichensperger, 1866, 12

Friedrich GEB
1847- nach 1923
Biographie
Schüler Ungewitters und Zindels
1868-73 tätig bei Oppler, Hannover
selbständig in Hannover
1882-1908 Privatdozent TH Hannover
Literatur/Quellen
Reichensperger, 1866, 12
Hillebrand, 1923

Gustav GLASEWALD
1844-1903
Biographie
Schüler Ungewitters
1863- um 68 im Büro Oppler, Hannover
Anfang 1880er Jahre Ernennung zum Baumeister
zahlreiche Bahnhofsgebäude
1898 Baurat in Köblin
Literatur/Quellen
Reichensperger, 1866, 12
Hillebrand, 1923

Albrecht GRAU
1837-1900
Biographie
Schüler Ungewitters
1855 an die Dombauhütte Köln und zu Statz
selbständig in Kassel und Norddeutschland
1859 bei Ferstel, Wien
1864 Paris, Ste. Chapelle (bei Boeswillwald)
bis 1868 bei Oppler, Hannover
1868 Breslau, dort vor allem Profanbauten
1898 Aufnahme seines Sohnes Erich als Mitarbeiter
Preisträger in der Sachsenhauser Konkurrenz
Literatur/Quellen
Reichensperger, 1866, 11
Brief C. Schäfer 29. 5. 1869 (SAM Best. 150/ Nr. 1137)
Hillebrand, 1923

HANEMANN
Biographie
stammt aus Holzminden
Ausbildung bei Ungewitter
um 1866 Arbeit am Paderborner Dom
Literatur/Quellen
Reichensperger, 1866, 12

Christoph Carl Adolf HEHL
11. 10. 1847 Kassel - 18. 6. 1911 Berlin-Charlottenburg
Biographie
Sohn des Direktors der höheren Gewerbeschule Dr. Johannes Hehl und seiner Frau Caroline, geb. Wolff, kath. Glaubens
1862-66 höhere Gewerbeschule Kassel
1864 nach Tod Ungewitters Militärdienst; Aufenthalt in England: Tätigkeit in den Büros von Edward Welby Pugin (Ramsgate), Sir George Gilbert Scott und George Edmund Street (London)
1869 Arbeit bei Hase
1869-72 (bzw. ab 1871) tätig bei Edwin Oppler (Hannover)
1872 (bzw. 1874) Gründung eines Büros in Hannover
1874 Heirat mit Auguste Johanna Louise Wiese
1894 Berufung zum Prof. für mittelalterliche Baukunst an die Kgl. Technische Hochschule Berlin-Charlottenburg mit Wirkung zum 1. 10. 1894 (Nachfolge C. Schäfer)
1900 Verleihung des Titels “Geheimer Regierungsrat” am 11. 11. 1900
1903 Ernennung zum Mitglied der Kgl. Akademie des Bauwesens am 18. 2. 1903
Werk (Auswahl)
1880-83 ev.-luth. Dreifaltigkeitskirche Hannover
1881 Bau eines dreigeschossigen Wohn- und Geschäftshauses in der Hedwigstraße (Hannover)
1884-86 kath. Pfarrkirche St. Caecilie Harsum/ Lkr. Hildesheim-Marienburg
1891-96 ev.-luth. Garnisonkirche Hannover
1891-94 ev.-luth. St. Johanniskirche zu Harburg
1894-95 kath. Pfarrkirche St. Elisabeth Hannover
1907-08 Herz-Jesu-Kirche Berlin-Zehlendorf
Nachlaß
Kunstbibliothek Berlin der Staatlichen Museen Preußischer Kulturbesitz (vor allem Fotos und Vorlesungsskripte)
Literatur/Quellen
Klasen, 1889, 1368
Fritsch, 1893, 604
DBZ 28 (1894), 484 (Besetzung des Lehrstuhls für mittelalterl. Baukunst Berlin wiederum mit einem Ungewitter-Schüler)
Mothes, 1898
Hillebrand, 1923
Hans Reuther, Die Sakralbauten von Christoph Hehl. Ein Beitrag zur Hannoverschen Bauschule Conrad Wilhelm Hases. In: *Niederdeutsche Beiträge zur Kunstgeschichte* 8 (1969), 211-63
Helmut Behrens, Die Profanbauten von Christoph Hehl. Eine Studie zur Architektur der Hannoverschen Schule. Diss. Berlin 1978
Andreas Tacke, Kirchen für die Diaspora: Christoph Hehls Berliner Bauten und Hochschultätigkeit (1894-1911). (Bau- und Kunstdenkmäler von Berlin 24) Berlin 1993

Eberhard HILLEBRAND
30. 4. 1840 Osnabrück - 1924
Biographie
Lehre als Maurer und Steinhauer
1850 Baugewerkschule Nienburg
1851 nach Hannover (nach eigenen Angaben 1859), dort als Architekt tätig
Reise nach Süddeutschland, München, Basel
Fortsetzung des Studiums bei Ungewitter in Kassel
1860-63 Polytechnikum Hannover bei Hase, gleichzeitig Atelier Hunaeus
1863 Atelier Hase
1863/64 Studium in Kasssel bei Ungewitter
1864 Studienreise in Deutschland und Frankreich
1865-68 Herausgeber der Ungewitterschen “Entwürfe zu Land- und Stadtkirchen”
1866 Bauführer Schleswig, 1868 dort Kgl. Baumeister
1866-71 tätig im Ressort der Kgl. Regierung zu Schleswig als Assistent des ehem. Kgl. Bauinspectorats des Herzogtums Schleswig; Ernennung zum Baumeister
1872 Rückkehr nach Hannover
1883 Stadtbauinspektor Hannover
1887 Privatarchitekt in Hannover
Werk (Auswahl)
1867-69 Domschule Schleswig
1870 Januar Entwürfe zur Restaurierung der Michaeliskirche Schleswig (Einsturz der Ummauerung im Nov. d. J.)
1872 Friedrichsberger Kirche Schleswig mit einem neugotischen Westturm versehen
1880-83 St. Pauluskirche Bielefeld
1881 neugotischer Westturm der Nikolai-Kirche Elmshorn
1884 Kirche in Beckum
1887-90 Gartenkirche Hannover
1896-98 Lutherkirche Hannover
1900-02 Thomaskirche Erfurt
1901-03 Leitung der Restaurierung des Inneren der Marienkirche Osnabrück
Literatur/Quellen
Reichensperger, 1866, 12
Fr. Müller, Neuestes Künstlerlexikon, IV (Nachtrag). Stuttgart 1870, 200
Richard Haupt, Die Bau- und Kunstdenkmäler der Provinz Schleswig-Holstein, Bd. III. Kiel 1889, 5
Fritsch, 1893, 616-18
Mothes, 1898, 295f.
Zentralblatt der Bauverwaltung 1904, 27ff. (mit Abb.)

Kunstdenkmäler der Provinz Hannover, Heft 7/8 (Stadt Osnabrück), 1907, 120
Hillebrand, 1923
Thieme-Becker, Bd. 17, 91f.
Theo Christiansen, Schleswig 1836-1945. Schleswig 1973, 112, 138
Karen David-Sirocko, Bauten höherer Schulen in Schleswig-Holstein im Kontext des Historismus und der Neugotik. In: *Nordelbingen* 61 (1992), 145-80
Stadtarchiv Hannover: Personalakte (Magistrat d. Kgl. Residenzstadt Hannover, Acta betr. 1883-87 Baumeister Eberhard Hillebrand) mit Lebenslauf vom 30. Mai 1883, Zeugnis Kgl. Reg. Schleswig 26. Juli 1872

KIMPEL

Biographie
Schüler Ungewitters
Literatur/Quellen
Reichensperger, 1866, 12

August LANGE

1834-1883
Biographie
Schüler Ungewitters
Architekt der "Gründerzeit" in Köln
Werk (Auswahl)
Kirchenneubauten
1869-70 kath. Pfarrkirche Rurich/Erkelenz
1869-77 kath. Pfarrkirche Sievernich/Düren mit Nagelschmidt nach Entwurf von Statz
1870 kath. Pfarrkirche Angermund, Düsseldorf
1871 kath. Pfarrkirche Weyerwertz/Malmedy
1872 kath. Pfarrkirche Balkhausen/Bergheim
1873-74 kath. Pfarrkirche Immendorf/Köln
1875-76 kath. Pfarrkirche Euenheim/Euskirchen
1875-77 kath. Pfarrkirche Friesheim/Euskirchen
1877-78 kath. Pfarrkirche Evinghofen/Grevenbroich
1877-78 kath. Pfarrkirche Lintorf/Düsseldorf-Mettmann
1878-79 kath. Pfarrkirche Wuppertal-Sonnborn
1878-81 kath. Pfarrkirche Oberaußem/Bergheim
1880-81 kath. Pfarrkirche Bergisch Gladbach-Sand/Rhein.-Berg. Kr.
1881-82 ev. Kirche Essen-Überruhr
1881-84 kath. Pfarrkirche Eitorf/Siegkreis
1881-82 ev. Kirche Neuwied
1882 ev. Kirche Lindenau/Leipzig
1883 kath. Pfarrkirche Girbelsrath/Düren
Restaurierungen
1865-67 kath. Pfarrkirche Reifferscheid/Schleiden
1868 kath. Pfarrkirche Morsbach/Oberberg. Kreis
1877-80 kath. Pfarrkirche Oekoven/Grevenbroich
1878-79 St. Gereon Köln
1880 Wißkirchen/Euskirchen: Westturm
Profanbau
vor 1880 Wohnhäuser Köln, u.a. mehrere Häuser in der Eintrachtstr.
vor 1880 Volksbank Komödienstr.
1880er J. Häusergruppe Hohenzollernring/Ecke Limburger Str.
um 1880 Marienburg bei Monheim/Rhein-Wupper-Kreis
Wiederherstellungen Profanbau
1861-65 Schloß Paffendorf/Bergheim
1862 Beginn Köln Rathausturm
1873-77 Schloß Morken-Harff/Bergheim
Literatur/Quellen (Auswahl)
Reichensperger, 1866, 11
Albert Verbeek, Rheinischer Kirchenbau im 19. Jahrhundert. Köln 1956, 30
Vogts, 1960, 49, 97
Weyres/Mann, 1968, 45f.
Dohmen, 1973, 200
Mann, 1966, 139

LAUERS

Biographie
Schüler Ungewitters
Literatur/Quellen
Reichensperger, 1866, 12

LÖS(S)ER

Biographie
Schüler Ungewitters
aus Kurhessen stammend
um 1866 selbständiger Baumeister in Hannover
Literatur/Quellen
Reichensperger, 1866, 11
Pippart, 1930 (Löser)

Wilhelm Friedrich Georg Julius LOTZ

26. 11. 1829 Kassel - 27. 7. 1879 Düsseldorf
Biographie und Werk
1846-48 höhere Gewerbeschule Kassel
1848-50 Universität Marburg
1850/51 Universität Berlin
1851 Zulassung als Lehrer an der höheren Gewerbeschule Kassel (Vermittlung Hehls)
1851-52 Besuch der Vorlesungen und Zeichenübungen Ungewitters
1854 Promotion im Fach Chemie
1857 Reise durch Norddeutschland
1857-62 erneuter Besuch der Vorlesungen Ungewitters und der des Ingenieurs Spangenberg
1862/63 Werkzeichnungen zu einem Privathaus Ungewitters (Bahnhofstr.)
1863 eigene Pläne und Beendigung des Umbaus, den Hotzen an der romanischen Kirche in Bücken bei Hoya begonnen hatte (Zeichner bei Hotzen)
1864 Bibliotheksgehilfe an der Universität Marburg, später Bibliothekar
1865-67/ 68 Gymnasium nach seinem Plan in Marburg in Ausführung (zuerst mit Scheele), Wandmalereien und Fenstermalereien 1868
1868 Vortrag über die gotische Baukunst (ersch. im *Christlichen Kunstblatt* 1868, Nr. 10-12)
1871 Ernennenung zum Kgl. Baumeister
ab 1872 (1871) Lehrer der Architektur an der Kgl. Kunstakademie Düsseldorf, 1873 am 8. 10. definitive Ernennung und Titel "Professor"; Lehre der Architektur und Kunstgeschichte
Schriften
Die Stiftskirche zu Hersfeld. In: *Correspondenzblatt des Gesamt-Vereins der deutschen Geschichtsvereine* 6 (1858), 115ff.
Meister Heinrich v. Hesserode. Beitrag zur hessischen Kunstgeschichte. In: *Anzeiger für Kunde der deutschen Vorzeit* 1858, Sp. 371ff.
Ueber die zweischiffigen Kirchen. In: *Correspondenzblatt* 7 (1859), 37ff.
Die Abtei Walkenried. In: *Zeitschrift für christliche Archäologie und Kunst* Bd. 11, 193ff. u. Tf. 13
Statistik der deutschen Kunst des Mittelalters und des 16. Jahrhunderts, oder Kunst-Topographie Deutschlands 1862 und 1863
Literatur/Quellen
Reichensperger, 1866, 11
Nekrolog. In: *DBZ* 13 (1879), 415-17. Nochmals abgedruckt in: Inventarium der Baudenkmäler im Königreiche Preussen: Die Baudenkmäler im Regierungsbezirk Wiesbaden, bearb. von W. Lotz, hgg. von Friedrich Schneider. Berlin 1880, S. VIII-XVII
Brief C. Schäfer 29. 5. 1869 (SAM Best. 150/ Nr. 1137)
Hillebrand, 1923

Gustav Ludolf MARTENS

20. 10. 1818 Wismar - 7. 1. 1872 Kiel
Biographie
Besuch des Gymnasiums in Wismar, Lehre in Schwerin und Kopenhagen bei einem Zimmermeister
Wien und München: Architekturstudium
1842-48 Mitarbeiter Ungewitters in Hamburg (Privatbauten)
1848 Lieutnant im Tann'schen Freicorps, Niederlassung in Rendsburg
1853 Privatarchitekt in Kiel nach Verbannung aus Schleswig
1865 Stadtbaumeister in Kiel
1866 Reise nach England
1868/69 Winter bis Frühjahr Reise nach Ober- und Mittelitalien
1868 Ernennung zum wirklichen Mitglied der K. u. K. Akademie der Bildenden Künste Wien
bis 1872 Direktor des von ihm ins Leben gerufenen städtischen Gewerbevereins Kiel
Werk (Auswahl)
1854-59 Gelehrtenschule Meldorf
1856-57 Wirtschaftshof Baronie Wilhelmsborg, Jütland
1859 Schäferhof zu Thunebyholm
1862 Dorfschule Thienbüttel (Holstein)
1863/64 Waisenhofschule Kiel
1864 (Herbst) Pläne für Universität Kiel
1865 Entwürfe Domschule Schleswig
1865/66 (auch 67/68) Maria Magdalenenkirche Elmschenhagen
1867 Plan zur Restaurierung der Nikolaikirche Kiel
1867/68 Entwurf St. Johannis, Altona, 2. Preis
1868-70 Gelehrtenschule Kiel
1869 Entwurf Kirche Krefeld
1872 Entwurf zum Ausbau der Klosterkirche Kiel durch seinenTod beendet
Bemerkungen
Charakter schroff, beharrlich, daher wenig erfolgreich bei Preisbewerbungen (Nekrolog, 245)
zur Materialfrage: Backsteinbau für monumentale und Privatbauten, auf den Schleswig-Holstein angewiesen ist, Ziegelfabrikation zurückgeblieben, daher Beschaffung von Formsteinen schwer, Ziel, den Zement- und Kalkputz völlig zu verdrängen, Backstein gilt als dauerhaft, gegen Schein-Architektur und Vorwurf der Monotonie des

Backsteins, vielmehr Reichtum des Ornaments
Maxime: "den naturgemässen Gesetzen der Konstruktion unter Verwendung des heimischen Ziegelmaterials und unter Zugrundelegung mittelalterlicher Formen Anerkennung zu verschaffen" (Nekrolog, 244)
Schriften (Auswahl)
Ausgeführte Mobilien, zunächst bestimmt für Schreiner und Metallarbeiter. Kiel 1859
Der Wirthschaftshof der Baronie Wilhelmsborg in Jütland. In: *ZfB* 9 (1859), 289-96, Bl. 34-38
Schäferhof zu Thunebyholm. In: *ZfpB* 9 (1859), Sp. 97f., Tf. 12-14
Dorfschule Thienbüttel im Herzogthum Holstein. In: *ZfB* 12 (1862), 19, Bl. 11
Schulgebäude in Kiel [Waisenhofschule]. In: *ZfB* 15 (1865), 99-102 und Bl. 31-33
Architekten-Verein zu Berlin. Mittheilungen aus gehaltenen Vorträgen. In: *ZfB* 19 (1869), 456
Kirche Elmschenhagen. In: *AHS* 6 (1894), Tf. 23-26, 54-57 und 7 (1895), Tf. 55, 78/79.
Turnhalle Kiel. In: *AHS* 7 (1895), Tf. 24/25.
Gymnasium in Kiel. In: *AHS* 7 (1895), Tf. 51-54, 76/77
Literatur/Quellen (Auswahl)
ZfB 19 (1869), 456
Jahrbuch der praktischen Baugewerbe 1 (1870), 374
Hermann Steindorf, G. L. Martens. Nekrolog. In: *DBZ* 6 (1872), 242-45 (entnommen der Juli Nr. des *Christlichen Kunstblattes*)
Archiv für kirchliche Baukunst 1 (1876)
Beitrag zum Backsteinbau [Professoren-Wohnhaus des Gymnasiums in Kiel]. In: *Baugewerkszeitung* 19 (1887), Sp. 790f. mit Abb.
Richard Haupt, Die Bau- und Kunstdenkmäler der Provinz Schleswig-Holstein. Kiel 1889 II, 127; III, 6
Mothes, 1889
Fritsch, 1893
Joseph, 1919^2, 270, 275
Kunsttopographie Schleswig-Holstein, 44
Schuchard, 1979
Hand-Dieter Nägelke, Der Gropius-Bau der Kielen Universität. Architektur zwischen regionaler Identität und preußischer Politik. Kiel 1991
Karen David-Sirocko, Bauten höherer Schulen in Schleswig-Holstein im Kontext des Historismus und der Neugotik. In: *Nordelbingen* 61 (1992), 145-180

Louis MÜLLER
1842-1899 bzw. 13. 12. 1898 Straßburg
Biographie und Werk
Müller: hessische Baumeisterfamilie
Schüler Ungewitters
Anfang 1860er J. Arbeit bei Oppler, Hannover
einige kleine Kirchen bei Saarlouis
Garnisonkirche Straßburg
Direktor einer Baugesellschaft in Frankfurt/M.
Literatur/Quellen
Reichensperger, 1866, 11 (nur Müller, o. Vorname)
Brief Schäfers vom 29. 5. 1869 (SAM Best. 150/ Nr. 1137) (mit Raht, Bösser, einige Werke verzeichnet: z.B. Synagogen Hannover, Breslau, Schloß von der Decken bei Hannover)
Fritsch, 1893
Mothes, 1898, 168, 268
DBZ 1898, 656
Architektur des 20. Jahrhunderts, 1902, Tf. 80f.
Weizsäcker-Dessoff, Kunst und Künstler in Frankfurt/M., Bd. 2 (1909)
Hillebrand, 1923
Thieme-Becker, Bd. 25, 242

Carl NORDMANN
30. 8. 1849 Kassel - 24. 12. 1922 Essen
Biographie
Schüler Ungewitters aus Hessen
städtische Saalbau in Essen
Protestationskirche Speyer
Literatur/Quellen
Neudeutsche Bauzeitung 9 (1913); 14 (1916), 93f.
DBZ 57 (1923), 90f. (Nekr.)
Pippart, 1930
Thieme-Becker, Bd. 25, 1931, 517

NORTHOFF
Biographie und Werk
1867 Beginn einer Kirche in Cainsdorf bei Zwickau
Literatur/Quellen
Chrl. Kbl. 1871
Mothes, 1898, 280

Eduard (Edward E.) RAHT
1844 - nach 1923
Biographie
Ungewitter-Schüler
60er J. im Atelier Hase
Tätigkeit auch bei Oppler, Hannover
1867 Auswanderung in die U.S.A., eigenes Büro in New York, dort angeblich Bau der ersten Wolkenkratzer
1880er/90er Jahre Chefarchitekt der 'Equitable Life Assurance' für Europa, auch Australien, Architekt der großen Geschäftshäuser der 'Equitable' in Berlin 1887-89 (mit Beteiligung C. Schäfers), Wien 1887/88, Madrid, Sydney 1891-96, Melbourne 1891-96
Stil: vielfältig, aber im Geiste der Kasseler Schule (Hillebrand, 1923), Renaissance, 'Richardsonian Romanesque' (angesichts dieser Vielfalt wird Hillebrands Aussage daher eher zweifelhaft), Anfang des 20. Jahrhunderts Rückkehr nach Berlin nach mehr als dreißig Jahren
Literatur/Quellen
Schülerverz. der TH Hannover: Hauptstaatsarchiv Hannover 146 A Nr. 56-60 (Hess. Schüler Ungewitters)
The Equitable Life Aussurance, New York (Archiv)
Reichensperger, 1866, 12
Brief C. Schäfer 29. 5. 1869 (SAM Best.150/ Nr. 1137) (mit Bösser, Müller einige Werke verzeichnet: z.B. Synagogen Hannover, Breslau, Schloß von der Decken bei Hannover)
Hillebrand, 1923
R. Carlyle Buley, The Equitable Life Assurance Society of the United States 1859-1964. Bd. I. New York, 443

H. REHM
Biographie und Werk
Ungewitter-Schüler
Kirche Weyste
zwei Schulen in Bremen
Gerichtsgebäude Bremen
Arbeiten am Rathaus und der Jacobi-Kirche Bremen
ein Gefängnis in Bremen
Schulhäuser und Kirchen in Hessen
Literatur/Quellen
Reichensperger, 1866, 11
Brief Schäfer 29. 5. 1869 (SAM Best. 150/ Nr. 1137)

REUM
Biographie
Ungewitter-Schüler
um 1866 in Kiel
Literatur/Quellen
Reichensperger, 1866, 12

Hermann RIEWEL
geb. 8. 12. 1832 Leipzig
Biographie
Gewerbeschule Kassel, Mitwirkung als Zeichner am Votivkirchen-Projekt, danach Wunsch zur Mitwirkung an Ausführung
Akademie Leipzig (1 Jahr)
Reise Deutschland, Oberitalien
1856 Wien, erst bei Ludwig Förster: Radierung der drei zuerst prämierten Entwürfe (Ferstel, Schmidt, Statz) für die *ABZ*
1857 Zeichner in Ferstels Atelier (Votivkirche)
erster Bauzeichner an der Votivkirche
1871 Bauführer der Votivkirche nach Tod Kranners
1872 ab 4. 1. Bauführer: exakte Ausführung nach Skizzen Ferstels, inzwischen Adjunct K. K. Gewerbezeichenschule, nach deren Umgestaltung in K. K. Bau- und Maschinen-Gewerbeschule wird er Prof.
Spezialist für Innenausstattungen von Kirchen: ober/niederösterreichische Pfarrkirchen
Literatur/Quellen
Reichensperger, 1866, 11
Thausing, 1879, 66
[H.v. Riewel], Die Votivkirche in Wien. In: Wiener Monumentalbauten, 5. Abt. Wien 1892

RÖBBELEN (RÖPLER ?)
Biographie
Schüler Ungewitters
entwarf für Architekt Lüer die Villa Wedekind in Kassel, das Aquarium und den zoologischen Garten in Hannover, ein Gasthaus in Osnabrück, verschiedene Kirchen
Literatur/Quellen
Reichensperger, 1866, 12 (Röbbelen)
Brief C. Schäfer 29. 5. 1869 (SAM Best. 150/ Nr. 1137) (Röpler)

Ernst August ROSSTEUSCHER
1849-1914
Biographie und Werk
1886-9 Garnisonkirche Berlin
Staatsexamen in Berlin, Arbeit in der Abt. Militärbau bei der preußische Regierung
seit 1880er J. oft "Deutsche Renaissance"

Literatur/Quellen
Mothes, 1898, 301
Fritsch, 1893, 598
Hillebrand, 1923
Richard Schneider/Peter Bloch (Hg.), Bauwerke der Neugotik in Berlin. Berlin 1989

Hermann RÜPPEL
17. 11. 1845 Willershausen (Kr. Eschwege) - 15. 7. 1900 Kassel
Architekt und Maler
Biographie und Werk
Schüler Ungewitters
Kgl. Land-Bauinspektor (Reg. Baurat in Kassel)
Kirchenbaumeister und Restaurierungstätigkeit
1885-88 17. Mai Grundsteinlegung Bonifazius-Kirche Wanfried (bis 1884 St. Veithskirche) (Assistenz durch Ing. Gustav Besser), 9. 10.1888 Weihe
Bauleitung des Justizgebäudes und des Umbaus des Hoftheaters Kassel
Um- bzw. Neubau der Kirchen Willershausen, Homburg, Golzheim, Großkampen
Literatur/ Quellen
Text zur Grundsteinlegung der Kirche in Wanfried
Reichensperger, 1866, 12
Schroedter, 1898
Hessenland 14 (1900), 200; 29 (1915), 184
Kunstdenkmäler der Rheinprovinz IX/1 (1910), 162; XII/2 (1927), 402
Ausstellung von Werken hessischer Maler, Kunst-Verein zu Kassel 1915, 6 und 12
Hillebrand, 1923
Thieme-Becker, Bd. 29, 171

Carl Wilhelm Ernst SCHÄFER
18. 1. 1844 Kassel - 5. 5. 1908 Karlsfelde bei Halle
Biographie
1860-62 Studium bei Ungewitter, Arbeit in dessen Atelier
1868-70 Lehrer an der höheren Gewerbeschule Kassel
führte Pläne Ungewitters aus:
1871 Universitätsbaumeister Marburg
1885 etatmäßiger Professor an der Bauakademie Berlin (1878 habil. als Privatdozent)
1894 Prof. TH Karlsruhe
Werk (Auswahl)
1860 Umbau des Bischöflichen Generalvikariates Paderborn
1869/70 Haus Scherb, Kassel
1874-79 Auditoriengebäude der Universität Marburg
1879-81 Domgymnasium Magdeburg
1887/88 Villa Moser - Charlottenau, Berlin-Zehlendorf
1887-89 Mitarbeit an dem Geschäftshaus der 'Equitable' Versicherung, Berlin
Literatur/Quellen (Auswahl)
Reichensperger, 1866, 11
Brief Schäfers vom 29. 5. 1869 (SAM Best. 150/ Nr. 1137)
Hillebrand, 1923
Jutta Schuchard, Carl Schäfer 1844-1908. Leben und Werk des Architekten der Neugotik. (Materialien zur Kunst des neunzehnten Jahrhunderts Bd. 21) München 1979
Imhof, 1994 und 1996

Johann Hermann SCHÄFER
Biographie
stammt aus Kassel
Abgang von der höheren Gewerbeschule Kassel im Schuljahr 1856/57
60er J. im Atelier Hase
Literatur/ Quellen
Schülerverz. der TH Hannover: Hauptstaatsarchiv Hannover 146 A Nr. 56-60 (Hess. Schüler Ungewitters)
Programm der höheren Gewerbeschule 1857
Reichensperger, 1866, 11

SCHEELE
Biographie und Werk
Schüler Ungewitters
baute den botanischen Garten, die neue Klinik, die Jägerkaserne in Marburg
Literatur/ Quellen
Brief C. Schäfer 29. 5. 1869 (SAM Best. 150/ Nr. 1137)

Hugo SCHNEIDER
12. 3. 1841 Kassel - 24. 12. 1925 Kassel
Biographie
Schüler Ungewitters
1861 Mönchengladbach
1861-64 Zeichner am Kölner Dom (Kölner Domakten), bzw. 1862-64 Polier am Dom (Hillebrand, 1923)
1864 bei F. Schmidt in Wien als Zeichner
1865-74 Privatarchitekt Aachen, währenddessen 1867 kurzzeitig zu Scott
1868 Reise nach Italien
1874-79 Düsseldorf; Übergang zur Malerei
1879-1910 Kassel: Prof. für Malerei an der Kunstakademie
reiner Gotiker im Bauen
Werk (Auswahl)
Neubauten
1869-70 kath. Pfarrkirche Otzenrath bzw. Otgenrath/Grevenbroich
1872 Marktbrunnen Meiningen
1873 Marktbrunnen Lübeck
1879-84 Münster-Westturm in Aachen
1881 Löwenbrunnen Kassel
1889-91 Türme der Martinskirche Kassel
1889 Bronzetüren West- und Südseite des Kölner Doms
1902-7 Lutherkirche Kassel
Sonstiges
1899 Das Uhrtürmchen in Kassel, Auftrag des Kaufmanns Karl Pontik, der das neugotische Haus Karthäuserstr. 12 ("Glitzerburg") erbauen ließ (1931 abgeräumt)
Restaurierungen
um 1865 Abteikirche Kornelimünster/ Aachen
1868 kath. Pfarrkirche Walhorn/Eupen
1876-80 ehem. Stiftskirche Münstereifel/ Euskirchen
Aufnahmen und Zeichnungen für das "Monumentale Rheinland", "Album für mittelalterliche Stickerei" u.a.
Literatur/ Quellen (Auswahl)
Jahrbuch der praktischen Baugewerbe 1 (1870)
Mothes, 1898, 268
Akte Kassel-Stadt, Allgemeines (Landesamt für Denkmalpflege, Außenstelle Marburg) (Dr. Quiehl über das Uhrtürmchen 1921)
Hillebrand, 1923
Thieme-Becker, Bd. 30, 194
Vogts, 1960, 97
Dohmen, 1973, 80, 203-05
Weyres/Mann, 1986, 93
Ausstellungskatalog Historismus, 1989, Bd. I, 59f.

Ferdinand SCHÖNHALS
1842-1915 Berlin
Biographie
Ungewitter-Schüler (Kurhesse)
60er J. im Atelier Hase (Entwurf des Gymnasiums Hildesheim)
1866 Anstellung am Dom Köln als Zeichner
um 1866 (?) Anstellung im Stadtbauamt Kiel
Häuser in Holstein
Staatsexamen in Berlin, Tätigkeit im preußischen Kriegsministerium
Literatur/ Quellen
Schülerverz. der TH Hannover: Hauptstaatsarchiv Hannover 146 A Nr. 56-60 (Hess. Schüler Ungewitters)
Reichensperger, 1866, 11f.
Brief C. Schäfer 29. 5. 1869 (SAM Best. 150/ Nr. 1137)
Hillebrand, 1923
Sabine Bohle-Heintzenberg, Die Berliner Vorstadt. Geschichte und Architektur eines Potsdamer Stadtteils. Berlin 1995

Ferdinand SCHORBACH
1846-1912
Biographie
Schüler Ungewitters
1860er J. Hilfsarbeiter
Ende 1870er J. Geschäftsteilhaber bei Oppler, Hannover, nach dessen Tod 1880 alleinige Weiterführung des Geschäftes
Literatur/ Quellen
Reichensperger, 1866, 12
Hillebrand, 1923
Imhof, 1996

SPECK
Biographie
Ausbildung bei Ungewitter
tätig in Schleswig-Holstein
Literatur/ Quellen
Reichensperger, 1866, 12

Hermann STEINDORF(F)
1841 (42?) - 7. 3. 1917 Nürnberg
Architekt und Fachschriftsteller
Biographie
gebürtig in Schleswig-Holstein
Ausbildung bei Ungewitter und bei Hase
vor 1864 zu Semper nach Zürich
tätig an verschiedenen Bauhütten (Regensburg, Köln)
1870-77 Privatdozent für Baukonstruktion und mittelalterliche Formlehre am Polytechnikum Stuttgart
1877-1908 Lehrstuhl an der Kunstgewerbeschule Nürnberg
Bau von Kirchen in Bayern, z.B. ev. Johanniskirche Würzburg
Bemerkungen
"Entwurf eines meisterhaften Bahnhofes im Backsteinstil in der Schule Ungewitters" (Reichensperger, 1866)
ging während der letzten Krankheit Ungewitters nach Zürich, um "Sempers Art" kennenzulernen, von dort zum Regensbur-

ger Dombau, um 1866 in Köln beschäftigt (Reichensperger, 1866)
Literatur/Quellen
Reichensperger, 1866, 12
Kunstchronik 10 (1875), 315; 11 (1876), 361f.; 12 (1877), 363
Architonische Rundschau 7 (1891), Tf. 63
DBZ 51 (1917), 110
CdB 37. Jg., 168
Hillebrand, 1923
Kunstdenkmale Bayern: Mittelfranken 5 (1932)
Thieme-Becker, Bd. 31, 553

Wilhelm SUNKEL
1839 - nach 1923
Biographie
Schüler Ungewitters
1859 Bremen (zu Heinrich Müller)
Privathäuser in Bremen
1880er J. Staatsdienst: Vorstand der Abt. Hochbau in Bremen
Projekt Restaurierung Bremer Dom
Projekt Börse Königsberg
1891 Zusammenarbeit mit E. Gildemeier
Literatur/ Quellen
Reichensperger, 1866, 11
Brief C. Schäfer 29.5. 1869 (SAM Best. 150/ Nr. 1137)
Hillebrand, 1923
Pippart, 1930

Julius TILL
1848 - nach 1923
Biographie und Werk
Ungewitter-Schüler
Arbeit bei Lüer und Oppler, Hannover
1867 hess. Staatsexamen
Arbeit bei Otzen (Lichterfelde) und Assistent am Stadtbauamt Duisburg
1872 Privatarchitekt Braunschweig
1901 Niederlassung in Kassel
Grabmal für Ungewitter 1906
Literatur/ Quellen
Vortrag über Ungewitter im Architekten- und Ingenieur-Verein zu Kassel am 22. 4. 1904
Zur Einweihung des Denkmals Ungewitters am 28. November 1906. Broschüre des Architekten- und Ingenieur-Vereins Kassel. Kassel 1906
Hillebrand, 1923
Pippart, 1930

Heinrich WIETHASE
9. 8. 1833 Kassel- 9. 12. 1893 Köln
Biographie
einer der ersten Schüler Ungewitters
1855 kurzzeitig bei Statz in Köln
1856 Mitarbeiter von Raschdorff in Köln (Zeichner)
1857-61 Mitarbeiter von Statz und F. Schmidt
1861-3 Tätigkeit in Berlin, Schinkelpreis, während dieser Zeit Reise nach London
seit 1862/3 Privatarchitekt Köln, umfangreiche Bautätigkeit
gewann Preise in Berlin, in England u.a.
Werk (Auswahl)
1858 Ausstattung kath. Pfarrkirche Braunsrath/Geilenkirchen
1860-71 Haus Walter, An den Dominikanern, Köln
1863-65 Ursulinenkloster und -kirche Düren
1864 Haus Monheim, am Markt, Aachen
1864 Ausstattung Notre-Dame du Sablon, Brüssel
1865 Ausstattung der ehem. Abteikirche Altenberg/Rhein. Berg. Kreis
1865 kath. Pfarrkirche Eilendorf/Aachen mit Essenwein
1866-76 und 1885 Restaurierung und Vierungsturm der Abtei Brauweiler/Köln
1869-71 kath. Pfarrkirche Homberg-Moers
1872 Restaurierung kath. Pfarrkirche Spellen/Dinslaken
1873-79 kath. Pfarrkirche Dülken/Kempen-Krefeld
1873 kath. Pfarrkirche Alpen/Moers
1873-76 fast völliger Neubau kath. Pfarrkirche St. Adalbert Aachen
1874 Schloßrestaurierung Calenberg/Westfalen
1875 Restaurierung kath. Pfarrkirche Ginderich/Moers
1876 kath. Pfarrkirche Oberlahr/Altenkirchen
1877-86 kath. Pfarrkirche St. Jakob Aachen
1877 Haus Nieß am Domhof, Köln
1878-83 kath. Pfarrkirche Waldniel/Kempen-Krefeld
1879 Restaurierung kath. Pfarrkirche Hambach/Jülich
1879 kath. Pfarrkirche St. Josef Duisburg
1881 kath. Pfarrkirche Großkönigsdorf/ Köln
1882-83 kath. Pfarrkirche St. Tönis/Kempen-Krefeld
1882 Schloß Gevelinghausen
1882 Restaurierung Rathaus Düren
1882 Ausstattung der kath. Pfarrkirche Melsungen i. H.
1886 Antoniterstr. 28-34, Köln
1886-92 Kindheit-Jesu-Kloster Köln-Ehrenfeld
1886-88 Augenklinik Gereonswall Köln
1888 Bahnhof Rheinböllen/Simmern
1890 kath. Pfarrkirche Derschlag/Oberberg. Kreis
1890 ev. Kirche Kassel
1890 Haus Heumarkt 41, Köln
1891 ev. Christuskirche Köln
1891 Korpshaus der Vandalen Heidelberg
1891-94 Restaurierung kath. Pfarrkirche Marienheide/Oberberg. Kr.
1892 kath. Pfarrkirche Bochum
1892-94 Rathaus Gelsenkirchen
1892 Restaurierung ehem. Abteikirche Mönchengladbach
1894 nach Wiethases Plan kath. Pfarrkirche Wipperfeld/Rhein-Wupper-Kreis
Literatur/ Quellen (Auswahl)
Joseph, 1919^2, 283f.
Hillebrand, 1923
Thieme-Becker, Bd. 35, 547
Dohmen, 1973,
H. Kisky, Die katholische Pfarrkirche St. Michael in Waldniel und ihr Baumeister Heinrich Wiethase. In: *Der Niederrhein* 25 (1958), 12ff.
Vogts, 1960, 95ff.
Weyres/Mann, 1968, 113f.
Schulze, 1977, 261-72
Weiß, 1983, 135ff.
Weyres, 1980, 165
Brief C. Schäfer 29. 5. 1869 (SAM Best. 150/ Nr. 1137)
Nachlaß im Stadtarchiv Köln (bzw. bei seinem Neffen H. Renard, Köln)

WOLFF
Biographie
Schüler Ungewitters
Literatur/ Quellen
Reichensperger, 1866, 12

Peter ZINDEL
26. 9. 1841 Hundelshausen - 17. 2. 1902 Essen
Biographie
1857-60 Kassel: Studium an der höheren Gewerbeschule
1860 Mitarbeit im Atelier Ungewitters
1861 Lehrer an der Baugewerkschule Holzminden
1862 Sommer: Tätigkeit im Büro des Diözesan-Baumeisters Güldenpfennig in Paderborn
1863 Arbeit im Büro Hases (z.B. am Innenraum der Christuskirche)
Assistent Ungewitters, Fortsetzer von dessen Bauten und Restaurierungen
1864-68 ab Herbst Nachfolger Ungewitters an der höheren Gewerbeschule bis Oktober 1868
1869 Paris (Arbeit bei Viollet-le-Duc, Freundschaft mit dessen Sohn), 1870 Rückkehr bei Kriegsausbruch
1870-76 Büro mit Julius Flügge in Essen
Werk (Auswahl)
um 1864 Amtshaus zu Schweinsberg (Kr. Marburg)
um 1864 Entwurf Kunsthaus Kassel
1865 Entwurf Kirche in Neustadt
1866/67 ev. Kirche Oberzell (Kr. Schlüchtern)
1866-69 ev. Kirche Seigertshausen (Kr. Ziegenhain)
1869-71 St. Nikolaus Kirche Kirchhain-Himmelsberg (Kr. Marbg.)
frühe 70er Entwurf Kirche Hochfeld (mit Flügge)
frühe 70er Entwurf Kirche Herne (mit Flügge)
1874-75 Wettbewerb Rathaus Essen, 2. Preis (mit Flügge) und Ausführung
Restaurierung Münster in Essen nach Plänen Zindels
vor 1876 St. Gertrudis Essen, Entwurf mit Flügge
1885-87 ev. Kirche Laer-Uemmingen
1886-89 Lutherkirche Hörde
Literatur/ Quellen (Auswahl)
Reichensperger, 1866, 11
Fritsch, 1893, 502 (mit Abb.), 621
Mothes, 1898, 299
Zentralblatt der Bauverwaltung 22 (1902), 108
Hillebrand, 1923
Weyres/Mann, 1968, 116
Hammerschmidt, 1985, 252
SAM Best. 153 Kassel, Höh. Gew., acc 1909/33, 26, Nr. 31 und Best.16/Rep. VI/Kl.28/Nr.54, Programme der höheren Gewerbeschule Kassel, XII B 644, Karten P II Nr. 7456/1-9, Best. 150/ Nr. 1137
Skizzenbuch B 23 (TUB/TIB Hannover)

Übersicht zum Kirchenbau

Zeit	Kirchenbau	Stationen der Entwicklungsgeschichte / Position Ungewitters
1814 und 1816	Dom Köln	Auffindung der mittelalterlichen Risse durch Moller und Boisserée
1815	Dom für Berlin	Schinkel (Entwurf): Versuch einer Synthese zwischen Klassizismus und Gotik
1822/24		Klenze "Anweisung zur Architectur des christlichen Cultus", Ansatz zu einer normativen Vorgabe von Kirchenbauformen für Bayern (Klassizismus)
1831-39	Mariahilfkirche in der Au, München	Ohlmüller: Neugotik im Stil des frühen 19. Jahrhunderts
1839-43	Apollinariskirche Remagen	Zwirner: Kirche auf dem Apollinarisberg, der Kölner Dom als Formvorbild für Einzelmotive
1842-80	Dom Köln	Vollendung im Zeichen von 'Religion, Vaterland, Kunst' begonnen
1844	Nikolaikirche Hamburg	Gottfried Semper entwirft einen überkuppelten Zentralbau im 'byzantinischen Rundbogenstil'
1844-64 bzw. bis 1874	Nikolaikirche Hamburg	Scott: Inkunabel für die Durchsetzung der an kontinentalen Vorbildern der 2. Hälfte des 13. Jahrhunderts orientierten Neugotik in Deutschland Ungewitter: Wettbewerbsentwurf (mit G. L. Martens) im 'Rundbogenstil'
1846-49	St. Arnulph Nickenich	Lassaulx: Neuromanik bzw. 'Rundbogenstil', Polychromie (Inkrustationen)
1852		Preußische Oberbaudeputation (Hg.), "Entwürfe zu Kirchen, Pfarr- und Schulhäusern", Ungewitter: Vorlagensammlung (Kirchen im 'Rundbogenstil', vereinzelt auch neugotisch)
1852-55	Markuskirche Berlin	Stüler: Zentralbau im Rundbogenstil
1854/55	Votivkirche Wien	Ferstel: Entwurf in Anlehnung an französische Kathedralen, die Kirche als Denkmal wird zum Programm erhoben Ungewitter: Beteiligung mit einem gotischen Entwurf (2. Preis)
1859-64	Christuskirche Hannover	Hase: neugotische Hallenkirche mit Kapellenkranz in Backstein mit Hausteinelementen, gilt als 'malerisch
ab 1862	Dom Linz	Statz: einzige katholische Kirche des mittleren 19. Jahrhunderts vom Ausmaß einer Kathedrale
1856-61	Ev. Pfarrkirche Neustadt	erster ausgeführter Kirchenbau Ungewitters, schlichte Formen meist frühgotischer Provenienz asymmetrisch angelegter Vorentwurf nicht realisiert
1861		Erlaß des Eisenacher Regulativs für den evangelischen Kirchenbau, Festschreibung der stilistischen Präferenz der Gotik, Westturm, separater Altarraum, offene Holzdecke empfohlen
1861-64	Ev. Pfarrkirche Malsfeld	Rekurs auf das Eisenacher Regulativ, die Bauherrn wünschen eine neugotische Musterkirche; Ungewitter reduziert die gotische Formensprache, ab jetzt nur noch offene Holzdecken für ev. Kirchen, Polychromie
1862/63	Berlin	Wettbewerb zur Thomaskirche: 1. Preis für Adler (Bau 1864-69) mit einem Entwurf im 'Rundbogenstil'
1862-70	kath. Pfarrkirche Momberg	Restaurierungsentwurf und Neubau der Entwurf eines symmetrisch zweischiffigen Innenraumes ist nicht durchzusetzen
1863-67	ev. Pfarrkirche Hundelshausen	Polychromer Außenbau, Betonung der Materialwirkung durch Holzsichtigkeit im Innenraum
1867	Berliner Dom	Wettbewerb
1867-72	Johanneskirche Altona	Otzen: Rekurs auf das Eisenacher Regulativ, schmale Seitenschiffe und Emporen als wegweisende Neuerungen
1867-75	Pfarrkirche Wien-Fünfhaus	F. v. Schmidt: katholische Pfarrkirche als Zentralbau, die aber bis 1890 ohne große Resonanz blieb
1891		'Wiesbadener Programm': Förderung der Einheit von Gemeinde und Kulthandlung, Zentralraum
1892-94	Ringkirche Wiesbaden	Otzen: Zentralbau gemäß dem 'Wiesbadener Programm'
1893-1905	Dom Berlin	Raschdorff: Ausführung im Stil des Neobarock
1898		'Eisenacher Ratschläge': nochmals Wendung zum Longitudinalbau und mittelalterlichen Stilen (Romanik und Gotik)
1908		'Eisenacher Leitsätze': die Baugestalt soll sich nach dem Gemeindebedarf richten, keine Stilvorgaben

Lebensweg der Schüler G.G. Ungewitters

Wilhem Lotz, 1829-1879, Kassel, 1863 Hannover, 1871 Prof. Kunstakademie Düsseldorf
Heinrich Wiethase, 1833-1893, Kassel, ab 1855 Köln, 1861 Berlin, ab 1862 Köln
Albert Grau, 1837-1900, Kassel, 1855 Köln Dombau, Kassel, eigenes Büro, 1859 Wien, 1864 Paris, Hannover, 1868 Breslau
Ernst Bösser, 1837-1908, Kassel, Hannover, 1864 selbständig, 1872 Berlin, später Hanau, Kr. Ziegenhain
Wilhelm Sunkel, 1839->1923, 1859 Bremen, 1880er Bremen, Staatsdienst
Eberhard Hillebrand, 1840-1924, 1859 Hannover, 1863/64 Kassel, 1866 Schleswig, 1872 Hannover
Hugo Schneider, 1841-1925, 1861 Mönchen-Gladbach, 1862-64 Köln, Wien, 1865-74 Aachen, 1867 London, 1879-1910 Prof. Kassel, Kunstakademie
Hermann Steindorff, 1841-1919, Kassel, vor 1864 Zürich, Köln, 1870-77 TH Stuttgart, Privatdoz., 1877-1908 Kunstgewerbeschule Nürnberg, Lehrstuhl
Peter Zindel, 1841-1902, Kassel, 1863 Hannover, 1864-69 Kassel, 1869 Paris, 1870 Essen-76
Ferdinand Schönhals, 1842-1915, Kassel, Hannover, 1866 Köln, später Berlin
Louis Müller, 1842-1899, Kassel, Anfang 1860er J. Hannover, später Frankfurt/M. und Saarland
Julius Flügge, 1843-1920, bis 1866 Kassel, dann Köln und Essen
L. Büchling, 1843->1923, Kassel, 1863 Hannover, 1872 Berlin, später Eschwege und Bielefeld
Carl Schäfer, 1844-1908, Kassel, Hannover, 1864 Paderborn, 1867 München, 1867-70 Kassel, bis 1877 Marburg, 1878 TH Berlin, 1894 TH Karlsruhe
Gustav Glasewald, 1844-1903, Kassel, 1863-68 Hannover, 1898 Köblin
Eduard Raht, 1844->1923, Kassel, Hannover, 1867 USA, Rückkehr nach Berlin
Hermann Rüppel, 1845-1900, Kassel, Kassel (Staatsdienst)
Ferdinand Schorbach, 1846-1912, Kassel, ab 1860er J. Hannover
Fr. Geb, 1847->1923, Kassel (auch bei Zindel), ab 1868 Hannover, 1882-1908 TH Hannover
Christoph Hehl, 1847-1911, 1862/63-67 Kassel, London, 1869 Hannover, 1894 TH Charlottenburg
Julius Till, 1848->1923, Kassel, Hannover, 1867 hess. Staatsexamen, Duisburg, 1872 Braunschweig, 1901 Kassel
E. August Roßteuscher, 1849-1914, Kassel, Berlin (Staatsdienst)

Lebensweg der Schüler C.W. Hases

Adelbert Hotzen, 1830-1922, Hannover, Baurat in Schleswig und Celle
Edwin Oppler, 1831-1880, Anfang 1850er J. Polytechnikum Hannover, Ateliers Hase, Viollet-le-Duc, Street, dann selbständig in Hannover
Otto Götze, 1832-1894, München (Arbeit bei Bürklein), Hannover
Werner Narten, 1932-1889, Hannover, 1870 Kassel (Nachfolger Schäfers an der Gewerbeschule)
Wilhelm Lüer, 1834-1870, Hannover (Hases Assistent)
Wilhelm Hauers, 1836-1903, Hannover, später Hamburg
Wilhelm Schultz, 1837-1895, um 1863 Büroleiter bei Hase, Stadtbaumeister Duisburg, dann in Kiel
Gotthilf Ludwig Möckel, 1838-1915, Bauführer bei Oppler, Hannover, später Mecklenburg, Sachsen
Johannes Otzen, 1839-1911, Ende 1850er J. Nienburg, um 1863 Eintritt in Hases Büro, 1868 Berlin
Eberhard Hillebrand, 1840-1924, 1863 von Hase zu Ungewitter (s. dort)
Wilhelm Cordes, 1840-1917, 1860er J. Bauführer an Hases Kirchen, später Hamburg
Johannes Vollmer, 1845-1920, Zusammenarbeit mit Otzen, TH Charlottenburg
G. Schwartz, 1848-1910, Hannover, Stadtbaumeister Hildesheim
Max Kolde, 1852-1889, Hannover (lange bei Hase)
Eduard Schlöbcke, 1852->1923, Hannover, 1920er Lüneburg (Staatsbeamter)
Carl Börgemann, 1851-1938, Hannover
Eduard Wendebourg, 1857->1923, Hannover (ev. Kirchen)
Otto Bollweg, 1857->1923, Hannover (Kunstgewerbeschule)
Carl Mohrmann, 1857->1923, Hannover, Prof. TH Riga, 1894 TH Hannover (Nachfolger Hases)
Otto Lüer, 1865->1923, Hannover
Theodor von Lüpke, 1873->1923, Berlin
Ferdinand Eichwede, 1878-1909, Hannover

LITERATUR- UND QUELLENVERZEICHNIS

VERZEICHNIS DER SCHRIFTEN UNGEWITTERS

Wohnhaus in Hamburg (mit Martens). In: *Zeitschrift für praktische Baukunst (ZfpB)* 7 (1847), Sp. 343f., Tf. 32f.
Entwurf zu einem Schlosse (mit Martens). In: *ZfpB* 7 (1847), Sp. 385f., Tf. 38-41
Wohnhaus in Lübeck. In: *ZfpB* 8 (1848), Sp. 417-20, Tf. 36-40
Gärtnerwohnung vor dem Lübecker Thor in Hamburg. In: *ZfpB* 9 (1849), Sp. 109-112, Tf. 6-9
Weinbergshaus. In: *ZfpB* 9 (1849), Sp. 457f., Tf. 41f.
Wohnhaus und Pergamentfabrik des Herrn Schlenk in Leipzig. In: *ZfpB* 10 (1850), Sp. 101f., Tf. 15-18
Gemeinde- und Spritzenhaus für eine kleine Stadt. In: *ZfpB* 12 (1852), Sp. 11-14, Tf. 2-4

Von den Bogen und Rippen des Kreuzgewölbes. In: Programm der höheren Gewerbeschule in Cassel zu Michaelis 1857. Kassel 1857, S. 3-15

Vorlegeblätter für Ziegel- und Steinarbeiten
1. Aufl. Leipzig: Romberg 1849/50 (auch Glogau: Flemming)
2. Aufl. Leipzig: Romberg 1850
3. Aufl. als: Details für Stein- und Ziegel-Architektur im romanisch-gothischen Style. Sockelprofile, Gesimse, Bogenfriese, Fenster, Luken, Giebel, Erker, Balkons, Thürme, Schornsteine, Thüren, Thore, Treppen, Gewölbe und sonstige Einzelheiten in Stein und Ziegel. Ein Vorlagenwerk für Architekten, Steinbildhauer und Schulen. Berlin: Hessling & Spielmeyer 1889/90
3. Aufl. auch als: Details for stone and brick architecture in Romanesque and Gothic style: base-profiles, carvings, arched mouldings, windows, tympans, bay-windows, balconies, steeples, chimneys, doors, [...]. New York: Hessling & Spielmeyer [189?]
4. Aufl. Berlin: B. Hessling 1897 bzw. [1898]
5. Aufl. Berlin: B. Hessling 1906 (ebenso auch eine 6. Aufl.)

Vorlegeblätter für Holzarbeiten
1. Aufl. Leipzig: Romberg 1849-51
2. Aufl. Glogau: Flemming 1864
3. Aufl. als: Gothische Holz-Architektur. Gekehlte Balken, geschnitzte Friese, Träger, Ständer, Holzplafonds, Wandvertäfelungen, Hängewerke, Zimmerthüren, Hausthüren und Thore, Fenster, Holzgiebel, Erker, Balkons, Dachfenster, Thurmspitzen, Ladenvorbaue und sonstige Details in Holz. Ein Vorlagewerk für Architekten, Bautischler, Zimmermeister und Schulen. Berlin: C. H. Claesen 1890 bzw. 1889/90
3. Aufl. auch als: Gothic Wood Architecture. Fluted Beams, Carved Friezes, Supporters, Pillars, Ceilings, Wainscotings, Truss-Frames, Room and Hall Doors, Gates, Windows, Gables, Bay Windows, Balconies, Broaches, Store Fronts, Stairs and other Details in Wood. Designs for Architects, Joiners, Carpenters, Schools, Libraries, Etc. New York: Hessling & Spielmeyer (o. Dat., um 1890)
4. Aufl. Berlin: B. Hessling 1896/97

Entwürfe zu Grabsteinen
1. Aufl. Leipzig: Romberg 1850-53
2. Aufl. Leipzig: Romberg 1855 (auch Glogau: Flemming)
2. Aufl. Glogau: Flemming 1864
auch als: Vues Perspectives, Plans, Coupes, Élévations et Détails de Monuments Funéraires. Leipzig: Romberg 1856 (auch Glogau: Flemming)
auch als: Designs for tombstones. London: Trübner and Co. 1858

Entwürfe zu gothischen Möbeln
1. Aufl. Leipzig: Romberg 1851-52
2. Aufl. Leipzig: Romberg 1854 bzw. 1855
auch als: Entwürfe zu gothischen Möbeln, fortgesetzt von P. Zindel, 2. Aufl. Glogau: Flemming 1869
3. Aufl. Leipzig: Romberg 1889/90
3. Aufl. Berlin: Hessling & Spielmeyer 1893
4. Aufl. Berlin: Hessling & Spielmeyer 1893/94
5. Aufl. Berlin: M. Spielmeyer 1898
auch als: Plans, Élévations, Coupes et Détails de Meubles du Moyen Age, composés et dessinés par G.G. Ungewitter. Leipzig: Romberg 1856 (auch Glogau: Flemming), auch Paris: Morel [1856]
auch als: Entwürfe gothischer Möbel. Perspectivische Ansichten, Risse und Einzelheiten der verschiedenartigsten Möbelstücke in einfachster und reichster Ausführung. Ein Vorlagewerk für Möbeltischler, Holzbildhauer, Architekten und Schulen, 3. Aufl., Glogau: Flemming 1893

Entwürfe zu gothischen Ornamenten, zunächst für Decken und Wände.
1. Aufl. Leipzig: Romberg 1854
3. Aufl. Glogau: Flemming 1875
4. Aufl. als: Gothische Ornamente. Gemalte Decken und Wände. Ein Motivenwerk für Decorationsmaler und Architekten. Berlin 1889

Entwürfe zu Stadt- und Landhäusern
1. Aufl. Leipzig: Romberg 1. Bd. 1856, 2. Bd. 1858
2. Aufl. Glogau: C. Flemming 1858 [-1864]
auch als: Projets de Maisons de Ville et de Campagne, nur Bd. 1, Leipzig: Romberg 1856
auch als: Gothische Stadt- und Landhäuser: perspectivische Ansichten, Aufrisse, Durchschnitte, Grundrisse und Details zu Villen und städtischen Wohn- und Geschäftshäusern. 3. Aufl. Berlin: Claesen [1889/90] und Berlin/New York: B. Hessling [1889?] (mit 108 Tf., statt wie vorher 96 Tf.)
4. Aufl. Berlin: M. Spielmeyer 1895
5. Aufl. Berlin: M. Spielmeyer 1899

GOTHISCHES MUSTERBUCH. Von V[incenz] Statz und G[eorg] G[ottlob] Ungewitter, mit einer Einleitung von A[ugust] Reichensperger, 2 Bde. Leipzig: T. O. Weigel 1. Bd. 1856, 2. Bd. 1861
auch als: The GOTHIC MODEL-BOOK. The Architecture of the Middle Ages, with its associated Arts, illustrated by examples drawn from existing authorities in the Churches and Public Buildings of Germany. By V. Statz and G. Ungewitter, with a descriptive text by A. Reichensperger, translated by Monicke. London: A. Evans 1858
2. Aufl. neu bearb. v. K. Mohrmann. Leipzig: C. H. Tauchnitz 1905

Lehrbuch der gothischen Constructionen. (629 S.) Nebst Atlas mit 47 lithographierten Tafeln. Leipzig: T. O. Weigel 1859-64
2. Aufl. Leipzig: T. O. Weigel 1875
2. Aufl. Leipzig 1889
3. Aufl. neu bearb. v. K. Mohrmann, Leipzig: T. O. Weigel Nachf. 1889-92
4. Aufl., neu bearb. v. K. Mohrmann, Leipzig: Chr. Herm. Tauchnitz (früher T. O. Weigel Nachf.) 1900-03

Land- und Stadt-Kirchen. Eine Sammlung von ausgeführten oder für die Ausführung bestimmten Entwürfen zu kirchlichen Gebäuden, den Einzelheiten und dem Zubehör

derselben, von G. G. Ungewitter (Nach dem Tode des Verf. hg. von E. Hillebrand).
1. Aufl. Glogau: Flemming 1865-68
2. Aufl. Berlin: Claesen 1889
2. Aufl. Berlin: Hessling & Spielmeyer 1889
3. Aufl. Berlin: B. Hessling 1897

Sammlung mittelalterlicher Ornamentik, in geschichtlicher und systematischer Anordnung. 1. Aufl. Leipzig: T.O. Weigel 1863-65

Hinweis:
Dieses Verzeichnis stellt eine Übersicht über die Schriften Ungewitters dar, wobei die Orte und Jahre der Auflagen sehr unterschiedlich angegeben sind, zumal man oftmals nur Teile der Schriften wieder herausgegeben hat. Auf eine Nennung der einzelnen Lieferungen sowie weiterer durch Teilauflagen entstandener Titel ist zugunsten der Übersichtlichkeit verzichtet worden.
Posthum wurden weitere Entwürfe unter dem Namen Ungewitters ediert, deren Autorschaft jedoch aufgrund stilistischer Unterschiede zu den zu seinen Lebzeiten entstandenen Entwürfen nicht eindeutig zu bestimmen ist. Zu welchem Anteil Ungewitter etwa an dem folgenden, von Zindel fortgesetzen Werk beteiligt war, ist nicht bekannt:
Entwürfe zu einfachen Grabsteinen zum Gebrauch für Steinmetzen. Fortgesetzt von P. Zindel. Glogau 1869; auch als: Einfache Grabsteine im romanisch-gothischen Style. Berlin 1890[2]

Publizierte Quellen

A

Allgemeine Bauzeitung 1 (1836)-83 (1918)

Hugo Altendorff, Ueber die kirchliche Baukunst des 19. Jahrhunderts. Leipzig 1872

Annales archéologiques 1 (1844)-28 (1881)

Theodor Appelius, Die Aufgabe der kirchlichen Baukunst in Deutschland. Leipzig 1867

Architektonische Rundschau 1 (1885)-31 (1915/16)

Architektonisches Skizzenbuch 1 (1852)-201 (1886)

B

Die Bau- und Kunstdenkmäler im Regierungsbezirk Cassel, Bd. 2: Kreis Fritzlar. Marburg 1909

Die Bau- und Kunstdenkmäler im Regierungsbezirk Cassel. Bd. 4: Kreis Cassel-Land. Marburg 1910

Die Bau- und Kunstdenkmäler im Regierungsbezirk Cassel, Bd. 6. Marburg 1910

Beschreibende Darstellung der älteren Bau- und Kunstdenkmäler des Königreiches Sachsen. Hgg. von dem Königlich-Sächsischen Alterthumsverein, 18. Heft: Stadt Leipzig, Teil 2, Leipzig 1896

Matthew Holbeche Bloxam, The Principles of Gothic Ecclesiastical Architecture, with an explanation of Technical Terms. London 1849

Ders., Die mittelalterliche Kirchen-Baukunst in England. Leipzig 1847

C[arl] Bötticher, Die Holzarchitectur des Mittelalters. Mit Anschluss der schönsten in dieser Epoche entwickelten Produkte der gewerblichen Industrie. Heft 1-4 Berlin [1835] - 1842

Sulpiz Boisserée, Ansichten, Risse und einzelne Theile des Doms von Köln, mit Textteil Geschichte und Beschreibung des Doms von Köln, nebst Untersuchungen über die alte Kirchenbaukunst. Stuttgart 1823-1831

Sulpiz Boisserée, Denkmale der Baukunst am Niederrhein vom 7. -13. Jahrhundert. München 1833

Gustav Borstell, Ansichten und Detailzeichnungen von Bahnhofgebäuden im Großherzogtum Baden, gesammelt auf einer Reise am Rhein. In: *ZfB* 1851, S. 278-80, Bl. 41f.

J[ohn] Raphael & J[oshua] Arthur Brandon, An Analysis of Gothick Architecture. 2 Bde. London 1847 (-1852), Edinburgh 1903

Hugo Brunner, Geschichte der Residenzstadt Cassel. Zur Feier des 1000jährigen Bestehens der Stadt im Auftrage des Magistrats verfaßt. Kassel 1913

Benjamin Bucknall (Hg.), Lectures on Architecture by Eugène-Emmanuel Viollet-le-Duc. 2 Bde. New York 1987 (zuerst: Londen 1877)

Theodor Bülau, Wohnhaus am Glockengießer-Wall. In: *ZfpB* 7 (1847), Sp. 343f., Tf. 28-31

Ders., Das Haus der Patriotischen Gesellschaft oder Einiges über einen Neubau. Hamburg 1849

Richard Bürkner, Grundriss des deutsch-evangelischen Kirchenbaues. Göttingen 1899

H. W. Burmester, Beurtheilung der Baupläne für den St. Nicolai Kirchenbau. In: *Hamburger Correspondent* vom 14. März 1845

C

Zur Ehrung des 1864 verstorbenen Architekten G. G. Ungewitter. In: *Casseler Tageblatt* vom 26. und 27. November 1906

Casseler Tageblatt und Anzeiger vom 4. Dezember 1906

Alexis de Chateauneuf, Einige Wünsche und Andeutungen über das Hamburger Staates Bauwesen. Vorschlag einer Preisaufgabe der Ziegelherstellung. Hamburg 1836

Statistik des ev. Kirchenbaues in Deutschland. In: *Chrl. Kbl.* 2 (1860), S. 31f.; Dass. In: *Ebd.* 3 (1861), S. 14f.

D

Deutsche Bauzeitung (DBZ) 1 (1867)-42 (1908)

Heinrich von Dehn-Rotfelser/ Fritz Koeberlein, Die Pfarrkirche und die Marienkapelle zu Frankenberg. (Mittelalterliche Baudenkmäler im Regierungsbezirk Cassel, hgg. von dem Verein für hessische Geschichte und Landeskunde, 1. Lieferung) Kassel 1862

Heinrich von Dehn-Rotfelser (Bearb.), Die Stiftskirche St. Petri zu Fritzlar. Nach Aufnahmen von Friedrich Hoffmann. Hgg. von dem Verein für hessische Geschichte und Landeskunde. (Mittelalterliche Baudenkmäler in Kurhessen 2. und 3. Lieferung) Kassel 1864

Heinrich von Dehn-Rotfelser/Wilhelm Lotz, Die Baudenkmäler im Regierungsbezirk Cassel (mit Benutzung amtlicher Aufzeichnungen beschrieben und in topographisch-alphabetischer Reihenfolge zusammengestellt. Im Auftrage des Kgl. Ministeriums für geistliche, Unterrichts- und Medicinal-Angelegenheiten, hgg. durch den Verein für hessische Geschichte und Landeskunde. (Inventarium der Baudenkmäler im Kgr. Preußen, Provinz Hessen-Nassau) Kassel 1870

H[einrich] v. Dehn-Rotfelser, Vortrag, gehalten im Kasseler Architekten- und Ingenieurverein. In: *Kölner Domblatt* vom 31. Oktober 1866, 31. Dezember 1866 und 31. März 1867 (zuerst gedruckt in: Literatur- und Anzeigenblatt für das Baufach. Beilage zur *ABZ* 7 (1861-65))

F. Döpping, Die Kirche zu Wetter in Oberhessen und deren Zusammenhang mit dem Stifte und der Adelsschule daselbst. Marburg 1860

[W. Droc], Kritische Beleuchtung der besseren und besten Baurisse zur Nicolai-Kirche in Hamburg. In: *Wöchentliche gemeinnützige Nachrichten* 1845

Jean-Nicolaus-Louis Durand, Recueil et parallèle des édifices de tous genre, anciens et modernes. Paris 1800

E

The Ecclesiologist 1 (1843)-26 (1868)

J[osef] Egle, Die Holzhäuser in den Harzgegenden mit besonderer Berücksichtigung auf die Halberstädter Beispiele. In: *ABZ* 10 (1845), S. 379-84, Tf. 691-94

Ders., Notizen über die Konkurrenz zur Lieferung eines Bauplanes für die St. Nikolai-Kirche in Hamburg. In: *ABZ* 13 (1848), S. 123-27, Bl. 171-79

F[riedrich] Eisenlohr, Holzbauten des Schwarzwaldes. Karlsruhe 1853

August Essenwein, Norddeutschlands Backsteinbau im Mittelalter. Karlsruhe 1855

Rudolf v. Eitelberger, Gesammelte kunsthistorische Schriften. Wien 1879

Engelhard, Architektonische Zustände und Bestrebungen in Kurhessen. In: *ZfB* 1852, S. 213-220, 411-18

F

Julius Faulwasser, Der große Brand und der Wiederaufbau von Hamburg. Hamburg 1892

Ders., Die St. Nikolaikirche in Hamburg. Hamburg 1926

Robert Friderici, Ludwig Hassenpflug (1794-1862). Kurhessischer Staatsminister. In: Lebensbilder aus Kurhessen und Waldeck 1870-1930, hg. von Ingeborg Schnack (Veröffentlichungen der Historischen Kommission für Hessen und Waldeck Bd. 20), Bd. 5, Marburg 1940, S. 101-121

Führer durch Cassel und seine nächste Umgebung. Festschrift, dargebracht der einundfünfzigsten Versammlung deutscher Naturforscher und Aerzte. Kassel 1878

G

C. F. Gaedechens, Historische Topographie der Freien und Hansestadt Hamburg. Hamburg 1880

H. Gemmel, Über das Mittelalter im Wohnbau bei Romberg und Ungewitter. In: *ZfpB* 12 (1852), Sp. 65-80

Albert Geul, Die Anlage der Wohngebäude mit besonderer Rücksicht auf das städtische Wohn- und Miethhaus. Ein Leitfaden zu Vorträgen an technischen Lehranstalten und zum Selbstunterricht für Bauhandwerker und angehende Architekten. 1.-10. Lieferung Stuttgart 1868

G[ottlieb] W[ilhelm] Geyser, Leipziger Künstler-Album. Heft 1 (mehr n. ersch.) Leipzig 1858

Wilhelm Engelbert Giefers, Praktische Erfahrungen und Rathschläge, die Erbauung neuer Kirchen sowie die Erhaltung und Wiederherstellung, die Ausschmückung und Ausstattung der Kirchen betreffend, nebst einer kurzen Uebersicht der Entwicklung der christlichen Baukunst. Paderborn 1869

Ernst Glachbach, Der Schweizer Holzstil mit seinen cantonalen und constructiven Verschiedenheiten, vergleichend dargestellt mit Holzbauten Deutschlands. Darmstadt 1868, Zürich 1883[2]

Hugo Groothoff, Das Patriotische Gebäude, sein Erbauer Theodor Bülau und der diesjährige Umbau des Hauses. Vortrag, gehalten im Architekten- und Ingenieur-Verein zu Hamburg am 4. November 1898. Hamburg 1898

C[arl] G[rüneisen], Evangelischer Kirchenbau. In: *Christliches Kunstblatt für Kirche, Schule und Haus* 1 (1858), S. 22-24, 25-30, 38f.

Cornelius Gurlitt, Das Schloß zu Meißen. Leipzig 1881

Ders., Kirchen. In: Handbuch der Architektur, 4. Teil, 8. Halbbd., 1. Heft. Stuttgart 1906, S. 281 und 386

Ders., Die deutsche Kunst des neunzehnten Jahrhunderts. Ihre Ziele und Taten. Berlin 1907

H

David Ramsey Hay, Proportion or the Geometric Principle of Beauty. London 1843

Georg Heckner, Praktisches Handbuch der kirchlichen Baukunst einschließlich der Malerei und Plastik. Zweite, erg. Aufl. Freiburg/Breisgau 1891

Carl Alexander Heideloff, Die Bauhütte des Mittelalters in Deutschland. Eine kurzgefaßte geschichtliche Darstellung mit Urkunden und andern Beilagen so wie einer Abhandlung über den Spitzbogen in der Architektur der Alten als Vorläufer der Grundzüge der altdeutschen Baukunst und auch an des Verf. Werk 'Die Ornamentik des Mittelalters' sich anreihend. Nürnberg 1844

Ders., Der kleine Altdeutsche (Gothe) oder Grundzüge des altdeutschen Baustyles, zum Handgebrauch für Architekten und Steinmetzen besonders für technische Lehranstalten bearbeitet. Nürnberg 1849-52

Ders., Architektonische Entwürfe. I. Heft (1850), Anhang: Ueber den Kirchenbau der Protestanten, namentlich der Evangelischen

Ders., Muster-Werke aus der Nürnberger Bauhütte für Drechsler. Nürnberg 1851

B. K. Heller, Darstellungen sämmtlicher Haus- und Luxusartikel im deutschen Style. Nürnberg 1849

Emerich Henszlmann, Théorie des proportions appliquée dans l'architecture. Paris 1859

Egon Hessling (Hg.), Louis XV Möbel des Musée des Arts Décoratifs in Paris. Gesammelte Dokumente. 36 Drucke und Text. Verlag Bruno Hessling Berlin/Paris/New York 1910

Eberhard Hillebrand, Ueber das Wiedererwachen der Gothik in Deutschland in der Mitte des vorigen Jahrhunderts. Nach einem Manuskript von 1923. Hgg. von Günther Kokkelink. In: Quellen zur Neugotik der Hannoverschen und Kasseler Schule. Im Druck

Historisch-topographische Mitteilungen. Hamburg 1868

Jacob Hoffmeister's gesammelte Nachrichten über Künstler und Kunsthandwerker in Hessen seit etwa 300 Jahren, hg. von Ernst Prior. Hannover 1885

A[lois] Holtmeyer, Die Bau- und Kunstdenkmäler im Regierungsbezirk Cassel. Bd. VI: Kreis Cassel-Stadt (Text, 1. Teil). Kassel 1923

Wilhelm Hopf, Hundert Jahre hessischer Geschichts-Verein. Kassel 1934

M. H. Hudtwalcker, Ein halbes Jahrhundert aus meiner Lebensgeschichte. 3 Bde. Hamburg 1862-1864

J

Emil Jähn [=K.A. Jaehn], Bemerkungen über die Anlage der kleinen evangelischen Kirchen. In: *Christliches Kunstblatt* 12 (1869), S. 167-87

K[arl] A[enmilius] Jaehn, Das evangelische Kirchengebäude. Leipzig [1877]

Jahrbuch über die Leistungen und Fortschritte auf dem Gebiet der practischen Baugewerbe. Herausgegeben unter Mitwirkung von Baumstr. Gottschaldt, Baumstr. & Civilingenieur Huck, Arch. Jähn, Arch. Klette, Dr. H. Zwick. 1. Jg. Leipzig 1870

Jahrbuch der Baukunst und Bauwissenschaft in Deutschland 4 (1847)

Mrs. [Anna] Jameson, Sketches of German Art, Literature and Character. Frankfurt/M. 1837

David Joseph, Geschichte der Baukunst des 19. Jahrhunderts, 2. Bd. Leipzig 1910, 1919[2]

K

Wilhelm Kimbel, Journal für Möbelschreiner und Tapezierer. Mainz 1835-53

Kirchenschmuck - ein Archiv für weibliche Handarbeit. Hgg. unter Leitung des christlichen Kunstvereins der Diözese Rottenburg. Stuttgart 1 (1857)- 10 (1866)

Ludwig Klasen (Hg.), Grundriss-Vorbilder von Gebäuden aller Art, Abt. 1: Wohn- und Geschäftshäuser. Leipzig 1884

Ders., Gebäude für kirchliche Zwecke. Leipzig 1889

Leo von Klenze, Anweisung zur Architectur des christlichen Cultus. Faksimile-Neudruck der Ausgabe München 1822/24. Mit einer Einführung von Adrian von Buttlar. Nördlingen 1990

H[ermann] Knackfuß, Geschichte der Königlichen Kunstakademie zu Kassel. Kassel 1908

Emil Kneschke, Leipzig seit 100 Jahren. Leipzig 1867

Köln und seine Bauten. Festschrift zur VIII. Wanderversammlung des Verbandes deutscher Architekten und Ingenieur-Vereine in Köln vom 12. bis 16. August 1888. Köln 1888

Ernst Kopp, Beitrag zur Darstellung eines reinen einfachen Baustyles. Erfurt 1837

Johann Kreuser, Der christliche Kirchenbau. Bonn 1851

Franz Kugler, Der Dom von Köln und seine Architektur. In: F. K., Kleine Schriften und Studien zur Kunstgeschichte. 3 Teile in 3 Bänden. Stuttgart 1853-54

Ders., Geschichte der Baukunst. Bd. 3 Stuttgart 1859

L

Ludwig Lange, Ueber die Anwendung des Erkers. Vortrag, gehalten in der 10. Versammlung deutscher Architekten und Ingenieure in Magdeburg 1856. In: *ABZ* 1856, S. 305-307

Alfred Lichtwark, Der hamburgische Städtebau im neunzehnten Jahrhundert. In: *Jahrbuch der Gesellschaft Hamburgischer Kunstfreunde* Bd. 17. Hamburg 1911, S. 27ff.

L. Lohde, Rezension des Gothischen Musterbuches. In: *ZfB* 7 (1857), S. 483-88

John [Claudius] Loudon, A Treatise on Forming, Improving, and Managing Country Residences; and on the Choice of Situations Appropriate to Every Class of Purchasers [...], 2 (durchpaginierte) Bde. London 1806; Faksimile-Nachdruck Farnborough 1971

Ders., An Encyclopaedia of Cottage, Farm and Villa Architecture and Furniture. London 1833

M

[o. Verf.], Die Elisabethkirche in Marburg. In: *Christliches Kunstblatt* 11 (1881), S. 161-67

Otto March, Unsere Kirchen und gruppirter Bau bei Kirchen. Berlin 1896

Ders., Der Gedanke des ev. Kirchenbaus (Festvortrag zum Schinkelfest). In: *DBZ* 1904, S. 142-44

Walter Melhop, Alt-Hamburgische Bauweise. Kurze geschichtliche Entwicklung der Baustile in Hamburg. Hamburg 1908

Prosper Mérimée, De la peinture murale et de son emploi dans l´architecture moderne. *Révue Générale de l´Architecture* 9 (1851), Sp. 265ff.

Ders. (Hg.), Dictionnaire raisonné du Mobilier Français de l´époque carlovingienne à la renaissance par Viollet-le-Duc. Paris 1858

Oscar Mothes, Handbuch des evangelisch-christlichen Kirchenbaues. Leipzig 1898

N

Félix Narjoux, Notes de voyage d´un architecte dans le Nord-Ouest de l´Europe. Croquis et descriptions. Paris 1876

Werner Narten, Die Stadt Cassel in baulicher Hinsicht, ihre öffentlichen Gebäude und Denkmäler. Ein Führer durch Cassel und seine nächste Umgebung. Festschrift zur 51. Versammlung deutscher Naturforscher und Ärzte. Kassel 1878

O

Organ für christliche Kunst 1 (1853)-23 (1873)

P

W. Pastern, Kirchliche Dekorations-Malerei im Style des Mittelalters. Leipzig 1892-93

Ludwig Pastor, August Reichensperger, 1808-1895. 2 Bde. Freiburg/ Breisgau 1899

[W.] Pippart, Georg Gottlieb Ungewitter aus Wanfried zu seinem 110. Geburtstag. In: *Eschweger Tageblatt* vom 13. 9. 1930

Justus Popp/ Theodor Bülau, Die gothische Architektur und deren Abkunft, dargestellt durch den Dom, die Jakobskirche, die alte Pfarre und andere Ueberreste altdeutscher Baukunst in Regensburg. Regensburg/ Leipzig 1834-39

Preuß, Über evangelischen Kirchenbau. Breslau 1837

Joseph Prill, Wie sollen wir unsere Pfarrkirchen bauen? In: *Zeitschrift für christliche Kunst* 8 (1888), S. 271-180

Protestantische Kirchenzeitung 2 (1855)

A[ugustus] Charles Pugin/ Willson, Specimens of Gothic Architecture; selected from various ancient edifices in England. London 1821

A[ugustus] W[elby] N[orthmore] Pugin, Gothic Furniture in the style of the 15th Century. London 1835

Ders., Details of antient timber houses of the 15th and 16th Centuries. London 1836

Ders., Iron and Brass Work. London 1836

Ders., The True Principles of Pointed or Christian Architecture. London 1841

Ders., An Apology for the Revival of Christian Architecture in England. London 1843

Ders., Floriated Ornament. London 1849

Ludwig Puttrich, Denkmale der Baukunst des Mittelalters in Sachsen. 4 Bde. Leipzig 1835-50

R

Rudolf Redtenbacher, Leitfaden zum Studium der mittelalterlichen Baukunst. Leipzig 1881, 1888[2]

August Reichensperger, Einige Andeutungen in Bezug auf die Restaurierung geschichtlicher Baudenkmäler. In: *Kölner Domblatt* Nr. 8 vom 31. 8. 1845

Ders., Das Büchlein von der Fialen Gerechtigkeit von Mathias Roriczer, weiland Dombaumeister in Regensburg, nach einem alten Drucke aus dem Jahre 1486 in die heutige Mundart übertragen und durch Anmerkungen erläutert, nebst einem Anhange über die Construction der Wimperge. Trier 1845

Ders., Die christlich-germanische Baukunst und ihr Verhältnis zur Gegenwart, Trier 1845.

Ders., Über den Bau unserer heutigen Wohnungen. In: *ZfpB* 10 (1850)

Ders., Fingerzeige auf dem Gebiete der kirchlichen Kunst. Leipzig 1853

Ders., Vermischte Schriften über christliche Kunst. Leipzig 1856

Ders., Georg Gottlob Ungewitter und sein Wirken als Baumeister. Zumeist aus Briefen desselben dargestellt. Leipzig 1866

Ders., Zur Profan-Architektur. Mit besonderer Berücksichtigung der Erweiterung der Stadt Köln. Köln 1886

Ders., Den Bau von Pfarrkirchen betreffend. In: *Zeitschrift für christliche Kunst* 8 (1888), S. 235-240

Thomas Rickman, An Attempt to Discriminate the Styles in English Architecture. London 1819

W. Rogge-Ludwig, Hessische Baumeister 2: Georg Gottlob Ungewitter. In: *Hessenland* 2 (1888), S. 148-51

J[ohann] A[ndreas] Romberg, Das Wohnhaus im Mittelalter. In: *ZfpB* 3 (1843), Sp. 254ff.

Ders., Über die Mittel der byzantinischen und gotischen Baukunst in Anwendung auf die Baukunst unserer Zeit, im Vergleich zu den Mitteln, welche die griechische Baukunst der modernen bietet, oder Gründe, warum wir byzantinisch und gothisch und nicht griechisch bauen sollen. In: *ZfpB* 11 (1851), Sp. 199-136

[Paul] Rowald, Der deutsche Hausspruch. In: *Zentralblatt der Bauverwaltung* 1889, S. 6f., 14f.

Julius Eugen Ruhl, Gebäude des Mittelalters zu Gelnhausen. 24 Ansichten. Frankfurt/M. 1831

John Ruskin, The Seven Lamps of Architecture. London 1849

Ders., The Stones of Venice. London 1849

S

Inventar des Königreiches Sachsen, bearb. von Cornelius Gurlitt. Leipzig 1895

C[arl] Schäfer, Restaurationsbarbarei und Kunstgelehrsamkeit. In: *Deutsche Bauzeitung* 10 (1876), S. 85f.

Ders., Gotische Wandmalereien in Marburg: Ein Beitrag zur Geschichte der mittelalterlichen Polychromie. In: *Deutsche Bauzeitung* 10 (1876), S. 324-26; 13 (1879), S. 33f., 43f., 53f. (wiederabgedruckt in: C. S., Von deutscher Kunst: Gesammelte Aufsätze und nachgelassene Schriften. Berlin 1910, S. 129-148)

Ders., Die Jubiläumsausstellung der bildenden Künste in Berlin X. In: *Zentralblatt der Bauverwaltung* 6 (1886), S. 389ff.

Ders., Von deutscher Kunst. Gesammelte Aufsätze und nachgelassene Schriften, hgg. von H. A. Schäfer. Berlin 1910

August Schmarsow, Zur Frage nach dem Malerischen. Leipzig 1896

Hermann Schmitz, Die Gotik im deutschen Kunst- und Geistesleben. Berlin 1921

Carl Schnaase, Geschichte der bildenden Künste. Bd. 5 Düsseldorf 1872 (= Geschichte der bildenden Künste im Mittelalter Bd. 3: Entstehung und Ausbildung des gothischen Styls)

Ders., Die Wiederherstellung der Klosterkirche zu Haina. In: *Deutsches Kunstblatt* 6 (1855), S. 342f.

Gustav Schönermark, Die Architektur der Hannoverschen Schule. Moderne Werke der Baukunst und des Kunstgewerbes im mittelalterlichen Stil. Herausgegeben im Auftrag der Bauhütte zum Weissen Blatt. Hannover Bd. 1 (1889) - 7 (1895)

Ferdinand Schorbach, Architektonische Entwürfe von Edwin Oppler. Profan- und Kultbauten, innere Einrichtungen, Dekorationen, Möbel, kunstgewerbliche Gegenstände, Denkmäler etc. etc. Halle a.S. 1884-89

R[udolf] Schroedter, Georg Gottlieb Ungewitter. In: *Althessischer Volkskalender*. Melsungen 1898, S. 42f.

Gottfried Semper, Über den Bau evangelischer Kirchen. Mit besonderer Beziehung auf die gegenwärtige Frage über die Art des Neubaues der Nikolaikirche in Hamburg und ein dafür entworfenes Projekt. Leipzig 1845

Ders., Der Stil in den technischen und tektonischen Künsten. 2 Bde. Frankfurt/ M. 1860 und München 1863; München 1878-79

Vincenz Statz, Mittelalterliche Bauwerke nach Merian. Mit einer Einleitung von August Reichensperger. Leipzig 1856

Ders., Kirchliche Bauwerke im gothischen Style. Lüttich/ Leipzig 1857-59

Hugo Steffen, Drei Baumeister der mittelalterlichen Baukunst des 19. Jahrhunderts. In: *Die Christliche Kunst* 8 (1911), S. 184-199

Hermann Steindorff, G. L. Martens - Nekrolog. In: *DBZ* 6 (1872), Sp. 242-245

Christian Ludwig Stieglitz, Geschichte der Baukunst der Alten. Leipzig 1792

Ders., Encyklopädie der bürgerlichen Baukunst. 5 Bd. Leipzig 1792-98

Ders., Von altdeutscher Baukunst. Leipzig 1820

Ders., Beiträge zur Geschichte der Ausbildung der Baukunst. Leipzig 1834

F. Stöter, Ergänzungen zur Geschichte und Beschreibung des St. Nikolai-Kirchenbaues in Hamburg. Hamburg 1884

Emil Sulze, Die evangelische Gemeinde. Gotha 1892

T

Moriz Thausing, Die Votivkirche in Wien. Denkschrift des Baucomités, veröffentlicht zur Feier der Einweihung am 24. April 1879. Wien 1879

U

Theodor Unger, Hannover, Führer durch die Stadt und ihre Bauten. Festschrift zur fünften General-Versammlung des Verbandes Deutscher Architekten- und Ingenieur-Vereine. Hannover 1888 (Reprint 1991)

V

Hamburg und seine Bauten, unter Berücksichtigung der Nachbarstädte Altona und Wandsbek. Zur IX. Versammlung des Verbandes deutscher Architekten und Ingenieur-Vereine in Hamburg von 24.-28. August 1890. Hamburg 1890

Viollet-le-Duc, De la construction des édifices religieux en France depuis le commencement du christianisme jusqu´au XVIe siècle. In: *Annales archéologiques* 1844-46

Ders., Dictionnaire raisonnée de l´architecture française du XIe au XVIe siècle, 10 Bde. Paris 1854-1868

Ders., Entretiens de l'architecture. 2 Bde. Paris 1872ff.

Julius Vogel, Kunst und Künstler in Leipzig im 19. Jahrhundert. In: Aus dem Sachsenlande 1905, S. 249-63

W

Neil Walker/Thomas Craddock, History of Wisbech and the Fens. London 1849

A[lfred] Waterhouse, Hinderton, Cheshire. In: *The Builder* 17 (1859), S. 42f.

C[arl] Weber, Carl Schäfer. Seine Bauten in Zeichnungen und Aufnahmen. Katalog der Sonderausstellung, veranstaltet in den vorderen Ausstellungsräumen des Kgl. Kunstgewerbemuseums zu Berlin vom 30. März bis 28. April 1912. Berlin 1912

Karl Weißbach, Wohnhäuser. In: Eduard Schmitt (Hg.), Handbuch der Architektur. IV. Teil, 2. Halbbd., 1. Heft. Stuttgart 1902

J[ohannes] Wetter, Geschichte und Beschreibung des Domes zu Mainz, begleitet mit Betrachtungen über die Entwicklung des Spitzbogenstyls, das neugothische Constructionssystem in Deutschland und Frankreich und dem Einfluß der lombardischen und byzantinischen Kunst auf diese Länder, mit einem Grundriß des Domes. Mainz 1835

Carl Friedrich Wiebeking, Theoretisch-practische Bürgerliche Baukunst durch Geschichte und Beschreibung der merkwürdigsten Baudenkmahle und ihre genauen Abbildungen bereichert. 4 Bde. München 1826

[Heinrich] Wiethase, Kirchen für Erweiterungen. In: *Zeitschrift für christliche Kunst* 2 (1889), S. 373ff.

Gustav Wustmann, Aus Leipzigs Vergangenheit. Leipzig 1885

Z

Zentralblatt der Bauverwaltung

Unpublizierte Quellen

Archiv der kath. Pfarrkirche St. Elisabeth Frankfurt-Bockenheim:
Akte Nr. 1
Bei-Akte zu Nr.1, Nr. 1 d

Archiv des Bischöflichen Generalvikariates Fulda:
Akte Amöneburg
Akte Momberg
Akte Volkmarsen

Hospitalarchiv Haina:
Akten B 3
Akte 57
Akte 69

Staatsarchiv Hamburg:
Akte Hamburger Feuerkasse III d A Nr. 3198
Akte Hamburger Feuerkasse III d A Nr. 3542
Akte Hamburger Feuerkasse III d A Nr. 18340
Akte Hamburger Feuerkasse III d A Nr. 18341
Akte Hamburger Feuerkasse III d A Nr. 27969
Best. 324-1 Baupolizei. K 3419
Best. 324-1 Baupolizei. Kirchspielprotokoll St. Nikolai 1742-1865, Bd. IX
Best. 324-1 Baupolizei. Kirchspielprotokoll St. Nikolai, Bd. B 3a
Best. 324-1 Baupolizei. Kirchspielprotokoll St. Petri ab 1842, Bd. A 5c
Best. 324-1 Baupolizei. Kirchspielprotokoll der Rats- und Bürgerdeputation St. Nikolai B 3a 1852-59
Best. 512-1. St. Nikolaikirche. IX 6 B 1: Bau-Commission 1845
Best. 512-1. St. Nikolaikirche. IX 6 B 2: Bau-Commission 1845
Best. 512-3. St. Nikolaikirche. IX 7, 1-4

Hauptstaatsarchiv Hannover
146 A Nr. 56-60 Schülerverzeichnis der TH Hannover

Stadtarchiv Innsbruck:
Bauakten 1861, XII, Nr. 2842
Ratsprotokolle 1861-62, fol. 92-101

Stadtarchiv Kassel
S 1 Nr. 2356
SM 2
IV Dc/Wan 4

Stadtarchiv Leipzig:
Best. 26 A Nr. 7
Kap. 26 A Denkmäler Nr. 7-9
Kap. 57, Nr. 7, Vol. II und Nr. 17-19
Kap. 57a, Nr. 22
Karte Nr. 2064

Stadtarchiv Lübeck:
Best. 31. Brandassekuranzkasse, Häuserregister IV, Maria Magdalenen Quartier. Bl. 1796-1938, S. 691
St. Jacobi-Quartier. Handschrift 901 a, Findbuch Nr. 78, 2, p. 427

Hessisches Staatsarchiv Marburg:
Best. 16, Rep. VI, Kl. 28, Nr. 2, 4, 33, 39, 47
Best. 16, Rep. XII, Kl 11, Nr. 44
Best. 16, Rep. XII, Kl. 12, Nr. 21, 22, 23, 25
Best. 16, Rep. XII, Kl. 14, Nr. 21
Best. 19g Nr. 58
Best. 180 LA Ziegenhain Nr. 3260
Best. 315 e Malsfeld III, 1
Best. 315 e Nieste III, 1
Best. 315f Neustadt III, 1
Karten P II

Landesamt für Denkmalpflege Hessen, Außenstelle Marburg:
Akte Kassel-Stadt, Bürgerhäuser
Mappe Frankenberg

Germanisches Nationalmuseum Nürnberg:
Akte I, B-99, 13

Niedersächsisches Staatsarchiv Stade:
Rep. 74 Jork Nr. 103

SEKUNDÄRLITERATUR

A

Martina Abri, Die Friedrich-Werdersche Kirche zu Berlin: Technik und Ästhetik in der Backstein-Architektur K. F. Schinkels. (Die Bauwerke und Kunstdenkmäler von Berlin Beiheft 22) Berlin 1992

Friedrich Ahlers-Hestermann. Stilwende. Berlin 1941

175 Jahre Kasseler Akademie. Jubiläums-Ausstellung im Landesmuseum Kassel, veranstaltet von der Staatlichen Werkakademie und den Staatlichen Kunstsammlungen Kassel vom 19. Oktober bis 30. November 1952. Kassel 1952

Norbert Aleweld, Der Sakralbau im Kreis Iserlohn vom Klassizismus bis zum Ende des Historismus. (Altenaer Beiträge. Arbeiten zur Geschichte und Landeskunde der ehemaligen Grafschaft Mark und des Märkischen Kreises Bd. 18) Altena 1989

Ders., Arnold Güldenpfennig (1830-1908). In: *Westfälische Lebensbilder* 15 (1990), S. 221-243

Anders Amån, Architektur. In: Die Kunst des 19. Jahrhunderts. (Propyläen Kunstgeschichte Bd. 11) Berlin 1984

Paul Atterbury/Clive Wainwright, Pugin, A Gothic Passion. Ausstellungskatalog London 1994

Paul Atterbury (Hg.), A.W.N. Pugin, Master of the Gothic Revival. Ausstellungskatalog New York. New Haven/London 1995

Reinhard Lambert Aur, Landesherrliche Architektur. Die Rezeption der Elisabethkirche in den hessischen Pfarrkirchen. In: 700 Jahre Elisabethkirche in Marburg 1283-1983. Bd. 1: Die Elisabethkirchen-Architektur in der Geschichte. Marburg 1983, S. 103-123

B

Jörg Bahns, Johannes Otzen 1839-1911. Beiträge zur Baugeschichte des 19. Jahrhunderts. (Materialien zur Kunst des neunzehnten Jahrhunderts Bd. 2) München 1971

Ders., Zwischen Biedermeier und Jugendstil. Möbel im Historismus. München 1987

Albrecht Bangert, Architektur von Heinrich Christoph Jussow in Kassel um 1800. Diss. München 1969

Karl-Heinz Barth, Gotthilf Ludwig Möckel. Leben und Werk. Ein Beitrag zur Geschichte der deutschen Architektur der zweiten Hälfte des 19. Jahrhunderts. Diss. Halle 1983

Hermann Bauer/ Lorenz Dittmann/ Mohammed Rossen/ Bernhard Rupprecht, Wandlungen des Paradiesischen und Utopischen. Berlin 1966

Die Bau- und Kunstdenkmäler im Regierungsbezirk Kassel. Bd. 6: Kassel-Stadt. Kassel 1923

Die Bau- und Kunstdenkmäler im Regierungsbezirk Kassel. Neue Folge Bd. I. Kassel 1937

Die Bau- und Kunstdenkmäler von Westfalen. Bd. 45: Kreis Brilon. Münster 1952

Christian Baur, Neugotik. München 1981

Hermann Beenken, Der Historismus in der Baukunst. In: *Historische Zeitschrift* 157 (1938), S. 27-68

Ders., Das neunzehnte Jahrhundert in der deutschen Kunst. München 1944

Ders., Schöpferische Bauideen der deutschen Romantik. Mainz 1952

Leonardo Benevolo, Geschichte der Architektur des 19. und 20. Jahrhunderts. 2 Bde. München 1964

Helmut Behrens, Die Profanbauten von Christoph Hehl. Eine Studie zur Architektur der Hannoverschen Schule. Diss. Berlin 1978

Gertrud Benker, Bürgerliches Wohnen. Städtische Wohnkultur in Mitteleuropa von der Gotik bis zum Jugendstil. München 1984

Barry George Bergdoll, 'The Synthesis of all I have seen: the architecture of Edmond Duthoit (1837-89). In: Robin Middleton (Hg.), The Beaux-Arts and nineteenth century French architecture. London 1982, S. 217-49

Ders., G. G. Ungewitter. In: Macmillan Encyclopedia of Architects. New York/London 1982, S. 234

Ders., Historical Reasoning and Architectural Politics: Leon Vaudoyer and the Development of French Historicist Architecture. Diss. (Manuskript) Columbia University New York 1986

Hans Berger, Denkmalpflege an romanischen Bauten zwischen Harz und Elbe. In: Kunst des Mittelalters in Sachsen. Festschrift Wolf Schubert. Weimar 1967

Helmut Bernert, Aus alten Tagen. Georg Gottlieb Ungewitter, ein Neugotiker an der höheren Gewerbeschule in Kassel. In: Die Brücke. Betriebszeitschrift der Hermanns Karl Holzapfel GmbH & Co KG, Nr. 35 Dezember 1988. Kassel 1988, S. 3-6

Sigrid Bertuleit, Gotisch-orientalische Stilgenese. Frankfurt/M. 1989

Hartwig Beseler, Frühwerke rheinischer Denkmalpflege. In: *Deutsche Kunst und Denkmalpflege*. München 1959 (= Sonderheft: Tagung der Landesdenkmalpfleger im Rheinland 1957), S. 48-65

Günther Binding, Maßwerk. Darmstadt 1989

Günter Binding, Udo Mainzer, Anita Wiedenau, Kleine Kunstgeschichte des deutschen Fachwerkbaus, (1. Aufl. 1975) 4. üb. Aufl. Darmstadt 1989

Friedrich Bleibaum, Die Klosterkirche von Haina, Raum und Farbe. In: *Hessische Heimat N. F.* 11, Heft 5 (1961), S. 13-19

Alf Bøe, From Gothic Revival to Functional Form. A study in Victorian Theories of Design. (Oslo Studies in English Bd. 6) Oslo 1957

Urs Boeck, Karl Alexander Heideloff. In: *Mitteilungen des Vereins für Geschichte der Stadt Nürnberg* 48 (1958), S. 314-390 (=Diss. Tübingen 1955/56)

Doris Böker, Neugotik auf dem Lande. Das Werk des Kasseler Konsistorialbaumeisters Gustav Schönermark (1854-1910). (Schriften des Instituts für Bau- und Kunstgeschichte Hannover Bd. 6) Hannover 1985

Hans Josef Böker, Die mittelalterliche Backsteinarchitektur Norddeutschlands. Darmstadt 1988

Ders., Die 'Lippoldsberger Bauschule'. In: Franz J. Much (Hg.), Baukunst des Mittelalters in Europa. Hans Erich Kubach zum 75. Geburtstag, S. 123-140

Eva Börsch-Supan, Berliner Baukunst nach Schinkel 1840-70. (Studien zur Kunst des neunzehnten Jahrhunderts Bd. 25) München 1977

Sabine Bohle-Heintzenberg, Die Berliner Vorstadt. Geschichte und Architektur eines Potsdamer Stadtteils. Berlin 1995

Eckhard Bolenz, Vom Baubeamten zum freiberuflichen Architekten. Technische Berufe im Bauwesen (Preußen/ Deutschland, 1799-1931). (Europäische Hochschulschriften Reihe III, Bd. 488) Frankfurt/ M., Bern, New York, Paris 1991

H. Bollig, Statische Schäden an Hallenkirchen im Rheinland. Diss. Aachen 1975

Jean Bony, French Gothic Architecture 12th and 13th Centuries. Los Angeles/ London 1983

Nicola Borger-Keweloh, Die mittelalterlichen Dome im 19. Jahrhundert. München 1986

Dies., Die Liebfrauenkirche in Trier. Studien zur Baugeschichte. (Trierer Zeitschrift für Geschichte und Kunst des Trierer Landes und seiner Nachbargebiete Beiheft 8) Trier 1986 (Diss. Bonn 1986)

Werner Bornheim, gen. Schilling, Fugenmalerei im Mittelalter. In: *Deutsche Kunst und Denkmalpflege* 1961, H. 1, S. 5-21

Ders., Farbige Architekturdekoration. In: Reallexikon zur deutschen Kunstgeschichte, Bd. 7, 1975, S. 271ff.

Philippe Boudon/ Philippe Deshayes (Hg.), Viollet-le-Duc, le Dictionnaire d'architecture. Relevés et observations. Brüssel 1979

Michael Bringmann, Studien zur neuromanischen Architektur in Deutschland. Heidelberg 1968

Michael Brix, Nürnberg und Lübeck im 19. Jahrhundert. Denkmalpflege - Stadtbildpflege - Stadtumbau. (Studien zur Kunst des neunzehnten Jahrhunderts Bd. 44) München 1981

Wolfgang Brönner, Farbige Architektur und Architekturdekoration des Historismus. In: *Deutsche Kunst und Denkmalpflege* 36 (1978), S. 57-68

Ders., Erker, Giebel, hohes Dach. In: *Jahrbuch der Rheinischen Denkmalpflege* Bd. 29 (1983), S. 199-218

Ders., Die bürgerliche Villa in Deutschland 1830-1890. Unter besonderer Berücksichtigung des Rheinlandes. (Beiträge zu den Bau- und Kunstdenkmälern im Rheinland Bd. 29) Düsseldorf 1987

Ders., Die Villa Cahn. Ein 'deutsches Haus' am Rhein. Köln 1991

Johann Conrad Bromeis 1788-1855. Ein kurhessischer Architekt, Ausstellung im Ballhaus am Schloß Wilhelmshöhe 24. Juli bis 9. Oktober 1988. Kassel 1988

David B. Brownlee, The Law Courts: The Architecture of George Edmund Street. New York/Cambridge Mass. 1984

Adrian von Buttlar, Gottfried Semper als Theoretiker. Parma 1977

Ders., Klenzes Beitrag zur Polychromie-Frage. In: Ein griechischer Traum - Leo von Klenze - Der Archäologe. Ausstellungskatalog. München 1985, S. 213-25

C

Richard G. Carrot, Revivals and Archaisms. In: Helen Searing (Hg.), In Search of Modern Architecture. A Tribute to H.-R. Hitchcock. Cambridge/London 1982, S. 16-30

Kenneth Clark, The Gothic Revival. London 1928

Hans-Joachim Clewing, Friedrich Eisenlohr, der Zeichner und Baumeister. In: *Badische Heimat* 36 (1956), S. 23-32

Peter Collins, Changing Ideals in Modern Architecture 1750-1950. London 1965

James Mordaunt Crook, William Burges and the High Victorian Dream. London 1981

Ders. (Hg.), The Strange Genius of William Burges 'Art-Architect', 1827-1881. Catalogue of the National Museum of Wales, Cardiff, and the Victoria & Albert Museum, London, in 1981. Cardiff 1981

Ders., Coventry Patmore and the Aesthetics of Architecture. In: *Proceedings of the British Academy* 76, S. 171-201

Ders., The Dilemma of Style. Architectural Ideals from the Picturesque to the Post-Modern. London 1987

C. Cunningham, Alfred Waterhouse. Oxford 1992

James Stevens Curl, Victorian Architecture. London 1990

D

Hubert Damisch, The Space Between: A Structuralist Approach to the Dictionary. In: Penelope Farrant et al. (Hg.), Eugène Emmanuel Viollet-le-Duc 1814-1879. London 1980, S. 84-89

Reinhard Dauber, Aachener Villenarchitektur. Die Villa als Bauaufgabe des 19. und frühen 20. Jahrhunderts. Recklinghausen 1985 (= Habil.schr. TH Aachen)

Karen David-Sirocko, Bauten höherer Schulen in Schleswig-Holstein im Kontext des Historismus und der Neugotik. In: *Nordelbingen* 61 (1992), S. 145-180 (Kurzfassung von: Karen David, Neugotischer Schulbau in Schleswig Holstein. Ausgewählte Beispiele höherer Schulen in Lübeck, Kiel, Schleswig, Flensburg und Husum, Magisterarbeit Kiel 1990)

Dies., Die Blomenburg. Ein Jagdschloß der Romantik in Schleswig-Holstein. Tökendorf 1992

Dies., Georg Gottlob Ungewitter (1820-64), ein hessischer Architekt und Lehrer der Gotik. In: *Hessische Familienkunde* Bd. 22, Heft 4 (1994), Sp. 187-192

Georg Dehio, Denkmalschutz und Denkmalpflege im neunzehnten Jahrhundert. Festrede an der Kaiser Wilhelm-Universität zu Straßburg am 27. Januar 1905. Wiederabgedruckt in: G. D., Kunsthistorische Aufsätze. München 1914

Ders., Handbuch der deutschen Kunstdenkmäler, Bezirk Dresden, Karl-Marx-Stadt, Leipzig. München/ Berlin 1965

Ders., Handbuch der deutschen Kunstdenkmäler. Hessen. Berlin/ München 1966

Ders., Handbuch der deutschen Kunstdenkmäler. Hamburg, Schleswig-Holstein. Berlin/ München 1971

Karl E. Demandt, Geschichte des Landes Hessens. Darmstadt 1980

Myra Dickman Orth, The Influence of the "American Romanesque" in Australia. In: *Journal of the Society of Architectural Historians* Bd. 34 Nr. 1 März (1975)

Roger Dixon/ Stefan Muthesius, Victorian Architecture. London 1985

Erika Doberer, Die gotische Schranke der Klosterkirche zu Haina. In: *Deutsche Kunst und Denkmalpflege* 1964, S. 32-36

Klaus Döhmer, "In welchem Style sollen wir bauen?". Architekturtheorie zwischen Klassizismus und Jugendstil. (Studien zur Kunst des neunzehnten Jahrhunderts Bd. 36) München 1976

Heinz Dohmen, Kirchenbauten des Erftraumes im 19. Jahrhundert. Diss. TH Aachen 1973

Gabriele Dolff-Bonekämper, Die Restaurierung der Marburger Elisabethkirche im 19. Jahrhundert. In: *Hessische Heimat* Heft 4/5 (1981) (=Sonderheft Sankt Elisabeth). Marburg 1981, S. 158-67

Dies., Die Vergegenwärtigung der Elisabethkirche durch die Denkmalpflege im 19. und 20. Jahrhundert. In: 700 Jahre Elisabethkirche Marburg 1283-1983. Katalog 1: Die Elisabethkirche - Architektur in der Geschichte: Ein Handbuch zur Ausstellung des Kunsthistorischen Institutes der Philipps-Universität Marburg. Marburg 1983, S. 135-161

Dies., Die Entdeckung des Mittelalters. Studien zur Geschichte der Denkmalerfassung und des Denkmalschutzes in Hessen bzw. Kurhessen im 18. und 19. Jahrhundert. (Quellen und Forschungen zur hessischen Geschichte Bd. 61) Darmstadt/Marburg 1985

Dieter Dolgner, Zur Bewertung des Backsteinrohbaues in architekturtheoretischen Äußerungen des 19. Jahrhunderts. In: *Wissenschaftliche Zeitschrift der Ernst-Moritz-Arndt-Universität Greifswald. Gesellschafts- und sprachwissenschaftliche Reihe* Jg. 29 (1980), S. 125-28

Ders., Historismus. Deutsche Baukunst 1858-1900. Leipzig 1993

A. von Düring, Ehemalige und jetzige Adelssitze im Herzogtum Bremen. Stade 1938

E

Caroline van Eck, Organicism in 19th Century Architecture. Amsterdam 1994

Konrad Ege, Ausbildung an der Architektur-Akademie in Kassel 1781-1840. In: Antike Bauten in Modell und Zeichnung um 1800. Vollständiger Katalog der Korkmodelle und der Sonderausstellung der Staatlichen Kunstsammlungen Kassel 1986, bearb. von P. Gercke. Kassel 1986

Peter Eilitz, Leben und Werk des Königl. hannoverschen Baurats Edwin Oppler. In: *Hannoversche Geschichtsblätter* NF Bd. 25, Heft 3/4 (1972), S. 127-310

F

Anette Faber, Der neugotische Umbau von Schloß Ehrenburg nach den Plänen K. F. Schinkels 1810-1840. (Jahrbuch der Coburger Landesstiftung Jg. 30) Coburg 1985

Julius Fekete, Denkmalpflege und Neugotik am Alten Rathaus. München 1984

Hans Feldtkeller, Kunstwanderungen in Hessen. Darmstadt 1962

Peter Findeisen, Geschichte der Denkmalpflege: Sachsen-Anhalt. Von den Anfängen bis in das erste Drittel des 20. Jahrhunderts. Berlin 1990

Lambert v. Fisenne, Die Marienkirche in Volkmarsen, nebst Beiträgen zur Geschichte der Stadt und der benachbarten Orte. In: *Zeitschrift für christliche Kunst* 1 (1903), S. 1-20

Kenneth Frampton, Grundlagen der Architektur. Studien zur Kultur des Tektonischen. München/ Stuttgart 1993

Bernd Franck, Studien zu der Entwurfsgeschichte des Hopfenmarktes und der Hauptkirche St. Nikolai. Diss. Hamburg 1986

Ders., Die Nikolaikirche nach dem Hamburger Großen Brand. Gottfried Semper und die Entwurfsgeschichte für den Hopfenmarkt mit dem Kirchenbau 1842-45. (Arbeiten zur Kirchengeschichte Hamburgs Bd. 17) Hamburg 1989

Festschrift 700 Jahre Liebfrauenkirche Frankenberg (Eder) 1286-1986, hgg. vom Kirchenvorstand der Ev. Kirchengemeinde Frankenberg. Frankenberg 1986

Paul Frankl, The Gothic. Literary Sources and Interpretations through Eight Centuries. Princeton 1960

Robert Friderici, Ludwig Hassenpflug (1794-1862). Kurhessischer Staatsminister. In: Lebensbilder aus Kurhessen und Waldeck 1870-1930, hg. von Ingeborg Schnack (Veröffentlichungen der Historischen Kommission für Hessen und Waldeck Bd. 20), Bd. 5, Marburg 1940, S. 101-121

Arnd Friedrich, Kreuz oder Giebel - Charles du Rys Kirchturmprojket in Haina (1739-43). In: *Zeitschrift des Vereins für hessische Geschichte und Landeskunde* 90 (1984/85), S. 169-181

Ders., Kloster Haina. (Die Blauen Bücher) Königstein 1987

Ders., Die Hohen Samthospitäler in Hessen vom Tode Landgraf Philipps des Großmütigen im Jahre 1567 bis zum Beginn des 19. Jahrhunderts. In: Walter Heinemeyer/ Tilmann Pünder, 450 Jahre Psychatrie in Hessen. Festschrift zum Jubiläum der Hohen Hospitäler in Hessen am 26. August 1983. Marburg 1983, S. 135-160

Marie Frölich/ Hans-Günther Sperlich, Georg Moller. Baumeister der Romantik. Darmstadt 1959

Hermann Funke, Geschichte des Miethauses in Hamburg. Hamburg 1974

Robert Furneaux Jordan, Victorian Architecture. London 1966

G

Jonas Geist, Karl Friedrich Schinkel, Die Bauakademie. Eine Vergegenwärtigung. Frankfurt/M. 1993

Georg Germann/ Hermann Rode, Neugotische Blattkapitelle. In: *Kölner Domblatt* , 1971, S. 225-234

Georg Germann, Neugotik. Geschichte ihrer Architekturtheorie. Stuttgart 1974 (zuerst engl. 1972)

Barbare Edle von Germersheim, Unternehmervillen der Kaiserzeit (1871-1914). Zitate traditioneller Architektur durch Träger des industriellen Fortschritts. (Beiträge zur Kunstwissenschaft Bd. 25) München 1988 (zugl. Diss Bochum 1987)

Geschichte und Architektur der Bauhütte Hannover. Jubiläumsschrift zum einhundertjährigen Bestehen. Herausgegeben von der Bauhütte zum Weissen Blatt. Hannover 1980

Thomas Goege, Theorie und Praxis der Restaurierung im Gothic Revival: Die Restaurierungsbewegung der 'Ecclesiologists'. Diss. Bamberg 1981

Norbert Goetz, Um Neugotik und Nürnberger Stil. (Nürnberger Forschungen Bd. 23) Nürnberg 1981

Wolfgang Götz, Stileinheit oder Stilreinheit ? Alternativen zur Stilbildung in der Baukunst des mittleren 19. Jahrhunderts. In: Werner Hager, Norbert Knopp (Hg.), Beiträge zum Problem des Stilpluralismus. (Studien zur Kunst des neunzehnten Jahrhunderts Bd. 38) München 1977, S. 49-57

H. S. Goodhart-Rendel, English Architecture Since the Regency: An Interpretation. London 1953

Ders., Rogue Architects of the Victorian Era. In: *Journal of the Royal Institute of British Architects* 56 (1949), S. 251-259

Paul Gout, Viollet-le-Duc. Sa vie, son œuvre, sa doctrine. Paris 1914

Leif Grane, Die Kirche im 19. Jahrhundert. Göttingen 1987

Antjekathrin Graßmann (Hg.), Lübeckische Geschichte. Lübeck 1988

Matthias Gretzschel, Kirchenraum und Ausstattung im 19. Jahrhundert. Untersuchungen zur bildkünstlerischen Ausstattung evangelisch-lutherischer Kirchenbauten des 19. und frühen 20. Jahrhunderts in Sachsen. (Diss. Leipzig 1988) Frankfurt/M. 1989

Louis Grodecki, Viollet-le-Duc et sa conception de l'architecture gothique. In: Actes du Colloque International 'Viollet-le-Duc'. Paris 1980, S. 115-126

Dietmar Grötzebach, Der Wandel der Kritierien bei der Wertung des Zusammenhanges von Konstruktion und Form in den letzten 100 Jahren. Diss. TU Berlin 1965

Dieter Großmann, Die Bau - und Kunstgeschichte der Stadt Marburg - Überblick

G. Ulrich Großmann/ Katharina Hoppe, Nördliches Hessen. DuMont Kunst-Reiseführer. Köln 1991

Ludwig Grote (Hg.), Historismus und bildende Kunst. Vorträge und Diskussion im Oktober 1963 in München und Schloß Anif . (Studien zur Kunst des neunzehnten Jahrhunderts Bd. 1) München 1965

Karl Gruber, Die Schäferschule. In: *Deutsche Kunst und Denkmalpflege* 25 (1967), S. 51-62

H

Rainer Haaff, Gründerzeit. Möbel und Wohnkultur. Westheim/ Pfalz 1992

Werner Hager, Norbert Knopp (Hg.), Beiträge zum Problem des Stilpluralismus. (Studien zur Kunst des neunzehnten Jahrhunderts Bd. 38) München 1977

Anke Halbach, Wohnbauten des 12.-14. Jahrhunderts in Burgund. Diss. Köln 1984

Rudolf Hallo, Wolff, eine Kasseler Steinmetzen- und Baumeisterfamilie. In: *Hessenland.* Monatsheft für Landes- und Volkskunde, Kunst und Literatur Hessens. 41. Jg. Heft 10. Marburg Oktober 1930 (Bausteine V). Wiederabgedruckt in: Rudolf Hallo, Schriften zur Kunstgeschichte in Kassel. Sammlungen, Denkmäler, Judaica. Hgg. von Gunther Schweikhart. Kassel 1983

Harold Hammer-Schenk (Hg.), Architektur. Kunsttheorie und Kunstgeschichte des 19. Jahrhunderts in Deutschland. Texte und Dokumente. Bd. 2. Stuttgart 1985 (Neuauflage erscheint in Kürze)

Harold Hammer-Schenk/ Günther Kokkelink, Vom Schloß zum Bahnhof. Bauen in Hannover. Zum 200. Geburtstag des Hofarchitekten G. L. F. Laves 1788-1864. Ausstellungskatalog, Institut für Bau- und Kunstgeschichte der Universität Hannover. Hannover 1988

Valentin Wolfgang Hammerschmidt, Anspruch und Ausdruck in der Architektur des späten Historismus in Deutschland (1860- 1914). Frankfurt/M. 1985

Die Kirche zwischen Revolution und Restauration (= Handbuch der Kirchengeschichte, hgg. von Hubert Jedin, Bd. III., 1. Halbbd.). Freiburg/Basel/Wien 1971, S. 536f.

Ingrid Hansen, Hamburger Bau- und Kulturdenkmale. Innenstadt und Hafenrand. Hamburg 1989

Reinhold Happel, Karl Börgemann. Ein Architekt der Hannoverschen Schule zwischen Historismus und Moderne. (Schriften des Institutes für Bau- und Kunstgeschichte der Universität Hannover Bd. 8) Hannover 1993

Wolfgang Hardtwig, Kunst und Geschichte im Revolutionszeitalter. Historismus in der Kunst und der Historismusbegriff der Kunstwissenschaft. In: Archiv für Kulturgeschichte 61 (1979), S. 154-190

G. F. Hartlaub, Der Symbolwert des Historischen in der

Baukunst unserer Zeit. In: *Zeitschrift für Ästhetik und allgemeine Kunstwissenschaft* 34 (1940), S. 154ff.

Hbach, Der Erbauer vieler kurhessischer Kirchen. Zum 120. Geburtstag von Georg Gottlob Ungewitter. In: *Casseler Heimat* vom 15. September 1940

M[illard] F[illmore] Hearn (Hg.), The Architectural Theory of Viollet-le-Duc. Readings and Commentary. Cambridge/ Mass. 1990

Oswald Hederer, Die Ludwigstraße in München. München 1942

Ders., Friedrich von Gärtner (1792-1847). Leben - Werk - Schüler. (Studien zur Kunst des neunzehnten Jahrhunderts Bd. 30) München 1976

Wolfgang Hermsdorff, Ein Blick zurück aufs alte Kassel Bd. 4: Künstler, Könner, Musenkinder. Kassel 1982

Wolfgang Herrmann, Deutsche Baukunst des 19. und 20. Jahrhunderts, 1. Teil Von 1770-1840. Breslau 1932 (zusammen mit dem zweiten, 1933 unterdrückten Teil: Basel/Stuttgart 1977)

Georg Himmelheber, Klassizismus, Historismus Jugendstil. (=Bd. 3 von: Heinrich Kreisel, Die Kunst des deutschen Möbels). München 1973

Hermann Hipp, Studien zur Nachgotik des 16. und 17. Jahrhunderts in Deutschland, Böhmen, Österreich und der Schweiz. (3 Bde. Diss.Tübingen 1974) Tübingen 1979

Ders., Einen Dom müßt ihr begründen ... Protestantischer Kirchenbau des 19. Jahrhunderts in Hamburg. In: Orientierung. Berichte und Analysen aus der Arbeit der Evangelischen Akademie Nordelbingen Heft. 2. Hamburg 1980, S. 41-64

Ders., Backsteinbau in Hamburg. In: *Baukultur* 4, H. 1 (1984), S. 32-40

Hermann Hipp/Evi Jung, Hamburg nach dem Großen Brand von 1842 (Begleitschrift zum Nachdruck "Hamburgs Neubau" - Lithographien von Charles Fuchs. Hamburg 1846/47). Hannover 1985

Hermann Hipp, Zum Backsteinbau des 19. Jahrhunderts - Seine Anfänge in Hamburg und anderen Städten. In: Arno Herzig, Das alte Hamburg (1500-1848/49). Vergleiche-Beziehungen. (Hamburger Beiträge zur öffentlichen Wissenschaft Bd. 5) Berlin/Hamburg 1989, S. 224-269

Ders., Freie und Hansestadt Hamburg. Geschichte, Kultur und Stadtbaukunst an Elbe und Alster. Köln 1989, 1990[2]

Henry-Russell Hitchkock, Modern Architecture: Romanticism and Reintegration. New York 1929

Ders., Early Victorian Architecture in Britain. 2 Bde. Yale 1954

Joachim Hotz, Kleine Geschichte der Universität Fridericianum Karlsruhe (Technische Hochschule). Karlsruhe 1975

Franz-Heinz Hye, Ein Neubauprojekt für das Alte Rathaus (1861/62). In: *Amtsblatt der Landeshauptstadt Innsbruck* 34. Jg. Februar/ März 1971, Nr. 2/ 3

I

Michael Imhof, Carl Schäfer und das sogenannte Schäfersche Haus. Die Bedeutung des 'Schäferschen Hauses' für die Forschungsgeschichte zum Fachwerkbau. In: Neue Untersuchungen zu städtischen und ländlichen Bauten (Berichte zur Haus- und Bauforschung 3) Marburg 1994, S. 259-76

Ders., Historistisches Fachwerk. Zur Architekturgeschichte im 19. Jahrhundert in Deutschland, Großbritannien (Old English Style), Frankreich, Österreich, der Schweiz und den USA. Bamberg 1996 (zugl. Diss. Bamberg 1996)

J

Basil H. Jackson, Recollections of Thomas Graham Jackson 1835-1924. London 1950

Evi Jung-Köhler, Verlust und Chance. Hamburg 1842. Hamburg 1991

Philippe Junod, La terminologie esthétique de Viollet-le-Duc. In: Viollet-le-Duc. Katalog der Ausstellung im Musée historique de l'Ancien Evêche Lausanne 22.6.-30.9. 1979. Lausanne 1979

Heinrich Christoph Jussow (1754-1825), Baumeister in Kassel und Wilhelmshöhe. Ausstellungskatalog. Kassel 1958

K

Otto Kahm, Ein Werk von G. G. Ungewitter. Der Kirchturm in Haina. In: *Frankenberger Allgemeine Zeitung* vom 2. Juni 1984

Paul Kaiser: Das sogenannte Eisenacher Regulativ von 1861: ein Kirchenrechtliches Phantom. In: Klaus Raschzock, Reiner J. (Hg.): Geschichte des protestantischen Kirchenbaues. Festschrift für Peter Poscharsky zum 60. Geburtstag. Erlangen 1994, S. 114-18

Alfred Kamphausen, Gotik ohne Gott. Ein Beitrag zur Deutung der Neugotik und des 19. Jahrhunderts. Tübingen 1952

Henrik Karge, Backsteinneugotik in Hamburg: Alexis de Chateauneuf und die Planung der Petrikirche (1841-49). In: Erich Böckler (Hg.), Martin-Carl-Adolf-Böckler-Stiftung: Kunst und Geschichte im Ostseeraum. (Hamburger Gespräche Heft 12) Kiel 1990, S. 187-216

Ders., Karl Schnaase. Zum Verhältnis von Ästhetik und Kunstgeschichte im 19. Jahrhundert. unveröff. Habilitationsschrift Kiel 1993

Oskar Karpa (Hg.), Die Kunstdenkmale des Landkreises Stade (Bd. 33 des Gesamtwerkes). München 1965

Gottfried Kiesow, Denkmalschutz in Hessen. In: Erwin Stein (Hg.), 30 Jahre Hessische Verfassung 1946-76. Wiesbaden 1976, S. 253-268

Ders., Gotik in Hessen. 1988

Dieter Kimpel, Robert Suckale: Die gotische Architektur in Frankreich 1130-1270. München 1985

Manfred Klinkott, Die Backsteinbaukunst der Berliner Schule. Von K. F. Schinkel bis zum Ausgang des Jahrhunderts. (Die Bauwerke und Kunstdenkmäler von Berlin Beiheft 15) Berlin 1988

Alexander von Knorre, Turmvollendungen deutscher gotischer Kirchen im 19. Jahrhundert. Unter besonderer Berücksichtigung von Turmabschlüssen mit Maßwerkhelmen. (5. Veröffentlichung der Abteilung Architektur am Kunsthistorischen Institut der Universität Köln) Köln 1974

Georg Friedrich Koch, Schinkels architektonische Entwürfe im gotischen Stil 1810-15. In: *Zeitschrift für Kunstgeschichte* 32 (1969), S. 262-316

Jürgen Kocka (Hg.), Bürger und Bürgerlichkeit im 19. Jahrhundert. Göttingen 1987

Günther Kokkelink, Die Neugotik Conrad Wilhelm Hases. Eine Spielform des Historismus. In: *Hannoversche Geschichtsblätter*, Neue Folge, Bd. 22, Heft 1/3. Hannover 1968

Ders., Conrad Wilhelm Hase, Architekt und Lehrer der Baukunst. In: Universität Hannover 1831-1981, Festschrift zum 150jährigen Bestehen der Universität Hannover. Bd. 1. Hannover 1981, S. 180ff.

Panajotis Kondylis, Konservatismus. Geschichtlicher Gehalt und Untergang. Stuttgart 1986

Peter Korneli, Anfänge der Neugotik in Anhalt, Sachsen und Thüringen. Diss. masch. TH Dresden 1961

Gisela Krampe, Das Altarretabel der ehem. Stiftskirche zu Wetter. In: *Kunst in Hessen und am Mittelrhein* 20 (1980), S. 9-19

Dieter Krampf, Johannes Vollmer (1845-1920). Ein Architekt des deutschen protestantischen Kirchenbaues im 19. und frühen 20. Jahrhundert. Diss. Bonn 1990

Hanno-Walter Kruft, Geschichte der Architekturtheorie. Von der Antike bis zur Gegenwart. München 1985

Kulturdenkmäler in Hessen: Schwalm-Eder-Kreis I. (Denkmaltopographie Bundesrepublik Deutschland) Braunschweig/Wiesbaden 1985

Kulturdenkmäler in Hessen: Werra-Meißner-Kreis I. Altkreis Eschwege. (Denkmaltopographie Bundesrepublik Deutschland) Braunschweig/ Wiesbaden 1991

Hans-Joachim Kunst, Die Vollendung der romantischen Gotik im Expressionismus - Die Vollendung des Klassizismus im Funktionalismus. In: *kritische berichte* 7 (1979)

Peter Kurmann, Viollet-le-Duc und die ironisierte Kunstgeschichte. In: Geschichte der Restaurierung in Europa. Histoire de la Restauration en Europe. Akten des internationalen Kongresses 'Restaurierungsgeschichte'. Actes du Congrès international 'Histoire de la Restauration'. Basel/ Bâle 1991, Bd. 2 Worms 1993, S. 53-62

L

Günther Lange, Alexis de Chateauneuf, ein Hamburger Baumeister (1799-1853). Hamburg 1965

Walter Langewiesche, Die Revolution in Hamburg. In: Arno Herzig, Das alte Hamburg, Berlin/Hamburg 1989, S. 182ff.

Gerhard Langmaack, Evangelischer Kirchenbau im 19. und 20. Jahrhundert. Kassel 1971

Gabriele Legant-Karan, Michael Scheffel, Das Lübecker Kaufmannshaus. In: Gerhard Gerkens, Antjekathrin Graßmann, Der Lübecker Kaufmann. Aspekte seiner Lebens- und Arbeitswelt vom Mittelalter bis zum 19. Jahrhundert. Ausstellung Burgkloster Lübeck vom 27. Juni bis zum 31. Oktober 1993. Lübeck 1993, S. 53-61

Michael J. Lewis, The Politics of the German Gothic Revival - August Reichensperger (1808-1895). Cambridge/Mass. 1993 (zuerst als: Michael J. Lewis, August Reichensperger (1808-1895) and the Gothic Revival. Diss. University of Pennsylvania 1989)

Andreas Ley, Die Villa als Burg. Ein Beitrag zur Architektur des Historismus im südlichen Bayern 1842-1968. München 1981

Alfred Lichtwark, Der hamburgische Städtebau im neunzehnten Jahrhundert. In: *Jahrbuch der Gesellschaft Hamburgischer Kunstfreunde* Bd. 17. Hamburg 1911, S. 27ff.

Udo Liessem, Bemerkungen zu August Reichensperger auf dem Gebiete der Kunst. In: August Reichensperger (1808-1895) und die Kunst des 19. Jahrhunderts. Dokumentation, hgg. von der Stadt Koblenz, Stadtbibliothek/Stadtarchiv. Koblenz 1985, S. 55-114

Ders., Studien zum Werk von Johann Claudius von Lassaulx 1781-1848. (Koblenzer Beiträge zur Geschichte und Kultur Bd. 5) Koblenz 1989

Hans-Georg Lippert, Das Haus in der Stadt und das Haus im Hause. München 1992

Siegfried Lohr, Planungen und Bauten des Kasseler Baumeisters Julius Eugen Ruhl (1796-1871). Ein Beitrag zur Baugeschichte Kassels und Kurhessens im 19. Jh. (Kunst in Hessen und am Mittelrhein 23, Beiheft) Darmstadt 1984

Philipp Losch, Geschichte des Kurfürstentums Hessen 1803 bis 1866. Kassel 1927

M

James Macauly, The Gothic Revival 1745-1845. London 1975

Heinrich Magirius, Geschichte der Denkmalpflege: Sachsen. Berlin 1989

Hartmut Mai, Kirchen in Sachsen. Vom Klassizismus bis zum Jugendstil. Berlin/Leipzig o. J.

Festschrift zum 125jährigen Kirchenjubiläum in Malsfeld, hgg. vom Kirchenvorstand der ev. Kirchengemeinde Malsfeld. Malsfeld/ Spangenberg 1989

Die Stadt Marburg. Gesamtdokumentation II. Bürgerhäuser der Altstadt. Katalog. Studien zur baulichen Entwicklung Marburgs im 19. Jahrhundert. Marburger Arbeitsgruppe für Dokumentation. Marburg 1981

Walter Marquaß, Heinrich Johann Wiethase (1833-1893). Privatbaumeister in Köln. Diss. TH Aachen 1980

Henning Matthaei, Untersuchungen zur Frühgeschichte der deutschen Berufsschule dargestellt am Wirken der Patriotischen Gesellschaft zu Hamburg im 18. Jahrhundert. Hamburg 1967

Jan Meißner, Zum Umgang mit mittelalterlichen Putzen und Maueroberflächen beim Wiederaufbau rheinischer Burgen in der Romantik. In: Hartmut Hofrichter (Hg.), Putz und Farbigkeit in mittelalterlichen Bauten. Veröffentlichungen der Deutschen Burgenvereinigung, Reihe B: Schriften. Marksburg/Braubach 1993, S. 97-103

Walter Melhop, Alt-Hamburgische Bauweise. Kurze geschichtliche Entwicklung der Baustile in Hamburg. Hamburg 1908

André Meyer, Neugotik und Neuromanik in der Schweiz: die Kirchenarchitekten des 19. Jahrhunderts. Zürich 1973

Dirk Meyhöfer, Hamburgs Backstein. Hamburg 1986

Jürgen Michler, Über die Farbfassung hochgotischer Sakralräume. In: Wallraf-Richartz-Jahrbuch Bd. 39 (1978)

Ders., Die Elisabethkirche zu Marburg in ihrer ursprünglichen Farbigkeit. (Quellen und Studien zur Geschichte des Deutschen Ordens Bd. 19) Marburg 1984

Robin D. Middleton/ David Watkin, Neoclassical and 19th century architecture. New York 1980

Robin D. Middleton, Viollet-le-Duc's influence in nineteenth century England. In: *Art History* 4, No 2, June 1981, S. 203-219

Ders., Perfezione e colore: la policromia nell'architettura francese del XVIII e XIX. In: Rassegna, September 1985, S. 55-67

Ders., The Rationalist Interpretations of Classicism of Leonce Reynaud and Viollet-le-Duc. In: AA files. Annales of the Architectural Association, School of Architecture 11 (1986), S. 29-48

Ernst Müller, Die Häusernamen von Alt-Leipzig und geschichtliche Erläuterungen. Reprint der Ausgabe von 1931. Leipzig o. J.

Werner Müller, Friedrich Hoffstadts und Carl Alexander Heideloffs Turmkonstruktionen vor dem Hintergrund der oberdeutschen Steinmetzlehre des 16. bis. 18. Jahrhunderts. In: *Zeitschrift für Kunstgeschichte* 41 (1978), S. 41-56

Ders., Von der Norm zur Form - die Konstruktion spätgotischer Zierkonsolen. In: Rainer Graefe (Hg.), Zur Geschichte des Konstruierens. Stuttgart 1989

Ders., Grundlagen gotischer Bautechnik. München 1990

Stefan Muthesius, The High Victorian Movement in Architecture 1850-1870, London/Bristol 1972.

Ders., Das englische Vorbild. Eine Studie zu den deutschen Reformbewegungen in Architektur, Wohnbau und Kunstgewerbe im späten 19. Jahrhundert. München 1974

Ders., Das englische Reihenhaus. Die Entwicklung einer modernen Wohnform. Königstein 1990

N

Winfried Nerdinger, Friedrich von Gärtner. Ein Architektenleben 1791-1847. Ausstellungskatalog. München 1992

Erwin Neumann, Friedrich von Schmidt. Ein Beitrag zu seiner Monographie und zur Kunstgeschichte des 19. Jahrhunderts. Diss. Wien 1952

Dörte Nicolaisen, Studien zur Architektur in Hamburg 1910-1930. Nijmegen 1985 (Diss. München 1974)

Klaus Niehr, 'Ansichten, Risse und einzelne Theile'. Abbildungen des Kölner Doms als Dokumente früher Kunstgeschichte. In: *Kölner Domblatt* 55 (1990), S. 167-200

Lutz Niethammer (Hg.), Wohnen im Wandel. Beiträge zur Geschichte des Alltags in der bürgerlichen Gesellschaft. Wuppertal 1979

Thomas Nipperdey, Nationalidee und Nationaldenkmal in Deutschland im 19. Jahrhundert. In: Thomas Nipperdey, Gesellschaft, Kultur, Theorie. (Kritische Studien zur Geschichtswissenschaft Bd. 18) Göttingen 1976, 133-173

Ders., Deutsche Geschichte 1800-1866. München 1983

Norbert Nußbaum, Deutsche Kirchenbaukunst der Gotik. Entwicklung und Bauformen. Köln 1985

O

U. D. Oppitz, Zum 100. Todestag G.G. Ungewitters. In: *Werra-Rundschau* vom 6. Oktober 1964

Karin Osbahr, Kontinentale Gotik im Spiegel englischer Publikationen. Diss. Berlin 1991

P

Luciano Patetta, L'architettura dell'Eclettismo: fonti, teorie, modelli 1750-1900. Milano 1975

Nikolaus Pevsner, Pioneers of the Modern Movement, from William Morris to Walter Gropius. London 1936

Ders., High Victorian Design. A study of the exhibits of 1851. London 1951

Ders., Ruskin and Viollet-le-Duc, Englishness and Frenchness in the Appreciation of Gothic Architecture. (Walter Neurath Memorial Lecture 1) London 1969

Ders., Some Architectural Writers of the Nineteenth Century. Oxford 1972

Ders., Architecture: Nineteenth and Twentieth Centuries. (Pelican History of Art) Harmondsworth 1982 (zuerst 1958)

Ders., Pioneers of Modern Design. From William Morris to Walter Gropius. Reprint der revidierten Ausgabe von 1960. London 1991

Richard Pommer, Barry Bergdoll, Bericht über die Tagung "American Architecture and the German Connection". International Conference April 7-8 1989 at Columbia University, New York City. In: *Kunstchronik* Oktober 1989

Julius Posener, Berlin auf dem Wege zu einer neuen Architektur. Berlin 1979

Q

Heinz Quitsch, Gottfried Semper - Praktische Ästhetik und politischer Kampf. Im Anhang: Die vier Elemente der Baukunst. (Bauwelt-Fundamente 58) Braunschweig/Wiesbaden 1981

R

Christian Rauch, Fritzlar. Ein kunstgeschichtlicher Führer. Marburg 1926

Paul Ortwin Rave, Karl Friedrich Schinkel - Lebenswerk. Bauten für Berlin Bd. 3. Berlin 1942

Hans Reuther, Die Sakralbauten von Christoph Hehl. In: *Niederdeutsche Beiträge zur Kunstgeschichte* 8 (1969), S. 211-263

J. M. Richards (Hg.), Who's who in Architecture, from 1400 to the present day. London 1977

Ruth Richardson/Robert Thorne, The Builder: Illustrations Index 1843-83. London 1994

William Douglas Robson-Scott, The Literary Background of the Gothic Revival in Germany. A Chapter in the History of Taste. Oxford 1965

H. Rode, E.F. Zwirner. Planentwicklung für den Ausbau des Kölner Domes 1833-44. In: *Kölner Domblatt* 1961-1962, S. 45-98

H. R. Rosemann, O. Karpa, E. Herzog (Bearb.), Reclams Kunstführer. Hessen. Stuttgart 1960

S

Marc Saboya, Presse et Architecture au XIXe siècle. César Daly et la Revue Générale de l'Architecture et des Travaux Publics. Paris 1991

Ros Sachsse-Schadt, Rolf Sachsse, Bemerkungen zum protestantischen Kirchenbau 1860-1914. In: Udo Mainzer, Raum und Ausstattung rheinischer Kirchen 1860-1914. (Beiträge zu den Bau- und Kunstdenkmalen im Rheinland 26) Düsseldorf 1981, S. 19-24

Andrew Saint, Richard Norman Shaw. New Haven/London 1976

Mohammed Scharabi, Architekturgeschichte des 19. Jahrhunderts. Tübingen/ Berlin 1993

Wolfgang Schepers, Zu den Anfängen des Stilpluralismus im Landschaftsgarten und dessen theoretischer Begründung in Deutschland. In: Michael Brix/ Monika Steinhauser (Hg.), 'Geschichte allein ist zeitgemäß...'. Historismus in Deutschland. Lahn-Gießen 1978, S. 73-92

Gabriele Schickel, Neugotischer Kirchenbau in München. München 1987

Gero Schilde, Leipziger Bauten aus der Schinkelzeit. In: *Mitteilungen des Landesvereins Sächsischer Heimatschutz* 14 (1925), S. 279-83

Hermann Schmitz, Die Gotik im deutschen Kunst- und Geistesleben. Berlin 1921

J. A. Schmoll gen. Eisenwerth, Stilpluralismus statt Einheitszwang. Zur Kritik der Stilepochen-Kunstgeschichte. In: Werner Hager, Norbert Knopp (Hg.), Beiträge zum Problem des Stilpluralismus. München 1977, S. 9-19

Franz Schnabel, Deutsche Geschichte im neunzehnten Jahrhundert. Bd. 4: Die religiösen Kräfte. Freiburg 1955

Richard Schneider/Peter Bloch (Hg.), Bauwerke der Neugotik in Berlin. Berlin 1989

Hugo Schnell, Der Kirchenbau des 20. Jahrhunderts in Deutschland. München/Zürich 1973

Norbert Schöndeling, Das kirchliche Bauwesen des 19. Jahrhunderts im linksrheinischen Teil des Erzbistums Köln. Finanzierung, Bau und Unterhaltung kirchlicher Gebäude. Diss. TH Aachen 1989

Jutta Schuchard, Denkmalschutz und Denkmalpflege in Hessen im 19. Jahrhundert. In: *Hessische Heimat* Heft 1 (1975). (=Sonderheft Denkmalpflege in Hessen) Wiesbaden 1975, S. 9-17

Jutta Schuchard, Carl Schäfer 1844-1908. Leben und Werk des Architekten der Neugotik. (Materialien zur Kunst des neunzehnten Jahrhunderts Bd. 21) München 1979

Jörg Schulze, Kirchenbauten des 19. Jahrhunderts im alten Siegkreis. (Arbeitsheft 21, hg. vom Landes-konservator Rheinland) (Diss. TH Aachen 1972) Köln 1977

Fritz Schumacher, Wie das Kunstwerk Hamburg nach dem großen Brande entstand. Berlin 1920

Ders., Die neuen Regungen des Hamburger Backsteinbaus in der Mitte des 19. Jahrhunderts. In: *Centralblatt der Bauverwaltung (=CdB)* 43 (1923), S. 61-65, 73-78, 85-88, 133-138

Ders. Strömungen in deutscher Baukunst seit 1800. Leipzig 1935

Ders., Der Geist der Baukunst. Stuttgart 1938 (Neuausgabe 1983)

Ders., Das Wesen des neuzeitlichen Backsteinbaus. München 1920. Nachdruck mit einer Einführung von Werner Finke. München 1985

Kuno Schumacher, Studien zum historisierenden Kirchenbau Mecklenburgs im 19. Jahrhundert. Diss. Greifswald 1981

Thomas Schumacher, Großbaustelle Kölner Dom. Technik des 19. Jahrhunderts bei der Vollendung einer gotischen Kathedrale. (Studien zum Kölner Dom Bd. 4) Köln 1993

Gerhard Seib, Exemplarische Darstellung einer Fallstudie am Beispiel der Friedhöfe in Kassel. In: Vom Kirchhof zum Friedhof. Wandlungsprozesse zwischen 1750 und 1850. Kassel 1984 (Kasseler Studien zur Sepulkralarchitektur 2), S. 19-48

Ders., Grabmalideen des Neugotikers Georg Gottlob Ungewitter und ihre Realisierung auf nordhessischen Friedhöfen. In: *Hessische Heimat* 38 Heft 2/3 (1988), S. 105-116

Eva Maria Seng, Der evangelische Kirchenbau im 19. Jahrhundert. Die Eisenacher Bewegung und der Architekt Christian Friedrich von Leins. (Tübinger Studien zur Archäologie und Kunstgeschichte 15) Tübingen 1995 (zugl. Diss. Tübingen 1991)

Hans Peter Siemens, Das Alte Land. Geschichte einer niederländischen Marsch. Stade 1951

Karl Simon, Die Anlage zweischiffiger Räume in Deutschland. In: *Repertorium für Kunstwissenschaft* 25 (1902), S. 41-48

H. Speckter, Der Wiederaufbau Hamburgs nach dem großen Brand von 1842. Vorbild und Mahnung für die heutige Zeit. Hamburg 1952

Irmgard Stein, Jüdische Baudenkmäler in Hamburg. Hamburg 1989

Phoebe B. Stanton, Augustus Welby Pugin and the Gothic Revival. London 1971 (= Diss. 1950)

Dies., The Sources of Pugin's *Contrasts*. In: John Summerson (Hg.), Concerning Architecture. Essays on architectural writers and writings presented to Nikolaus Pevsner. London 1968

Paul Suhr, Der Backsteingiebel des norddeutschen Bürgerhauses im Mittelalter. (Kunstwissenschaftliche Studien Bd. 18) Berlin 1935

John Summerson, Heavenly Mansions and other Essays on Architecture. New York/ London 1963

Ders. (Hg.), Concerning Architecture. Essays on architectural writers and writings presented to Nikolaus Pevsner. London 1968

Ders., Victorian Architecture. Four Studies in Evaluation. New York/ London 1970

Ders., The Architecture of Victorian London. Charlottesville 1976

T

Andreas Tacke, Kirchen für die Diaspora: Christoph Hehls Berliner Bauten und Hochschultätigkeit (1894-1911). (Bau- und Kunstdenkmäler von Berlin 24) Berlin 1993

Ivo Tagliaventi, Viollet-le-Duc e la cultura Architettonica dei Revival. Bologna 1976

Eduard Trier, Willy Weyres, Die Kunst des 19. Jahrhunderts im Rheinland, Bd. 1. Düsseldorf 1980

Clive Turubull, The Old C.M.L. Building, Melbourne. Melbourne 1960.

V

Caroline van Eck, Organicism in 19th Century Architecture. 1994

Hans Vogel, Die Lehrer für Kunstgeschichte an der Kunstakademie Kassel 1777-1970. In: *Kunst in Hessen und am Mittelrhein* 13 (1973), S. 87-92

Hans Vogts, Vincenz Statz 1819-1898. (Kunstgabe des Vereins für christliche Kunst im Erzbistum Köln und Bistum Aachen für die Jahre 1959/69) Mönchengladbach 1960

W

Friedrich Wachtsmuth, Der Backsteinbau der Neuzeit. Marburg 1942

Wilhelm Waetzoldt, Deutsche Kunstwerke beschrieben von deutschen Dichtern. Leipzig 1940

Renate Wagner-Rieger, Wiener Architektur im 19. Jahrhundert. München 1970

Dies. (Hg.), Die Wiener Ringstraße - Bild einer Epoche, Bd. VIII: Die Bauten und ihre Architekten, Teil 3: Heinrich von Ferstel von Norbert Wibiral und Rena-ta Mikula. Wiesbaden 1974

Dies./ Walter Krause (Hg.), Historismus und Schloßbau. München 1975

Heinrich Walbe, Das hessisch-fränkische Fachwerk. Gießen 1954

David Watkin, The Rise of Architectural History. London 1980

Elsbeth de Weerth, Die Altarsammlung des Frankfurter Stadtpfarrers Ernst Franz August Münzenberger (1833-1890). Ein Beitrag zur kirchlichen Kunst in der zweiten Hälfte des 19. Jahrhunderts. Frankfurt/ M. 1993

Paul Weigel (Hg.), Leipzig. Ein Blick in das Wesen und Werden einer deutschen Stadt. Leipzig 1913

Thomas Weiß, Stildiskussion in der Sakralarchitektur des 19. Jahrhunderts in Deutschland. Diss. München 1983

Karl Weißbach, Wohnhäuser. In: Eduard Schmitt (Hg.), Handbuch der Architektur. IV. Teil, 2. Halbbd., 1. Heft. Stuttgart 1902

Die Stiftskirche zu Wetter, hg. vom Ev. Pfarramt Wetter, Text Pfarrer Karl Wenckebach. O. O. 1964

Willy Weyres, Zur Geschichte der kirchlichen Baukunst im Rheinland von 1800-1870. In: Zur Geschichte der Kunst im Erzbistum Köln. Festschrift für Wilhelm Neuß (= Studien zur Kölner Kirchengeschichte). Düsseldorf 1960, S. 408-424

Ders., Rheinischer Sakralbau im 19. Jahrhundert. In: Ludwig Grote (Hg.), Die deutsche Stadt im 19. Jahrhundert. München 1974, S. 175-188

Ders., Vincenz Statz (1819-1898). Köln 1975

Ders./Albrecht Mann, Handbuch der rheinischen Baukunst des 19. Jahrhunderts. Köln 1968

Willy Weyres/ Eduard Trier, Kunst des 19. Jahrhunderts im Rheinland. Bd. 2, Architektur II, Profane Bauten und Städtebau. Düsseldorf 1980

E. Wipprecht, Das wunderliche Dogma der Materialgerechtigkeit. In: *Farbe und Raum* Heft 3, Jg. 35, Berlin 1981, S. 22-26

Henry F. Withey and Elsie Rathburn Withey, Dictionnary of American Architects. Los Angeles 1956

Hans-Otto Wölber, St. Nikolaikirche: Wegzeichen Hamburgs. Hamburg 1989

Heinrich Wölfflin, Kunstgeschichtliche Grundbegriffe. Basel/Stuttgart 1984

Gabriele Wolff, Zwischen Tradition und Neubeginn. Zur Geschichte der Denkmalpflege in der ersten Hälfte des 19. Jahrhunderts. Geistesgeschichtliche Grundlagen in den deutschsprachigen Gebieten. (Frankfurter Fundamente der Kunstgeschichte Bd. 9) (Zugl. Diss.) Frankfurt 1992

Y

Doreen Yarwood, The Architecture of Europe: The 19th and 20th Century. London 1991

Z

Anna Zádor, Henszlmann and the Theory of Gothicism. In: *Architectural Review* 65 (1966), S. 423-26

Peter M. Zahn, Leipzigs Bauten des Klassizismus. In: Heinz Füßler, Leipziger Bautradition. (Leipziger Stadtgeschichtliche Forschungen Bd. 4) Leipzig 1955, S. 169-182

David van Zanten, The Architectural Polychromy of the 1830s. New York/ London 1977

Marianne Zehnpfennig, Die Studien- und Ausbildungszeit von G. L. F. Laves. In: Harold Hammer-Schenk/ Günther Kokkelink (Hg.), Vom Schloß zum Bahnhof. Bauen in Hannover. Zum 200. Geburtstag des Hofarchitekten G. L. F. Laves. Katalog der Ausstellung im Landesmuseum Hannover. Hannover 1988, S. 117-136

Dies., Architektenausbildung um 1800 - Das Beispiel der Akademie in Kassel. In: Winfrid Nerdinger et al. (Hg.), Revolutionsarchitektur. Ausstellungskatalog. München 1990, S. 60-67

Florian Zimmermann, Wohnbau in München 1800-1850. (Miscellanea Bavarica Monacensis Bd. 129) München 1984

Jochen Zink, Zur Vollendung des Kölner und des Speyerer Doms - Mittelalterrezeption und frühe deutsche Denkmalpflege. In: *Göppinger Arbeiten zur Germanistik.* (Sonderdruck aus: Mittelalter-Rezeption II, Nr. 358) Göppingen 1982, S. 169-193

ABBILDUNGSNACHWEIS

Textabbildungen: Abb. 1) Foto Familie Dr. Simmenroth, Kassel; Abb. 5) Zeitschrift für praktische Baukunst 8 (1848), Tf. 6; Abb. 6) Zeitschrift für praktische Baukunst 7 (1847), Tf. 25; Abb. 10) Architekturmuseum der Technischen Universität München (TUM) Nr. 17.2340; Abb. 11) Zeitschrift für praktische Baukunst 7 (1847), Tf. 53; Abb. 13) Zeitschrift für praktische Baukunst 26 (1866), Tf. 42f.; Abb. 14) Foto Prof. Dr. Michael Brix, München; Abb. 16) TUM Nr. 5.603; Abb. 17) Eva Börsch-Supan, Berliner Baukunst nach Schinkel 1840-70. München 1977; Abb. 18) The Builder 1 (1843); Abb. 19) Zeitschrift für praktische Baukunst 8 (1848), Tf. 50f.; Abb. 20) Propyläen Kunstgeschichte Bd. 6 Berlin 1984, Abb. 4; Abb. 22) Ungewitter, Lehrbuch, 3. Aufl.; Abb. 23) Gabi Dolff-Bonekämper, Die Vergegenwärtigung der Elisabethkirche durch die Denkmalpflege im 19. und 20. Jahrhundert. In: 700 Jahre Elisabethkirche Marburg 1283-1983. Katalog 1. Marburg 1983, S. 158; Abb. 24) Ungewitter, Ziegel- und Steinarbeiten; Abb. 25) Ungewitter, Holzarbeiten; Abb. 26) Ungewitter, Grabsteine,; Abb. 27) Ungewitter, Grabsteine; Abb. 28) Ungewitter, Grabsteine; Abb. 29) Hoffstadt, Gotisches ABC-Buch, 1847; Abb. 30) Ungewitter, Grabsteine; Abb. 31) Graphische Sammlung, Kassel-Wilhelmshöhe; Abb. 32) TUM Nr. 5.681; Abb. 33) Ungewitter, Möbel; Abb. 34) Ungewitter, Ornamente für Decken und Wände; Abb. 35) Graphische Sammlung, Kassel-Wilhelmshöhe; Abb. 36) Graphische Sammlung, Kassel-Wilhelmshöhe; Abb. 37) Ungewitter, Holzarbeiten; Abb. 38) Ungewitter, Grabsteine; Abb. 39) Ungewitter, Ziegel- und Steinarbeiten; Abb. 40) Ungewitter, Möbel; Abb. 41) Ungewitter, Stadt- und Landhäuser; Abb. 42) ebenda; Abb. 43) ebenda; Abb. 44) ebenda; Abb. 45) ebenda; Abb. 46) ebenda; Abb. 48) ebenda; Abb. 51) ebenda; Abb. 52) ebenda; Abb. 53) ebenda; Abb. 54) ebenda; Abb. 55) ebenda; Abb. 56) ebenda; Abb. 57) ebenda; Abb. 58) Heinrich Kreisel, Die Kunst des deutschen Möbels, Bd. 1. München 1971; Abb. 59) Ungewitter, Stadt- und Landhäuser; Abb. 60) Ungewitter, Möbel; Abb. 61) ebenda; Abb. 62) ebenda; Abb. 63) ebenda; Abb. 64) Heinrich Kreisel, Die Kunst des deutschen Möbels, Bd. 1. München 1971; Abb. 65) Ungewitter, Möbel; Abb. 66) Heinrich Kreisel, Die Kunst des deutschen Möbels, Bd. 1. München 1971; Abb. 67) Ludwig Richter, 1861; Abb. 68) Ungewitter, Stadt- und Landhäuser; Abb. 69) Graphische Sammlung, Kassel-Wilhelmshöhe; Abb. 70) Hoffstadt, Gotisches ABC-Buch, 1847; Abb. 72)K.E.O. Fritsch, Der Kirchenbau des Protestantismus. Berlin 1893; Abb. 73) ebenda; Abb. 74) Organ für christliche Kunst 1851; Abb. 75) Hans Vogts, Vincenz Statz 1819-1898. Mönchengladbach 1960; Abb. 76) Organ für christliche Kunst 1865; Abb. 77) Julius Faulwasser, Die St. Nikolaikirche Hamburg. Hamburg 1926; Abb. 78) Georg Germann, Die Neugotik - Geschichte ihrer Architekturtheorie. Stuttgart 1974; Abb. 79) C.W. Hase, Sammlung von Zeichnungen ausgeführter Kirchen, Schulgebäude und Privatbauten in Haustein und Backstein. Hefte 1-10. Hannover 1872/75; Abb. 80) G. Schönermark, Die Architektur der Hannoverschen Schule, Bd. III, 1891; Abb. 81) G. Schönermark, Die Architektur der Hannoverschen Schule, Bd. IV, 1892; Abb. 82) Katalog Schmidt 1991; Abb. 83) Köln und seine Bauten. Köln 1888; Abb. 84) ebenda; Abb. 86) ebenda; Abb. 87) G. Schönermark, Die Architektur der Hannoverschen Schule, Bd. I, 1889/90; Abb. 88) Viollet-le-Duc, Peintures murales des chapelles de Nôtre Dame Paris, 1870; Abb. 89) Verdier und Cattois, Architecture civile et domestique, 1864; Abb. 90) Claude Mignot, Architektur des 19. Jahrhunderts. Freiburg 1983, S. 189; Abb. 91) Ungewitter, Stadt- und Landhäuser; Abb. 92) Viollet-le-Duc, Dictionnaire, Bd. 6; Abb. 93) Ungewitter, Stadt- und Landhäuser; Abb. 94) Viollet-le-Duc, Dictionnaire, Bd. 6; Abb. 95) Brandon, Analysis of Gothick Architecture, 1847 (-52); Abb. 96) *The Builder* 1843; Abb. 97) *The Builder* 1866; Abb. 98) Stadtmuseum Wisbech; Abb. 99) J. Mordaunt Crook, The Dilemma of Style. London 1987, S. 55; Abb. 100) Pugin, Details of antient timber houses of the 15th and 16th Centuries, 1837; Abb. 101) Pugin, Gothic Furniture in the style of the 15th Century, 1835; Abb. 102) Ungewitter, Möbel; Abb. 103) Phoebe Stanton, Pugin. London 1971, S. 15; Abb. 104) *The Builder* 1873; Abb. 105) *The Builder* 1870; Abb. 106) J. Mordaunt Crook, The Dilemma of Style. London 1987, S. 84; Abb. 107) Ungewitter, Stadt- und Landhäuser; Abb. 108) *The Architect* 1870; Abb. 111) Graphische Sammlung, Kassel-Wilhelmshöhe; Abb. 112) Loudon, Encyclopedia, 1833; Abb. 113) J. Mordaunt Crook, The Dilemma of Style. London 1987, S. 172; Abb. 114) Foto Prof. Andrew Saint, Cambridge; Abb. 115) Inventar; Abb. 116) Viollet-le-Duc, Entretiens, Bd. 2; Abb. 118) Inventar; Abb. 119) K.E.O. Fritsch, Der Kirchenbau des Protestantismus. Berlin 1893; Abb. 120) K.E.O. Fritsch, Der Kirchenbau des Protestantismus. Berlin 1893; Abb. 121) ebenda; Abb. 122) Kunstbibliothek Berlin; Abb. 123) K.E.O. Fritsch, Der Kirchenbau des Protestantismus. Berlin 1893; Abb. 124) ebenda; Abb. 125) ebenda; Abb. 126) Eisenlohr, Ausgeführte Bauten, 1851-59; Abb. 127) *Architektonische Rundschau,* 1895; Abb. 129) F. Schorbach, Architektonische Entwürfe von Edwin Oppler. Halle a.S. 1884-89; Abb. 130) ebenda; Abb. 131) G. Schönermark, Die Architektur der Hannoverschen Schule, Bd. II, 1890; Abb. 132) ebenda; Abb. 133) F. Schorbach, Architektonische Entwürfe von Edwin Oppler. Halle a.S. 1884-89; Abb. 134) Ungewitter, Stadt- und Landhäuser; Abb. 138) Plansammlung der Avery Fine Arts Library, Columbia University New York; Abb. 139) *American Architect and Building News* 1876; Abb. 140) *American Architect and Building News* 1877; Abb. 141) Ungewitter, Entwürfe zu Stadt- und Landhäusern; Abb. 142) *American Architect and Building News* 1876.

Katalogabbildungen: Abb. 1.1-1.5) Zeitschrift für praktische Baukunst 8 (1848), Tf. 36-40; Abb.1.6 -1.8) Museum für Kunst und Kulturgeschichte der Hansestadt Lübeck; Abb. 2.1) Charles Fuchs, Hamburgs Neubau. Lithographien. Hamburg 1846/47, Tf. 9; Abb. 2.2) Staatsarchiv Hamburg K 3420; Abb. 3.1) wie Abb. 2.1; Abb. 3.2) Staatsarchiv Hamburg K 3419; Abb. 4.2) Staatsarchiv Hamburg III d A 3183; Abb. 4.3/4.4) Zeitschrift für praktische Baukunst 7 (1847), Tf. 32, 33; Abb. 5.1) Charles Fuchs, Hamburgs Neubau. Lithographien. Hamburg 1846/47, Tf. 5; Abb. 6.1) ebenda, Tf. 26; Abb. 6.2) Staatsarchiv Hamburg 3241; Abb. 7.1) Charles Fuchs, Hamburgs Neubau. Lithographien. Hamburg 1846/47, Tf. 53; Abb. 7.2) Landesbildstelle Hamburg; Abb. 8.1) ebenda; Abb. 10.1) Charles Fuchs, Hamburgs Neubau. Lithographien. Hamburg 1846/47, Tf. 59; Abb. 10.2) Museum für Hamburgische Geschichte; Abb. 10.3) Museum für Hamburgische Geschichte; Abb. 12.1) Landesbildstelle Hamburg; Abb. 13.1-4) Zeitschrift für praktische Baukunst 7 (1847), Tf. 38-41; Abb. 14.1-4) Zeitschrift für praktische Baukunst 9 (1849), Tf. 6-9; Abb. 15.1,2) Zeitschrift für praktische Baukunst 9 (1849), Tf. 41, 42; Abb. 16.1-4) Zeitschrift für praktische Baukunst 10 (1850), Tf. 15-18; Abb. 18.1-3) Zeitschrift für praktische Baukunst 12 (1852), Tf. 2-4; Abb. 20.1-8) Hessisches Staatsarchiv Marburg P II; Abb. 21.1) Stadtarchiv Leipzig Kap. 57, Nr. 7; Abb. 23.1-6) Technische Universität Berlin Plansammlung Nr. 12311-12316; Abb. 23.7-9) Moriz Thausing, Die Votivkirche in Wien. Denkschrift des Baucomités, veröffentlicht zur Feier der Einweihung. Wien 1879, Anhang; Abb. 24.1-3) Ungewitter, Land- und Stadtkirchen; Abb. 24.4)Graph. Sammlung Kassel-Wilhelmshöhe; Abb. 24.9) Foto Pfarrer Osenbrügge; Abb. 24.10) Hessisches Staatsarchiv Marburg 315f Neustadt III, 1; Abb. 25.1) Bildarchiv Foto Marburg; Abb. 25.2) Heinrich von Dehn-Rotfelser, Die Stiftskirche St. Petri zu Fritzlar. Kassel 1864; Abb. 25.3, 4) Bildarchiv Foto Marburg; Abb. 25.5-7) Heinrich von Dehn-Rotfelser, Die Stiftskirche St. Petri zu Fritzlar. Kassel 1864; Abb. 25.8) Bildarchiv Foto Marburg; Abb. 26.1) Die Bau- und Kunstdenkmäler im Regierungsbezirk Cassel, Bd. II Marburg 1909, Tf. 154; Abb. 26.4) ebenda, Tf. 155; Abb. 26.5) Ungewitter, Land- und Stadtkirchen; Abb. 27.2) Die Bau- und Kunstdenkmäler im Regierungsbezirk Kassel, Neue Folge Bd. I Kassel 1937, Tf. 43; Abb. 27.3 -5) Bildarchiv Foto Marburg; Abb. 27.9) Ungewitter, Land- und Stadtkirchen; Abb. 28.1) Arnd Friedrich, Kloster Haina. Königstein 1987; Abb. 28.4) Statz/Ungewitter, Gotisches Musterbuch, Bd. II; Abb. 28.7) ebenda; Abb. 28.9-11) Arnd Friedrich, Kloster Haina. Königstein 1987; Abb. 28.13) Statz/Ungewitter, Gotisches Musterbuch, Bd. II; Abb. 29.2-4) Ungewitter, Land- und Stadtkirchen; Abb. 29.10) Die Bau- und Kunstdenkmäler im Regierungsbezirk Cassel, Bd. 4 Marburg 1910, Tf. 66; Abb. 29.11-13) Hessisches Staatsarchiv Marburg 315 e Nieste III, 1; Abb. 30.1) Bildarchiv Foto Marburg; Abb. 30.2) Statz/Ungewitter, Gotisches Musterbuch, Bd. II; Abb. 30.3) Gottfried Kiesow, Gotik in Hessen, 1988, S. 41; Abb. 30.4) Bildarchiv Foto Marburg; Abb. 30.7) ebenda; Abb. 31.1) ebenda; Abb. 31.2) Heinrich von Dehn-Rotfelser/Fritz Koeberlein, Die Pfarrkirche un die Marien-Kapelle zu Frankenberg. Kassel 1882; Abb. 31.4) Bildarchiv Foto Marburg; Abb. 31.5) Heinrich von Dehn-Rotfelser/Fritz Koeberlein, Die Pfarrkirche un die Marien-Kapelle zu Frankenberg. Kassel 1882; Abb. 31.6) Hessisches Staatsarchiv Marburg P II; Abb. 31.7) Heinrich von Dehn-Rotfelser/Fritz Koeberlein, Die Pfarrkirche un die Marien-Kapelle zu Frankenberg. Kassel 1882; Abb. 31.8, 9) Bildarchiv Foto Marburg; Abb. 32.3) Ungewitter, Land- und Stadtkirchen; Abb. 32.7) ebenda; Abb. 33.1) Archiv Bischöfliches Generalvikariat Fulda; Abb. 33.2-6) Ungewitter, Land- und Stadtkirchen; Abb. 33.7) Archiv Bischöfliches Generalvikariat Fulda; Abb. 33.8) Ungewitter, Land- und Stadtkirchen; Abb. 33.9, 10) Archiv Bischöfliches Generalvikariat Fulda; Abb. 33.11) Ungewitter, Land- und Stadtkirchen; Abb. 33.12, 13) Archiv Bischöfliches Generalvikariat Fulda; Abb. 34.1-5) Bildarchiv Foto Marburg; Abb. 34.6) Ungewitter, Land- und Stadtkirchen; Abb. 35.1) Pfarrarchiv der Kirche Malsfeld; Abb. 35.2) Ungewitter, Land- und Stadtkirchen; Abb. 35.4) ebenda; Abb. 36.2) ebenda; Abb. 36.4) ebenda: Abb. 37.1) Stadtarchiv Innsbruck Bauakten 1861, XII, Nr. 2842; Abb. 38.2) Ungewitter, Land- und Stadtkirchen; Abb. 38.7, 8) ebenda: Abb. 39.3) Archiv Bischöfliches Generalvikariat Fulda; Abb. 39.5) Ungewitter, Land- und Stadtkirchen; Abb. 39.7) ebenda; Abb. 39.8, 9) Archiv Bischöfliches Generalvikariat Fulda; Abb. 39.10, 11) Ungewitter, Land- und Stadtkirchen; Abb. 39.12) Archiv Bischöfliches Generalvikariat Fulda; Abb. 39.14) Ungewitter, Land- und Stadtkirchen; Abb. 40.2, 3) ebenda; Abb. 40.6) Ungewitter, Land- und Stadtkirchen; Abb. 40.9) Foto: Pfarrarchiv der St. Elisabeth Kirche Frankfurt-Bockenheim; Abb. 41.1) Frau Dr. Elsbeth de Weerth, Frankfurt/M.; Abb. 42.1, 2) Hessisches Staatsarchiv Marburg P II; Abb. 44.1-3) Ungewitter, Land- und Stadtkirchen; Abb. 44.6 ebenda; Abb. 44.11) ebenda; Abb. 44.17) ebenda; Abb. 45.1) Bildarchiv Foto Marburg; Abb. 46.1-4) Pfarrarchiv Schlierbach; Abb. 47.1, 2) Ungewitter, Land- und Stadtkirchen; Abb. 48.1) Graphische Sammlung, Kassel-Wilhelmshöhe
Umschlag: Titelbild: Pfarrarchiv der Kirche Malsfeld, Rückseite: Verfasserin und Michael Imhof

Soweit nicht anders angegeben, stammen die Abbildungen aus dem Archiv der Verfasserin.

Register (Orts- und Personennamen)

Aachen, S. 206, 392, 396, 397
Adler, Friedrich, S. 40, 41
Altenberg, S. 306, 307
Amiens, S. 129, 156, 282, 286
Amöneburg, S. 54, 70, 137, 139, 140, 147, 191, 197, 317, 342, 365-371, 375, 386, 388, 390
Andrea, August, S. 18, 156
Angermann, Ludwig, S. 193
Atzert, S. 392
Augener, S. 392
Austen, Henry, S. 224
Bacharach, S. 170, 171
Baden-Baden, S. 137
Ballu, Théodor, S. 158
Bamberg, S. 16, 283
Bambury, S. 168
Barry, Charles, S. 167, 169
Basel, S. 141
Baudri, Friedrich, S. 169
Beane, S. 161-163, 307
Beckum, S. 393
Bergheim, S. 394
Bergisch Gladbach, S. 394
Berlin, S. 21, 30, 56, 58, 128, 136, 137, 140, 141, 164, 178, 200, 205, 209, 213, 216, 223, 284, 307, 392, 394-396
Bern, S. 393
Beuth, Peter Christian, S. 212
Bielefeld, S. 196, 393
Birkungen, S. 354
Bishausen, S. 146
Börgemann, Carl, S. 205, 399
Bösser, Georg Ernst, S. 205, 392, 399
Boeswillwald, S. 393
Bötticher, Carl, S. 202
Boisserée, Sulpiz, S. 130, 252
Boos, Karl, S. 156
Boscombe, Hampshire, S. 182
Boston, S. 223
Boyne Hill, Berkshire, S. 183
Braunschweig, S. 162, 216, 397
Brauweiler, S. 397
Bremen, S. 255, 395, 397
Breslau, S. 206, 392, 393
Brewer, H. W., S. 178, 180
Britton, John, S. 130
Bromeis, Johann Conrad, S. 15, 17, 25, 272-73, 276, 295, 307
Brüssel, S. 397
Büchling, L., 205, 364, 370, 392, 399
Bülau, Theodor, S. 18, 30, 35-38, 225, 241, 250, 252
Bürklein, Friedrich, S. 16, 32, 33, 40, 225, 234
Büsching, Johann Gustav, S. 130
Bunsen, Carl Josias, S. 200
Burges, William, S. 167, 181
Burmeister, S. 250, 252, 253
Burnham & Root, S. 222, 223
Butterfield, William, S. 167, 169, 176, 185-187
Calenberg, S. 397
Caumont, Arcisse de, S. 158
Chalon (Saône-et-Loire), S. 162
Chartres, S. 54, 55, 126, 164
Chateaubriand, François René, S. 168
Chateauneuf, Alexis de, S. 18, 28, 35, 37, 42, 250, 259
Cheadle, S. 169, 172
Chicago, S. 222, 223
Conradi, S. 201
Corvey, S. 350
Costenoble, J. C., S. 130
Coucy, S. 158
Darmstadt, S. 198, 200
Dauthe, Joh. Friedrich, S. 48
Decker, Paul, S. 15
Dehn-Rotfelser, Heinrich von, S. 67, 293, 329, 392
Derschlag, S. 198, 199
Didron, Adolphe-Napoléon, S. 163-165
Dijon, S. 96
Dinslaken, S. 397
Doderer, Wilhelm, S. 283
Dorflein, Karl, S. 214
Dortmund, S. 214, 393
Dresden, S. 45, 47, 206, 266
Düren, S. 394, 397
Düsseldorf, S. 213, 393, 394
Duisburg, S. 397
Durand, J. N. L., S. 15, 21, 89, 102, 122, 127
Dussilon, Pierre, S. 162
Egle, Joseph, S. 186
Eichwede, Ferdinand, S. 205, 399
Einbeck, S. 156
Eisenlohr, Friedrich, S. 11, 22, 49, 100, 137, 156, 186, 202
Eitdorf, Siegkreis, S. 394
Elmshorn, S. 393
Engelhard, Daniel, S. 271, 312
Erfurt, S. 19, 393
Eschwege, S. 69, 354-356, 392
Essen, S. 393-395, 397
Essenwein, August, S. 157, 161
Eupen, S. 396
Euskirchen, S. 394
Ewerbeck, Franz Klemens
Ferstel, Friedrich, S. 140, 282-286, 395
Fischer, August Eduard Gerhard Henrich, S. 392, 393
Florenz, S. 184
Flügge, Julius, S. 205, 392, 399
Förster, Ludwig, S. 395
Fonthill Abbey, S. 128
Forster, Georg, S. 128
Fortoul, Hippolyte, S. 165
Frankenberg, S. 55, 63-65, 97, 126, 134, 135, 328-332, 341, 378
Frankfurt, S. 55, 56, 139, 140, 143, 191, 192, 197, 201, 210, 342, 364, 372-378, 381, 390, 395
Freiburg i. Br., S. 19, 135, 356
Fritsch, Karl Emil, S. 201
Fritzlar, S. 51, 63-65, 140, 266, 293-299, 303, 341, 378
Fulda, S. 58, 301, 302, 304, 343, 376
Gärtner, Friedrich, S. 16, 17, 34, 39, 40-42, 57, 77, 91, 205, 234, 271
Gau, Franz Christian, S. 158
Geb, Friedrich, S. 213, 393, 399
Gelnhausen, S. 55, 388
Gelsenkirchen, S. 397
Geppert, Anton, S. 357
Geuthebrück, Albert, S. 48
Gießen, S. 214
Gildemeister, Eduard, S. 397
Gladbach, Ernst Georg, S. 186, 202, 297
Glasewald, Gustav, 393
Göbersdorf, S. 207, 209
Görres, Joseph, S. 129, 153
Grau, Albrecht, S. 209, 283, 393, 399
Grevenbroich, S. 394, 396
Güldenpfennig, Arnold, S. 179, 180, 189, 214, 392, 397
Gummersbach, S. 198
Hähnel, Ernst Julius, S. 266
Haenel, Karl Moritz, S. 46-48
Hagenburg, S. 144, 145
Haina, S. 54, 59, 60, 65, 126, 134, 135, 143, 155, 180, 218, 305-316, 326
Hamburg, S. 5, 9, 11, 17, 18 28-45, 88, 99, 106, 140-142, 170, 195, 198, 199, 209, 225, 233-254, 256-259, 286, 380, 394
Hanau, S. 205, 392
Hannover, S. 23, 143, 144, 149-151, 193, 196, 197, 205, 206, 209, 212, 213, 225, 392-397
Harburg, S. 393
Hartel, August, S. 129
Hase, Conrad Wilhelm, S. 9-11, 16, 23, 49, 60, 69, 90, 140, 141, 143-147, 149-151, 156, 194, 195, 201, 205, 206, 211, 213, 215, 392-399
Hassenpflug, Ludwig, S. 14, 22, 59, 66, 266, 275
Hay, David Ramsey, S. 10
Hayden, Fr., S. 357
Hehl, Christoph, S. 180, 197, 198, 205, 209, 210, 213, 393
Hehl, Johannes, S. 21, 26, 67, 272, 399
Heideloff, Karl Alexander, S. 11, 16, 17, 22, 46, 89, 118, 132, 136, 148, 149, 168, 270
Henszlmann, Ernerich, S. 10
Hertel, S. 129
Heylmann, Friedrich Christian, S. 250
Hilger, S. 129
Hillebrand, Eberhard, S. 23, 83, 193, 196, 197, 201, 205, 206, 213, 393, 399
Hilter, S. 144
Hirschfeld, Christian Cay Lorenz, S. 128
Hoffstadt, Friedrich, S. 15, 42, 75, 76, 89, 118, 132, 133
Holzminden, S. 393, 397
Homburg, S. 396, 397
de Honnecourt, Villard, S. 155, 170
Honnef a. Rhein, S. 204
Hope, Beresford, S. 169
Hoya, S. 394
Hübsch, Heinrich, S. 273, 284
Hude, H. v. d., S. 380
Hunäus, S. 205
Hundelshausen, S. 54-56, 142, 144, 172, 182, 184, 191, 195, 217, 317, 342, 353, 360, 364, 378, 381-387, 390
Ilfeld, S. 143, 144
Illerau, S. 307
Innsbruck, S. 23, 357
Jaehn, Karl Aenmilias, S. 201
Jolasse, Jean David, S. 31, 32
Jülich, S. 397
Jussow, Heinrich Christoph, S. 15, 24, 276
Kallenbach, Georg Gottfried, S. 133, 134
Karlsruhe, S. 22, 137, 212, 213, 273, 392, 396
Kassel, S. 5, 14-26, 47, 48, 54, 59, 65-67, 75, 76, 78, 86, 90, 111, 150, 196, 197, 205-207, 211-213, 225, 271-276, 279, 283, 357, 379, 390, 391-397
Kauffmann, Aage von, S. 198, 200
Keble College, S. 185
Kiel, S. 394-396
Kimpel, Wilhelm, S. 116, 394
Kirschner, Ferdinand, S. 283
Klasen, Ludwig, S. 201
Klees-Wülbern, Johann Heinrich, S. 28
Klenze, Leo von, S. 57, 58, 91, 165, 189
Knaur, I. A. Hermann, S. 266, 325
Koblenz, S. 316
Koch, Ernst, S. 19
Koehler, Heinrich, S. 205
Köln, S. 20, 21, 69, 128-130, 137, 138, 147, 150-152, 157, 164, 168, 172, 188, 205, 206, 225, 281, 286, 393-397
Königswinter (Heisterberg), S. 203, 204
Kollmann, Peter, S. 231, 250
Kopp, Ernst, S. 155
Koppen, Julius, S. 290, 364, 370
Kranner, Josef, S. 283, 286
Krefeld, S. 394, 397
Kuder, Franz, S. 129, 134, 135
Kuhaupt, S. 312, 352
Laborde, Alexander de, S. 130
Lange, Alois, S. 283
Lange, August, S. 394
Lange, Friedrich, S. 63, 67, 68, 307, 338
Lange, Ludwig, S. 250, 266
Laon, S. 158, 164, 390, 394
Lassaulx, Johann Claudius, S. 184, 186, 189
Lassus, Jean-Baptiste, S. 158, 165
Lauers, S. 394
Lednice, Schloß (Mähren), S. 116
Leibnitz, Gottfried Wilhelm, S. 266, 267
Leins, Christian Friedrich, S. 141, 146, 147, 156
Leipzig, S. 18, 19, 23, 46, 47, 49, 50, 92, 151, 154, 201, 225, 262-268, 270, 277, 278, 394, 395
Lichtenberg, Johann Philipp, S. 351
Lichtenstein, Schloß, S. 136
Lille, S. 316
Linz, S. 141, 147, 157

Lös(s)er, S. 394
London, S. 58, 157, 183, 184, 286, 393, 397
Lotz, Wilhelm F. G. J., S. 212, 379, 394, 399
Loudon, John Claudius, S. 170, 171, 176, 186, 187
Lübeck, S. 18, 38-41, 43, 92, 225, 228-233, 240, 255, 263, 307, 316, 396
Lübke, Wilhelm, S. 205, 327
Lüer, Wilhelm, S. 205-207, 209, 395, 397, 399
Lülsdorf, S. 138
Lüneburg, S. 233
Luthmer, Ferdinand, S. 137
Magdeburg, S. 396
Mainz, S. 131
Malmedy, S. 393
Malsfeld, S. 51, 55, 56, 136, 142-144, 172, 178, 182, 349-354, 360
Malton, James, S. 177
Marburg, S. 54, 55, 58, 59, 65, 67, 68, 97, 99, 127, 131, 135, 142, 196, 212, 225, 282, 290, 308, 326, 331, 341, 364, 366, 383, 392, 394, 396
March, Otto, S. 199
Markgröningen, S. 97, 99
Martens, Gustav L., S. 29, 35, 38, 198, 199, 212, 234-256, 392, 394-396
Meckel, Max, S. 193
Meldorf, S. 394
Meiningen, S. 396
Meissen, S. 45, 46, 216, 281
Melbourne, S. 223, 395
Michelstadt, S. 97
Middletown, N.Y., S. 218
Mildes, Carl Julius, S. 40
Möckel, Gotthilf L., S. 142, 201, 205, 206
Möller, Valentin, S. 353
Mönchengladbach, S. 140, 396, 397
Mohrmann, Karl, S. 81, 82
Moller, Georg, S. 130, 131, 134, 160, 168, 297
Momberg, S. 46, 55, 56, 62, 140, 172, 201, 358-64, 366, 373, 375, 390
Mothes, Oscar, S. 46, 201
Mühlhausen (Thüringen), S. 120
Müller, Louis, S. 395, 399
München, S. 10, 16-18, 30, 32-34, 40, 42, 57, 58, 75, 78, 91, 135, 136, 178, 205, 209, 212, 225, 271, 392, 394
Münster, S. 11, 113, 129, 144, 162
Münstereifel, S. 396
Narten, Werner, S. 193, 194, 205, 399
Narjoux, Félix, S. 162
Nash, John, S. 177
Nausis, S. 194, 195
Neustadt (Kr. Marburg), S. 51, 55, 56, 62, 135, 136, 139, 147, 171, 172, 189, 191, 197, 198, 201, 287-292, 317, 339-345, 364, 378, 381
Neustadt-Eberswalde, S. 138, 146, 156
New York, S. 216-218, 223, 395
Nieste, S. 51, 55, 56, 62, 138, 142, 146, 147, 172, 317-322, 329, 360, 362, 381
Nordmann, Carl, S. 395
Northoff, S. 142
Noyon, S. 158, 164
Nürnberg, S. 96, 132, 148-150, 164, 178
Obermarsberg, S. 181
Offenburg, S. 137
Ohlmüller, Daniel, S. 56, 135
Oppler, Edwin, S. 23, 206, 207, 209, 210, 215, 392-397, 399
Osnabrück, S. 199, 393, 395
Otzen, Johann, S. 56, 195-198, 203-205, 213, 397, 399
Paderborn, S. 179, 180, 189, 392, 393, 396, 397
Paris, S. 54, 134, 144, 158, 159, 191, 206, 216, 277, 366 393, 397
Pearson, John L., S. 286
Pfeiffer, Carl, S. 216-220, 222, 224
Pfeiffer, Philipp, S. 224
Philadelphia, S. 218, 219
Pichler, Oskar, S. 357
Pierefond, S. 286
Potsdam, S. 108, 392
Pugin, August Welby Northmore, S. 125, 144, 157, 164, 167-178, 183, 186, 189, 197, 364
Pugin, Edward Welby, S. 23, 180, 393
Puhlheim, S. 148
Raht, Eduard, S. 206, 223, 395, 399
Ramsgate, S. 170, 180
Redtenbacher, Rudolf, S. 212
Rehm, H., S. 395
Reichardt, Carl Friedrich, S. 20, 30, 44
Reichensperger, August, S. 9-11, 13, 17-23, 42, 48, 49, 58, 70, 78, 81, 88, 89, 116, 125, 129, 140, 150-154, 163-165, 168, 191, 172, 173, 178, 181, 188, 205, 225, 263, 264, 270, 273, 273, 276, 283, 284, 286, 304, 313, 357, 365, 370
Reims, S. 134, 158, 165, 281, 286
Remagen, S. 129
Reum, Fr. W., S. 370, 395
Rheinbrol, S. 139, 197
Richardson, Henry Hobson, S. 223
Richter, Ludwig, S. 111, 114
Riegel, S. 202
Rietschel, Ernst, S. 266
Riewel, Hermann, S. 283
Riewel, Hermann, 395
Rincklake, August, S. 129
Rittmeister, S. 250
Röbbelen, S. 209, 395
Röhner, S. 318, 320
Rösner, Karl, S. 283
Röth, August, S. 337
Roriczer, Mathias, S. 133, 155
Rossteuscher, Ernst August, S. 205, 395, 396, 399
Rouen, S. 356
Rüppel, Hermann, S. 191-193, 396, 399
Ruhl, Johann Christian, S. 15
Ruhl, Julius Eugen, S. 15, 276
Ruskin, John, S. 169, 182, 183, 189
Saarlouis, S. 395
Sallmann, S. 320, 322
Scarisbrick, Lancashire, S. 175
Schäfer, Carl, S. 5, 10, 11, 69, 71, 157, 180, 187, 193, 204-206, 212, 213, 265, 276, 313, 326, 328, 329, 353, 363, 364, 370, 396, 399
Schäfer, Johann Hermann Scheele, 396
Schinkel, Karl Friedrich, S. 11, 19, 34, 40, 41, 45, 55-57, 60, 88, 89, 128, 136, 156, 165, 167
Schirrmacher, G. T., S. 380
Schlegel, Friedrich, S. 168
Schleswig, 206, 393, 394
Schlierbach, S. 99, 389
Schlösser, S. 252
Schmidt, Friedrich, S. 23, 49, 69, 129, 130, 137, 140, 146-148, 151, 156, 164, 165, 282, 286, 395, 397
Schmitt, Peter, S. 291
Schmitt-Friedrich, Jacob, S. 283
Schmitz, Franz, S. 129
Schnaase, Carl, S. 69, 134, 135, 164, 165, 205, 297, 315, 327
Schneider, Hugo, S. 69, 205, 206, 392, 396, 399
Schönermark, S. 157
Schönhals, Ferdinand, S. 396, 399
Schorbach, Ferdinand, S. 157, 206, 396, 399
Schröder, Wilhelm, S. 235
Schuchard(T), Adolph Otto Carl, S. 271, 295
Schuhmacher, Fritz, S. 286
Schwerin, S. 394
Schwiening, Carl Georg Adolf, S. 232
Scott, George Gilbert, S. 23, 140-142, 167-169, 180, 211, 252, 253, 286, 393, 396
Seestern-Pauly, G., S. 357
Seigertshausen, S. 190, 191
Semper, Gottfried, S. 16, 28, 34, 45, 129, 184, 396
Shaw, Richard Norman, S. 167, 186, 187
Soissons, S. 158, 164
Sonneberg, S. 136
Speck, S. 396
Spetzler, Johann Anton, S. 231
Speyer, S. 16, 69, 393, 395
St. Denis, S. 158, 339
St. Mary's Grange bei Salisbury, S. 175, 176
Stadler, Ferdinand, S. 140
Stamman, Franz Gerog, S. 32, 43
Stamman, Friedrich, S. 250
Statz, Vincenz, S. 11, 12, 55, 67, 69, 76, 81, 86, 90, 119, 129, 130, 137-141, 146-151, 156, 157, 165, 169, 172, 178, 197, 198, 201, 214, 267, 282, 286, 304, 393, 395, 397
von Steinbach, Erwin, S. 129, 266
Steindorff, Hermann, S. 21, 205, 213, 396, 397, 399
Stieglitz, Christian Ludwig, S. 45, 129, 130
Stier, Wilhelm, S. 283
Strack, Johann Heinrich, S. 136, 137, 156, 252
Straßburg, S. 129, 135, 282, 395
Strawberry Hill bei London, S. 108, 128, 176
Street, George Edmund, S. 10, 157, 167-169, 178, 180, 183-187, 189, 252, 364
Strelow, Leopold, S. 237
Stüler, August, S. 56, 58, 140, 141
Stuttgart, S. 142, 206, 212, 213, 396
Sunkel, Wilhelm, S. 396
Sydney, S. 223, 395
Tangermünde, S. 97
Thun, S. 162
Till, Julius, S. 20, 24, 397, 399
Ulm, S. 164
Vallée-aux-Loups, S. 128
Vaudoyer, Leon, S. 165
Velbert, S. 392
Vézelay, S. 158
Viollet-le-Duc, S. 9-11, 21-23, 60, 65, 69, 125, 156, 158-163, 166, 177, 181, 191, 206, 212, 225, 286, 397
Volkmarsen, S. 51, 63-65, 190, 291, 300-305, 329, 352
Vollmer, Johannes, S. 205, 214, 399
Walpole, Horace, S. 128, 176
Wanfried, S. 14, 97, 191-193, 202, 396
Wasenberg, S. 51, 55, 192, 333-338
Waterhouse, Alfred, S. 167
Webb, Philipp, S. 176
Weiße, Christian Felix, S. 266, 267
Wetter, S. 54, 63, 81, 323-327, 329, 341, 378
Wernigerode, S. 97
Wetter, S. 126, 134, 135
Wetter, Johannes, S. 131
White, William, S. 186
Wien, S. 30, 51, 55, 140, 146, 147, 156, 164, 209, 223, 278-286, 393-396
Wiesbaden, S. 156
Wiethase, Heinrich, S. 138, 142, 157, 198, 199, 205, 212, 397, 399
Willis, Robert, S. 168, 171
Willweber, Theodor, S. 250
Wimmel, Carl Ludwig, S. 28, 252
Windmüller, S. 250
Wisbeck, Cambridgeshire, S. 171
Wittenberg, S. 156
Wolff, Johann Heinrich, S. 21, 272
Wolfhagen, S. 63, 346-348
Wyatt, James, S. 128
Ziebland, Georg Friedrich, S. 18, 57
Ziegenhain, S. 205, 392
Zindel, Peter, S. 83, 180, 301, 303, 304, 328-331, 343, 353, 399
Zwickau, S. 395
Zwirner, Ernst Friedrich, S. 69, 129, 130, 137, 148, 151, 156, 168, 252